Bonner Arbeiten zur deutschen Literatur
Herausgeber Benno von Wiese, Band 41

Über Vernunft und Wahnsinn

Studien zur literarischen Aufklärung in der Gegenwart und im 18. Jhdt.

von Jutta Osinski

1983

Bouvier Verlag Herbert Grundmann · Bonn

CIP-Kurztitelaufnahme der Deutschen Bibliothek
OSINSKI, JUTTA:
Über Vernunft und Wahnsinn: Studien zur literar. Aufklärung in d. Gegenwart u. im 18. Jh. /
von Jutta Osinski. — Bonn: Bouvier, 1983.
(Bonner Arbeiten zur deutschen Literatur; 41)
NE: GT

ISBN 3-416-01783-8

ISSN 0068-001X

 - D 5 - Printed in Germany.
Umschlagentwurf: Anna Braungart. Druck und Einband: Druckerei Plump KG, Rheinbreitbach.

Laß dich nie dazu verleiten, Probleme ernst zu nehmen, bei denen es um Worte und ihre Bedeutung geht. Was man ernst nehmen muß, sind Fragen und Behauptungen über Tatsachen: Theorien und Hypothesen; die Probleme, die sie lösen; und die Probleme, die sie aufwerfen.

(Sir Karl R. Popper)*

Ohne Hilfe und Unterstützung von vielen Seiten hätte ich dieses Buch nicht schreiben können. Bedanken möchte ich mich bei Herrn Prof. Dr. Norbert Oellers, dessen fachlicher Rat mir ebenso wertvoll war wie die uneingeschränkte Bereitschaft zum Gespräch. Auch gilt mein Dank der Friedrich-Naumann-Stiftung, durch deren finanzielle wie ideelle Förderung die Arbeit ermöglicht wurde. Nicht zuletzt aber sollen diejenigen hier genannt sein, die mich mit großer Geduld ertragen und vor mancherlei Wahnsinn bewahrt haben. Ich danke Dr. phil. Vera Bojić, Dr. med. Jochen Kipnowski und Dr. phil. Annette Kipnowski, Anica Günther, Karin und Tonio Kröger, Dipl.-Psych. Ralf Heinke und – Mathilde.

INHALT

Anstelle einer Einleitung: Die Erfahrung

Dieses Buch ist in der "gnadenlosen Sprache des Nicht-Wahnsinns" geschrieben, und das berührt heute ein "zweifellos heikles Gebiet"1. Deshalb sei gleich zu Beginn betont, was den Leser erwartet: Er wird es zu tun haben mit den gedanklichen Resultaten einer persönlichen Erfahrung, die sehr real war. Sie hat das Buch, das zu mehr Rationalität im Reden über Vernunft und Wahnsinn auffordert, so beeinflußt, daß sie der notwendigen Einführung ins Thema besser dienen kann als viele theoretische Erläuterungen.

Die Erfahrung war keine mit eigenem oder fremdem Wahnsinn als Geisteskrankheit oder als Nicht-Sinn. Es ging vielmehr um eine höchst unvernünftige Aufklärung über die Psychiatrie und deren Probleme in Theoriebildungen und therapeutischer Praxis, über psychiatrische Großanstalten und deren soziale Funktion. Eine Tagung fand statt, auf der die Möglichkeit und die Realisierbarkeit von Psychiatriereformen diskutiert werden sollten; im Zusammenhang damit standen die notwendige soziale Integration Schizophrener und psychisch Kranker zur Debatte, wie auch die Vernunftauffassungen, Einstellungen oder Verhaltensweisen in der Öffentlichkeit, die eine solche Integration verhindern. Teilnehmer der Tagung waren praktizierende Psychiater, Psychologen, Sozialarbeiter, Pädagogen, Lehrer, Hausfrauen und Schüler, Studenten der Medizin, Soziologie, Philosophie und – sonst gäbe es die Erfahrung als persönliche nicht – der Germanistik. Schon nach den ersten Vorträgen wurden die Psychiater, die an Landeskliniken arbeiteten, von den engagierten, medizinisch und psychiatrisch nicht ausgebildeten Laien heftig angegriffen: Jene übten Gewalt aus über die Kranken, die sie in ihren Anstalten verwahrten; sie stellten ihre Patienten mit Medikamenten ruhig und folterten sie ohne Grund mit Elektroschocks; die etablierte Psychiatrie stehe mit ihren Theorien im Dienste von Staat und Gesellschaft als Ordnungsmächten, die störende Randgruppen ausgrenzten; und die Psychiater selbst verhinderten die Reformen, für die sie plädierten, weil sie den Wahnsinn ihrer eigenen scheinwissenschaftlichen Vernunft nicht erkennten und weil ihre Meinung, zum Wohle der Kranken zu handeln, blanke Ideologie sei. Man hatte seinen Foucault gelesen, setzte fiktionale Literatur als Waffe der Kritik ein und pflichtete anwesenden Vertretern der Antipsychiatrie bei, die davon berichteten, daß Schizophrene, als gleichberechtigte Menschen behandelt, das Autofahren gelernt hätten oder begeistert musizierten.

Die Anstaltspsychiater wehrten sich, warfen ihren Kritikern schlichte Unkenntnis der Geisteskrankheiten vor, die vor allem von seiten der Antipsychiatrie mit psychischen, psychotherapeutisch zu behebenden Störungen verwechselt würden, und machten die Gegenseite dafür verantwortlich, daß Anstaltsreformen so schwer durchzusetzen seien: Die belesenen, Literatur und Wirklichkeit verwechselnden Intellektuellen, von der Antipsychiatrie beeinflußt, ohne den Wahrheitswert ihrer Theorien beurteilen zu können, hätten in der Öffentlichkeit beigetragen zu ideologischen Angriffen auf die Psychiatrie, die niemandem, schon gar nicht den Kranken, nützten.

Schließlich lehnten diejenigen, die sich als Fachleute verstanden, es ab, mit Laien und Antipsychiatern über Elektroschocks zu diskutieren, wenn nicht einmal verschiedene Formen der Katatonie bekannt seien: Es fehlten die Voraussetzungen eines Verständnisses dafür, wann der Schock als ultima ratio eingesetzt werden müsse. Darüber hätte aufgeklärt werden können – stattdessen polarisierten sich die Positionen endgültig. Die Anstaltspsychiater zogen sich angesichts der Ignoranz, von der sie umgeben waren, auf ihr Wissen zurück und behielten es für sich, während ihre Kritiker weiterhin die Ideologie und die Gewalt der Psychiatrie entlarvten – ohne etwas über die Katatonie wissen zu wollen. Denn der kranke Mensch sollte nicht durch eine Fachsprache der Herrschaft zum Fall umgedeutet und auf seine Krankheit reduziert werden.

Aufklärung geriet also zur Bestätigung schon vorhandener Vernunftpositionen, Meinungen, Urteile und Denkweisen, die nicht aufgebrochen, relativiert und verändert, sondern d u r c h Kritik am jeweils Anderen verfestigt wurden. Deshalb ging es schließlich kaum noch um die Probleme, über die in interdisziplinärer und öffentlicher Zusammenarbeit informiert werden sollte, damit Lösungsvorschläge erarbeitet würden. Es wurden viele Beobachtungen, Tatsachen, Behauptungen und Hypothesen angeführt, die von der jeweiligen Gegenpartei nicht zur Kenntnis genommen, reflektiert und in die eigene Argumentation einbezogen, sondern bekämpft wurden. So konnten Theorien, Zielvorstellungen und Wahrheitsüberzeugungen behauptet werden durch wechselseitige Vorwürfe der Uneinsichtigkeit und Unbelehrbarkeit.

Alle wollten die Psychiatrie reformieren, die Kranken integrieren und mehr über bestehende Probleme erfahren – sonst wären sie nicht zur Tagung gekommen. Und die endete ohne die Psychiater, die aus Protest gegen die Dummheit der Angriffe und gegen die Ideologie der Kritik abreisten. Zurück blieben nur wenige – und die anderen Teilnehmergruppen, die sich zu Arbeitskreisen formierten: um zu diskutieren, wie Psychiatriereformen zu verwirklichen seien und wie man über den Wahnsinn der Gesellschaft und eine falsche psychiatrische Vernunft aufklären könne. Bücher über Vernunft und Wahnsinn, Psychiatrie und Gesellschaft wie fiktionale Texte von Büchner bis Kafka, zuvor dem ideologisch verfestigten Denken der Psychiater entgegengesetzt, dienten nun der Begründung emanzipatorischer Gegenentwürfe. Diese wurden auf die Wirklichkeit übertragen, wie sie den Zielvorstellungen der Ideologie-, Psychiatrie- und Sozialkritiker gemäß sein s o l l t e. Was dem entgegenstand, war durch den Ausschluß der Anstaltspsychiater bewältigt worden – und mit den Vertretern der Antipsychiatrie war man sich ja einig.

Nur eine Gruppe gab es, in der sich verschieden Denkende zusammenfanden: Der praktizierende Psychiater wollte mehr über Literatur und literarische Darstellungen des Wahnsinns wissen, der Philosophiestudent mehr über die Problematik psychiatrischer und antipsychiatrischer Theorienbildungen, und die Germanistikstudentin wenigstens etwas über die Katatonie. Diese Gruppe konnte kein Abschlußpapier vorlegen mit Thesen und Forderungen nach einer neuen Psychiatrie, nach einer neuen Sozialvernunft oder nach einer allgemein herrschaftsfreien Kommunikation als Voraussetzung für eine Emanzipation der Kranken: Sie konnte abschließend nur mehr Rationalität in der Aufklärung über die Probleme fordern, wie sie aus den unterschiedlichen, individuell und fachlich gebundenen Perspektiven erschienen. Und wegen der Forderung nach mehr Rationalität wurde die Gruppe in der Abschlußdiskussion angegriffen – als eine, die sich von einem Psychiater hatte beeinflussen lassen, der gegen Foucault und gegen die Antipsychiatrie argumentierte. Nicht rationaler solle man aufklären, sondern gerade die Rationalität der Aufklärung schlage um in Gewalt gegenüber Normalen wie Kranken; und gegen eine eindimensionale Ratio habe sich die Literatur schon immer gewandt – das solle die Germanistikstudentin einmal zur Kenntnis nehmen.

Da gab es keine Diskussion mehr, weil die Tagung endete. Zurück blieb ein gewisser Ärger über eine Kritik, die im Reden über Vernunft und Wahnsinn, Psychiatrie und Gesellschaft Aufklärung als eine problemorientierte Wissens- und Bewußtseinserweiterung verhindert, über Wahrheitsüberzeugungen, die angelesen sind und auf die Praxis übertragen werden, ohne aus ihr abgeleitet worden zu sein, und über die Art und Weise, wie ideologiekritisch Aufklärende Literatur benutzen können: wie einen Selbstbedienungsladen, aus dem zu holen ist, was man für die eigene Argumentation braucht. Außerdem blieb das Bedürfnis zurück, ein Arbeitspapier nachzuliefern, das auf der These beruht, daß Aufklärung über Vernunft und Wahnsinn nicht an dem zu messen ist, was sie selbst nicht sein will: Wahn, – sondern an dem, was sie sein will: Aufklärung zur *wahren* Vernunft und zur *Wahrheit*.

Aus dem gewissen Ärger, dem Ziel, die These, die ins Arbeitspapier aufgenommen werden sollte, recht differenziert und plausibel zu begründen, damit sie von einer Kritik wie der beschriebenen nicht so leicht abgetan werden könne, und aus den Forschungsarbeiten und Überlegungen, die immer weiter führten und längst nicht abgeschlossen sind, ist dann dieses Buch entstanden.

Mehr ist eigentlich dem ersten Teil, der – wie auch der zweite – für sich und gleichzeitig als Einleitung zu den folgenden Studien über historische Problemzusammenhänge gelesen werden kann, nicht vorauszuschicken. Der Argumentationsverlauf des Buches geht aus dem Inhaltsverzeichnis hervor, und die Texte, auf denen jener beruht, sind im Literaturverzeichnis unter "Quellentexte I" zusammengestellt. Dort ist zusätzlich vermerkt, wo sie im einzelnen besprochen werden.

Ungelöste Probleme, die in den Studien zur Gegenwart und zum 18. Jahrhundert nicht zur Sprache kommen, wird der Leser gewiß selbst entdecken und ebenso bedenken wie das, was *er* für vernünftig hält und was nicht. Nur möge er die Tatsache, daß vom 19. Jahrhundert erst ganz zum Schluß – und auch dann nur andeutungsweise – die Rede sein wird, nicht schon gleich zu Beginn für allzu bedenklich halten. Denn gegenwärtige Muster und Verlaufsformen von Aufklärung über Vernunft und Wahnsinn lassen sich zwar nicht nur, aber am deutlichsten wiedererkennen im Spiegel der Zeit, in der es weniger um den Wahnsinn ging als um die Vernunft und deren Wahrheit.

Nicht mehr als ein solches Wiedererkennen kann dieses Buch ermöglichen.

Erster Teil

Literatur, Wahnsinn und Gesellschaft heute: Aspekte und Bezüge

Die sozialkritische Unterhaltungsliteratur

In den letzten zehn bis fünfzehn Jahren sind auf dem deutschen Buchmarkt bemerkenswert viele Romane und autobiographische Berichte zum Thema Wahnsinn erschienen. Es handelt sich dabei zum Teil um Übersetzungen aus dem Englischen, Amerikanischen und Französischen, zum Teil um Bücher deutscher Autoren. Ken Keseys Roman "Einer flog über das Kuckucksnest"[1] oder Hannah Greens "Ich hab dir nie einen Rosengarten versprochen"[2] sind heute einer breiten Öffentlichkeit genauso bekannt wie Heinar Kipphardts "März"[3] oder "Raumlicht: Der Fall Evelyne B."[4] von Ernst Augustin. Ebenfalls viel gelesen und diskutiert wurden und werden Maria Erlenbergers Bericht "Der Hunger nach Wahnsinn"[5], Mary Barnes' "Meine Reise durch den Wahnsinn"[6], "Schattenmund"[7] von Marie Cardinal und "Sybil. Persönlichkeitsspaltung einer Frau"[8] von Flora Rheta Schreiber.

Das Gemeinsame an dieser hier nur in einigen Beispielen angeführten neuen Literatur[9] ist erstens eine ganz konkrete kritisch-aufklärerische Intention der Autoren und zweitens deren Auffassung des Wahnsinns als einer Krankheit. Sie schreiben über ihre außerliterarischen Erfahrungen mit dem Wahnsinn, um die Gesunden über seine Wirklichkeit und die gesellschaftlichen Vorurteile, die den Blick darauf verstellen, aufzuklären; die häufig durchaus gelungenen formalen und stilistischen Umformungen des Themas ins Erzählerisch-Literarische zielen nicht auf seine Fiktionalisierung und dienen auch nicht dazu, ein uraltes literarisches Motiv neu zu variieren und dadurch der Literatur neue Wirklichkeitsbereiche zu erschließen. Vielmehr werden Aufklärung und Unterhaltung zum Zwecke einer Bewußtseinserweiterung der Leser miteinander verbunden. Dieses Ziel verfolgen alle Autoren, gleichgültig ob sie schriftstellernde Psychiater sind wie Kipphardt und Augustin, genesende Kranke, die in der Anstalt schreiben, wie Erlenberger, ehemals Kranke, die als wieder Gesundete schreiben, wie Green, Barnes oder Cardinal, oder Journalisten wie Rheta Schreiber, die eine authentische Fallgeschichte literarisiert. Je nach persönlichem Hintergrund akzentuieren sie in ihren Darstellungen eher die Erfahrung des Wahnsinns oder der Heilung, die Rolle der Psychiatrie oder des sozialen Umfelds des Kranken; meist aber finden sich diese Aspekte zusammen. Sie sollen zunächst vorgestellt werden; auf das, was in dieser Literatur fehlt, und auf die Gründe dafür wird später einzugehen sein.

Grundsätzlich verstehen die Autoren den Wahnsinn eines Individuums als Form seiner Wirklichkeitserfahrung und seines Redens über Wirklichkeit; die Krankheit wird dargestellt als eine Art der Kommunikation, die dem Gesunden zugänglich und verständlich wird, sobald er begreift, daß es keine objektive Unterscheidung zwischen dem Normalen und dem Nicht-Normalen gibt.

> "Was ist normal? Eine Klassenbezeichnung. Normal ist eine möglichst große Ansammlung Mensch, welche aufgrund gleichgerichteter Wahrnehmungen einen möglichst gleichgerichteten Realitätsbezug herstellt, und zwar, gestützt auf die Majorität, einen absoluten (. . .). Wie aber nun die Minorität, die *nicht* als Ansammlung *nicht* gleichgerichteter Wahrnehmungen trotzdem ihren Realitätsbezug herstellen muß? (. . .) wie (. . .), wenn gerade die Majorität sich irrte (. . .)."[10]

Augustin leugnet den Wahnsinn als Krankheit nicht, denn schließlich muß auch die "Minorität" mit dem Alltagsleben fertigwerden, "ohne in gellendes Entsetzen über die Unbegreiflichkeit zu verfallen"[11]. Aus der Sicht der Kranken hingegen scheinen sich die Wahrnehmungen von Gesunden und Kranken weniger zu unterscheiden:

> "Der Unterschied zwischen den Irren und den Normalen liegt nur darin, daß einer in die Irrenanstalt eingeliefert ist und einer nicht. Jeder bricht dauernd zusammen. Das ganze Leben ist ein einziger Zusammenbruch (. . .)."[12]

Alle "fallen und fallen" – allerdings "zerfallen" die einen, die anderen nicht, und eingeliefert werden diejenigen, die "zerfallen".[13] Das übersieht Maria Erlenberger, die alle Menschen für krank hält; aber auch sie kann den Wahnsinn als Krankheit nicht aufheben.

Wichtig ist, daß das Abnorme stets bezogen auf eine problematische Vernunft und Normalität gesehen wird: Dadurch, daß das Evidenzerleben des Wahnsinnigen ernstgenommen wird, ist gleichzeitig das der Gesunden in Frage gestellt. Denn diese beziehen ihr Bewußtsein, normal zu sein, eben aus der Überzeugung, nicht wahnsinnig zu sein – und das verhindert nicht nur ein Verständnis des Kranken, sondern auch eine Reflexion der Normalen auf die Grundlagen ihrer Normalität. Indem diese in der Literatur explizit und implizit vollzogen wird, erscheint der Wahnsinn weniger als medizinisch denn als soziologisch, sozial- und individualpsychologisch zu definierende Krankheit.

> "Wir suchen für das außergewöhnliche Bild der Schizophrenie ganz außergewöhnliche Erlebnisse, es scheint aber, es genügen die ganz gewöhnlichen Schrecknisse mit denen wir alle nur mühsam fertig werden."[14]

Dieser Auffassung Kipphardts gemäß werden Entstehung, Zustand und, vor allem in den Büchern der ehemals Kranken, die Heilung des Wahnsinns dargestellt.

Als Ursachen der Krankheit gelten großenteils die Zerstörung oder Verhinderung individueller Integrität durch die Familie oder die Umwelt der Betroffenen. Kipphardts Alexander März, mit einer Hasenscharte zur Welt gekommen, zerbricht am widersprüchlichen Verhalten seiner Eltern, das, zwischen gesellschaftlich bedingter Scham und Fürsorge schwankend, aber stets als liebevoll verstanden, schon das Kind psychisch zerstört; Hannah Greens Deborah Blau wird krank aufgrund familiärer Spannungen, Erwartungshaltungen, unter denen sie leidet, und eines Traumas, verursacht durch eine Unterleibsoperation, die dem fünfjährigen Kind vorher nicht erklärt worden war; Marie Cardinal sieht die Ursachen ihres Wahnsinns darin, daß ihre Mutter sie schon bei ihrer Geburt "mit Tod und Wahnsinn bedacht" habe[15]. Beschrieben werden "die interpersonalen Umstände des psychischen Mordes"[16], die Doppelbindungen einer uneigentlichen Kommunikation, in der die Individuen als normal und liebevoll begreifen müssen, was sie zerstört. Sie zeigen sich als schwierig, unangepaßt, aus der Rolle fallend, weil sie diese Widersprüchlichkeit weder erkennen noch bewältigen können; denn die Kinder lernen nur die Sprache der Umwelt, und diese bezeichnet die prägenden Erfahrungen nicht.

"Wenn ich nicht verrückt geworden wäre, wäre ich nie da herausgekommen."[17]

Der Krankheitsausbruch unterbricht schließlich einen Zirkel der Uneigentlichkeiten; bezogen auf die Betroffenen wird er dargestellt als Flucht aus einer nicht zu benennenden, als unerträglich empfundenen Wirklichkeit – und damit gleichzeitig als Akt einer Ich-Setzung. Im Wahnsinn wird das Individuum nach einem langen Prozeß der Zerstörung identisch mit seinen Erfahrungen; es dokumentiert seine mißlungene Anpassung und artikuliert sich in seiner eigenen Sprache. Deborah flieht in ihr Wahnland Yr, in dem Yri gesprochen wird, Sybil spaltet sich auf in sechzehn verschiedene Persönlichkeiten – die Kranken drücken ohne Rücksicht auf Verständlichkeit aus, was sie geworden sind: nur noch sich selbst.

" 'Ich werde noch wahnsinnig (. . .).' Jeder kennt diese seine Äußerungen und er denkt, er meint sie nicht, sondern er sagt sie nur. Ich sage, was ich meine."[18]

Unter dem Aspekt des Zu-Sich-Selbst-Kommens ist der Wahnsinn in den Darstellungen nicht nur Endpunkt einer pathogenetischen Kette von Reaktionen und Gegenreaktionen, sondern auch der erste Schritt des Individuums zur Gesundheit. Es dokumentiert im Wahnsinn sowohl sein Scheitern als auch seinen Willen zu überleben und seine Ansprüche auf persönliche Integrität. Im Zustand der Krankheit erscheint das Unvereinbare vereinigt: Der Wahnsinnige erklärt sich identisch mit seiner Nicht-Identität –, und es ist genau diese absurde Unmöglichkeit, die ihn die Wirklichkeit seiner Wahnwelt gleichermaßen als grenzenlos befreiend, schützend, problemlos und zerstörend, bodenlos, ihn zerreißend empfinden läßt.

"Während ich verrückt war, entdeckte ich Möglichkeiten des Denkens, zu denen ich ohne den Wahnsinn niemals Zugang gehabt hätte."[19]

Von der Erfahrung des Wahnsinns als Freiheit berichten auch Maria Erlenberger, die eine "blumenreiche Wiese im Gehirn"[20] als sehr beruhigend und entspannend fühlte, Hannah Green, deren Deborah in Yr "Vogel sein" kann, "frei im Wind"[21], oder auch Flora Rheta Schreiber, deren Sybil, solange sie verschiedene Personen zu verkörpern wähnt, die Grenzen der Zeit überwindet. Diese Autoren und vor allen Dingen Barnes und Augustin beschreiben jedoch auch die Angst und Panik, die mit dem Wahnsinn verbunden ist. Yri ist die Sprache der Angst[22], Marie Cardinal hatte "Angst, Angst, ANGST, ANGST"[23], und Mary Barnes fühlt im Wahn eine Atombombe in sich ticken. Es ist die Angst, die keinen Namen oder Gegenstand hat, die den Wahnsinnigen aus der Welt der anderen Menschen fliehen läßt und ihn in seiner eigenen verfolgt. Augustin geht sogar so weit, das Wesen der Schizophrenie als Existenzangst zu definieren:

"Ich behaupte aber: Die Schizophrenie ist nichts anderes als die Angst zu existieren. Oder die Angst, möglicherweise *nicht* zu existieren, oder Angst vor der Unmöglichkeit, also der totalen Vernichtung, und zwar Leib *und* Seele. Und zwar *jetzt*. Das ist meine Hypothese."[24]

Der Wahnsinnige befindet sich in einer unlösbaren Situation: Sein Zustand ist Erleichterung und Bedrohung zugleich. Das charakterisiert ihn als jemanden, der Hilfe von außen braucht – nicht die Tatsache, daß seine Existenzform an sich eine unwahre, unnormale, kranke, kurz: negativ zu betrachtende wäre. Therapie des Wahnsinns heißt bei allen Autoren, dem Kranken die freie Wahl einer Existenzform zu ermöglichen, in der er nichts von sich selbst abspalten oder verleugnen muß.

Ausgangspunkt dabei ist die *"verborgene* Kraft", der Selbstbehauptungswille, der ihn den Wahnsinn als Überlebensform hat "wählen" lassen; diese Kraft ist "einziger Verbündeter" des einsichtigen Therapeuten[25]. Der Heilungsprozeß besteht darin, dem Wahnsinnigen die Angst vor seiner eigenen Identität zu nehmen, das als nichtidentisch Empfundene als Teil seines Ich anzuerkennen und so zu integrieren, was im Wahn als Einbruch von außen und Spaltung erfahren wird. Dazu braucht der Kranke die Möglichkeit einer Kommunikation, in der seine Sprache und sein Verhalten Bezugsrahmen für den Gesunden sind.

> "Viele rätselhafte Störungen des psychotisch Kranken versteht man sofort, wenn man sie metaphorisch versteht, sowohl im Verhalten wie in den Wahninhalten."[26]

Aufgabe des Therapeuten ist es, den Wahnsinnigen als einen Menschen zu sehen, der auf seine Art etwas zu sagen hat – nicht, sein Wissen auf ihn anzuwenden. Wie schwer dies ist, wird in den Romanen am Beispiel positiver Arztfiguren beschrieben: In dem Versuch einer herrschaftsfreien, offenen Kommunikation setzt nicht nur der Kranke seine Existenzform im Wahnsinn aufs Spiel, indem er sich mitteilt und versucht, mit dem anderen einen Konsens über Wirklichkeit herzustellen. Auch der Gesunde gefährdet seine Identität, denn er muß, wenn er seinem Patienten helfen will, immer wieder die eigene Normalität und sein Fachwissen erkenntniskritisch in Frage stellen. Erfahrungen der Selbstgefährdung oder Verunsicherung machen vor allem Augustin als Ich-Erzähler, aber auch die Ärztin Dr. Fried in Greens Roman oder der Arzt Kofler in "März". Nicht immer führt das Risiko einer Verständigung zum Erfolg: Kofler kann März' Selbstmord nicht verhindern, Augustin erwähnt, daß seine Form der Therapie auch scheitern kann, und in den Romanen der ehemals kranken Autoren werden auch häufige, von zu großer Angst bedingte Rückfälle während des Heilungsprozesses beschrieben. Dennoch bleibt der Versuch, den Wahnsinnigen zu verstehen, die einzige Möglichkeit, ihm zu einem Verständnis der eigenen Erfahrungen und Bedürfnisse und der Sprache, die er dafür gefunden hat, zu verhelfen.[27] Er muß lernen, sich im Spiegel des Arztes als Ich zu sehen, so daß er die im eigenen Wahnsinn liegende Vernunft erkennen kann; die Wahrnehmung des Arztes, daß seine Vernunft möglicherweise auch Wahn sein kann, ist dafür die wichtigste Voraussetzung. Diese Auffassung von der Heilung des Wahnsinns entspricht auch der von seiner Entstehung: Ist die Krankheit nach Meinung der Autoren intersubjektiv bedingt, dann ist sie auch durch Kommunikation, nicht mit Medikamenten zu therapieren.
Aber positive Arztfiguren werden nicht bei allen dargestellt – und wenn, dann als Ausnahmefälle mit einem ausgesprochen kritischen Bewußtsein.[28] Stets wird jedoch mit den subjektbezogenen Darstellungen des Wahnsinns eine scharfe Kritik an der krankmachenden Gesellschaft und/oder an einer Psychiatrie verbunden, die den Kranken nicht primär als Menschen, sondern als Fall behandelt.

> "Die Geisteskranken sind die Neger unter den Kranken, die Itakas und Kameltreiber. Wie diese sind sie die Opfer von Vorurteilen, die mit der Wirklichkeit des Wahnsinns nichts zu tun haben."[29]

Wer, gesehen unter dieser Perspektive, gesellschaftlichen Normen und Werten nicht entspricht, fällt ihnen zum Opfer: Er hat keine Chance, in seinem eigenen Erleben akzeptiert zu werden, sondern wird stigmatisiert und sozial ausgegrenzt. Das führt in den Wahnsinn und charakterisiert das Verhältnis der Gesellschaft zu den Wahnsinnigen. Generell angeklagt und beschrieben wird die Borniertheit von Normalen und Gesunden, die Anderes und Fremdes nicht ertragen können. Familien und Einzelpersonen erscheinen dabei nicht nur als Täter, sondern auch selbst als Opfer: Sie haben als Individuen verinnerlicht, was gesellschaftlichen Ordnungsinteressen entspricht.

> "Meine Familie, von der ich mich gerade gelöst hatte, begann erneut, ihren Kokon um mich zu spinnen, immer enger (. . .). Nicht nur, um mich, sondern auch sich selbst zu schützen."[30]

Die engere soziale Umgebung desjenigen, der beginnt, psychisch auffälliges Verhalten zu zeigen, fühlt sich selbst bedroht im Empfinden von Normalität oder Schicklichkeit und versucht zunächst, den Betroffenen mit aller Macht an die geltende Ordnung anzupassen. Dieser Prozeß mißlingt deswegen, weil der Störenfried selbst die Normen und Werte seiner Umgebung verinnerlicht hat und immer größeren inneren und äußeren Widersprüchen ausgesetzt wird, bis er ein Verhalten und Einstellungen zeigt, die überhaupt keinen Konsens mehr zulassen. Dann wird er, der ja wirklich leidet, als krank, wahnsinnig und behandlungsbedürftig empfunden – wofür die Familie sich schämt. Als Deborahs Eltern in Hannah Greens Roman die Tochter in die Anstalt gebracht haben, um ihr zu helfen,

> '(. . .) begannen sie, sich die Geschichte auszudenken, die sie ihren Bekannten und Verwandten erzählen würden, die ihnen nicht so nahe standen oder deren Vorurteile Nervenheilanstalten in der Familie nicht vorsahen."[31]

Und auch der Leidende, der sich als krank erfährt, schämt sich:

> "Ich schämte mich für meinen Wahnsinn. Jede andere Art zu leben hätte ich dem Wahnsinn vorgezogen."[32]

Weder die Gesunden noch die krank Werdenden und schließlich Kranken sind sich der pathogenen Kette von Reaktionen und Gegenreaktionen bewußt, die zum Ausbruch der Krankheit führt. Bei Green, Cardinal, Barnes und Erlenberger wird diese Kette dargestellt im Spiegel eines Bewußtwerdungsprozesses der Kranken in der therapeutischen Situation, bei Augustin im Spiegel eines biographischen Lernprozesses des Arztes und bei Kipphardt im Spiegel von Gesprächen, die Kofler mit März und auch dessen Eltern führt. Die Autoren begreifen die Störanfälligkeit der Familien grundsätzlich als Symptom einer Gesellschaft, die mit ihrem Vor-urteil, normal zu sein, den Wahnsinn eben durch dessen Verleugnung geradezu produziert und ihn, wenn er nicht mehr zu übersehen ist, umdeutet als Krankheit mit psychischen oder körperlichen Ursachen, die allein im Subjekt liegen. Die institutionelle, etablierte Psychiatrie hat dann die Funktion, den Kranken als Ausgegrenzten zu verwahren, wenn sie ihn nicht an eben die Normalität anpassen kann, die ihn krank gemacht hat.

Die Psychiatrie als Helfershelfer einer Gesellschaft, die unangepaßtes Verhalten bekämpft, wird besonders kraß in Keseys Roman geschildert. Dort wird gezeigt, wie ein völlig gesunder Erwachsener erst sozial, dann psychiatrisch pathologisiert wird. McMurphy, der Protagonist, ist unangepaßt, "ein paarmal in eine Schlägerei reingerutscht"[33] und aufsässig – was er auch in der Anstalt bleibt. Charakteristisch für ihn sind sein herzhaftes Lachen und seine Unbekümmertheit, die ihn für seine Mitpatienten zur Identifikationsfigur werden lassen, vor allem für den Ich-Erzähler, einen für taubstumm gehaltenen Indianer. Die "Große Schwester" und das Personal sehen sich in ihrer Machtposition gefährdet und verfahren mit McMurphy gnadenlos nach dem Lohn-Strafe-Prinzip, das unter Berufung auf medizinisch notwendige Maßnahmen verschleiert wird. Als Pillen nichts nützen, erhält er Elektroschocks, bis zum Schluß eine Gehirnoperation vorgenommen wird, die ihn endgültig zum menschlichen Wrack macht. Der Ich-Erzähler erstickt ihn, um der "Großen Schwester" ihren Triumph nicht zu lassen, und flieht aus der Anstalt.

> "Ich beobachtete das alles und überlegte mir, was er an meiner Stelle tun würde. Nur eins stand für mich fest: er hätte so was nicht im Tagesraum stehen lassen, mit seinem Namen dran, zwanzig, dreißig Jahre lang, nur damit es die Große Schwester als Beispiel dafür benützen konnte, was einem passieren konnte, wenn man sich gegen das System stellte."[34]

Andere üben ein wenig differenziertere Kritik an der Psychiatrie, was damit zusammenhängt, daß sie den Wahnsinn nicht n u r als Etikettierung für unangepaßtes Verhalten begreifen. Sie entlarven aber wie Kesey eine sozial bedingte psychiatrische Praxis, die nur auf Verwahrung und Anpassung der Kranken an die Anstaltsordnung statt auf ihre Heilung zielt. Diese Funktion der Psychiatrie weist Kipphardt schon für die Umgangssprache nach. Der Kranke ist

> "(. . .) der mit dem Fimmel, dem Koller, dem Puschel, dem Triesel, der Meise, dem Haschmich (. . .) Psychiater (heißt) Mallenrat, Mottenhäuptling, Grützmüller (. . .), Meisenwart (. . .), Kabbesflicker (. . .) Tätigkeitsfeld ist die Fimmelburg, der Affenkasten, die Plemplemmerie, die Knacksbaracke (. . .)."[35]

Aber auch die psychiatrische Fachsprache selbst wird in der Literatur als eine der Gewalt und Unterdrückung gekennzeichnet. Die Autoren wenden sich gegen einen in ihr zum Ausdruck kommenden Glauben an wissenschaftliche Objektivität, der dem Wahnsinnigen jede Möglichkeit der Kommunikation abschneidet. Was dieser auch tut oder sagt, ist für den Psychiater ein Symptom:

> "(. . .) geht der Patient auf den Arzt nicht ein, kann er 'kein geordnetes Gespräch führen', wechselt er aus Unsicherheit das Thema und redet viel, ist er 'ideenflüchtig', spricht

er dagegen leise, weil er sich seiner Lage schämt, ist er "depressiv", zögert er unentschlossen, ist er 'antriebsarm' und so fort."[36]

Die Einordnung von Sprache und Verhalten in ein vorgegebenes Bezugssystem kann vom Kranken selbst nicht korrigiert werden; er ist Objekt des Arztes und als solches nicht nur dessen Interpretationen, sondern auch therapeutischen Maßnahmen hilflos ausgesetzt.

"Niederbinden – Niederspritzen ist die Parole in der Irrenanstalt."[37]

Vertritt Maria Erlenberger in bezug auf die therapeutische Praxis einen ähnlichen Standpunkt wie Kesey, so führen Kipphardt und Augustin Formen der Therapie als Herrschaft nicht auf bewußte Machtinteressen der psychiatrisch Tätigen zurück. Sie beschreiben die Praxis vielmehr als Konsequenz des Vorurteils, daß der Wahnsinn unverständlich und uneinfühlbar sei – was die Bereitschaft verstärkt, auch in ihrer Wirkung nicht zu kalkulierende Mittel zu seiner Heilung einzusetzen. Es ist vor allem der Elektroschock, den sie vehement als eine Art von zur Therapie erhobener Folter kritisieren. Besonders eindrucksvoll ist diese Kritik bei Augustin, der als Arzt die Schocktherapie selbst durchführt, bevor er sich der eigenen Einstellung zum Kranken als Objekt bewußt wird:

"(. . .) das Gesicht ist blau, die Augen verdreht, die Kinnbacken krampfen, und hätte unser Patient keinen Gummikiel, jetzt hätte er keine Zunge mehr (. . .). Nein, sage ich, das kann ich nicht auf die Dauer, ich bin jetzt seit drei Monaten auf der Station und ich kann nicht Tag für Tag die schweren Fälle schocken. Lieber Kollege, sagt der Oberarzt Foige, irgendeiner muß es ja machen (. . .)."[38]

Therapeutische Maßnahmen werden stets in Sympathie mit den Kranken bewertet – wie auch das Anstaltsleben mit seinen Regeln selbst. Diese werden von Ärzten und Personal so verstanden, als ob sie dem Wohl der Patienten dienten, sind aber aus deren Sicht inhumane Restriktionen:

"Alle Verbindungen des Patienten zur Außenwelt sind mit einem Mal abgeschnitten, er kann keinen Besuch kriegen, er kann nicht telefonieren, und wenn er Briefe schreibt, werden sie von der Klinik eingesehen und dürfen zurückgehalten werden. Der Patient hat in wenigen Stunden alle Rechte und Freiheiten seines bisherigen Lebens verloren (. . .)."[39]

Es ist die Wahnsinnsauffassung der Autoren, die ihre Kritik an Theorie und Praxis der etablierten Psychiatrie bedingt; denn alle konkreten Mißstände in den Anstalten werden grundsätzlich auf vorwissenschaftliche Einstellungen der Psychiater zurückgeführt, die den Normen und Werten der Gesellschaft entsprechen und dann durch wissenschaftliche Theoriebildungen rationalisiert und legitimiert werden.

"Und wer ist hier krank, immer derjenige, der die falsche Einstellung hat. Zu mir hat einmal ein Patient gesagt: Herr Doktor, ich glaube, Sie sind blind, Sie sind nicht nur blind, sondern reden auch noch wirr, ich verstehe Sie nicht."[40]

Es ist immer der Arzt, der die "falsche Einstellung" gegenüber seiner eigenen Aufgabe und gegenüber dem Kranken hat, wenn er diesen nicht versteht. Unterwirft er ihn seinem wissenschaftlichen Bezugssystem, so verstellt er sich selbst den Blick auf die subjektive Wirklichkeit des Wahnsinnigen und dient, ohne es zu wollen, den Ordnungs- und Legitimationsinteressen einer Gesellschaft, die den Wahnsinn nicht als selbstproduzierten anerkennen will.

Die Antipsychiatrie

Wahnsinnsauffassung, Gesellschafts- und Psychiatriekritik in der hier vorgestellten Literatur entsprechen nicht nur authentischen außerliterarischen Erfahrungen der Verfasser, sondern auch dem Denken der sogenannten Antipsychiatrie. Diese entwickelte sich um Anfang der 60er Jahre zunächst in England und den USA, später auch in Italien. Soziologen und Psychiater begannen das Wissenschaftsverständnis der etablierten Psychiatrie in Frage zu stellen und setzten ihr in ideologiekritischer Absicht Theorien entgegen, die dann auch in Psychiatrie und Öffentlichkeit der Bundesrepublik stark gewirkt haben – allerdings erst mit einiger Verspätung seit Anfang und besonders seit Mitte der 70er Jahre.

Bekannt geworden sind unter anderen die Arbeiten der Soziologen Erving Goffmann[41] und Thomas J. Scheff[42] sowie der Psychiater Ronald D. Laing[43], David Cooper[44], Thomas S. Szasz[45] und Franco Basaglia[46]. Goffmann beschreibt das psychiatrische Großkrankenhaus als "totale Institution" mit der sozialen Funktion, ganz verschiedenen Kranken den einheitlichen Status von Geisteskranken zu verleihen. Die Perversion der Anstalt als eines Dienstleistungsbetriebs besteht darin, daß ihre Regeln und Gesetze nicht dem Kranken angepaßt sind, sondern umgekehrt: der Kranke wird ihnen unterworfen. Goffmann liefert die soziologische Analyse dessen, was Kesey in seinem Roman besonders einseitig, die anderen Autoren allerdings prinzipiell ähnlich kritisieren. Alles, was mit dem Kranken in der Anstalt geschieht, wird legitimiert

> "(. . .) durch die Assimilierung an oder Übersetzung in den Bezugsrahmen der medizinischen Dienstleistung. (. . .) Für die Zwecke dieser Übersetzung muß die Realität beständig umgedeutet werden (. . .). Es muß ein Vergehen gefunden werden, welches der Bestrafung entspricht, und der Charakter des Insassen muß so rekonstruiert werden, daß er dem Vergehen entspricht."[47]

Beobachtung, Diagnostik und Therapie des Wahnsinns in der Anstalt verschleiern die Tatsache, daß der Kranke im Grunde nach dem Lohn-Strafe-Prinzip behandelt wird, je nachdem ob er die vorgegebenen Regeln befolgt oder nicht. Insofern steht der Kranke nicht nur im Dienst der Psychiatrie, sondern diese auch im Dienst der Gesellschaft, die den Kranken sowohl ausschliessen als auch den Ausschluß als rationale, wissenschaftlich immer "zum Besten des Patienten" gerechtfertigte Maßnahme legitimieren will.

"Wenn heute alle Heilanstalten eines bestimmten Gebietes geleert und geschlossen würden, dann würden morgen Verwandte, Polizisten und Richter den Ruf nach neuen Anstalten anstimmen. Und sie, die in Wahrheit die Klienten der Heilanstalt sind, würden nach einer einer Institution verlangen, die ihre Bedürfnisse befriedigt."[48]

Ähnlich wie Goffmann argumentiert auch Frank Fischer, dessen Bericht über die Zustände in deutschen psychiatrischen Großanstalten "Irrenhäuser. Kranke klagen an" 1969 die deutsche Öffentlichkeit schockierte[49] , bevor die amerikanische Untersuchung übersetzt war.

Scheff hingegen befaßt sich nicht mit den Anstalten, sondern entwickelt mit Hilfe soziologischer Kategorien ein Sozialmodell zur Genese des Wahnsinns und vergleicht es mit den individualsystematischen medizinischen und psychologischen Krankheitsmodellen in der traditionellen Psychiatrie. Er beschreibt, was diese außer acht lassen oder verdunkeln, nämlich die Interaktionszusammenhänge von Verhaltensabweichung, Regelverletzung, Verleugnung und Etikettierung, Rollenangebot und Rollenübernahme und den dadurch bewirkten Statuswechsel vom psychisch Verstörten zum Geisteskranken. Das ist kein kausal-linearer Prozeß, in dem die Gesellschaft als einseitig-unterdrückend erscheint, sondern ein System von Rückkoppelungen, das kumulative Auswirkungen hat:

"Je mehr der Abweichende in die Rolle des Geisteskranken eintritt, um so mehr wird er von den andern als solcher definiert, und je mehr er als Geisteskranker definiert wird, um so vollständiger übernimmt er die Rolle und so weiter. (. . .) Der hier beschriebene Prozeß ist wohl mit Recht als ein Teufelskreis zu interpretieren, beginnend mit der Stigmatisierung (. . .)."[50]

Erfaßt Scheff mit seinem Modell den Wahnsinn auch als eine zwar sozial bedingte, aber sich am Individuum herausbildende und zeigende Krankheit, so lehnt Szasz dies radikal ab und löst den "Teufelskreis" einseitig gegen die Gesellschaft auf. Bei ihm gibt es keine Wahnsinnigen, auch keine Krankgemachten, sondern nur noch das Etikett der Geisteskrankheit, mit dem die Gesellschaft unliebsame Außenseiter belegt. Er fordert konsequenterweise auch nicht eine Umorientierung, sondern die Abschaffung der Psychiatrie; diese braucht den Wahnsinnigen nur zur Erhaltung und Ausdehnung der eigenen sozialen Macht, und die Gesellschaft braucht ihn zur Selbstvergewisserung und rechtfertigenden Erklärung von Phänomenen, die sie beunruhigen und die sie bannen will. Szasz charakterisiert den Glauben an das Vorhandensein von Geisteskrankheit ganz dezidiert als Mythos und analogisiert ihn und seine soziale Funktion mit dem historischen Hexenglauben, den Hexenverfolgungen und der Inquisition.

"So wurden mit dem Hexereimythos die außerordentlichen Vorrechte und Pflichten des Inquisitors begründet; ähnlich motiviert man die der Institutionalen Psychiatrie heute mit dem Mythos der Geisteskrankheit. Mythen sind (. . .) keine Märchen, ausgedacht (. . .) zum Vergnügen (. . .) – sie sind Herz und Hirn des sozialen Organismus und unerläßlich für dessen Überleben in der jeweils gegebenen Gesellschaft."[51]

Dieses Modell wird unter anderem damit belegt, daß die Psychiatrie in der Geschichte ihrer Theorienbildung Abweichungen von sozialen Normen wie Homosexualität, Masturbation, Alkoholismus u.a. unter den Begriff Krankheit subsumiert habe.

> "Eines steht fest: Jedesmal, wenn Psychiater eine neue Psychohygieneregel aufstellen, (. . .) so verbirgt sich dahinter nichts weiter als eine Strategie zur Erweiterung jener Kategorie von Menschen, die legitimerweise als geisteskrank bezeichnet werden können."[52]

Im Gegensatz zu Szasz versteht Laing den Wahnsinn durchaus als Krankheit; er leitet ihn ab aus einer sozialen und ontologischen Unsicherheit des Individuums, das aufgrund seiner Existenzangst sowohl in der Beziehung zu sich selbst als auch zu anderen gestört wird. In seiner "existenziellen Studie" definiert Laing das Wesen der Schizophrenie als Angst; er argumentiert vorwiegend anthropologisch und begründet von daher seine Kritik an Psychiatrie und Gesellschaft.

> "Das Individuum fühlt, daß es leer ist wie ein Vakuum. Aber diese Leere ist es selbst. Obwohl es andererseits ersehnt, daß diese Leere erfüllt werde, fürchtet es die Möglichkeit, daß dies passieren könnte, weil es zu fühlen begonnen hat, daß alles, was es je sein kann, dieses fürchterliche Nichts ebendieses Vakuums ist. Jeder 'Kontakt' mit Realität an sich wird dann erfahren als eine furchtbare Drohung, weil Realität, wie sie von dieser Position aus erfahren wird, notwendigerweise *implosiv* ist und so (. . .) in sich selbst eine Bedrohung der Identität ist, die das Individuum fähig ist, als die seine zu akzeptieren. Realität als solche, Verschlungenwerden oder Implosion androhend, ist der Verfolger."[53]

Mit seiner Implosionstheorie der Schizophrenie hat Laing am stärksten auf Augustin und Barnes gewirkt; beide stellen auch sein Therapiekonzept einer "Reise nach innen", zum Kern des wahren Selbst, dar. Im Wahnsinn liegt eine Wahrheit beschlossen, die unter allmählicher Überwindung der Angst aufgedeckt werden kann; sie ruht in Tiefen des Seins, die dem Normalen, der nicht als Therapeut mit auf die "Reise" geht, unzugänglich sind. Der Therapeut aber hat bei Laing die Aufgabe, den Kranken "tief in die Tiefe der dunklen Erde" zu begleiten und dort "das glänzende Gold" oder "die Perle auf dem Meeresgrund"[54] zu entdecken, die er gemäß dessen Aussagen voraussetzt. In seinen anderen Schriften hat Laing eher die sozial- und psychiatriekritischen Aspekte, die sich aus seiner Wahnsinnsauffassung ergeben, betont, weil er erkannte, daß er mit der Beschreibung "der eindringlichen Erfahrung anderer Dimensionen" schon "teilweise in die Falle ging"[5] – in die Falle einer Romantisierung des Wahnsinns, vor der Cooper ausdrücklich warnt, allerdings wohl kaum auf Laing bezogen, der ja, wie er meint, aufgrund rechtzeitiger Selbstkritik dieser Gefahr nicht erlegen ist.

> "Die gängige Romantisierung der Verrücktheit hat keine Zukunft. Die Politisierung der Verrücktheit ist unerläßlich, wenn wir eine Zukunft schaffen wollen."[56]

Wegen der "Politisierung der Verrücktheit" sind der Italiener Basaglia und seine Schüler berühmt geworden: Basaglias engagierter Kampf gegen die Mißstände in der Psychiatrie, gegen die Verwahrungsfunktion ihrer Institutionen, die er deren Charakter selbst und nicht menschlichem Versagen zuschrieb, und sein Eintreten für die Menschenrechte und Bedürfnisse der Kranken haben zunächst einen Modellversuch in Triest zur Folge gehabt[57]; dort wurde eine dezentralisierte Betreuung und Versorgung Geisteskranker in kleinen, gemeindenahen Häusern und Zentren erprobt, in demokratischen Therapiegemeinschaften, bis 1978 in Italien alle psychiatrischen Großanstalten und geschlossenen Abteilungen per Gesetz aufgelöst wurden.[58]

Schon aus diesen wenigen Beispielen sogenannter antipsychiatrischer Positionen geht hervor, daß die Antipsychiatrie nicht nur als Einheit gesehen werden kann; ihre Theorien sind untereinander ebenso zu differenzieren wie die in der etablierten Psychiatrie. Die Übergänge zwischen beiden psychiatrischen Parteien sind zudem fließend, denn sozialpsychiatrische und existenzialistische Ansätze wie die Basaglias und Laings sind in wichtigen Grundzügen durchaus nicht "anti"-psychiatrisch und auch nicht neu. Dennoch lassen sich Psychiatrie und Antipsychiatrie im großen und ganzen aufgrund ihrer unterschiedlichen theoretischen Prämissen und ihrer darauf beruhenden Krankheitsbegriffe deutlich unterscheiden[59]:

In der Antipsychiatrie stehen die krankmachende Gesellschaft und ihre Institutionen im Mittelpunkt des Interesses. Sie definiert das Pathologische mit Hilfe soziologischer oder sozialpsychologischer Kategorien als abweichendes Verhalten, was damit begründet wird, daß der Wahnsinn je nach Zeit und Gesellschaft inhaltlich ganz Verschiedenes umfaßt und auch eine ganz unterschiedliche soziale Wertigkeit haben kann. Die klassische Psychiatrie[60] hingegen erfaßt das Pathologische mit Hilfe von Kategorien, die aus der Körpermedizin entnommen sind, und begreift es als funktionale, möglicherweise physisch bedingte Störung des Individuums. Das wird damit begründet, daß es Geisteskrankheiten im engeren Sinne immer und überall gegeben hat, auch wenn sie verschieden benannt und bewertet wurden. Mögliche soziale Faktoren, die in der Genese der Krankheit eine Rolle spielen können, werden nicht ausgeschlossen, aber auch nicht als ausschlaggebende Ursachen angenommen. Eine grundsätzliche Kritik an Vernunft und Normalität, die aus dem Krankheitsbegriff der Antipsychiatrie resultiert, liegt für die traditionell orientierten Psychiater außerhalb ihres Kompetenzbereichs als Mediziner. Ihr Ziel ist es, den Kranken von seinen Störungen wenn möglich zu befreien und ihn in die Gesellschaft, wie sie ist, zu re-integrieren; eine rein kustodiale Psychiatrie vertritt heute in der Bundesrepublik zumindest theoretisch wohl kaum noch ein Psychiater. Die Antipsychiatrie versteht, wenn sie die Geisteskrankheit nicht völlig leugnet, unter Heilung eher die subjektive Integration von Wahnsinnserfahrungen in eine Art höhere Vernunft, die den Kranken nicht nur aus seiner Situation, sondern auch von dem, was sozial als normal gilt, emanzipiert. Sie argumentiert implizit oder explizit, daß der Wahnsinn als Geisteskrankheit verschwinde und/oder als eine Dimension menschlicher Erfahrung von Wirklichkeit ohne die Wertigkeit des Pathologischen akzeptiert oder bewußt werde, wenn der eigentlich Kranke, die Gesellschaft, gesunde. Dies gilt in der klassischen Psychiatrie als ein Verkennen der Krankheit und der Lage des Kranken, dem mit solchen Theorien nicht geholfen sei.[61]

Da die Ursachen der sogenannten endogenen Schizophrenien und schizophrenen Psychosen bis heute ungeklärt sind, erweisen sich sowohl der antipsychiatrische als auch der klassisch-psychiatrische Krankheitsbegriff in ihrer jeweiligen Bestätigung als abhängig von der Wahl der Perspektive:

> "In diesen Gegenpositionen zeigt sich das Dilemma der psychiatrischen Wissenschaftstheorie: Auf der einen Seite steht die klassische Psychiatrie, die nach dem Krankheitsbegriff, der dem systemtheoretischen analog ist, vorgeht. Hierbei ergibt sich die Gefahr, daß bei den Krankheiten, bei denen eine somatische Grundlage entweder noch nicht gefunden ist oder per definitionem nicht existiert (. . .), das ärztliche Handeln, insbesondere das diagnostische Vorgehen tautologisch und reifizierend sich abwickeln könnte. (. . .) Die Verfolgung der Gegenpositionen im Sinne der Antipsychiatrie führt dagegen zu dem Problem, daß Krankheit als normal und Normalität als krank eingestuft wird, eine Definitionsdiffusion, die den Patienten als Kranken nicht mehr ernstzunehmen in der Lage ist."[62]

Das wissenschaftstheoretische Dilemma der Psychiatrie, die ihren Krankheitsbegriff und ihre eigenen Grundlagen als hermeneutische Wissenschaft oder als Naturwissenschaft zu klären hat, kommt in den antipsychiatrischen Publikationen wenig, in den neuen Romanen und Erfahrungsberichten gar nicht vor. Dort gilt die antipsychiatrische Wahnsinnsauffassung als Wahrheit, von der aus Theorien der klassischen Psychiatrie nicht nur als falsch, sondern in Verbindung mit ihrer sozialen Funktion auch als Ausdruck der Wahrheitsverschleierung und damit als eine direkte Ursache der Mißstände in den Anstalten kritisiert werden können.[63]

Die antipsychiatrische Aufklärungsbewegung

Die einseitige literarische Rezeption der Antipsychiatrie entspricht deren Wirkung auf das Bewußtsein der Öffentlichkeit. Nachdem Frank Fischers Bericht erschienen war, begannen Politiker, Sozialarbeiter, Psychologen und vor allem Journalisten einen aufklärerischen Feldzug gegen die konkrete Misere in den psychiatrischen Großanstalten und gegen eine psychiatrische Praxis, die offensichtlich nicht der Heilung der Kranken diente. 1971 beauftragte die Bundesregierung eine Sachverständigen-Kommission damit, einen "Bericht über die Lage der Psychiatrie in der Bundesrepublik Deutschland" vorzulegen. Bis zu 2000 Wissenschaftlern arbeiteten vier Jahre lang an diesem Mammutunternehmen, das dann als sogenannte "Psychiatrie-Enquete" 1975 vom Bundesgesundheitsministerium herausgegeben wurde.[64] Es stellte sich in Zahlen heraus, daß vor allem die Lage der chronisch Kranken in der Tat desolat war; schon in einem Zwischenbericht wurde gefordert,

> "(. . .) daß die Beseitigung grober inhumaner Mißstände unbedingt jeder Neuordnung der Versorgung psychisch Kranker und Behinderter vorauszugehen hat."[65]

Und diese Forderung wurde auch und gerade von der etablierten Psychiatrie vertreten, vereinigt in der "Deutschen Gesellschaft für Psychiatrie und Nervenheilkunde", die sich von dem neuen öffentlichen und politischen Interesse an den bis dahin weitgehend unbeachteten Anstalten und deren Insassen umfassende konkrete Reformen erhoffte.[66] Einige grobe Mißstände, z.B. was allein die Verwahrlosung von Anstaltsbauten betrifft, wurden auch abgeschafft. Ebenfalls wurden, in Anlehnung an ein nordrheinwestfälisches Gesetz von 1969, in Hamburg 1977 und in Schleswig-Holstein 1978 neue Ländergesetze formuliert und verabschiedet, in denen die Aufgabe der Psychiatrie zu heilen ausdrücklich neben die Aufgabe zu verwahren gestellt wurde.[67] Die in der Enquete geforderte Auflösung der Großanstalten hat allerdings bis auf Modellversuche nicht stattgefunden – und das lag zunächst weniger an der stets kritisierten etablierten Psychiatrie als vielmehr an der Eigenart der Enquete selbst. Dies wird bereits deutlich in der Präambel, wo es heißt:

> "Verglichen mit der Entwicklung in vielen anderen Ländern und verglichen mit den Empfehlungen der Weltgesundheitsorganisation, sind die Probleme seelischer Gesundheit und Krankheit im öffentlichen Bewußtsein der Bundesrepublik um wenigstens ein Jahrzehnt verspätet wahrgenommen worden."[68]

Und gemäß diesem verspäteten, aber desto intensiveren öffentlichen Problembewußtsein, das sich nicht nur auf die Geisteskranken, sondern auch und vor allem auf psychische Krankheit und Gesundheit im allgemeinen bezog, erarbeitete die Sachverständigen-Kommission nicht nur Vorschläge in bezug auf Anstaltsreformen, sondern auch in bezug auf eine umfassende psychotherapeutisch/psychosomatische Versorgung der Bevölkerung überhaupt. Ausgehend von der Feststellung, daß, wohl bezogen auf den Zeitraum der 70er Jahre, in der Bundesrepublik

> "(. . .) rd. 20 Millionen Menschen andauernd, wiederholt oder wenigstens einmal während ihres Lebens in irgendeiner Form unmittelbar betroffen (. . .)"[69]

von psychischer Krankheit waren oder sind, stellt die Enquete ein so umfassendes sozialpsychiatrisches Modell zu ihrer Erfassung und Behandlung vor, daß ihr "Versuch einer perfekten technokratischen Lösung" eines Gesamtproblems in eine öffentliche, politische und innerpsychiatrische Diskussion über Prioritäten von Reformvorschlägen statt zu deren Verwirklichung führen mußte.[70] Gemessen an dem ursprünglichen Motiv zur Einsetzung einer Sachverständigen-Kommission, nämlich einer Verbesserung der Lage Schwerst- und chronisch Kranker und Behinderter, kann die Enquete insgesamt eher als Antwort auf eine Gesellschaft, die Probleme mit der eigenen psychischen Gesundheit hat, denn als Antwort auf die Probleme innerhalb eines engeren psychiatrischen Aufgabenfeldes betrachtet werden. Und die Sondervoten der etablierten Psychiatrie im Anhang zur Enquete machen auf die Gefahren, die sich aus deren umfassenden Ansprüchen für eine praktische Realisierung der Reformvorschläge ergeben, bereits 1975 aufmerksam.[71]

Vor dem Hintergrund des öffentlichen Interesses an der Anstaltsmisere und des Problems von psychischer Krankheit und Gesundheit, das seit Anfang der 70er Jahre zunehmend bewußt wurde, ist die breite öffentliche Rezeption der Antipsychiatrie verständlich. Sie bietet, anders als die klassische Psychiatrie, Erklärungen sowohl für psychische Störungen als auch für Geisteskrankheiten im engeren Sinne an, indem sie diese in einen dynamischen Zusammenhang der Soziogenese stellt, die Ursachen in der gesellschaftlichen Normalität selbst sucht und so das ideologiekritische Instrumentarium liefert, psychische Krankheiten und Geisteskrankheiten als adäquate individuelle Reaktionen auf eine Gesellschaft zu sehen, die den Einzelnen durch Anpassung an ihre Mechanismen beherrscht und unterdrückt. Das stand Ende der 60er Jahre zur Aufklärungsdebatte an, als die antipsychiatrischen Publikationen übersetzt und durch die Medien popularisiert wurden. Richtig populär aber wurde das antipsychiatrisch beeinflußte Denken erst nach dem Erscheinen der Enquete: In Sachbüchern, Fernsehbeiträgen, Zeitschriftenartikeln und Kinofilmen[72] werden seitdem immer wieder der Staat, die Gesellschaft und die etablierte Psychiatrie verantwortlich gemacht für die Genese des Wahnsinns, die Mißstände in den Anstalten, die mangelhaften konkreten Reformansätze und psychische Krankheiten generell.

Das heißt, auch unabhängig von den neueren Romanen und Erfahrungsberichten wurde und wird die Antipsychiatrie weitgehend als wissenschaftlich abgesicherte Erkenntnis über Wahnsinn und Gesellschaft rezipiert, ungeachtet der innerpsychiatrischen Probleme mit dem Krankheitsbegriff. Beachtet man nun zusätzlich die ungefähre Gleichzeitigkeit, mit der die antipsychiatrischen Publikationen und ein Teil der ausländischen Romane zunächst entstanden sind[73], die Verspätung, mit der beide auf den deutschen Markt kamen, und die Verspätung der deutschen Autoren, so ist folgendes festzustellen: Erstens ist die einseitige Rezeption der Antipsychiatrie in der neueren Literatur bereits eine sozial vermittelte; die Autoren sind nicht psychiatrisch-wissenschaftlich, sondern sozialkritisch interessiert und übernehmen das Wahnsinnsmodell, das diesem Interesse gemäß ist. Zweitens sind sie in diesem Interesse bereits selbst sozial geprägt, indem sie eine latente oder schon offensichtliche Bereitschaft der Gesunden teilen, den Wahnsinn als sozial bedingte Krankheit und nicht als offenes Problem zu sehen.

Umdeutungen des Wahnsinns in der Literatur

So erscheinen die Wahnsinnsdarstellungen in der Literatur nicht nur als Zweck einer kritischen Aufklärung über die Krankheit, die Situation der Kranken und die Inhumanität von Gesellschaft und etablierter Psychiatrie, sondern auch als Mittel zum Zweck einer Aufklärung der Gesunden über sich selbst. Sozial- und Psychiatriekritik haben ja nicht die Funktion, den Wahnsinn als unerforschtes Phänomen zu zeigen und das Selbstverständnis der Psychiatrie zu problematisieren – vielmehr hat der Wahnsinn die Funktion, die Kritik zu legitimieren. Und das geht nur, wenn der antipsychiatrische Krankheitsbegriff als absolute Wahrheit vorausgesetzt wird. Wie problematisch das in bezug auf die außerliterarische Realität der Geisteskranken ist, geht sehr deutlich hervor aus dem, was die Autoren *nicht* darstellen, und aus den Umdeutungen, denen die Geisteskrankheit als Wahnsinn in der Literatur unterzogen wird.

Nicht beschrieben werden organische Psychosen oder Demenzen wie etwa senile Hirnkrankheiten oder Psychosen bei Gehirninfektionen; genauso wenig erscheinen katatone Formen der Schizophrenie.[74] Wirklich schwere Fälle, die nicht ins Bild passen, werden auch nicht dargestellt, so daß eine Psychiatrie, deren Vertreter sich nicht in die Kranken einfühlen können, auch leicht zu verurteilen ist. Kesey macht es sich wie Szasz in dieser Beziehung am einfachsten: Im "Kuckucksnest" sitzen nur mehr oder weniger Gesunde, an denen die Geisteskrankheit als Mythos der Psychiatrie sehr einleuchtend demonstriert wird. Barnes, Cardinal, Erlenberger und Rheta Schreiber hingegen beschreiben Erfahrungen und Krankheitsbilder als Wahnsinn, die in der klassischen Psychiatrie eher zum Formenkreis der Neurosen als zu dem der schizophrenen Psychosen gezählt werden und sowieso als weitgehend seelisch bedingt und durch die Lebensgeschichte verursacht gelten. Hysterische Neurosen, Zwangsneurosen und Magersucht sowie schwere Hysterien, die als Spaltung im Ich erfahren werden, sind wie die Schizophrenie selbst als Wahnsinn bezeichnet, so daß es dann auf der Hand liegt, Familie, Gesellschaft und Psychiatrie als Ursachen von Geisteskrankheiten darzustellen oder doch wenigstens diese Ansicht beim Leser hervorzurufen.

> "Das Entscheidende an diesem Vorgehen ist, daß es dem Leser die Überzeugung suggeriert, der pathologische Fall in der Psychiatrie sei eine (. . .) Erfindung, mit deren Hilfe der diagnostizierende Andere sich der Verantwortung am Leiden seines Gegenüber zu entziehen strebe oder sich bemühe, gesellschaftliche Widersprüche und die Stabilität gegebener Verhältnisse in Frage stellende Verhaltensweisen umzudeuten bzw. zu vernebeln."[75]

Diese Kritik an der Antipsychiatrie trifft auch auf die Literatur zu – wobei den ehemals kranken Autoren ihre "Verballhornung psychopathologischer Termini"[76] jedoch nicht vorzuwerfen ist. Denn sie haben ihre Krankheit ja wirklich als Wahnsinn und die Umdeutung und Vernebelung ihres Leidens durch die Umgebung tatsächlich erfahren. Bezeichnend ist nur, daß bei Cardinal und Rheta Schreiber eine psychoanalytische Therapie Erfolg hat, daß Erlenberger in der Anstalt selbst, wo also die Ärzte nicht so besonders borniert sein können, ihren Bericht schreibt und daß auch Barnes auf ihrer "Reise" psychologisch verstehbar bleibt. Für die klassische Psychiatrie sind nicht solche Fälle das Problem – sie wäre in der Sache einverstanden! –, sondern die suggestive Begriffsverwischung in der Rede vom Wahnsinn, wo psychische Krankheit und Geisteskrankheit nicht unterschieden werden.

Eben diese Unterscheidung suggerieren Kipphardt und Augustin in ihren Romanen als eine Erfindung der Psychiatrie – nicht, indem sie unterschiedslos verschiedene Krankheitsbilder als Wahnsinn, sondern umgekehrt: indem sie schizophrenes Erleben als psychologisch zugänglich darstellen und das als Wahrheit über die Schizophrenie verallgemeinern.

Die Tatsache, daß es unverständliche und unzugängliche schizophrene Psychosen gibt, die bei aller Gefahr einer tautologischen Diagnostik nur nach Symtomen klassifiziert und therapiert werden können, wird von Augustin dadurch aus seinem Roman geschafft, daß er sein "Wahrnehmungstraining" an einem Einzelfall beschreibt, in dem es auch Erfolg hat. Die Patientin, um die es geht, ist seine Frau – und in das vierstündige "Wahrnehmungstraining" als Rahmenhandlung des Romans wird, in assoziativer Rückschau des Psychiaters, dessen eigene Lebensgeschichte so geschickt verwoben, daß der Leser schließlich kaum noch wahrnehmen kann, daß das Bild einer einzigen Schizophrenen übertragen wird auf alle:

> "Die Patienten sind (. . .) Ballast und Schlacken losgeworden, sie haben geschwitzt, (. . .) sie sind leichter geworden. Durchsichtiger und rosiger. Und schöner (. . .). Die eigentliche Prozedur aber findet natürlich nur im geistigen Bereich statt."[77]

Dabei werden die in der Rückschau beschriebenen Anstaltsinsassen, die schweren Fälle, die der Schocktherapie unterzogen wurden, völlig außer acht gelassen; sie passen nicht ins Bild. Dargestellt wird also eine verständliche und geliebte Schizophrene in des Ich-Erzählers therapeutischer Wunderwelt, in die nur wenige Einlaß finden. Und dadurch wird Augustins Anstaltskritik in den autobiographischen Erinnerungen zu einer Assoziation unter anderen, die zwar vom gegenwärtigen exklusiven und existenziellen Arzt-Patient-Verhältnis ausgelöst wird, dieses aber nicht mehr relativierend beeinflußt. Für die vielen Kranken hat der Arzt, der die Anstalt als Institution ablehnt, keinen Platz in seinem mit Wasserfällen und Schlingpflanzen ausgestatteten Haus.

Kipphardt hingegen sichert seine Kritik an der klassischen Psychiatrie und deren Krankheitsbegriff dadurch ab, daß er den real existierenden Schizophrenen Ernst Herbeck zur Hauptfigur seines Romans macht. Herbeck, der sich selbst Alexander nennt und bekannt wurde durch seine Gedichte, die sein Psychiater Leo Navratil für ihn herausgibt[78], wurde bei Kipphardt zu Alexander März – und seine schriftlichen und mündlichen Äußerungen sind im Romanzusammenhang so eingearbeitet und psychoanalytisch zurechtgestutzt, daß der Kranke sich dem Leser als Krankgemachter präsentiert. Herbeck selbst schreibt rätselhaft, häufig ziemlich hermetisch und unzugänglich wie etwa in folgendem Gedicht:

> "Das Kind.
> In der Waldheimat der Horner-
> gegend ist ein Kind in der Nacht.
> die die Natur – ist o so herrlich.
> Das Kind. so gefährlich."[79]

Bei Kipphardt heißt es dann:

> "Das Kind
> Das Kind wird unter Aufsicht der Eltern
> geboren und kommt in eine Anstalt, wo es
> sich an die Ordnung gewöhnen soll."[80]

Eine solche, literarisch gesehen durchaus legitime, unter dem Aspekt der aufklärerischen Intention gesehen illegitime Umdeutung zeigt deutlich, wie der Wahnsinn in der Darstellung von vornherein auf einen der Antipsychiatrie gemäßen Sinn reduziert wird, von dem aus sich dann mühelos eine Kritik an Psychiatrie und Gesellschaft entfalten läßt.

Das Gemeinsame bei allen Autoren ist ihre Darstellung des Wahnsinnigen als Identifikationsfigur, erreicht durch Begriffsverwischungen und Umdeutungen der Geisteskrankheit. Dadurch erscheint der Wahnsinn als Möglichkeit eines jeden Gesunden, was die Beschreibungen von positiven, für beide Seiten emanzipativen Arzt-Patient-Verhältnissen und auch die Gesellschafts- und Psychiatriekritik doppelt einleuchtend macht. Wie auch immer die Umdeutungen beschaffen sind: der psychiatrisch nicht vorgebildete Leser kann die Wahnsinnsdarstellungen kaum als Deutung subjektiver Erfahrungen oder als eine nur mögliche, nicht unbedingt wahre Interpretation der realen Kranken begreifen. Sie müssen ihm im Zusammenhang mit den konkreten Mißständen in den psychiatrischen Institutionen und der allgemeinen antipsychiatrisch beeinflußten Aufklärung in den Medien im ganzen als realistisch erscheinen. Das sind sie auch – nur nicht in bezug auf eine außerliterarische Wahrheit des Wahnsinns, sondern in bezug auf die außerliterarische soziale Ausgrenzung der Kranken, das Desinteresse vieler Psychiater an einer Reflexion ihrer sozialen Funktion und ein Erklärungsmodell für den Wahnsinn, das sich im öffentlichen Bewußtsein zunehmend durchsetzen konnte, weil es auch psychische Störungen der Nicht-Wahnsinnigen einleuchtend als Resultat einer gesellschaftlich, nicht individuell bedingten Entfremdung des Individuums von sich selbst bewußt machen kann.

Die psychiatrische Gegenaufklärung

Angesichts der einseitigen Rezeption der Antipsychiatrie in Literatur und Öffentlichkeit ist es nur konsequent, daß die etablierte Psychiatrie zur Gegenaufklärung angetreten ist und dabei auf ziemlich verlorenem Posten kämpft. Denn während Kritiker aus den eigenen Reihen wie Laing oder Basaglia, oder Soziologen wie Scheff im Gegensatz zu unkritischen Antipsychiatern wie Szasz immerhin noch ausdrücklich betonen, daß sie ihre Krankheitsauffassungen nicht für alleingültig halten, sondern verfestigte Denkmuster in der Psychiatrie aufbrechen und neue Wege der Forschung zeigen wollen, sind die verschiedenen Ansätze in der Popularisierung so verflacht und verallgemeinert worden, daß die Psychiater sich gegen eine neue Ideologie wehren müssen. Das Problem dabei ist, daß alles, was sie sagen, von seiten antipsychiatrisch beeinflußter Aufklärer sofort selbst als Ideologie abqualifiziert werden kann – was auf beiden Seiten in Bunkermentalitäten führen mußte.[81]

> "Eine wissenschaftliche Auseinandersetzung mit der 'herrschenden Lehre' der deutschen Psychiatrie ist nicht nötig. Diese 'Wissenschaft' hat ebensowenig ein Recht, uns auf den Fortschritt ihrer Anstrengungen zu verweisen, wie auch die SS-Skelettforscher nie ein Recht hatten, ihre Forschungen zu Ende zu führen. Die Vernichtung des rebellisch Unbewußten im Namen des Staates ist nach wie vor Inhalt der Psychiatrie. Insofern mußte das faschistische Euthanasieprogramm der Psychiatrie nicht erst aufgezwungen werden."[82]

So Renate Wolff und Klaus Hartung im "Kursbuch" 28 von 1972, die Borniertheit als Ideologiekritik verkaufen und die deutsche Psychiatrie pauschal aburteilen, indem sie ihr z.B. die sowjetische als wahrhaft humane gegenüberstellen.[83] In der Folgezeit ist unter Laien der Gedanke von Szasz und anderen Antipsychiatern, daß zum

Lesen ihrer Bücher "kein spezielles Fachwissen und keine besondere Vorbereitung"[84] nötig seien, nur allzu bereitwillig aufgenommen worden in der plausiblen, auch bei Kipphardt und Erlenberger zu findenden Einsicht, daß Fachwissen an sich Herrschaft über den Kranken sei. Gerade ein solcher "Tenor einer rasch populär gewordenen feuilletonistischen Psychiatrie"[85] hat aber in den Augen vieler Psychiater dazu geführt,

> "(. . .) eine ärztliche Disziplin pauschal zu diffamieren, von der sich in unserem Lande fünf bis sechs Millionen Menschen nolens volens die dringend benötigte Hilfe erwarten."[86]

Ohne den Druck der öffentlichen Meinung hätten sie vielleicht nicht begonnen, die Antipsychiatrie kritisch ernstzunehmen und die eigenen Theoriebildungen nolens volens auf ihre Voraussetzungen hin zu überprüfen. Andererseits scheint aber eben der Druck der öffentlichen Meinung bewirkt zu haben, daß die notwendige wissenschaftstheoretische Selbstreflexion erschwert oder verlangsamt wurde durch eine weitgehende Anti-Haltung zur Antipsychiatrie, die vor allem in ihrer popularisierten Form leicht widerlegt werden kann.

Die wohl ausführlichste, wenn auch nicht gerade ausgewogenste Kritik an der Antipsychiatrie verfaßte, gleichzeitig mit ihrer ersten Gesamtdarstellung, der schon mehrmals zitierte Psychiater Johann Glatzel; er versuchte, für die Öffentlichkeit "das als Unsinn namhaft zu machen, was anders nicht zu bezeichnen ist."[87] Seine Hauptvorwürfe, die sich auch auf die neueren Romane und Erfahrungsberichte beziehen lassen, sind folgende:

Der Antipsychiatrie eignen "ein munter unkritischer Eklektizismus und fehlende Originalität"; unter der "Unzahl der Veröffentlichungen"[88], gibt es nur ganz wenige Originalbeiträge, die auf eigenen Forschungen und Beobachtungen der Autoren beruhen, unter den deutschen Publikationen überhaupt keine. Die meisten Autoren schreiben voneinander ab, wobei dann die wenigen echten Forschungsbeiträge verfälscht und unangemessen interpretiert werden. Dazu kommt, daß die Antipsychiatrie häufig das von ihr bekämpfte klassisch-psychiatrische Schrifttum gar nicht kennt, sondern in einer "erklärt a- und antihistorisch eingestellten Haltung" ihre eigenen "historischen Wurzeln"[89] verkennt, indem sie "in bisweilen arg entstellter Form in einem seichten zweiten Aufguß rekapituliert"[90], was in der Psychiatrie schon viel früher gedacht und praktiziert wurde. Die Antipsychiatrie kann eine Soziogenese schizophrener Psychosen nicht nachweisen und verwischt nicht nur alle fachwissenschaftlichen Termini, sondern verwechselt auch Krankheit und Fehlverhalten oder abweichendes Verhalten im soziologischen Sinn.

> "Die antipsychiatrischen Vorstellungen über die Ursachen der Geisteskrankheiten bleiben reine Spekulation, die ihre Basis in Unkenntnis, Mißverständnissen und der Verabsolutierung einzelner Aspekte sozialpsychiatrischer Arbeitshypothesen hat."[91]

Das ist nach Glatzel deswegen gefährlich, weil im Glauben an eine Soziogenese der Schizophrenie eine "letztlich wohl nur biologisch zu denkende Disposition"[92] einiger Weniger ausschlaggebend sein muß dafür, daß diese schizophren werden und andere unter gleichen sozialen Umständen nicht. Hier trifft der Psychiater einen der wundesten Punkte der Antipsychiatrie, den diese in ihren Theorien weitgehend ausspart; er wird auch in der sozialkritischen Unterhaltungsliteratur nicht bedacht. Aber er bietet sich an, sehr polemisch benutzt zu werden: Glatzel bringt ihn in Verbindung mit historischen Entartungslehren in der Psychiatrie. Und schon allein der Gebrauch des Wortes "Entartung" im Zusammenhang mit der Antipsychiatrie zeigt deutlich, daß diese nicht nur kritisiert, sondern auch unkritisch diffamiert wird. Eben wegen der pauschalisierenden und verzerrenden Polemik, in die seine berechtigte Kritik ausufert, gelingt es Glatzel nicht, die Antipsychiatrie als "Unsinn namhaft zu machen" – im Gegenteil: Die Haltung des Kritikers selbst verweist darauf, daß die antipsychiatrischen Gegenpositionen ernstzunehmen bleiben.

Schließlich wird die Antipsychiatrie als eine spätromantische Bewegung charakterisiert aufgrund der Tatsache, daß sie eine absolute Wahrheit nicht beim Gesunden, sondern nur beim Wahnsinnigen sieht.

> "Schizophrene und Gesellschaft stehen im Verhältnis von Märtyrer und Henker zueinander. (. . .) Die Möglichkeit, nicht die Anderen, sondern der Geisteskranke könnte irren, wird ernsthaft nicht erwogen, eben das Schizophrensein weist den Kranken als im Besitze der Wahrheit befindlich aus."[93]

Wo diese Wahrheit über das Sozialkritische hinaus anthropologisch begründet wird, huldigt die Antipsychiatrie einem Begriff von Totalität, in der alle verstandesmäßigen Widersprüche aufgehoben sind. Es ist ein deutscher Hang zu Irrationalität und Totalität, der nach Glatzel zur "mystischen Überhöhung der Krankheit"[94] als eigentlicher Gesundheit führt. Häufig fassen Antipsychiater, wie z.B. Laing, die Schizophrenie als eine Entdeckungsreise von der Außenwelt in die Innenwelt auf, von der äußeren Zeit in eine innere – was, verglichen mit der Selbstentfremdung bis zum Ausbruch der Krankheit, in den "einzelnen Schritten eines Erfahrungsdramas" einem "natürlichen Heilungsprozeß"[95] entsprechen soll. Darin erkennt Glatzel

> "(. . .) jenen Gang zu den Müttern wieder, der immer dann angetreten wird, wenn sprachliche und gedankliche Kraft der rauhen Wirklichkeit an der Oberfläche nicht gewachsen sind."[96]

Er versteht die antipsychiatrische Sinngebung des Wahnsinns als Königsweg der inneren Erfahrung einer wesenhaften Tiefe subjektiver und objektiver Natur ganz dezidiert als konflikt- und problemverschleiernd in bezug auf psychiatrische Fragestellungen und die Wirklichkeit der Kranken. Wenn die Antipsychiatrie

> "(. . .) trotzdem so ungewöhnlich populär werden konnte und sich bei den Gebildeten unter den Verächtern der Psychiatrie einer so erstaunlichen Beliebtheit erfreut, so kann sich dieser Ruhm nicht aus den (. . .) Beiträgen zu eigentlich psychiatrischen Fragestellungen herleiten. Die Faszination ergibt sich ganz offenbar aus ihrer Philosophie, der die genannten klinischen, ätiologischen und praktischen Spekulationen und strategischen Konzepte erst nachträglich untergeschoben wurden mit den Ziel, den philosophischen Überbau zu rechtfertigen und zu begründen."[97]

Ist diese Kritik auch sehr einseitig, weil sie sowohl die wissenschaftstheoretischen Implikationen der Antipsychiatrie für die "eigentlich psychiatrischen Fragestellungen" als auch die Tatsache übergeht, daß sie und nicht die klassische Psychiatrie die internierten Kranken und die Anstalten selbst ins soziale Blickfeld stellen konnte, so ist sie doch auch einleuchtend: Glatzel führt die Popularität der Antipsychiatrie zurück auf ein Bedürfnis von Gesunden nach einer Transzendierung der rauhen Wirklichkeit, zu deren Wesen der Kranke Zugang haben soll. Von der Auffassung des Wahnsinns als Wahrheit her erscheint die antipsychiatrische Sozial- und Psychiatriekritik in der Tat nicht nur als eine Auseinandersetzung mit konkreten Mißständen und Problemen, sondern auch als Rechtfertigung und Begründung einer unausgesprochenen Sehnsucht nach dem Ursprünglichen, All-Einen und Widerspruchsfreien im vorrational Ununterschiedenen. Und so wird der Schizophrene zur Identifikationsfigur nicht nur als Krankgemachter, sondern auch als jemand, der dem Gesunden vom Wesen der Wirklichkeit kündet.

Nimmt man Glatzels Argumente, abgesehen von seiner Polemik, ernst, dann ist die populäre Verabsolutierung der Antipsychiatrie auch sozialpsychologisch zu begründen: Sie impliziert ein Interesse der Gesunden an Erfahrungen, die rational nicht zu machen sind, und Bedürfnisse nach einer absoluten Wahrheit, in der die sozial bedingte Selbstentfremdung des Individuums aufgehoben ist.

Wahrheiten des Wahnsinns: Literarische Projektionen

Auch die Aspekte, die Glatzel "spätromantisch" nennt, finden sich in der sozialkritischen Unterhaltungsliteratur zum Thema Wahnsinn, und zwar sowohl immanent als auch in bezug auf ihre Vermarktung als Lesestoff. Die Wahnsinnsdarstellungen haben in der Literatur über ihre sozial- und psychiatriekritische Funktion hinaus die Funktion, extreme Selbsterfahrungen zu vermitteln, die nur existentiell zu machen sind. Im Wahnsinn erfährt das Individuum den wahren Kern aller subjektiven und objektiven Wirklichkeit – was seine Krankheit ausmacht, denn die Erfahrung des Wahren, für die Gesunden verschleiert, ist zerstörend. Die Zerstörung aber wird in den meisten Fällen nicht als endgültig, sondern als Voraussetzung für die Entwicklung eines neuen Ich geschildert. So erscheint der Wahnsinn sowohl als Basis der Ratio, die eine krankmachende Gesellschaft vertritt, wie auch als Basis der neuen Vernunft, zu der sich das genesende Individuum emanzipiert, das seine Erfahrungen integriert. Das aber bedeutet, daß in der Literatur die klassisch-psychiatrische Wahnsinnsauffassung wie bei Szasz als Mythos bekämpft wird, indem ihr ein anderer Mythos entgegengesetzt wird: ein Mythos, in dem sich die Ansprüche und Bedürfnisse des Subjekts kristallisieren.

Die "Reise" durch den Wahnsinn als Ich-Erfahrung mit außersubjektivem Wahrheitswert beschreiben Barnes, Cardinal, Green und Erlenberger. In der Krankheit lernen sie Gefühle, Wünsche und Bedürfnisse kennen, zu denen sie sich im Prozeß der Heilung bekennen. Dieser Prozeß ist einer der Läuterung und Reinigung des Ich, eine Transformation der chaotischen und zerstörenden Wahnsinnserfahrungen in ein neues Bewußtsein, das den neuen Menschen schafft und darüber hinaus eine neue soziale Wirklichkeit:

> "Vor mir die Sackgasse, die Straße, die Stadt, das Land, die Erde und die Lust zu leben und aufzubauen. Einige Tage später war es Mai 1968."[98]

So enden Cardinals Psychoanalyse und ihr Roman, in dem wie bei den anderen ehemals kranken Autoren der Wahnsinn als Katharsis des Ich verstanden wird. Das erlaubt dem Leser nicht nur eine Identifikation mit den Leiden der Betroffenen, sondern auch eine angenehme Bewußtseinserweiterung; er kann einen

> "(. . .) Blick in die Alptraumwelt psychotischen Fühlens und zugleich in jene banalen Schrecknisse familiärer Alltäglichkeit, denen der sogenannte Geisteskranke ein solches Inferno vorzieht (. . .)"[99],

werfen und das "Inferno" gleichzeitig als schrecklich, persönlichkeitsfördernd und selbstgewählt betrachten. Denn die Rede vom "sogenannten" Geisteskranken impliziert, daß dieser es "vorziehen" kann, krank zu werden – und der Wahnsinn erscheint in den Erfahrungsberichten auch tatsächlich als Vorzug der Selbstfindung, was die Sozial- und Psychiatriekritik zumindest relativiert. Daß diese weniger gut zu vermarkten war als die Wahrheit des Wahnsinns im Zeichen subjektiver Auserwähltheit, wußte Rowohlts Lektor wohl ziemlich gut; im Klappentext wird Erlenbergers Bericht angepriesen als Aufklärung "aufs radikalste", und der Wahnsinn wird als Privileg vorgestellt, was der Meinung der Autorin während ihres Anstaltsaufenthaltes entspricht.

> "Maria Erlenberger legt eine Konfession von großer, allgemeiner Bedeutung vor. Ihr Buch (. . .) unterscheidet sich *wesentlich* von den noch so kenntnisreichen und engagierten Reporten mitleidsvoller Rechercheure aus den immer größer werdenden Bereichen fürsorgeabhängiger De-Personalisation. (. . .) Stößt schon die Methode (. . .) auf Verständnislosigkeit, so erst recht das Ziel, das (sic) dieser Einsatz einer *ganzen* Person (. . .) gilt: dem 'Privileg', als wahnsinnig gelten zu dürfen. (. . .) Und kann Zurechnungsfähigkeit gegenüber der sogenannten Unzurechnungsfähigkeit wirklich noch so erstrebenswert sein?"[100]

Hier zeigt sich am deutlichsten, wie berechtigt Glatzels Kritik an der Antipsychiatrie ist: Sie ist zum Jargon geworden, in dem die Krankheit und die Situation der Kranken nicht mehr interessieren, aber Bedürfnisse der Gesunden nach existentiellen Erlebnissen marktgerecht angesprochen werden.

Diese Bedürfnisse kommen auch bei Kipphardt und Augustin im Spiegel der positiv gezeichneten Arzt-Patient-Verhältnisse zum Ausdruck. Kipphardts Roman beginnt und endet mit März als Christusfigur, dem der Arzt Kofler gegenübersteht:

> "Er sieht einen nackten Mann, gekreuzigt im Apfelbaum, die Seite blutbeschmiert, Hände und Füße durchbohrt, auf dem Kopf ein goldener Lorbeerkranz. Es ist sein Patient Alexander März."[101]

Das Bild vermittelt, daß der Schizophrene die Sünden der Welt auf sich nimmt; sein Opfertod zum Schluß des Romans führt Kofler die eigene Schuld und dem Leser die Schuld der Normalen vor Augen.

> "Da öffnet der Gekreuzigte die Augen und zündet sich wie damals eine Zigarette an. Eine wilde Feuersbrunst fährt über März und den ganzen benzinübergossenen Baum, in dem man März nicht mehr sieht."[102]

Das Leiden des Schizophrenen wird in seiner Heiligung verklärt; Kipphardt ersetzt die bei den ehemals kranken Autoren dargestellte Auferstehung aus dem Wahnsinn im Prozeß der Heilung durch den Kreuzestod des Wahnsinnigen und schließt damit nicht nur Koflers sozial- und psychiatriekritische Reflexionen über die Sündenbockfunktion des Kranken ab, sondern deutet auch an, daß das Reich des schizophrenen Dichters nicht von dieser Welt ist. März wird geadelt, nicht Kofler mit all seinen Bemühungen, ihn zu verstehen; dieser resigniert in der Welt der Normalen, jener wird erlöst.
Bei Augustin stellt sich die Erlösung aus den Zwängen der Normalität anders dar: Sie ist in der Welt durch Aufhebung der Welt möglich, und zwar durch eine Entgrenzung des Ich-Bewußtseins in einer mystischen Vereinigung mit dem Allbewußtsein, während der das Ich die ganze Welt in sich hineinziehen kann.

> "Du sollst dich konzentrieren, aber *nicht* auf dein Inneres, deine Nervenenden oder Chakras (. . .). Sondern, sagte Ashram Miram, (. . .) du sollst dich darauf konzentrieren, 'daß es dich gar nicht gibt'."[103]

Es ist die Erfahrung des "Samadhi auf direktem Weg", die der Ich-Erzähler in der Rückerinnerung beschreibt. Die Methode einer blitzartigen "Reise" ins Wesenhafte als "sausende Talfahrt"[104] des Ich hat er bei einem indischen Yogi gelernt. Und die Wahrheit der Schizophrenie liegt in eben der Entgrenzung des Bewußtseins, in der unterschiedslos alles real ist. Der Kranke muß in der Therapie nur die Angst, nicht seine Wahninhalte verlieren, um sein Erleben als befreiende Vereinigung mit der absoluten Realität wahrnehmen zu können.

In der Sinngebung des Wahnsinns über die seiner Soziogenese hinaus spiegeln die Autoren ein Krankheitsverständnis, das in der Tat romantisierende Aspekte zeigt. Aber was aus der Perspektive der klassischen Psychiatrie als neue anti-aufklärerische Ideologie erscheint, kann aus der Perspektive einer Selbstvergewisserung der Gesunden über ihr Leben in der Gesellschaft durchaus auch als aufklärerisch verstanden werden: Im positiven Mythos des Wahnsinnigen als Seismographs einer inhumanen Gesellschaft und, in seiner seismographischen Qualität, als eines besonders sensiblen Menschen, der näher an der Wahrheit ist als die Nicht-Wahnsinnigen, können Erfahrungen zum Ausdruck kommen und dargestellt werden, die mit den Geisteskranken an sich wenig zu tun haben. Das wird augenfällig, wenn man die antipsychiatrische Aufklärungsbewegung in der Bundesrepublik im Zusammenhang mit einer ganz anderen Aufklärungsbewegung sieht: der psychologischen, die wie die Antipsychiatrie auch erst mit der charakteristischen deutschen Verspätung populär wurde.

Der Psychoboom

Ungefähr seit Mitte der 70er Jahre werden in der Bundesrepublik neue, hauptsächlich in Kalifornien entstandene und entwickelte Theorien und therapeutische Konzepte psychologischer Art stark rezipiert und kommerzialisiert; ein regelrechter Markt für Psychotherapien ist entstanden.

> "(. . .) Selbstanalyse, Psychodrama, Urschreitherapie, Gestalttherapie, transaktionale Analyse, Hypnose, Selbsthypnose, Bioenergetic, Rolfing, Konzentrationstraining, Autogenes Training, Encountergruppen, Marathongruppen, sinnliche Erweiterung, Aggressionstraining, Realitätstherapie, rational-emotive Therapie (RET), Yoga, T'ai Chi Ch'uan, Astrologie, Scientology, Bewußtseinserweiterung, transzendentale Meditation, Zenbuddhismus, Tantra usw."[105]

– all das wird Suchenden, die in ihren bisherigen Norm- und Wertvorstellungen erschüttert sind, angeboten. Therapiezentren und -institute, in denen diese Richtungen der Psychologie praktiziert werden, sind wie Pilze aus dem Boden geschossen[106]; sie haben häufig mit der etablierten akademischen Psychologie, die neue amerikanische Theorien nur zögernd aufnahm und sie mit Recht auch als großenteils ideologische Heilslehren kritisiert, nur wenig zu tun.[107] Aber die Kritik der akademischen Psychologie am neuen Psychoboom hat sich kaum durchgesetzt; populär wurden gerade die Therapien, die im Gegensatz zur Psychoanalyse auf der einen und zum Behaviourismus auf der anderen Seite den "ganzen" Menschen emanzipieren und zum Glück führen wollen, die also mehr oder weniger mit der sogenannten "humanistischen Psychologie" in Verbindung zu bringen sind.[108]

Als die großen und umfassenden Veränderungen politischer und sozialer Strukturen nach 1968 ausblieben, da wurden auch in der Bundesrepublik Bedürfnisse nach dem Emotionalen, nach einer neuen subjektiven Autonomie angesichts der gefühlten oder erkannten totalen Vergesellschaftung des Einzelnen, Sehnsüchte nach einer neuen Transzendenz und einer neuen, unverfälschten Kommunikation sozial sichtbar – und die neuen amerikanischen Psychologien, a-theoretisch und Gruppen-Nestwärme vermittelnd, wurden rezipiert, weil sie eine neue Authentizität des Ich verhießen.[109] Eine Flut populärpsychologischer Literatur beherrscht heute den Markt – und ob es Arthur Janovs Urschreitherapie [110], Carl R. Rogers' Encountergruppen[111], die Feeling-Therapie[112] oder geradezu als Religionsersatz dienende Heilslehren waren oder sind: es geht im Psychoboom um eine Befreiung von der als restriktiv empfundenen Ratio und nicht um eine Analyse, sondern um die Persönlichkeitserweiterung des Subjekts.

> "Ich glaube, es ist ein Hunger nach etwas, das der Mensch weder in seiner Arbeitswelt noch in seiner Kirche (. . .) findet. Es ist (. . .) der Hunger nach Beziehungen, die ihn dem Zustand näherbringen, in dem alles bekannt ist und alles akzeptiert wird und weiteres Wachsen möglich wird."[113]

Rogers beschreibt zwar die amerikanische Situation der 60er Jahre, aber sie ist der deutschen der 70er Jahre unter den hier wichtigen Aspekten vergleichbar. Er leitet die "gewaltige Nachfrage" nach Gruppen "aus zwei Elementen" als Voraussetzung für das neu erwachte "psychologische Bedürfnis" ab: erstens aus einer zunehmenden gesellschaftlichen Enthumanisierung und einer "unpersönlichen Qualität" der Institutionen, und zweitens aus einem gewissen Wohlstand. Das Interesse an persönlicher Selbstentfaltung mit Hilfe der Psychologie entstand vornehmlich in den

> "(. . .) Teilen der Bevölkerung, die sich keine so großen Sorgen mehr um die physischen Notwendigkeiten des Alltags machen müssen."[114]

Beide Voraussetzungen treffen auch bei uns zu, seit die "unpersönliche Qualität" der Institutionen nach 1968 zunehmend bewußt wurde.
Bestimmend für die psychologische Selbstaufklärungswelle ist nicht mehr, daß subjektive seelische Leiden des Einzelnen als Fehlanpassung an die Gesellschaft verstanden werden; sie gelten vielmehr als Folgen eines ganz normalen Anpassungsprozesses, von der Gesellschaft über die Familie erzwungen im Interesse ihrer politischen, sozialen und wirtschaftlichen Funktionsfähigkeit. Das neuerliche Ausleben der Gefühle, die Forderung nach hemmungsloser Offenheit im Psychoboom und die "Reise zum Zentrum des Selbst"[115] in den Encountergruppen haben so einerseits ein großes Potential an Kreativität, neuer Flexibilität und Alternativen zu festgefahrenen Strukturen freigesetzt. Andererseits aber haben eine allgemein um sich greifende Psychologisierung und eine Gruppenbewegung, in der Gefühle zum letzten Argument wurden, den Einzelnen auch in neue Abhängigkeiten geführt. Meinungen, Urteile, Standpunkte, Verhaltensweisen – alles, was als sozial geprägt gelten kann, wurden und werden im Psychoboom "hinterfragt" und können als "nicht eigentlich" kritisiert werden.[116] Um diese Tendenzen auf eine Formel zu bringen, braucht man nur den klassischen Satz Freuds: Wo Es war, soll Ich werden, umzukehren. Wo ein falsches Ich war, soll nun Es werden, um aus dem Kern des eigenen Wesens dann ein authentisches Ich aufzubauen. Und die Fragwürdigkeit des neuen Ich-Aufbaus liegt auf der Hand, wenn statt der alten, therapeutisch zerstörten Bindungen des Subjekts eine neue an den Guru, Therapeuten, Bhagwan oder die Gruppe Voraussetzung des Authentischen ist.
Charakteristisch für den Psychoboom sind die Bedürfnisse nach einer absoluten, nicht mehr relativen Wahrheit jenseits der äußeren und rational zugänglichen inneren Realität. Vor diesem Hintergrund haben Barnes' "Reise durch den Wahnsinn", Augustins "Reise" ins Samadhi, die "Reise ins Zentrum des Selbst" in den Encountergruppen oder die inzwischen von Poona nach Oregon umgeleitete Reise zum Bhagwan dasselbe Ziel. Wie in der Antipsychiatrie, so wird auch in den neuen Psychologien der 70er Jahre das, was als normal und vernünftig galt, in Frage gestellt und umgekehrt. Dabei sind eine ähnliche Undifferenziertheit und ein ähnlicher, nur noch auf Vermarktung zielender Jargon zu beobachten:

> "Ich vertrete die Theorie, daß alle Menschen verrückt sind. Das ist die erste Prämisse, nicht nur wenige sind bekloppt, sondern alle, weil das menschlich ist."[117]

So Albert Ellis, der Begründer der Rational-Emotiven-Therapie, und ähnlich auch die Feeling-Therapeuten. Allein vernünftig ist derjenige, der das Irrationale und Verdrängte voll auslebt und nicht zwischen Gefühl und Ratio gespalten ist.

" 'Feeling-Therapie' wendet sich gegen den Wahnsinn des normalen Durchschnittsmenschen. Sie ist die erste Therapie (und wahrscheinlich nicht die letzte), welche die Worte 'neurotisch' und 'psychotisch' gleichsetzt und die Leute genauso behandelt, wie sie sind."[118]

Solche Auffassungen innerhalb der populären Psychologie bleiben allerdings in der Theorie stecken; in fast allen der neuen therapeutischen Schulen wird eine Behandlung der schizophrenen Psychotiker abgelehnt, weil man sich in der Praxis über einen prinzipiellen Unterschied zwischen gestörten, an ihrer Persönlichkeitsentfaltung verhinderten Gesunden und Geisteskranken bewußt ist. Aber auf das häufig festzustellende "Psychogeplapper"[119] über Vernunft und Wahnsinn kommt es im Zusammenhang mit dem Problem des Wahnsinns als Wahrheit in Literatur und Gesellschaft auch nicht so sehr an. Wichtiger ist vielmehr, daß der Psychoboom insgesamt als Reaktion auf die Erfahrung einer Gesellschaft entstanden ist, deren Mechanismen als so verfestigt empfunden werden, daß ihre Kritiker sich assimiliert, ausgegrenzt oder stigmatisiert statt ernstgenommen fühlen. Erneuerungen, Umorientierungen und Reformen können deswegen für von vornherein unmöglich gehalten werden. Als Reaktion wird auch die populäre Ablehnung verständlich, Gefühle weiterhin zu rationalisieren oder den Menschen älteren psychologischen Theorien gemäß zu analysieren, schematisieren und vorgegebenen Normen anzupassen. Das "Do your own thing" wurde die Parole[120] – und eben weil Normen und Wertvorstellungen, solche in bezug auf Moral, auf politisches und sozial engagiertes Handeln in der Gesellschaft und auch auf Vernunft und Rationalität an sich erschüttert waren und sind, konnten die Reisen ins subjektiv Innere und das Ausleben von Gefühlen als neue, intersubjektiv verbindliche Wahrheit propagiert und rezipiert werden.[121] Und das verbindet den Psychoboom mit der Antipsychiatrie: Beide Aufklärungsbewegungen setzten sich in der Bundesrepublik als Reaktion auf eine als monströs und irrational empfundene soziale, politische und wirtschaftliche Rationalität durch, in beiden wird das Rationale ab- und das Irrationale aufgewertet. Das heißt: die Wahnsinnigen konnten zu sozialen Identifikationsfiguren und der Wahnsinn zum Mythos des Wahren und Wesenhaften werden, weil die Gesunden gleichzeitig die Herrschaft der Ratio als Wahnsinn zu überwinden suchten. Die Antipsychiatrie hält der Gesellschaft in der Wahrheit des Wahnsinns ihren Spiegel vor, die neue Psychologie in der Wahrheit des verschütteten Selbst, und beides hängt eng miteinander zusammen. Denn einerseits werden die Geisteskranken in der Antipsychiatrie zum psychologisch Verständlichen hin umgedeutet, andererseits werden widersprüchliche Gefühle, vor allem auch die negativen, in den neuen Psychotherapien nicht mehr pathologisiert, sondern voll und ganz akzeptiert – so daß der Wahnsinnige als Künder unverfälschter Wahrheit dem Glauben der Gesunden an das Unverfälschte und Wahre ihrer verborgenen, autonomen Gefühle entspricht.

Sozialpsychologisch gesehen, kann man den neuen Mythos des zur Wahrheit stilisierten Wahnsinns als eine Projektion betrachten; und nimmt man dies an, dann kann man auch folgern, daß der neue Mythos nicht mehr mit dem alten Mythos des Wahnsinns als objektiv zu diagnostizierendem Fall zu bekämpfen ist, gegen den er sich ja richtet. Denn aus einer Auseinandersetzung zwischen unerschütterlichen Vernunftgläubigen, welche die Antipsychiatrie und den Psychoboom ablehnen, und Kritikern, die das Emanzipative und Innovative dieser Aufklärungsbewegungen einseitig herausstellen, können weniger Lösungen als vielmehr ständige Verschiebungen von sozialen Konflikten resultieren – eben w e i l sie mit Macht gelöst werden sollen. Wird der klassischen Psychiatrie mangelnde Selbstreflexion vorgeworfen, so ist festzustellen, daß eine öffentliche Reflexion auf die sozialpsychologischen Voraussetzungen der Psychiatriekritik im Psychoboom und der geänderten Wahnsinnsauffassung bis heute kaum stattgefunden hat. Kritik an der Kritik kam und kommt fast nur von der jeweils anderen Seite. Dadurch aber sind nicht nur Probleme in bezug auf die Kranken und die etablierte Psychiatrie verschleiert worden, sondern auch in bezug auf das Verhältnis der Gesunden zu den Kranken und das Verhältnis von Individuum und Gesellschaft in der sozialen Realität selbst. Denn in der psychologischen und antipsychiatrischen Wende zum Subjektiv-Existentiellen kommt zwar die Irrationalität der gesellschaftlichen Rationalität zum Ausdruck, wird aber eben durch die Gegenentwürfe vom Wesenhaften und Wahren in den Gefühlen und im Wahnsinn zementiert statt relativiert. Insofern haben beide populären Aufklärungsbewegungen auch selbst dazu beigetragen, daß die Widersprüche von Vernunft, Wahnsinn und Gesellschaft gegen Ende der 70er Jahre noch größer geworden sind – was ihre Befürworter natürlich bestätigen muß.

Bewußtsein, Praxis und Literatur

Mehrere Tendenzen in der sozialen Praxis gerade nach dem Erscheinen der Enquete 1975 können nun besser verstanden werden. Ein großer Teil der antipsychiatrisch aufgeklärten Öffentlichkeit wurde sich zwar über mögliche soziale Ursachen der Schizophrenie und die Notwendigkeit, die Situation der Kranken in den Anstalten zu verbessern und die weniger Behinderten sozial zu integrieren, bewußt – tat und tut aber wenig für diese Ziele. Die Diskrepanz von sozialem Bewußtsein und sozialer Praxis um Umgang mit geistig Behinderten ist immer noch gerade in der Bundesrepublik im Vergleich zu anderen Ländern auffällig. Das erscheint einleuchtend, wenn man das Bewußtsein auch auf verspätete, nicht reflektierte Selbstfindungsbedürfnisse der Nicht-Behinderten bezieht. Daß die Gesunden sich im Mythos des Wahnsinns als Wahrheit eher mit sich selbst als mit den Kranken auseinandersetzten, zeigt sich ebenfalls in der Meinungspolarisierung bei der öffentlichen Sündenbocksuche, die einsetzte, als die Reformvorschläge der Enquete nicht verwirklicht wurden. Verschiedene Interessenverbände, Berufsverbände und Gruppen schoben sich so lange den schwarzen Peter des falschen Bewußtseins zu,[122] daß die Bundesregierung 1979 nicht nur die Ziele der Enquete aus finanziellen Gründen weitgehend zurücknahm, sondern auch feststellen mußte:

> "Eine besondere Schwierigkeit bei der Feststellung des Bedarfs sieht die Bundesregierung darin, daß die Diskussion über die psychiatrischen, psychotherapeutischen und psychosomatischen Krankheitsbilder eine umfassende wissenschaftliche Absicherung nicht erbracht hat."[123]

Ein Jahr, nachdem die psychiatrischen Großanstalten in Italien aufgrund von Basaglias Modellversuchen aufgelöst waren, hatte man hierzulande zwar keine umfassenden institutionellen Reformen durchgeführt, dafür aber, gerade im Blick auf das Ausland, die Probleme schon wieder erkannt, die dort mit den Reformen in bezug auf die Schwerstbehinderten, die zunächst in ein institutionelles und soziales Vakuum fielen, verbunden waren und sind. Und nun wird wieder das von der etablierten Psychiatrie erwartet, wofür sie in der antipsychiatrischen Aufklärungsbewegung angegriffen wurde und wird: eine objektivierende Klärung und Unterscheidung von Krankheitsbildern als Voraussetzung für Anstaltsreformen und für neue Bedarfsanalysen in bezug auf die psychotherapeutische Versorgung der Bevölkerung. Vor allem diese Versorgung ist so problematisch geworden, daß die Psychiatrie nun die antipsychiatrische Begriffsverwischung von psychischer Krankheit und Geisteskrankheit und die Psychologisierung aller Lebensäußerungen im Psychoboom durch wissenschaftliche Forschungen wieder beenden soll:

> "Dies ist um so mehr erforderlich, als im Bereich geistig-seelischer wie auch psychosomatischer Erkrankungen die Übergänge von subjektiven Befindlichkeitsstörungen bis hin zu Beschwerden mit Krankheitswert fließend (. . .) sind. Gerade auf diesem Hintergrund muß die Gefahr einer allgemeinen Psychiatrisierung gesehen werden, der es nach Auffassung der Bundesregierung entgegenzuwirken gilt."[124]

Nicht eine Entpsychiatrisierung in bezug auf die Geisteskranken, sondern eine Psychiatrisierung im sozialen Bereich hat sich abgezeichnet – was in einer Gesellschaft, in der viele sich als krankgemacht empfinden und die als krankmachend verurteilt wird, ganz konsequent erscheint. Die Macht der Psychiatrie und die psychotherapeutische Vereinnahmung des Subjekts, die von vielen Vertretern der Antipsychiatrie und der neuen Psychologien bekämpft und kritisiert werden, sind nicht etwa geringer geworden. Im Gegenteil – heute, zu Beginn der 80er Jahre, haben Psychiater und Psychotherapeuten Hochkonjunktur. Das verweist einerseits immer noch darauf, daß diese Gesellschaft vielen nicht mehr gerecht wird, andererseits aber auch darauf, daß die psychologische Selbstauflösung der Ratio und die allgemeine Psychologisierung von Normen und Wertvorstellungen nicht unbedingt zur Emanzipation des Subjekts, sondern auch zu einer Hilf- und Orientierungslosigkeit beigetragen haben, die den Einzelnen nicht mehr von Gurus und Modetherapeuten, die er oft gar nicht bezahlen kann, sondern vorwiegend von den Krankenkassen und von staatlichen Institutionen, die er ablehnt, abhängig macht.

> "Der Sprung ins Sein, die toale Verantwortlichkeit für sich selbst, die Befreiung von elterlichen Imagines und Göttlichkeiten, das Versagen der materiellen Substanz, Freude zu vermitteln – dies alles trägt dazu bei, eine existenzielle Angst zu produzieren. Der therapeutische Mensch sucht in seiner Sehnsucht nach Liebe und Freiheit zunächst ein Surrogat für sein verlorenes Sein, einen Psychotherapeuten (. . .)."[125]

Was von Kritikern bereits anfangs der 70er Jahre als Gefahr des Psychobooms gesehen wurde, ist heute zum sozialpolitischen Problem geworden.

Vor dem Hintergrund solcher sozialen Problemverschiebungen von den Geisteskranken hin zur Pathologie der Nicht-Geisteskranken und umgekehrt erscheint eine Vernunftproblematik, -unzufriedenheit und -unsicherheit Gesunder als die Bewußtseinssituation, in der die Kranken zu sozialen Identifikationsfiguren werden konnten. Und diese Bewußtseinssituation prägt auch die bislang vorgestellte sozialkritische Unterhaltungsliteratur zum Thema. Als Ausdruck dessen, was sie darstellt, spiegelt sie in den beschriebenen Umdeutungen der Geisteskrankheit exakt die Funktion, die Kranke für die Gesunden hatten und haben, was nicht nur die verschwiegene und unkritische Ausgrenzung nicht umzudeutender Geisteskranker aus der literarischen Aufklärung selbst bedingt. Denn wo der Wahnsinn kein offenes und ungelöstes Problem ist, da werden auch die Theorien der Autoren als einleuchtende, an sich nicht problematische vermittelt – weil eben die Konflikte, Problemverschiebungen und Widersprüche aus der ideologiekritischen Vernunft ausgeschlossen werden, gegen die sich die psychiatrische Gegenaufklärung zu Recht richtet.

Derart wird dann, im Bedingungszusammenhang zwischen der literarischen Funktionalisierung des Wahnsinns und der sozialen Funktion dieser Literatur, zwischen dem Psychoboom und der weitgehend kritiklosen öffentlichen Rezeption der Antipsychiatrie, Aufklärung über Vernunft, Wahnsinn und Gesellschaft gleichermaßen zur Kritik wie zur bedürfnisbefriedigenden Bestätigung vorhandenen Bewußtseins. Ermöglicht wird eine projektive Bewältigung von Problemen mit der Vernunft, die ganz unabhängig vom Bereich der Psychiatrie und von der Lage der Geisteskranken existieren. Das führt leicht zur Verkennung statt Erkenntnis der Bedingungen, unter denen Veränderungen zum Positiven möglich sind: sowohl für die Kranken als auch für die Emanzipation des Individuums im Zeichen der Bedürfnisse nach neuer Authentizität gegen eine Sozialvernunft, die wie die Ratio selbst als restriktiv und entfremdend empfunden und gedacht wird.

Über die Gefahren einer projektiven Aufklärung, in der es um Wahrheiten des Wahnsinns und um die damit verbundene Entgrenzung der Ratio zu einer neuen, allumfassenden, wahren Vernunft geht, klären seit Anfang der 70er Jahre Sozialpsychiater wie Klaus Dörner und die "Deutsche Gesellschaft für Soziale Psychiatrie" auf.[126] Mit seiner Kritik an der Illusion, daß Vernunftwidersprüche in der Psychiatrie durch Ideologiekritik zu b e h e b e n und Geisteskrankheiten durch herrschaftsfreie Kommunikation entweder abzuschaffen, von dem mit ihnen verbundenen Leid abzutrennen oder der diagnostizierenden, sie objektivierenden Vernunft zu entziehen seien, steht der Psychiatriekritiker Dörner heute zwischen vielen Fronten der innerpsychiatrischen, öffentlichen und literarischen Auseinandersetzungen.

> "Ich bejahe die ordnungspolizeiliche Macht der Psychiatrie, statt sie als 'guter Mensch' zu leugnen, setze ihr dadurch Grenzen und feie mich gegen ihren Mißbrauch. Ich bejahe die Gefahr, daß ich mit jeder Handlung auch mehr schaden als nutzen kann, statt dies zu leugnen. Ich bejahe schließlich meine grundsätzliche Ohnmacht und Hilflosigkeit, statt sie zu leugnen; (. . .) weil eine solche Grundhaltung den anderen nicht unnötig abhängig von mir macht (. . .)."[127]

Dörner benennt konkrete Konflikte und Probleme, ohne im Gegenentwurf eine in sich geschlossene Theorie anzubieten, in deren Rahmen jene eingeordnet und gedanklich gelöst werden. Er relativiert sein Denken und seine Einstellungen an der Praxis – was ermöglicht, daß diese auch anders wahrgenommen werden kann, als es dem eigenen Denken und eigenen Zielvorstellungen entspricht. Die sozial-, psychiatrie- und ideologiekritischen Modelle der Antipsychiatrie werden ernstgenommen, aber angesichts der deutlichen Diskrepanz von sozialem Bewußtsein und sozialer Praxis in bezug auf den Umgang mit Geisteskranken auf ihre sozialpsychologischen und erkenntnistheoretischen Voraussetzungen hin überprüft.[128] Dadurch werden sowohl die soziale und literarische Funktionalisierung der Kranken zu Identifikationsfiguren als auch die populär gewordene Abwertung der Ratio und rational bestimmten Handelns selbstkritisch aufgehoben. Das erlaubt erstens eine gedankliche Differenzierung von Problemkomplexen, zweitens eine ständige Kontrolle eigener Denk- und Verhaltensmuster – und stellt drittens die Problematik einer Aufklärung in den Blick, der es eher um die Gesamtheit von Problemen geht als darum, sie im einzelnen zu analysieren.

> "Uns fällt es schwer, unser Nichtwissen öffentlich zu machen. Experten sprechen lieber von ihren Erfolgen als von ihren Mißerfolgen, lieber von ihrer Macht als von ihrer Ohnmacht. Unser Helferdrang wird leicht grenzenlos, nimmt auf sich, was er gar nicht verantworten kann, macht dadurch auch ganz andere, soziale oder ökonomische Probleme fälschlich zu psychiatrischen und damit unerkennbar."[129]

Das betrifft "Experten" sowohl der Psychiatrie als auch der Kritik, sofern sie auf allumfassenden Theorien beruht und nicht darüber aufklärt, was diesen entgegensteht.

In einer Denkschrift von 1979 macht die DGSP neben der nationalsozialistischen Vergangenheit der Psychiatrie auch ein totalitäres ideologiekritisches Denken zur Abschaffung von Leid und Widersprüchen verantwortlich für die Verspätung der Bundesrepublik in bezug auf durchgreifende Psychiatrie-Reformen.

> "Die USA haben die Kennedy-Botschaft mit ihren Reformerfolgen. In England wird 1990 das letzte Großkrankenhaus verschwunden sein. Italien hat ein Gesetz, das Großkrankenhäuser durch alternative Einrichtungen ersetzt. Holland und die skandinavischen Länder sin din grundlegenden Reformen begriffen. Wir meinen, es stehe (. . .) wohl an, in einem *Rahmengesetz* die Grundforderungen einer menschenwürdigen Psychiatrie zu verankern."[130]

Ob sich diese Art einer unbequemen, die Gesunden vor allem zur Konfrontation mit sich selbst auffordernden psychiatrischen Aufklärung in den 80er Jahren in der Öffentlichkeit durchsetzen wird, ist angesichts der Mythisierung des Wahnsinns, in der sich die beschriebenen Konfliktverschiebungen und Polarisierungen auf verschiedenen Ebenen kristallisieren, gegenwärtig noch eine offene Frage. Festzustellen ist aber, daß Dörner und die DGSP gerade von vernunft- und sozialkritischen Intellektuellen wenig Unterstützung erwarten konnten und können.

Und das hängt damit zusammen, daß diese nicht nur die Antipsychiatrie unkritisch rezipiert haben. In der wissenschaftlichen Öffentlichkeit psychiatrischer Laien, vor allem in der Literaturwissenschaft, sind Theorien französischer Vernunftkritiker ebenso kritiklos übernommen worden – Theorien, in denen die Ratio an sich als Herrschaftsinstrument und als Abspaltung von einer ursprünglich-wesensgemäß ganzheitlichen, den Wahnsinn integrierenden statt ausgrenzenden Vernunft kritisiert wird. Populär wurden die Abhandlungen zum Thema von Michel Foucault[131], Robert Castel[132] und, erst neuerdings und ganz allmählich, von Gilles Deleuze und Félix Guattari[133]. Gedankengänge Foucaults wurden auf literaturwissenschaftlicher Seite kaum überprüft und auf ihre Voraussetzungen hin analysiert, sondern eher für eigene Theorienbildungen und daraus entwickelte Interpretationsmodelle genutzt.[134] Das liegt wohl daran, daß bei Foucault – was auch an den Theorien der anderen Genannten und der Antipsychiatrie zu beobachten ist – ein bereits weitgehend ästhetisiertes Vernunftkonzept Fluchtpunkt aller Kritik ist. Dies kommt interessegebundenen Positionen in der Literaturwissenschaft so entgegen, daß kaum darüber nachgedacht wird, welchen Stellenwert sie im Kontext der gegenwärtigen Aufklärung haben. Eine kritische Literaturwissenschaft in Analogie zur kritischen Psychiatrie im Sinne Dörners hätte, statt Polarisierungen und Bunkermentalitäten mitzubedingen, ihren eigenen Standort zu bedenken und, in ihrem eigenen Kompetenzbereich, zur bewußtseinskritischen Auflösung verfestigter Denkmuster beizutragen. Das ist nicht möglich, wenn bestimmte Vernunft- und Wahnsinnsauffassungen übernommen und auf die Literatur angewandt werden, ohne daß Vorwürfe wie die Glatzels an die psychiatriefernen Intellektuellen auch nur zur Kenntnis genommen würden. Darüber hinaus kann die unkritische Rezeption der französischen Theorien auch nicht im fachinternen Interesse liegen: Sie hatte zur Folge, daß in Interpretationen, literarhistorischen und literaturtheoretischen Arbeiten zum Thema Vernunft und Wahnsinn die ästhetische Vernunft selbst nicht einbezogen wurde in die analysierten Bedingungs- und Funktionszusammenhänge.[135] Das ist der Erkenntnis literarischer und ästhetischer Phänomene nicht dienlich und bleibt an Beispielen literaturwissenschaftlicher Argumentation zu zeigen, nachdem die Theorien der Franzosen vorgestellt worden sind.

Wahn und Sinn der Struktur

> "Man muß in der Geschichte des Wahnsinns jenen Punkt Null der Geschichte des Wahnsinns wiederzufinden versuchen, an dem der Wahnsinn noch undifferenzierte Erfahrung, noch nicht durch eine Trennung gespaltene Erfahrung ist."[136]

Ausgehend von der Erkenntnis, daß alle Kenntnis und alles Wissen vom Wahnsinn erst möglich wird, wenn die Vernunft ihn in einer vorwissenschaftlichen Geste als ihr Gegenteil setzt und sich dadurch, daß sie definiert, was sie n i c h t ist, erst konstituiert, schreibt Foucault seine "Geschichte des Wahns im Zeitalter der Vernunft" nicht als eine Geschichte der Erkenntnis. Er stellt sie vielmehr dar, indem er die "Grenzlinie" nachzeichnet, an der sich in der geschichtlichen Erfahrung Sinn und Nicht-Sinn scheiden. Von dieser "Struktur der Ablehnung"[137] aus erscheint die Geschichte selbst als eine Geschichte der Erfahrung mit dem Wahnsinn. Sie wird, begriffen als Fülle, erst möglich vor dem Hintergrund der Leere, von dem sie sich abhebt – so daß der Wahnsinn als Nicht-Sinn sowohl notwendig für die Geschichte des Abendlandes als auch an die *"Möglichkeit der Geschichte gebunden ist.*"[138] Die Grenzlinie, die ihn vom Sinn trennt, konstituiert nicht nur die Trennung, sondern gleichzeitig die Reziprozität des Getrennten; in der Geschichte erscheint es als Heterogenes, das im ständigen Austausch immer neu erfahren und beurteilt wird. Die "Geste" der Abtrennung als konstitutives Moment der Heterogenität bleibt jedoch eine "bewegungslose (. . .) elementare Figur, die die Zeit nur als unbegrenzte Wiederkehr der Grenze annimmt."[139] Diese Figur ist für Foucault jener "Punkt Null" in der Geschichte des Wahnsinns, der historisch gesehen vor aller historischen Erfahrung und strukturalistisch gesehen Bedingung aller historischen Erfahrung ist. Das ist der sogenannte historische Strukturalismus Foucaults, der die historische Wirklichkeit von Vernunft und Wahnsinn seinem Strukturbegriff gemäß auf eine Bewegung reduziert, in welcher der Wahnsinn aus der Vernunft immer weiter ausgegrenzt wird. Und diese Bewegung ist in allen Bereichen bedingt durch die unbewegliche, die fortschreitende Erkenntnis des Wahnsinns selbst begründende "Struktur der Ablehnung".

> "Die Geschichte des Wahnsinns schreiben, wird also heißen: eine Strukturuntersuchung der historischen Gesamtheit – Vorstellungen, Institutionen, juristische und polizeiliche Maßnahmen, wissenschaftliche Begriffe – zu leisten, die einen Wahnsinn gefangenhält, dessen ungebändigter Zustand in sich selbst nie wiederhergestellt werden kann."[140]

Die Strukturuntersuchung wird mit einer bestechenden Materialfülle durchgeführt, wobei die Zeit der französischen Aufklärung im Zentrum steht. Foucault weist nach, daß das "Gespräch" zwischen Vernunft und Wahnsinn bis dahin ein offenes war, ein dramatischer Dialog zwischen zwei gleichberechtigten Partnern, der dann zum Monolog der Vernunft über den Wahnsinn wurde, als jene sich, beginnend mit Descartes, selbst legitimierte und dadurch den Wahnsinn als mögliche Sprache der Wahrheit zum Schweigen brachte:

> "Es wäre ungereimt anzunehmen, daß man ungereimt sei. Als Erfahrung des Denkens impliziert sich der Wahnsinn selber und schließt sich folglich selber aus dem Plan aus. So ist die Gefahr des Wahnsinns aus der Übung der Vernunft verschwunden. Diese ist zusammengeschnitten auf die völlige Beherrschung ihrer selbst und kennt keine anderen Fallen als den Irrtum (. . .)."[141]

Der Ausgrenzung des Wahnsinns aus der Vernunft auf der philosophischen Ebene entspricht nach Foucault die Internierung aller Mißliebigen und Nicht-Vernünftigen, zu denen auch die Wahnsinnigen gehörten, auf der sozialen Ebene; sie verschwanden um die Mitte des 17. Jahrhunderts in großen Anstalten, wo die Wahnsinnigen als Objekte der Vernunft weiter verstummten, bis der Wahnsinn keine Sprache mehr hatte und die Wahnsinnigen am Ende des 18. Jahrhunderts zu Geisteskranken erklärt wurden. Bei Foucault endet der Monolog der Vernunft über den Wahnsinn in dem Moment, als die Krankheit in wissenschaftliche Termini gefaßt wird – also am Anfang der wissenschaftlichen Psychiatrie, welche die Kranken aus Ketten und physischen Zwängen befreite, denen sie bis dahin unterworfen waren.

"Das Fehlen von Zwängen in den Asylen des neunzehnten Jahrhunderts ist keine befreite Unvernunft, sondern seit langem gemeisterter Wahnsinn."[142]

Die hundertfünfzig Jahre, die zwischen der historischen Wahrnehmung des Wahnsinns als Unvernunft und seiner Wahrnehmung als zu behandelnder Geisteskrankheit liegen, beschreibt Foucault nicht als fortschreitende emanzipatorische und humanitäre Entwicklung im Umgang mit den Kranken, sondern als Geschichte von deren immer subtilerer Unterdrückung. Dem historischen Strukturalisten ist der äußere Zwang, dem sie unterworfen waren, immer noch freiheitlicher als der innere, dem sie durch eine zusehends auf Zwangsmaßnahmen verzichtende therapeutische Praxis ausgesetzt wurden. Er stellt die Aufklärung als Dialektik der Aufklärung dar – wobei diese in der Bewertung "jedoch zugleich zu ihrer destruktiven Seite hin einseitig aufgelöst"[143] wird.

Die Brillanz, mit der eben diese einseitige Auflösung durchgeführt wird, ist auch das Problematische an Foucaults Buch: Wer sich auf seinen Ansatz einläßt, läuft Gefahr, auch die Wertungen des Strukturalisten mitzuvollziehen, also die Geschichte von Vernunft und Wahnsinn n u r als eine der Unterdrückung des Wahnsinns zu verstehen. Dabei steht die Leistung Foucaults, die Geschichte des Wahnsinns als eine der Dialektik nicht nur der historischen Aufklärung, sondern auch des Rationalen schlechthin vorgeführt zu haben, außer Zweifel – wer heute über den Wahnsinn redet, kann seit Foucault nicht mehr umhin, die eigene Vernunftposition historisch und systematisch mitzureflektieren. Nur ist auch die Vernunftposition des Strukturalisten selbst zu reflektieren. Denn: indem bei ihm alles rationale Wisen über den Wahnsinn als Herrschaft einer falsch verstandenen, vom Wesen des "ganzen Menschen" abgespaltenen Ratio erscheint, werden erstens Beobachtung, Erfahrung und empirisch gewonnene Fakta als mögliche Korrektive des Denkens negiert und wird zweitens auch jede auf diesen Korrektiven beruhende Kritik von vornherein verhindert. Foucault verabsolutiert nämlich sein eigenes Denken insofern, als er selbst eine Struktur in die Geschichte projiziert, das Projizierte dann als deren geheime Wahrheit aufdeckt und so als objektiv legitimiert. Das hat zwangsläufig zur Folge, daß alle Kritik von außen als Ausdruck eben der geheimen Wahrheit erscheinen und abgewertet werden kann.[144]

Praktisch als Fortsetzung von "Wahnsinn und Gesellschaft" entstand Castels Buch "Die psychiatrische Ordnung", in dem die Geschichte von Vernunft, Wahnsinn und Gesellschaft, ebenfalls historisch-strukturalistisch, im 19. Jahrhundert verfolgt wird. Castel beschreibt die Metamorphose einer mit gesellschaftlichen und politischen Mächten verbundenen Psychiatrie in eine Ordnungsmacht, die soziale Antagonismen technisch bewältigt. Geht es bei Foucault um die Ausgrenzung des Wahnsinns durch die Vernunft, so bei Castel um seine Vereinnahmung als Krankheit durch ebendieselbe von ihm abgespaltene Vernunft.

"(. . .) statt den Aspekt des Faches und der technischen Kompetenz zu mystifizieren, müßte man die sprunghafte Zunahme an Fachleuten und Experten ins Auge fassen (. . .) und mit anderen darin fortfahren, die weniger sichtbaren Strategien einer Macht zu umschreiben, die Herrschaft war und Manipulation geworden ist. Denn bleibt sie verborgen,

> so nimmt sie zu. Vom Paradigma der Internierung zum allgemeinen Interventionismus, vom harten Paternalismus zur symbolischen Gewalt der Interpretation: das ist die Metamorphose, die wir beschreiben wollen (. . .)."[145]

Foucault geht vom "Gemurmel"[146] des Wahnsinns aus und entlarvt die abendländische Geschichte als Geschichte seiner Ausgrenzung, die historische Aufklärung als Geschichte seiner Unterdrückung und die am Ende der Aufklärung beginnende Geschichte der Psychiatrie als die seiner Beherrschung; Castel geht von der Psychiatrie als Herrschaft aus und entlarvt ihre geheime Strategie, ihre Macht auszudehnen von den Wahnsinnigen auf die Gesunden, die immer umfassender psychiatrisiert und damit den geheimen Herrschaftsmächten von Staat und Gesellschaft verfügbar gemacht wurden. Dabei ist unschwer zu erkennen, wovon beide Strukturalisten a u c h ausgehen: der eine von der Vernunftproblematik, die sich auch in den antipsychiatrischen Publikationen zu Beginn der 60er Jahre abzuzeichnen begann, der andere von der später offensichtlich gewordenen Psychiatrisierung und Therapeutisierung in den westlichen Industriegesellschaften, durch die das Wahnsinnsproblem als Problem der Vernunft in den 70er Jahren auch in der Bundesrepublik sozial evident wurde. Ebenso unschwer zu erkennen ist, daß Foucault und Castel ihre eigenen Ansätze nicht als gegenwartsbedingt reflektieren und Probleme der Gegenwart analysieren, sondern diese als etwas durch geheime und böse Mächte Gewordenes erklären: Fortschritt, Technik, Wissenschaft, Staat, Gesellschaft, Politik – im Grunde die ganze abendländische Geschichte als Geschichte der Ratio und der fortschreitenden Erkenntnis haben den Menschen aus seiner ursprünglichen Einheit mit sich selbst, die in der Einheit und nicht Antinomie von Vernunft und Wahnsinn liegt, entfremdet. Und indem eben dies heute bewußt gemacht werden kann, erscheint die Eigenbewegung der Foucaultschen und Castelschen Vernunft, die den Wahnsinn als ihre Basis und Wahrheit erkennt, als Ziel einer Eigenbewegung der Ratio in der Geschichte – oder: als Verweis auf das Ziel der Geschichte. Beide Strukturalisten verheißen die Rückkehr der Ratio in den Wahnsinn am Ende ihres Selbsterkenntnisprozesses; sie ist angelegt auf ihre eigene Entgrenzung. Bezeichnend für die Restitutionstheorie ist, daß Foucault die "Struktur der Ablehnung" als in der Geschichte nie zu überwindende Grenze zwischen Vernunft und Wahnsinn einer anderen ewig vorhandenen Grenzlinie analog denkt: der zwischen Orient und Okzident. Es ist

> "(. . .) der Orient, den man sich als Ursprung denkt, als schwindeligen Punkt, an dem das Heimweh und die Versprechen auf Rückkehr entstehen, der Orient, der der kolonisatorischen Vernunft des Abendlandes angeboten wird (. . .). Der Orient ist für das Abendland all das, was es selbst nicht ist, obwohl es im Orient das suchen muß, was seine ursprüngliche Wahrheit darstellt."[147]

Ursprüngliche Wahrheiten einer Vernunft aber, die, seit es sie gibt, vom Wahnsinn wie vom Orient getrennt ist und die in sich selbst das Versprechen auf eine grenzüberschreitende Rückkehr enthält, sind weder ursprünglich noch wahr, sondern präformiert durch historisch Gedachtes. Foucault wiederholt Ideologeme, die sich schon im romantischen Denken am Ende des 18. Jahrhunderts finden, und bindet sie in seine Theorie so ein, daß sie zum komplexen Bezugspunkt seiner durch die Geschichte verfolgten Dialektik von Vernunft und Wahnsinn werden. Im Bezugspunkt selbst ist die Foucaultsche Vernunft wiederzuerkennen als eine, die das Wesen der abendländischen Wirklichkeit umfaßt und erfaßt: Alles der Beobachtung zugängliche Material wird auf dieses Wesen reduziert und, auf dessen absolut gesetzte Wahrheit bezogen, kritisiert. Das Denkmuster insgesamt ist ein präformiertes; es steht in der Tradition der allumfassenden ästhetischen Vernunft, die schon in der historischen Romantik als wahrheitsverbürgende, wahren Sinn stiftende Instanz einer vom Wesentlichen abgespaltenen Ratio entgegengesetzt und übergeordnet wurde. Die ästhetische Vernunft und ihr Medium, die Poesie, sollten die Ratio in sich aufnehmen und überwinden – weil jene, im Unterschied zu dieser, im Einklang mit vorausgesetzten verborgenen, alle subjektive und objektive, soziale, natürliche und gedankliche Wirklichkeit organisierenden und zeitlosen Gesetzmäßigkeiten stehen sollten.

Auf diese Art mythisiert Foucault die eigene kritische Vernunft, die als sinnstiftende über aller Geschichte und über aller Dialektik steht – was seine Theorie ad absurdum führt. Und eben dem Problem suchen Deleuze/Guattari zu entkommen: indem sie aufklären zu einer jeglichen Sinn zersetzenden Vernunft, die mit der Wirklichkeit, wie sie ist, übereinstimmen soll.

Wunschmaschinen und Schizofreiheit

Es gibt keinen Unterschied mehr zwischen Vernunft und Wahnsinn, weil das Bewußtsein, das sie scheidet, nach Deleuze/Guattari nur eine Form der Repräsentation einer universellen Wunschmaschine ist.

> "Es funktioniert überall, bald rastlos, dann wieder mit Unterbrechungen. Es atmet, wärmt, ißt. Es scheißt, es fickt. Das Es. . . Überall sind es Maschinen im wahrsten Sinne des Wortes: Maschinen von Maschinen, mit ihren Kupplungen und Schaltungen. Angeschlossen eine Organmaschine an eine Quellemaschine: der Strom, von dieser hervorgebracht, wird von jener unterbrochen. Die Brust ist eine Maschine zur Herstellung von Milch, und mit ihr verkoppelt die Mundmaschine. Der Mund des Appetitlosen hält die Schwebe zwischen einer Eßmaschine, einer Analmaschine, einer Sprechmaschine, einer Atmungsmaschine (. . .)."[148]

So beginnt das Buch, und so geht es weiter: Individuum, Gesellschaft, Geschichte, Vorstellungen – was auch immer man sich denken kann –, alles ist Codierung, Territorialisierung und Verdinglichung auf dem organlosen Körper des Universums. Gegensätze existieren nicht, nur verschiedene, sich immer wieder neu verzweigende Ströme der einen realen Produktion des Wunsches. Der "Sozius" als "Gesellschaftsmaschine" hatte schon immer die Aufgabe,

> "(. . .) die Wunschströme zu codieren, sie einzuschreiben und aufzuzeichnen, dafür zu sorgen, daß kein Strom fließt, der nicht gestempelt, kanalisiert, reguliert ist."[149]

Die "kapitalistische Maschine" aber, als Natur der Natur, ist

"(. . .) im Gegensatz zu den vorhergehenden Gesellschaftsmaschinen, unfähig, einen Code bereitzustellen, der das gesamte gesellschaftliche Feld umfaßt."[150]

Sie produziert ihre eigene Decodierung und treibt den "Sozius" seiner Auflösung zu.

"Unaufhaltsam nähert er sich seiner im eigentlichen Sinne schizophrenen Grenze. Unter Aufbietung aller Kräfte versucht er, den Schizo als Subjekt der decodierten Ströme auf dem organlosen Körper zu erzeugen (. . .)."[151]

Der Schizophrene aber als "Homo natura" ist genausowenig Subjekt wie der "Sozius", sondern er lebt "die Natur als Produktionsprozeß"[152], in dem es keine verschiedenen Sphären gibt, während der "Sozius" die Produktion der Natur reproduziert. Dabei erscheint dann die Schizophrenie als

"(. . .) das Universum der produktiven und reproduktiven Wunschmaschinen, die universelle Primärproduktion als 'wesentliche Realität des Menschen und der Natur'."[153]

Es sind die Codierungsversuche des "Sozius", welche die "künstlichen Schizophrenen, (. . .) die man in den Anstalten zu sehen bekommt"[154], geschaffen haben – und dabei ist der "Sozius" in seiner ständigen Abspaltung und Kanalisierung der Produktionsströme selbst ein "Schizo", ohne es zu wissen.

"Denn das Unbewußte ist so wenig struktural wie imaginär, noch symbolisiert, imaginiert oder figuriert es. Es läuft, es ist maschinell. Weder imaginär noch symbolisch, ist es das Wirkliche an-sich, 'das unmöglich Wirkliche' und seine Produktion."[155]

Aus dem Unbewußten leiten Deleuze/Guattari das universale Maschinenwesen ab und von daher ihre Kritik an a l l e n Theorien und Denkmodellen, die heute noch existieren. Sowohl die Psychoanalyse, die auch in Foucaults Augen der Souveränität des Unbewußten letztlich fremd bleibt[156], als auch die antipsychiatrische Wahnsinnsauffassung werden verworfen mit dem Argument, daß sie zwar alte Repräsentationen des Bewußtseins zerstören, aber im Zusammenhang der eigenen Denkmodelle neue liefern, in denen das frei arbeitende Unbewußte und die Freiheit des Wahnsinns wieder verdinglicht werden durch Erklärungen, die in sich widersprüchlich sind. Was die Antipsychiatrie in der Psychologisierung der Schizophrenie und die Psychoanalyse in der Mechanisierung des Unbewußten leisten, erscheint bei Deleuze/Guattari als "Theater der Repräsentation"[157]:

"(. . .) der der Psychoanalyse inhärente Familiarismus zerstört weniger die klassische Psychiatrie, als daß er sie krönt. Nach dem Irren der Erde und dem Irren des Despoten der Irre der Familie; was die Psychiatrie im Asyl organisieren wollte – 'die imperative Fiktion der Familie', die Vater-Vernunft und der unmündige/minderjährige Verrückte, die Eltern, die selbst aufgrund ihrer Kindheit krank sind –, das alles findet seine Vollendung außerhalb des Asyls (. . .)."[158]

Freud habe den "Wunsch ans Innere" gekettet: "intimes Theater"[159]. Und daß dieses in "die Ordnung der Wunschproduktion zurückversetzt wird"[160] – das kann nur die "Schizo-Analyse" leisten. Ihr Prinzip ist das der Schizophrenie; die Dissoziation und nicht, wie in der Psychoanalyse, die Assoziation, ist Mittel, die Deterritorialisierung des "Sozius" mechanisch so voranzutreiben,

> "(. . .) daß das Halseisen des Ödipus birst und überall wieder die Kraft der Wunschproduktion spürbar wird (. . .)."[161]

Was Deleuze/Guattari gelingt, ist die Auflösung aller, auch der antipsychiatrischen Probleme mit der Ratio durch einen intellektuellen Salto mortale: durch deren Anerkennung. Gerade der "Sozius", der sich selbst als "Schizo" akzeptiert, steht nicht mehr außerhalb der subjektiven und objektiven Wirklichkeit, sondern in ihr. Von nichts mehr abgespalten, wird er zum Teil der Wunschproduktion, die frei in ihm strömt und sich ohne Ziel und Zweck an Maschinen ankoppelt, von ihnen abkoppelt, neue erzeugt – alles geschieht gleichzeitig. Vernunft und Wahnsinn sind versöhnt in der Entgrenzung einer Vernunft, die alle Widersprüche zuläßt als Repräsentationen einer universalen Dynamik – und sie eben dadurch auch stets wieder auflösen kann. Der Schizophrene als Kranker krankt n i c h t an seiner Schizophrenie als Prozeß, denn dieser ist ein Durchbruch zum Wesen aller Wirklichkeit; woran er krankt, ist die von anderen "erzwungene Unterbrechung des Prozesses oder seine Fortsetzung ins Leere"[162]. Der sich der Psychoanalyse und der Antipsychiatrie widersetzende Psychotiker hat nur die Möglichkeit, "über sich den organlosen Körper zu schließen und die Wunschmaschinen zum Schweigen zu bringen." Oder er wird gar nicht behandelt, ist aber von der Gesellschaftsmaschine so weit deterritorialisiert, daß "er nicht mehr die neue Erde zu suchen und zu erschaffen"[163] vermag. Auch hier hilft nur die "Schizo-Analyse", seine Wunschmaschinen wieder in Gang zu bringen.

Man muß den "Anti-Ödipus" als Zeiterscheinung ernstnehmen, wie das Buch ernstgenommen sein will: Es ist als Schreib- und Lesemaschine verfaßt, und das heißt, daß jeder Kritiker als "Sozius" zum "Schizo" wird, der versucht, sich auf seine Sprache und Gedankengänge einzulassen. Denn ganz konsequent lösen Deleuze/Guattari auch das Lesen aus seiner Verdinglichung und überführen es wieder in die Freiheit der Produktion: Der Leser kann sich an einige Seiten ankoppeln, sich abkoppeln, neue Gedanken erzeugen und so fort. Es ist die Freiheit des Spiels, die hier erzeugt wird durch die Selbstauflösung eben der Ratio, die bei Foucault und Castel immerhin noch als Gegenspieler des Wahnsinns in der Geschichte dargestellt wird.

Nur: Der Proklamation einer spielerischen, Sinn zersetzenden Vernunft liegt k e i n e Sinnzersetzung des Wahnsinns zugrunde, im Gegenteil: Er wird, folgt man der Theorie über die Zerstörung von Theorien, verdinglicht, ohne selbst zersetzt zu werden. Entgegen der eigenen Kritik an der Antipsychiatrie mit ihren Mythen machen Deleuze/Guattari den Wahnsinn selbst zu einem allumfassenden, alles erklärenden Mythos, der weit über jene hinausgeht. Denn er wird zum Welterklärungsmodell, mit dessen Hilfe eine subjektiv und objektiv als widersprüchlich, zersplittert und sinnlos erfahrene und gedachte Wirklichkeit intellektuell zu bewältigen ist. Und dabei handelt es sich nicht um eine lediglich intellektuelle Spielerei – denn die Schizo-

Vernunft soll ja durchaus leitend sein für ein neues, realitätsgerechtes Handeln.

Deshalb erheben Deleuze/Guattari Erfahrungen der Sinnauflösung nicht von ungefähr zur Methode des Denkens; auch projizieren sie solche Erfahrungen gedanklich nicht umsonst ins gesamte Universum: Dessen nicht beeinflußbare, von allein ablaufende Gesetzmäßigkeit erscheint als die eines wahnsinnigen, gesetzlosen All-Dynamismus, der sich aus sich selbst produziert, wild vor sich hin wuchert und nur so zu beobachten ist, wie er in der Oberflächenwirklichkeit zum Ausdruck kommt. Der "Schizo", der in ihr steht und sich von der Gesellschaftsmaschine abwendet, tut das einzig unangreifbar Richtige; denn als Ausdruck des Dynamismus, der sie bedingt und regiert, sind politische und soziale Realität, was ihre Veränderung und Veränderbarkeit betrifft, völlig unabhängig von zielgerichtetem menschlichem Handeln. In diesem Zusammenhang wird auch der Schizophrene gedanklich zum bon sauvage, der dem "Schizo" den Durchbruch zum Wesen der Wirklichkeit, nicht den Zusammenbruch verheißt.

Aus einem solchen Denken ist die Geisteskrankheit als Problem ganz verschwunden. Durch die Hereinnahme des Pathologischen in die "Schizo"-Vernunft entkleiden Deleuze/Guattari die Kranken ihrer Krankheit, indem sie diese als Freiheit des Unbewußten deklarieren und für nicht existent erklären. Für die Autoren sind die Schizophrenen in den Anstalten nur noch "künstlich", "Jammergestalten"[164], die nicht als solche, sondern nur bezogen auf das Wesen der Wirklichkeit interessieren. In diesem Interesse liegt gegenüber internierten Kranken eine Gewalt, die nicht intendiert ist – die aber zu Unrecht nur in Theorien der etablierten Psychiatrie gesucht wird; dort ist Gewalt ja auch nicht beabsichtigt. Deleuze/Guattari geht es um Freiheit und Emanzipation von Kranken wie von Gesunden, was auf eine sehr problematische Art und Weise verfolgt wird: Denn sie ordnen, wie Foucault verfahrend, alle Wirklichkeit ihrem Welterklärungsmodell ein; dieses hat keinen objektiven Erklärungswert, sondern ist eine Unsinns-Theorie, aus der die Unsinns-Methode der dissoziierenden Schizo-Analyse abgeleitet wird. Der gesamte Entwurf aber wird auf die soziale und politische Realität übertragen und kann als übertragbarer rezipiert werden – zum Zwecke der Freiheit und Emanzipation des Individuums, das ja nur der Vernunft von Deleuze/Guattari folgen muß, um die eigene richtig – schizo-analytisch – zu gebrauchen.

Die Autoren jedoch historisieren ihr eigenes Denken ebenso wenig wie Foucault; sie verstehen ihr Modell auch nicht als ein die Wirklichkeit ästhetisierendes, dessen Grundmuster theoriengeschichtlich präformiert ist. Vor dem Hintergrund des ganz anderen Weltbildes in der historischen Romantik gab es schon einmal eine Theorie gegen Theorien, die eine Kritik der Kritik in unendlicher Potenzierung begründete. Und in dem Zusammenhang war schon einmal die Rede von einer universalen Krankheit des Geistes – zur Legitimation einer ästhetischen Vernunft, mit deren Hilfe Individuum, Staat und Gesellschaft so transformiert werden sollten, daß sie im Absoluten vorausgesetzten Gesetzmäßigkeiten entsprachen. Das trat nicht ein, weil die Gesetzmäßigkeiten nur in der ästhetischen Vernunft selbst lagen – die bei Deleuze/Guattari wiedererscheint als Mythos eines bereits historischen Mythos, der in der Praxis andere als die gedachten Folgen hatte.

Wenn weder die Schizo-Analytiker noch ihre Rezipienten[165] über solche Zusammenhänge nachdenken und sie auf die eigenen kritischen Gegenentwürfe wie deren Übertragbarkeit auf gegenwärtiges Denken und Handeln im Zeichen der sogenannten Neuen Subjektivität beziehen, dann hat das einen Grund, der unter anderen auffällt: Die Ideologiekritiker analysieren Literatur und Auffassungen des Ästhetischen nicht, sondern bedienen sich ihrer, um die eigenen gedanklichen Systeme als wahr begründen und auf all die Bereiche anwenden zu können, die der Kritik unterzogen werden. Dieses Verfahren ist abzulesen an Theorien der Antipsychiatrie wie an denen der französischen Intellektuellen. Es ist aus literaturwissenschaftlicher Perspektive abzulehnen, weil es beliebige Projektionen ermöglicht.

Literatur im Dienst der Ideologiekritik

Antipsychiater wie Szasz oder Laing stützen ihre Wahnsinnsauffassungen weitgehend auf historische Dokumente, philosophische Systeme und fiktionale Literatur, die unterschiedslos herangezogen werden, um, bezogen auf die soziale und psychiatrische Praxis, die außerliterarische Gültigkeit der eigenen Theorien mit ihren Gegenentwürfen zu belegen und zu erhärten. Der "Hexenhammer" oder Voltaire[166], Heidegger, Sartre oder Kafka[167] werden angeführt, um entweder die soziale Stigmatisierung von Normübertretern oder das In-der-Welt-Sein des Schizophrenen als Wahrheit der Schizophrenie zu begründen – je nach Interesse der Interpreten. Dieses Vorgehen bedingt sowohl eine gedankliche Verkürzung realer, sozialer und psychiatrischer Probleme mit Vernunft und Wahnsinn als auch ein Verkennen der Literatur selbst. Beides wird besonders deutlich bei Foucault und Deleuze/Guattari.

Die Franzosen interpretieren des Erasmus "Lob der Torheit", Cervantes, Shakespeare, Diderots "Rameaus Neffe", Büchners "Lenz" oder Becketts Figuren so, daß die Literatur als solche generell als Ort erscheint, wo die jeweilige geheime historische oder universelle Wahrheit des Wahnsinns strukturell oder rhizomatisch verborgen ist:

> "Dort aber ist er im Gebirge, im Schnee, mit anderen Göttern oder ganz ohne Gott, (. . .) ist er mit der Natur. (. . .) Alles ist Maschine. Maschinen des Himmels, die Sterne oder der Regenbogen (. . .). Lenz hat die Ebene des Bruchs von Mensch und Natur hinter sich gelassen (. . .). Er erlebt die Natur nicht als Natur, sondern als Produktionsprozeß."[168]

Damit sind Deleuze/Guattari genauso beim Thema wie Foucault mit seiner Cervantes- und Shakespeare-Deutung, es handele sich hier um eine Kunst,

> "(. . .) die in ihrer Anstrengung, die sich suchende Vernunft zu zähmen, die Anwesenheit des Wahnsinns, *ihres* Wahnsinns anerkennt, ihn umzingelt, ihn einkreist, um letztlich über ihn zu triumphieren."[169]

Die Kritiker der Ratio benutzen die fiktionale Literatur als Steinbruch, aus dem sie das Material für ihre gedanklichen Konstrukte holen, mit denen sie dann einerseits wieder Texte interpretieren und andererseits, in der fortlaufenden Vervollständigung der Konstrukte, eine außerliterarische, wesenhafte Wahrheit von Vernunft, Wahnsinn und Gesellschaft heute rekonstruieren. Da sie grundsätzlich mit allen historischen und gegenwärtigen Texten so verfahren, also erstens kaum die Möglichkeit einer Differenz von gedachter und sozialer Realität reflektieren und zweitens kaum unterscheiden zwischen fiktionalen und nicht-fiktionalen, ästhetischen und nicht ästhetischen Texten, reduzieren sie Literatur in ihrer Komplexität als ein relativ autonomes Medium des Ästhetischen. Ungeachtet ihrer möglichen ästhetischen Transformation von Wirklichkeit erscheint Literatur, wie der Wahnsinn selbst, als Seismograph einer zeitlosen, die historische wie gegenwärtige Realität regierenden Struktur oder Dynamik, deren ungebrochener Spiegel sie im Verbund mit anderen Sinnsystemen und Bereichen sein soll. Auf diese Art können ästhetisch-literarische Texte nicht als bereits in ihrem eigenen Kontext vielfach vermittelte Produkte einer rationalen und schöpferisch-kreativen Auseinandersetzung ihrer Verfasser mit anderen: außerliterarischen, außerästhetischen oder historisch-ästhetischen Sinnsystemen u n d mit der jeweiligen sozialen Realität betrachtet werden. Auch das schlösse projektive Aussagen über Literatur nicht aus – aber es erschwerte sie.

Das beschriebene Verfahren differenziert sich nicht nach den jeweils hinzugezogenen Texten, sondern unterscheidet sich nur nach der Funktion, die sie für die Theorien haben und die ihnen in deren Rahmen zugeschrieben werden.

Wunschmaschinen und Schizofreiheit werden im "Anti-Ödipus" nicht nur anhand von Texten geistesgesunder Literaten wie Büchner oder Beckett, sondern gleichermaßen an denen Schizophrener nachgewiesen. Der Präsident Daniel Paul Schreber mit seinen "Denkwürdigkeiten eines Nervenkranken"[170] verdichtet für Deleuze/Guattari die Wahrheit ebenso gut wie Kafka oder Proust, die "das Schizo-Lachen" – was nachvollzogen werden kann! – "hinter ihrer Ödipus-Grimasse schüttelt"[171]. Foucault hingegen kommt in "Wahnsinn und Gesellschaft" nicht umhin, Texte von geisteskranken oder der Krankheit nahen Dichtern und Denkern anders zu bewerten als die allem Anschein nach ganz Normaler. Die Wahrheit der Geschichte in ihrer unauflöslichen Verbundenheit mit dem Wahnsinn manifestiert sich seit dessen psychiatrischer Ausgrenzung am Ende des 18. Jahrhunderts "nur noch im Aufblitzen von Werken wie Hölderlins, Nervals, Nietzsches oder Artauds"[172]. Nach Foucault ist der außerliterarisch als Geisteskrankheit zum Schweigen gebrachte Wahnsinn später zurückgekehrt in die Geschichte, "aber als lyrischer Ausbruch."[173] Und das bedeutet, daß der Strukturalist die außerliterarische Eigendynamik der Ratio in der abendländischen Geschichte ästhetisch legitimiert. Gedanklich entwickelt wird dies nicht in "Wahnsinn und Gesellschaft", wo eine ausdrückliche Verabsolutierung des literarischen Sinnsystems der intendierten Vernunft-, Sozial- und Psychiatriekritik im Wege stünde, sondern in der kurzen, auf Literatur und Wahnsinn bezogenen Arbeit "Der Wahnsinn, das abwesende Werk".[174]

> "Die Literatur (und dies bestimmt seit Mallarmé) ist langsam dabei, auch zu einem Sprechen zu werden, dessen Wort zu gleicher Zeit sich selbst aussagt und in der gleichen Bewegung die Sprache, die es als Wort dechiffrierbar werden läßt. (. . .) sie setzte in der verwirklichten Schreibgeste die Herrschaft der Sprache außer Kraft. (. . .) die Zweitsprachen gehören inzwischen in der Literatur selbst zu jener Leere, die sie durch ihr Sprechen errichtet (. . .). Daher auch jene seltsame Nachbarschaft von Wahnsinn und Literatur (. . .)."[175]

Was nicht nur in der historisch aufklärerischen, sondern in der den Wahnsinn darstellenden Literatur überhaupt nur als Abglanz wesenhafter Wirklichkeit erscheint und der Rückführung auf die zeitlose "Struktur der Ablehnung" bedarf, drückt sich nach Foucault im Chiffrierungsprinzip einer Literatur, die sich der Interpretation verweigert, unmittelbar aus. Je dunkler, rational unzugänglicher und hermetischer Literatur ist, desto mehr wurzelt sie in dem wahren Sein, das der Wahnsinn als "Leerform" bezeichnet. Das heißt nicht, daß der Wahnsinn als Krankheit und die künstlerische Kreativität in einer "psychologischen, endlich bloßgelegten Verwandtschaft"[176] stünden; gemeint ist vielmehr, daß sowohl das literarische Werk, das nichts aussagt außer sich selbst, als auch der unzugängliche Wahnsinn der Ratio das als Wahrheit zeigen, was diese aus sich selbst ausschließt. Dabei kommunizieren Literatur und Wahnsinn als "zwei Redeweisen"[177] miteinander in einem Prozeß, der den Wahnsinn seiner Verwandtschaft mit der Geisteskrankheit enthebt und ihn, "fern vom Pathologischen"[178], in der ästhetischen Erfahrung, wieder zur Erfahrung der Fülle des Seins werden läßt. Foucault kann die Fülle noch nicht benennen, weil sie "noch absolut leer"[179] ist – und sie wird es wohl auch bleiben.

Denn in diesem Konzept einer Reziprozität von Literatur und Wahnsinn, deren Aufhebung analog zur Geschichte der Vernunft als Ziel der Literaturgeschichte gedacht wird, erscheint die Geisteskrankheit, deutlicher als in "Wahnsinn und Gesellschaft", als die Negativfolie, vor der Foucault die eigenen Spekulationen als aufgedeckte, objektive Wahrheit der Vernunft- und Literaturgeschichte begründet. Dem gedachten Prozeß einer Rückkehr der Vernunft zu ihrem eigenen, vom Wahnsinn ununterschiedenen Urgrund entspricht bei Foucault der Gedanke einer literarisch-ästhetischen Entwicklung hin zu einer reinen, von der abgespaltenen Ratio des Subjekts nicht mehr regulierten Literatur, die wie der Wahnsinn mit der Fülle im Absoluten vermittelt ist und wegweisende Funktion für die Ratio hat, die sie transzendiert. Das ist immanent gesehen einleuchtend; denn wenn die Selbstentgrenzung der Ratio in der Einheit von Vernunft und Wahnsinn als Fülle der Geschichte und nicht als Leere, eine nichts mehr bedeutende Erkenntnis als Erfüllung und nicht als Zerstörung der Vernunft bewertet werden, dann können solche Umkehrungen weder sozialhistorisch, -psychologisch oder analytisch, wohl aber ästhetisch-synthetisch gedacht werden. Als "Redeweise" mit eigenem Entzifferungsprinzip kann das Medium des Literarisch-Ästhetischen dem anderen Sinnsystem, dem Wahnsinn und der Sprache der Schizophrenen als einer, die ebenfalls nur ihren eigenen Regeln folgt, analog gesetzt werden. Beide Bereiche sind nur in der verborgenen Fülle des Seins miteinander vermittelt und können so in ihrer Eigenständigkeit betont wie aufeinander bezogen werden.

"Wir sehen heute mit Verwunderung, daß zwei Redeweisen (die des Wahnsinns und die der Literatur), deren Unvereinbarkeit durch unsere Geschichte begründet war, miteinander kommunizieren."[180]

Das heißt, Foucault benutzt die Geisteskrankheit als gedankliches Vehikel, indem er die Sprache der Schizophrenen sowohl vom Subjekt als auch vom Pathologischen löst und als "Redeweise" des Wahnsinns zur beliebig einzusetzenden Metapher macht. Vom dunklen "Gemurmel" als Ausdruck unsäglich tiefen Seins her läßt sich dann einerseits die Ratio als Abspaltung des Menschen vom wahren Sein, andererseits die Aufhebung, Entgrenzung oder Transzendierung des Rationalen im Medium des Ästhetischen als Rückführung der Ratio ins wahre Sein charakterisieren – bedingt durch die Eigendynamik des Ästhetischen in der Geschichte. Diese Eigendynamik wird mit der des Wahnsinns nach dem Prinzip kommunizierender Röhren verbunden. Wo der Wahnsinn als Geisteskrankheit aus der Erfahrung der Vernunft verschwindet, weil er an die Psychiatrie überantwortet ist, macht Literatur die gleiche Erfahrung möglich – unter Ausschluß des pathologischen Moments.

"Wahnsinn und Geisteskrankheit lösen ihre Zugehörigkeit aus der gleichen anthropologischen Einheit. Ja, diese Einheit selbst verschwindet mit dem Menschen als vorübergehendes Postulat. (. . .) Und fern vom Pathologischen, im Sprechen, dort, wo es sich in sich selbst zurückzieht, ohne schon etwas zu sagen, entsteht eine Erfahrung, in der es um unser Denken geht (. . .)." [181]

Derart wird der Wahnsinn verabsolutiert als eine Kategorie des Ästhetischen. Und dieses, ein Medium, in dem sich verborgene Wahrheit kristallisiert, kann nicht als eine Erfahrung gelten, *um die* es in unserem Denken geht, sondern umgekehrt: Das Ästhetische erscheint bei Foucault als etwas absolut Vorgegebenes, vor dem als Hintergrund der Geschichte, durch die Entwicklung der Literatur *in* der Geschichte heute sichtbar geworden, das Denken verblaßt. Und das bedeutet: Foucault mythisiert nicht nur den Wahnsinn als Grund und Ziel der Ratio, sondern auch das Literarisch-Ästhetische, und beides hat mit der Geisteskrankheit nichts zu tun, wird aber vor ihr als Negativfolie legitimiert. Sie dient dazu, sowohl die Abwertung der Ratio als auch eine Ästhetik der Negativität als Wahrheit einer historischen und literarhistorischen Entwicklung plausibel zu machen, die von selbst abläuft, getrieben von Mächten, auf die das in gewaltige Strukturen eingebettete Subjekt keinen Einfluß hat. Und so mythisiert Foucault auch noch die Geschichte selbst – in der Ver-dichtung von Wahnsinn und Literatur als "Redeweisen", die im Ästhetischen konvergieren. Doch schließlich kann, im Vergleich zur postulierten Unwirklichkeit der Ratio und den "Sälen mit den Tobsüchtigen", die die "Pharmakologie (. . .) bereits in laue Aquarien verwandelt"[182] hat, eine Literatur, die sich dem Zugriff des Rationalen entzieht, in der Tat als Ausdruck absoluter Wirklichkeit erscheinen.

Eine solche Auffassung von Literatur und Ästhetik aber ist, ganz unabhängig von den Texten, auf die Foucault sich bezieht, und von der "Redeweise" des Wahnsinns, eine recht traditionelle: Sie liegt, historisch betrachtet, Denkmustern der Romantik voraus. Schon Karl Philipp Moritz vertrat die Autonomie einer Kunst, die auf das Sein im Absoluten verweisen und die ansonsten unerfahrbare Erfahrung dieses Seins verbürgen sollte – durchaus als "Redeweise" mit eigenem Entzifferungsprinzip. Das hatte zu tun mit Problemen der außerästhetischen Vernunft und mit Erfahrungen einer bedrückenden Realität, aus denen die Kunst, als autonome eben dieser Realität entzogen, den erlösenden Weg wies – der keiner war. Foucault bezieht sich auf Literatur der Moderne und setzt in einem Vor-urteil, das auf Auffassungen im 18. Jahrhundert zurückzuführen ist, eine Autonomie des literarisch-ästhetischen Mediums voraus – als ob dieses Medium nicht gedanklich autonomisiert wurde. Das hatte historisch eine ähnliche Funktion, wie sie bei Foucault selbst und bei Deleuze/Guattari zu beobachten ist: Es diente der Bewahrheitung einer Gegenvernunft gegen eine falsche, wobei es gar nicht um Probleme mit dem Wahnsinn ging. Es ging um Probleme mit der Vernunft, die Garant sinnstiftender, allgemeingültiger und unangreifbarer Wahrheit sein sollte – die ins Absolute verlegt wurde. Theorien über Vernunft und Wahnsinn bleiben in ihrem Wahrheitsanspruch zu analysieren statt inhaltlich als wahr zu übernehmen – ebenso wie Auffassungen von Literatur und Ästhetik, die im Kontext solcher Theorien wie auch für sich zu untersuchen sind.

Beides betrifft die Literaturwissenschaft dort, wo Erkenntnisinteressen sich auf literarische Darstellungen des Wahnsinns oder auf den Wahnsinn als eine Kategorie des Ästhetischen beziehen.

Literaturwissenschaftliche Vor-urteile

Statt daß nun Literaturwissenschaftler – wofür sie eher als Psychiater zuständig sind – die den vorgestellten Theorien immanente Funktionalisierung von Literatur und von einer ästhetisch begründeten Gegenvernunft kritisiert hätten, wandten und wenden sie die Theorien, wie sie sind, an in der Literaturinterpretation.[183] Diese Anwendung führt, fachintern gesehen, zu nicht plausiblen Aussagen und Ergebnissen, was die Erkenntnisgegenstände betrifft, und, im Kontext der gegenwärtigen Aufklärung gesehen, zu Beiträgen, die dem Psychiater Glatzel Belegmaterial für seine Intellektuellenschelte liefern könnten.

Wo die literaturwissenschaftliche Problematik solcher Beiträge liegt, ist zunächst am Beispiel Wolfgang Hädeckes zu zeigen, der 1978 "Das Thema Wahnsinn in der neuesten Literatur"[184] besprach.

In seinem Aufsatz stellt er die Romane und Berichte u.a. von Kipphardt, Augustin, Barnes, Green und Erlenberger vor und begründet deren Wahnsinnsauffassungen damit, daß

> "(. . .) solche Darstellungen gesellschaftlich verursachter Verrücktheit von bestimmten unorthodoxen wissenschaftlichen Theorien und Therapien beeinflußt (seien), zum Beispiel der Anti-Psychiatrie (. . .), oder durch Foucaults Auffassung (. . .)."[185]

Sowohl dem als auch den Textparaphrasen ist zuzustimmen; nur beschreibt Hädecke die Literatur selbst aus antipsychiatrischer Sicht und kann so die verschiedenen Umdeutungen der Geisteskrankheit in den Texten nicht wahrnehmen. Und so gerät die schließliche Beantwortung der Frage, "warum das Thema Wahnsinn die gegenwärtige Literatur so stark beschäftigt", zum Paradox in bezug auf den zunächst vertretenen Literaturbegriff:

> "Die Literatur hat seismographischen Charakter; sie ahnt individuelles und kollektives Unheil voraus, das sich im Wahnsinn ankündigt (. . .). Dabei dient ihr die Phantasie des Dichters wie des Verstörten als Medium (. . .)."[186]

Wo die Inhalte der Literatur erörtert werden, gilt sie als b e e i n f l u ß t von der Antipsychiatrie und von Foucault; wo es aber um die Möglichkeit dieser Inhalte geht, da soll die Literatur autonom sein, weil der "Dichter" wie der "Verstörte" der Wahrheit näher seien als "die blockierte Phantasie des 'normalen' Bürgers"[187]. Daß diese, ähnlich wie die des Interpreten selbst, durch die Popularisierung der Antipsychiatrie vor dem Hintergrund des Psychobooms längst erweitert worden war, wird nicht berücksichtigt. Stattdessen aber schließt Hädecke aus dem seismographischen Charakter der Literatur dann auf ihre soziale Funktion:

> "Die Literatur durchschaut, daß die Abtrennung des Irren aus Furcht vor dem Skandal erfolgt; (. . .) sie weiß, daß der Skandal die Wahrheit enthalten kann, und da auch die Literatur Skandal sein kann, enthüllt sie im Wahnsinn den Skandal der Wahrheit, die wir ungern hören."[188]

In einer solchen Argumentation werden der Wahnsinn wie die Literatur mythisiert: Diese soll im Wahnsinn die skandalöse Wahrheit der Vernunft als eine objektive Wahrheit enthüllen – nicht als eine gedachte, die psychiatrisch umstritten ist. So entzieht Hädecke die Möglichkeit, daß die soziale Funktion der besprochenen Literatur nicht nur eine bewußtseinskritische, sondern auch eine bewußtseinsbestätigende sein könnte, weil sie Wahrheiten enthüllt, die aufgrund schon vorhandener Einstellungen und Bedürfnisse nur zu gern gehört werden, der literaturwissenschaftlichen Reflexion.

Das bestätigt gleichzeitig andere, gar nicht thematisierte Erkenntnisinteressen als wahr, ohne daß dies bedacht würde: erstens, daß Literatur über die Spiegelung beobachtbarer Realität und deren gedanklicher Bewältigung hinaus verborgene Wahrheiten sichtbar mache – in diesem Fall das Foucaultsche "Gemurmel" des Wahnsinns –, die der außerästhetischen, sozial deformierten Vernunft nicht zugänglich sind; zweitens, daß die ästhetische Vernunft als Medium der Wahrheitsvermittlung mehr umfasse und erfasse als die außerästhetische, der ja die "Phantasie des Dichters wie des Verstörten" nicht nur als andere, sondern als überlegene Medien der Wirklichkeitserfahrung entgegengesetzt werden; und drittens, damit zusammenhängend, daß Literatur autonom sei im Sinne eines Seismographischen, das nicht die beobachtbare soziale, individuelle und gedanklich bewältigte Oberflächenwirklichkeit anzeigt, sondern die objektiv wahren Entwicklungen und Gesetzmäßigkeiten, die in dieser Oberflächenwirklichkeit zum Ausdruck kommen und kommen werden. Derart enthält Literatur als Gegenentwurf zur bestehenden Realität deren Wahrheit und nimmt sie vorweg.

Weil Hädecke nun solche Vor-urteile nicht reflektiert, kann er auch die vorgestellten Romane nicht zureichend analysieren. Das ist zu verdeutlichen am Beispiel des Zirkuspoeten André Heller.

Dieser, davon überzeugt, die Welt mit Hilfe autonomer Phantasie und freier Kreativität poetisieren zu können, ist im Zusammenhang mit dem Wahnsinn interessiert an den tiefsten Tiefen der Natur[189] Der Weg zum All-Einen, vorrational Ganzen, verstanden als Emanzipation des Subjekts zum Leben aus der eigenen Tiefe, ist weder über die schon abgespaltene Ratio zu erreichen noch über eine Literatur, die aufklärend-bewußtseinskritisch wirken will. Denn seismographisch ist wahrhaft autonome Kunst als Ausdruck wahrhaft autonomer Phantasie nicht mehr in bezug auf verborgene Gesetzmäßigkeiten, die regulativ für die Oberflächenwirklichkeit und für eine Vernunft sind, die Kommunikation ermöglicht. Seismographisch soll diese Kunst vielmehr sein für die tiefste Schicht – das Wesen der Wirklichkeit an sich, das in sich selbst und für sich selbst existiert. Das treibt den Literaturbegriff, den Hädecke unausgesprochen vertritt, auf die Spitze und richtet sich gegen seine Bewertung der literarischen Wahnsinnsdarstellungen: Denn Heller liest seine Wahrheit der Wirklichkeit ab an den "bestürzenden poetischen Protokollen"[190], die der Schizophrene Alexander als personifizierter Seismograph liefert. Und deswegen kritisiert er aufs heftigste Kipphardts Roman nicht als Enthüllung von Skandalösem, sondern selbst als Skandal: weil der Kranke zum Behufe der Kritik umgedeutet wird.

> "Wir müssen uns daran gewöhnen, daß tief unter der offiziellen Kulturgeschichte und der inoffiziellen eine weitere katakombische existiert, deren bizarre Eigenart im völligen Fehlen einer Selbstäußerung zu finden ist."[191]

Katakombisch gedacht, muß Kipphardts "März" für Heller auch die "infame Narretei" sein, als die er das Buch bezeichnet; es diene zu nichts, als "den Erstgeborenen der Sprache" zu verfälschen und dadurch "voll in die Mode (zu) drängen" – womit der Poet über den Roman zwar das Gegenteil, aber ebenso Richtiges sagt wie Hädekke. Nur setzt Heller sich, indem er die Gedichte des Kranken als "Spitze" einer der Literaturgeschichte "eigenen Evolution"[192] feiert und damit einen Thomas Mann oder Heinrich Böll für überwunden erklärt, selbst den Lorbeerkranz auf, den Kipphardt immerhin nur dem gekreuzigten Alexander März zuspricht. Heller verkündet wie Foucault die höhere Wahrheit einer Poesie, die sich an niemanden mehr wendet:

> "Alexanders Kreativität hat mit jener eines sogenannten Künstlers wenig zu tun, denn letztere biedert sich an, wendet sich an die Menschen oder zumindest an sich selbst."[193]

Die Möglichkeit, Literatur selbst wieder zur reinen Natur werden zu lassen, bleibt den Schizophrenen vorbehalten; sie gehören zur "auserwählten schmerzhaften Gruppe der Verschwiegenen", der sich mehr oder weniger geistesgesunde Poeten immer nur annähern können. Heller jedoch erkennt, daß sie Wahrheit verschweigen und versteht den unverstandenen Herbeck dahingehend, daß er sich mit seiner Schizophrenie und seinem Leben in der Anstalt "als biederer Radiohörer, Kuchenesser und Rauchliebhaber"[194] vor allen Nicht-Eingeweihten tarne. Herbeck werden sowohl seine Krankheit als auch das, was ihn als verstehbaren Schizophrenen zur sozialen Identifikationsfigur macht, um der poetischen, im Schein der äußeren Realität nicht zu findenden Wahrheit genommen.

Heller macht ihn zur Identifikationsfigur unter produktionsästhetischem Aspekt. Das erlaubt, die künstlerische Existenz selbst als die des Eingeweihten, des Künders vom Absoluten, als wahr zu legitimieren.

Sind Hädeckes und Hellers Aussagen über Kipphardts Roman erst zusammengenommen zutreffend, dann fehlen Hädecke die analytischen Kategorien, seinen Erkenntnisgegenstand adäquat erfassen zu können. Darüber hinaus leistet er, ohne es zu merken, Denkmustern wie denen Hellers Vorschub – die durch die Geschichte ästhetischer Theorien und ein Rollenverständnis des Künstlers, das seine Traditionen hat, präformiert sind, wie die literaturkritische Position Hädeckes selbst es ist.

Solche Zusammenhänge, Literatur und literaturwissenschaftliche Erkenntnis betreffend, suchen Peter Gorsen und Winfried Kudszus zu berücksichtigen.

Grenzen einer entgrenzten Ästhetik

1977 gab Kudszus einen Sammelband "Literatur und Schizophrenie"[195] heraus, in dem psychiatrische und literaturwissenschaftliche Arbeiten zum Problemkreis von Pathologie, Kreativität und Ästhetik vereinigt sind. Am Beispiel der Aufsätze Kudszus' und Gorsens, denen es nicht, wie Hädecke, um den Wahnsinn als Thema, sondern als Gestaltungsprinzip der Literatur geht, ist gut zu zeigen, wie notwendig es ist, Auffassungen des Ästhetischen selbst mit solchen von Vernunft und Wahnsinn zu vermitteln. Denn eben das wird intendiert – und gelingt nicht.

Kudszus und Gorsen beziehen sich auf Literatur der Moderne. Sie sehen diese unter dem Aspekt des Bruchs mit traditionellen Auffassungen des Ästhetischen als eines Schönen oder Harmonischen, von denen auch literaturwissenschaftliche Kategorien der Analyse und Kritik geprägt seien. Deshalb gelten solche Kategorien als wenig tauglich für ein Verständnis der Literatur, die ihnen nicht mehr entspricht und die, ändert man jene nicht, nur unter Aspekten der Negierung erfaßt werden könne. In den Augen der Kritiker

> "(. . .) verweisen die negativen Kategorien auf eine Verstehensproblematik, die über die Kompetenz einer immanent literaturwissenschaftlichen Untersuchung deutlich hinausgeht: 'Dissonanzen', (. . .) 'Entpersönlichung', (. . .) 'Traditionsbruch' (. . .) – solche Begriffe und Konzeptionen sind (. . .) wenig aufschlußreich und kennzeichnen das Dilemma einer Ästhetik, die sich ungeachtet des Traditionsbruchs der Moderne auf her-

kömmliche Fachgrenzen und Denkweisen stützt. Eine Ästhetik der modernen Literatur wird (. . .) sich gegebenenfalls grundsätzlich in Frage stellen müssen."[196]

Die Feststellung Kudszus' ist ebenso einleuchtend wie seine und Gorsens Forderung nach einer Entwicklung neuer, über den Bereich des Literarisch-Ästhetischen hinausverweisender Kategorien für die Interpretation einer Literatur, die in sich selbst "ihre Selbstauflösung betreibt und Kontakt zu außerliterarischen und außerkünstlerischen Bereichen herzustellen sucht."[197]

Dem soll durch Interpretationen entsprochen werden, die auf positiven analytischen Kategorien beruhen. Und die werden gefunden, indem "auf die Psychopathologie künstlerischer Kreativität und auf neuere Forschungen zur Schizophrenie"[198] zurückgegriffen wird.
Foucault und der Antipsychiatrie folgend, kann dann die Literatur der Moderne mit ihren ästhetischen Traditionsbrüchen positiv als Ausdruck einer Vereinigung von "Ästhetik und Lebenspraxis"[199] erfaßt und bewertet werden. Das Postulat einer solchen Vereinigung aber führt dazu, daß das Ästhetische als das nicht mehr Schöne und nicht mehr Harmonische gedanklich entgrenzt wird, d a m i t es mit der Lebenspraxis vermittelt s e i. Dabei wird eine kritische Sprengkraft der Kunst im modernen zeitgenössischen Kontext behauptet,[200] ohne daß dies anders bewahrheitet würde als: mit Hilfe der Kunst, der ästhetischen Theorien, die von Künstlern selbst vertreten wurden und werden, und der Wahnsinnsauffassungen, die ins Konzept passen.

> "Im gleichen Augenblick, da der Wahnsinn für seine ernsthaften Betrachter im Medium von Kunst und anthropologischer Wissenschaft die Augen aufschlägt, muß auch die Ästhetik berechtigt sein, in die Zonen (. . .) des Schweigens einzudringen (. . .). Das Pathologische wird (. . .) daher Gegenstand der grenzüberschreitenden Ästhetik und hilft mit, jene konstruktive Krise in den festgefahrenen ästhetischen Vorstellungen (. . .) des Klassizismus auszulösen, die sie als normierende Kunst- und Geschmacksstile zu Fall bringt."[201]

Das Problem an Gorsens Theorie einer "grenzüberschreitenden Ästhetik" liegt nicht nur darin, daß sie weder neu noch spezifisch ist für die Literatur der Moderne. Auch die kritisierten herkömmlichen Fachgrenzen und Denkweisen werden nicht verlassen – im Gegenteil. Zum Zwecke einer Vereinigung von Ästhetik und Lebenspraxis wurde die ästhetische Vernunft – die "bürgerliche", gegen die Gorsen sich richtet – schon einmal, am Ende des 18. Jahrhunderts, entgrenzt. Und im Zusammenhang damit wurde das Pathologische ebenfalls unübersehbarer Gegenstand des Ästhetischen. Das bedenkt Gorsen nicht: Stattdessen hält er, wider die "bürgerliche" Ästhetik, den "mehr als das bloß vorhandene registrierenden Realismus"[202] der Literatur selbst mit Hilfe der Antipsychiatrie aufrecht und bezieht seine literarhistorischen Ausführungen zur Genealogie der "grenzüberschreitenden Ästhetik" auf Literatur der Moderne – so daß die eigene Theorie als objektiv zutreffend belegt wird.

Aus dem systematischen Vergleich der Sprache Schizophrener und der Kunstsprachen, in denen Sinn verdichtet oder zerstört werden kann, schließt Gorsen auf eine

Analogie. Wie das Pathologische im sozialen Bereich wiederkehrt, sich emanzipiert und entpathologisiert wird aufgrund neuer Erfahrungen ohne Herrschaft und Unterdrückung des Wahnsinns, die dann möglich werden, wenn die Antipsychiatrie sich allgemein durchsetzt, so emanzipiert sich auch eine authentische Literatur von der bürgerlichen Ästhetik, deren Überwindung heute abzusehen sei. Zurückverfolgt wird die Genese dieser authentischen Literatur.

> "Die literaturästhetische Grenzbetrachtung ist hier (. . .) verwiesen an (. . .) Apollinaire (. . .), Hugo Ball (. . .), ebenso an vieles aus dem Surrealismus von Louis Aragon, André Breton, (. . .) Ernst Jandl (. . .) Friedericke Mayröcker (. . .)."[203]

Das heißt: der Grenzbetrachtung werden all die literarischen Stilrichtungen unterzogen, in denen sprachlich und formal eine neue Authentizität des Literarischen angestrebt wird. Gorsen überprüft diese nicht am außerliterarischen zeitgenössischen Kontext, sondern setzt sie gemäß dem Ziel seiner Genealogie, der Entgrenzung des Ästhetischen zum außerliterarisch Wahren, voraus – weshalb er nicht untersuchen kann, inwiefern z.B schon in den surrealistischen Manifesten eine proklamierte Konvergenz von Ästhetik und Lebenspraxis verbunden ist mit einer Ä s t h e t i s i e r u n g des pathologischen Wahnsinns.[204] So kann der Wahnsinn als Grenze und wahrer Spiegel des Ästhetischen erscheinen und auf die soziale Sprengkraft authentischer Literatur geschlossen werden, ohne daß der Interpret reflektieren könnte, ob der Wahnsinn als immanente Kategorie des Ästhetischen nicht möglicherweise dazu d i e n t, dessen höheren Wahrheitswert überhaupt erst zu legitimieren. Zeitgenossen der Surrealisten, die französischen Psychiater nämlich, waren eben dieser Ansicht[205]; sie sahen im Surrealismus eine gefährliche Ästhetisierung nicht nur des Wahnsinns, sondern darüber hinaus der Wirklichkeit – und keine Kritik, sondern eine Ideologie. Wie einseitig und ideologisch dieser Standpunkt auch selbst sein mag – in einer "literaturästhetischen Grenzbetrachtung", in die auch die Surrealisten einbezogen werden, wäre seine Berücksichtigung wohl am Platze. Denn die Kritik der Psychiater könnte ja auch auf eine Divergenz statt Konvergenz von Ästhetik und Lebenspraxis verweisen, die auf einer Verabsolutierung der ästhetischen Vernunft von seiten der Literaten selbst beruhte.

Solche Fragestellungen schließt Gorsens Genealogie aus: Sie würde sich auflösen – wenn die Grenzen der vorausgesetzten Theorie dies nicht verhinderten. Weder von literarästhetischen Grenzbetrachtungen noch von einem interdisziplinären Ansatz der Literaturinterpretation kann dort die Rede sein, wo es gar nicht um die Betrachtung von Grenzen des literarästhetischen Bereichs geht, wo dem eigenen Denken Entgegenstehendes in anderen Disziplinen nicht wahrgenommen wird und wo obendrein die tautologische Bestätigung einer begrenzten, historisch-literarästhetisch bereits präformierten Theorie mit Hilfe literarhistorischer Betrachtungen verwechselt wird mit einer Erkenntnis literarästhetischer Phänomene der Moderne.

Die Beispiele literaturwissenschaftlicher Argumentation mögen genügen, um abschließend einige Überlegungen zur gegenwärtigen Aufklärung über Vernunft und Wahnsinn in ihren vorgestellten Aspekten und Bezügen anzustellen.

Überlegungen und Folgerungen

Es scheint so, daß die polarisierten, ob bewußt oder nicht einander entgegengesetzten Vernunft- und Aufklärungspositionen, literaturwissenschaftliche eingeschlossen, miteinander mehr Gemeinsames haben als mit der Position, die am Beispiel Dörners gezeigt wurde. Das betrifft weder Denkinhalte, Erkenntnisgegenstände, Aufklärungsziele noch die Frage, ob es um humanes Verhalten gegenüber Kranken, um eine falsche Vernunft an sich oder um Literatur und Ästhetik geht – auch wenn das Letzte als Aussage schon inhuman erscheinen mag. Es betrifft das gemeinsame Verfahren, daß die jeweils eigene Denkweise als richtig vorausgesetzt und bewahrheitet wird. Glatzel, Foucault oder Gorsen betreiben Aufklärung so, daß sie all das schon aus der Beobachtung, erst recht aus der kritischen Reflexion ausschließen, was die eigenen Theorien als zutreffende Erklärungsmodelle für genannte Phänomene, Probleme, deren Ursachen und Bedingungszusammenhänge in Frage stellen könnte. Dörner hingegen verfährt umgekehrt: Er relativiert sein eigenes Denken an der beobachtbaren Praxis und ändert eher, Vernunftunsicherheiten in Kauf nehmend, seine Theorien, als das aus dem Blick zu verlieren, was ihnen entgegensteht. Diese Art einer konflikt- und problemorientierten Aufklärung ist nicht nur zu betrachten unter dem Aspekt einer kritischen Psychiatrie, die im Interesse der Kranken zu fordern bleibt. Sie ist auch zu betrachten unter dem Aspekt einer kritischen Vernunft, an der durchaus festgehalten wird – ohne daß sie als Instanz verstanden würde, die allgemeingültige, objektive Wahrheiten erkennen und verbürgen könnte. Das verhindert, daß zum Zwecke solcher Wahrheiten und deren theoretischer Legitimation Probleme und Widersprüche, die an Theorien und in der Praxis erkennbar und beobachtbar sind, übersehen, umgedeutet, verfälscht, verkürzt oder ästhetisiert werden. Und daraus sind, bejaht man eine Vernunftposition wie die Dörners, Konsequenzen zu ziehen.

Die Vernunft der Psychiatrie als Herrschaft über den Kranken und eine alles verdinglichende Ratio als Herrschaft über den Menschen an sich sind schon so gründlich kritisiert und auf ihre sozialen, historischen, theorie- und wissenschaftsgeschichtlichen Voraussetzungen und Folgen bezogen analysiert worden, daß vielleicht einmal weniger sie als eher die Vernunft der Kritiker näher zu untersuchen ist. Diese ist ebenso zu historisieren wie die der etablierten Psychiatrie. Das ist möglich in der Begrenzung auf zwei Problemkreise, die im Kontext der gegenwärtigen Aufklärung auffällig sind. Der erste betrifft den der Verabsolutierung von Vernunftpositionen mit Hilfe von Theorien, in die zu Erkennendes eingeordnet wird, ohne daß überprüft würde, ob das Gesagte auch außerhalb der Theorien stimmt und wie der Erklärungswert der letzten beschaffen ist. Dieser Problemkreis ist weniger abstrakt als es den Anschein haben mag. Denn das Verfahren ist beste Tradition gerade der deutschen Aufklärung bis hin zur allumfassend kritischen Vernunft der Romantik, und es ist diese Tradition, die heute sozial-, psychiatrie-, kultur-, literatur- und ideologiekritische Intellektuelle in der unkritischen Nachfolge der Antipsychiatrie mit den kritisierten Psychiatern eint: Die deutsche Psychiatrie entstand zu Beginn des 19. Jahrhunderts und war in ihren Theorienbildungen philosophisch, literarisch und ästhetisch präformiert. Die ersten Psychiater übernahmen gerade von kritischen Gebildeten und Literaten die Überzeugung, im Besitz der Wahrheit zu sein.

Der zweite Problemkreis, vom ersten kaum zu trennen, betrifft den der unkritischen Verfügung über Literatur und der Wiederholung von Mustern historischer Auffassungen des Ästhetischen in der gegenwärtigen Kritik. Es wird überhaupt nicht gefragt, ob Literatur und Ästhetik in ihrer historischen Entwicklung nicht auch beigetragen haben könnten zur Herrschaft der Vernunft, die zu Recht kritisiert wird: der absolut gesetzten, die ja auch eine ästhetische sein kann, auf die alle Wirklichkeit bezogen wird. Die ersten Psychiater hatten viel Sinn für Literatur und Philosophie.

Um beide Problemkreise geht es in den folgenden Studien zur historischen Aufklärung über Vernunft und Wahnsinn, die vielleicht etwas zur gegenwärtigen beitragen können, ohne daß weiterhin von der Gegenwart die Rede ist. Historisch betrachtet, war der Wahnsinn gar nicht d a s Problem der Vernunft. Sinnstiftende, allgemeingültige und normative Wahrheit sollte sie verbürgen. Das war sehr problematisch und endete in Welterklärungsmodellen ästhetisch-mythischer Qualität. Sind darin heutige Positionen einer Kritik wiederzuerkennen, die ihre eigenen Voraussetzungen nicht reflektiert, könnte die in Polarisierungen und Bunkermentalitäten führende Verwechslung von Theorien über Vernunft und Wahnsinn mit objektiven Wahrheiten zumindest erschwert werden.

Eine historische wie gegenwärtige Wahrheit der Vernunft, die aus dem Wahnsinn als dem Nicht-Sinn, über den man nichts weiß, abgeleitet wird, ist unüberprüfbar. Deshalb kann der Wahnsinn nicht Bezugspunkt einer Vernunftkritik sein. Theorien sind überprüfbar – in bezug darauf, wie die Wahrheit, die sie jeweils beanspruchen, begründet ist. Was für die Gegenwart galt, wird auch für die Vorstellung historischer Vernunft- und Aufklärungspositionen gelten.

Zweiter Teil

Wahnsinn, Gesellschaft und Unvernunft: Vernunftprobleme im 18. Jahrhundert

Irrenhausbesuche in unterhaltend aufklärenden Texten

Schon im letzten Drittel des 18. Jahrhunderts wurden Irrenanstalten und internierte Wahnsinnige zum Gegenstand literarischer Aufklärung.[1] In Zeitschriftenaufsätzen, popularaufklärerischen Sammelwerken oder psychologischen Magazinen, in denen auch anderes abgehandelt wird, in Reisejournalen, Tagebuchberichten für fiktive und reale Leser, biographischen Sammlungen und Briefen, die nicht unbedingt zur Veröffentlichung bestimmt sein müssen, werden Anstalten und ihre Insassen beschrieben.[2] Dabei erscheint das Dokumentarische selten ohne eine Beziehung zu den Gefühlen oder Einstellungen der Autoren; es wird in den Darstellungen weitgehend subjektiviert und auch emotionalisiert.[3] Daneben lassen sich in einigen Fällen auch Grenzverwischungen zwischen dem Dokumentarischen und dem Fiktionalen, also Transformationen des Themas ins Erzählerisch-Literarische feststellen; das bleibt aber, wie es auch in der heutigen Unterhaltungsliteratur der Fall ist, dem konkreten Aufklärungsziel untergeordnet.[4] Dieses wird mit unterschiedlichen Akzentsetzungen inhaltlicher Art verfolgt: Aufbau und Organisation der Anstalten, Beschreibungen der Wahnsinnigen, Schilderungen von in Erfahrung gebrachten Fallgeschichten oder Reflexionen über das Verhältnis von Gesunden zum Wahnsinn und zu den Kranken können im Vordergrund stehen. Auseinandersetzungen mit einer etablierten Psychiatrie oder Therapieformen des Wahnsinns aber fehlen;[5] auch gibt es keine ehemals Kranken unter den Autoren, die über eigene Internierungserfahrungen berichteten.[6] Dennoch sind die Verfasser, was ihre Herkunft, ihren Bildungsstand, die Denkweise und ihr Verhältnis zum Literarisch-Ästhetischen betrifft, genauso verschieden wie ihre Texte. Diese können nur deswegen als zusammengehörige Gruppe charakterisiert und besprochen werden, weil sie sowohl das gemeinsame Thema haben als auch eine gemeinsame Wahnsinnsauffassung erkennen lassen.[7]

Zur Textgruppe gehören die kurzen Erzählungen von Matthias Claudius "Der Besuch im St. Hiob zu **" (1783)[8] und von Johann Jakob Engel "Das Irrenhaus" (1777)[9], fernerhin ein Textabschnitt Adolph Freiherr von Knigges über den aufgeklärten Umgang mit Wahnsinnigen (1788)[10] und der Bericht Carl Friedrich Pockels' über "Meine Beobachtungen im Zellischen Zucht- und Irrhause" (1794)[11]. Dieselbe Anstalt wie Pockels schildert Johann Christian Gottlieb Schaumann im "Fragment eines Briefes" (1790)[12], was wegen der anderen Perspektive aufschlußreich ist. Auch Garlieb Merkel beschreibt im 35. seiner "Briefe über Hamburg" und im 5. seiner "Briefe über Lübeck" (1801)[13] eigene Anstaltsbesuche, distanzierter als Heinrich von Kleist, der in einem Brief an Wilhelmine von Zenge vom 13. – 18. September 1800 das Würzburger Juliushospital und dort gesehene Wahnsinnige recht anschaulich darstellt[14]. Christian Heinrich Spieß publiziert seine Beobachtungen in dem stärker literarisierten Bericht "Das Hospital der Wahnsinnigen zu P." (1796)[15], und Moritz August von Thümmel läßt seinen reisenden Hypochonder Wilhelm eine Irrenanstalt bei Marseille besichtigen (1791 ff.)[16]. Anders als die genannten Autoren nimmt Georg Christoph Lichtenberg die künstlerische Gestaltung eines Irrenhauses und seiner Insassen zum Anlaß darüber hinauszielender Reflexionen über die außerkünstlerische Wirklichkeit des Wahnsinns. Er beschreibt, William Hogarth folgend, die Londoner Irrenanstalt Bedlam, wo "Der Weg des

Liederlichen"[17] endet. Zwar fällt dieser Text seinem Ausgangspunkt nach aus dem Rahmen, ist aber in aufklärerischer Intention, Wahnsinnsauffassung und biographischem Hintergrund den anderen vergleichbar.[18]

Dem Interesse der Autoren an den Anstalten liegen grundsätzlich zwei Motive zugrunde. Einmal geht es darum, Formen des Wahnsinns überhaupt zu beobachten, kennen und verstehen zu lernen und das Lesepublikum damit bekannt zu machen:

> "(. . .) vielleicht könnte mein Aufsatz hie und da Nutzen stiften, und die Aufmerksamkeit des Lesers auf gewisse Erscheinungen der menschlichen Seele erregen, und will ihn daher mit der mir möglichst getreuen Schilderung dessen, was ich dort beobachtet habe, dem Publicum mittheilen."[19]

Zum anderen aber ist der Gedanke der Verantwortung und Fürsorgeverpflichtung für alle Kranken und Schwachen ausschlaggebend für Anstaltsbesuche. Die Beobachtung Wahnsinniger muß nicht das primäre Motiv sein; auch ein Bedürfnis, die öffentliche Versorgung Hilfloser und die praktische Verwirklichung aufklärerischer Menschenliebe zu untersuchen, kann im Vordergrund stehen.

> "Nicht, was die armen Leidenden für Gruppen bilden, ist in solchen Anstalten bemerkenswert, sondern was ihre gesunden Brüder zur Erleichterung ihres Elends taten."[20]

Dieses Erkenntnisinteresse Merkels ist auch bei Knigge, Kleist und Schaumann vorrangig, führt aber ebenso zur Auseinandersetzung mit Wahnsinnigen wie diese umgekehrt bei Pockels, Spieß oder Thümmel nicht von einer positiven oder negativen Anstaltskritik zu trennen ist. Prinzipiell werden so die internierten Wahnsinnigen stets bezogen auf den institutionalisierten Umgang der Gesunden mit ihnen gesehen. Die Aufklärung über die Wahnsinnigen erscheint in den Texten implizit oder explizit also auch als Aufklärung über den Stand von Aufklärung selbst.

Geschildert werden Institutionen recht unterschiedlichen Typs, in denen Geisteskranke untergebracht sind: separate, für sich bestehende Tollhäuser, eine sehr große Verwahranstalt, wo auch körperlich Kranke, Entstellte und gesunde Arme auf Dauer leben, ein Hospital, wo körperlich und geistig Kranke in getrennten Bauten leben und gepflegt werden mit dem Ziel einer möglichst schnellen Entlassung, und ein Zuchthaus, in dem sich die Wahnsinnigen mitten unter Verbrechern und Züchtlingen befinden und von diesen beaufsichtigt werden. Meist beschreiben die Autoren zunächst die äußere Lage der Anstaltsbauten und schildern dann die inneren Zustände. Diese lernen sie kennen während einer Führung, die von einem Wärter, Aufseher oder, im Fall Spieß', einem Arzt geleitet wird. Wo der gesamte Ablauf einer solchen Führung dargestellt wird[21], erscheint die Anstalt entweder als ungeordnetes Chaos oder als ein geschlossenes Gemeinwesen, das in sich differenziert ist und verschiedene Möglichkeiten der Verwahrung aufweist.

> "(. . .) es liegen nicht alle Narren an Ketten, und selbst die Ketten haben ihre Grade. Auf dem langen Gange (. . .) dürfen die Unschuldigsten frei herumgehen, wenigstens bis an das große Gitter, wo eine andere Klasse (. . .) angeht, die andere Principia hat, die

sich nicht mit den diesseitigen vertragen; und nur die von einem tiefern und gefährlichern Grade werden in den (...) Zellen beigesetzt."[22]

Reflektiert Lichtenberg die Anstalt als eine Organisation "kleiner Freistaaten", denen der Internierte je nach seinen "Principia" zugeordnet wird, so erleben andere Autoren dies durch den dargestellten Führungsverlauf selbst. Sie schildern, was sie in fortschreitender Folge gesehen haben: ruhige und ungefährliche Wahnsinnige, die sich frei bewegen können, ruhige oder unruhige, die sich selbst oder anderen gefährlich sind und in Ketten gehalten werden, und Tobende und Rasende, die in abgesonderte enge Verschläge eingesperrt sind.[23] Die anstaltsinterne Gliederung der Wahnsinnigen wird von den Besuchern grundsätzlich gefordert oder nicht in Frage gestellt; sie kritisieren oder loben das Gesehene unter dem Gesichtspunkt, ob die verschiedenen Wahnsinnigen als verschieden kranke Menschen mit besonderen Bedürfnissen behandelt werden oder nicht. Sie wenden sich also nicht gegen deren Unterbringung gemäß ihren "Principia", sondern gegen unnötige Zwangsmaßnahmen und Mißstände, die überhaupt keine Anstaltsordnung erkennen lassen und eine Mißachtung des Kranken als Menschen zeigen.

Die separaten Tollhäuser werden meist gelobt:

> "Schon daß man die Wahnsinnigen von allen übrigen Kranken abgesondert hat, ist vortrefflich (. . .). Das Haus liegt in einer ansehnlichen Entfernung von der Stadt in einer schönen Gegend. Es ist gut, selbst sauber gebaut, sehr heiter und luftig, und wird außerordentlich reinlich gehalten."[24]

Ähnlich positiv wie Merkel über die Anstalt in Lübeck äußern sich auch Spieß über die im namentlich nicht genannten P. oder Knigge über das Tollhaus in Frankfurt am Main. Neben der Reinlichkeit wird auch eine gewisse freie Beweglichkeit der Wahnsinnigen innerhalb der Anstaltsgrenzen hervorgehoben; wo sie "unter unmerklicher Beobachtung frei im Hause und Garten herumgehn"[25] dürfen, wird dies ebenso als besonders menschlich vermerkt wie ein Eingehen der Wärter auf Wünsche und Wahnvorstellungen der einzelnen Kranken. Letzteres schildern vor allem Thümmel, Spieß und auch Schaumann, der sich auf das kombinierte Zucht- und Irrenhaus in Celle bezieht – woraus hervorgeht, daß eine dem Wahnsinn adäquate Behandlung nicht unbedingt in Abhängigkeit vom Anstaltstypus an sich gesehen wird. Schaumann hat zwar seine Zweifel an der Vermischung von geistesgesunden und geisteskranken Insassen, macht aber dann einen humanen Sinn dieser Einrichtung aus der Perspektive des Personals deutlich: Die Züchtlinge, selbst unter ständiger Aufsicht, können im dauernden Zusammensein mit den Wahnsinnigen "verhüten, daß keiner von den Unglücklichen im Paroxismus einem andern schade"[26]. Was den freundlichen Umgang mit den Kranken betrifft, so ist er nicht zuletzt gewährleistet durch die Güte des Zuchtmeisters:

> "Ganz vorzüglich gefiel mir sein Betragen gegen die Verrückten. Jedem reicht er freundlich die Hand, fragt, wie es gehe, folgt ihrem unordentlichen Ideengange, (...) und thut ihnen zu Gefallen, was er nur kann."[27]

Aufgrund solcher Menschenfreundlichkeit gesteht Schaumann der Anstalt unter "ähnlichen Häusern (. . .) wo nicht den ersten, doch einen der ersten Plätze"[28] zu. Pockels hingegen betrachtet die Zustände in Celle nicht wie Schaumann aus der Perspektive des um Humanität bemühten Anstaltspersonals, sondern eher aus der von Wahnsinnigen, "die wohl schwerlich in diesem Elendshause, bei seiner dermaligen Einrichtung, je ihren Verstand wieder bekommen werden."[29] Er kritisiert sowohl das Zusammensein von ruhigen Geisteskranken und Gefangenen in Sälen, wo ein ekelhafter Geruch herrsche, als auch vor allem die Art und Weise, wie man mit den Schwerstbehinderten, die zudem noch arm sind, umgeht. Die "würklich Rasenden in der scheuslichsten Gestalt"[30] befinden sich nebeneinander in enge Tollkoben gesperrt in einem von den Sälen abgelegenen Tollgang – und nicht dessen Reinigung oder Beheizung werden beschrieben wie bei Schaumann, sondern die Einrichtung als solche wird getadelt,

> "(. . .) weil sie die unvernünftigste von der Welt ist, wenn man anders die Absicht hat, dergleichen Elende nicht auf immer ihrem Jammer Preis zu geben. Hier in diesem Höllengange sind sie gewiß auf ewig für die menschliche Gesellschaft verlohren. Wer noch einen kleinen Rest von Verstand übrig hat, muß ihn durchaus durch die Nähe so vieler Rasenden völlig verliehren (. . .)."[31]

Allerdings hat Pockels auch keinen besseren Vorschlag; er verleiht eher seiner Erschütterung als ruhigeren Überlegungen Ausdruck.

Dies ist in Merkels Beschreibung des Hamburger Pesthofs nicht der Fall. Sehr sachlich berichtet er von katastrophalen Zuständen, die dort wie auch "so ziemlich in allen großen Krankenhäusern zu finden"[32] sind. Krüppel, Kranke, Wahnsinnige und Arme, insgesamt 800 bis 1000 Menschen, sind in stinkende Säle zusammengepfercht; rasende und tobende Geisteskranke werden sowohl in Blockställen außerhalb der drei großen Anstaltshäuser verwahrt als auch in den Gemeinschaftssälen, "an ihre Bettpfosten gefesselt"[33], unter frisch Operierten und Sterbenden. Für den Schmutz, Gestank und die Verwahrlosung der Insassen macht Merkel die Anstaltsleitung verantwortlich, die zur Verfügung stehendes Geld nicht für bessere Unterkünfte und besseres Essen, sondern für den Ausbau der Kirche und eines schönen Predigerhauses verwandt habe. – Was das Anketten, Einsperren und überhaupt "jede harte Verfahrungsart" gerade Wahnsinnigen gegenüber betrifft, so erwähnt auch Knigge, daß dies im Unterschied zum Frankfurter Tollhaus "in manchen andern Hospitälern"[34] gebräuchlich sei. Und sein Argument gegen jeden äußeren Zwang im Umgang mit Wahnsinnigen beruht nicht nur auf einer allgemein humanen Grundeinstellung; ausschlaggebend ist vielmehr seine Beobachtung, daß Zwangsmaßnahmen ruhige Wahnsinnige erst in die Raserei treiben und generell ein Übel verschlimmern können, das anders in vielen Fällen möglicherweise ganz oder doch zum Teil heilbar sei.

Den Glauben an eine mögliche Heilbarkeit des Wahnsinns teilen auch einige andere Autoren, allerdings wie Knigge mit starken Zweifeln. Dieser Glaube bedingt jedoch über die Kritik an inhumanen Verhältnissen in den Anstalten hinaus auch kritische Anmerkungen zu sonst positiv geschilderten Institutionen. Im Lübecker Tollhaus hat man

"(...) den Zellen gegenüber Gebete, in Form eines Manifestes, angeschlagen, und wöchentlich kommt einmal ein Schulmeister heraus, um mit den Tollen zu singen und zu beten: aber sie zu heilen versucht man nicht mehr. Nur wenn einer von ihnen etwa ein Fieber bekommt, wird der Arzt gerufen; ja gegenwärtig (1798) hat die Anstalt sogar überhaupt keinen eigenen Arzt."[35]

Auch im Würzburger Juliushospital, das Kleist "ein Produkt der wärmsten Menschenliebe"[36] nennt und als solches beschreibt, werden die Wahnsinnigen seiner Meinung nach kaum geheilt. Denn sie können, wie auch ähnlich Pockels bemerkt, "in ihrer eignen Gesellschaft nie zu gesundem Verstande kommen."[37] Aufgrund dieser Feststellung wendet sich Kleist als einziger jedoch nicht gegen einen Mangel, sondern vielmehr gegen eine ausgesprochene Perfektion von Humanität im Hospital: Er fühlt, daß allen Gruppen von Kranken gerade durch eine solche Perfektion an Güte und Menschenliebe erst recht ihre Hilflosigkeitund Abhängigkeit von den Gesunden demonstriert würden und daß eine Großanstalt an sich dem Individuum nicht gerecht werden könne. Eine Heilung der Wahnsinnigen hält er dann für möglich, wenn diese unter der Aufsicht ihrer eigenen Familie lebten. Ist Kleists Nachdenken über die Humanität einer humanitären Anstalt auch die Ausnahme, so beruht sein Gedanke einer sozialen Integration der Geisteskranken doch auf eben denselben Ansichten über eine möglicherweise erfolgversprechende Therapie, die andere Autoren in den Anstalten verwirklicht sehen oder sehen wollen. Denn nicht nur Milde und Güte, sondern auch eine genaue Kenntnis jedes einzelnen Kranken sind Voraussetzung für seine vorsichtige Rückführung zur Vernunft. Was bei Kleist die Familie leisten soll, gelingt den Zuchtmeistern bei Knigge und auch bei Schaumann, die sich stets bemühen, den einzelnen Wahnsinnigen "gefährliche Vorstellungen auszureden"[38].

Während aber bei den genannten Autoren Therapieversuche des Wahnsinns innerhalb oder außerhalb der Anstalten mehr am Rande gefordert statt beschrieben werden, und während Claudius, Engel, Thümmel und Lichtenberg die Möglichkeit einer therapeutischen Behandlung der Wahnsinnigen neben der humanitären überhaupt nicht erwähnen, sind die internierten Kranken für Spieß bereits in den besten Händen – in denen des führenden Arztes. Dieser weiß genau Bescheid über jeden einzelnen und gibt sich die größte Mühe, seine Patienten weniger mit Arzneien als durch ein ständiges Einwirken auf ihre Psyche zu heilen. Seiner ärztlichen Ansicht nach sind die meisten jedoch trotzdem "ohne Hoffnung die Beute des Wahnsinnes"[39], was nicht nur für die rasenden, sondern auch für die ruhigen und ungefährlichen Wahnsinnigen gilt, die oft nur in einem einzigen Punkt verrückt sind und ansonsten ganz vernünftig reden.

"Denn die Erfahrung hat mich belehrt, daß keine Rettung mehr zu hoffen sei, wenn das Bild des Wahnsinnes einmal fest vor der Seele steht, sich nicht mehr wendet oder dreht, keiner andern Vorstellung Platz gestattet."[40]

Wenn aber schon der Arzt den meisten Kranken keine Heilungschancen einräumen kann, so erst recht nicht der Besucher: Er schwankt hin und her zwischen der Hoffnung auf ihre Genesung und der Einsicht, daß der Wahnsinn unheilbar sei, wenn er die Vernunft erst einmal besiegt habe. Und genau diese Ambivalenz in der Wahnsinnsauffassung, der gemäß der Wahnsinn sowohl als endgültige Zerstörung wie auch als heilbare Verstörung der Vernunft gilt, findet sich implizit auch bei den Autoren, für die Therapieversuche zur Humanität im Umgang mit Wahnsinnigen gehören. Denn sie wünschen zwar wie Spieß, daß die kranken Menschen in einen menschenwürdigen Zustand zurückversetzt werden, machen aber angesichts von Einzelfällen in den Anstalten die erschütternde Erfahrung entmenschlichter Wesen, die ihnen als unrettbar Verlorene erscheinen. Es ist die Realität der Kranken, die Evidenz zerstörter Vernunft in den verschiedenen Formen des Wahnsinns, die den Heilungsgedanken relativiert oder, in den anderen Texten, gar nicht erst aufkommen läßt. Darüber hinaus setzt das Evidenzerleben der Besucher aber auch der generellen humanen Einstellung gegenüber Wahnsinnigen wie der aufklärerischen Anstaltskritik Grenzen. So versagen Forderungen nach Reinlichkeit und guter Luft dort, wo sich die Wahnsinnigen wie in Celle mit ihrem eigenen Kot reinigen; wer tobt, rast, sich die Kleider zerreißt, andere angreift oder angreifen könnte, kann zweifelsohne nicht frei herumgehen und muß gefesselt werden. Solche erkannten und beschriebenen Sachzwänge erkennen die Autoren grundsätzlich an: Wo die Gesunden trotz allem Bemühen ohnmächtig sind und die Kranken, um Schaden zu verhüten, gebändigt werden müssen, da steht die Realität zwar allen humanitären Anliegen entgegen, stellt sie aber als solche nicht in Frage. Direkt unterlaufen werden sie in den Texten jedoch auf einer ganz anderen Ebene: durch die Darstellung von Wahnsinnigen gemäß den Eindrücken und Gefühlen, die der Besucher bei ihrem Anblick hat und die nicht selbstkritisch relativiert, sondern zusammen mit dem Beobachteten objektiviert werden.

Führt der menschenfreundliche Arzt bei Spieß seinen leicht aus der Fassung zu bringenden Besucher an den Zellen der Rasenden schnell vorüber, um dem Gesunden den "schrecklichen Anblick" und die "höchst traurige Erfahrung" zu ersparen, "daß der rasende Mensch tief unter dem Viehe erniedrigt sei"[41], so beschreibt der Psychologe Pockels bei allen Wahnsinnigen ausführlich, was Spieß und dessen Lesern erspart bleibt. Da ist von "wahren Orang-Outangs-Gesichtern" die Rede, "worauf jeder Zug den höchsten Grad der Dumheit, oder auch einer bloß durch die Furcht vor Strafen zurückgehaltener Bosheit ausdrückte." Das sind aber noch die Ruhigen, deren "affenartiges, widerliches Ansehn"[42] mitten unter den Züchtlingen schockiert. Die einzeln Eingesperrten hingegen haben einen Blick, in dem das "Licht des Geistes" endgültig erloschen ist:

> "(. . .) es funkelte der höchste Grad der Bosheit und thierischen Wuth in ihm, wie in dem Auge des wilden Thiers, das seinen Feind angreift, und zum Zorn gereizt ist."[43]

Für Pockels, der doch die Anstalt als inhuman kritisiert und für Heilungsversuche plädiert, gelten die Wahnsinnigen zwar prinzipiell als kranke Menschen, im Einzelfall aber als wilde, boshafte und nur durch Zwang zu bezähmende Tiere; ihre Charakteristik selbst läuft aller Anstaltskritik zuwider. Das ist auch der Fall bei Kleist, der zwar für eine familiale Versorgung der Kranken eintritt, aber schon den bloßen Anblick eines besonderen Falls kaum ertragen kann. Ist er bereits vor einer leblos erscheinenden Gruppe von Wahnsinnigen im Zweifel, "ob sie Menschen zu nennen wären"[44], so erst recht bei einem Wesen, das in einem Stuhl, in dem es auch seine Notdurft verrichten kann, angebunden ist.

"(. . .) kraftlos fiel ihm das Augenlid auf das sterbende, erlöschende Auge, (. . .) trocken, durstig, lechzend hing ihm die Zunge über die blasse, eingeschrumpfte Lippe (. . .). O lieber tausend Tode, als ein einziges Leben wie dieses! (. . .) O weg mit diesem fürchterlichem Bilde – "[45]

Da wird das Mitleid durch Entsetzen verdrängt, und der Kranke als Mensch mit besonderen Bedürfnissen gerät aus dem Blick. Pockels bestialisiert ihn, während Kleist ihn entmenschlicht – und unter diesen beiden Aspekten der Unberechenbarkeit und Gefährlichkeit oder der Zerstörung des Menschlichen schlechthin stellen auch andere Autoren die internierten Wahnsinnigen dar. Für Lichtenberg sind sie gar, als Personen betrachtet, lebende Tote,

"(. . .) fürwahr nichts als Bilder, die sie uns hinterlassen zum Aufstellen – als Leichensteine über dem Grabe ihrer Vernunft!"[46]

Wenn nun mit der Zerstörung der Vernunft auch das Menschsein des Kranken als zerstört empfunden wird und dieser nur noch als leere Hülle gilt, dann kann angesichts des Schrecklichen der Tod auch wünschenswerter sein als der Wahnsinn. Bezieht Kleist in seinem Entsetzen diese Ansicht noch auf sich selbst und wird sie bei Lichtenberg und auch bei Engel eher im allgemeinen geäußert, so sind Arzt und Besucher bei Spieß konkreter: Sie wünschen den Unheilbaren ganz human die Erlösung aus ihrer entmenschlichten Existenz durch einen baldigen Tod. Auch bei Claudius wird das Gestorbensein im Leben der Wahnsinnigen neben ihrer Gefährlichkeit angedeutet; er erwähnt "verschiedene Zimmer mit allerlei bösartigen Patienten" und beschreibt dann ausführlicher vier Brüder, "Totenhähne" genannt, die bei jedem Todesfall in der Anstalt ein Totenlied singen und sonst schweigen.[47]

Unterläuft schon die Fassungslosigkeit im Evidenzerleben des Wahnsinns als Zerstörung das grundsätzliche Engagement der Autoren für die Kranken, ob sie an die Möglichkeit einer Heilung glauben oder nicht, so erst recht der eigene Ekel und Abscheu, den einige angesichts besonderer Fälle schildern. Wo der Gesichtsausdruck und die Verhaltensweisen der Wahnsinnigen humane Einstellungen und Gefühle der Besucher unmittelbar empören, da qualifizieren sich die Kranken selbst als moralisch verworfene Geschöpfe:

"Weiterhin saß ein altes häßliches vom Teufel der Wollust geplagtes Weib in Lumpen, womit sie bald ihren welken Körper umhüllte, bald dieselben wieder von sich warf, und denn ihren Leib in den unanständigsten Gesticulationen den Zuschauern zeigte, ja sogar dieselben zu diesem ekelhaften Schauspiel förmlich einlud."[48]

Pockels beschreibt eine Kranke als unmoralische Frau; das ist auch der Fall bei Thümmel, in dessen "Reise" Wilhelm zurückschaudert wegen all der "Grundzüge des Neides, der Gefallsucht, der Heuchelei und der Wollust" im Gesicht einer Wahnsinnigen, die ihn "grinzenhaft"[49] anlächelt. Solch wertende Urteile vermitteln die Autoren in ihren Texten als ebenso objektive Erscheinungsformen des Wahnsinns wie andere, positive Eindrücke. Im Wahnsinn einer schönen jungen Frau drückt sich für Wilhelm z.B. nur unendliches Leid aus; bei Engel erweckt ein ehrwürdiger, still duldender Greis tiefes Mitleid, und Spieß schildert seine eigene Bedrückung angesichts zweier männlicher Patienten:

> "Zwei noch junge, sehr sauber und anständig gekleidete Offiziere gingen ganz allein und ohne Ketten mit ineinander geschlagnen Armen im Saale auf und nieder. Ihr Blick hing am Boden (. . .). Mein Blick folgte ihnen, mein Herz war gepreßt, es suchte und hoffte Erleichterung (. . .)".[50]

Wie die abstoßenden Wahnsinnigen auch als abstoßend dargestellt und bewertet werden, so die äußerlich wohlgestalteten, auf den ersten Blick kaum von Gesunden zu unterscheidenden mit aller Sympathie. Das Mitleid, Bedauern und die persönliche Betroffenheit, die in diesen Fällen in die Darstellung mit eingehen, stehen zwar nicht im Widerspruch zur Humanität der Besucher. Die Tatsache aber, daß diese an die eigenen Emotionen gebunden ist und im Einzelfall umschlagen kann in eine kaum noch verhüllte Verachtung der Kranken, weist darauf hin, daß die Richtung der Aufklärung zugunsten oder zuungunsten eines Wahnsinnigen abhängig ist von dem Maß der Identifikation, das dieser selbst ermöglicht.

Vor allem bei Pockels, Thümmel, Spieß und Engel ist es so der Internierte selbst, der je nach seinem eigenen Grad von Menschlichkeit die geschilderten Spontanreaktionen der Besucher steuert: Je nach der Form seines Wahnsinns, der Physiognomie und des Wahnverhaltens wird er als abscheulich oder bemitleidenswert, ekelhaft oder sympathisch, vertiert oder menschlich beschrieben – neben der Aufklärung auf der Reflexionsebene der Texte, daß alle Wahnsinnigen als bemitleidenswerte Kranke gelten, für welche die Gesunden zu sorgen haben. Die Ambivalenz dieser humanen Grundeinstellung aber zeigt sich gerade in deren Abhängigkeit vom Wahnsinnigen selbst: Er wird eben nur dann als bemitleidenswerter Kranker geschildert, der leidet, ohne dafür verantwortlich zu sein, wenn dies der Wahrnehmung des Besuchers entspricht. Wird der Wahnsinnige hingegen als boshaft und verschlagen wahrgenommen, dann wird er zwar ebenfalls als Kranker, der nicht willkürlich handelt, aber gleichzeitig so beschrieben, als ob er wie ein Gesunder doch für sein Verhalten verantwortlich sei.

Da nun diese Ambivalenz in den Texten nicht als Problem der Besucher reflektiert wird, verweist sie auf eine in sich ambivalente, über das Problem des Wahnsinns als Zerstörung oder Verstörung der Vernunft hinausgehende Wahnsinnsauffassung der Autoren, welche die Literarisierung des Erfahrenen prägt. Das heißt: die emotional gefärbten und wertenden Schilderungen einzelner Kranker sind nicht nur im Hinblick auf deren unterschiedliche Erscheinung selbst zu deuten, sondern auch auf die Theorien hin, welche die Art der Wahrnehmung der Gesunden bedingen und prägen. Das Gemeinsame an diesen Theorien, das auch bei den Autoren nachzuweisen ist, die Anstalten und Wahnsinnige sachlicher und distanzierter schildern, etwa bei Knigge oder Merkel, soll im folgenden beschrieben werden, im Hinblick auf seine Bedeutung für die dargestellten Erfahrungen mit Wahnsinnigen und den Ansichten über sie. Denn es gilt zunächst, diese Ansichten ihren eigenen Voraussetzungen nach zu verstehen – nicht, ihnen heutige Ansichten wertend entgegenzusetzen.[51]

Der Wahnsinn als Problem der Vernunft

Welche verschiedenen Wahnsinnigen auch erwähnt oder beschrieben werden, ob vernünftig redende oder nicht, ob rasende oder ruhige, körperlich entstellte oder wohlgestaltete, alle gelten als geisteskrank und damit als rechtmäßig interniert. Fraglos vorausgesetzt wird in den Beschreibungen, daß die Kranken von der allgemein verbindlichen Wirklichkeit entfernt sind, die Gesunde erkennen und erfahren und über die sie sich verständigen können. Das heißt, daß die Besucher sich von vornherein von den Wahnsinnigen absetzen, daß sie also von einer Unterscheidung zwischen Geistesgesundheit und Geisteskrankheit ausgehen. Unter Geistesgesundheit wird implizit verstanden, daß das Individuum in Erfahren, Denken, Reden und Verhalten erstens mit anderen, zweitens mit sich selbst übereinstimmt: Die intrasubjektive Harmonie ist Voraussetzung für die intersubjektive und umgekehrt. Die intersubjektive Verständigung über das, was wirklich ist, verstehen die damaligen Autoren nun nicht wie die heutigen als Konsens, dessen Wahrheitsgehalt fragwürdig ist, sondern als Reden über die objektiv wahre Wirklichkeit, die der Wahnsinnige in seinem Wahn verkennt. Und eben weil die Wirklichkeit nicht nur als in sich einheitlich, weil für jedes Individuum verbindlich, sondern auch als grundsätzlich erkennbar und erfahrbar vorausgesetzt wird, kann der Wahnsinn nur als A b w e i c h u n g von ihr und dem Mittel zu ihrer Erkenntnis, der Vernunft, verstanden werden. Das liegt am Wirklichkeitsverständnis: Ihm gemäß wird die Vernunft als solche nicht in Frage gestellt. Der Wahnsinn aber muß zurückzuführen sein auf Gründe, die sowohl zu einer Störung oder Zerstörung der Harmonie im Individuum selbst als auch zwischen dem Individuum und seiner Umgebung geführt haben.

> "Der wichtigste Punkt scheint bei solchen Kranken anfangs der zu sein, daß man die erste Quelle ihres Übels aufsuche, daß man bewahrheite, ob und wie dieselbe, durch Zerrüttung einzelner körperlicher Werkzeuge oder Gemütslagen, heftige Leidenschaften oder Unglücksfälle entstanden sind. (...) Ferner würde es wichtig sein, darauf achtzugeben, welche Art von Wetterveränderung, Jahreszeit und Mondwandelung Einfluß auf ihre Krankheit hätte (...)."[52]

Was Knigge ausspricht, wird in fast allen Texten deutlich: Die Autoren glauben an eine "erste Quelle" des Wahnsinns, die auch ausfindig gemacht und "bewahrheitet" werden kann. Sie begreifen also den Wahnsinn von seiner Genese her, die ganz kausal-mechanisch auf die Entwicklung des betroffenen Individuums bis hin zum Ausbruch der Krankheit bezogen gedacht wird. Die i n n e r e Harmonie kann ursprünglich gestört werden durch Erschütterungen von innen wie von außen, die eine Kette von Ursachen und Wirkungen in Gang setzen, die das Individuum sowohl sich selbst als auch seiner Umwelt entfremden. Die "erste Quelle" verursacht demgemäß einen dynamischen Prozeß im Individuum und zwischen diesem und seiner Umgebung, der im Wahnsinn endet. Das heißt umgekehrt, der Zustand des Wahnsinns enthält seine Geschichte, und diese erklärt ihn im Einzelfall.

So schließt Kleist angesichts des entmenschten Jünglings, "den ein unnatürliches Laster wahnsinnig gemacht hatte", darauf, daß "die Natur den Frevel gegen ihren eignen Willen"[53] mit Wahnsinn gerächt habe; der Wahnsinn wird als natürliche

Auswirkung der Onanie betrachtet[54], ohne daß die Vorgeschichte des Kranken im dargestellten Evidenzerleben des Gesunden geschildert wird. Solche Vorgeschichten hingegen beschreiben Lichtenberg, Thümmel, Spieß, Merkel, Knigge und auch Engel ausführlicher. Der freundliche Greis bei Engel ist

> "(. . .) durch die Laster seiner Söhne um Güter und Ehre, und zuletzt auch um seine Vernunft gekommen; (. . .) Vormals (. . .) hatte er Augenblicke, wo er seinen Zustand inne ward; (. . .) jetzt hat er nun dieser Augenblicke nicht mehr; der Kummer um seine Vernunft hat sie selbst völlig in ihm ertödtet."[55]

Tragen hier die Söhne letztlich die Schuld am Wahnsinn des Vaters, so ist im Falle eines redlichen Schusters bei Spieß niemand für dessen Krankheit verantwortlich zu machen. Als "Teuerung und Hungersnot unser armes Vaterland quälte"[56], stand die Familie trotz allen Fleißes des Vaters vor dem Hungertod; der Arme lief in die Stadt, sprang auf die Kanzel der Kirche, bettelte öffentlich für Frau und Kinder und brach dann wahnsinnig nieder. Die Gemeinde half sofort, der Familie geht es nun gut, aber der Schuster ist wahnsinnig geblieben, und der Arzt kann ihm

> "(. . .) nicht wiedergeben, was er zur Rettung der Teuern opferte. (. . .) Schon ein Anfall von Wahnsinn mußte ihn verleitet haben, die Kanzel zu besteigen, er siegte ganz, als er seine merkwürdige Rede vollendet hatte."[57]

Aber auch eine zu starke Freude oder ein übergroßes Leid, die den Einzelnen schockartig treffen, können Ursachen des Wahnsinns sein; so verliert ein 76jähriger Greis bei Spieß den Verstand, als nach 45jähriger Sklaverei im Orient sein sehnlichster Wunsch erfüllt wird, das Vaterland wiederzusehen.[58] Wilhelm bei Thümmel ist hingegen ergriffen von der Vorgeschichte einer Frau von Grammont, deren Mann, als sie in der Gartenlaube malte, sich ohne ihr Wissen duellierte und erschossen wurde von dem Neider ihres Glücks. Die Nachricht bewirkte einen unmittelbaren Wahnausbruch und etwas später eine freiwillige Internierung in der Anstalt.[59]

Neben solchen äußeren Ursachen, die das Individuum allmählich oder plötzlich aus dem Gleichgewicht bringen, werden in den Texten auch innere Ursachen genannt, welche die Betroffenen, bevor sie wahnsinnig wurden, noch willentlich hätten beeinflussen können. Geiz, Verschwendungssucht, Neid, Stolz, Ehrsucht, unerfüllte Liebe und vor allem zügellose Sexualität können deswegen "erste Quellen" des Wahnsinns sein, weil das Individuum durch diese Leidenschaften selbst seine innere Harmonie gefährdet.

> "Sein Geiz mehrte sich täglich und erlaubte ihm nicht, an eine Heurat oder an irgendeinen Genuß des menschlichen Lebens zu denken. Er hungerte und darbte, um nur seinen Geldhaufen zu vermehren."[60]

Dieser Mann wird schließlich wahnsinnig, weil ihn der Verlust von unrechtmäßig erworbenem Geld wegen seines Geizes zu sehr erschüttert. Einen anderen schildert Kleist, einen Kaufmann,

"(. . .) der aus Verdruß und Stolz verrückt geworden war, weil sein Vater das Adelsdiplom erhalten hatte, ohne daß es auf den Sohn forterbte."[61]

Zwei schlimme Fälle ehemals zügelloser Sexualität, Mutter und Sohn, werden bei Thümmel beschrieben: Der Sohn fiel in "ein schleichendes Fieber, dem sich die Verstandesschwäche anschloß", und das "mütterliche Ungeheuer", das seinen Sohn angestiftet hat, bestraften die Welt

"(. . .) mit Ekel und Verachtung, und der oberste Richter, nach einer mehrjährigen Folter unbefriedigter Leidenschaft, durch Wahnsinn (. . .)".[62]

Neben allen Arten von ausgelebten Leidenschaften kann aber auch eine Überstrapazierung des eigenen Verstandes in den Wahnsinn führen. Diese Ursache findet sich bei Thümmel und auch bei Schaumann. Letzterer meint, daß vor allem "Dorfschulmeister, Organisten oder Cantoren" besser

"(. . .) eine ihren Kräften angemeßne Arbeit vornehmen (sollten), als durch die Muße und hie und da auch durch ihre Vorbilder verführt, sich mit Dingen befassen, welche ihren Kräften nicht angemessen sind, und dabey oft in Gefahr sind, das beste, was sieh aben (sic), einzubüßen."[63]

Auch Wahnsinn aus religiösen Ursachen ist möglich; das deutet Claudius für die weiblichen Kranken an, die nicht ihren Verstand überanstrengen, sondern "wie Verliebte" sprechen "oder predigten und prophezeiten"[64].

Schon diese unvollständige Aufzählung "erster Quellen" des Wahnsinns läßt ein fundamentales Dilemma im Denken der Autoren deutlich erkennen. Aus den in Erfahrung gebrachten und dargestellten oder kurz erwähnten Vorgeschichten ergibt sich zwar eine Erklärung des Wahnsinns in jedem besonderen Fall, aber die jeweils aufgedeckten Ursachen lassen sich nicht verallgemeinern. Da die L e b e n s geschichte des einzelnen Kranken als V o r geschichte seiner Krankheit verstanden wird und jede Lebensgeschichte anders ist, können die in ihr liegenden Ursachen weder begrenzt noch im Sinne einer Ätiopathogenese des Wahnsinns spezifiziert werden. Unerfüllte oder enttäuschte Liebe zum Beispiel k a n n ebenso wie der Geiz den Wahnsinn im besonderen Fall bewirken, m u ß es aber nicht. So bleibt die verführte und betrogene Sarah Young bei Lichtenberg geistesgesund, während ein Jüngling bei Schaumann, "welchen die Liebe verrückt hat", völlig apathisch nur noch an die "Ursache seines Elends"[65] fixiert ist. Ein Geiziger kann wahnsinnig werden, aber auch den Wahnsinn desjenigen verursachen, der unter seinem Geiz leidet; bei Spieß wird ein Sohn aus Reaktion auf seinen geizigen Vater nach dessen Tod zum Verschwender, verschuldet sich und wird wegen seiner Schulden schließlich gefangengesetzt.

"Diese Strafe weckte ihn aus seinem Leichtsinne, er ging tiefsinnig umher, ward melancholisch und endlich vollkommen wahnsinnig."[66]

Das heißt: die aufgedeckte Ursachen v i e l f a l t erlaubt keine Erklärung dafür, wie der Wahnsinn im allgemeinen als Krankheit entsteht; aus der "ersten Quelle" im Einzelfall lassen sich weder eine Notwendigkeit noch eine Vorhersagbarkeit in bezug auf die Wahnsinnsgenese ableiten. Denn wenn alles Fehlverhalten sowohl denjenigen, der es ausübt, als auch denjenigen, der unschuldig damit konfrontiert wird, den Verstand kosten kann, und wenn alles verantwortungsbewußte und vernünftige Verhalten unter Umständen weder den eigenen Wahnsinn noch den eines anderen, unglücklich Leidenden verhindern kann, dann wäre aus den Beobachtungen von Einzelfällen nur zu folgern, daß jeder Gesunde jederzeit wahnsinnig werden kann, ohne davor geschützt zu sein. Das klingt bei Spieß an:

> "Sollten Sie's wohl glauben, (. . .) daß (. . .) dieser elende Rechnungsfehler, den jeder Schulknabe beim ersten Anblick finden würde, einem geschickten, rechtschaffnen Manne seinen Verstand (. . .) rauben konnte? Und doch geschah's! Ach, unser Verstand ist ein elendes Ding (. . .)."[67]

Aber die Folgerung eines allgemeinen und jederzeit möglichen Wahnsinns aufgrund nicht vorherzusagender, sondern zufälliger Ursachen wird von Spieß, der ihr am nächsten kommt, nicht bedacht und klingt in den anderen Texten nicht einmal an. Denn sie widerspricht völlig den gedanklichen Voraussetzungen, von denen die Autoren ausgehen: der Überzeugung von einer allgemein verbindlichen, objektiven Wirklichkeit und der prinzipiellen Fähigkeit des Menschen, sie erfahren und erkennen zu können, wenn er mit Hilfe seiner Vernunft in Übereinstimmung mit sich selbst und seiner Umgebung lebt. Und diese Überzeugung bedingt eben die Absetzung vom Wahnsinn als Ergebnis des kausal-mechanischen und entwicklungsgenetischen Denkens, die bereits dessen Voraussetzung ist: die moralisierende.

Wenn nämlich sowohl der Wahnsinnige selbst als auch seine ehemalige gesunde Umgebung "erste Quelle" des Wahnsinns sein können, dann ist die Krankheit nur dann zu vermeiden, wenn niemand sich selbst oder einen anderen aus dem Gleichgewicht bringt. Schicksalhafte Erschütterungen sind nicht vorherzusagen, wohl aber solche, die das Individuum sich durch seine eigenen ungezügelten Leidenschaften selbst zufügt oder die ihm durch andere zugefügt werden. Insofern ist eine Moralisierung nicht nur der Wahnsinnigen, sondern auch der Gesunden die einzige verallgemeinernde Konsequenz, welche die Autoren gemäß ihrem Denken aus der Ursachenvielfalt der Einzelfälle ziehen können und die in bezug auf die Erfahrung mit Wahnsinnigen gedanklich aporetisch ist. Denn durch eine Moralisierung der Ursachen nach b e i d e n Seiten wird die Genese des Wahnsinns zwar als Abweichung von Wirklichkeit und Vernunft, als individueller Weg in die Krankheit erklärt und kann im Sinne einer abstrakten Notwendigkeit und Vorhersagbarkeit die Theorie bestätigen: Wenn j e d e r vernünftig, maßvoll und gut wäre, würde, abgesehen von den schicksalbedingten Fällen, n i e m a n d wahnsinnig. Das erzwingt aber wiederum eine Ursachensuche im besonderen zur Bestätigung dieser Auffassung, der gemäß der Wahnsinn ja als prinzipiell verhütbar erscheint. Und was durch die am Einzelfall aufgedeckten unspezifischen und zufälligen Ursachen bestätigt wird, ist dann das genaue Gegenteil. So läßt sich die Grundfigur des Denkens als Zirkel bezeichnen: Es soll eine Absetzung vom Wahnsinn als Wirkung bestimmter Ursachen gewährleisten und macht eben diese Absetzung gedanklich unmöglich. Da bleibt nur die Moral.

Die Auswirkungen dieses Zirkels lassen sich sehr deutlich zeigen an den Texten, in denen Erfahrungen mit Wahnsinnigen beschrieben werden, die dem Besucher zunächst als zu Unrecht internierte Gesunde erscheinen. Gerade in solchen Fällen nämlich, in denen sich der Beobachter durch sein eigenes Evidenzerleben n i c h t vom Anstaltsinsassen absetzen kann, wird ja die vorausgesetzte Absetzung fragwürdig; es bleibt zu bestimmen, wer wahnsinnig ist und wer nicht, ob der Gesunde sich irrt oder ob der Kranke nur scheinbar vernünftig ist.

So schildert Merkel einen Mann namens Burmester, von dem es ihm

> "(. . .) sehr zweideutig schien, ob er wirklich wahnsinnig sei. (. . .) Er klagte mir: Satan habe ihn in die Gewalt böser, böser Menschen geliefert, die ihn hier durch schwarze Künste als einen Wahnsinnigen eingesperrt hätten, obgleich er es nicht sei. In deutlicheren Ausdrücken wage er nicht zu sprechen, weil er sie schon oft mit der Peitsche habe büßen müssen."[68]

Merkel gibt sich nicht mit den Erklärungen des Personals zufrieden, sondern findet bei anschließenden Erkundigungen in Lübeck heraus, daß der Betroffene gegen einen harten und ungerechten Gerichtsdiener der Stadt ausfällig geworden war und nach mehreren Ausfällen von einem Arzt für wahnsinnig erklärt und ins Tollhaus gesteckt wurde.

> "Die Idee, daß ein rechtlicher Mann durch die von einer schwachen Magistratsperson unterstützte Tücke eines Schergen um Freiheit und Verstand gebracht werden konnte, ist von einer zu empörenden Schändlichkeit – und man verriet mir diese Vorstellung hier und dort ziemlich deutlich."[69]

Allerdings kommt es Merkel, der doch Partei f ü r Burmester nimmt, nun nicht in den Sinn, dessen Freilassung zu verlangen. Die moralische Verurteilung bezieht sich auf den Gerichtsdiener, der unverständlicherweise nicht aus seinem Amt gejagt worden sei – während dem Kritiker der Wahnsinn des Internierten wegen der Ursachen-Wirkungskette von Erschütterungen und Enttäuschungen jetzt "mehr als wahrscheinlich"[70] erscheint. Die Wahnsinnsauffassung verhindert, daß der Wahnsinn als bloße Etikettierung verstanden und als Vernunft Burmesters aufgedeckt werden kann, o b w o h l seine Äußerungen und auch seine Vorgeschichte dafür sprechen. Seine Aussagen werden ernstgenommen, untersucht und für richtig befunden, aber ihre Richtigkeit bestätigt eben keine Geistesgesundheit, sondern den Wahnsinn als notwendige Folge von Erschütterungen. Diese Theorie wird nicht überprüft, sondern auf den besonderen Fall angewandt, der durch die Boshaftigkeit des Gerichtsdieners erklärt ist. So ergibt sich das Paradox, daß die als unrechtmäßig aufgedeckte Internierung selbst den Internierten letztlich als wahnsinnig ausweist. Und der Grund dafür liegt eben, von Merkel aus gesehen, n i c h t an einer Vorentscheidung gegen Burmester – er glaubt ihm mehr als dem Anstaltspersonal –, sondern an der Theorie, die sein Denken prägt.

Dieses erweist sich vor allem bei Spieß ebenfalls als unkorrigierbar durch die Wahnsinnigen selbst. In seinem Text hat der Besucher häufiger den Eindruck, daß er es mit Gesunden zu tun hat, die fälschlicherweise für wahnsinnig gehalten werden. Ein junger Mann berichtet, daß er sich mit Hilfe erkaufter Ärzte für wahnsinnig erklären ließ, um einem Todesurteil wegen eines völlig berechtigten Angriffs auf seinen schlechten Obristen zu entgehen. Und dieser Obrist habe ihn tatsächlich ins Irrenhaus bringen lassen, wo er nun schon Jahre lang als Gesunder leide.

> "Er verhüllte sein Gesicht und weinte im stillen. Auch meine Tränen flossen, (. . .) es war grausam, daß ich ohne (. . .) Trost scheiden sollte. (. . .) mein Freund lächelte."[71]

Der Arztfreund aber lächelt nicht aus "Unempfindlichkeit", sondern wegen besseren Wissens: Er erklärt die Eigenaussagen des Bemitleidenswerten als dessen Wahnvorstellungen und erzählt die wahre Vorgeschichte eines Verschwenders, den sein Obrist aus guten Gründen nicht befördert und der seinen Wahnsinn selbst verschuldet habe. Wie hier, so demonstriert der Arzt in vielen Fällen, daß ein unmittelbares Ernstnehmen dessen, was die Insassen sagen, falsch ist – wodurch das Paradox Merkels für Spieß gar nicht erst entsteht. Denn unrechtmäßige Internierungen gibt es nicht, wenn der Arzt selbst aufgrund seiner Kenntnis der Vorgeschichten scheinbar vernünftiges Reden als Wahn entlarven kann und der Besucher erkennen muß, daß er den wahnsinnigen Menschen als Kranken verkennt, wenn er auf ihn zugeht wie auf einen Gesunden. Nur wer die "erste Quelle" des Wahnsinns erforscht hat, kann den Wahnsinnigen auch richtig beurteilen.

Die angeführten Beispiele zeigen deutlich, daß die Besucher die Wahnsinnigen durchaus als gleichberechtigte Individuen empfinden und auf ihre Aussagen eingehen, aber die Wahrheit im Zweifelsfall in der eigenen oder fremden Vernunft und nicht beim Wahnsinnigen sehen – obwohl die eigene Vernunft im besonderen Fall Vernunft und Wahnsinn rein äußerlich gar nicht unterscheiden kann. Und dieser Widerspruch in einem Denken, das auf Absetzung vom Wahnsinn angewiesen ist und gleichzeitig in der Erfahrung diese Absetzung nicht gewährleisten kann, wird bei Lichtenberg in der Unvereinbarkeit von Reflexionen über Vernunft und Wahnsinn und der Darstellung von Wahnsinnigen offensichtlich.

> "Aber weißt du, daß du im Tollhause sitzest? rief einst ein Mann einem Rasenden (. . .) zu, worauf ihn dieser (. . .) ansah und fragte: 'aber bist du gewiß, daß *Du* in keinem sitzest?' (. . .) Der Fremde (. . .) soll, als er aus dem Tollhause wieder in die Welt trat, zwischen beiden, statt der scharfen Grenze, einen gewissen Strich neutralen Landes angenommen (. . .) haben (. . .)."[72]

Lichtenberg charakterisiert, wie in Ansätzen auch Claudius und Thümmel, die Irrenanstalt ausdrücklich als Spiegel der Welt; er vergleicht den "Mikrokosmus" von Bedlam mit dem "ausgebreiteten *Makrobedlam*, der Welt selbst"[73]. Ausschlaggebend für diesen Vergleich ist aber nicht etwa eine vorausgesetzte grundsätzliche Gleichberechtigung von Vernunft und Wahnsinn, im Gegenteil: Die allgemein verbindliche Wirklichkeit und die Vernunft als Mittel, sie zu erkennen, ihr gemäß zu leben und sich über sie zu verständigen, werden bei Lichtenberg implizit zum

Maßstab, an dem die Wahnsinnigen als krank und die Gesunden als unvernünftig, lasterhaft, krankmachend oder krankwerdend gemessen werden können. Von diesem Maßstab aus sind Gesunde und Kranke nicht qualitativ, sondern nur graduell, nach dem Maß ihrer Abweichung von wirklichkeits- und vernunftgemäßem Verhalten unterschieden. Als Abweichung von der Vernunft, als nicht erkannter Irrtum ist der Wahnsinn für Lichtenberg auch ein allgemein menschliches und soziales Phänomen, von dem sich der von seiner Vernunft überzeugte Gesunde gar nicht absetzen kann, weil er seinen eigenen Wahnsinn möglicherweise verkennt. Hier wird also durch die Reflexion im Text explizit, was den bei Merkel und Spieß dargestellten Erfahrungen mit gesund erscheinenden Wahnsinnigen zugrunde liegt. Allerdings steht Lichtenbergs Gedanke über einen "gewissen Strich neutralen Landes" zwischen Vernunft und Wahnsinn im Widerspruch zur Geschichte Rakewells. Dieser lebt sämtliche Laster und Leidenschaften aus und landet als Geisteskranker, nicht nur als Unvernünftiger im Irrenhaus. Das unterscheidet ihn qualitativ, nicht nur graduell von den neugierigen Damen, die die Anstalt besichtigen. Er gehört zum Schluß zu den lebendigen Toten, die unwiderruflich andere "Principia" haben als die nicht Internierten.

Das heißt: Lichtenberg geht in seinen Reflexionen zwar weiter als die anderen Autoren, bezieht sie aber nicht auf den konkreten Fall. Am Beispiel Rakewells wird die allgemeine Auffassung des Wahnsinns als Wirkung bestimmter Ursachen demonstriert: Zügellose Leidenschaften und äußere Schwierigkeiten erschüttern das Individuum und führen zum Verstandesverlust, machen es zur leeren Hülle. Das macht eine Absetzung vom Wahnsinn möglich. Und auf der anderen Seite wird eben diese Möglichkeit negiert, weil die Welt selbst als Irrenhaus verstanden wird. So spiegelt sich bei Lichtenberg das Allgemeine – die verallgemeinernde Reflexion – nicht im Besonderen und umgekehrt; beides bleibt unverbunden nebeneinander stehen. Der impliziten Unterscheidung zwischen dem Wahnsinn als Unvernunft und dem Wahnsinn als Krankheit entsprechen allerdings nicht nur die Reflexionsebene im Text auf der einen und die Beschreibung der Fallgeschichte auf der anderen Seite. Rakewells Lebensweg ist ja keinesfalls als besondere Genese seiner schließlichen Geisteskrankheit zu begreifen, sondern gleichermaßen als exemplarische, also verallgemeinernde Demonstration der Unvernunft. Und umgekehrt sind alle beschriebenen Geisteskranken auch typisierte Unvernünftige, in deren Wahnverhalten sich die Unvernunft der Gesunden spiegelt. Genau diese Vermischung von Unvernunft und Geisteskrankheit in der Wahnsinnsauffassung aber liegt dem Denken aller Autoren zugrunde. Da ihre Moralisierung in der Ursachenbestimmung des Wahnsinns sich auf Kranke wie auf Gesunde beziehen kann, werden im Wahnsinn der Aspekt der Krankheit, die als solche zu bemitleiden ist, und der Aspekt der Unvernunft, die zu verurteilen ist, konvergent.

Und deshalb wird selbst die zur Absetzung notwendige moralische Wertung eines internierten Wahnsinnigen in sich problematisch: Hat er seinen Wahnsinn selbst verursacht, so ist er zwar aufgrund seiner Vorgeschichte zu verurteilen, als Kranker aber zu bemitleiden.

"(. . .) an der nächsten Türe stand ein alter, hagerer Wahnsinniger (. . .). Hatte er Weib und Kinder, fragte ich meinen Freund. Nein, antwortete dieser, keins von beiden. Unter allen, welche hier dulden, würde er am wenigsten Mitleid verdienen, wenn Wahnsinn nicht ein Elend wäre, welches man ohne Mitleid nicht betrachten kann."[74]

Dies macht die Ambivalenz des Evidenzerlebens aus, die schon beschrieben wurde: Der Gesunde kann sich erstens irren, und zweitens werden selbst seine moralischen Normen am Kranken widersprüchlich. Während aber die meisten Autoren dennoch der Überzeugung sind, den Wahnsinn erklärt zu haben oder erklären zu können, werden die gezeigten Widersprüche und Ambivalenzen bei Knigge, Kleist und Spieß zum Problem. In ihren Texten äußern sich das Dilemma der nicht vorhersagbaren und notwendigen Wahnsinnsursachen wie auch das der moralisierenden Absetzung vom Wahnsinnigen im Vertrauen auf den Fachmann, der alle Ursachen entweder schon kennt oder noch erforschen soll – so daß eine sichere Erkenntnis des Wahnsinns und damit eine irrtumsfreie Absetzung von ihm in Zukunft möglich werde. Eigenes Unwissen wird zugegeben und auf einen Mangel an Ursachenkenntnis zurückgeführt. So fordern Knigge und Kleist für die Praxis den Arzt, den Spieß schon beschreibt. Knigge ist der Ansicht, daß

"(. . .) billig ein philosophischer Arzt ein eigenes Werk schreiben (müsse). Dieser Mann müßte Leute von der Art, in und außer den Hospitälern, aufsuchen, dieselben genau (. . .) beobachten und aus den Resultaten dieser Untersuchungen ein ganzes System ausarbeiten. Mir fehlt es an der Menge von Tatsachen, sowie an medizinischen Kenntnissen dazu (. . .)."[75]

Der Laie ruft nach dem Arzt, weil er die Probleme mit dem Wahnsinn nicht lösen kann. Diese werden für lösbar gehalten, an den Fachmann delegiert und zur Aufgabe der Medizin, die den Wahnsinn sowohl erklären als auch heilen soll. Und in der Delegation der Probleme liegt ein Ausweg aus dem Zirkel als Grundfigur des kausalmechanischen und entwicklungsgenetischen Denkens: Der philosophische Arzt soll ja die Ursachenvielfalt systematisieren, damit jeder besondere Fall unter allgemeinen Kategorien erfaßt und behandelt werden kann und Irrtumsmöglichkeiten im Umgang der Gesunden mit den Kranken, wozu auch mögliche Irrtümer in der moralischen Wertung gehören, ausgeschlossen werden. Der Arzt soll die wahre und gültige Theorie des Wahnsinns liefern.

So spiegeln die Texte insgesamt sowohl Positionen der heutigen Antipsychiatrie als auch der klassischen Psychiatrie und stimmen doch mit keiner dieser Positionen überein. Denn der Kranke wird zwar als Mensch mit eigenem Erleben ernstgenommen und ist in der Lage, den Gesunden als Laien zu verunsichern – aber eben weil er ernstgenommen wird, wird er auch der allgemein verbindlichen Wirklichkeit der Gesunden unterstellt. Seine Normen können das Normale nicht in Frage stellen, genauso wenig wie davon abweichendes Verhalten der Gesunden. Und deshalb kann er gleichzeitig als "Fall" betrachtet und dem Bezugssystem der beobachtenden Vernunft untergeordnet werden. Diese aber kann den Wahnsinn weder als Geisteskrankheit noch als Unvernunft eindeutig objektivieren, weil er unter beiden Aspekten gleichermaßen erfahren wird. So bleiben Anstaltskritik, das Mitleid mit und die Verurteilung von Wahnsinnigen wie die Wahnsinnsauffassung im Denken ambivalent und in den Texten widersprüchlich.

Die Autoren beobachten, was sie in ihren gedanklichen Kategorien nicht erklären können, und sind der Meinung, es sei erklärbar.[76] Dieser Meinung waren auch die Aufklärer, die in den letzten Jahrzehnten des 18. Jahrhunderts für eine umfassende Reform des Anstaltswesens eintraten. Bevor darauf einzugehen ist, soll die Geschichte der staatlichen und sozialen Irrenverwahrung skizziert werden.

Vernunft und Unvernunft des Irrenwesens

Über die Geschichte des Irrenwesens und die Motive, die für eine Einrichtung von Anstalten ausschlaggebend waren, scheint in der Psychiatrie schon seit längerem Einmütigkeit zu herrschen, was die allgemeinen und grundlegenden Fakten betrifft.[77] Deshalb können Entwicklungen im 18. Jahrhundert in Grundzügen dargestellt werden, ohne daß detaillierte Quellenanalysen in diesem Zusammenhang erforderlich sind.

Bis zum Ende des 17. Jahrhunderts und weit darüber hinaus lebten Wahnsinnige als Narren oder Dorftrottel in ihrer sozialen Umgebung oder wurden, wenn sie gefährlich, störend oder allzu auffällig waren, in Narrenkäfigen, Stadtmauertürmen oder Blockhütten hinter städtischen Spitälern eingesperrt.[78] Das Maß ihrer sozialen Integration hing weitgehend vom Maß ihrer Fremdheit ab. Als Kranke, die in ärztliche Obhut gehörten, galten sie kaum; sie wurden wahrgenommen als Unvernünftige und auch noch als Besessene[79], obwohl es seit dem Mittelalter immer wieder einzelne Ärzte gab, die für eine Auffassung der Wahnsinnigen als Kranke eintraten und auch therapeutische Versuche anstellten.[80] Da sich die Medizin in ihrer Theorienbildung generell aber erst im Laufe des 18. Jahrhunderts auf Beobachtungen und Erfahrungen zu stützen begann und dann auch zunächst die körperlich Kranken im Blick hatte[81], nahm sie sich der Wahnsinnigen erst spät an. Gefährdeten diese bis weit ins 18. Jahrhundert hinein die öffentliche Sicherheit oder auch Sittlichkeit, dann oblag einzelnen Städten und Klöstern die Verwahrungspflicht für diejenigen, um die sich niemand kümmerte; aus den städtischen Verwahranstalten entstanden später eigenständige Tollhäuser wie die von Knigge und Merkel geschilderten in Frankfurt und Lübeck.[82] Oft wurden die Wahnsinnigen auch in ehemaligen Leprosorien und Pesthäusern untergebracht wie in Hamburg, wo sie ab 1683 neben anderen sozial auffälligen Gruppen verwahrt wurden.[83] Häufig aber machte man sich gar nicht erst die Mühe, sie wie schlecht auch immer zu versorgen; man schob sie ab wie schon im Mittelalter:

> "Eine andere Gepflogenheit war das Ausweisen der Irren, mit oder ohne vorherige Prügel, 'aus der Tollheit peitschen' nannte man das. Da sich alle paar Wegstunden eine Grenze hinzog, lag es nahe, unerwünschtes landfremdes Volk, zu denen auch die Narren gehörten, abzuschieben. (. . .) Zu Beginn der Kolonisationsperiode wurden viele auch in die Neue Welt deportiert."[84]

Wer also selbst die Grenzen von Vernunft, Anstand und Normalität überschritten hatte, wurde auch ganz konkret über die Grenze gebracht – er wurde ausgegrenzt entweder hinter abgrenzende Mauern oder der städtischen bzw. der Landesgrenzen verwiesen.[85] Solches war auch noch 1753 möglich, war aber um die Mitte des 18. Jahrhunderts keine allgemeinere Gepflogenheit mehr.[86]

Denn seit dem ersten Drittel des Jahrhunderts begannen die deutschen Landesherren in Anlehnung an das Vorbild Frankreichs, caritative Einrichtungen den Landesverwaltungen zu unterstellen. Sie schufen staatlich verwaltete Institutionen, in denen, wie im französischen Hôpital Général[87], alle möglichen Randgruppen interniert wurden. 1709 verfügte Friedrich I. von Preußen, daß alle Geisteskranken Berlins in ein einziges Hospital verlegt werden sollten, 1710 wurde der Bau des kombinierten Zucht- und Irrenhauses in Celle geplant, das Pockels und Schaumann beschreiben.[88] Von diesem Zeitpunkt an läßt sich in allen deutschen Ländern mit mehr als 50 – 100jähriger Verspätung gegenüber Frankreich eine Überlagerung der städtischen durch die staatliche Irrenfürsorge feststellen.[89]

Im Rahmen dieser Entwicklung wurden die Wahnsinnigen nun primär nicht als Randgruppe mit besonderen Bedürfnissen wahrgenommen. Als Objekt eines neu erwachten staatlichen Interesses wurden sie zusammen mit "Armen, Bettlern, Vagabunden, Asozialen, Unmoralischen, Lustsiechen, Waisen (. . .) und sonstigen der Vernunft widersprechenden Existenzen"[90] interniert. Ausschlaggebend für die gemeinsame Verwahrung solcher Randgruppen waren ihre gemeinsamen Merkmale. Erstens galten sie als sozial Schwache, die sich nicht selbst helfen konnten, und zweitens als Störenfriede der sozialen Ordnung, die im Absolutismus, gerade auch im aufgeklärten, zunehmend als Voraussetzung für nach innen und außen starke Staatswesen verstanden wurde.[91] Das bedeutet: die Wahnsinnigen wurden zwar wie andere, den staatlichen Ordnungsinteressen nicht entsprechende Gruppen auch als unvernünftige, aus der Ordnung fallende Subjekte betrachtet und unter diesem Gesichtspunkt bewertet wie Verbrecher, Geschlechtskranke oder Asoziale. Gleichzeitig aber wurden sie nun wie Waisen und Arme als Hilflose versorgt und nicht mehr verjagt. Auch verstanden die Landesherren sie nicht als Besessene, sondern als Kranke, denen gegenüber aus humanitären Gründen eine staatliche Fürsorgepflicht bestand. Und so wurden die Wahnsinnigen gemäß der einzelstaatlichen Unterschiede in Deutschland dann auch in recht unterschiedlichen Institutionen verwahrt. Um die Mitte des 18. Jahrhunderts gab es von Flensburg bis Berlin, von Mannheim bis Brieg[92] "Zucht-, Korrektions-, Verwahrungs-, Versorgungs-, Arbeits-, Waisen-, Findel-, Fremden-, Narren- und Tollhäuser"[93] verschiedenster Größe; und weil jedes kleine Land seine eigene Anstalt haben wollte, wurden noch zu Beginn des 19. Jahrhunderts solche Sammelinstitutionen gegründet – als die französischen nach der Revolution schon wieder abgeschafft waren.[94]

Die Anstalten waren staatlichen Aufsichtsbehörden unterstellt, denen der Inspektor oder Oberaufseher verantwortlich war; festangestellte oder zum Besuch verpflichtete Ärzte gab es in der Regel auch. Für die innere Ordnung war gesorgt durch Erlasse der Landesherren, die Aufsteh-, Arbeits-, Gebets- und Schlafzeiten, Kleidungs- und Speiseordnungen, Wasch- und Putzregeln sowie Strafen bei Übertretungen des

Vorgeschriebenen genau festlegten.[95] Die Internierten sollten innerhalb der Anstaltsgrenzen der Ordnung unterworfen werden, die auch das soziale Leben regulieren sollte. Das bezog sich auch auf die Wahnsinnigen – was bedeutet, daß man ihnen als Kranken zwar Rechnung tragen, sie aber dennoch im Notfall für Verstöße gegen die Anstaltsordnung bestrafen sollte. So befahl der Markgraf Karl Friedrich von Baden-Durlach für die Anstalt in Pforzheim:

> "Keinem derer Einwohnere ist etwas zu zulasen, welches wider die Gotseligkeit und Ehrbarkeit laufet; da dan, besonders bei denen Wahnsinnigen, aller Fleis anzulegen ist, daß sie, so viel es immer sein kan, nach dieser Regel handelen. Keiner von denenselben sol mithin zum Zorne gereizet (. . .) werden. Schelten, Fluchen, Schwören, Raufen und Ungehorsam gegen (. . .) den Tollenwärter, sol nach Beschaffenheit derer Personen und Umstände, scharf bestrafet werden."[96]

Hier werden sowohl eine humanitäre Intention als auch der Anspruch, alle Internierten unterschiedslos zu disziplinieren und zu einem guten und geordneten Verhalten zu veranlassen, deutlich. Und wie in Pforzheim, so spiegelte die Praxis dann auch in anderen Anstalten recht schnell das genaue Gegenteil dessen, was die Regierenden im Sinne Karl Friedrichs intendierten. Schon die Notwendigkeit ständig neuer Erlasse und Verordnungen bis ins 19. Jahrhundert hinein zeigt dieses Problem.[97]

Denn aufgrund ihrer Doppelfunktion der Fürsorge und Disziplinierung galten die Anstalten sozial von vornherein als verrufene Orte, an denen der Abschaum der Menschheit verwahrt wurde und mit denen die Bevölkerung nicht viel zu tun haben wollte. Als Aufseher wirkten häufig "Scharfrichter, Sträflinge auf Bewährung, ausgediente und invalide Soldaten, geheilte Irre, (. . .) Taglöhner, verdorbene Handwerksgesellen"[98]. Schon das Personal war also im allgemeinen so roh, daß Verordnungen von oben wenig nützten und die Anstaltsinsassen sich denen widersetzten, denen sie ausgeliefert waren.

Schmutz, Gestank, Prügeleien zwischen Internierten und Wärtern und harte Strafen waren an der Tagesordnung; gerade die Wahnsinnigen hatten meist verstärkt zu leiden – unter den Wärtern und unter den geistesgesunden Verbrechern. Dazu kam, daß die Anstalten als eine Art Zwangsarbeitslager in den Augen der Bevölkerung auch eine ständige Bedrohung darstellten – und darstellen sollten.

> "Ein Land kommt in Aufschwung, wenn die Seyden- und Wollmanufacturen wohl eingerichtet seyn und nur ein Zuchthaus dabei ist, durch dessen Furcht das liederliche Gesindlein zum erforderlichen Fleiß und Arbeit angewiesen wird (. . .)".[99]

Unter dem Aspekt der Arbeitserziehung spiegelten die Großanstalten nach innen wie nach außen also nicht das Gegenteil staatlicher Interessen, sondern eins der Ziele: Ordnung und Disziplin hießen auch, daß Arbeitslose oder Faule zur Arbeit angehalten werden mußten. Das betraf alle Untertanen.[100] und auch die Wahnsinnigen; wie Züchtlinge, Waisen oder gefallene Mädchen mußten sie in Manufakturen oder Spinnsälen arbeiten, die den Anstalten häufig angegliedert waren.[101]

Erst im letzten Drittel des 18. Jahrhunderts, vorwiegend seit den 80er Jahren, riefen die anstaltsinternen Zustände und die Lage der Ausgegrenzten eine öffentliche Kritik hervor, die über den engeren Bereich berichterstattender Verwaltungskommissionen hinausging. Das lag neben der Ablehnung und Angst vor den Anstalten von seiten der Bevölkerung natürlich auch daran, daß sich bekanntlich erst spät eine diskutierende Öffentlichkeit in den deutschen Ländern herausbildete. Aber unter den Gebildeten hatten sich auch Einstellungen zum Problem der Ausgrenzung von störenden Randgruppen selbst gewandelt: Es galt nun als unmenschlich, alle sozial nicht Integrierbaren untereinander undifferenziert auf Dauer aus der Gesellschaft auszuschließen. Die Anstalten sollten weniger Verwahr- als Fürsorge-, und, in bezug auf die Arbeitssuchenden, Unmoralischen und Verbrecher, Besserungsanstalten sein, deren Insassen umzuerziehen und dann sozial zu re-integrieren waren. Das bedeutete einerseits, daß menschenwürdige Zustände geschaffen werden mußten – was Forderungen nach der Einhaltung von Anstaltsordnungen und einer Differenzierung der Insassen nach Gruppen bedingte. Andererseits aber wurden die Störenfriede auch zu Gestörten umgedeutet. Das machte zwar mehr Humanität ihnen gegenüber zur Pflicht, verhinderte aber eine grundsätzliche Kritik an der ausgrenzenden Funktion der Anstalten selbst. Denn diese sollten nicht etwa abgeschafft, sondern reformiert werden – indem, mit dem Ziel einer Emanzipation der Gestörten, auf die Verwirklichung eben der internen Ordnung gedrungen wurde, die bis dahin trotz aller Verordnungen nicht herzustellen gewesen war.

So entwickelte sich eine erste Anstaltsreformbewegung, zunächst getragen nicht von den wenigen Anstaltsärzten, die ohnehin oft ein ganzes Kreisphysikat zu versorgen hatten und überlastet waren, sondern von Predigern, Verwaltungsbeamten und Gebildeten, die hauptsächlich die Verbrecher und moralisch Gefallenen im Blick hatten, nicht die Wahnsinnigen. 1780 wurde John Howards Bericht "The state of prisons in England and Wales" ins Deutsche übersetzt[102]; in den 80er Jahren reiste der schnell berühmt gewordene englische Prediger und Reformer dann durch Europa und veröffentlichte später einen zweiten Bericht, in dem er die der Aufklärung unwürdigen Zustände auch in deutschen Anstalten heftig kritisierte.[103] 1791 - 94 erschienen Heinrich Balthasar Wagnitz' "Historische Nachrichten und Bemerkungen über die merkwürdigsten Zuchthäuser in Deutschland"[104]. Daß Wagnitz, Prediger am Waisenhaus in Halle und Howard nacheifernd, während seiner Reisen durch die deutschen Zucht-, Korrektions- und Arbeitshäuser auch die Lage der dahinvegetierenden Wahnsinnigen wahrnahm, war zwangsläufig. Er und auch Howard galten noch späteren Kritikern der Irrenverwahrung als die ersten öffentlichen Anwälte für eine humane Behandlung der Geisteskranken. Der Arzt Johann Christian Reil widmete 1803 sein epochemachendes Buch "Rhapsodieen über die Anwendung der psychischen Curmethode auf Geisteszerrüttungen"[105] Wagnitz, und der preußische Justizrat Johann David Albrecht Höck veröffentlichte 1804 seine ausführliche Kritik an der Art und Weise der Verwahrung Wahnsinniger unter dem Titel: "Historische Nachrichten und Bemerkungen über die merkwürdigsten Irren-Anstalten"[106].

Aber nicht nur durch Howard, sondern auch durch Reformen Josephs II. in Wien erlangten die internierten Geisteskranken schon in den 80er Jahren des 18. Jahrhunderts ein öffentliches Interesse. Joseph II. hatte durch von ihm eingesetzte Kommissionen entdeckt, daß die Kapuziner wahnsinnige Mitbrüder lebenslänglich in Klosterverliese einmauerten und hungern ließen. Daraufhin erließ er 1783 ein Dekret, in dem verfügt wurde, daß alle Wahnsinnigen den Kreisämtern anzuzeigen und wie körperlich Kranke zu pflegen seien.[107] Eine zumindest formale Gleichstellung von körperlich und geistig Kranken wurde in Wien 1784 auch dokumentiert durch die Eröffnung des sogenannten Narrenturmes als Teil des Wiener Allgemeinen Krankenhauses.[108]
Im Zuge der allgemeinen Aufklärung über die Anstalten begannen auch dort arbeitende Ärzte, sich in neu entstehenden Fachzeitschriften wie dem 1782 gegründeten "Magazin für die gerichtliche Arzneikunde und medizinische Polizei"[109] untereinander über den internen Aufbau und die Organisation ihrer Häuser zu informieren. Die Wahnsinnigen stehen in diesen Berichten im Vordergrund, allerdings nicht unter dem Aspekt von Wahnsinnstheorien oder -therapien, sondern dem ihrer äußeren Situation – und diese erscheint nicht ganz so schlimm wie in den unterhaltend aufklärenden Texten oder bei Wagnitz. Daß die Ärzte weniger unter medizinischen als unter verwaltungs- und organisationstechnischen Gesichtspunkten über die Anstalten und über die Wahnsinnigen berichteten, lag auch daran, daß es in den 80er Jahren noch kaum anerkannte medizinische Wahnsinnstheorien in Deutschland gab. Entweder lagen Nosologien vor, die aber in der Anstaltspraxis wenig nützten[110], oder die Ärzte versuchten, durch Leichensezierungen und ein therapeutisches Ausprobieren aller möglichen Substanzen dem Sitz des Wahnsinns auf die Spur zu kommen. Sie waren also, wenn sie sich überhaupt, wie Johann Ernst Greding in Waldheim[111], intensiv mit Wahnsinnigen als Kranken beschäftigten, hauptsächlich anatomisch-pathologisch interessiert.

Auswirkungen in der Praxis hatte die Anstaltskritik bis nach 1800 für die Internierten noch kaum. Zwar kamen, was die Wahnsinnigen betraf, erste Heilungsgedanken auf[112]; auch wurden Züchtlinge und Wahnsinnige an vielen Orten wenigstens räumlich getrennt[113]. Für eine zögernde neue Behandlung Wahnsinniger sprechen auch der Neubau des Frankfurter Tollhauses 1785 oder die Errichtung des Würzburger Juliushospitals von 1789 bis 1793, das ganz für die Heilung und Resozialisierung von Kranken gedacht war.[114] Aber im allgemeinen lebten die Geisteskranken in eben der Verwahrlosung innerhalb der Anstalten weiter, die kritisiert wurde. Das verdeutlicht eine Anklage des schon erwähnten Arztes Reil, über den sehr viel später noch zu reden sein wird:

> "Wir sperren diese unglücklichen Geschöpfe gleich Verbrechern in Tollkoben, ausgestorbne Gefängnisse, neben den Schlupflöchern der Eulen in öde Klüfte über den Stadtthoren, oder in die feuchten Kellergeschosse der Zuchthäuser ein, wohin nie ein mitleidiger Blick des Menschenfreundes dringt, und lassen sie daselbst, angeschmiedet an Ketten, in ihrem eigenen Unrath verfaulen. Ihre Fesseln haben ihr Fleisch bis auf die Knochen abgerieben, und ihre hohlen und bleichen Gesichter harren des nahen Grabes, das ihren Jammer und unsere Schande zudeckt. (. . .) Die Erhaltung der Ruhe und Ordnung beruht auf terroristische (sic) Principien."[115]

Reils literarisch nicht ganz reizlose Kritik von 1803 war berechtigt; dafür sprechen auch Phänomene wie die, daß noch um 1850 in Berlin, Gera und Strelitz Geisteskranke und Verbrecher vermischt verwahrt wurden.[116] Das verweist darauf, daß die Wahnsinnigen länger als andere Randgruppen in der Ausgrenzung sich selbst überlassen blieben. Aber die Anklage des engagierten Arztes ist auch nicht zu verabsolutieren; gerade die unterhaltend aufklärenden Texte zeigen ja ein Eintreten für die Kranken, an dem das soziale Interesse, das Reil etwas später vermißt, zu erkennen ist. Und die Ambivalenz dieses Eintretens hat einen Grund nicht nur in der traditionellen Doppelfunktion der Ausgrenzungsanstalten, die wie die Internierten selbst sozial stigmatisiert waren. Sie hat einen Grund auch darin, daß eine Psychiatrie in Theorie und Praxis fehlte. Eben deshalb ist das Denken der Autoren auch ein zeitgebunden modernes: Sie stellen den Wahnsinnigen analog zur neuen Sicht des Verbrechers und Züchtlings als Gestörten vor, dessen Störung a u c h von außen, also sozial bedingt sein kann und weniger als körperlich verursacht gilt. Unter diesem Aspekt zeichnet sich in ihnen bereits der Beginn der Psychiatrie ab, der theoretisch mit Reils "Rhapsodieen" und in der Praxis mit der Eröffnung der ersten "Psychischen Heilanstalt für Geisteskranke" 1805 in Bayreuth anzusetzen ist.[117]

Festzustellen bleibt, daß die Anstaltsärzte im letzten Drittel des 18. Jahrhunderts kaum etwas über Geisteskrankheiten wußten und sich dessen auch bewußt waren. Das wird in den unterhaltend aufklärenden Texten n i c h t zum Problem: Die Autoren setzen implizit oder explizit ganz selbstverständlich voraus, daß der Wahnsinn auf intra- und intersubjektiven Störungen beruhe und halten die selbstverschuldeten oder unverschuldeten Ursachen, die nicht im Körperlichen liegen, für objektiv wahre Krankheitsgründe. Sie erklären den Wahnsinn weitgehend psychologisch, was die Anstaltsärzte vor Reil noch recht wenig versuchen. Psychologische Erklärungen aber ermöglichten, daß eine nicht aufgeklärte Gesellschaft dafür verantwortlich gemacht werden konnte, daß es so viele Gestörte gab.

Modelle der Vernunft- und Sozialkritik

Am Beispiel der Fallgeschichten Knigges ist zu zeigen, daß der Aufklärer heutigen Vorurteilen über die historische Aufklärung widerspricht: Er unterzieht eine falsche Sozialvernunft, die den Wahnsinn ausgrenzt, der Kritik.

Knigge erläutert, wie man

> "(. . .) schwache Menschen stufenweise um ihren Verstand bringen (kann), wenn man eine heftige Leidenschaft, von welcher sie regiert werden, sei es Liebe, Hochmut oder Eitelkeit, nährt, reizt und dann wieder kränkt."[118]

Die Schilderungen der Wahnsinnsgenese bei einem gescheiterten Studenten und einem verliebten ehemaligen Gutsverwalter erscheinen auf den ersten Blick ganz modern im Sinne der Antipsychiatrie. Der Wahnsinn wird verstanden als Ergebnis einer pathogenen Kette sozialer Interaktion, durch deren Widersprüchlichkeit und Doppelbindungen das Ich der Betroffenen desintegriert wird bis hin zur Manifestation von Geisteskrankheit. Und für diese Entwicklung wird die gesunde Umgebung verantwortlich gemacht: Sie verstärkt zu ihrer eigenen Belustigung Schwächen und Verhaltensweisen des Studenten und des Gutsverwalters so, daß beide zu Gestörten g e m a c h t werden – und wendet sich dann von ihnen als subjektiv Gestörten ab. Aber Knigge setzt einer Umwelt, die den Wahnsinn erst produziert und dann als individuell bedingte Krankheit ausgrenzt, nicht n u r die Bedürfnisse von ihr ausgelieferten Individuen entgegen, er schildert nicht n u r, wie ganz gesunde und normale Menschen wahnsinnig gemacht werden. Beide sind bereits "schwach" und wegen ihrer Leidenschaften besonders anfällig für die Späße, die sich die Umwelt mit ihnen macht. Ihre Schwächen sind nicht schon Wirkungen eines Wahnsinns und auch als solche keine Ursachen, die zwangsläufig den Wahnsinn zeitigen müßten, sondern ein Fehlverhalten, auf das die Umwelt mit eigenem Fehlverhalten reagiert. Knigge begreift also die Wahnsinnsgenese als Entsprechungszusammenhang von Fehlverhalten auf b e i d e n Seiten: Sowohl Student und Gutsverwalter als auch ihre Umgebung weichen von richtigem Verhalten ab, so daß der Kritiker im Falle des wahnsinnig gewordenen Studenten schließlich nicht mehr weiß, ob er

> "(. . .) mehr über die Leute, die ihn so tief hinabgestoßen hatten als über seine Verirrungen seufzen sollte."[119]

Das bedeutet, daß der Wahnsinn zwar als gesellschaftlich bedingter verstanden wird, daß aber der Wahnsinnige keine Wahrheit einer an sich krankmachenden Gesellschaft spiegelt; das gestörte Individuum ist, obwohl es verteidigt wird, nicht der Maßstab, an dem seine soziale Umgebung gemessen wird. Da beide Seiten als abweichend kritisiert werden, liegt der Maßstab für die Kritik Knigges in einem vorausgesetzten Entsprechungszusammenhang richtigen Verhaltens. Er mißt die beobachtete individuelle und soziale Wirklichkeit an dem, was erst noch zu verwirklichen ist – und darin, in der Wirklichkeit, wie sie s e i n s o l l, liegt die Wahrheit, auf die Knigge sich bezieht und von der aus individuelle und soziale Abweichungen als unwahr erscheinen können. Die Norm der Kritik selbst, ihr Bezugspunkt, ist überindividuell, allgemeingültig und bezieht sich auf Vernünftige w i e auf Wahnsinnige. Beide Seiten erscheinen unvernünftig vor dem Hintergrund der unausgesprochenen Zielvorstellung einer Wirkharmonie, die sein soll: Einstellungen und Verhaltensweisen, die jedem besonderen Individuum gerecht werden, sollen in einem harmonischen Entsprechungszusammenhang so zusammenwirken, daß vorhandene Störungen behoben oder in Grenzen gehalten statt verstärkt werden. Erst eine solche implizite Norm der Harmonie ermöglicht, daß abweichendes und nicht abweichendes, falsches und richtiges Verhalten überhaupt unterschieden werden können – wenn nur falsches Verhalten beobachtet wird.

Was sein s o l l t e, konnte in total-kritischen Gegenentwürfen zur individuellen und sozialen Realität, wie sie als nicht-harmonische, gestörte und Störungen verursachende war, leicht verabsolutiert werden. Dafür kann Wagnitz als Beispiel dienen.

Der Protagonist der Anstaltsreformbewegung begreift die Genese des Verbrechens ganz genauso wie Knigge die Genese des Wahnsinns[120]; nur daß er den Entsprechungszusammenhang von Abweichungen im Individuum und zwischen diesem und seiner Umgebung zurückführt bis auf den ursprünglichen wahren und nicht gestörten Kern des Gestörten.

Wagnitz zielt auf die L ö s u n g des Verbrechens als Problems in der bestehenden sozialen Realität, und darauf beruht sein Re-integrationsgedanke. Nicht nur die Gesellschaft, staatliche Verwaltungen und Anstaltsleitungen sollen ihre Versäumnisse gegenüber den Ausgegrenzten einsehen und wiedergutmachen, sondern auch die Internierten selbst müssen durch eigene Einsicht in ihrer inneren natürlichen Harmonie und Ordnung so wiederhergestellt werden, daß sie nach ihrer Entlassung absolut gegen Rückfälle in abweichendes Verhalten gesichert sind. Dazu gilt es i n der Anstalt, die unbekannten Erstursachen der Abweichung, an denen der Betroffene selbst schuldig sein kann oder nicht, herauszufinden – durch eine Rückverfolgung der pathogenen Kette sozialer Interaktion, in die der Verbrecher sich verstrickt hat. Wenn dann die ganze Kette bekannt ist, kann sie durch ein adäquates Einwirken auf den Gestörten als intrasubjektive Abweichung rückgängig gemacht werden. Wie das praktisch zu bewerkstelligen ist, entwickelt Wagnitz in seiner Schrift "Ueber die moralische Verbesserung der Zuchthaus-Gefangenen"[121], in der "moralisch" einfach das Seelische, Geistige und Charakterliche im Unterschied zum Körperlichen bedeuten soll[122]. Und ganz ähnlich, wie sich Wagnitz die Verbesserung von Verbrechern vorstellt, versuchten engagierte Ärzte nach 1800 auch die Wahnsinnigen zu heilen.[123]

Denjenigen, die Verbrecher bessern wollen, wird empfohlen, persönliche Akten anzulegen, in denen alles enthalten sein muß

> "(. . .) Ueber die sittliche Beschaffenheit der Eltern und der Geschwister – Erziehung, physische und moralische – Begriffe von Recht und Unrecht, von Religion – (. . .) Motive und Reizungen zur Beschließung der gesezwidrigen That – (. . .) Gedanken und Empfindungen der Seele vor, bei, und nach der That (. . .)".[124]

Diese Akten, zu denen nicht nur Eigenaussagen der Gefangenen das Material liefern sollen, sondern vorwiegend die genaue Beobachtung ihres Gesamtverhaltens, auch des heimlichen, das durch unbemerktes Lauschen an den Türen offenbar werden kann, lassen dann, über längere Zeit geführt, die geheimsten und verborgensten Störungen im Gestörten erkennen. Diese können, sobald die möglichst vollständige Akte es erlaubt, mit Hilfe eines "moralischen Barometers" systematisiert werden; auf der einen Seite der Skala könnte zum Beispiel ein "Bosheitspunkt", auf der anderen ein Punkt "mehr körperlich"[125] markiert werden. Und am "Barometer" wird dann die Entwicklung des Verbrechers zum Besseren hin laufend gemessen: Das Reden und Verhalten des Gestörten können, gerade wenn er entlassen werden w i l l und Besserung nur vorspiegelt, trügerisch sein, der "Barometer" nicht; er läßt ja die verborgenen G e s e t z m ä ß i g k e i t e n, nach denen der Gestörte sich verhält, faßbar werden.

Und weil er diese kennt, ist der Beeinflussende in der Lage, all seine bessernden Maßnahmen und Handlungen so zu wählen und abzustimmen, daß sie der jeweiligen Einsichtsstufe des Betroffenen genau entsprechen. So kann nach Wagnitz der aus seiner inneren Harmonie Abgewichene korrigiert und zu seiner ursprünglichen Wahrheit zurückgeführt werden, ohne daß er dies als Zwang empfindet. Die geforderte interne Anstaltsordnung gilt dabei als absolute Norm für den Besserungsprozeß; sie ist so abzustufen, daß sie je mehr individuellen Freiraum läßt, desto mehr der Gestörte zur Einsicht in seine Abweichungen kommt und desto natürlicher ihm seine innere Ordnung und Harmonie wieder werden – was an einem zunehmend geordneten und gesitteten Gesamtverhalten abzulesen ist.

Der Besserungsprozeß wird nun n i c h t so verstanden, daß der Verbrecher bestimmte, ihm vielleicht gar nicht gemäße Ordnungsvorstellungen v e r i n n e r l i c h e n müßte. Er soll vielmehr in die Lage des freien Menschen zurückversetzt werden, der das in ihm liegende harmonische Gleichgewicht von Kräften wieder störungsfrei zur Ausübung bringen kann, ohne einer Fremdkontrolle unterworfen werden zu müssen. Im Rahmen eines naturbezogenen Harmonie- und Ordnungsdenkens gibt es für Wagnitz wie für Knigge, Merkel oder Engel gar keine Verinnerlichung von Ordnung, Tugend oder einer Lohn-Strafe-Moral im heutigen Sinne. Nur abweichendes Verhalten kann verinnerlicht worden sein und die intrasubjektive Harmonie stören; wird der Gestörte aber ent-stört, so entspricht dies seinem Wesen, zu dem er aus eigener Unfreiheit und Bewußtseinstrübung emanzipiert wird. Und daß Wagnitz den Verbrecher nicht an die Gesellschaft, wie sie i s t, anpassen will, geht aus seiner umfassenden Kritik nach allen Seiten hervor: Das harmonische Gleichgewicht, in dem staatliche, soziale und individuelle Interessen als vereinbar gedacht werden, ist eine Zielvorstellung, von der aus a l l e s geändert werden muß. Die Verwaltungen sollen für ordentliche und humane Zustände in den Anstalten sorgen, das Anstaltspersonal ist zu überwachen und soll sich selbst an die Ordnung halten, die Besserung der Verbrecher ist eine humanitäre Pflicht, und alles nützt nichts, wenn die Gesellschaft zwar Anstaltsreformen gutheißt, aber sich nicht um die kümmert,

> "(. . .) die mit einem guten Zeugnis vom Zuchthaus entlassen werden, und nicht gleich Arbeit haben, oder sich nicht sogleich den nöthigen Unterhalt verschaffen können."[126]

Gerade die Gesellschaft, für die Zuchthäuser verrufene Orte sind und die Wagnitz wegen ihrer Einstellungen anklagt, soll entlassene Züchtlinge integrieren, damit diese nicht aus Verzweiflung rückfällig werden. Wagnitz' Rundumkritik am Bestehenden ist so absolut wie sein Gegenentwurf zum Bestehen. A l l e Störfaktoren einer intra- und intersubjektiven Harmonie sollen abgeschafft werden; das Harmoniedenken wird gegenüber der individuellen, sozialen und institutionellen Wirklichkeit verabsolutiert. Insofern gewährleistet Wagnitz' Kritik zwar eine ganz modern erscheinende Erkenntnis von Zusammenhängen zur Soziogenese des Verbrechens, kann aber diese Zusammenhänge nicht auf ihre Bedingungen hin reflektieren. Denn Wagnitz nimmt, ausgehend von der sozialen Realität, wie sie sein soll, gar nicht mehr wahr, ob sich die Voraussetzungen seines emanzipativen Gesamtentwurfs in der Wirklichkeit, wie sie ist, verwirklichen lassen. Er bedenkt auch nicht, welche repressiven Konsequenzen totaler Kontrolle in allen Bereichen eine Verwirklichung seiner Forderungen hätte. Er denkt totalitär und verabsolutiert die Norm, die in der

Harmonie gesetzmäßiger Entsprechungszusammenhänge liegt, als Ordnung, die auf allen Ebenen durchzusetzen ist. Das unterscheidet ihn von Knigge, der zwar auch wahre Entsprechungszusammenhänge von abweichenden trennt, aber den Wahnsinn als ungelöstes Problem wahrnimmt, das Fehlen einer für alle Einzelfälle gültigen Wahnsinnstheorie bemerkt und deshalb sein eigenes Denken als vorläufiges vermittelt.

Aus diesem Unterschied ist eine Konsequenz zu ziehen. Die Denkweise beider Aufklärer ist gebunden an das historische Weltbild einer natürlichen Ordnung und Harmonie, das naturwissenschaftlich gültig war, Realitätsmodelle der europäischen Aufklärung prägte und das, aus der historischen Distanz betrachtet, unkritisierbar ist. Aber bei Wagnitz werden Harmonie- und Ordnungsvorstellungen im kritischen Gegenentwurf zur bestehenden sozialen Realität so absolut gesetzt, daß diese Wirklichkeit einer Theorie unterstellt wird, in deren Rahmen der gesamte Problemkomplex des Verbrechens als lösbar erscheint – wenn man nur in allen Bereichen den theoretisch abgesicherten, auf die Ordnungsnorm bezogenen Lösungsvorschlägen folgen würde. Das verhindert eine Relativierung und Reflexion der kritischen Vernunftposition selbst und ist als Verfahren der Kritik kennzeichnend gerade für die deutsche Aufklärung.

Dieses Verfahren läßt sich betrachten im Zusammenhang mit Zielvorstellungen des aufgeklärten Absolutismus: Es ist nicht allein auf das Weltbild zurückzuführen.

Aufgeklärter Absolutismus und absolute Aufklärung

Vergegenwärtigt man sich die Motive der Regierenden für die Einrichtung der Zucht-, Toll- und Arbeitshäuser, dann liegt dem Gedanken der Fürsorgepflicht in Verbindung mit dem sozialen Ordnungsinteresse grundsätzlich a u c h ein Harmoniedenken zugrunde: die Vorstellung, daß Bedürfnisse des Individuums, individuelle Emanzipation, sozialer Fortschritt, soziale Ordnung und staatliche Machtinteressen vereinbar seien.[127] Emanzipation und Fortschritt im Interesse der Staatsräson implizierten auch Kontrolle im sozialen Bereich. Nur interessierte es weder einen Friedrich den Großen noch einen Karl Friedrich von Baden-Durlach, für eine Ordnung im Kern des Individuums selbst zu sorgen. Der Privat- und Intimbereich der Untertanen blieb diesen weitgehend selbst überlassen; erfaßt und in Anstalten interniert wurde nur, wer durch Hilflosigkeit auffiel oder die angestrebte soziale Ordnung nachhaltig störte.[128] In der Wende eines Wagnitz aber gegen bestehende Institutionen des Absolutismus wurden dessen Ordnungsinteressen gleichzeitig gegen diesen selbst gerichtet und bestätigt. Gerade vor dem Hintergrund einer schlechten, weil die Gestörten ausgrenzenden und die Bevölkerung bedrohenden Anstaltswirklichkeit werden einerseits der alte Emanzipationsgedanke verabsolutiert und auf alle Bereiche bezogen, andererseits der Kontrollgedanke. B e i d e dem Anstaltswesen schon zugrundeliegenden Motive werden zugunsten einer Emanzipation von Individuum und Gesellschaft auf den Kern des Individuums bezogen und dort als diesem wesensgemäß zementiert. Auf diese Weise wird die Tatsache der nicht verwirklichten gesamtharmonischen Ordnung im aufgeklärten Absolutismus mit Hilfe der Kritik kompensiert statt praxisbezogen analysiert. Darüber hinaus verweist die Einheit von Emanzipation, Normierung und Kontrolle in Wagnitz' Denken darauf, daß der Aufklärer selbst Vorstellungen des aufgeklärten Absolutismus verinnerlicht hat: Ziele der Regierenden, bei diesen pragmatisch legitimiert, werden bei Wagnitz idealisiert und als wahre Entsprechungszusammenhänge eines harmonischen Gleichgewichts verstanden, auf das Individuum, Staat und Gesellschaft, wie sie sind, verpflichtet werden.

Derart kann eine absolute Aufklärung im Gegensatz zum aufgeklärten Absolutismus stehen und ihn, gebunden ans Individuum und an den idealen Gegenentwurf zum Bestehenden insgesamt, verstärkt fortsetzen – unter den beiden Aspekten der Emanzipation und Kontrolle, die den Absolutismus als aufgeklärten kennzeichnen.[129] Das bezieht sich auf Geisteskranke wie Gesunde, auf Ausgegrenzte und nicht Ausgegrenzte und trifft nicht nur für Wagnitz zu. Es kann verdeutlicht werden am Beispiel der Gesundheitsaufklärung, die als Pendant zur Geschichte des Anstaltswesens einschließlich der Reformbewegung betrachtet werden darf, und am Beispiel der philosophischen Zementierung des Verpflichtungsgedankens als einen ewigen Gesetzes.

Eine gesunde und sich vermehrende Bevölkerung lag schon in der ersten Hälfte des 18. Jahrhunderts im Interesse der Regierenden. Parallel zur Einrichtung der Ausgrenzungsanstalten wurde auch das Gesundheitswesen in den deutschen Ländern und Österreich zunehmend verbessert und institutionalisiert.[130] Medizinische Aufsichtsbehörden wurden geschaffen, Medizinalverordnungen wurden erlassen, in denen Kompetenzbereiche von Badern, Chirurgen, Hebammen und studierten Ärzten abgegrenzt und Ausbildungsvorschriften festgelegt wurden; auch die öffentliche Gesundheitsfürsorge wurde besser organisiert.[131] Daneben förderten die Landesregierungen auch die Medizin als Wissenschaft; Ärzte wurden zum Beispiel zur Fortbildung auf Reisen ins Ausland geschickt[132], oder Medizinalreformer ins Land geholt[133]. Auf allen Gebieten wurden neue medizinische Erkenntnisse gewonnen und allmählich in die Praxis umgesetzt: Das Bader- und Chirurgenwesen mit all den Brech- und Abführmitteln oder Aderlässen wurde in der zweiten Hälfte des Jahrhunderts überlagert durch neue, auf Beobachtung am Kranken beruhende medizinische Ansichten und differenziertere therapeutische Möglichkeiten für die körperlich Kranken. Die Wichtigkeit von Hygiene, Ernährung, Lebensweise und auch vorbeugenden Maßnahmen gegen Krankheiten wurde zusehends betont. Und dabei galten nicht nur die bessere Versorgung von Kranken und Wöchnerinnen als Aufgabe des Staates, sondern auch die Erhaltung und Verbesserung des allgemeinen Gesundheitszustandes der Bevölkerung. Was das betraf, wirkten die Regierenden und die Aufklärer – Medizinalreformer, Verwaltungsbeamte, Prediger, Ärzte und Literaten – stets zusammen.

Nun galt aber gerade aufgrund der Erkenntnisse, daß Krankheiten durch mangelnde Hygiene, Fehlernährung oder durch eine falsche Lebensführung verursacht sein konnten, Gesundheit nicht nur als Recht, für dessen Verwirklichung der Staat zu sorgen hatte, sondern auch als Pflicht: Sie durfte nicht mutwillig zerstört werden.

Und als individuelle Pflicht wurde sie von der literarischen Gesundheitsaufklärung vor allem nach der Jahrhundertmitte moralisierend verabsolutiert. In der Wende zum Individuum und in der Kritik an den nach wie vor bestehenden Mißständen in bezug auf die allgemeine Gesundheit richtete sich die Aufklärung schreibender Ärzte und Laien nach drei Seiten: Die soziale Unterdrückung und Arbeitsbelastung der Landbevölkerung wurde als Ursache von Krankheiten verstanden und sollte gemindert werden; solche Appelle richteten sich an die Regierungen.[134] Andererseits aber konnten Krankheiten auch durch Überfluß, Verweichlichung, Genußmittel und eine ungesunde Lebensführung insgesamt verursacht sein – und das richtete sich gegen den Adel, das höfische Leben und auch gegen einen Hang zum Ungesunden bei bürgerlichen Stadtbewohnern.[135] Gegen den Adel jedoch konnte Gesundheit auch zu einem sittlich-moralischen Wert für das städtische Bildungs- und Wirtschaftsbürgertum werden. Und dabei galt Gesundheit dann eben als Ausdruck eines harmonisch ausgewogenen, dem Wesen des Menschen entsprechenden Verhaltens und Krankheit als Ausdruck des Gegenteils.
Das zeigt sich sehr eindeutig in Christian Gotthilf Salzmanns Roman "Carl von Carlsberg oder über das menschliche Elend"[136], wo Gesundheit als Ursache und Wirkung einer starken, naturgemäßen, tugendhaften und vom ungesunden Adel befreiten Gesellschaft verabsolutiert wird.[137] Carl will eine Bürgerliche heiraten, weil ihre Gesundheit auch gesunde Milch zum Stillen eines zukünftigen Babys erwarten läßt. Und Salzmann steht auf seiner Seite, nicht auf der der adligen Mutter, die empört schreibt:

> "Gesundheit mag der Bürger und der Bauer schätzen, der kein größer Gut kennt. Wer aber Ahnen hat, dem ist Gesundheit ein Bagatell."[138]

Der Roman ist, was die Sozialkritik und den gesellschaftlichen Gegenentwurf Salzmanns betrifft, gegen die ständischen Interessen des aufgeklärten Absolutismus gerichtet, deckt sich aber mit dessen Interessen in bezug auf die Verabsolutierung von Gesundheit als Norm für die Bürgerlichen: Im preußischen "Allgemeinen Landrecht" von 1794 wurde die gesunde Mutter dazu verpflichtet, ihr Kind selbst zu stillen.[139]

Das literarische Beispiel steht dafür, daß nicht die vorwiegend am Gesundheitszustand der Gesamtbevölkerung interessierten Regierungen, sondern die literarische Gesundheitsaufklärung Gesundheit zum Ausdruck einer sowohl ständischen als auch individuellen moralischen Qualifikation werden ließ – was dann auf die Ebene staatlicher Interessen zurückwirken konnte. Durch diese Art der Aufklärung erhielt Krankheit einen starken Aspekt subjektiver Verschuldung und verwies nicht nur auf physische Defekte, sondern auch auf ein abweichendes oder abgewichenes Verhalten des nicht gesunden Individuums. Gesundheit wurde in dessen Selbstverantwortung gestellt, und das implizierte die dritte Richtung der Gesundheitsaufklärung: Jeder sollte, entsprechend seinen in ihm liegenden ausgewogenen Gesetzmäßigkeiten und Kräfteverhältnissen, zur Gesundheit als Übereinstimmung mit sich selbst emanzipiert werden. So erscheint Gesundheit schließlich als Ideal, das sogar geheiligt wird. In Bernhard Christoph Fausts "Entwurf zu einem Gesundheits-Katechismus"[140] von 1792 heißt es:

"So laß mich denn mit Sorgfalt meiden,
Was meines Körpers Wohlseyn stört!
Daß nicht, wenn seine Kräfte leiden,
Mein Geist den innern Vorwurf hört:
Du selbst bist Störer deiner Ruh;
Du zogst dir selbst dein Übel zu."[141]

Das bedeutet, wie schon bei Wagnitz am Beispiel der Verbrechensbekämpfung gezeigt wurde: die Emanzipation des Individuums verläuft auf Kosten seiner totalen Kontrolle. Fremdkontrolle soll durch Eigenkontrolle ersetzt werden, ohne daß dies als Verinnerlichung von Ordnungsvorstellungen verstanden würde. Denn ein harmonischer und wahrer, naturgemäßer Entsprechungszusammenhang von Gesetzmäßigkeiten im Individuum und zwischen diesem, Gesellschaft und Staat, die alle auf den Erhalt und die Förderung von Gesundheit, wie sie sein soll, verpflichtet werden, wird auch bei Faust vorausgesetzt. Und seine Heiligung der Gesundheit, gebunden an das Gewissen des Individuums, entsprach dann auch wieder genau den Emanzipations- und Kontrollinteressen der Regierungen. Anregerin des "Katechismus" war die Fürstin Juliane von Schaumburg-Lippe[142], und das Buch, rasch auch in anderen deutschen Ländern zum Gebrauch an den Schulen verordnet, erlebte in zehn Jahren eine Auflage von 150.000 Exemplaren[143].

Daß die absolute Gesundheitsaufklärung auf eine umfassende Harmonie von Körper und Seele, Natur, Gesellschaft und Staat zielte, geht auch aus der Doppelrichtung des ihr zugrunde liegenden Verpflichtungsgedankens hervor. Medizinalreformer in staatlichen Diensten wie Johann Peter Frank[144] oder Franz Anton Mai[145] lieferten Entwürfe zu institutionellen, verwaltungstechnischen und gesetzgeberischen Reformen im Gesundheitswesen, die neben der Abschaffung a l l e r Mißstände eine totale staatliche Kontrolle bis in den Privatbereich hinein implizierten, die gar nicht durchführbar war. Volksaufklärer wie Faust hingegen wandten sich weniger an die Regierungen als in deren Interessen an das Individuum. Von diesem sollte verinnerlicht und als wahr verstanden werden, was von den Aufklärern selbst verinnerlicht war. Denn es ging ja nicht um die Krankheit als ständig mögliches Problem für den Einzelnen, sondern darum, wie dieses zu vermeiden sei. Das war emanzipativ – nur nicht die Bindung von körperlicher Gesundheit an eine dem Menschen wesensgemäße Natur.

Von einer solchen Bindung, die nicht auf Beobachtung und Erfahrung beruhte, sondern Harmonievorstellungen unangreifbar machte, gingen dann auch Ärzte aus, die dem staatlichen Gesundheitswesen ferner standen. So ist Christoph Wilhelm Hufeland in seinem Buch "Makrobiotik oder die Kunst, das menschliche Leben zu verlängern"[146] davon überzeugt,

"(. . .) daß schon das Physische im Menschen auf seine höhere moralische Bestimmung berechnet ist (. . .), und daß ohne moralische Kultur der Mensch unaufhörlich mit seiner eignen Natur im Widerspruch steht, so wie er hingegen durch sie auch physisch erst der vollkommenste Mensch wird."[147]

Entsprechend dem Harmoniebegriff eines Gleichgewichts aller Kräfte im Menschen wird dann alles Verhalten als unnatürlich oder schädlich charakterisiert, das nicht Maß und Ordnung entspricht. Und da es sich dabei eben um das Verhalten handelt, das auch sozialen Normen und Werten widerspricht, wie zum Beispiel die lebensverkürzende voreheliche Sexualität, ist die absolut gesetzte "moralische Bestimmung" des Menschen bei Hufeland ebensowenig frei von moralisierenden Wertungen im heutigen Sinne von Moral wie bei Wagnitz auch. Zeitgebundene Normen und Werte werden als zeitlos verstanden.
Nun bestand aber ja trotz aller Eigenverantwortung für die Gesundheit als Ausdruck intrasubjektiver Harmonie auch die Möglichkeit, daß der Mensch krank wurde oder an konstitutionellen körperlichen Schwächen litt, ohne irgendeine Schuld daran zu tragen. Das mußte jedoch dem Gedanken einer Verpflichtung, Störungen soweit wie möglich zu beseitigen, nicht widersprechen. Als selbstverantwortliches freihandelndes Wesen kann das Individuum seine Schwächen auch vernünftig erkennen und wenn nicht abschaffen, so doch durch Willenskraft meistern oder wenigstens soweit wie möglich beherrschen, statt sich in Gefühlen körperlichen Gestörtseins gehenzulassen. Das entwickelt Kant in einem Brief an Hufeland mit dem Titel: "Von der Macht des Gemüts, durch den blossen Vorsatz seiner krankhaften Gefühle Meister zu sein"[148]. Kant meint nicht, daß ein von Vernunftprinzipien geleiteter Wille Krankheiten heilen oder immer verhüten könne, sondern daß alle möglichen Gefühle und Zustände körperlichen Unwohlseins, in denen das Individuum sich nicht als übereinstimmend mit sich selbst empfindet, beeinflußbar seien,

> "(. . .) wenn bloß die Macht der Vernunft im Menschen, über seine sinnliche Gefühle durch einen sich selbst gegebenen Grundsatz Meister zu sein, die Lebensweise bestimmt."[149]

Auch nach Kant kann der Einzelne wie bei Faust selbstverantwortlicher "Störer seiner Ruh" sein – nur daß der Philosoph nicht die körperliche Gesundheit verabsolutiert, sondern allein die Fähigkeit des Menschen, sich selbst zu beherrschen. Und das hängt zusammen mit seiner Verabsolutierung des Verpflichtungsgedankens, der sowohl dem Ausbau des Gesundheitswesens staatlicherseits als auch der literarischen Gesundheitsaufklärung zugrundeliegt. Denn ohne den Gedanken wechselseitiger Verpflichtungen als Bedingung für die Möglichkeit individueller, sozialer und staatlicher Emanzipation war diese nicht unter der Perspektive einer harmonischen V e r e i n b a r k e i t aller Interessenbereiche zu denken.[150] Diese Vereinbarkeit aber blieb die verinnerlichte und idealisierte Norm der absoluten Aufklärung im aufgeklärten Absolutismus, nicht die Emanzipation von Individuum und Gesellschaft auf Kosten einer Zerstörung oder Zersetzung von gedachten Entsprechungszusammenhängen.

So hat Kant in Analogie zur Idee eines Reichs der Zwecke in der äußeren Natur in der souveränen Vernunft des Individuums zementiert, was gleichzeitig im Interesse der Vernunft des Souveräns lag und dagegen gerichtet war[151]:

> "Weil die Gültigkeit des Willens, als eines allgemeinen Gesetzes für mögliche Handlungen, mit der allgemeinen Verknüpfung des Daseins der Dinge nach allgemeinen Gesetzen,

die das Formale der Natur überhaupt ist, Analogie hat, so kann der kategorische Imperativ auch so ausgedrückt werden: *Handle nach Maximen, die sich selbst zugleich als allgemeine Naturgesetze zum Gegenstande haben können.*"[152]

Die Vorstellung einer ewig nach notwendigen Gesetzen geregelten Naturwirklichkeit, übertragen auf den Menschen, gewährleistet theoretisch dessen absolute Freiheit und fordert gleichzeitig dessen absolute Selbstkontrolle. Denn unter der Voraussetzung seiner Vermögen dazu ist jeder Einzelne frei, und nichts und niemand darf ihn unterdrücken – aber seine Freiheit besteht in der Erfüllung der Pflicht, die er als sein eigener Gesetzgeber sich selbst als absolut gültig setzt. Er untersteht als freier Mensch nur seiner eigenen gesetzgebenden Vernunft, aber just diese schreibt ihm vor, daß er in seiner Freiheit nur nach Maximen handeln soll, die zugleich ein allgemeines Gesetz werden könnten. Das schließt jede soziale Unordnung und Disharmonie, die mit der Freiheit des Subjekts verbunden sein könnten, aus. Und das bedeutet: die Sätze des kategorischen Imperativs als Maximen des Handelns garantieren einerseits eine Emanzipation des Einzelnen ohne die totale Kontrolle und Normierung von außen, die das Denken Wagnitz', Salzmanns oder Fausts impliziert. Andererseits aber garantieren sie genau die ideale Norm der allumfassenden Harmonie aller Interessenbereiche, die die genannten Aufklärer auch als wirklich und wahr voraussetzen und als zu ver-wirklichende anstreben. Unter diesem Aspekt ist die Aufklärung Kants noch verabsolutierter, was die beiden Aspekte von Emanzipation und Repression betrifft: Er entkonkretisiert den Verpflichtungsgedanken von allen sozialhistorischen, individualpsychologischen und naturwissenschaftlichen Voraussetzungen. Dadurch wird der Gedanke als Idee ebenso zeitlos gültig und für alle Menschen verbindlich wie die Naturgesetze. Durch deren Übertragung auf den menschlichen Bereich wird einerseits die sich selbst verabsolutierende Aufklärung theoretisch befreit aus ihrer Gebundenheit an zeitbedingte Normen und Wertvorstellungen des aufgeklärten Absolutismus; diese können der Kritik unterzogen werden. Andererseits aber gehen sie ein in die Wahrheit des Gegenentwurfs, die überzeitlich sein soll und als solche nur zu begründen ist mit Hilfe einer kritischen Vernunft, die absolut gesetzt wird – damit der Gegenentwurf unangreifbare Wahrheit habe und Aufklärung ihr Ziel behalte.

Das Problem aber war, daß das Störende, der Sozialharmonie Entgegenstehende sich nur theoretisch, nicht in der Wirklichkeit ausgrenzen ließ. Es war theoretisch zu beheben und dennoch weiter zu beobachten: Die harmonisch gedachten Entsprechungszusammenhänge von Individuum, Gesellschaft und Staat erwiesen sich in der Praxis als hartnäckig disharmonisch. Das wurde erfahren, empfunden, bedacht – und auf die Vernunft der Aufklärung selbst bezogen.

Vor diesem Hintergrund ist die Tradition einer Kulturkritik zu verstehen, in der die Natur des Menschen in der Harmonie der Gesamtnatur verankert wurde und in der die bestehende soziale und politische Realität, einschließlich der gedanklichen Bereiche von Kunst und Wissenschaft, als insgesamt von der Natur abweichend und damit auch als krank und krankmachend betrachtet werden konnten. Es war Jean-Jacques Rousseau, der das individuell und sozial Widersprüchliche, Unvernünftige und Disharmonische zurückführte auf einen falschen, durch eine falsche Vernunft mit-produzierten Fortschritt. Rousseau analysierte die Wirklichkeit, wie sie war, und unterstellte sie einer Naturwahrheit, nach der sie eingerichtet werden sollte. Was das Denkmuster betrifft, ist die heutige Rede von einer "Schizophrenie der Gesellschaft" ziemlich alt und nicht nur mit der viel beklagten Technisierung und Industrialisierung in Verbindung zu bringen: Sie diente schon einem historischen Anspruch aufgeklärt Gebildeter, Wege zu der Harmonie zu weisen, die sein sollte – angesichts einer Wirklichkeit, die alles andere als harmonisch war und sich den Zielvorstellungen ihrer Kritiker nicht fügte.[153]

Rousseau wirkte auf Rationalisten wie auf Vertreter einer Gegenvernunft und hat gerade in Deutschland eine Verabsolutierung kritischer Vernunftpositionen befördert, sozialkritische, psychologische oder auch ästhetische Gegenentwürfe unangreifbar gemacht und zu der Auseinanderentwicklung von Theorien und sozialer Praxis beigetragen,[154] durch die eines der Vernunft- und Sozialkritik entzogen wurde: die Kritik selbst als Selbst-Kritik.

Der Wahnsinn der Kultur: Natur als Wahn

In seinen beiden Abhandlungen "Über die (. . .) Frage, ob die Wiederherstellung der Wissenschaften und Künste zur Läuterung der Sitten beigetragen habe" (1750 – 51) und über den "Ursprung und die Grundlagen der Ungleichheit unter den Menschen" (1754 – 55)[155] begreift Rousseau die bestehende sittliche, kulturelle, soziale, wirtschaftliche und politische Realität im französischen Absolutismus als Symptom einer von einem ursprünglichen naturgemäßen Entsprechungszusammenhang von Gesetzmäßigkeiten abgewichenen und abweichenden Gesamtentwicklung. Diese sieht er als Wirkzusammenhang sozialer Differenzierungen, der Herausbildung damit verbundener, nicht mehr ursprünglicher Arbeitsteilungen, Wirtschaftsformen, Einstellungen, Sitten, Bedürfnisse, Verhaltens- und Denkweisen und der Entwicklung im Bereich der Wissenschaften und Künste. Der Fortschritt wird an seinen Folgen gemessen: Er hat nicht zu einer allumfassenden Harmonie der Bereiche geführt, nicht Glück, Tugend, Kraft und Stärke bewirkt, sondern das Gegenteil:

> "Wo keine Wirkung ist, da ist auch keine Ursache zu suchen: Allein, hier ist die Wirkung gewiß, die Verderbtheit ist wirklich, und je mehr unsre Seelen verdarben, desto vollkommener sind unsre Wissenschaften und Künste geworden."[156]

Der Bürger Genfs aber will das Glück der Menschheit wie jedes Einzelnen, im Einklang mit der harmonischen, in sich ausgewogenen, sinnvollen und guten Gesetzmäßigkeit der individuellen und der äußeren Natur; er setzt eine universale Harmonie von Entsprechungszusammenhängen voraus und macht diese im Gegenentwurf zum Bezugssystem der Kritik. So kann die gesamte politische, soziale und individuelle Realität, wie sie ist, als unwahr verstanden werden – eben weil sie die gewünschten Wirkungen nicht hervorgebracht hat. Wie sie jedoch hervorzubringen seien, entwickelt Rousseau sehr differenziert in seinem Buch "Emil oder Über die Erziehung"[157], das die Bedingungen für die Möglichkeit seines Gegenentwurfs zum Bestehenden aufs deutlichste dokumentiert.

> "Alles ist gut, wie es aus den Händen des Schöpfers kommt; alles entartet unter den Händen des Menschen. (. . .) Alles dreht er um, alles entstellt er. (. . .) Nichts will er haben, wie es die Natur gemacht hat, selbst den Menschen nicht."[158]

Aber daran trägt der Einzelne in einer bereits abgewichenen Gesellschaft keine Schuld – der neue, unverbildete Mensch kann und muß herangezogen werden.

Die Ursachen individueller Fehlentwicklungen sieht Rousseau in einer Nichtübereinstimmung von drei Bereichen, die das Individuum von klein auf prägen: der Natur, der Welt der Dinge und der Beeinflussung durch Mitmenschen. Letztere ist es, die den Einzelnen aus seiner harmonischen Entwicklung im Einklang mit der Naturgesetzlichkeit reißt und ihn sich selbst entfremdet. Er wird falschen gesellschaftlichen Strukturen angepaßt, ohne daß er es selbst merkt. Deshalb widerspricht dann die Erwachsenenexistenz des Menschen als Bürgers seiner ursprünglich ganzheitlichen Individualität als Mensch. Rousseau betrachtet die Aufhebung der sozial bedingten, entwicklungsgenetisch verankerten intrasubjektiven Spaltung als Voraussetzung für eine bessere Gesellschaft. Er will n i c h t zurück zu einer Natur ohne Vernunft und Kultur, sondern durch Vernunft nach vorn zu einer Kulturgesellschaft, die der harmonischen Gesamtnatur entspricht. Und diese Gesellschaft ist zu erreichen, wenn die drei den Menschen prägenden Bereiche entsprechend zusammenwirken – wenn also die soziale Beeinflussung des Einzelnen als bewußte Erziehung so k o n t r o l l i e r t wird, daß sie in Übereinstimmung mit der Gesetzmäßigkeit der äußeren Natur, der inneren Natur des Individuums, das in seiner Besonderheit einzigartig ist, und den entsprechend gedachten individuellen Entwicklungsgesetzen steht.

> "Wenn man einen Menschen für andere erzieht, statt für sich selbst? Dann ist Übereinstimmung unmöglich. Man bekämpft dann entweder die Natur oder die sozialen Einrichtungen und muß wählen, ob man einen Menschen oder einen Bürger erziehen will: beides zugleich ist unmöglich."[159]

Beides zugleich ist nicht unmöglich im Denken des Kulturkritikers, sofern die gesamte Erziehung des Menschen harmonisch mit der harmonischen Natur übereinstimmt, allgemein durchgeführt wird und so Staat und Gesellschaft von Grund auf verändert. Der Gegenentwurf zum Bestehenden ist allumfassend, wie es auch die Vorstellung von Erziehung als Mittel zur Erreichung des idealen Gesamtzustandes ist. Denn es geht, wie schon das Eingangszitat zeigt, um a l l e s oder n i c h t s; unter dieser Perspektive muß auch a l l e s, was nicht maßvoll, in sich ausgewogen oder ohne mögliche negative Rückwirkungen auf den Menschen ist, als u n n a t ü r l i c h, nicht nur als unvernünftig gesehen werden. Die Überzeugung von der Naturwahrheit des Gegenentwurfs verhindert, daß der Kontrollmechanismus, an den die Vorstellung individueller Emanzipation im Rahmen der gedachten Gesamtharmonie gebunden ist, überhaupt wahrgenommen werden kann. Wenn eine wesenhafte Naturharmonie im Individuum vorausgesetzt wird, dann ist durch die Erziehung ja nichts Unvernünftiges und Störendes auszugrenzen und zu bekämpfen, sondern nur die natürliche und autonome Entfaltung natürlicher Anlagen nach natürlichen Gesetzen zu gewährleisten.

Demgemäß ist ein vollkommen gesunder und unverbildeter Zögling, über den der Erzieher alle Macht hat, um falsche Beeinflussungen verhindern zu können, Voraussetzung für Rousseaus Harmoniemodell:

> "Ich will nicht, daß andere mein Werk verpfuschen. Ich will ihn allein erziehen oder gar nichts damit zu tun haben."[160]

Die Durchführung der Erziehung läßt dann in noch radikalerer Form all die repressiven Momente erkennen, die bereits im Zusammenhang mit der verabsolutierten Aufklärung über Gesundheit, Krankheit und deren Abschaffung gezeigt wurden. Wird Emil physisch krank, dann soll er Krankheit ertragen lernen wie ein Tier, das ja auch nur die Kräfte der Natur in sich selbst arbeiten lassen kann und durch die Zeit geheilt wird. Einen Arzt bekommt er nur, wenn er sowieso sterben könnte – denn dann kann jener auch nichts mehr falsch machen. Nur aufgrund der Tatsache, daß die Medizin der Zeit Krankheiten genausogut verschlimmern wie heilen konnte, setzt Rousseau nicht auf den Fortschritt der Medizin als Wissenschaft, sondern beurteilt sie pauschal als "dem Menschengeschlecht verderblich"[161]. Aber:

> "Der einzige nützliche Zweig der Medizin ist die Hygiene, und die ist weniger eine Wissenschaft als eine Tugend. Mäßigkeit und Arbeit sind die beiden wahren Ärzte des Menschen: die Arbeit fördert den Appetit und die Mäßigkeit verhindert die Völlerei."[162]

Auch Rousseau moralisiert Gesundheit und Krankheit und vertritt aufgrund seines Naturbegriffs das stoische Ideal des Aushaltens und Ertragens dort, wo der Mensch der Krankheit als naturbedingtem Leid unterworfen ist. Dieses aber ist gering im Vergleich zu den Krankheiten, die durch den Fortschritt selbst produziert werden und durch naturgemäße Mäßigkeit und Arbeit verhütet werden können. Passend dazu muß das Kind lernen, daß Maßlosigkeiten, Leidenschaften, Bequemlichkeit oder Widerspenstigkeiten bei anderen und bei ihm selbst *Krankheiten* sind, die durch Ruhigstellung *geheilt* werden müssen, weil sie von seiner harmonischen Natur abweichen und sie gefährden.

> "Ihr seid mithin berechtigt, ein widerspenstiges Kind wie einen Kranken zu behandeln, es in sein Zimmer einzuschließen, es notfalls ins Bett zu stecken (. . .), ohne daß es die notwendige angewandte und heilsame Strenge als Strafe anzusehen braucht."[163]

Die als wahr vorausgesetzte und angestrebte Harmonie des Individuums mit sich selbst impliziert bei Rousseau, was auch für Wagnitz' Vorstellungen und Vorschläge zur Verbrechensbekämpfung gilt: die notwendig durchzusetzende Verinnerlichung von Normen und Werten, die nicht als zu verinnerlichende verstanden werden. Und gerade am Beispiel Rousseaus wird eins deutlich: Die heute der etablierten Psychiatrie vorgeworfene und vorzuwerfende Umdeutung des Lohn-Strafe-Prinzips zur Therapie hat ihren Ursprung *nicht nur* in einer den Menschen vergewaltigenden Ratio, die den Einzelnen bestehenden Normen und Werten unterwirft und an eine vorhandene Ordnung anpaßt. Diese Umdeutung hat ihren Ursprung *auch* in einer verabsolutierten sozialkritischen Vernunft, die das Individuum aus der

Unterwerfung unter eine entfremdete und entfremdende Vernunft emanzipiert und dabei einen unverfälschten, wahren, von aller sozialen und historischen Gebundenheit gelösten, natürlichen und ganzheitlichen Wesenskern des Menschen voraussetzt. Das spricht nicht gegen das sozialkritische Potential des Rousseauschen Gegenentwurfs, sondern nur gegen das, was er mit dem kritisierten Denken gemeinsam hat: den Wahrheitsanspruch und den Anspruch, die Realität den gedachten Wahrheiten anzupassen.

Bezeichnend für die Rousseau-Rezeption in Deutschland ist nun, daß die Kultur- und Sozialkritik in der bekannten, von Frankreich und England verschiedenen politischen, wirtschaftlichen und sozialen Situation[164] weniger unter dem Aspekt der kritischen Zersetzung des Bestehenden als vielmehr unter dem des harmonischen Gegenentwurfs wirkte. Vom Gegenentwurf einer Naturharmonie her mußte das Fehlen eines glücklichen Gesamtzustandes weder der Verantwortung des Einzelnen noch allein der Verantwortung von absolut und doch auch aufgeklärt Regierenden unterstellt werden, sondern war als Symptom eines unwahren und falsch verlaufenden Fortschritts aufzufassen, ohne daß der Gedanke an eine zu verwirklichende Vereinbarkeit aller Bereiche hätte aufgegeben werden müssen. Einerseits wurde das ganzheitliche Individuum als direkter Spiegel der Natur verabsolutiert, was gegen die rationale Aufklärung gewandt wurde[165], andererseits aber wandte diese selbst eine Kultur- und Sozialkritik im Sinne Rousseaus an auf eine sich herausbildende bürgerliche Gesellschaft, die das wirtschaftliche, politische oder doch wenigstens kulturelle Selbstbewußtsein der englischen oder französischen nicht haben konnte[166]. So wurden gerade in Deutschland die Gesellschaft und auch der Fortschritt einer reinen Verstandeskultur in den mentalen Bereichen als krank und krankmachend gesehen, bevor sie sich eigentlich entwickelt hatten. Und das hatte die problematische Konsequenz, daß der Wahnsinn als Unvernunft u n d Geisteskrankheit zwar als gesellschaftlich bedingt verstanden werden konnte, daß aber dieses Verständnis g e g e n die Gesellschaft gewandt wurde und im a u f g e k l ä r t e n Absolutismus, der ja viel evolutionsfähiger erscheinen mußte als der französische, erst recht die gedachte Notwendigkeit universaler Entsprechungszusammenhänge von Gesetzmäßigkeiten verstärken konnte – wie auch immer sie gedacht wurden.[167]

Je umfassender die Sozialkritik unter diesen Voraussetzungen war, desto umfassender wurden auch die Abweichungen vom Wahren in der bestehenden Wirklichkeit gesehen. Je mehr diese an ihrer wesenhaften und natürlichen, nur nicht ver-wirklichten Harmonie gemessen wurde, desto mehr konnte sie auch generell als S c h e i n gelten, durch den geheime und verborgene Abweichungen verschleiert wurden. So konnte der "Wahnsinn der Gesellschaft" einerseits bis auf den nicht sichtbaren, nicht beobachtbaren Kern des gesellschaftlich entfremdeten, aus der Naturwahrheit ver-rückten gesunden und kranken Individuums zurückgeführt, andererseits auf alle möglichen beobachtbaren, unvernünftigen Einstellungen, Moden, Tendenzen und Entwicklungen in den sozialen u n d gedanklichen Bereichen ausgedehnt werden. In einer solchen Universalisierung von Abweichungen blieb nur eins absolut wahr und gültig: die jeweils kritische, im Dienste der Wahrheit stehende Vernunft.

> "(. . .) der künstliche Zwang und die Üppigkeit der bürgerlichen Verfassung hecket Witzlinge und Vernünftler, gelegentlich aber auch Narren und Betrüger aus, und gebieret den weisen oder sittsamen Schein, (. . .) den die Anständigkeit über die geheime Gebrechen des Kopfes oder des Herzens ausbreitet."[168]

Diese geheimen Gebrechen deckt Kant in seinem "Versuch über die Krankheiten des Kopfes" von 1764 auf, wo er noch eine Soziogenese des Wahnsinns annimmt. Er erläutert "die mildere Grade" der Krankheiten des Kopfes, "von der *Dummköpfigkeit* an bis zur *Narrheit*" zuerst und geht erst danach auf "ekelhafte Krankheiten" von der Blödsinnigkeit bis zur Tollheit ein, weil die milderen Grade "im bürgerlichen Verhältnisse gangbarer sind" und zu den eigentlichen Geisteskrankheiten führen können.[169] Zwar steht diese Ansicht im Gegensatz zur späteren qualitativen Unterscheidung von Unvernunft und Geisteskrankheit, aber sie wird nicht überwunden – was sich am Problem der Rückführung von Abweichungen auf Vermögen oder Unvermögen zeigt. Auch 1764 schon sieht Kant Geisteskrankheit als Ausdruck genuiner Unvermögen; aber das wird der Ansicht, daß sie durch einen abweichenden Fortschritt in der bürgerlichen Gesellschaft selbst produziert werde, noch nebengeordnet.
Ganz im Einklang mit *"Johann Jacob Rousseau"*, der "unter die Doktoren der Sorbonne"[170] gestellt wird, heißt es:

> "Der Mensch im Zustande der Natur kann nur wenig Torheiten und schwerlich einiger Narrheit unterworfen sein. (. . .) Welcher Wahnsinn kann ihm wohl anwandeln, da er niemals Ursache hat, sich in seinem Urteile weit zu versteigen? Der Wahnwitz aber ist gewiß ganz und gar über seine Fähigkeit. (. . .) In der bürgerlichen Verfassung finden sich eigentlich die Gärungsmittel zu allem diesem Verderben, die, wenn sie es gleich nicht hervorbringen, gleichwohl es zu unterhalten und zu vergrößeren dienen."[171]

Den letzten Satz des Zitats wiederholt der Arzt Reil in seinen bereits erwähnten "Rhapsodieen" von 1803 wörtlich[172]; er beruft sich auf eine "bisher unbekannte Schrift von I. Kant, Königsberg 1800" und leitet die Möglichkeit und Notwendigkeit einer ärztlichen Therapie des Wahnsinns, die Kant selbst 1798 für sinnlos hält, unter anderem eben auch aus dessen früher, von Rousseau beeinflußten Kulturkritik ab. Der philosophisch gebildete und belesene Arzt zu Beginn des 19. Jahrhunderts sieht das Pathologische im Kranken wie auch in der Gesellschaft und richtet sein Therapiekonzept an einer wahren, gesunden und wesenhaften Natur des Menschen aus; davon wird später zu reden sein[173]. Hier geht es darum, welche Gebrechen des Kopfes und des Herzens, die nach Kant zu Recht "verachtet und gehöhnet werden", aber "die freie bürgerliche Gemeinschaft nicht aufheben"[174] als Krankheiten minderen Grades, denn als durch einen falschen Fortschritt selbst bedingt schon 1764 diagnostiziert werden. Neben zu heftigen Leidenschaften, Ehrbegierde, Hochmut, Geiz und so fort gibt es

> "(. . .) auch Neigungen von minderer Heftigkeit und Allgemeinheit, welche gleichwohl nicht ermangeln, ihre Torheit zu erzeugen: der Baugeist, die Bilderneigung, die Büchersucht. Der ausgeartete Mensch ist aus seiner natürlichen Stelle gewichen und wird von allem gezogen und von allem gehalten."[175]

Von allem wird der Mensch aus seiner natürlichen Wahrheit gezogen. Das Rousseausche Alles oder Nichts bedingt auch in Kants kulturkritischem Aufsatz, daß die Bedingungen für die Möglichkeit von Abweichungen zwar auf den Fortschritt, der sie erzeugt, zurückgeführt werden, aber daß eben dadurch die Bedingungen für die Möglichkeit des abweichenden Fortschritts in der "bürgerlichen Verfassung" selbst nicht mehr analysiert werden können. Denn die generelle Abweichung von der Naturwahrheit wird ja in deren Verabsolutierung bereits vorausgesetzt. Insofern entspricht das schon gezeigte Problem der Ursachenvielfalt in bezug auf die Genese von Geisteskrankheiten auch exakt der Universalisierung von Abweichungen in einer Kulturkritik, die Individuum, Staat und Gesellschaft, wie sie sind, vor dem Hintergrund dessen, was sie sein sollen, selbst als pathologisch und pathogen begreift.

Neben dieser Art der Kulturkritik gab es noch eine andere, zersetzende, analytische, für die der Gegenentwurf einer heilen, naturgemäßen Gesellschaft entweder nicht möglich oder auch ein Wahn war. Sie hat das Denken der deutschen Gebildeten und Literaten in der zweiten Hälfte des 18. Jahrhunderts sehr viel weniger beeinflußt als Rousseau, wird aber dort greifbar, wo der schlechten sozialen Realität kein unüberprüfbarer Gegenentwurf entgegengesetzt wird, sondern wo Mißstände und Fehlentwicklungen ohne diesen Bezugspunkt auf Dummheit und Unwissenheit zurückgeführt werden, die es *in* der bestehenden Gesellschaft, nicht gegen sie, zu bekämpfen gilt. Wo Jonathan Swift[176] oder Francois-Marie Arouet, genannt Voltaire[177], den Wahnsinn der Gesellschaft geißeln, da wird dieser auf einen *Mangel* an Vernunft, Bildung und Wissen bezogen, nicht auf einen von der Natur abweichenden Fortschritt in den sozialen und mentalen Bereichen selbst, sondern auf Dünkel, Eigennutz und Machtgier, die bereits in der *Natur* des *Menschen* liegen und nicht erst durch den Kulturfortschritt bewirkt werden. Meint Rousseau, "daß das, was wir nicht wissen, uns viel weniger schadet als das, was wir zu wissen glauben"[178], so setzt Voltaire dem entgegen:

> "Die großen Verbrechen sind immer nur von berühmten Ungebildeten verübt worden. Was diese Welt zu einem Jammertal gemacht hat und immer machen wird, das ist die unersättliche Begierde und der unbezähmbare Hochmut der Menschen, angefangen bei Thomas Kuli Chan, der nicht lesen konnte, bis zu einem Zollgehilfen, der nur rechnen kann."[179]

In einer Kulturkritik aus dieser Perspektive wurde die Vorstellung einer harmonisch in sich geregelten äußeren Natur nicht auf Individuum und Gesellschaft übertragen und als deren eigene, zu ver-wirklichende Wahrheit verstanden. Im Gegenteil: vor dem Hintergrund eines harmonischen und in sich vernünftigen äußeren Universums konnte, daran gemessen, die vom Menschen beherrschte Erde selbst als Irrenhaus erscheinen, wo Harmonie, Glück, Weisheit, Tugend, Kraft und Stärke ein nicht zu verwirklichender Wahn sind:

> "Es gibt einen Himmelskörper, auf dem man das tatsächlich findet, aber in den hunderttausend Millionen Welten, die im All verstreut sind, gibt es das alles nur in Abstufungen. In der zweiten Welt sind Weisheit und Freude weniger verbreitet als in der ersten, und

in der dritten weniger als in der zweiten, und so geht es fort bis zur letzten, wo alle schon vollends wahnwitzig sind.' – 'Ich fürchte', warf Memnon ein, 'daß unser kleiner Erdball gerade das Irrenhaus ist, von dem zu sprechen Ihr mir die Ehre erweist.' – 'Nicht ganz', gab der Geist zurück, 'aber beinahe. Alles muß an seinem Platz sein.' "[180]

Eine Kritik wie die Swifts oder Voltaires schließt die Unvernunft, unberechenbares Verhalten, mit anderen Interessen unvereinbare Eigeninteressen – kurz: alle denkbaren Störfaktoren einer Sozialharmonie nicht aus dem Wesen des Menschen aus. Solche Störfaktoren werden zugelassen als charakteristisch für die condition humaine – was dann allerdings eine Sinngebung für die beobachtete Irrenhaus-Welt erschwert. Auch fehlt weitgehend eine verbindliche, normative, theoretisch-systematisch abgesicherte Wahrheit, an der – im Gegenentwurf – Kritik sich ausrichten kann.
Daß sie in der deutschen Aufklärung an eben diese Wahrheit gebunden blieb, zeigen auch die Vernunftkritiker par excellence: die Philosophen. Sie erdachten immer widerspruchsfreiere Systeme.

Philosophische Theorien: Probleme der Wahrheitsfindung

Eines der philosophischen Hauptprobleme des 18. Jahrhunderts lag darin, wie Wahrheit sicher zu erkennen und als Maßstab zu setzen war in einer Realität, der ein solcher Maßstab als rational und überprüfbar begründeter fehlte. Am Beispiel von John Lockes Abhandlung "Über den menschlichen Verstand" (1690)[181], von Gottfried Wilhelm Leibniz' "Neuen Abhandlungen über den menschlichen Verstand" (1707)[182], die erst 1765 zuerst veröffentlicht und begeistert rezipiert wurden, und von Immanuel Kants "Anthropologie in pragmatischer Hinsicht" (1798), die auf Vorlesungen Kants seit 1772/73 beruht, ist das Problem zu verfolgen. Im historischen Verlauf ihrer Theorienbildungen trug die philosophische Kritik bei zur Verabsolutierung der kritischen Vernunft, die sich auf das bezog, was sein sollte – und die, was sein sollte, auf die menschliche Wirklichkeit übertrug. Auffassungen von Vernunft und Wahnsinn verschoben sich im Dienste der Bewahrheitung von Theorien, die objektive, nicht mehr bezweifelbare Wahrheit verbürgen sollten.

Locke will mit seiner Abhandlung

> "(. . .) Maßstäbe für die Gewißheit unserer Erkenntnis oder Gründe für diejenigen Überzeugungen namhaft machen (. . .), die in so vielgestaltiger, verschiedenartiger und völlig widersprechender Form unter den Menschen zu finden sind (. . .), daß jemand (. . .) vielleicht zu dem Argwohn Grund haben wird, daß es entweder so etwas wie die Wahrheit überhaupt nicht gebe oder daß die Menschen nicht über ausreichende Mittel verfügen, um eine sichere Kenntnis von ihr zu erlangen."[184]

Das Ziel der Vernunftkritik ist ein pragmatisches: Wenn die Menschen sich der Grenzen ihrer Vernunft bewußt wären und sicher wüßten, was sie erkennen können und was nicht, dann gäbe es weniger Meinungsverschiedenheiten, Streitigkeiten um Wahrheitsüberzeugungen und gegenseitige Vorwürfe der Unvernunft, die eine Verwirklichung von Aufklärung eher behindern als befördern. Nicht zu bewahrheitende Spekulationen lehnt Locke ab – also auch alle Aussagen über die Vernunft, die über das, was jedem bewußt sein kann, hinausgehen. Deshalb liegen die Grenzen des Erkennbaren in der Erfahrung, die das gesamte Material des Denkens liefert. Dieses gründet auf der Beobachtung, die sich nach außen, auf die sinnlich wahrnehmbaren Objekte richten kann oder nach innen, auf die zur Erkenntnis notwendigen Operationen des Verstandes selbst. Nach der Richtung dieser Beobachtung werden die subjektiven Quellen der Erkenntnis unterschieden als Sensation und Reflexion.

Erkenntnisirrtümer resultieren nicht aus den Sinnen; diese können nach Locke nicht irren. Aber der Verstand kann einzelne Ideen, das Material, das durch die Sinne in ihn hineingelangt, nach nur subjektiven, falschen Prinzipien verbinden. Aufzuspüren und zu beachten sind die objektiv wahren und richtigen Verbindungen oder Beziehungen zwischen den Dingen, die in der äußeren Wirklichkeit vorausgesetzt werden. Falsche Ideenverbindungen, die eine Erkenntnis der wahren verhindern, beruhen auf Zufall oder Gewohnheit und werden aus im wesentlichen zwei Gründen zu Wahrheitsüberzeugungen, an denen die Menschen festhalten. Entweder sind Eigeninteressen, Wünsche, Leidenschaften oder seelische Erschütterungen im Spiel, die eine ruhige, vernünftige Überprüfung des wahren Zusammenhangs der Dinge verhindern. Gerade das verbreitete Bedürfnis, Eigeninteressen als richtig und objektiv notwendig zu begründen, damit sie weiter verfolgt werden können, führt in Lockes Augen dazu, daß etwas für allgemeingültig, notwendig und wahr erklärt und gehalten wird, was nur subjektive Projektion von Wahrheit ist. Oder aber der Einzelne ist ganz schuldlos daran, wenn er Ideen falsch verbindet und solche Verbindungen für wahr hält. Denn durch die Erfahrung gelangen auch die Muster in seinen Verstand, nach denen die soziale Umgebung, die Gesellschaft, in der er lebt, die Dinge gedanklich verknüpft. Was als wahr gilt, übernimmt der Einzelne auch als wahr; falsche Assoziationsspuren können sich in seinen Verstand so einprägen, daß die individuelle Erkenntnis in ihren Bahnen verläuft – ohne daß das Individuum noch überprüfen könnte, ob seine Erkenntnisse auch objektiv wahr sind.

Beide Gründe sind zu beobachten – so daß Locke falsche Ideenverbindungen als eine allgemeinmenschliche Schwäche der Unvernunft versteht, von der kaum ein Mensch frei ist. Wahrheitsüberzeugungen, die dieser Vernunft entspringen, aber sind, gemessen an der objektiven Wirklichkeit, W a h n.

Entsprechend wird der Wahnsinn definiert und als Geisteskrankheit nur graduell, nicht qualitativ, von der Unvernunft unterschieden. Im Prinzip i s t die Unvernunft, die in verschiedenen Abstufungen in der Gesellschaft herrscht und der das Individuum häufig verfällt, Wahnsinn – und kann direkt mit ihm identifiziert werden:

> "Man wird mir verzeihen, wenn ich dieser Erscheinung den harten Namen Wahnsinn beilege, sobald man bedenkt, daß jeder Widerspruch gegen die Vernunft diese Bezeichnung

verdient und tatsächlich Wahnsinn ist. Kaum einer ist so frei davon, als daß er nicht eher für das Irrenhaus als für eine gebildete Unterhaltung geeignet erscheinen würde, falls er ständig und bei jeder Gelegenheit so argumentieren und so handeln wollte, wie er es unter bestimmten Umständen immer wieder tut."[185]

Locke grenzt also den Wahnsinn nicht aus der Vernunft aus, die er der Kritik unterzieht. Und er charakterisiert die Geisteskrankheit auch nicht als Erfahrung eines Nicht-Sinns, sondern gibt ihr denselben Sinn wie der allgemeinen Unvernunft: Beides ist Folge der einen Ursache, die in den falschen Ideenverbindungen liegt. Ausgegrenzt aus der k r i t i s c h e n Vernunft aber wird das Problem der vielen Wahrheiten, die nicht anerkannt werden – weil es sie nicht geben s o l l.

Denn daß die Wahrheit in allen Köpfen so verschieden aussieht und daß viele Menschen subjektiv davon überzeugt sind, sie zu vertreten, hat für Locke nicht die gedankliche Konsequenz, die der eigenen Beobachtung und Erfahrung entspräche und rückzubeziehen wäre auf das Ziel seiner Abhandlung: daß es verbindliche Maßstäbe für die Wahrheitserkenntnis vielleicht gar nicht gebe. Gefolgert wird vielmehr:

"Es muß also irgendetwas geben, daß (sic) ihren Verstand blendet und sie den Irrtum dessen nicht sehen läßt, was sie für reale Wahrheit halten."[186]

Auf diese Weise wird der Wahnsinn der Gesellschaft bei Locke zum Erklärungsmodell dafür, daß soziale Harmonie und Ordnung im vernünftig geregelten Zusammenleben aller durch Aufklärung zum richtigen Gebrauch der Vernunft zu erreichen sind. Aber eben w e g e n der allgemeinen Unvernunft muß Aufklärung auch versagen. Denn durch "Erziehung, Gewohnheit und das beständige Wortgerassel ihrer Partei" haben die meisten Menschen ein unkorrigierbar falsches Bewußtsein und sind deswegen unbelehrbar:

"Das macht jeden Wortunfug vernünftig, Ungereimtheiten beweiskräftig, den Unsinn folgerichtig und ist die Grundlage für die größten – um nicht zu sagen, für alle – Irrtümer in der Welt. (. . .) Wo sollen wir da mit der Berichtigung von Irrtümern einsetzen, die sich ergeben, wenn jemand zwei Ideen gewohnheitsmäßig in seinem Geist so verbindet, daß er die eine mit der anderen vertauscht, (. . .) oft ohne es selbst zu merken? Solche Menschen sind, solange sie dieser Täuschung unterliegen, nie einer Aufklärung zugänglich."[187]

Genau die Probleme, die mit Hilfe der Theorie in der Praxis gelöst werden sollen, gelten schließlich im Rahmen der Theorie selbst als unlösbar. Denn Locke legt allgemeingültige Bedingungen wahrer Erkenntnis fest und leitet aus denselben Bedingungen ab, daß Erkenntnis an das individuelle, sozial präformierte und auch deformierte Bewußtsein gebunden ist. Das entspricht der Beobachtung, die gegen das Ziel der Abhandlung steht, und bedingt den fundamentalen Widerspruch der Theorie. Diese kann nicht erklären, ob der Mensch zur Unvernunft determiniert ist oder nicht und w i e er, gewohnheitsmäßig Täuschungen unterlegen, subjektive Wahrheit als objektiven Wahn erkennen kann.

Diese Probleme löst Leibniz: indem er Wahrheitserkenntnis nicht mehr an individuell verschiedenes Bewußtsein bindet, sondern an die Logik – seines Systems.

Leibniz wendet sich gegen Lockes Bild der Vernunft als einer tabula rasa und leitet aus dem problematischen Begriff der Reflexion das theoretisch notwendige Prinzip der eingeborenen Ideen ab, die als "Neigungen, Anlagen, Fertigkeiten oder natürliche Kräfte"[188] jedem Individuum auf ganz verschiedene Art angeboren sind. Kein Mensch gleicht in seiner Besonderheit dem anderen, jeder entwickelt sich seinen Anlagen und seiner Umgebung gemäß. Jedes Bewußtsein ist folglich anders.

Wie aber dieser Tatbestand zu verstehen und gleichzeitig mit der Erkenntnismöglichkeit allgemeiner und notwendiger Wahrheiten zu vereinbaren ist, beweist Leibniz mit Hilfe eines Konstrukts: der Annahme von kleinen Perzeptionen, die genauso wenig wie die Elementarteilchen in der Physik beobachtet werden können, aber aus ihren Wirkungen zu erschließen sind und diese Wirkungen umgekehrt auch erklären können.

> "Übrigens gibt es gar viele Anzeichen, aus denen wir schließen müssen, daß es in jedem Augenblicke in unserem Innern eine unendliche Menge von Perceptionen gibt, die aber nicht von Apperzeption und Reflexion begleitet sind, sondern lediglich Veränderungen in der Seele selbst darstellen, deren wir uns nicht bewußt werden, weil diese Eindrücke entweder zu schwach und zu zahlreich oder zu gleichförmig sind (. . .). Nichtsdestoweniger können sie im Verein mit anderen ihre Wirkung tun und sich in der Gesamtheit des Eindrucks, wenigstens in verworrener Weise, geltend machen."[189]

Der Mensch kann, was Locke als nicht zu beweisende Spekulationen ablehnt, unbewußt wahrnehmen, etwas unbewußt speichern und sich erst später daran erinnern. Die kleinen Perzeptionen als unmerkliche, unendliche Eindrücke von außen, denen das Individuum ausgesetzt ist, prägen es ohne sein Wissen; in einer gewissen Kumulation können sie Willensentscheidungen, Neigungen oder die Richtung der Aufmerksamkeit beeinflussen. Durch sie ist für Leibniz die Kontinuität des Ich gegeben, das in der Gegenwart von seiner Vergangenheit beeinflußt ist und dessen Zukunft bereits in seiner Gegenwart liegt. Gemäß seiner jeweils besonderen, unterschiedlichen Stellung in der Welt sind die kleinen Perzeptionen des Individuums auch unendlich verschieden; der Einzelne ist durch diese Perzeptionen determiniert.

Aber dies widerspricht seiner Freiheit nicht, und er muß auch nicht zwangsläufig Irrtümer als Wahrheit verteidigen. Denn die unmerklichen Ein-drücke von außen entsprechen genau der Kraft, mit der das Individuum sich seinen eingeborenen Ideen oder: Dispositionen gemäß entwickelt. Diese Entwicklung versteht Leibniz als Herausentwicklung oder Aus-bildung vorhandener Anlagen, die gleichzeitig individuell-autonom und durch die kleinen Perzeptionen determiniert ist. Wenn aber die Stellung des Einzelnen in der Welt seinen genuinen Anlagen vollkommen entspricht und Entwicklungs- wie Beeinflussungskräfte als einander entsprechend gedacht werden, dann gibt es keinen Gegensatz zwischen individueller Freiheit und Determination mehr: Das einzige notwendige und allgemeine Gesetz, das für alle Menschen gilt, bleibt so der gedachte Entsprechungszusammenhang. Aus ihm leitet Leibniz ab, daß sich in jedem Individuum als besonderem die Gesetzmäßigkeit des gesamten Universums spiegelt und umgekehrt: Denn auf den kleinen Perzeptionen beruhen ja

> "(. . .) die ins Unendliche gehenden Eindrücke, die die uns umgebenden Körper auf uns machen und somit die Verknüpfung, in der jedes Wesen mit dem ganzen übrigen Universum steht. Ja man kann sagen, daß vermöge dieser kleinen Perzeptionen die Gegenwart mit der Zukunft schwanger und mit der Vergangenheit erfüllt ist, daß alles miteinander zusammenstimmt."[190]

Die Frage nun, wie denn bei der Unterschiedlichkeit entwicklungsbedingten, besonderen Bewußtseins, das abhängig ist von dem jeweiligen Standort seines Trägers in der Welt, ein Erkennen notwendiger Wahrheiten möglich ist, löst Leibniz folgendermaßen: Er unterscheidet alles Individuelle als Substantielles und Besonderes, das nicht weiter zu reduzieren ist, nach dem Grad der deutlichen oder verworrenen Erkenntnis der kleinen Perzeptionen als unendlicher Ursachen unendlich möglicher Wirkungen. Gott allein kann

> "(. . .) die ganze Unendlichkeit deutlich (. . .) begreifen und alle Ursachen und Folgen auf einmal (. . .) überschauen. Alles was *wir* dagegen über die Unendlichkeiten vermögen, ist, sie verworren zu erkennen (. . .)."[191]

Nur ein unendliches Bewußtsein kann das Unendliche als ineinandergreifendes System von Ursachen-Wirkungs-Ketten so begreifen, daß alle Ursachen und Wirkungen im einzelnen bekannt sind. Der Mensch aber kann nur deutlich erkennen, d a ß es ein solches System gibt, nicht, w i e die unendlichen Ursachen und Wirkungen inhaltlich beschaffen sind. Er kann die wahre Wirklichkeit nur in der Abstraktion erfassen, und insofern kann sein Denken, wie das des Mathematikers, niemals der Vielfalt des Besonderen im einzelnen genau entsprechen. Es bleibt, anders als das Denken Gottes, Annäherung an die Wirklichkeit. Diese erscheint aus der Perspektive des Menschen also als M ö g l i c h k e i t unendlich deutlicher Erkenntnis. Seine Aufgabe ist es, von verworrener zu immer deutlicherer Erkenntnis fortzuschreiten – also das Mögliche durch immer weiteres Aufdecken seiner Ursachen als wirklich und wahr zu erkennen. Und da die Gesetzmäßigkeit, daß jede Wirkung ihre Ursache hat und umgekehrt, des ganzen Universums in der abstrahierenden Vernunft des Menschen liegt, muß er sich in diesem Prozeß an die Gesetzmäßigkeit seiner eigenen Vernunft halten und Wirkungen aus ihren Ursachen logisch erklären statt einfach erfahrungsbedingte Ursachen anzunehmen. Das heißt: Leibniz folgert aus seinem der Physik entlehnten Konstrukt der kleinen Perzeptionen als Garanten einer vorherbestimmten Harmonie im Individuum, zwischen Individuen und zwischen Mensch und gesamter Realität, daß in der zu erkennenden Wirklichkeit eine objektiv wahre unendliche Entsprechung von Ursachen und Wirkungen bestehe. Er hält also die kleinen Perzeptionen nicht lediglich für ein gedankliches Konstrukt, sondern für objektiv wahr. Und sein Argument dafür ist:

> "(. . .) sonst würden wir (. . .) keine gute Physik, die uns die Natur der Dinge im allgemeinen erklärte, besitzen (. . .)."[192]

Aus der Denknotwendigkeit der kleinen Perzeptionen schließt Leibniz also auf die objektive Wahrheit dessen, was sie bewirken: des harmonisch ineinandergreifenden, widerspruchsfreien Universums, in dem kein Besonderes fremdbestimmt ist. Das ist ein grandioser Zirkelschluß, in Leibniz' Denken aber nicht.

Unter objektiv wahren, vom erkennenden Subjekt unabhängigen Eigenschaften der Dinge versteht er solche, "die aus ihrer Natur als erklärliche Modifikationen hergeleitet werden können."[193] Denn aufgrund der erkannten universalen Gesetzmäßigkeit von unendlich sich entsprechenden Ursachen und Wirkungen muß er folgern,

> "(. . .) daß endlich die Begriffe der Geschöpfe zwar nicht das Maß für die Macht Gottes sind, daß aber ihr Begriffsvermögen und ihre Fassungskraft nichtsdestoweniger das Maß dafür bilden, was die Natur vermag, indem alles, was der Naturordnung gemäß ist, durch irgendein Geschöpf begriffen und verstanden werden kann."[194]

Das ist die Umkehrung Lockes: Hatte dieser noch die menschliche Vernunft als Logik, einschließlich seiner eigenen, angesichts der unerkennbaren göttlichen relativiert und damit die Möglichkeit menschlichen Wissens in einer unüberschaubaren Wirklichkeit prinzipiell begrenzt, so werden die Gesetze der Logik nun bei Leibniz zum Maß einer potentiell unendlich erkennbaren Wirklichkeit. Gott kann dieser nur Eigenschaften verleihen, die auch logisch einsichtig sind. Was also nicht logisch im Sinne von Ursache-Wirkzusammenhängen abzuleiten ist, ist auch nicht wahr; weder wirklich noch möglich oder so lange nicht als wahr erwiesen, als die Ursachen noch unbekannt sind – aber weiter gesucht werden müssen. Indem Leibniz Wahrheit an Logik bindet und auch die Möglichkeiten Gottes in der Natur von dieser Logik abhängig macht, schützt er das logisch Widerspruchsfreie an sich vor seiner Relativierung durch die Erfahrung – was Locke nicht gelingen kann und bei ihm in die beschriebenen Widersprüche führt. Gleichzeitig entbindet Leibniz Wahrheit vom entwicklungsbedingten Bewußtsein des Individuums: Als universale Gesetzmäßigkeit liegen die Gesetze der Logik in der Vernunft eines jeden Individuums und sind von diesem in der Wahrheitsfindung sowohl anzuwenden als auch nachzuvollziehen. Wahrheit liegt bei Leibniz also nicht in der Erfahrung begründet, sondern in logisch gesichertem Wissen, das sich in der Erfahrung bestätigen muß. Bestätigt es sich nicht, dann hat man entweder unlogisch gedacht oder bestimmte ursächliche Bedingungen eines Wirkzusammenhangs übersehen. Und dieses Denken bezieht sich eben nicht nur auf die Mathematik oder Physik, sondern auf das gesamte Leben. Metaphysische und ethische Wahrheiten, politische wie individuelle Ansichten und Entscheidungen sind logisch abzuleiten und zu begründen – im Bezugsrahmen der durch die kleinen Perzeptionen möglichen und notwendigen prästabilierten Harmonie.

In diesem Rahmen bindet Leibniz den Wahnsinn als Unvernunft an die M e t h o d e des Erkenntnisverfahrens, nicht an ein als richtig oder falsch zu Erkennendes, wie Locke dies – zum andern – tut. Erfahrungsurteile sind nur dann vernünftig, wenn die logische Überprüfung ergeben hat, daß aufgrund mangelnder Ursachenkenntnis keine anderen möglich sind – und wenn sie als v o r l ä u f i g e verstanden werden. Denn dann sind sie an sich den prüfenden Gesetzen der Logik gemäß und nicht unvernünftig, obwohl sie Irrtümer enthalten können. Sind diese logisch als Widersprüche im Urteil nachweisbar, dann ist das Urteil unmöglich. "Falsche" Ideenverbindungen gibt es bei Leibniz also nicht, nur logisch mögliche oder unmögliche. Insofern können zwar

> "Autorität, Partei, Gewohnheit (. . .) hier in derselben Weise (wirken) wie die Erfahrung und die Vernunft; und es ist nicht leicht, sich von diesen Neigungen loszumachen."[195]

Da der Mensch aber im Unterschied zum Tier das Vermögen hat, von seinen Erfahrungen abstrahieren und gemäß seiner Vernunftanlage in Übereinstimmung mit dem Universum gesetzmäßig denken zu können, kann er als Wesen mit eigener Kraft auch seinem eigenen Gesetz nach mögliche von unmöglichen Ideenverbindungen unterscheiden:

> "Doch würde es nicht sehr schwer sein, sich in Urteilen dieser Art vor Täuschung zu bewahren, wenn die Menschen sich mit rechtem Ernste der Wahrheit befleißigen, und sobald sie erkennen, daß ihre Auffindung für sie von Bedeutung ist, *methodisch* vorgehen wollten."[196]

Das betrifft nun den Wahnsinn als Unvernunft, der ja wie bei Locke dieselben Ursachen hat wie die Geisteskrankheit. Und das ist bei Leibniz widerspruchsfrei möglich: Die Geisteskranken unterscheiden sich von den Unvernünftigen so, wie jedes Individuum sich vom anderen unterscheidet; die Krankheit muß schon in der Disposition des Individuums liegen, die in der Entwicklung Umwelteinflüssen entspricht. Insofern ist jede Form des Wahnsinns, ob Krankheit oder Unvernunft, gedanklich an das jeweils besondere Individuum gebunden und kann auch bei einem möglichen Aufdecken seiner Ursachen-Wirkungs-Ketten nicht als allgemeinmenschliche Möglichkeit im Sinne einer Gefahr für die Vernunft der Gesunden erscheinen. Zu verhüten ist die Geisteskrankheit also nicht, sondern gehört wie die Unvernunft zum notwendigen Übel in einer Welt, deren Zusammenhänge der Mensch niemals ganz überschauen kann. Aber er kann die Geisteskrankheit wie die Unvernunft in ihren Bedingungen fortschreitend aufklären, um schließlich zu einem immer allgemeingültigeren, immer mehr besondere Fälle umfassenden System zu gelangen.

Das Problem der Leibnizschen Theorie liegt darin, daß sie durch keine Beobachtung und Erfahrung zu falsifizieren ist und als wahr verabsolutiert werden kann; sie ist in sich widerspruchsfrei. Nur ist das Konstrukt der kleinen Perzeptionen, auf dem sie beruht, nicht anders zu bewahrheiten als dadurch, daß sonst die beobachtbare Realität in all ihrer Vielfalt und Besonderheit nicht erklärt werden könnte. Das gesamte Erklärungsmodell kann jedoch objektiv falsch sein: als eine – nach Locke – subjektive Projektion der Wahrheit, die objektiv sein s o l l und die es vielleicht gar nicht ist. Denn die Theorie besagt, daß die Grenzen aller Erkenntnis im Absoluten liegen. Und das ist auf jene selbst zu beziehen; erst vor dem allumfassenden göttlichen Bewußtsein erweist sich ihr Wahrheitswert.

Folglich kann auch Leibniz keinen unbezweifelbaren Maßstab liefern für das, was der Mensch mit Hilfe seiner Vernunft als sichere Wahrheit erkennen kann und was nicht. Dazu bedarf es der Begrenzung des vernünftig zu Erkennenden, die abzuleiten ist aus den Bedingungen für die Möglichkeit von Erkenntnis. Diese sind in der menschlichen Vernunft selbst, nicht in der göttlichen, zu suchen.

Die Begrenzung unternimmt Kant, der den Menschen unangreifbaren Vernunftgesetzen unterstellt und ihn, wie er ist, mißt an dem, was er sein soll. Und er soll sein, was er seinem Wesen nach ist.

> "Eine Lehre von der Kenntnis des Menschen, systematisch abgefaßt (Anthropologie), kann es entweder in *physiologischer* oder in *pragmatischer* Hinsicht sein. – Die physiologische Menschenkenntnis geht auf die Erforschung dessen, was die *Natur* aus dem Menschen macht, die pragmatische auf das, was er, als freihandelndes Wesen, aus sich selber macht, oder machen kann und soll."[197]

Wie Locke und Leibniz, so schließt auch Kant eine Betrachtung der körperlichen Bedingtheiten aus seinem Denken über die Anlagen der Vernunft und ihren richtigen Gebrauch aus, allerdings mit einem charakteristischen Unterschied: Er bezeichnet "alles theoretische Vernünfteln" über eine physiologische oder psychologische Determinierung oder Prägung des individuellen Bewußtseins als "reinen Verlust"[198], sofern Beobachtungen und Erfahrungen auf diesem Gebiet nicht dazu dienen sollen festzustellen, was dem Menschen in seiner Freiheit, sich selbst zu bestimmen, hinderlich oder förderlich ist. Das heißt: Kant geht von einer absoluten, nicht an das psychologische Subjekt gebundenen Freiheit des Menschen aus – einer Freiheit, die Locke zwar nachweisen will, aber durch sein empirisch-induktives Verfahren zum Teil selbst widerlegt, und die Leibniz nur denken kann als Entsprechung zur natürlichen Determiniertheit. In seiner Anthropologie verabsolutiert Kant den einen Aspekt der Leibnizschen Synthese vor dem gedanklichen Hintergrund, daß Wirklichkeit nur erkannt werden kann, wie sie dem Menschen aufgrund der Gesetzmäßigkeit in seiner eigenen Vernunft erscheint. Niemand kann erkennen, wie er selbst an sich noch wie die äußere Wirklichkeit an sich beschaffen sind. Da dies nicht möglich ist, kann der Mensch auch von anderen nicht erkannt werden, wie er an sich, mit allen Bedingtheiten, sein mag. Wenn Erkenntnisirrtümer ausgeschlossen werden sollen, ist er nur zu betrachten gemäß der Gesetzmäßigkeit eben der Vernunft, die ihn als allein von seiner eigenen Vernunft abhängiges Wesen definiert. Indem Kant also als Bedingung für die Möglichkeit von Erkenntnis überhaupt alle Gesetzmäßigkeit auf die Vernunft selbst zurückverweist, entbindet er diese von den außerhalb ihrer selbst liegenden Bedingtheiten. Unter dieser Perspektive ist der Mensch als vernunftbegabtes Wesen frei: Seine Freiheit ist logisch begründet und als Wesensdefinition der systematischen Anthropologie vorausgesetzt.

Was der Mensch nun aufgrund seiner Menschheit aus sich selber machen kann, hängt ab von dem, was ihm prinzipiell möglich ist – ob er es als Individuum verwirklicht oder nicht. Aus der vernunftgemäßen Menschheit des Menschen deduziert Kant dessen Vermögen, ohne die es keine Freiheit gäbe. Und diese Vermögen, z.B. das Auffassungsvermögen, das Absonderungsvermögen oder das Überlegungsvermögen, sind zwar jeweils verschieden stark ausgeprägt, bestimmen aber formal die erkennende Vernunft an sich. Sie sind nicht mehr auch substantiell verschieden wie die eingeborenen Ideen bei Leibniz. Denn sie müssen, wenn bei aller Unterschiedlichkeit des individuellen Vernunftgebrauchs, der an das individuelle Bewußtsein gebunden ist, dennoch eine verbindliche Vernunft i m Menschen als Instanz wahrer Erkenntnis fungieren soll, vorausgesetzt werden als Formen, die gleichermaßen in jeder Vernunft liegen. Deshalb beweist Kant mit Hilfe der Vermögen, daß der Mensch erkennen kann, was er sein soll – obwohl die Vermögen schon abgeleitet sind aus dem, was sein soll.

In diesem Zusammenhang wird der pathologische Wahnsinn verstanden als angeborene Störung in den Vermögen des Gemüts, als tiefste, "aber von der Natur herrührende Erniedrigung der Menschheit" – weshalb die Anthropologie in bezug darauf nur "indirekt pragmatisch"[199] sein kann. Denn aufgrund seines angeborenen Gestörtseins hat der Wahnsinnige k e i n Vermögen zum freien Denken und Handeln; sein Wahnsinn beruht auf seinem U n v e r m ö g e n, dies tun zu können. Und so werden in Umkehrung der für den Menschen als freihandelndes Wesen gesetzten Vermögen verschiedene Formen des Wahnsinns als Unvermögen deduziert.

Kant unterteilt den Wahnsinn als V e r r ü c k u n g in die tumultuarische, methodische und systematische und unterscheidet Unsinnigkeit, Wahnsinn, Wahnwitz und Aberwitz.[200]

Die Geisteskrankheit wird, was schon bei Locke der Fall ist, nicht als Nicht-Sinn definiert; die Kranken, vor allem die Aberwitzigen, werden vielmehr aus ihrer eigenen Perspektive verstanden:

> "Denn es ist in der letzteren Art der Gemütsstörung (. . .) auch *positive Unvernunft*, d.i. eine *andere* Regel, ein ganz verschiedener Standpunkt, worein, so zu sagen, die Seele versetzt wird, und aus dem sie alle Gegenstände anders sieht, und aus dem sensorio communi, das zur Einheit des *Lebens* (des Tiers) erforderlich wird, sich in einen davon entfernten Platz versetzt findet (daher das Wort *Verrückung*)."[201]

Und nicht nur die Aberwitzigen sind in diesem Sinne ver-rückt, sondern auch die Wahnwitzigen und Wahnsinnigen; ihr ganzes Gemüt ist an eine andere Stelle versetzt, was sie selbst nicht wahrnehmen können, weil das Gemüt sich selbst nur durch sich selbst, nicht von außen her, anschauen kann.

> "Es ist aber verwunderungswürdig, daß die Kräfte des zerrütteten Gemüts sich doch in einem System zusammenordnen, und die Natur auch sogar in die Unvernunft ein Prinzip der Verbindung derselben zu bringen strebt, damit das Denkungsvermögen, wenn gleich nicht objektiv zum wahren Erkenntnis der Dinge, doch bloß subjektiv zum Behuf des tierischen Lebens, nicht unbeschäftigt bleibe."[202]

Unter der Voraussetzung einer w a h r e n Erkenntnis der Dinge, die, in den gesetzten Grenzen, intersubjektiv verbindlich ist, kann nun die Verrücktheit als bloße Form positiver Unvernunft bezogen auf die Erkenntnismöglichkeiten des Menschen nicht gleichberechtigt sein mit der Vernunft als bloßer Form. Deshalb ist für Kant schließlich das

"(. . .) einzige allgemeine Merkmal der Verrücktheit (. . .) der Verlust des *Gemeinsinnes* (sensus communis), und der dagegen eintretende *logische Eigensinn* (sensus privatus) (. . .). Denn es ist ein subjektiv-notwendiger Probierstein der Richtigkeit unserer Urteile überhaupt und also auch der Gesundheit unseres Verstandes: daß wir diesen auch an den *Verstand anderer* halten, nicht aber uns mit dem unsrigen *isolieren,* und mit unserer Privatvorstellung doch gleichsam *öffentlich* urteilen."[203]

Und in dieser Bestimmung des Wahnsinns als Eigensinns liegt das zentrale Problem von Kants Vernunft- und Wahnsinnsauffassung.[204] Denn ohne das Merkmal des Eigensinns könnte die positive Unvernunft auch eine Infragestellung der Vernunft als bloßer Form bedeuten – und das würde wiederum die Voraussetzung der gesamten pragmatischen Anthropologie, daß der Mensch ein freihandelndes Wesen sei, fragwürdig erscheinen lassen. Deshalb muß die positive Unvernunft zugleich als Abweichung von der Vernunft definiert werden. Genau das aber macht eine Unterscheidung der Kranken von den Gesunden, die ihre Vernunft nicht richtig gebrauchen, induktiv unmöglich.
Leidenschaften und schädliche Gewohnheiten, Denkfaulheit, Bequemlichkeit und unselbständiges Denken und Handeln beruhen bei Kant, wenn sie gedanklich legitimiert statt als subjektive Schwächen, Neigungen oder Interessen angesehen werden, auf Eigensinn. Der bei Locke und Leibniz noch ent-schuldigte Wahnsinn der Gesunden wird von Kant in die volle Verantwortung des Subjekts allein gestellt. Als gesunder Mensch mit den Vermögen nicht nur zum selbständigen Denken, sondern auch zur Überprüfung der Richtigkeit seiner Urteile und Verhaltensweisen trägt das Individuum selbst die Schuld daran, wenn es nicht tut, was es aufgrund seiner wesensgemäßen Menschheit vermag.

Die Relativierung des Eigensinns am Gemeinsinn ist Einsichts- und Willenssache: Und so ergibt sich das logische Problem, wann denn Erscheinungen des Eigensinns als Krankheitssymptome zu bewerten sind und wann nicht. Kant selbst meint zum Beispiel:

"Die Verliebung in eine Person von Stande, der die Ehe zuzumuten die größte Narrheit ist, war nicht die Ursache, sondern die Wirkung der Tollheit, und was den Hochmut anlangt, so setzt die Zumutung eines nichts bedeutenden Menschen an andere, sich vor ihm zu bücken, (. . .) eine Tollheit *voraus,* ohne die er auf ein solches Betragen nicht gefallen sein würde."[205]

Das heißt: ein nach subjektiven Verstandesregeln gefälltes Urteil und danach eingerichtetes Verhalten ist dann ein nicht zu moralisierendes Krankheitssymptom, wenn das Unvermögen, die in ihm liegende Unvernunft einzusehen, vorausgesetzt wird – wenn also eine angeborene Verrückung bereits feststeht. Werden aber angeborene Vermögen zur Einsicht in die Vernunft oder Unvernunft der eigenen Urteile und Verhaltensweisen vorausgesetzt, dann sind dieselben Erscheinungen des Eigensinns schuldhaft und durch richtigen Gebrauch der Vermögen zu korrigieren.

Kants anthropologische Logik bleibt abhängig von den vermögenspsychologischen Voraussetzungen, die theorie-immanent in einem logischen Zirkel bestätigt und auf den Menschen übertragen werden. Geht es um selbständiges Denken und Erkenntnis nach wahren Vernunftgesetzen, dann sind die erforderlichen Vermögen Bezugspunkt der Vernunftkritik: Unselbständiges Denken und Erkenntnisirrtümer Geistesgesunder sind Unvernunft, aus der sie sich selbst befreien können. W i e das möglich ist, kann vermögenspsychologisch n i c h t erklärt werden – weil das Problem, wie denn Vermögen als bloße Möglichkeiten gleichzeitig als tätig, wirksam zu denken sind, nicht berücksichtigt wird. Deshalb ist letztlich das Theorem, daß der Mensch sein kann, was er sein soll, logisch nicht zu verifizieren. Es erlaubt aber, d i e Vernunft, die besagt, was sein soll: Kants eigene kritische Vernunft absolut zu setzen. Denn wer das Theorem nicht einsieht und anerkennt, ist entweder unvernünftig oder ver-rückt.

Die naturbedingten Unvermögen, die im letzten Fall vorausgesetzt werden, verhindern jeden Zweifel, ob die Lehre vom Menschen auch zutrifft: Sie bezieht sich ja nicht auf den Menschen als ein auch natur- und sozialbedingtes Wesen. Daß sie eben deswegen selbst kein Maßstab für die Erkenntnis des Menschen sein kann, bemerkte höchst abfällig schon Friedrich Schleiermacher.[206]

Übertragen auf die Praxis, kann Kants theoretische Unterscheidung zwischen Vernunft, Unvernunft und Wahnsinn in all die Irrtümer und Erkenntnisunsicherheiten führen, die doch logisch ausgeschlossen sind. Es gibt ja im Rahmen der Theorie keinen anderen Maßstab als die unmittelbare, logisch nicht begründbare und trügerische E v i d e n z von Geistesgesundheit oder Geisteskrankheit für die Annahme von Vermögen oder Unvermögen. Das besagt, daß der alte "Argwohn", gegen den schon Locke antrat: "daß es entweder so etwas wie die Wahrheit überhaupt nicht gebe oder daß die Menschen nicht über ausreichende Mittel verfügen, um eine sichere Kenntnis von ihr zu erlangen", auch logisch-deduktiv nicht zu beheben ist. Nur wurde eben dies, w e i l das Problem philosophisch gelöst werden sollte, weder erkannt noch reflektiert noch an-erkannt: Die Wahrheit, die sein soll und über Kant hinaus weiter sein sollte, wurde stets aufs neue verbürgt.

Welche Umdeutungen der zu erkennenden Wirklichkeit das Festhalten an dem einen Ziel erforderte, läßt sich ablesen an den Verschiebungen von Theoremen im Rahmen der drei vorgestellten philosophischen Modelle. Ist bei Locke noch alle Wahrheitserkenntnis gebunden an die Gesetzmäßigkeit einer äußeren, begrenzt beobachtbaren, verstehbaren und bewußten Wirklichkeit, so bei Leibniz an eine dieser Wirklichkeit zugrundeliegende universale Gesetzmäßigkeit von Entsprechungszusammenhängen und bei Kant an eine wiederum davon abgespaltene Gesetzmäßigkeit, die allein in der Vernunft selbst liegt. Dieser Bewegung von außen nach innen entspricht eine Ursachenverlagerung des Wahnsinns: Bei Locke sind Unvernunft und Geisteskrankheit großenteils von außen, auch sozial bedingt; bei Leibniz entsprechen diese Bedingungen genau der inneren Disposition des Individuums, und bei Kant liegen Unvernunft und Geisteskrankheit nur noch an der individuellen Disposition, die aber als naturbedingt gilt und vom Wesen des Menschen abgespalten wird. Der Wahnsinn wird zunehmend weniger vom Beobachtbaren her und immer weiter von seinem nicht beobachtbaren Wesentlichen her definiert; parallel dazu werden auch der gesunde Mensch und seine Bestimmung zur Vernunft immer wesentlicher verstanden. Und eben durch diesen Prozeß vom Beobachtbaren zum an sich nicht beobachtbaren Wesentlichen werden die Widersprüche bei Locke, was die Abgrenzung von Vernunft, Unvernunft und Geisteskrankheit in der Erfahrungswirklichkeit betrifft, durch d e r e n U m d e u t u n g bewältigt. Die gesamte Vernunft- und Wahnsinnsproblematik wird v e r s c h o b e n erst auf das jeweils einzigartige und dann das der Natur unterworfene Individuum und dadurch aus der Gesetzmäßigkeit der erkennenden Vernunft selbst ausgeschlossen. Aufrechterhalten wird von Locke bis Kant die Überzeugung von einer Gesetzmäßigkeit als Maßstab, durch den die Vernunft als Mittel zur Erkenntnis von Wahrheit, die verschieden gedacht wird, gegenüber dem schon bei Locke beklagten Vielfältigen, Besonderen, Verschiedenen und Widersprüchlichen in der sozialen Realität abgesichert wird. Und diese Absicherung gab es nie.

Wahrheitsüberzeugungen, gebunden an Gegenentwürfe, die der beobachtbaren Wirklichkeit übergeordnet wurden, blieben verschieden. Die sich selbst verabsolutierende Aufklärung, verstärkt durch die Philosophen, hatte in der sozialen Praxis und für die Kritik selbst Folgen, die nicht intendiert waren.

Auswirkungen, Rückwirkungen und Vermittlungen

Bevor Rückwirkungen der sich selbst verabsolutierenden literarischen Aufklärung zu beschreiben sind, ist zu bemerken, daß sie gar nicht unbedingt welche haben mußte. Eben weil Positionen wie die Wagnitz' oder Kants mit ihrem umfassend kritischen Anspruch entsprechend dem totalen Gegenentwurf zum Bestehenden absolute waren, standen sie a u c h im sozialen und politisch-pragmatischen Abseits. Am Schreibpult gedacht und entworfen, blieb vieles auf dem Papier: Wagnitz' "moralischer Barometer" etwa wurde in den Zuchthäusern nicht eingeführt, und auch Kants aus dem Pflichtgesetz abgeleitete Bedenken gegen die Pockenschutzimpfung, bei der man sich im Unterschied zur naturbedingten Pockenkrankheit in freiwillige Lebensgefahr begab, wirkten sich in der Praxis nicht aus.[207] Nicht selten wurde nicht nur eine allzu emanzipative, gegen die Interessen der Landesherren gerichtete Kritik unterbunden oder verboten. Auch allzu eifrige Reformvorschläge zur Abschaffung von Störendem wurden von den Regierungen selbst gebremst – im Interesse der Untertanen, deren Privatsphäre gegen Vorstellungen in der literarischen Aufklärung zu schützen war.[208] Daß aber auch durch dieses Gegeneinander von Absolutismus und Aufklärung die Emanzipation des konkret unterdrückten und abhängigen Individuums zunächst weitgehend auf dem Papier blieb, belegt am besten die Tatsache, daß zum Beispiel in Preußen um 1800 immerhin 3,5 – 5% der Unterschichtenbevölkerung in den Zucht-, Toll- und Arbeitshäusern interniert waren[209], während ihr französisches Vorbild, das Hôpital Général, schon gar nicht mehr existierte. Und das hat damit zu tun, daß eine absolute, totalitär denkende Aufklärung anders als intendiert dort Rückwirkungen haben konnte, wo sie mit staatlichen und sozial bereits verinnerlichten Ordnungs- und Emanzipationsinteressen, Normen und Werten übereinstimmte – und die waren widersprüchlich.

So lernten in der Gesundheitsaufklärung schon die Schulkinder, der Kranke könne selbstverantwortlicher "Störer seiner Ruh" sein; das lief der Aufklärung über einen humanen Umgang mit Wahnsinnigen als schuldlosen Kranken zum Teil direkt zuwider. Oder die Gesunden und nicht Internierten lernten, daß Verbrecher wie Wahnsinnige zu Gestörten gemacht wurden; das lief der Aufklärung über die Freiheit und Selbstverantwortlichkeit des Menschen zuwider. Was blieb, war in jedem Fall der Wert von Tugend, Arbeit, einer Lohn-Strafe-Moral und die Verpflichtung des Individuums darauf – wogegen die beobachtbaren Gestörten standen. So verstärkte gerade die Moralisierung von Gesundheit und Krankheit durch die Aufklärung selbst im letzten Drittel des 18. Jahrhunderts eher noch die soziale Ausgrenzung von Unmoralischen, Arbeitsscheuen und auch Geisteskranken. Denn die aufzuklärenden Gesunden, aus denen zugunsten ihrer Emanzipation selbst Störendes ausgegrenzt werden sollte, wurden entgegen den Zielvorstellungen einer Aufklärung, die Störendes abschaffen wollte, störanfälliger. Im Zusammenhang damit ergab sich das Problem, daß die soziale Ausgrenzung Wahnsinniger schließlich die staatliche überwog und staatlichen Interessen nicht mehr entsprach. Das zeigen deutlich eine "Königlich-Preußische Verordnung" von 1798 und eine "Herzoglich-Sachsen-Weimarsche Verordnung" von 1801.[210] In beiden Fällen wird eine Verschärfung der Einlieferungsbedingungen in die Anstalten angeordnet, um die Kranken vor einer widerrechtlichen oder unnötigen Internierung zu schützen und eine Abschiebung anstelle von Heilungsversuchen zu verhindern.

> "Die Erfahrung hat (. . .) gezeigt, daß oft Anverwandte sowohl als Gemeinden, um solcher Unglücklichen früher los zu werden, keine Versuche zu deren Herstellung anwenden lassen, sondern deren Einbringung in das Irrenhaus auf das äusserste betreiben, wodurch öfters eine Alteration hervorgebracht wird, welche die Besserung solcher Unglücklichen behindert."[211]

Waren es früher die gefährlichen und frei herumlaufenden Irren gewesen, für die staatliche Anstalten gedacht waren, so wurden später auch andere eingeliefert. 1783 dekretierte zum Beispiel der Rat von Lübeck, daß auch nicht Rasende, die keine Gefahr für die öffentliche Sicherheit bedeuteten, sondern lediglich sittenwidriges Verhalten zeigten, ins Tollhaus aufzunehmen seien; sie waren den Stadtbewohnern ein unerträglicher Anblick.[212] Tollhäuser wurden nun auch gebraucht; viele mußten erweitert oder neu gebaut werden, weil die alten nicht mehr ausreichten.[213] Ob die Zahl der Geisteskranken im letzten Drittel des 18. Jahrhunderts real zunahm oder ob der Wahnsinn gerade im Zuge der ersten Anstaltsreformbewegung mit ihrer Umdeutung der Störenfriede zu Gestörten sozial nur stärker als Problem empfunden wurde, war und ist bis heute umstritten[214]; jedenfalls bewirkte die Reformbewegung keine Versuche zur Re-integration der Internierten, sondern eher das Gegenteil. Das beklagten die späteren Psychiater nach 1800; Johann Ferdinand Autenrieth aus Tübingen schrieb 1807:

> "Muß der Arzt erklären, daß er die Heilung des Kranken aufgeben müsse, so sträuben sich die Verwandten, ihm eine Last wieder abzunehmen, deren sie los geworden zu seyn, froh sind."[215]

Vor dem Hintergrund solcher Entwicklungen kann nun ein Blick zurückgeworfen werden auf die unterhaltend aufklärenden Texte über Irrenanstalten und Wahnsinnige: Die Autoren treten gegen die Gesellschaft für die Kranken ein und teilen doch auch in all ihrer Ambivalenz und Widersprüchlichkeit die Widersprüche in der sozialen Einstellung gegenüber den Kranken, die deren verschärfter Ausgrenzung zugrundeliegen. Denn in den Texten werden, außer andeutungsweise bei Kleist, die Wahnsinnigen n i c h t an Familien oder Gemeinden zurückverwiesen, wie es sich in den zitierten Verordnungen spiegelt; aufgefordert wird zum Mitleid mit den Kranken, aber nicht zu einer Reflexion darüber, wie weit sie als Gestörte überhaupt zu ertragen sind. Und das hängt zusammen mit einer anderen Rückwirkung einer auf die Beseitigung von Störungen und auf die Verwirklichung von Harmonie- und Ordnungsvorstellungen zielenden Aufklärung; diese Rückwirkung ist aufs engste verbunden mit der verstärkten sozialen Ablehnung Wahnsinniger. Die Autoren als Irrenhausbesucher machen ihr Lesepublikum nämlich n i c h t mit vergessenen und unbekannten Institutionen vertraut, sondern literarisieren ein ziemlich weit verbreitetes – Sonntagsvergnügen.

Die Besichtigung von internierten Irren war im 18. Jahrhundert an der Tagesordnung. Die Anstalten wurden besucht wie eine Menagerie oder ein Theater. Gegen ein Eintrittsgeld konnten die, die Ordnung, Arbeit, Tugend und Gesundheit, kurz, intra- und intersubjektive Harmonie als ihre Natur und als Natur des Menschen schlechthin begreifen mußten, sich an den Wahnsinnigen ergötzen, lachen, Tränen vergießen, Schauder und Mitleid empfinden und mit dieser emotionalen Abfuhr zugleich die Richtigkeit und Notwendigkeit der verinnerlichten Normen und Werte vor sich selbst bestätigen. Was Kleist beschreibt, war Realität:

> "Bei den Verrückten sahen wir manches Ekelhafte, manches Lächerliche, viel Unterrichtendes und Bemitleidenswertes."[216]

Eben das alles zu sehen, war ein Bedürfnis, vor dem die Kranken dann aus Gründen der Humanität wieder durch Verordnungen und auch durch die Ärzte nach 1800 geschützt wurden:

> "Man giebt sie der Neugierde des Pöbels Preis, und der gewinnsüchtige Wärter zerrt sie wie seltene Bestieen, um den müssigen Zuschauer zu belustigen."[217]

Das schreibt Reil 1803; und die Unsitte der öffentlichen Irrenvorführung als "Narretei" konnte von der beginnenden Psychiatrie zwar eingeschränkt werden, aber es gab sie in Bonn zum Beispiel noch um 1860.[218]

Die ganze Paradoxie der unterhaltend aufklärenden Texte wird da evident, wo die Autoren als Irrenhausbesucher neugierige Irrenhausbesucher und das Aufreizen von Wahnsinnigen kritisieren, obwohl sie eben das kritisierte Verhalten als Aufklärung über den Wahnsinn darstellen.

> "(. . .) sobald der Name seiner Geliebten genannt wurde, sprang er sogleich von seinem Lager auf, kam ans Gitter, und fragte, was man wolle. Als darauf der Name (. . .) wieder-

hohlt wurde, ward er verdrießlich (. . .). Ich halte es, beyläufig gesagt, für sehr schädlich, einem auf diese Art Verrücktgewordnen an die Ursach seiner Verrücktheit zu erinnern (. . .)."[219]

Da klärt Schaumann über inhumanes Verhalten auf, das aber als eigenes in der Beschreibung der provozierten Reaktionen des Kranken gar nicht wahrgenommen wird. Und dadurch werden die Leser nicht über ihre eigenen Einstellungen zu den Wahnsinnigen aufgeklärt, sondern darin bestätigt: sowohl unter dem Aspekt der Bedürfnisbefriedigung unerlaubter und inhumaner Neugier als auch unter dem Aspekt von Tugend und Moral – die Neugier ist für den Kranken ja schädlich. So werden der zitierte wie die anderen Texte ambivalenten Leserbedürfnissen voll gerecht. Sie erlauben einerseits die Freisetzung maßloser, nicht geordneter und nicht harmonischer Gefühle und andererseits deren Rationalisierung in bezug auf das, was gut, wahr und human ist. Vor dem Hintergrund der realen Irrenhausbesuche sind die Texte insgesamt als exakter Spiegel eines sozialen Bedürfnisses nach internierten Wahnsinnigen unter und zur Aufrechterhaltung verinnerlichter Normen und Werte zu begreifen, die in sich selbst widersprüchlich sind. Die Texte sind also, ähnlich wie die heutigen antipsychiatrisch beeinflußten Romane, auch eine aufklärerische Bestätigungsliteratur in dem Sinne, daß sie keine Einstellungsveränderungen Wahnsinnigen gegenüber bewirken können, weil sie bereits vorhandene Einstellungen und Bedürfnisse objektivieren. Denn in ihnen spiegeln sich ja nicht nur Auflösungserscheinungen einer Wahrheit der Vernunft, sondern auch deren Entstehungsbedingungen und der Versuch ihrer Bewältigung.

Wie die Wahnsinnigen aber auch anderen Bedürfnissen als dem der emotionalen Abfuhr und Bestätigung dienen konnten, kann als Rückwirkung der Kantschen Verabsolutierung des Verpflichtungsgedankens gezeigt werden. Im Zusammenhang mit der Auffassung von Internierten als Gestörten wurde im letzten Drittel des 18. Jahrhunderts verstärkt über das Problem der Schuldfähigkeit straffällig Gewordener diskutiert.[220] Die Frage, ob heftige Leidenschaften oder Affekte, Angst oder Scham die Vernunft des Täters bei der Tat außer Kraft gesetzt haben könnten, lag in der Konsequenz des Verständnisses von Wahnsinn und Verbrechen als Abweichungen von einer intrasubjektiven Harmonie. Der Wahnsinnige wie der Verbrecher konnten ja auch durch die Umwelt zu Gestörten gemacht und durch eine unglückselige Verkettung von Umständen in den Wahnsinn oder zum Verbrechen getrieben worden sein. Und insofern konnte das Verbrechen als Ausdruck von Krankheit gelten – was die Gerichte vor eben das Problem stellte, das die forensische Psychiatrie heute noch zu lösen hat.[221] So wurde zum Beispiel eine Kindsmörderin von der Todesstrafe freigesprochen, indem sie für verrückt erklärt wurde. Der Richter argumentierte:

> "(. . .) wer aus falschen Prämissen wahre Schlüsse folgert, ist verrückt. Nun nahm jene Person es als Grundsatz an: daß die Zuchthausstrafe eine unauslöschliche Entehrung sei, die ärger ist als der Tod (welches doch falsch ist), und kam durch den Schluß daraus auf den Vorsatz, sich den Tod zu verdienen. – Folglich war sie verrückt und, als eine solche, der Todesstrafe zu überheben."[222]

Gegen eine derartige Begründung, die nicht die Regel, aber immerhin möglich war, wendet sich Kant mit dem Urteil:

> "Auf den Fuß dieses Arguments möchte es wohl leicht sein, alle Verbrecher für Verrückte zu erklären, die man bedauren und kurieren, aber nicht bestrafen müßte."[223]

Er spricht Juristen und Medizinern die Zuständigkeit ab, die Zurechnungs- und damit Schuldfähigkeit von Verbrechern festzustellen, sofern diese zur Tatzeit nicht eindeutig körperlich, durch Fieber etwa, behindert waren – und behauptet die Kompetenz der Philosophie:

> "(. . .) obgleich körperliche Verschrobenheit der Seelenorganen vielleicht wohl bisweilen die Ursache einer unnatürlichen Übertretung des (jedem Menschen beiwohnenden) Pflichtgesetzes sein möchte, so sind die Ärzte und Physiologen überhaupt doch nicht so weit, um das Maschinenwesen im Menschen so tief einzusehen, daß sie die Anwandlung zu einer solchen Greueltat daraus erklären (. . .) könnten (. . .)."[224]

Kant sieht also die Verbindlichkeit des Pflichtgesetzes und damit auch aus dieser Perspektive die Freiheit des Menschen gefährdet und verneint eine mögliche Kompetenz der Mediziner aus zwei Gründen. Erstens können sie keine absolut gesicherten Ursachen für Übertretungen des Pflichtgesetzes angeben, und zweitens gälte letzteres dann nicht mehr als wahr, wenn seine Anerkennung von ungesicherten Ursachen in der Erfahrung abhinge. Die Widerspruchsfreiheit der eigenen Theorie wird unter Mißachtung ihrer möglichen Relativierung durch Beobachtung, Erfahrung und Andersdenkende aufrechterhalten.
Daß dies der verschäften sozialen Ausgrenzung Wahnsinniger und den mit Hilfe einer absoluten Aufklärung selbst verinnerlichten und weiter zu verinnerlichenden Ordnungsinteressen auch eher entsprechen konnte als das Eintreten eines Knigge, Wagnitz oder auch von Ärzten für Gestörte, die als objektivierbare und erforschbare "Fälle" verstanden wurden, zeigt ein Fall von 1804. Was heute an der etablierten Psychiatrie so negativ bewertet wird, die Sicht des Kranken als eines Falls statt als gleichberechtigten Menschen, hätte sich damals für den Betroffenen positiv ausgewirkt: In Hamburg wurde ein Lehrer, der nach heutiger Aktenrekonstruktion "an echtem, psychotischem Verarmungswahn litt"[225] und Frau und Kinder umgebracht hatte, zum Tode verurteilt. Vorher war eine Kommission zur Feststellung der Schuldfähigkeit einberufen worden, bestehend aus Ärzten, Juristen, Theologen und Philosophen. Im Gutachten der Ärzte wurde der Freispruch gefordert; aber sowohl die Öffentlichkeit als auch die Theologen und Philosophen verlangten die Hinrichtung. Die Urteilsbegründung lautete:

> "(. . .) Rüsau habe seinen Wahn selbst erzeugt, genährt und gerechtfertigt, da er die Gesetze der Pflicht bei sich nicht wirken ließ, obwohl er den freien Willen dazu gehabt hätte. So ist der Tod ihm die gerechte Strafe und 'anderen dergleichen leidenschaftlichen, um alltägliche Sorgen des Lebens willen sich feige der Verzweiflung ergebenden Menschen zum abschreckenden Beispiel.' "[226]

Das spricht für sich und läßt den Schluß zu, daß Kants Entmoralisierung des Wahn-

sinns in der Praxis das genaue Gegenteil bewirken konnte, weil die Verabsolutierung des Pflichtgesetzes die Feststellung prinzipieller Vermögen oder Unvermögen des Menschen zur Selbstverantwortlichkeit vorentscheiden mußte.
Die Urteilsbegründung demonstriert recht deutlich, daß Geistesgesunde derselben Norm unterstellt werden wie der Kranke: Gefühle, Einstellungen und Verhaltensweisen, die dieser Norm nicht entsprechen, haben keine Wahrheit mehr und sind als Zeichen des Gestörtseins auch nicht mehr zu erforschen. Sie gelten als Abweichungen, die gefährlich sind und bekämpft statt verstanden werden müssen. Die Gewalt, die in dem Urteilsspruch liegt, betrifft sowohl den Verurteilten als auch diejenigen, denen er als abschreckendes Beispiel dienen soll. Sie liegt nicht in der Konsequenz aufklärerischer Vernunft- und Sozialkritik, sofern sie rational begründet bleibt. Die Gewalt entspringt der Übertragung des Kantschen Gegenentwurfs, wie der Mensch sein soll, auf den wirklichen Menschen – der ja kann, was er soll. Eben an dem Punkt, wo die Theorie selbst irrational ist im Dienste der Wahrheit, die sein soll, die Ordnung und Harmonie verbürgt und die auf alle Menschen übertragen wird, ist sie gegen den Menschen anwendbar.

Das Verfahren, Kritik auf die eigenen Gegenentwürfe zu beziehen und diese selbst nicht in Frage zu stellen, teilten auch Literaten. Die Vernunft anderer, Auffassungen des Ästhetischen eingeschlossen, wurde häufig als Abweichung kritisiert und pathologisiert.

Beileibe nicht nur der gestrenge Johann Christian Adelung nennt die, die "wider Philosophie und gesunde Vernunft" handeln, *"Unholden"* und entlehnt die Beispiele in seiner "Geschichte der menschlichen Narrheit"[227]

> "(. . .) vorzüglich aus der gelehrten Classe, weil der Contrast hier am auffallendsten ist, und die Wissenschaften jeden, der nicht ganz verrückt ist, vor solchen Ausschweifungen verwahren sollten."[228]

Auch ist der alles zersetzende Julien Offray de La Mettrie nicht nur für Carl Friedrich Flögel ein "Narr im eigentlichsten Verstande", der seine ungereimten Einfälle "andern als Wahrheit zu verkaufen" sucht und sich sogar "unterstund", den "gottlosen Satz zu behaupten, daß es erlaubt sei einen König zu tödten"[229]. Umgekehrt bezeichnet Johann Gottfried Herder die "Letternkultur", für die Flögel und Adelung stehen könnten, als Wahn an sich, weil sie den Menschen als gespaltenen begreift und weiter spaltet zwischen Kopf und Herz:

> "Was hilft dem Kranken alle der Vorrat von Leckerbissen, den er mit siechem Herzen nicht genießen kann, ja, des Überfluß ihn eben siechherzig machte."[230]

Dem entgegen wird aber auch wieder der freie, gar nicht mehr harmonisch regulierte Ausdruck eines ganzheitlichen individuellen Gefühls pathologisiert. Die naturverbundenen Kraftgenies verkannten für viele Gebildete eben die harmonische Gesetzmäßigkeit der Natur, die sie auszudrücken vermeinten. So wundert sich Friedrich Schiller in bezug auf ein Lied Gottfried August Bürgers,

"(. . .) wie es möglich war, zu übersehen, daß sich die Begeisterung des Dichters nicht selten in die Grenzen des *Wahnsinns* verliert, daß sein Feuer oft *Furie* wird, daß eben deswegen die Gemütsstimmung, mit der man dies Lied aus der Hand legt, durchaus nicht die wohltätige harmonische Stimmung ist, in welche wir uns von dem Dichter versetzt sehen wollen."[231]

Auch Auffassungen des Ästhetischen beruhten auf dem gedanklichen Ausschluß des Disharmonischen, Ungeordneten, Ungezügelten und vor allem Gesetzlosen, das als bloß Individuelles und Besonderes einem vorausgesetzten, unterschiedlich verstandenen Wesen der Kunst widersprach. Deren überindividuelle Wahrheit behauptet Schiller gegen Bürger, der sich nicht an die Normen hält, die für jenen gültig sind. Auch Goethe urteilt sehr viel später normativ, wenn er das Klassische dem Romantischen überordnet, indem er dieses als krank bezeichnet:

"Das Klassische nenne ich das Gesunde und das Romantische das Kranke. (. . .) Das meiste Neuere ist nicht romantisch, weil es neu, sondern weil es schwach, kränklich und krank ist, und das Alte ist nicht klassisch, weil es alt, sondern weil es stark, frisch, froh und gesund ist."[232]

Die wenigen Beispiele verweisen darauf, daß Muster der Kritik auch im Bereich von Literatur und Ästhetik zu betrachten sind in Verbindung mit den bislang vorgestellten Denkweisen, durch die kritische Vernunftpositionen verabsolutiert wurden. Von diesen Positionen aus konnte am Ende des 18. Jahrhunderts nahezu alles als falsch, als abweichend von objektiven, in der Wirklichkeit verborgen liegenden Gesetzmäßigkeiten und damit als unvernünftig, krank oder krankmachend aufgefaßt werden.

Vor dem Hintergrund des bereits historisch beobachtbaren Problems, daß die Menschen, die Gesellschaft, der Staat trotz aller Aufklärung nicht wurden, was sie sein sollten, aber wurde auch das Fehlen von Wahrheit bewußt: Denn über den v i e l e n Vernunftpositionen und Wahrheitsüberzeugungen gab es keine allgemein verbindliche Instanz, die über wahr und unwahr Gedachtes, über eine richtige und falsche Vernunft hätte entscheiden können.
Die daraus resultierende Vernunftunsicherheit spiegelt sich nicht nur in der Ambivalenz und Widersprüchlichkeit der unterhaltend aufklärenden Texte über Irrenanstaltsbesuche und Wahnsinnige. Sie wurde auch offen beklagt in der Erkenntnis, daß niemand wisse, was Wahrheit sei und daß gerade die Gebildeten sie kaum verbürgen könnten. Einen Harmonie- und Ordnungsvorstellungen, W a h r h e i t rettenden Ausweg aus dieser Einsicht entwickelt Gotthold Ephraim Lessing in "Die Erziehung des Menschengeschlechts", wo die Vernunft zugunsten der Wirklichkeit, wie sie immer noch sein soll, wieder religiös gebunden wird: an einen vom Menschen unabhängigen Prozeß göttlicher Offenbarung in der und durch die Geschichte.

Die mangelnde Vermittlung von sich selbst verabsolutierenden und an verschiedene Gegenentwürfe gebundenen kritischen Positionen mit der bestehenden sozialen Realität und die praktischen Konsequenzen daraus aber kennzeichnet Joseph Friedrich Keppler, ohne noch einen eigenen Gegenentwurf zu liefern. In seinen "Kritischen Untersuchungen über die Ursache und Wirkung des Lächerlichen"[233] hält Keppler Vernunft, Unvernunft und Wahnsinn als Realitätsverkennung für ununterscheidbar:

> "(. . .) die Meinungen haben immer die Welt geteilt, die Vernunft ist nicht untrüglich im Munde des Menschen, da sich jeder mit Zuversicht auf sie beruft, entscheidet der grosse Haufen rasender Narren, welchen die Uibermacht das Recht gibt."[234]

Das wurde beobachtet: Aber eine Aufklärung darüber, wie denn eine unsichere, trügerische, nicht wahrheitsverbürgende, sondern möglicherweise irrende Vernunft ohne Anspruch auf Verbindlichkeit zu gebrauchen sei, fand nicht statt.

Sie findet auch in der gegenwärtig polarisierten Aufklärung, in der es um Wahrheiten von Vernunft und Wahnsinn, Psychiatrie und Gesellschaft wie, im Zusammenhang damit, von Literatur und Ästhetik geht, kaum statt. Dies kann, wie gesagt wurde, in Verbindung gesehen werden mit einer unkritischen Verfügung über Literatur und Wiederholungen von Mustern historischer Auffassungen des Ästhetischen.

In den folgenden Studien bleibt vorzustellen, welchen Stellenwert und welche Funktion Literatur und Auffassungen des Ästhetischen im Verlauf ihrer Entwicklung in der zweiten Hälfte des 18. Jahrhunderts haben konnten und erhielten: vor dem Hintergrund der historischen Vernunft- und Wahrheitsproblematik. Untersucht werden kann, wie sich diese in literarisch-ästhetischen Texten selbst spiegelt, wie sie – in Gegenentwürfen – gelöst wurde, wie dabei die ästhetische Vernunft der außerästhetischen, vor allem der psychologischen, entgegengesetzt werden konnte und inwiefern Wahnsinn und Unvernunft in die ästhetische Vernunft integriert oder aus ihr ausgeschlossen wurden.

Als unbezweifelbare Wahrheit ästhetisch verbürgt und an die Wirklichkeit im Absoluten gebunden war, etablierte sich die Psychiatrie: Historisch steht ihr Anfang am Ende der Aufklärung, die sich in der Kritik der Kritik selbst mythisierte.

Dritter Teil

Literatur, Psychologie und ästhetische Vernunft: Traditionen von Reflexion und Kritik

Der Wahnsinn und die Wahrheit des Wunsches

1764 erschien Christoph Martin Wielands Roman "Der Sieg der Natur über die Schwärmerei oder die Abenteuer des Don Sylvio von Rosalva"[1]. In diesem Roman spiegelt sich die Vernunftproblematik der Aufklärung schon früh; denn er illustriert nicht mehr einen außerliterarisch gültigen Konsens von Wahrheit[2], sondern Möglichkeiten der Wahrheits f i n d u n g. Damit hängt unmittelbar zusammen, daß auch Möglichkeiten des Irrtums, der wahnhaften Verkennung subjektiver und objektiver Realität im Rahmen der gesetzten Romanwirklichkeit demonstriert werden. Mit der erkennenden Vernunft, der empirisch analytischen Ratio als Zugang zur Wahrheit der Wirklichkeit wird gleichzeitig der Wahnsinn als deren mögliche Verkennung thematisiert. Nicht um die Geisteskrankheit geht es also primär, sondern um den Wahnsinn als Irrtumsmöglichkeit der Gesunden und damit um die Vernunft selbst.

Der Held des Romans, Don Sylvio, ist ein Schwärmer. Er liest zu viele Feenmärchen und hält sie schließlich für wahr. Das hat zwei zusammenhängende Gründe: einmal die Sehnsucht nach einer schöneren Wirklichkeit als der, in der er bei seiner Tante Donna Mencia auf Rosalva lebt; diese Sehnsucht läßt ihn aus eigenem Antrieb immer weiterlesen. Zum anderen wirken die gelesenen Feenmärchen selbst so stark auf seine E i n b i l d u n g s k r a f t ein, daß er sich allmählich ein subjektiv sinnstiftendes, aber die äußere Realität verkennendes Realitätsmodell schafft.

> "Unvermerkter Weise verwebt sich die Einbildung mit dem Gefühl, (. . .) und das Falsche mit dem Wahren. Die Seele, welche nach einem blinden Instincte Schimären eben so regelmäßig bearbeitet als Wahrheiten, bauet sich nach und nach aus allem diesem ein Ganzes, und gewöhnt sich an, es für wahr zu halten (. . .)."[3]

Im Laufe dieses psychologischen Prozesses beginnt Sylvio, rein äußerlich nach dem Muster von Feenmärchen zu leben, träumt ihnen gemäß und fühlt dann auch wachend Liebe und Schmerz um eine Prinzessin, die er träumend liebt und im Traum durch böse Feen oder Zauberer stets verliert. Daraus schließt er, daß er die Prinzessin "nach dem Schlusse des Schicksals zu lieben bestimmt" sei und daß er "eine mächtige Feindin"[4] gegen seine Liebe habe. In dieser Folgerung gründet sein W u n s c h nach großen, feenmäßigen Taten, mit denen er sich eine gute Fee als Beistand zur Verwirklichung seiner Liebe gewogen machen will.

Von der Wahrheit seiner Träume und ihrer Sinngebung ist Sylvio emotional und rational völlig überzeugt, als sie sich ihm durch die S i n n e bestätigt: Er findet, in Erwartung des Dankes einer Fee, die er in Gestalt eines blauen Sommervogels zuerst eingefangen und dann, eben weil es möglicherweise eine verwandelte Fee war, wieder freigelassen hat[5], ein Medaillon. Dieses enthält das Miniaturbild einer schönen Schäferin, in der er seine erträumte Prinzessin – w i e d e r e r k e n n t:

> "Endlich (. . .) hab ich sie gefunden, sie, die ich mit ahnender Sehnsucht überall suchte, die ich zu lieben bestimmt bin (. . .) O! gütige Fee, (. . .) dir allein dank ich dieses überraschende Glück! (. . .) laß zu deinen Füßen mich hören, wo ich sie finden kann, sie,

> deren Schattenbild schon genug ist, eine unauslöschliche Liebe in meiner Brust anzuzünden. Denn das schwöre ich bei allen Göttern, (. . .) bis ich sie gefunden habe, soll kein ruhiger Schlaf auf meine Augen sich senken!"[6]

Sylvio erkennt also die Geliebte *im Bild* und erkennt durch das Bild auch sich selbst; die unbestimmte Sehnsucht und alles Streben werden ihm im Moment des Wiedererkennens bewußt als "unauslöschliche Liebe". Diese zielt fortan auf nichts anderes als darauf, das Original des "Schattenbildes" zu finden – mit Hilfe der Fee. Denn Sylvio erkennt seine Sehnsucht als Sehnen nach der, die er sucht, aufgrund der Regeln und Gesetz der Feenmärchen. Indem diese ihn aber zu seiner eigenen, subjektiven *Wahrheit* führen, die ihm die Verwirklichung seines Wunsches in der äußeren Realität als objektiv möglich verbürgt, werden die Regeln und Gesetze dieser äußeren Realität, die mit denen der Feenmärchen nicht übereinstimmen, fortan nicht mehr wahrgenommen.

Deshalb kann Sylvios Schwärmerei gemäß dem Denken der Zeit tatsächlich *Wahnsinn* genannt werden. Er entsteht durch die Lesegewohnheit, die falsche und unmögliche Ideenverbindungen subjektiv zu wahren und möglichen werden läßt; der Antrieb dazu liegt im Eigeninteresse, wodurch der richtige Gebrauch der Vernunft zur Erkenntnis der objektiv wahren Realität verhindert wird; und Sylvios Feenglaube ist ein Wahnsystem, weil es nur auf subjektiven Regeln der Erkenntnis beruht, die auf die Wirklichkeit, wie sie ist, projiziert werden. Sie gewährleisten allerdings auch die Identität Sylvios mit sich selbst, weil sie die Wahrheit der Liebe und die Realisierbarkeit ihrer Erfüllung im Bewußtsein als objektiv wahr garantieren. In dieser Funktion einer subjektiv vorweggenommenen, objektiv möglichen *Wunscherfüllung* wird der Wahnsinn als Realitätsverkennung von den Philosophen nicht gesehen. Im Roman aber wird er unter beiden Aspekten, dem der Wunscherfüllung und dem der Realitätsverkennung, thematisch und ist darüber hinaus allein in seiner projektiven wunscherfüllenden Funktion Prinzip der Romankonstruktion selbst.

Diese ist im Blick zu behalten, will man den dargestellten Sieg der Natur über die Schwärmerei verstehen. Im ersten Teil des Romans geht es erst einmal um den Sieg der *inneren* Natur Sylvios – und die ist seit dem Finden des Medaillons fest an sein Wahnsystem gebunden – über die äußere und um die Zusammenstöße mit der Wirklichkeit, wie sie ist. Sylvio, der ja nur in einem Punkt, der realen Existenz der Feen und Gesetze und Muster der Feenmärchen, ver-rückt ist, gibt seiner Liebe zum Original des gefundenen Bildes seinem Wahn gemäß richtig weiterfolgernd folgenden Sinn: Die abgebildete Prinzessin ist der blaue Sommervogel, den er freiließ; sie wurde von der bösen Fee Fanferlüsch verwandelt, weil sie den grünen Zwerg, deren Neffen, nicht heiraten wollte. Er muß sie aus ihrem Schmetterlingsdasein erlösen, also zunächst einmal suchen; und das alles hat ihm die gute Fee Radiante mitgeteilt, unter deren Schutz er steht und die den grünen Zwerg auch bereits in einen Zahnstocher verwandelt hat.[7]

Indem er sich nach diesem Wahn-Sinn verhält, wird Sylvio schon in Rosalva von seiner Umwelt vorübergehend durchaus für geisteskrank gehalten. Donna Mencia eröffnet ihm, daß er Mergelina, eine grotesk häßliche Person, heiraten solle. Um keinen Verdacht wegen der schon geplanten Flucht mit Pedrillo, dem Diener, zu erwecken, beschließt Sylvio, die Tante und Mergelina durch bereitwillige Freundlichkeit zu täuschen und täuscht sich, abends im Garten neben der Verunstalteten sitzend, selbst. Überwältigt von der inneren Wahrheit seiner Liebe und Sehnsucht nach der Prinzessin

> "(. . .) hatte der entzückte Don Sylvio vergessen, wo er war, und wen er neben sich hatte. Er bildete sich ein in die bezauberten Gärten der Fee Radiante versetzt zu sein (. . .). Wie? rief er ganz entzückt aus, (. . .) seh ich sie würklich, schönste Prinzessin, und hat endlich die Stärke meiner Leidenschaft (. . .) ihnen diese himmlische Gestalt wieder gegeben (. . .)".[8]

Als er erkennt, wer neben ihm sitzt, erkennt er n i c h t an, daß e r sich geirrt hat, sondern bezieht die "entsetzliche Verwandlung" der Geliebten sofort auf die "verfluchte Fanferlüsch"[9] und rettet dadurch die Wahrheit seiner Liebe. Aber er rettet sie mit Hilfe seines Wahnsystems, und die anderen müssen sein Reden als Wahnsinn und den Wutanfall als Ausbruch von Raserei verstehen. Mencia läßt den Tobenden binden und in sein Zimmer bringen. Sylvio aber kommt zu sich, überzeugt sich selbst und Pedrillo, daß die Tante die Fee Fanferlüsch in veränderter Gestalt sei, und entflieht mit dem Diener noch in derselben Nacht.[10]

Mancherlei Abenteuer und Ereignisse hindurch bleibt Sylvio seinem Wahnsystem, immer bezogen auf seine Liebe zu der Gesuchten, treu;[11] er gibt allem, was ihm zustößt, den Wahn-Sinn, der ihm seine Liebe g e g e n die äußere Realität bewahrheitet und der ihn so auch Enttäuschungen und physische Unbequemlichkeiten ertragen läßt, ohne daß er sein Ziel aus den Augen verlöre oder die Absichten der guten Fee, ihm zu helfen, anzweifelte. Er hält also die subjektive, durch den Wahn verbürgte Wunschrealität mit der äußeren für deckungsgleich, ordnet diese aber, wie auch die eigenen Unbequemlichkeiten, jener unter. Dies ist dann nicht mehr möglich, als er reale, spürbare, subjektiv ungerechte und in seinem Wahnsystem n i c h t s i n n v o l l zu erklärende Prügel bezieht. Dazu führt das "höchstklägliche Abenteuer mit den Gras-Nymphen"[12]: Sylvio will einen blauen Sommervogel, subjektiv seine verwandelte Prinzessin, aus den Händen eines Bauernmädchens befreien; das lacht über ihn und verlangt als Gegenleistung das Medaillon an seinem Hals. Daraufhin bedroht er sie physisch, weil er sie plötzlich nicht mehr für eine Gras-Nymphe, sondern für den bösen grünen Zwerg in Gestalt einer solchen hält. Bauernburschen kommen der Schreienden zu Hilfe und verprügeln Herrn und Diener so heftig, daß sie "für tot im Grase liegen."[13] Das Bauernmädchen aber stiehlt Sylvio das Medaillon, und damit endet der erste Teil des Romans.

In diesem bewegt sich die Handlung durch folgende Gegensätze: Sylvios Schwärmerei für die Feenmärchen wird Wahnsinn als u n k o r r i g i e r b a r e Realitätsverkennung im Moment des selbsterkennenden Wiedererkennens der Geliebten im Bild. Dadurch werden das vorherige Fühlen, Wollen und Denken intrasubjektiv h a r m o n i s c h in der Sehnsucht und im bewußten Streben nach dem Original des Bildes in der äußeren Realität. Streben und Sehnsucht sind Ausdruck der inneren Natur Sylvios; sie bedingen schon die Bereitschaft, Feenmärchen für wahr zu halten, das Eingebildete systematisch zu vervollständigen und Realität dem System gemäß wahrzunehmen. Insofern wird die Schwärmerei erst als realitätsverkennendes Wahnsystem zum Garanten subjektiver Wahrheit. Diese aber entspricht der äußeren Wirklichkeit nicht, und deshalb ist sie objektiv Wahnsinn. Die äußere Wirklichkeit mit ihren eigenen Regeln und Gesetzen steht also in einer Diskrepanz zu denen, die Sylvio anwendet, um sie zu erkennen; sie ist für sich ebenso wahr wie der Wahn-Sinn, den Sylvio ihr gibt, für diesen wahr ist. Im Wechselbezug ist aber die Sinnstiftung falsch, so daß diese, bezogen auf die innere wie auf die äußere Natur, als Wahnsinn und Wahrheit zugleich gespiegelt wird. Wenn es jedoch im Roman um Möglichkeiten der Wahrheitsfindung geht, dann muß die Diskrepanz überwunden werden – entweder durch Sylvios Einsicht in seinen Wahnsinn als Realitätsverkennung oder durch die Bewahrheitung seines Wahnsinns in der projektiven wunscherfüllenden Funktion. Und durch die Konstruktion des Romans im zweiten Teil wird beides gewährleistet.

Nach den Prügeln wieder zu sich gekommen, ist Sylvio

> "(. . .) endlich so weit, daß er zum erstenmal ein Mißtrauen in die Wahrheit seiner Einbildungen zu setzen anfing. (. . .) denn es schien ihm unbegreiflich, daß ihn die Fee Radiante den Fäusten (. . .) dieses groben Bauergesindels preis gegeben haben würde, wenn sie ihm würklich ihren Schutz versprochen hätte."[14]

Aber das Resultat dieser Zweifel ist Angst, weil sich mit der drohenden Auflösung seines Wahnsystems auch seine Wahrheit als innere Harmonie aufzulösen beginnt. Im "allgemeinen Umsturz seiner Ideen"[15] verliert er dann jegliche Möglichkeit, seinem Fühlen und Wollen mit dem wahngebundenen Verstand noch einen Sinn oder ein Ziel zu geben. In diesem Moment nun bekennt er sich einzig und allein zur Wahrheit des Gefühls, der über alle subjektive und objektgebundene Erfüllung hinausstrebenden Liebe zum Original des Bildes:

> "Wenn auch alles andre Einbildung ist, (. . .) so weiß ich doch gewiß, (. . .) daß es keine Einbildung ist, daß ich dich liebe. (. . .) und wenn ich dich nicht finde, (. . .) was kann mich hindern, daß mein verlangender Geist von der Gewalt seiner unsterblichen Liebe empor gezogen, von Sphäre zu Sphäre irre, dich (. . .) zu suchen (. . .)".[16]

Das ist kein Wahnsinn, sondern liegt jenseits desselben in der Wahrheit des Herzens: Sylvio vergewissert sich des reinen Strebens als seiner wahren innersten Natur, was vom Erzähler sofort relativiert und auf literarische Vorbilder zurückgeführt wird.[17] Denen entsprechend verhält sich der Held; seiner Natur nach kann er gar nicht ohne das Eigeninteresse, die Geliebte auch finden und besitzen zu wollen, weiter herumziehen. Deshalb kehrt auch unmittelbar nach dem Gefühlsausbruch das Wahnsystem als Garant der Wunscherfüllung ins Bewußtsein zurück und verbürgt erneut die innere Harmonie, indem es dem Streben als Liebe wieder einen konkreten Sinn und ein konkretes Ziel gibt.

Von nun an erweist sich Sylvios Wahnsinn als objektiv wahr: Die äußere Wirklichkeit, in die er mit Pedrillo gelangt, entspricht genau seiner bislang nur projektiven und wahngebundenen Wunschrealität. Insofern wird sein Wahnsinn in der projektiven, wunscherfüllenden Funktion Wahrheit, in der die Diskrepanz zwischen innerer und äußerer Natur aufgehoben ist. Aber Sylvio e r k e n n t dies nicht. Er hält Lirias, wohin er zufällig gelangt ist, für ein Feenschloß; das Gut jedoch gehört Don Eugenio, der dort zusammen mit seiner Schwester Felicia von Cardena lebt. Diese ist niemand anders als das gesuchte Original des Bildes im Medaillon – und auch wieder nicht: Sie hat es dort verloren, wo Sylvio es fand, aber das Bild zeigt nicht sie selbst, sondern ihre Großmutter in Jugendjahren, deren abgebildetes Äußeres mit dem ihren vollkommen identisch ist.[18] Dies alles weiß Sylvio nicht, als er Felicia zum ersten Mal sieht; er erblickt in ihr "das Urbild seiner geliebten Schäferin" und ist fassungslos – aber n i c h t darüber, am Ziel seiner Wünsche zu sein:

> "(. . .) denn da er sich seit seinem letzten Traum von neuem überredet hatte, daß sie noch ein Sommervogel sei, so war er bloß darüber bestürzt, wie es zugehe, daß eine so erstaunliche Ähnlichkeit zwischen ihr und dieser Fee sein könne."[19]

Sylvio sieht in Felicia eine Fee und bleibt damit seiner Prinzessin, seiner subjektiven Wahrheit und seinem Wahnsystem treu. Aber dieses hat nun seine projektive wunscherfüllende Funktion verloren: Die Gesetze des Wahnsinns sind ja die der Konstruktion der äußeren Realität, die als wunscherfüllende dargestellt wird – wie in den Feenmärchen, die Sylvio für real hält. Insofern wird dessen projektiver Wahnsinn im ersten Teil des Romans durch den zweiten nicht nur als realitätsadäquat, sondern auch als realitäts s c h a f f e n d bewahrheitet und entspricht darin dem Konstruktionsprinzip der Romanwirklichkeit. Von der g e s c h a f f e n e n äußeren Realität aus aber ist Sylvios Wahnsinn fortan n u r noch deren Verkennung. Und die verbürgt, anders als zuvor, auch keine subjektive Wahrheit mehr als innere Harmonie von Fühlen, Wollen und Denken: In der Gegenwart Felicias ist Sylvios Wunschrealität erfüllt. Er kann nicht mehr weiterstreben, muß es aber, solange er die äußere Wirklichkeit nicht als seiner inneren, durch den Wahnsinn verbürgten, gemäß erkennt. Seine vorherige Liebe zum Bild empfindet er jetzt als nur

> "(. . .) eine schwache Vorempfindung, nur ein armes Schatten-Bild der Liebe, die ihm das Urbild selbst einflößen würde. (. . .) Seine Einbildungs-Kraft, unfähig etwas vollkommeners zu erstreben, als sich seinen Augen darstellte, wurde nun auf einmal ihrer vorigen Macht beraubt, und diente zu nichts als den Sieg der Empfindung vollkommen zu machen."[20]

Der Sieg der Natur beginnt als Kampf zwischen dem, was Sylvio als wahr e m p f i n d e t und dem, was ihm als wahr bewußt und objektiv Wahn ist. Im H e r z e n empfindet er die Wahrheit als Erfüllung seiner eigenen Natur in der Liebe zu Felicia, aber er mißtraut seinem Herzen mit dem Verstand, weil es vielleicht nur "diejenige zu sehen glaubt, die es überall zu sehen wünscht." Das heißt: Sylvio hält nun die subjektive und objektive Wahrheit, die er im Herzen empfindet, selbst für einen projektiven Wahn – und eben das ist jetzt Wahnsinn als Realitätsverkennung. Im ersten Teil des Romans wäre diese Erkenntnis wahr gewesen, nun ist sie unwahr – und deshalb kann der Wahnsinn jetzt durch die Macht der wahren, der äußeren u n d inneren Realität entsprechenden Empfindungen ins Wanken kommen. Die

"Treue, die er seiner Geliebten zu halten entschlossen"[21] ist, läßt sich nicht mehr ver-wirklichen, weil sie bereits verwirklicht i s t.

Parallel zur wachsenden Macht der wahren Empfindung in der Gegenwart Felicias, also zum sich abzeichnenden Sieg der wahren, durch die äußere wunscherfüllende Realität verbürgten inneren Natur des Herzens über den nun unwahren Wahnsinn, verläuft die Einflußnahme von außen. Die in Lirias Anwesenden – Felicia, Eugenio, dessen Geliebte Hyacinthe und Don Gabriel, der Philosoph – versuchen Sylvio zu überzeugen, daß er in seinem Wahnsinn die Gesetze der Wirklichkeit, wie sie ist, verkennt. Zu diesem Behufe erfindet Don Gabriel die "Geschichte des Prinzen Biribinker"[22], die er nach dem Muster von Feenmärchen erzählt und in der sowohl d e r e n Gesetze bunt durcheinandergewürfelt als auch die der äußeren Wirklichkeit auf den Kopf gestellt sind. Sylvio soll dadurch lernen, daß die Gesetze der Feenmärchen nicht auf die äußere Wirklichkeit zu übertragen sind, daß sie also zu deren Erkenntnis nicht auf sie anzuwenden sind, sondern als Produkt und Gegenstand der Einbildungskraft, der Phantasie, einen e i g e n e n Wahrheitswert haben – um "die Einbildungs-Kraft zu belustigen". Aber genau d i e s lernt Sylvio durch die Erzählung Gabriels, der "allen Aberwitz"[23], dessen er fähig ist, zusammengenommen hat, um sie zu erfinden, n i c h t. In der anschließenden Diskussion kann der Philosoph das Wahnsystem zwar angreifen, verunsichert Sylvio dadurch jedoch nur:

> "(. . .) allein, nachdem er sich endlich durch die überwiegende Geschicklichkeit seines Gegners aus allen seinen Schlupfwinkeln heraus getrieben sah, so blieb ihm endlich nichts übrig, als sich gleichfalls auf die Erfahrung zu berufen, durch welche ihn jener zu überweisen gedacht hatte. Doch er fand bald, daß er wenig gewinnen würde, einen Philosophen wie Don Gabriel, mit seinen eigenen Waffen anzugreifen (. . .)."[24]

Das Wahnsystem kann nicht aufgegeben werden, weil Sylvio mit dem Verstand einsehen soll, was er mit dem Herzen nicht einsehen kann – daß nämlich seine eigene Erfahrung einer durch die Feen bewirkten Wunschrealität unwahr, n u r Phantasie sei. Seiner wahren Empfindung nach befindet er sich in der Gegenwart Felicias i n dieser Realität, und das bestätigt ihm seinen realitätsverkennenden Wahnsinn auch weiterhin als subjektiv wahr, obwohl er keine innere Harmonie mehr garantieren kann.

Eben dies erkennt Felicia, als Sylvio ihr gesteht,

> "(. . .) daß dasjenige, was in ihm vorgehe, seitdem er sie kenne, ihn *beinahe gänzlich* überzeuge, daß es keine andere Bezauberung gebe als die Liebe."[25]

Sie meint, daß er "nicht ganz so aufrichtig" gegen sie sei, als er sie "bereden"[26] wolle, führt ihn vor ihr Bild und das ihrer Großmutter und erklärt, daß das Miniaturbild im Medaillon das Abbild des Bildes ihrer Großmutter sei, das mit dem ihren identisch ist. Erst in dem Moment, als Sylvio in s e i n e m Bild das Abbild des Abbildes des Originals u n d das gesuchte Original e r k e n n t, erkennt er Wahrheit als vollendete Harmonie von innerer und äußerer Wirklichkeit. In dieser Erkenntnis aber löst sich sein Wahnsinn als Realitäts v e r k e n n u n g auf und wird eben dadurch in seiner realitäts s c h a f f e n d e n, projektiv wunscherfüllenden Funktion nicht nur durch die Empfindung, sondern durch den damit nun vollkommen übereinstimmenden Verstand bestätigt. Und das bedeutet: durch die Erkenntnis, daß alle Wünsche in der äußeren Realität erfüllt sind, hat der Wahnsinn unter beiden Aspekten keine Funktion mehr und kann unter Abspaltung u n d Anerkennung seines realitätsverkennenden Moments rückwirkend in der Funktion anerkannt werden, die er für die gesamte Geschichte als Prozeß einer Suche nach Glück hatte:

> "Wenn die Feen auch nur Geschöpfe unserer Einbildungskraft sind, sagte er; so werde ich sie doch immer als meine größte Wohltäterinnen ansehen, da ich ohne sie noch immer in der Einsamkeit von Rosalva schmachtete und vielleicht auf ewig der Glückseligkeit entbehrt hätte, diejenige zu finden, die mein verlangendes Herz, seit dem es sich selbst fühlt, zu suchen schien."[27]

Damit ist auch der Roman zu Ende, weil mit Sylvios Erkenntnis der Wahrheit des Wunsches der Wahnsinn in seiner projektiven wunscherfüllenden Funktion auch als Prinzip der Konstruktion keine Funktion mehr hat.

> "Wir haben nunmehr, geneigter Leser, die Geschichte unsers Helden bis zu dem Zeitpunct fortgeführt, wo sie aufhört wunderbar zu sein, (. . .) also aufhört, zu den Absichten geschickt zu sein, die wir uns in diesem Werke vorgesetzt haben. Don Sylvio (. . .) ist auf dem Wege, glücklich, seines Glückes würdig, und wenn er anders, (. . .) lange genug lebt, seiner Zeit auch so gar weise zu werden."[28]

Der Roman als Geschichte, "worin alles Wunderbare natürlich zugeht", endet mit der Überführung des Möglichen in das Wirkliche, mit seiner eigenen Überführung in die Wirklichkeit – und macht dadurch das, was ihn selbst bewirkt hat, rückwirkend deutlich. "Wunderbar" ist der Roman als Prozeß, durch den eine vollendete Harmonie intra- und intersubjektiver Realität und der außerhalb des Menschen liegenden Naturwirklichkeit geschaffen wird. "Natürlich" geht das Wunderbare zu, weil die Regeln und Gesetze der Konstruktion von Wirklichkeit in Einschüben des Erzählers in den Erzählverlauf reflektiert und so rational auch als außerliterarisch mögliche Methode der Wahrheitsfindung legitimiert werden.[29] In solchen Einschüben werden darüber hinaus außerliterarische und immanente Vernunft- und Wahrheitsauffassungen der Romanfiguren diskutiert[30], so daß die Wahrheit, die der Roman s e l b s t herstellt, auf einen Konsens mit dem selbständig reflektierenden Leser angelegt ist. Dieser soll das Wirkliche und das Wunderbare im Roman erkennen durch dessen eigene Regeln und Gesetze: Die vollendete Harmonie sich entsprechender Gesetzmäßigkeiten in der herbeigeführten Übereinstimmung von Sylvios Wunschrealität und der äußeren Wirklichkeit wird gleichermaßen ausgewiesen als eine der Phantasie und als eine rational konstruierte. Die Phantasie ist dann kein Wahnsinn, wenn ihre Regeln als für die äußere, nicht literarische, allein rational zu erkennende Wirklichkeit n i c h t zutreffend bewußt bleiben. Das heißt: die Harmonisierung der beiden Wirklichkeiten – der des Wunsches, die sein s o l l, und der äußeren, objektiven, die i s t, hat einen nur romanimmanenten, keinen außerliterarischen Wahrheitsanspruch und Wahrheitswert.

Das zeigt sich nicht nur an der immanent reflektierten Romankonstruktion, sondern auch inhaltlich: Eugenio und Felicia sind Enkel des Gil Blas von Santillana und der Dorothea von Jutella; das Gut Lirias ist ein ebenso fiktiv-literarisches wie die Großeltern literarische Figuren sind – entnommen dem Roman von Alain-René Lesage.[31] In der Übereinstimmung von Bild und Original, die Sylvio schließlich erkennt, wird also das Original selbst als ein Produkt der Phantasie gespiegelt. Daraus folgt für den Leser, daß Wunscherfüllungen in einer wunscherfüllenden Wirklichkeit nur im Gegenentwurf zur außerliterarischen und zur außerästhetischen Realität möglich sind: in einem Gegenentwurf, der auf seinen eigenen Bereich des Literarischen beschränkt bleibt.[32]

Eben dadurch macht der Roman Wahrheit als vollendete Harmonie, als Entsprechung von allgemeinmenschlicher Natur, individueller Erkenntnis und Glücksbedürfnissen und äußerer Natur a l s e i n F e h l e n in der außerliterarischen Realität u n d a l s W a h n sichtbar. Insofern liegt die Wahrheit, bezogen auf die außerliterarische Vernunftproblematik, nicht nur im Roman selbst, sondern auch in der Bewahrheitung des Anspruchs auf eine Harmonie, die unmöglich ist, die in der Wirklichkeit fehlt und ihr als eine Utopie entgegengesetzt wird, die n i c h t zu verwirklichen ist.[33]

Das bestätigt sich auch daran, daß keine der Figuren des Romans gültige Wahrheit erkennt; keine ist Sprachrohr des Autors.
Selbst Gabriel, der stoisch-ruhige und durch sein Alter abgeklärte Philosoph, erkennt und sagt zwar Wahrheit in vollkommener Harmonie mit sich selbst u n d den Regeln und Gesetzen der äußeren Wirklichkeit, verkennt aber in seiner Überzeugung, Sylvio davon überzeugen zu können, dessen Wahnsinn als subjektive Wahrheit im Streben nach Glück und

> "(. . .) fand zu nicht geringer Beschämung seiner Philosophie gar bald, daß alle Arbeit schon verrichtet war, und mußte sich selbst gestehen, daß ein paar schöne Augen in etlichen Minuten stärker überzeugen und schneller bekehren, als die Academie, das Lyceum und die Stoa mit vereinigten Kräften kaum in eben so viel Jahren zu tun vermöchten."[34]

Auch der Philosoph nimmt, wie alle, die Realität außer sich nur gemäß seiner besonderen individuellen Natur wahr. Aber er hat im Unterschied zu den anderen keine eigenen Wünsche, Begierden und Bestrebungen.

Daraus aber folgt: indem Sylvio sich als Liebender von Anfang an nicht irrt und dennoch Realität wahnhaft verkennt, und indem Gabriel Realität erkennt, aber den Liebenden verkennt, spiegelt der Roman den E n t h u s i a s m u s als Problem. Es geht um den Enthusiasmus als einen Zugang zum Wahren, der n i c h t in der Vernunft als Ratio und nicht im Wahnsinn als ihrem Gegenteil liegt. Wieland relativiert auch jenen in bezug auf einen außerliterarischen Wahrheitswert.[35]

Das Schöne, Wahre, Gute und die Probe des Lächerlichen

1775 schrieb Wieland, um aller Begriffsverwirrung ein Ende zu bereiten:

> "Ich nenne (. . .) *Schwärmerey* eine Erhitzung der Seele von Gegenständen die entweder gar nicht in der Natur sind, oder wenigstens das nicht sind, wofür die berauschte Seele sie ansieht (. . .) Aber es giebt auch eine Erhitzung der Seele die nicht Schwärmerey ist; sondern die Würkung des unmittelbaren Anschauens des Schönen und Guten, vollkommenen und Göttlichen in der Natur, und unserm Innersten, ihrem Spiegel! (. . .) Schwärmerey ist Krankheit der Seele, eigentliches Seelenfieber: Enthusiasmus ist ihr wahres Leben!"[36]

Das Problem dieser klaren, Schwärmerei als Seelenkrankheit und Enthusiasmus als höhere, der Ratio vorausliegende Vernunft unterscheidenden Definition liegt darin, daß sie eine Wesensdefinition ist. In der subjektiv empfundenen und äußerlich beobachtbaren W i r k u n g ist das Unterschiedene häufig ununterscheidbar. Denn die Möglichkeit der Unterscheidung eines Schwärmers vom Enthusiasten hängt allein von der E v i d e n z für den Beobachter ab, dessen Seele nicht berauscht ist: ob der Berauschte das Schöne, Gute und sich selbst erkennt oder verkennt. Eben dieses Problem der äußerlichen Ununterscheidbarkeit von Schwärmerei und Enthusiasmus ist im "Don Sylvio" bewußt gestaltet. Damit bestätigt und kritisiert Wieland 1764 gleichzeitig den umfassenden, über das nur Gedachte hinausgehenden Wahrheitsanspruch der ästhetischen Theorie des Earl of Shaftesbury.

In seinem "Brief über den Enthusiasmus"[37] von 1709 vertritt Shaftesbury, der von Locke erzogen wurde und Leibniz nicht unähnlich denkt, folgende Ansichten. Die Menschen neigen dazu, ihren Eigeninteressen, Gefühlen und Leidenschaften zu folgen und nur Eingebildetes, Projiziertes, für objektiv wahr zu halten.
Aber im Unterschied zu Locke faßt Shaftesbury dies nicht als Wahnsinn im Sinne einer allgemeinmenschlichen Unvernunft auf, sondern als etwas dem Menschen Natürliches und Wesentliches. Der Einzelne ordnet die äußere Realität seinen Bedürfnissen, Sehnsüchten und Wünschen unter – und das ist auch positiv zu bewerten. Denn eben dieser Drang der Menschen kann auch die Geschichte vorwärts treiben und zur Verwirklichung des noch nicht Wirklichen beitragen. Voraussetzung dafür ist aber, daß das noch nicht Wirkliche, nur Eingebildete und subjektiv als wahr Vorweggenommene in bezug auf die äußere Realität m ö g l i c h ist und ihren Gesetzen und Strukturen nicht widerspricht. Daraus ergibt sich das Problem des w a h r e n und des f a l s c h e n Enthusiasmus und die Frage, "welche Sicherheit (. . .) wir gegen leere Formen in allen Dingen"[38] haben – wie sich also die Gemeinschaft gegen die Scheinwahrheiten falscher Enthusiasten, die wahnsinnig im Sinne der Realitätsverkennung sind, schützen kann. Einen solchen Schutz bietet nach Shaftesbury nicht eine entgegenzusetzende, den Enthusiasmus als natürlichen Drang unterdrückende Vernunft. Sie würde den falschen Enthusiasmus nur als Reaktion verstärken und den wahren mit unterdrücken. Den Schutz bietet vielmehr die Probe des Lächerlichen: Unwahres, in der äußeren Natur Unmögliches ist lächerlich und wird auch als solches erkannt, wenn man nur das w a h r e M a ß von Fühlen, Wollen und Denken in sich

selbst herstellt. Garant für den wahren Enthusiasmus sind also intrasubjektive Ordnung und Harmonie, dem Maß nach zwar bei jedem verschieden, aber als Ausgeglichenheit aller Seelenkräfte identisch; Garant, den wahren Enthusiasmus zu erkennen, sind sie auch. Ist er nicht lächerlich, so ist er wahr, denn das Wahre ist nie lächerlich. Ist er es aber, so ist er falsch und Wahnsinn als Verkennen subjektiver und objektiver Realität.
Shaftesbury spaltet also den wahren Enthusiasmus vom Wahnsinn ab und stellt ihn als außerrationale, Wirklichkeit vorwegnehmende Erkenntnismöglichkeit des Wahren neben die Ratio. Die Begründung dafür entwickelt er am prägnantesten in "Die Moralisten. Eine philosophische Rhapsodie"[39], einer in Dialogform geschriebenen Erläuterung des Enthusiasmus als Zugang zum Wahren, das mit dem Schönen und Guten identisch ist.

Dort wendet Theokles sich gegen die Auffassung, daß die äußere Natur in ihrer gesetzlichen Harmonie und Ordnung von einer unvollkommenen menschlichen prinzipiell unterschieden sei:

> "Seltsam! Sollte der Gedanke einer Ordnung und Vollkommenheit in der Natur vorhanden sein, und die Natur diese selbst nicht besitzen? Wesen, welche die Natur hervorgebracht, sollten so vollkommen sein, daß sie Unvollkommenheiten in ihrer Beschaffenheit aufdecken, sollten weise genug sein, die Weisheit, die sie geschaffen hat, zu meistern? Nichts ist gewiß stärker unserem Verstande eingeprägt oder tiefer mit unserer Seele verwoben als die Idee von Ordnung und Ebenmaß."[40]

Aus dem Unterschied zwischen gesetzmäßiger Ordnung und gesetzloser, willkürlicher Unordnung, der "unmittelbar durch eine klare, innere Empfindung wahrgenommen wird,"[41] folgt, daß Willkür und Gesetzlosigkeit nur in der Wahrnehmung des Menschen bestehen, der nicht fühlt und erkennt, daß er selbst Teil der Natur ist, die ihn mit seinen Denkmöglichkeiten überhaupt erst geschaffen hat. Das impliziert wiederum:

> "(. . .) wenn die Natur nicht um des Menschen willen, sondern der Mensch um der Natur willen da ist: so muß der Mensch sich freiwillig den Elementen der Natur, und nicht die Elemente sich ihm unterwerfen."[42]

Die äußere Natur wird also nicht als geschaffene, statische, ewig sich gleichbleibende und deshalb qualitativ andere als die menschliche Natur betrachtet, sondern als diese hervorbringende, ewig schaffende; das wird möglich durch eine Übertragung von Gesetzmäßigkeiten, die im anorganischen Naturbereich gültig sind, auch auf den organischen Bereich in der Gesamtnatur. Theokles überträgt die physikalischen Naturgesetze Newtons auf den biologischen, psychologischen und sozialen Bereich und stellt so die Gesamtnatur als ein System von Systemen dar, in dem "Einheit und Übereinstimmung"[43] durch die Verhältnismäßigkeit und den Wechselbezug aller Einzelsysteme herrschen:

> "Weder der Mensch noch ein anderes Geschöpf, sollten sie auch an und für sich das vollkommenste System von Teilen bilden, sind deshalb noch nicht in bezug auf das, was

> außer ihnen liegt, vollkommen, sondern dazu müssen sie erst in ihrem ferneren Verhältnis zum System ihrer Gattung betrachtet werden; das System ihrer Gattung dann wieder gegen das animalische System, dieses gegen die Welt (unsere Erde), und diese wiederum gegen die größere Welt und das Universum. Alle Dinge dieser Welt stehen in Verbindung zueinander."[44]

Das wirkende Prinzip hinter allen Systemen, das sie miteinander verbindet und in der Vielfalt des Wachsens, Sterbens und Übergehens in neue Formen erhält, ist das Prinzip, das "Ordnung aus der Verwirrung der Körperwelt"[45] schafft und das auch wiederum die Erkenntnis dieser Ordnung ermöglicht.

Denn ist der Mensch selbst be-wirkt durch das einheitlich wirkende Prinzip, so

> "(. . .) sind wir uns in gewisser Weise jener ursprünglichen und von Ewigkeit her denkenden Kraft bewußt, aus der wir unsre eigene ableiten. Und so kommt die Gewißheit vom Dasein der Wesen jenseits unsrer Sinne und von Dir, großes Urbild Deiner Werke, durch Dich, (. . .) der Du dich selbst so unmittelbar uns mitgeteilt hat, daß Du gewissermaßen in unsrer Seele wohnst, Du, der Du die ursprüngliche, alles durchdringende, alles belebende Seele des Ganzen bist."[46]

Das wirkende Prinzip, der Geist oder: das Göttliche, das die Gesamtnatur als l e b e n d i g e s System zusammenhält, ist Voraussetzung u n d Ziel allen Erkennens – und wer im Einklang mit der "alles belebenden Seele des Ganzen" denkt, fühlt und handelt, ist im Besitz des höchsten Gutes. Er erkennt alle Dinge als Abbilder des Urbildes, in der gesamten geschaffenen Natur des Prinzip, das sie schafft, und erkennt i n allen Dingen Ordnung, Harmonie und Gesetzmäßigkeit, weil alle Dinge in ihrem V e r w e i s c h a r a k t e r sowohl aufeinander als auch bezogen auf das sie schaffende Prinzip gesehen werden. Das ist möglich und verbürgt gleichzeitig Wahrheit, weil die Seele selbst als schaffendes Prinzip geschaffen ist und die beobachtbare Wirklichkeit be-seelt, also in allem als Abbild das Urbild und damit sich selbst zu erkennen s t r e b t. Das geht, bezogen auf die beobachtbare Wirklichkeit, nicht mit der Ratio, weil deren Kategorien die unendlich gesetzmäßige Allharmonie nicht erfassen können. Die be-seelende Seele aber, oder: die wahre, weil vom Urbild selbst beseelte L i e b e zum Wahren kann die in allen Dingen liegende Wahrheit im unmittelbaren Anschauen und Nachvollzug erkennen und dann dem Verstand als Vorempfindung zur Prüfung anbieten.

Als Prinzip, das die menschliche und die äußere Natur umfaßt und vereinigt, indem es eine allumfassende und dynamische Entsprechung wirkender Gesetzmäßigkeiten garantiert, kann das Wahre, Göttliche oder Urbild aller Dinge mit dem Schönen und Guten auch identisch sein. Denn: Schönheit i s t eben Harmonie in der Vollendung, die vollkommen zweckmäßig organisierte Gesamtnatur i s t ein Kunstwerk, und ihre Anschauung ist ein Anschauen des Schönen. Dessen höchste Form ist das schaffende Prinzip in der Natur selbst; das Schöne, Wahre und Gute liegt also sowohl im Bewirkten als auch im Bewirkenden und darüber hinaus in dem, was den bewirkenden Menschen zum wirkenden macht – als höchstem Prinzip. Insofern sind der Liebende und der Künstler, der "sittliche Virtuosus", im Besitz des höchsten Schönen, das sie selbst als schaffendes Prinzip be-seelt, das sie unmittelbar mit der be-seelten Seele anschauen und auch wieder, als Abbild ihrer selbst, die schon Abbilder des Urbildes sind, hervorbringen. Dazu aber gehört Selbstlosigkeit in dem Sinne, daß der Mensch das höchste Prinzip in sich wirken läßt. Und diese Selbstlosigkeit ist dem Liebenden und dem sittlichen Virtuosus als Eigenschaft bereits gegeben, muß aber von anderen Menschen erst erstrebt werden. Sie ist zu erlangen durch Übung und die willentliche Vervollkommnung der Fähigkeit, in allem Geschaffenen die Harmonie und Ordnung, die es jeweils für sich und in bezug auf andere Systeme hat, wahrzunehmen. Das ist nicht möglich, solange die Menschen fragen, "was unseren Begierden gut und angemessen ist", statt zu fragen, "welche Begierden gut und angemessen für uns sind"[47]. Denn als Teil der geschaffenen Natur ist der Mensch ein Einzelsystem unter anderen und deren Gesetzen der eigenständigen Ausformung, Entwicklung bis zum Höhepunkt, des Verfalls und des dabei eintretenden Wandels und Übergangs in andere Systeme unterworfen. Folgt er also seinen eigenen Begierden und Leidenschaften, dann erfüllt er b l i n d das schaffende Prinzip in der Gesamtnatur und ist Teil von für ihn unerkennbaren Mechanismen. Insofern entsprechen seine Begierden den Gesetzen der geschaffenen Natur, die aber nichts als Wandel und Verfall bewirken und eben darin auf die Natur als Gesamtsystem und das sie tragende, erhaltende und bewirkende Prinzip verweisen. Dieses allein ist einheitlich und im Wirken ewig unveränderlich; steht der Mensch also nicht im Einklang mit ihm, dann wird er weder g l ü c k l i c h im Besitz des höchsten Gutes, noch erfüllt er seine Bestimmung. Denn er jagt einem Glück und Gütern nach, die ihn nie befriedigen können, und verkennt dabei die Anlage in der eigenen Seele, die ihn zur Wahrnehmung und Verwirklichung der Wahrheit als höchstem Schönen und Guten befähigt. Um glücklich zu sein, muß er also seinen Begierden und dem Streben nach dem, was er aus Begierde für Glück hält, e n t s a g e n und sich mäßigen; im Maß besteht auch seine Freiheit. Er muß die Ordnung und Harmonie, welche die Gesamtnatur im Gleichgewicht hält, in sich selbst herstellen. Dann wird seine Seele als das, was ihn beseelt, zum blanken Spiegel der Organisation der Gesamtnatur, der geschaffenen wie auch der schaffenden. Wären die Leidenschaften im "Gleichgewicht", so würden die Menschen im sozialen, politischen und wirtschaftlichen Bereich

> "(. . .) ebensogut als sonstwo in der Natur Schönheit und Anstand wahrnehmen; und die Ordnung der moralischen Welt würde der der natürlichen gleichkommen. Die Schönheit der Tugend würde sich uns in vollem Glanze zeigen, und ferner würde die höchste Urschönheit, die Quelle alles dessen, was gut und voller Liebe ist, daraus hervorstrahlen."[48]

So ist jeder Mensch tugendfähig und bringt, sofern er in der Einheit mit dem schaffenden Prinzip in der Gesamtnatur steht, das Gute a l s Schönes und Wahres hervor. Da dies aber durch Harmonie und Ordnung definiert ist, kann der Weg, auf dem der Mensch zur Tugend als aktiver Ausübung des Guten, Wahren und Schönen gelangt, nur in einem von störenden Begierden und Eigeninteressen u n g e s t ö r t e n Anschauen des vollendet Harmonischen bestehen: der Natur selbst o d e r der Kunst als des Abbildes der Natur. Die interessenlose Anschauung des Schönen, Guten und Wahren ist also Voraussetzung seiner Verwirklichung.

Dieser Enthuasiasmus wird scharf getrennt von der "romantischen Stimmung" von Menschen, "die entweder ganz ihren Verstand verloren haben oder von Melancholie und Schwärmerei überfließen." Denn sie laufen "statt des Wesens seinem Schatten"[49] nach und verlieren sich selbst im Festhalten an Dingen, die nur Verweischarakter haben. Aber wenn man sicher ist, "die nachgebildete Schönheit nur um des Originals willen zu bewundern und sich nur nach geistigen Genüssen"[50] zu sehnen, dann ist auch der Enthusiasmus wahr und kein Wahn. So lebt der von allen Eigeninteressen und Maßlosigkeiten entkleidete Mensch, der überall Wahrheit als Schönheit in Ordnung und Harmonie erkennt und das Erkannte gleichzeitig sittlich und frei verwirklicht, in der Glückseligkeit,

> "(. . .) daß wir mit der wunderbaren Ordnung des Weltganzen ausgesöhnt sind, daß wir mit der Natur harmonieren und sowohl mit Gott als Menschen in Freundschaft leben (. . .)".[51]

Shaftesburys Konzept des wahren Enthusiasmus dient also der Versöhnung des beobachtbar Disharmonischen. Allein dem einheitlich wirkenden, geistigen und alle Naturbereiche verbindenden Prinzip in der Natur kommt Wahrheit zu. Das Beobachtbare hat so keinen Wert an sich, sondern ist als Abbild immer nur Zeichen für das in ihm wirkende eine und ungeteilte Urbild. Dessen Anschauung aber setzt einen Gleichmut gegen individuelle Bedürfnisse und empfundenes Leid voraus, in dem von beobachtbaren Übeln u n d von den individuellen Gefühlen dabei abstrahiert werden muß:

> "Neue Formen entstehen, (. . .) selbst in der Verwesung, dieser scheinbaren Verwüstung, diesem Schauder der Natur. Dieser verworfene Zustand erscheint mir gleichsam wie der Weg oder Übergang zu einem besseren. Könnten wir ihn aber in der Nähe und mit Gleichgültigkeit, ohne Zurückbeben der Sinne, betrachten, dann würde unsre Bewunderung vielleicht aufs höchste steigen (. . .)."[52]

Diese Art der Abstraktion unterscheidet letztlich den wahren Enthusiasmus vom falschen und Shaftesbury von Leibniz. Die Wahrheit der unmittelbaren, der vermittelnden Ratio vorgeordneten Anschauung wird ausgewiesen durch die Wahrheit einer Gesamtnatur, aus der alles Leid als u n w a h r ausgeschlossen ist. Das ist nur möglich, wenn der Mensch von seinen eigenen Ansprüchen, das Gute, Wahre und Schöne für sich haben zu wollen, genauso absieht wie von dem Leid, das er als Geschöpf in der geschaffenen Natur empfindet. Kann er dies nicht, so ist sein Enthusiasmus Wahnsinn statt Anschauung des Wahren und seine Vernunft durch Wahnsinn gefährdet.

Eben dagegen wendet sich Wieland im "Don Sylvio". Zwar stellt er seinem Roman in der Erstausgabe die "Probe des Lächerlichen" voran[53] und zeigt im Prozeß des Romans Mencia und Mergelina als lächerliche Figuren, Pedrillos Aberglauben als lächerlich – und auch Sylvios Feenglauben, sofern er der gesetzten äußeren Realität widerspricht.

Aber: Sylvio ist ja ein wahnsinniger Schwärmer und Enthusiast zugleich; er folgt seinem Eigeninteresse, bis sein Wahnsinn als wahrer Enthusiasmus bestätigt wird, und verkennt dabei bis zum Schluß des Romans sowohl die mit seinen Wünschen n i c h t übereinstimmende als auch die damit übereinstimmende äußere Realität. Don Gabriel hingegen,

> "(. . .) der sich in einem Alter von vierzig Jahren bereits über die bewölkte und stürmische Gegend der Leidenschaften in die immer heitere Höhe einer beinahe stoischen Seelen-Ruhe empor gearbeitet hatte (. . .)"[54],

vertritt als naturwissenschaftlich orientierter Rationalist und Moralist im Sinne der inneren Ausgeglichenheit bei Shaftesbury die realitätserkennende Funktion des Enthusiasmus, ohne als Strebender beseelt und beseelend zu sein. Sylvio übernimmt Gabriels Vernunft erst, als sein Wahnsinn Wahrheit und seine Liebe erfüllt ist. An den beiden Figuren spaltet Wieland also Shaftesburys Theorie des wahren Enthusiasmus auf und macht dadurch folgendes sichtbar:

Erstens entspricht der menschlichen Natur, zu der Eigeninteresse und individuelles Streben nach Glück als Besitz notwendig gehören, Shaftesburys Auffassung der wahren geistigen Natur des Menschen nicht. Sie ist nicht wirklich, sondern ein Ideal, was an Sylvio demonstriert wird; und durch das Ideal, das Gabriel verkörpert, wird zwar die äußere Natur erkannt, aber die menschlich-individuelle verkannt.

Zweitens kann der Mensch gerade d u r c h das bedingungslose Verfolgen seiner Wünsche und Bedürfnisse nicht nur blind an der allumfassenden gesetzmäßigen Ordnung und Harmonie teilhaben, sondern sie existentiell verwirklichen. In der Erkenntnis des individuell für das höchste Schöne und Wahre G e h a l t e n e n und im Glück, es auch zu erreichen, wird subjektive Wahrheit objektiv wahr. Das ist dann auch gut, w e i l es den Eigeninteressen, Wünschen und Bedürfnissen entspricht; ein Gutes außerhalb dieser gibt es nicht – was der Auffassung Shaftesburys widerspricht. Dessen Ideal ist nur zu verwirklichen im Bereich der Phantasie.

Drittens gibt es allein in diesem Bereich den wahnfreien, wahren Enthusiasmus. Denn durch die Konstruktion des Romans wird Shaftesburys Theorie beschränkt auf die Immanenz des Literarischen und Ästhetischen.

Viertens wird eben dadurch Shaftesburys Auffassung des Enthusiasmus als eines realen Zugangs zum Wahren über die Anschauung des Schönen als Wunschdenken, Wahn oder: als Ideologie aufgedeckt. Hat die hergestellte Harmonie von Entsprechungen nur ihre eigene Romanwahrheit, dann kann diese die außerliterarische Realität nicht auf deren objektiv vorhandene, aber verborgene Wahrheit hin transzendieren, sondern nur zeigen, was in ihr fehlt.

Aufgrund dieser Aspekte ist Wielands Roman, bezogen auf die Vernunftproblematik der Zeit, einer konfliktorientierten Aufklärung zuzurechnen – im Medium des Ästhetischen. Er macht Wahrheitsüberzeugungen in der außerliterarischen Realität, die sich auch auf das Ästhetische s e l b s t beziehen, in ihren jeweiligen Widersprüchen sichtbar und hebt diese auf in einem Gegenentwurf, der als solcher kenntlich gemacht und in seinem Wahrheitswert relativiert wird. Eben darin liegt die Rationalität des "Don Sylvio" – und seine Modernität[55]: Der Roman stiftet keinen Sinn durch eine neue, außerliterarisch verbindliche Wahrheit, sondern läßt den Wahnsinn sinnstiftend sein, um den konkreten Anspruch des Individuums auf Glück aufrechtzuerhalten. Außerliterarisch ging es um wahnfreie Wahrheit – und die bietet der Roman nur, indem er zeigt, daß es sie nicht gibt.

Aufgelöste Vernunftwahrheiten

Löst Wieland durch ihre wechselseitige Relativierung alle Wahrheiten auf bis auf die eine: die Wirklichkeit und Wahrheit des Wunsches, so geht sein Freund Johann Karl August Musäus noch einen Schritt weiter. Er läßt die Ratio selbst als realitätsverkennenden Wahn erscheinen und umgekehrt – ohne daß dieser Wechselbezug wie bei Wieland literarisch immanent aufgehoben würde.

Gemeint sind hier nicht die beiden Romane "Grandison der Zweite"[56] und "Physiognomische Reisen"[57], in denen Vernunft und der Wahnsinn als Realitätsverkennung der Gesunden auch thematisch werden; sie erreichen das Reflexionsniveau von Wielands Roman nicht. Denn Musäus wendet sich in ihnen von einer eindeutigen und vorentschiedenen Vernunft- und Wahrheitsposition aus gegen Moden der Zeit, die parodistisch als Wahnsinn in dem Sinne, daß nur Eingebildetes für wahr gehalten wird, demaskiert werden.[58] Zeigt sich der Autor in den beiden Romanen also einer Rationalität verpflichtet, welche die Unvernunft von allzu empfindsamen oder physiognomiegläubigen Zeitgenossen als Wahn bekämpfen will, so ist dies im hier gemeinten Text nicht mehr der Fall. In der "Fünften Legende" von Rübezahl, die sich in den "Volksmärchen der Deutschen"[59] von 1782 - 86 findet, wird eben die kritisierende Vernunft, also auch die eigene Aufklärungsposition, in Frage gestellt: Musäus kennzeichnet und kritisiert sie selbst ganz rational als eine Mode der Zeit.[60]

Die letzte "avthentische Geschichte" von Rübezahl spielt in der Gegenwart der historischen Aufklärung und ist im Gegensatz zu "hundert lügenhaften Volkssagen" wahr:

> "Der Gräfin Cäcilie, Voltairens Zeitgenossin und Schülerin, war noch in unsern Tagen die letzte Entrevue mit dem Gnomen aufbehalten, bevor er seine jüngste Hinabfahrt in die Unterwelt antrat."[61]

Die Gräfin ist mit ihren beiden Töchtern unterwegs nach Karlsbad, um dort eine Kur anzutreten; sie müssen das Riesengebirge nachts mit der Kutsche durchqueren. Johann, der Diener auf dem Kutschbock, hat Angst vor Rübezahl und ist entsetzt, als er eine "pechrabenschwarze Gestalt daherwandeln" sieht, die von "übermenschlicher Größe"[62] ist und keinen Kopf hat. Er weckt seine Herrschaft; die Töchter erschrecken, aber die Gräfin, die

> "(. . .) keine Geister glaubte als Schöngeister und starke Geister, strafte die Fräuleins dieser pfahlbürgerischen Vorurteile halber, bewies daß alle Gespenster und Spukgeschichten Ausgeburten einer kranken Einbildungskraft wären, und erklärte (. . .) die Geistererscheinungen samt und sondern aus natürlichen Ursachen."[63]

Als die Gestalt, nun mit dem Kopf unter dem Arm, jedoch für alle sichtbar wird, ist das Entsetzen groß. Johann und der Postkutscher werden "von Rübezahl dem Bannwart des Gebürges"[64], wie der Schwarze sich selbst ausweist, vom Kutschbock geschlagen, und es beginnt, gelenkt von diesem Rübezahl, eine wilde Fahrt durch Gebirge. "Voltairens Zeitgenossin" fällt vor Schreck in Ohnmacht, wie die Töchter und die Zofe in der Kutsche auch.

Plötzlich aber reitet noch eine Gestalt neben und vor dem Wagen her; sie sitzt auf einem dreibeinigen Schimmel und bemerkt gar nicht, daß der kutschierende Rübezahl keinen Kopf hat. Dieser

> "(. . .) fürchtete seine Rübezahlsrolle dürfte bald ausgespielt sein, da der wahre Rübezahl sich ins Spiel zu mischen schien."[65]

Und der andere, wirklich der wahre Rübezahl, ist höchst erbost darüber, von einem Gauner imitiert zu werden, der nicht an ihn glaubte, sich aber den Aberglauben der Reisenden zunutze machen wollte, um sie auszurauben. Rübezahl schiebt die Strafe für seinen angstzitternden Nachahmer noch auf, zieht das vierte Bein aus dem Schimmel, weckt die Damen aus ihrer Ohnmacht und stellt sich vor als der Oberste von Riesental. Er erklärt, daß sie einem "verlarvten Bösewicht" aufgesessen seien und bietet ihnen an, sie zur Erholung in sein nahegelegenes Schloß zu führen. Die Damen sind beruhigt über den Kavalier, der sich auch durch seine Bediensteten um Johann und den Kutscher kümmert, nehmen die Einladung an und kommen in einen wunderbaren Palast, wo sich eine reiche Abendgesellschaft befindet. Es wird gegessen, getrunken, musiziert; der Oberste läßt auch einen Arzt kommen, der Aderlässe zur völligen Überwindung des Schreckens anordnet. Später werden Geister- und Gespenstergeschichten erzählt, deren Wahrheitswert Cäcilie gerade aufgrund ihrer eigenen Erfahrung vehement bestreitet.

> " 'Meine eigene Geschichte (. . .) ist ein augenscheinlicher Beweis, daß alles was man von dem berufenen Berggeiste sagt, leere Träume sind. Wenn er hier im Gebürge sein Wesen hätte, (. . .) so würde er einen Schurken nicht gestattet haben, solchen Unfug auf seine Rechnung mit uns zu treiben."[66]

Daraufhin stellt ihr der Oberste von Riesental als M ö g l i c h k e i t vor Augen, wie er als Rübezahl sich w i r k l i c h verhalten hat, um seine Ehre zu retten. Das verunsichert die Gräfin wie die Töchter, aber nicht in bezug auf die mögliche Wahrheit der vorgestellten Möglichkeit, sondern in bezug darauf, ob der Oberste sich über sie lustig mache oder nicht. Als sich jedoch der hereingetragene Kopf des falschen Rübezahl als ein ausgehöhlter Kürbis erweist, scheint das Denken der Gräfin bestätigt zu sein.

Am nächsten Morgen reisen die Damen weiter nach Karlsbad, wo sie in der Badegesellschaft und in dem Badearzt eben die Personen antreffen, die sie alle schon kennen – von der Abendgesellschaft beim Obersten von Riesental. Darum verhalten sie sich dem Arzt wie allen anderen gegenüber mit "freimütiger Unbefangenheit" – und Cäcilie

"(. . .) wußte sich nicht zu erklären, wohin das fremde und kalte Betragen aller der Herrn und Damen deuten sollte, die vor kurzem so viel Freundschaft und Vertraulichkeit gegen sie geäußert hatten. Natürlich geriet sie auf den Wahn, das sei eine abgeredte Sache (. . .)."[67]

Der Arzt hat die "medizinische Hypothese, daß die ganze gräfliche Familie von einer Art Kribelkrankheit befallen sei" und will sie nicht eher aus der Kur entlassen, bis das Karlsbader Wasser heilend gewirkt hat. Die sensationsgierige Gesellschaft aber macht Cäcilie zum "Märchen des Tages"[68] und führt ihre Reden, die sich alle auf den Obersten und das gemeinsame Treffen bei ihm beziehen, auf "eine überspannte Phantasie"[69] zurück, die als Verrücktheit Mitleid erregt. Cäcilie hingegen merkt, "daß man wähne, ihre Krankheit habe sich aus den Gliedern ins Hirn versetzt" und daß sie selbst durch ihr Reden, weil man ihr nicht glaubt, "ihren gesunden Menschenverstand verdächtig"[70] macht. Um nicht weiter für wahnsinnig gehalten zu werden, schweigt sie fortan, so daß der Arzt sie schließlich wegen des Kurerfolgs für geistig geheilt betrachtet, während sie aber nur von der Gicht befreit ist.

Auf dem Rückweg von Karlsbad wollen Gräfin und Töchter dann den Obersten wieder aufsuchen, um von ihm Aufklärung über die unerklärlichen Erfahrungen zu verlangen; aber es gibt keinen Obersten von Riesental im Riesengebirge.

"Dadurch wurde die (. . .) Dame endlich überzeugt, daß der Unbekannte (. . .) kein andrer gewesen sei als Rübezahl (. . .) und glaubte nun von ganzem Herzen an die Existenz der Geister; ob sie gleich um der Spötter willen Bedenken trug, ihren Glauben vor der Welt offenbar werden zu lassen."[71]

Natürlich will Musäus seinen Lesern durch die beispielhafte "Heilung" der Gräfin Cäcilie nicht vermitteln, daß die reale Existenz von Geistern wie Rübezahl auch außerliterarisch wahr sei. Er ersetzt die Ratio, welche die Wirklichkeit erkennt, wie sie ist, n i c h t durch die Phantasie als aktive Einbildungskraft, die ein Mögliches produziert, in dem Wahn und Wahrheit vermischt sind. Die Legende selbst ist ja ein Produkt der Phantasie – und als solche Produkte sind alle "Volksmärchen der Deutschen" im "Vorbericht"[72] ausdrücklich kenntlich gemacht. Aber: sie dienen nicht nur der Unterhaltung, sondern auch einer rationalen, außerliterarisch zu verwertenden Erkenntnis:

"Denn außer Zweifel ist es dem Studium der Menschenkunde angemessen (. . .), nicht nur zu bemerken, wie Menschen nach ihrer verschiedenen Lage in der wirklichen Welt im Denken und Handeln sich benehmen, sondern auch (. . .) zu erforschen, wie sie in einer idealischen Welt, wenn andre Umstände und Verhältnisse einträten, sich äußern würden."[73]

Gemäß dieser im "Vorbericht" geäußerten Ansicht könnte die hier vorgestellte Legende als ein literarisches E x p e r i m e n t zur Bestimmung von Möglichkeiten und Grenzen der Ratio verstanden werden, dessen Ergebnis ein außerliterarischer Wahrheitswert zukommt: daß als wahr Erkanntes nur insofern wahr ist, als die M e t h o d e des Erkennens auch mit dem übereinstimmt, was erkannt werden soll. Ob sie aber übereinstimmt, kann nicht mit Hilfe der Methode selbst bewahrheitet werden, sondern nur durch die Evidenz der subjektiven Erfahrung äußerer Wirklichkeit und der Übereinstimmung mit den Erfahrungen anderer. Widersprechen diese jedoch der eigenen, so ist das k e i n Beweis für subjektiven Wahnsinn als Eigensinn. Denn als rational begründbare Hypothese, als Wahrheit gesetzt im "Reich hypothetischer Möglichkeiten"[74], könnte angenommen werden, daß die äußere Wirklichkeit n i c h t in sich einheitlich und logisch sinnvoll beschaffen ist, also auch nicht von jedermann gleichermaßen erkannt werden kann, wenn nur allgemein verbindliche Regeln und Gesetze des Erkennens angewandt werden. Cäcilie denkt und handelt genauso rational wie der Arzt und die Badegesellschaft in Karlsbad; sie erkennt ihre Erfahrung mit derselben Methode wie die anderen und ordnet sie auch in dasselbe Realitätsmodell ein, in das sie von der Gesellschaft selbst eingeordnet wird. So gilt sie als verrückt und ist es nicht, eben weil sie ganz normal denkt und handelt, während die Gesellschaft sie umgekehrt befremdet und doch nichts Befremdliches an sich hat, weil sie sich einer Person gegenüber, die aufgrund ihres Betragens nur als Wahnsinnige, Seherin oder überspannte Schwärmerin gelten kann, auch ganz normal neugierig, fasziniert, mitleidig und ablehnend zugleich verhält.

Was Musäus also durch die einzige Hypothese, daß Rübezahl einem aufgeklärten Zeitgenossen wirklich erschiene, sichtbar macht, ist, daß die rationale Aufklärung dies aufgrund ihres vorausgesetzten Wirklichkeits- und Wahrheitsbewußtseins gar nicht erkennen könnte. Und erkennte es jemand und bekennte sich dazu, weil er die Evidenz des Erfahrenen rational nicht leugnen könnte, würde er mit höchster Wahrscheinlichkeit für verrückt gehalten und verspottet, wenn er seine durch Erfahrung verbürgten Überzeugungen nicht für sich behielte. Das aber bedeutet, daß Musäus die Ratio selbst als erkennende Vernunft ganz rational – hypothetisch im Bereich der Phantasie – aufhebt, indem er eine Grundlage der Aufklärung in Frage stellt: die Auffassung der naturgesetzlich geregelten, ewig gleichen Naturwirklichkeit im Newtonschen Weltbild. D a s ist im "Don Sylvio" Wielands nicht der Fall. Wird dort das realitätsverkennende Realitätsmodell Sylvios in das Gabriels, das mit der Wirklichkeit, wie sie ist, übereinstimmt, überführt und erst durch diese Übereinstimmung als wahr ausgewiesen, so erscheint bei Musäus die Übereinstimmung selbst als möglicher Wahn, weil die Naturwirklichkeit ihrer gedachten Gesetzmäßigkeit widersprechen kann. So überführt Musäus nicht das Mögliche in das immanent Wirkliche, sondern umgekehrt dieses Wirkliche in das immanent Mögliche, das auf eine o f f e n e, nicht ein für allemal zu erkennende äußere Realität verweist; sie kann gerade dann verkannt werden, wenn die Erkenntnis rational begründet und abgesichert ist. Das impliziert, daß auch dieser Text auf ein Fehlen in der außerliterarischen, sozialen Realität verweist: auf das Fehlen der Offenheit eines D e n k e n s, das sich selbst zu relativieren imstande wäre. Indem Musäus zeigt, daß die Ratio als erkennende Vernunft und der Wahnsinn als Realitätsverkennung vor dem Hintergrund einer im "Reich hypothetischer Möglichkeiten" als offen gedachten Wirklichkeit nur r e l a t i v e Größen sind, zeigt er auch die Relativität von Wahrheit. Und die hat k e i n e tiefere Bedeutung, die dann absolut wahr wäre und von der aus der Wahnsinn doch letzten Endes als unwahre Methode des Erkennens im Gegensatz zur Ratio erschiene. Insofern kristallisieren sich in der Legende sowohl die Vernunftproblematik der Zeit als auch ihre Begründung in einem auf absolute Wahrheit zielenden Vernunftbegriff selbst und eine Kritik daran, die nicht mehr, auch nicht immanent, auf Lösungen zielt.

Abgesehen jedoch davon, daß aufgelöste Wahrheiten in der Literatur Erwartungen damaliger Leser nicht entsprachen, schrieben auch die Literaten selbst der Literatur eine ganz andere Funktion zu, als Vernunft, Wahnsinn und Wahrheit zu relativieren oder als relative Größen aufzulösen. Nach Shaftesbury war Wahrheit im Schönen und durch das Schöne zu verbürgen; auch sollte, aufklärerischen Zielvorstellungen gemäß, Literatur durchaus dabei helfen, über ihre Wirkung zur Verwirklichung von Harmonie und Ordnung im sozialen Bereich beizutragen. Letzteres wird sehr deutlich in der Tragödientheorie Gotthold Ephraim Lessings, der mit Hilfe der Tragödie das Unberechenbare, Disharmonische und Extreme aus dem gesunden Rezipienten selbst ausgrenzen wollte. Und weil das Theorie war, die ob der Unberechenbarkeit der Tragödienbesucher in der Praxis scheitern mußte, soll es im folgenden auch als Theorie vorgestellt werden.

Gedachte Kontrolle: Vernunft und Wahn der Katharsis

Untersucht werden soll hier nur e i n Aspekt aus dem Denken Lessings[75]: In der "Hamburgischen Dramaturgie"[76], als Buchausgabe 1769 erschienen, vertritt Lessing die Auffassung, daß mittels der ästhetischen Erfahrung in der Tragödie eine Besserung der Zuschauer ohne deren eigene rationale Kontrolle zu erreichen sei. Gemeint sind die Stücke 74 bis 78 vom Januar 1768; die darin enthaltenen Gedankengänge können als ein ganz konkret gemeinter Versuch zur Bewältigung des Disharmonischen im sozialen Bereich gelesen werden, das einem Fortschritt zu Harmonie und Ordnung im Wege steht.

Das spezifisch tragische Mitleid, das durch die Tragödie bewirkt werden soll, umschließt die F u r c h t. Diese bezieht sich nicht auf die Figur auf der Bühne, der ein Übel bevorsteht,

> "(. . .) sondern es ist die Furcht, welche aus unserer Ähnlichkeit mit der leidenden Person für uns selbst entspringt; (. . .) es ist die Furcht, daß wir der bemitleidete Gegenstand selbst werden können. Mit einem Worte: diese Furcht ist das auf uns selbst bezogene Mitleid."[77]

So sind Mitleid und Furcht "die Mittel, welche die Tragödie braucht, um ihre Absicht zu erreichen"[78]. Die besteht darin, daß

> "(. . .) das Mitleid und die Furcht, welche die Tragödie erweckt, unser Mitleid und unsere Furcht reinigen; aber auch nur diese reinigen und keine anderen Leidenschaften."[79]

Lessing legt auf die Furcht als "notwendiges Ingredienz"[80] des spezifisch tragischen Mitleids großen Wert. Denn

"Sobald die Tragödie aus ist, höret unser Mitleid auf, und nichts bleibt von allen den empfundenen Regungen in uns zurück, als die wahrscheinliche Furcht, die uns das bemitleidete Übel für uns selbst schöpfen lassen. Diese nehmen wir mit (...)".[81]

So wird die Notwendigkeit der Furcht in bezug auf den Endzweck der Tragödie deutlich: Ohne sie wäre keine Reinigung des Zuschauers, die auch außerhalb des Theaters wirksam würde, denkbar.

Die Reinigung von Mitleid und Furcht des Zuschauers mit Hilfe des Mitleids und der Furcht, also des gesteuerten Affekts, der in ihm während der Tragödie erregt wird, bestimmt Lessing als "Verwandlung der Leidenschaften in tugendhafte Fertigkeiten"[82]. Die "Verwandlung" geht theoretisch folgendermaßen vor sich: Während der Tragödie bewirkt das tragische Mitleid als Affekt, das ja die Furcht in sich schließt, bei allen Zuschauern Verschiedenes. Wer im täglichen Leben zu mitleidig ist, fühlt weniger Mitleid; wer zu wenig mitleidig ist, fühlt mehr. Wer für sich gar kein Übel befürchtet, befürchtet mehr, wer für sich ständig zu viel Übles befürchtet, befürchtet weniger. Denn das, w o m i t alle identifiziert sind, ist dasselbe – aber d i e sich identifizieren, haben erstens ihre jeweils eigene Individualität, die sich inhaltlich, was Vorstellungen, Gefühlsinhalte, biographische Prägungen betrifft, unterscheidet, und zweitens ihre jeweils eigene Individualität, was die psychische Energieverteilung betrifft.

Über die allgemeine Identifikation also, die durch die jeweils selbstbezogene Furcht hergestellt wird, kann die Tragödie regulierend in den psychischen Energiehaushalt jedes Einzelnen eingreifen – denn sie ist ja in ihrer dramatischen Form genau dieser Absicht entsprechend angelegt. Erstens müssen die Tragödiencharaktere, das Leiden der Helden und die Handlung so beschaffen sein, daß eins aus dem anderen hervorgeht; die Entsprechungszusammenhänge von Charakteren, Verhalten, äußerer Tragödienwirklichkeit und Verhalten der Charaktere in der Tragödienwirklichkeit müssen als n o t w e n d i g e konstruiert sein. Nicht den Inhalt der Tragödie kann der Zuschauer für wahr halten – das verhindert s e i n e Erfahrungswirklichkeit im Selbstbezug der Furcht –, sondern eben die Entsprechungszusammenhänge, durch die das Leiden des oder der Helden z w a n g s l ä u f i g wird. Denn erführe der Zuschauer es nicht als zwangsläufig, könnte er es auch nicht als Möglichkeit für sich selbst befürchten. Verschieden regulierend eingreifen kann die Tragödie nun gerade deshalb: Wen auch das unwahrscheinlichste, nur eingebildete Unglück im Alltagsleben in Angst versetzt, dessen Gefühlsleben wird dadurch reguliert, daß das Unglück des Tragödienhelden nicht zufällig, sondern Konsequenz eines bestimmten Verhaltens in bestimmten Umständen ist; wer eben davon im Alltagsleben überzeugt ist und für sich selbst nichts befürchtet, dessen Gefühlsleben wird reguliert dadurch, daß der Held selbst nichts von seinem drohenden Unglück ahnt, die Konsequenz also von Verhalten und Umständen gar nicht überschaut – und so fort.

Was nach dem Theater übrig bleibt, soll nur noch die Befürchtung des Zuschauers sein, daß es ihm ähnlich ergehen könnte wie dem Helden. Die Identifikation ist zu Ende, aber der Affekt wirkt nach; der Zuschauer kann ihn jetzt nur noch auf sich selbst beziehen. Und so reguliert dann die im Theater empfundene Furcht die im Alltagsleben – was auch nötig ist, damit das bereits regulierte Mitleid ungestört zur Ausübung kommen kann.

Deshalb macht die Tragödie jeden für sich a u s g e g l i c h e n, denn: Nicht nur, w i e sie wirkt, sondern auch, w a s sie bewirkt, Mitleid und Furcht als tugendhafte Fertigkeiten, sind weniger inhaltlich als regulativ, affektökonomisch, zu verstehen.. Mitleid und Furcht sind für Lessing als Tugenden so umfassend, daß sie alles umfassen. Er betont, daß er

> "(. . .) unter dem Mitleid nicht bloß das eigentlich so genannte Mitleid, sondern überhaupt alle philanthropische Empfindungen, sowie unter der Furcht nicht bloß die Unlust über ein uns bevorstehendes Übel, sondern auch jede damit verwandte Unlust, auch die Unlust über ein gegenwärtiges, auch die Unlust über ein vergangenes Übel, Betrübnis und Gram, verstehe. In diesem ganzen Umfange soll das Mitleid und die Furcht, welche die Tragödie erweckt, unser Mitleid und unsere Furcht reinigen (. . .)."[83]

Es ist ausdrücklich n i c h t das Wesen der Tragödie, "Liebe zur Tugend und Haß gegen das Laster"[84] zu bewirken, obwohl sie dies kann. Sie bewirkt ihrem Wesen nach weit mehr: die V o r a u s s e t z u n g e n, die für eine dauerhafte Verwirklichung von Tugenden inhaltlicher Art nötig sind. Und die Voraussetzungen, die sie schafft, sind nichts anderes als Ordnung, Maß und Harmonie im Individuum und zwischen Individuen. Betrachtet man, was die gereinigten Mitleid und Furcht bedeuten, so umfaßt das erste den Menschen in seinem Verhältnis zu anderen, das zweite den Menschen in seinem Verhältnis zu sich selbst. Beides hängt unmittelbar zusammen; eine Regulierung des einen ohne das andere ist nicht möglich. Tugendhaft ist dieses Doppelverhältnis dann, wenn das in der und durch die Tragödie Bewirkte, die Fremdregulation, zur E i g e n r e g u l a t i o n des Zuschauers wird, außerhalb des Theaters. Eine Fertigkeit ist die Eigenregulation, wenn sie ohne Mühe und Anstrengung, naturgemäß, verläuft. Ist das der Fall, dann sind alle intra- und intersubjektiven Störungen im Alltagsleben beseitigt, und Tugend inhaltlicher Art, als Ausübung des Guten und Vermeidung des Lasters, ist dadurch gesichert.

Der Aspekt der Kontrolle in Lessings Tragödientheorie von 1768 liegt also darin, daß unter Umgehung des Bewußtseins der Tragödienbesucher regulierend in ihre Psyche eingegriffen werden soll, und zwar allein im Sinne eines Ausgleichs, einer Harmonisierung der Energien, mit denen Mitleid und Furcht als Leidenschaften unterschiedlich besetzt sind. In dieser Funktion kann die Tragödie weniger bewußtseins- als charakterbildend wirken, und der Zuschauer ist als ein in seinen Affekten Gesteuerter Mittel zum Zweck: der Tragödie, die selbst Mittel zum Zweck für die Herstellung der Grundlage von Ordnung und Harmonie im Individuum und im sozialen Bereich ist. Daß Lessing dies als Beitrag zur freien Selbstverwirklichung des Menschen und nicht als Kontrolle verstehen konnte, ist begreiflich nicht nur wegen der Voraussetzungen, sondern auch wegen der Ziele, die in seinem Denken liegen: Es sind die der absoluten Aufklärung im aufgeklärten Absolutismus.

Daß Lessings Theorie der Wirklichkeit nicht entsprach, weil sie gegen alle Beobachtung und Erfahrung nur besagte, was sein s o l l t e, nahm Friedrich Nicolai, der als Aufklärer häufig starrköpfig moralisierte, schon 1757 ganz richtig wahr. Nicolai meint,

> "(...) dieser dem Trauerspiel zugeeignete Nutzen, scheint uns offenbar mit der Erfahrung zu streiten (...)."[85]

und sieht den Endzweck der Tragödie einfach darin, heftige Leidenschaften zu erregen – ohne Wirkung auf das weitere Sozialverhalten der Zuschauer. Daß Lessing eine solche Wirkung annimmt, ist aber nicht nur aus dem unausgesprochenen Endziel von Ordnung und Harmonie in der Psyche des Tragödienbesuchers abzuleiten. Denn in der Wahl der Methode, der Steuerung von Affekten statt einer Bewußtseinsaufklärung, stützt Lessing sich auf eine Einsicht der Zeit, mit der man sozialen Fortschritt in Harmonie t r o t z der hartnäckigen Unvernunft erreichen zu können glaubte. Sie findet sich schon in Shaftesburys "Brief über den Enthusiasmus": daß menschliches Verhalten und Denkweisen, gebunden an Eigeninteressen, Bedürfnisse und Leidenschaften, nicht mit reinen Vernunftargumenten zu ändern seien, sondern daß Fehlverhalten eher verstärkt werde, wenn es durch eine aufgezwungene Vernunft unterdrückt werden solle. Plädiert Shaftesbury dafür, allem an Affekte und Leidenschaften gebundenen "Enthusiasmus" freien Lauf zu lassen, weil er sich insgesamt durch die Probe des Lächerlichen selbst regulieren werde und als wahr oder falsch erkannt werden könne, so hat Lessing 1768 die eine Auffassung mit Shaftesbury gemein: daß Leidenschaften und Affekte durch entgegengesetzte Affekte auszugleichen seien, nicht durch Appelle an die Vernunft. Nur will er die Affekte durch die Tragödie gesteuert sehen, ist also der Ansicht, daß sie der Rationalität der Theorie gemäß steuerbar seien auf ein Ziel hin. Shaftesbury hingegen verzichtet auf den Gedanken einer zielorientierten Steuerung der Affekte von außen, weil er die Harmonisierung des Individuums an dessen eigene Einsicht in das höchste Gut und an den individuellen Willen bindet, dieses zu erstreben.

Die Kontrolle, die bei Lessing an den Steuerungsgedanken gebunden und nur in der Theorie gewährleistet ist, konnte in einer gedachten Anwendung auf die außerästhetische Erfahrungswirklichkeit leicht pervertiert werden: indem man den Aufzuklärenden schreckliche und notwendige Übel vorführen wollte, um über die Furcht eine kathartische Wirkung im Sinne einer vernunftgemäßen Regulierung ihres Mitleids mit anderen und ihres Verhältnisses zu sich selbst zu erreichen. E i n solches Übel war die Geisteskrankheit – und die internierten Irren waren durchaus analog zum Modell der Wirkungsästhetik zu betrachten. So schreibt ein aufgeklärter Irrenhausbesucher 1784[86]:

> "Ich versäume nicht leicht eine Gelegenheit, dieses schreckliche, aber lehrreiche *Schauspiel* zu sehen; denn ich glaube, daß keins besser ist, um verschiedene schlimme Beschaffenheiten des menschlichen Herzens *auszurotten;* Hochmuth über Verstandesfähigkeiten dürfte einem wol nicht leicht anwandeln, wenn man sieht, durch welchen kleinen Zufall man von der Seite her in den allererbärmlichsten Zufall verfallen kann."[87]

Eben um das zu sehen und zu fühlen, wurden Irrenanstalten ja tatsächlich besucht; die, welche aufgeklärt werden sollten, verschafften sich ihre e i g e n e Katharsis im Sinne einer Abfuhr von Emotionen u n d im Sinne einer Bestätigung als neuer, bewußter Wertschätzung von Vernunft und Tugend – das Mitleid mit d e m Kranken, der nicht wie der Verbrecher oder der ganz und gar böse Tragödienheld nur Abscheu erregen kann, eingeschlossen. Die Wirkung eines notwendigen Übels auf ein B e d ü r f n i s nach dessen Betrachtung zurückzuführen, damit man sich davon absetzen konnte, liegt Lessing jedoch ebenso fern wie der Gedanke, daß die Funktion des Tragödienhelden für die Zuschauer im Theater eine ganz ähnliche sein könnte wie die des Verbrechers oder des Geisteskranken im sozialen Bereich. Beides zu denken liegt aber auch dem zitierten Anonymus fern. Denn er betrachtet die Geisteskranken, indem er sich gegen eine übermäßige Empfindsamkeit der Gesunden und gegen ein Z u v i e l an Mitleid wendet, in eben der Funktion, die Lessing den Tragödienhelden zuschreibt:

> "Endlich finde ich auch, daß der Anblick der Unglücklichen und Leidenden überhaupt den doppelten Vortheil hat, die übermäßige Empfindsamkeit zu schwächen und stumpfer zu machen, und ein vernünftiges Mitleiden in unserm Herzen zu befördern."[88]

Der reale Geisteskranke soll also das Mitleid auf ein vernünftiges Maß regulieren. Er wird n i c h t ästhetisiert, sondern soll der Ausgrenzung des Disharmonischen, Ungeordneten, der Vernunft nicht Entsprechenden aus der Psyche der Gesunden ebenso dienen, wie die Tragödie und der Tragödienheld bei Lessing dies sollen.

Weil nun aber die Bedingungen für die Möglichkeit der Zielvorstellung abgeleitet waren aus dieser selbst und auf die individuelle und soziale Realität übertragen wurden, ohne an ihr überprüft worden zu sein, lassen sich ganz andere als die gedachten Wirkungen der Wirkungsästhetik zeigen. Denn unter sozialpsychologischen Aspekten mußten kathartische Theater- oder auch Leseerlebnisse wenigstens dreierlei gewährleisten für ein Publikum, das sich selbst als vernünftig und tugendhaft verstand und herrschenden Normen und Werten angepaßt war – was nur auf einen Teil der Lesenden zu beziehen ist: erstens eine Abfuhr von Zwängen durch die Freisetzung von Gefühlen, zweitens eine Bestätigung der verinnerlichten Normen und Werte von Maß, Tugend, Selbstdisziplin, Mitleid und anderen, allesamt garantiert durch die Vernunft und den freien Willen, ihr zu folgen, und drittens eine Bestätigung der verbotenen und verdrängten, der Vernunft widersprechenden Gefühle und Bedürfnisse. Wo dies der Fall war, gab es Identifikationen mit dem Vorgestellten und Erfahrungen der Katharsis. Nur konnte daraus kein allgemeiner Fortschritt in tugendhaften Fertigkeiten und ihrer Ausübung entstehen – weil nur bestätigt wurde, was sozialpsychologisch schon gegeben war. Und das ist in bezug auf die kathartische Funktionalisierung des Wahnsinns außerhalb der Irrenanstaltsbesuche, im Bereich von Literatur und Theater, zu verdeutlichen an zwei Textbeispielen von Christian Garve und Christian Heinrich Spieß.

Tragödien mit Geisteskranken

In seiner Abhandlung "Ueber die Rollen der Wahnwitzigen in Shakespears Schauspielen"[89] von 1796 untersucht Garve,

"(. . .) welchen Werth der Wahnsinn, als dichterische Maschine, habe; unter welchen Umständen und Bedingungen sie ihre Wirkung thue; wo sie am rechten Orte angebracht sey, und wie sie gemißbraucht werden könne."[90]

Für Garve ist der Wahnsinn als ein auf der Bühne vorgestelltes Übel ein Mittel, mit dem die Leiden oder Leidenschaften der dramatischen Personen für den Zuschauer "vorzüglich rührend und eindringend"[91] gemacht werden können. Mit Hilfe des Wahnsinns als eines "zur Erweckung des Mitleides und der Furcht fähigen"[92] Stoffes soll der Vernünftige weniger erschüttert als g e r ü h r t werden; Voraussetzung dafür ist,

"(. . .) daß nichts in der Welt einen höhern Grad von Wehmuth erregt, als eine Person, die uns durch ihre Geistesgaben und Tugenden Liebe und Bewunderung eingeflößt hat, selbst der gemeinen Vernunft beraubt zu sehen."[93]

Diese Wehmut läßt fühlen und auch erkennen, "daß die Vernunft nicht nur unsern Adel, sondern unser eigentliches Wesen selbst ausmacht". Und wenn der Dichter den Wahnsinn richtig darstellt,

"(. . .) so verschafft er uns eine der zwar traurigsten, aber zugleich der merkwürdigsten Erfahrungen aus dem menschlichen Leben (. . .). Er versetzt uns in eine tiefe Rührung über die Unfälle, denen die menschliche Natur ausgesetzt ist (. . .)."[94]

Damit dies so sei, muß der Zuschauer sich aber mit dem leidenden Wahnsinnigen auf der Bühne identifizieren können. Der Wahnsinn muß so motiviert, entwickelt und als Zustand gestaltet werden, daß er dem Gesunden, bezogen auf den Charakter des Kranken und die Umstände, in denen dieser sich befindet, wahrscheinlich vorkommt. Deshalb braucht der Dichter, auf rührende Wirkung bedacht, sich nicht darum zu kümmern, wie Geisteskrankheiten real entstehen oder zu verhindern sind; Garve weiß, daß das "noch unausgemacht"[95] ist.

"Indeß zur theatralischen Täuschung ist das genug, was die Menschen glauben: und eine bloße Aehnlichkeit zwischen Ursachen und Wirkungen kann oft einem wirklichen Zusammenhange gleichgelten, um die Erfolge wahrscheinlich zu machen."[96]

Also ist der Wahnsinn derart zu gestalten, daß die Darstellung den Vorstellungen und Bedürfnissen des Publikums entspricht. Demnach sollen dessen Auffassungen des Wahnsinns durch die "theatralische Täuschung" bestätigt werden – mit dem Ziel der Rührung und der damit zu erreichenden Wertschätzung der Vernunft. Und was dazu notwendig ist, kann aus den Vorstellungen Garves selbst abgelsen werden.[97]

Zunächst ist es wichtig, daß der Dichter in der Darstellung des Wahnsinns "das Häßliche, welches in der Natur damit verbunden zu seyn pflegt, zu entfernen" weiß, damit "uns das unangenehme Gefühl, ohne welches wir, in der wirklichen Welt, gleiche Erfahrungen nicht einsammeln könnten"[98], erspart bleibt. Dazu gehört, damit eine "*kranke* Einbildungskraft" den Zuschauer "jammern" kann und er nicht "unwillig" werde über einen "durch Leidenschaft außer sich gesetzten Menschen", daß er weiß, ahnt oder bemerkt, daß des leidenden Wahnsinnigen "natürliche Empfindungsart gut und edel gewesen seyn müsse." Aus diesem Grunde darf niemand "von alltäglichem Kopfe und Herzen"[99] wahnsinnig werden; er würde nur als "Narr" wirken, als

> "(. . .) ein eckelhafter Gegenstand, dessen Schilderung sich zwar Shakespear und seine Zeitgenossen erlaubt haben, der aber einem gebildeten Zeitalter nothwendig mißfällt."[100]

Einen charakterlich edlen Wahnsinnigen hingegen kann der Dichter Wahrheiten sagen lassen, die gerade w e i l jener sie im Wahnsinn "mit derjenigen Wahrheit und demjenigen Nachdrucke mittheilt, welche die Aufhebung aller Rücksichten den menschlichen Reden zu geben pflegt"[101], als echte, in der N a t u r des Individuums liegende Wahrheiten wirken müssen.

> "Der Mensch bey gesundem Verstande hält mit dem, was er denkt, zurück, und sagt jedesmahl nur so viel davon, als zu dem vorliegenden Gegenstande gehört (. . .). Der Mensch hingegen, welcher außer sich ist, verliert sich in seinen Ideen (. . .). Er ist immer, wie allein (. . .). Kein Wunder, daß wir ihn also besser, als jeden andern, kennen lernen (. . .)."[102]

Was die Zuschauer aber im Theaterwahnsinnigen kennenlernen können, ist das,

> "(. . .) was in der Seele aller von Leidenschaft eingenommenen Menschen vorgeht, was aber von denen, deren Gehirn noch nicht krank, und deren Selbstbewußtsein noch nicht geschwächt ist, aus Bewegungsgründen des Vortheils oder der Ehre, verheimlicht, oder gemäßigt wird."[103]

Sie lernen also im Wahnsinnigen sich selbst kennen; er zeigt i h r e Wahrheit, denn er soll ja i h r e n Vorstellungen gemäß gestaltet sein. Und zu diesen Vorstellungen gehört eben das Paradox, daß der Wahnsinnige die wahre Natur des Gesunden zeigen kann, die bei diesem durch die Vernunft verschleiert ist, und gleichzeitig in der Rührung über den Vernunftverlust dem Gesunden die Vernunft als dessen eigentliches Wesen bestätigt. Der Wahnsinnige hat als Identifikationsfigur im Theater die Funktion, eine Vernunft als wesenhaft zu bestätigen, die Wesenhaftes in der menschlichen Natur verdeckt, verschleiert: Er bestätigt eine Vernunft, die in sich selbst widersprüchlich ist. Das erkennt Garve nicht, weil dieser Widerspruch gleichzeitig Voraussetzung für die zu erzielende Rührung ist.

Insofern erfüllt der rührende Wahnsinnige in Garves Denken eine ähnliche Funktion wie der reale Geisteskranke für die Masse der Irrenhausbesucher – nur daß die Identifikationsfigur im Theater eine wohltemperierte, keine exzessiven Gefühle des Abscheus freisetzende Katharsis ermöglichen soll. Das verweist auch darauf, daß die Irrenhausbesucher nicht unbedingt der Schicht der Theaterbesucher angehören mußten; Bedürfnisse nach Rührung ohne tiefgreifende Erschütterung und Bedürfnisse nach einer solchen Erschütterung angesichts von Häßlichem und Abstoßendem dürften unter anderem auch nach der sozialen Schichtenzugehörigkeit des Publikums zu differenzieren sein. Warum aber für die gefühlvolleren und verfeinerteren Zeitgenossen gerade der Wahnsinn auf der Bühne "vorzüglich rührend" wirken konnte, darüber denkt Garve nicht nach; er setzt es voraus.

Auf derselben Voraussetzung beruhen auch die "Biographien der Wahnsinnigen" von 1795 - 96 des beliebten Trivialautors Spieß, dessen Irrenhausschilderung schon vorgestellt wurde. Am Beispiel nur einer seiner Fallgeschichten[104] lassen sich Voraussetzungen und Konsequenzen einer n i c h t reflektierten kathartischen Funktionalisierung des Wahnsinns recht gut zeigen. Der Wahnsinnige wird als Sündenbock literarisiert, ohne daß dies einer bewußten Intention entspräche, und die Krankheitsgeschichte wird als tragische gestaltet, ohne daß der Aufklärer Spieß[105], der sein Lesepublikum vor der Geisteskrankheit als realer Gefahr für die eigene Vernunft warnen u n d Mitleid mit den Kranken erwecken will, wahrnähme, daß er i n und m i t seiner Fallgeschichte eine Katharsis beschreibt und als Möglichkeit für den Leser bereitstellt, welche die als g e f ä h r d e t verstandene Vernunft bestätigt.

Die "Geschichte von Wilhelm M***r und Karoline W*g"[106] verläuft folgendermaßen: Wilhelm, durch Zwang Soldat geworden, wird über den Winter beim Pfarrer eines Dorfes einquartiert; die jüngste von dessen drei Töchtern ist Lottchen. Alle mögen den schönen und untadeligen Wilhelm, das gefühlvolle Lottchen besonders. Die beiden verlieben sich und kommen, weil die Schwestern in die Stadt gereist sind, der Pfarrer stets früh zu Bett geht und also Zeit und Gelegenheit einladend sind, moralisch zu Fall; sie geben sexuellen Bedürfnissen nach, ohne verheiratet zu sein. Dafür hat der Erzähler volles Verständnis[107]:

> "Kalte, gefühllose Seelen, deren feuchtes Phlegma jede Leidenschaftsflamme sogleich löscht, kann's wundern, daß diese geheimen Zusammenkünfte bald strafbar wurden; mich wundert's, daß die Liebenden einen langen Monat kämpften und nicht früher unterlagen."[108]

Daß sie unterliegen und ihrer Leidenschaft nachgeben, ist also normal und natürlich; die Schuld daran trägt der Pfarrer, der die Liebenden des Abends allein läßt statt auf sie aufzupassen, so Gelegenheiten zum Beischlaf zu verhindern und Lottchen vor den Gefahren desselben zu warnen. Das Unglück nimmt seinen Lauf: Wilhelm will bleiben, Schulmeister werden und Lottchen heiraten, was alles durchaus möglich erscheint.

> "Daß die Liebenden ihre Hoffnung nicht auf Scheingründe bauten, habe ich deutlich erwiesen (. . .)."[109]

Aber dann muß er in den Krieg ziehen und Lottchen, die schwanger ist, zurücklassen. Er will so schnell wie möglich wiederkommen, ihre Ehre retten und ihr beistehen, aber sie ist aus Angst um ihn und aus Angst vor der öffentlichen Schande verzweifelt.

"Erinnerte sie sich nun vollends ihres schrecklichen Zustandes, erblickte sie sich vom alten Vater verflucht, von ihren Schwestern verachtet, von der ganzen Gemeinde verspottet in ihrer einsamen Kammer, so war sie der Verzweiflung nahe."[110]

Nur Verständnis für die Liebenden und Mitleid mit Lottchen sucht der Erzähler beim Leser hervorzurufen und zu steigern. Das gelingt auch durch die mitfühlende Schilderung der seelischen Qualen und Ängste, welche die Schwangere nach der Trennung von Wilhelm durchleidet. Nur: die Reaktionen der Gemeinde, die einsetzen, sobald Lottchens Schwangerschaft öffentlich – nur vom Vater nicht – bemerkt wird, werden g e n a u s o verständnisvoll geschildert:

"(. . .) es kränkte die Väter und Mütter, daß in so gefahrvoller, verführungsreicher Zeit die Tochter des Pfarrers ihren Kindern ein so übles Beispiel gab und sie gleichsam zur Nachahmung reizte."[111]

Die Gemeinde erhebt Klage beim Superintendenten in der Stadt und fordert "zur Steuer des allgemeinen Ärgernisses, zur Warnung ihrer eigenen Kinder hinlängliche Genugtuung."[112] Der Superintendent schreibt an den Pfarrer und bittet ihn, die Gemeinde "durch einheimische Genugtuung zu versöhnen," weil er sonst Bericht erstatten müsse; der Pfarrer ist überrascht und entsetzt. Lottchen, die inzwischen "mit höhnischem Lächeln" nicht mehr "Jungfer Lottchen, nur schlechtweg Lottchen gegrüßt"[113] wird und unendlich leidet, muß nun hören, wie ihr Vater leidet:

"(. . .) o ich geschändeter, o ich erbarmungswürdiger Vater! Mutter! Mutter! Dein Liebling (. . .) ist gefallen, hat Ehre und Tugend vergessen (. . .) – Sie haben Recht, daß sie Genugtuung fordern, ich muß sie leisten! (. . .) Gott schütze dich vor Verzweiflung, darum flehe und bitte ich ihn, mehr vermag ich nicht, mehr kannst du nicht fordern! (. . .) Weg! Weg! Sonst wirst du auch Vatermörderin!"[114]

Der Erzähler hat volles Verständnis für Lottchen, den Vater und die Gemeinde; Lottchen ist schuldlos schuldig geworden, und die von der Gemeinde geforderte Genugtuung als öffentliche Strafe der Gefallenen ist nicht nur berechtigt, sondern zwangsläufig. Die Strafe findet sonntags in der Kirche statt. Lottchen, von ihrem Vater zum Kirchgang gezwungen und halb ohnmächtig vor Angst, kann sich kaum aufrechthalten – und d i e s e r Anblick läßt bei der Gemeinde neue Gefühle entstehen:

"Die ganze versammelte Gemeinde sah ihr Leiden, schloß auf Entdeckung und fühlte Mitleid. (. . .) alle sangen im traurigen Tone (. . .). Als nachher der alte Vater (. . .) zum Altar wankte, (. . .) da weinten schon viele (. . .)."[115]

Als der Pfarrer die Kanzel besteigt, herrscht tiefe, erwartungsvolle Stille. Und es folgt das Erwartete: die öffentliche Selbstanklage des Vaters, der als Bewahrer der Tugend versagt hat, und die vor Gott und der Gemeinde gestellte Frage an Lottchen, ob er, der Vater, nicht alles getan habe, um sie tugendhaft zu erziehen. Die Wirkung dieser Worte ist erschütternd: Das "laute Schluchzen der ganzen Gemeinde, das klägliche, fürchterliche Winseln seines Kindes"[116] hindern den Pfarrer daran, weiterzusprechen; alle drängen sich zu Lottchen, küssen und umarmen sie. Von allen Anwesenden schallt dem Vater die Bitte entgegen, er möge seiner Tochter vergeben; er soll Pfarrer bleiben, und die Gemeinde bereut, was den Brief an den

Superintendenten betrifft, ihren "voreiligen Schritt von ganzem Herzen!"[117] Dann aber

> "(. . .) herrschte tiefe Stille und Erwartung, jeder wollte die Worte der Versöhnung hören, damit er einst Zeuge derselben sein könne. Der alte Vater küßte jetzt die Stirne seines Kindes (. . .)."[118]

Die Szene endet damit, daß die Gemeinde Vater und Tochter in ihren Schutz nimmt – gegen alle moralischen Vorwürfe.

> "Fluch treffe den, sprach ein alter Bauer, der ihr und ihm den geringsten Vorwurf macht! Fluch! Fluch treffe ihn, schrien alle."[119]

Von nun an, nach dem Ausbruch der Flamme des Mitleids im Moment der Strafe, ist die Gemeinde äußerst tugendhaft in der Ausübung des Mitleids – aber das Unglück nimmt seinen weiteren Lauf. Lottchen, seit dem Strafgericht schwer krank, wird von den Frauen des Dorfes bewacht und gepflegt, der Superintendent wird um Vergebung gebeten, der Pfarrer geliebt. Aber die beiden Schwestern kehren aus der Stadt zurück und machen nun, ohne daß vom Erzähler eine Verbindung hergestellt würde, dem Vater und Lottchen dieselben Vorwürfe und verhöhnen sie als Kuppler oder moralisch Gefallene ebenso, wie es vor der öffentlichen Strafe die Gemeinde getan hat. Diese schützt Lottchen nun als ihr Kind und quartiert die Kranke im Dorf ein, um sie den bösartigen und hartherzigen Schwestern zu entziehen. Die werden belehrt, daß "der sich am sichersten dünke, oft dem Falle am nächsten sei"[120] – was aber nichts nützt. Die Schwestern treiben den Pfarrer mit ihren Vorwürfen in den Herztod und versuchen, alles Erbe an sich zu reißen; die Gemeinde verspricht dem Sterbenden, für Lottchen zu sorgen. Des Richters Sohn will sie sogar heiraten, falls Wilhelm aus dem Krieg nicht zurückkehrt. Aber als Lottchen, der man den Tod des Vaters verheimlicht hat, den Leichenzug sieht und sich als Vatermörderin begreift, sinkt sie

> "(. . .) mit einem gräßlichen Schrei zu Boden. (. . .) ihr Verstand war unwiderbringlich verloren. (. . .) Sie raste, überwältigte oft die Wärterinnen und suchte ein Werkzeug, um sich zu ermorden."[121]

Die Gemeinde ist betrübt, bezahlt einen Arzt und muß gerührt und traurig Lottchens Wahnvorstellungen anhören: daß sie als Vatermörderin vor dem Hochgericht stehe, zum Schafott verurteilt sei und hingerichtet werde. Das ändert sich nach der Geburt der Tochter Wilhelmine; bei der Taufe erneuern alle "den Bund, Mutter und Kind bis an ihren Tod zu ernähren." Und Lottchens

> "(. . .) Wahnsinn hatte sich auf die glücklichste Art geändert, sie wähnte mit ihrem Kinde im Himmel zu sein und glaubte alle Freuden desselben zu genießen."[122]

Im Wahnsinn wird Lottchen glücklich, körperlich gesund und schön wie ein Engel; sie wähnt, sich mit Gott und den Engeln zu unterhalten, die ihr Kind wiegen, und hält im Wahn die Frauen des Dorfes, die sie versorgen, für eben diese Engel. Die aber

> "(. . .) weinten innig, wenn ihr wahnsinniges Pflegekind sie für Engel ansah und mit ihnen von den seligen Freuden des Himmels sprach."[123]

Die Gemeinschaft der Engelhaften versorgt Lottchen nicht nur im Überfluß, sondern spinnt auch Leinwand, damit es der Wahnsinnigen nie am gewünschten weißen "Engelskleid" fehle. Die Verschonung des Dorfes vom Kriegswüten in den nächsten vier Jahren wird für eine Folge der engen Verbindung Lottchens zum Himmel gehalten:

> "Jedermann glaubte, daß das Gebet des Engels, so nannte man durchgehends Lottchen, diese glückliche Wirkung hervorgebracht hätte, man schätzte und liebte sie deswegen immer stärker."[124]

Als Wilhelm nach dem Krieg zurückkommt, ist er über den Wahnsinn der Geliebten erschüttert; sie erkennt ihn wieder, freut sich auch und liebt ihn, aber er darf ihr nicht zu nahe kommen.

> "Wenn er mir zu nahe kommt, so trägt er mich aus dem Himmel wieder in die Welt hinab, und da muß ich wieder aufs neue leiden. O dahin mag ich nicht mehr! Nein! Nein!"[125]

Die Gemeinde versucht in ihrem Mitleid mit Wilhelm alles, um die Liebenden zu vereinen; Wilhelm stellt sich nach allgemeiner Absprache Lottchen sogar als weißgekleideter Gestorbener vor, der auch im Himmel sei. Aber das fruchtet nichts, und so wird Wilhelm, der auf der anderen Seite eines Baches, den Lottchen für die Grenze zwischen Himmel und Erde hält, mit der Unerreichbaren spazierengehen darf, schließlich auch wahnsinnig.

> "Er behauptete kühn, daß er von Gott wegen Lottchens Verführung in die Hölle verurteilt sei und nicht den Bach überschreiten dürfe, der die Grenze zwischen dieser und dem Himmel bezeichne. Alle Beweisgründe waren fruchtlos, und der Pfarrer sah klar ein, daß Wilhelms Verstand nun auch verloren sei."[126]

Vereint werden die Liebenden im Bach, in dem sie ertrinken und engumschlungen, glücklich lächelnd gefunden werden.

> "Sie wurden an einem Tage und in einem Grabe beerdigt, das ganze Dorf folgte ihrer Leiche und beweinte ihren Tod. (. . .) Der Pfarrer zierte ihre Ruhestätte mit einem weißen einfachen Steine, worauf die Worte stehen: *Himmel und Hölle trennte, aber der Tod vereinigt sie!*"[127]

Damit und mit einem kurzen Ausblick auf das weitere Leben der Tochter Wilhelmine endet die Fallgeschichte.

Auf der Ebene des Erzählerbewußtseins und der davon abhängigen Darstellung des Handlungsverlaufs spiegelt sie das Mitleid, das eine Katharsis ermöglicht, die in der

Verwandlung von Mitleid und Furcht in tugendhafte Fertigkeiten besteht, im Sinne Lessings. Gleichzeitig spiegelt sie, als unreflektierter Ausdruck des Autorenbewußtseins, insgesamt aber auch die sozialpsychologischen Mechanismen, die der Katharsis zugrunde liegen und d u r c h s i e s e l b s t aus dem Bewußtsein der Gemeinde w i e des Erzählers verdrängt werden. Denn was im Moment der Strafe Lottchens bei der Gemeinde hervorbricht, gereinigt und umgewandelt wird, ist etwas anderes als Lessing es sich vorstellt. Es ist ein gemischtes Gefühl aus Befriedigung über die erwartete, herbeigeführte, erzwungene und erreichte Strafe, welche die Leidende zusammenbrechen läßt, und aus schlechtem Gewissen über diesen Zusammenbruch, den herbeizuführen unmenschlich, gar nicht mitleidig und hartherzig war. Die Gemeinde b r a u c h t den Zusammenbruch Lottchens, um überhaupt mitleidig sein zu k ö n n e n – und dieses Bedürfnis nach dem Leiden der Schwangeren zur selbstbestätigenden moralischen Absetzung von ihr wird durch die Erfahrung der Katharsis und deren Folgen ungeschehen gemacht. Das schlechte Gewissen wird k o m p e n s i e r t durch das folgende tätige Mitleid der Gemeinde und äußert sich bis hin zur Idealisierung der Wahnsinnigen als eines Engels, der für sie betet. In der Hartherzigkeit der zurückgekehrten Schwestern erkennt die Gemeinde nicht das eigene vorherige, Lottchen zerstörende inhumane Verhalten, sondern fremdes; sie verschiebt die eigene Inhumanität auf die Schwestern, und der Erzähler vollzieht diese Verschiebung mit. Dadurch kann die Gemeinde die eigene Humanität im Mitleid als tugendhafter Fertigkeit vor sich selbst und dem Leser bestätigen. Auch die Furcht wird n a c h der Kirchenszene reguliert, denn: Die Krankheit und der folgende Wahnsinn Lottchens sind einerseits als Folgen eigenen möglichen Fehlverhaltens zu befürchten, andererseits aber auch nicht. Die Kranke demonstriert nur noch eine a l l g e m e i n menschliche Möglichkeit des Unglücks, nicht mehr eine konkrete Gefahr für die Gemeinde selbst. Diese bestätigt sich ja a n Lottchen als außerordentlich tugendhaft, so daß ihren Mitgliedern im gesicherten Selbstgefühl ein ähnliches Schicksal gar nicht widerfahren kann. Und d i e Moral, welche Lottchens Zusammenbruch erzwungen hat, bleibt als absolut gültig und als Schutz vor dem Wahnsinn gewahrt – durch Lottchens Wahnsinn. Sie erscheint im Wahnsinn erstens nicht leidend, sondern glücklich – was der Gemeinde bewußte Schuldgefühle ersparen kann. Zweitens muß sie nicht als gesunde unverheiratete Mutter akzeptiert werden und bleibt unheilbar wahnsinnig – was der Gemeinde die U n m ö g l i c h k e i t individuellen, sozial zuzulassenden Glücks nach einem moralischen Fehltritt bestätigen kann. Und drittens ermöglicht sie a l s Wahnsinnige, daß die Gemeinde nun stellvertretend für sie ihre ehemals v e r b o t e n e n Wünsche und Bedürfnisse erfüllen will.

Diesen Mechanismen, welche die Verhaltensmuster der Gemeinde auf der Darstellungsebene erkennen lassen, entsprechen die Wahnsinnsgenese und die Wahnvorstellungen Lottchens unter individualpsychologischem Aspekt: Ihr Wahnsinn ist Folge übergroßen Leids, das sozialpsychologisch begründet dargestellt, aber als individualpsychologisches kommentiert und erklärt wird, und ihre Wahnvorstellungen sind Kompromißbildungen von Anerkennung der eigenen Schuld und Beharren auf dem Anspruch nach Glück.[128] Ihr Glück im Wahnsinn schließt nicht die Liebe zu Wilhelm, aber jegliche Sexualität aus.

Derart spiegelt sich in dieser "Biographie" ein Mitleid, das an die Umdeutung eines s o z i a l bedingten Leidens in ein individuell bedingtes und zwangsläufig – s c h i c k s a l h a f t e s als Voraussetzung gebunden ist. Das durch die Katharsis erreichte Mitleid bestätigt eine Moral, die widersprüchlich bleibt und umschlagen kann in Inhumanität, wenn ihr nicht entsprochen wird. So betrachtet, haben s o w o h l Lessing, der an die Umwandlung der Leidenschaften in tugendhafte Fertigkeiten glaubt, a l s a u c h Nicolai, der dies bestreitet, recht. Lessings Denken ist zu beziehen auf das Bewußtsein der Tugendhaften, Nicolais Denken auf die Erfahrung mit ihnen. Die Gemeinde bei Spieß aber würde bei allem bewußten und gefühlten tugendhaften Mitleid dem wahnsinnigen Lottchen gegenüber die nächste unverheiratete Schwangere im Dorf e b e n f a l l s ausstoßen und ins Unglück treiben. Und der Leser, der sich mit den Liebenden, Lottchens Vater, der Gemeinde und dem Erzähler identifizieren kann, über die Kirchenszene gerührt ist und wegen der gerührten und mitleidigen Gemeinde in Absetzung von den bösen Schwestern gar nicht wahrnimmt, daß jene selbst den Sündenbock erst geschaffen und dann geopfert hat, kann sich selbst tugendhaft, verständnisvoll und mitleidig fühlen, ohne einerseits die Macht sexueller Bedürfnisse leugnen oder sie andererseits gegen die herrschende Moral anerkennen zu müssen. Das konnte, vermittelt man die dargestellten Einstellungen der Gemeinde mit denen von Spieß' Lesergemeinde, über die gerührte Selbstbestätigung beim Leser durchaus zum Lesevergnügen beitragen.[129]

Aber sowohl gegen relative Wahrheiten wie bei Wieland oder Musäus als auch gegen den Kontrollgedanken, sowohl gegen ein reduziertes, starken Erschütterungen und Gefühlen abholdes Publikum als auch gegen Literaten und generell die Zeitgenossen, die individuelle Bedürfnisse und Leidenschaften, Gefühle und Ansprüche zu regulieren und zu mäßigen suchten, gab es in den 70er Jahren eine vehemente literarische Opposition. Texte wie die bislang vorgestellten wurden als u n w a h r verstanden: Sie entsprachen weder der Erfahrungswirklichkeit vieler Literaten und Leser noch, damit zusammenhängend, dem Bedürfnis nach einer verbindlichen und gültigen Wahrheit, in der das Individuum sich wiedererkennen und die sein Glück in einer alle Bereiche umfassenden Harmonie garantieren konnte. Ansprüche d a r a u f wurden in der Literatur recht stürmisch geäußert: gegen alle Kontrolle, die als unnatürlich empfunden wurde.

Natur, Unnatur und Wahnsinn

> "Gott! – was seh' ich? (. . .) – wie sie sich windet, die Wonnegeberin! sich krümmt – die Augen dreht und erstarrt – Ha! jetzt schwebt sie da oben – wink nur, wink nur, gute Seele! o ich folge dir – gleich! (. . .) – Dolch – Dolch! einen Dolch – ein Messer her – (. . .)."[130]

Der vorletzte Paroxysmus des Assessors Langen hat seinen guten Grund; denn Fridericke, die er als Tochter eines Kutschers nicht heiraten durfte, hat Gift genommen. Sie tritt auch sofort nach dem Anfall des Geliebten weißgekleidet ins Zimmer, erfährt, was dieser schon vorher wußte: daß nun doch geheiratet werden darf, stöhnt

"Zu spät! – Langen! – (. . .) gestern schon – Gift – Verzweiflung (sinkt auf den Sofa zurück)"[131]

und stirbt. Langen stürzt daraufhin im letzten Paroxysmus ins Nebenzimmer – "vier Mann können ihn nicht halten"[132] – und tritt nicht mehr auf. Seine anwesende Mutter aber, die Justizrätin, die das ganze Unglück verschuldet hat und zu spät wieder gutmachen wollte, wird über den Gifttod Fridericke und den Wahnsinn des Sohnes nun selbst wahnsinnig:

"So! das hab' ich gekonnt! hahaha! – O ich kann noch mehr, ich! (. . .) das ist mein Werk, hahaha! nicht wahr, das hätten Sie hinter mir nicht gesucht? hahaha! (. . .) – kein Mensch will lachen, und ich bin doch so aufgeräumt – Tral-tal-de-ral-de-tal-lera – (. . .)."[133]

In diesem Zustand will sie auch noch einen dabeistehenden Feldscher erschießen, aber der hindert sie zusammen mit Langens Freund Werner daran, so daß sie nicht "noch ein Vergehen mehr zu bereuen"[134] hat. So endet Heinrich Leopold Wagners Schauspiel "Die Reue nach der Tat" von 1775 ohne Mord, nur mit einem Selbstmord und einem zweifachen Verlust des Verstandes.

Der ist bei Langen, "dem armen Schlachtopfer" der "tollen Eitelkeit"[135] seiner Mutter, von außen bedingt. Zwar ist sein Charakter wie der so vieler Sturm-und-Drang-Helden das ganze Stück hindurch so beschaffen, daß ständig "alles bei ihm über und über kocht"[136], aber eben darin äußert sich keine Gefährdung seiner inneren Harmonie, sondern seine w a h r e   N a t u r, die ihr Recht fordert. Heißblütig liebt er sein unschuldiges Rickchen, die "liebe unverdorbne Natur! wie sie aus den Händen des Schöpfers kam"[137], und ebenso leidenschaftlich lehnt er sich gegen "alberne Vorurteile"[138] der Justizrätin auf, die ihm die Mesalliance verbietet. Auf dem Höhepunkt der Auseinandersetzung löst er gar die Sohnesbande, um sein Glück auch ohne mütterlichen Segen zu verwirklichen – was Freund Werner bekümmert:

"Sie wurden zu geschwind hitzig – (. . .) Sie konnten's aber voraussehn; Sie kannten sie (. . .) Warum hielten Sie da nicht ein? warteten einen bessern Augenblick ab?"[139]

Aber das hat nur die Wirkung, daß Langen die kalte Vernunft des Freundes verachtet und zu Fridericke stürzt, um sie zur Seinen zu machen. Die will jedoch "den Fluch der Eltern" nicht "mit in die Eh' nehmen"[140], weil das für alle Zukunft Unglück bringe, und der Liebende fühlt sich sofort nicht mehr geliebt. Deshalb will er alles "mit einem Druck (. . .) zernichten, zu Pulver zermalmen"[141]. Aber dann erzählt ihm ein anwesender heruntergekommener Jude seine Leidensgeschichte als Folge einer Heirat, die mit dem Fluch des Vaters beladen war, und Langens Bedürfnis, alles zermalmen zu wollen, schlägt um in trostlose Verzweiflung. Denn eine Ehe ohne den Segen der Mutter kann ja tatsächlich nur Unglück bringen. Desto größer ist die Freude, als Werner hereintritt und die Einwilligung der Justizrätin verkündet; der erleichterte Sohn ist nun der eben noch angegriffenen Fridericke dankbar, daß ihre Tugend als Ausdruck reiner Natur die seine bewahrt habe. Nur hat die Mutter den Freund belogen und inzwischen einen Kniefall vor der Monarchin gemacht, damit diese den Sohn an seine Gehorsamspflichten erinnere. Das unternimmt sie auch in aller Güte, während sie Fridericke in ein Kloster schaffen und den verzweifelten Langen wenig später arretieren läßt. Denn der hat zwar die Berechtigung aller Ermahnungen eingesehen, kann sie aber wegen seiner nicht zu unterdrückenden Liebesleidenschaft nicht beherzigen. Über den Verlust der Geliebten und seinen Arrest verfällt er einem Wahnsinn, in dem Fieberphantasien über den Besitz Friderickes und Anfälle von Raserei wechseln; das geht aus Dialogen im sechsten Akt hervor. Dieser spielt drei Wochen nach dem Eingreifen der Monarchin; Werner, der den fiebernden und rasenden Langen nun beaufsichtigt, hat jener inzwischen über den Herrn Staatsrat zu Ohren bringen können, daß sie von einer grausamen und herzlosen Mutter getäuscht worden sei. Und so erhält der Freund dann den längst erwarteten Brief mit der kaiserlichen Heiratserlaubnis und einer scharfen moralischen Verurteilung der Justizrätin, kurz bevor diese zur Tür hereinkommt und all ihre Fehler auch schon von allein eingesehen und bereut hat. Kaiserliche wie auch mütterliche Wiedergutmachung kommen jedoch zu spät, weil das Gift im Kloster bereits genommen wurde; die beschriebene Schlußszene findet statt, als den Liebenden kein Verbot mehr entgegensteht.

Nun sind die Ursachen beider Wahnsinnsfälle ganz dem Denken der Zeit gemäß – wie in den unterhaltend aufklärenden Texten über Irrenanstalten. Bei Langen sind es verhinderte Liebe und übergroßes, schockartig erfahrenes Leid, an dem er unschuldig ist, bei seiner Mutter durch Bosheit, Stolz und Eitelkeit selbstverschuldetes Leid, das nicht mehr ertragen werden kann. Nur bezieht Wagner diese Ursachen nicht als "erste Quellen" einer Kette von Ursachen und Wirkungen auf die Charaktere so, daß deren intrasubjektive Harmonie von Fühlen, Wollen und Denken in der Interaktion mit anderen allmählich gestört würde: Sie ist schon im geistesgesunden Zustand nicht vorhanden. Bereits das ständige "Überkochen" des gesunden Langen setzt seine Vernunft zeitweilig außer Kontrolle; er reagiert auf Mutter, Freund, Geliebte und Monarchin immer wieder im Affekt. Diese Reaktionen sind weder regulierbar noch zu mäßigen, sondern situationsgebunden wie das, was Langen jeweils will. Beherrschend ist nur eins: das leidenschaftliche Bedürfnis, Fridericke als Ehefrau zu besitzen. Wird dieses, auch von der Geliebten selbst, nicht s o f o r t erfüllt, ist der Leidenschaftliche dumpfer Verzweiflung und blinder Aggression ausgesetzt, ohne noch überlegen zu können, wie sein Ziel gegen alle äußeren Hindernisse erreichbar wäre. Die Justizrätin hingegen intrigiert ganz wohlüberlegt, verhält sich aber als Mutter unnatürlich, weil es ihr an allem Gefühl für die Bedürfnisse des Sohnes mangelt. Zur Durchsetzung von Eigeninteressen zerstört sie die mögliche Harmonie zwischen sich und Langen, stört die Ordnung, die durch die Monarchin repräsentiert ist, und bewirkt die Zerstörung beider Liebenden. In Mutter und Sohn stehen also zwei Parteien gegeneinander, deren b e i d e r Verhalten einem überindividuellen Ordnungsrahmen nicht zu entsprechen scheint.

Daß Langens Mangel an Selbstkontrolle, die Unfähigkeit aufgrund seiner Leidenschaft, seine Affekte zu mäßigen und sein Verhalten – wie etwa ein Don Sylvio – dem Erreichen des einen Ziels zu unterstellen, nun nicht als bereits umweltbedingte Störung, als Schwäche erscheint, liegt, wie schon erwähnt, an seiner N a t u r.

Die ist geprägt durch die Leidenschaft, deren Befriedigung keinen Aufschub zuläßt; jede erzwungene Verzögerung von außen hat die Desintegration eines Ich zufolge, das auf die Erfüllung seiner leidenschaftlichen Bedürfnisse angewiesen ist. Erst diese gewährleistet die intrasubjektive Harmonie, und solange sie nicht vorhanden ist, hat Langen der behindernden äußeren Realität keinen subjektiv sinnstiftenden, die Realisierbarkeit des Gewünschten garantierenden Entwurf entgegenzusetzen. Anders als Sylvio ist er der Wirklichkeit, wie sie ist, ausgeliefert und wird wahnsinnig aufgrund der erzwungenen Leidenschaftskontrolle. Durch die Kontrolle der Leidenschaft, nicht durch sie selbst, wird also auf der Darstellungsebene die Vernunft zerstört.

Das macht, gerade auch im Gegensatz zur Charakteristik des Freundes Werner, einen an die besondere Natur des Individuums gebundenen Vernunftbegriff des Autors deutlich, der sich von dem einer allgemeinverbindlichen, durch Leidenschaften, Wünsche und Bedürfnisse zu störenden Vernunft unterscheidet. Was Julius von Tarent seinem Freund Aspermonte gegenüber explizit vertritt, ist auch konstitutiv für die Unterschiedlichkeit der Freunde in Wagners Stück:

> "(. . .) jeder hat seine eigene Vernunft wie seinen eignen Regenbogen! Ich die Vernunft der Liebe; – Sie die Vernunft der Trägheit. – Wenn (. . .) die Leidenschaften über uns herrschen, was ist der eingebildete göttliche Funken? – Da dunsten aus dem kochenden Herzen feinere und kraftlosere Teile – steigen ins Gehirn und heißen Vernunft."[142]

Das Individuum allein erscheint als Norm für seine jeweils besondere, von seiner Natur abhängige Vernunft; und leidenschaftliche Naturen wie Langen haben eben eine leidenschaftsgebundene Vernunft. Unvernünftig sind die, die das nicht erkennen und den Einzelnen auf eine allgemeingültige Vernunft reduzieren wollen; moralisch schlecht sind die, welche die Bedürfnisse anderer und damit ihre Natur aus Eigeninteresse unterdrücken.

Ein solcher Vernunftbegriff steht gegen jede Vernunft, an deren Maßstab individuelles Bewußtsein zu messen wäre – auch gegen die enthusiastische, wie Shaftesbury sie versteht. Das Individuum soll in seiner Besonderheit mit seinen Leidenschaften und Bedürfnissen anerkannt werden in seiner eigenen Wahrheit. Das impliziert, daß eine verbindliche Gesetzmäßigkeit des Erkennens einer einheitlichen Wahrheit als Bedingung für die Möglichkeit intra- und intersubjektiver Harmonie nicht mehr vorausgesetzt wird; eine solche Voraussetzung, vertreten durch Werner, bedingt die Aufforderung zur mäßigenden Regulierung der Leidenschaften und reduziert dadurch das besondere Individuum auf ein ihm nicht gemäßes Maß.

> "Ich bin mehr als einmal trunken gewesen, und meine Leidenschaften waren nie weit vom Wahnsinne und beides reut mich nicht, denn ich habe in meinem Maße begreifen lernen: Wie man alle außerordentliche Menschen, die etwas Großes, etwas Unmöglichscheinendes würkten, von jeher für Trunkene und Wahnsinnige ausschreien mußte."[143]

Das sagt Werther, den Leidenschaftlichen als Außerordentlichen aufwertend; die kalt Vernünftigen, selbst Reduzierten, begreifen die in ihm liegenden Möglichkeiten nicht und etikettieren ihn als trunken oder wahnsinnig, weil sie ihn aufgrund ihrer eigenen angepaßten Vernunft mit ihren sozial geprägten Normen und Werten nicht verstehen.

So erscheint der Wahnsinn als Etikett Verständnisloser für Gesunde, deren besondere Natur *und* Verbindung zur äußeren Natur sie verkennen. Die darin enthaltene Kritik an einer restriktiven, normativen Vernunft wirkt ganz modern. Das Problem ist nur, daß Langen wie Julius oder Werther eben *nichts* "Unmöglichscheinendes" bewirken, obwohl sie meinen, es zu können. Sie scheitern am *Unmöglichen* und werden als Individuen zerstört, ob durch Wahnsinn, Mord oder Selbstmord, macht dabei prinzipiell keinen Unterschied. Und ein Grund dafür liegt nicht nur in der behindernden, ihrer besonderen Natur nicht gemäßen und sie desintegrierenden äußeren Realität, sondern auch in eben dem individualisierten, leidenschaftsgebundenen Vernunftbegriff, der ihr als wahr entgegengesetzt wird.

Denn: die Aufwertung der Leidenschaften impliziert, daß die Vernunft nicht nur in ihrer sozialen Kontrollfunktion angegriffen, sondern auch in ihrer intrasubjektiven *abgewertet* wird. Liegt allein in seinen Leidenschaften die Wahrheit des Individuums, die seine Vernunft bedingt und prägt, dann ist es ihnen selbst auch ausgeliefert und muß zwangsläufig scheitern, wenn ihm die Erfüllung seiner Wünsche verwehrt wird.

> "(. . .) der Mensch ist Mensch, und das bißchen Verstand, das einer haben mag, kommt wenig oder nicht in Anschlag, wenn Leidenschaft wütet (. . .)",[144]

meint Werther vorübergehend und vergleicht dieses Wüten mit dem Fieber, an dem jemand sterben könne: Es sei unmöglich, die Selbstzerstörung eines Menschen, der aufgrund verhinderter Liebe und übergroßen, von außen bedingten Leids in die Verzweiflung geraten ist, *nicht* für zwangsläufig zu halten. Denn zu meinen, daß der Verzweifelte die Zeit wirken lassen und dadurch einen "Ausweg aus dem Labyrinthe der verworrenen und widersprechenden Kräfte" finden könne,

> "(. . .) ist eben, als wenn einer sagte: 'Der Tor! stirbt am Fieber! Hätte er gewartet, bis sich seine Kräfte erholt, seine Säfte verbessert, der Tumult seines Blutes gelegt hätten, alles wäre gut gegangen, und er lebte bis auf den heutigen Tag!' "[145]

Das ist die andere Seite der Kritik an einer verbindlichen Vernunft: Leidenschaften und Bedürfnisse werden verabsolutiert und sind gleichzeitig selbstzerstörerisch, weil sie als absolut wahre, der besonderen Natur entsprechende nicht zu relativieren sind. Und eben darin liegt *auch* das unausgesprochene, nicht reflektierte Eingeständnis, daß gegen die kritisierte, kontrollierende und unterdrückende Sozialvernunft, die selbst gestört ist, nichts zu tun sei. Hindert sie nämlich das leidenschaftsgebundene Individuum an der Erfüllung seiner Bedürfnisse, dann zerstört es nicht das, wodurch es selbst zerstört wird, sondern zehrt sich von innen auf. Damit bestätigt sein Scheitern nicht nur die Kritik an der gestörten Ordnung, sondern auch deren Macht, gegen die es sich aufgelehnt hat.

Warum dies so ist, läßt sich sowohl an der Figur Langens als auch an der Konfliktkonstruktion von Wagners Stück ablesen. Diese ist so beschaffen, daß Langen zurecht gegen "alberne Vorurteile" der Mutter kämpft, daß seine verbotene Liebe aber gleichzeitig in der Tat als unüberwindbar verboten gilt, bis Mutter und Monarchin sie erlauben. Der leidenschaftliche Held, dessen Natur ihr Recht fordert, ist an d i e Normen und Werte gebunden, von der alle Personen des Stücks ausgehen. Niemand bezweifelt, daß die Ehe des mütterlichen Segens bedarf und daß die Monarchin als Landesmutter in das Privatleben ihrer Untertanen eingreifen darf und soll, um Ordnung zu bewahren und Glück zu befördern. Langens Glücksbedürfnis wird gegen keine dieser beiden Normen gestellt, im Gegenteil: Als er gegen die erste aufbegehrt, um seine Liebe gegen den mütterlichen Willen durchzusetzen, wird ihm dies am Beispiel der Lebensgeschichte des Juden als unglückbringend bewußt. Und sein Bewußtsein wird auch dem Leser oder Zuschauer als wahr vermittelt; es begründet, in völliger Gleichberechtigung mit der dagegen stehenden Liebesleidenschaft, erst die Ausweglosigkeit des Konflikts. Mehr noch: Werners ganze Rationalität zielt darauf, die Heiratserlaubnis zu bekommen, die so als n o t w e n d i g erscheint, soll das Leid des Freundes behoben werden. Und durch den Ausgang des Stücks wird obendrein die traditionelle Ansicht der Aufklärung vermittelt, daß der Leidenschaftliche wahnsinnig wird – ohne daß dies intendiert ist. Denn Langens Wahnsinn als durch die Mutter bedingtes Zerbrechen soll ja gerade zeigen, daß die erzwungene Unterdrückung der Leidenschaften krank macht. Nur unter diesem Aspekt bestätigt der Wahnsinn die Wahrheit der leidenschaftlichen u n d autonomen individuellen Natur, an der eine schlechte, unterdrückende Realität und die Nutzlosigkeit einer aufklärerischen Vernunft wie der Werners demonstriert werden. Aber: Wagner wendet sich gegen eine das Individuum zerstörende gestörte Ordnung und bestätigt sie als unüberwindlich – im Selbstmord und Wahnsinn der Liebenden. Er wendet sich gegen die Unnatur der Mutter, die den Ehesegen verweigert und bestätigt durch den mütterlichen Wahnsinn als Strafe die monarchisch garantierte Ordnung als gültig und glückbringend, weil in ihr und nicht gegen sie Leidenschaften und Bedürfnisse zu erfüllen sind. Und er wendet sich gegen die verbindliche Vernunft Werners und bestätigt sie gleichzeitig. Denn sie wird im Gegensatz zur leidenschaftsgebundenen Vernunft Langens benötigt, damit die Monarchin aufgeklärt werde und als Garant einer allumfassenden Ordnung und Harmonie unangetastet bleibe – obwohl i h r Eingreifen Langen doch wahnsinnig werden läßt. Entwertet wird die durch die a u f k l ä r e n d e Vernunft hergestellte Ordnung nur dadurch, daß sie für die Liebenden zu spät kommt. Das stellt jene aber als solche nicht in Frage, sondern kann nun allein an die Unnatur der mütterlich-individuellen Ordnungsstörung aus Standesdünkel, Stolz und Eitelkeit gebunden werden. Nicht nur die Ursachen von Selbstmord und Wahnsinn sind also dem Denken der Aufklärung gemäß. Verantwortlich für alles Übel sind ja letztlich eben die Laster und das individuelle Fehlverhalten, das von einer auf kontrollierende Vernunft setzenden Aufklärung selbst kritisiert und bekämpft wurde als Störfaktor der angestrebten Harmonie von Individuum, Staat und Gesellschaft. Nur erscheint bei Wagner das Unvernünftige oder Unmoralische gleichzeitig als Unnatur.

Daraus ist zu folgern, daß Wagners Schauspiel nicht nur als Gegenreaktion auf eine Aufklärung zu betrachten ist, die das Individuum in seiner Besonderheit reduziert, und auf eine gestörte soziale Ordnung, die das Individuum zerstört, sondern auch als Fortsetzung der reduzierenden, an Ordnungs- und Harmonievorstellungen gebundenen Vernunft auf anderer, immanent nicht reflektierter Ebene. Durch die Konfliktkonstruktion des Stücks wird das bestätigt, was inhaltlich kritisiert wird: Langens Natur ist so nicht die einzige Norm seiner Charakteristik; oberste Norm ist die wahre monarchische Ordnung. Vor deren Hintergrund wird der Gegensatz zwischen Mutter und Sohn verabsolutiert. Individuelle Natur und verhindernde Realität als individuell gebundene Unnatur werden so ihrer Vermittlung untereinander und ihrer Vermittlung mit der übergreifenden Ordnungsnorm entzogen. Nicht reflektiert wird die Basis der Konfliktkonstruktion: daß das Individuum seine Bedürfnisse nicht gegen, sondern nur in allumfassender Ordnung und Harmonie erfüllen kann – auch wenn die Ordnung selbst gestört ist und zerstörend wirkt. Das heißt: Leidenschaften, das Unberechenbare und Disharmonische werden zwar als zur Natur des Individuums gehörig in dessen Wahrheit integriert, aber aus der wiederhergestellten wahren Ordnung ausgegrenzt. Und das macht, anders als in Wielands Roman, eine verinnerlichte Vernunftposition des Autors deutlich, die eine Emanzipation des Individuums gegen die wahre Ordnung gar nicht zuläßt – eben die kontrollierende Vernunft, gegen die er sich mit seinem leidenschaftlichen Helden wendet.

Was in Wagners Schauspiel nur auf der Ebene der Konfliktkonstruktion erscheint, wird in Schillers "Die Räuber" auch inhaltlich explizit: die Verteidigung des Individuums gegen eine falsche, gestörte Ordnung vor dem Hintergrund der vermittelten Wahrheit, daß alle individuelle Auflehnung auch gegen eine falsche Ordnung verboten ist und bestraft wird. Denn falsch und unnatürlich ist sie nur durch die Individualschuld anderer – und die werden auch bestraft. So muß sich Karl Moor freiwillig der Justiz ausliefern, um für sein Räuberdasein zu büßen. Und Franz, der Ordnungsstörer, muß zusammenbrechen. Ausgerechnet Franz, der vielleicht einzige Intellektuelle in der deutschen Literatur des 18. Jahrhunderts[146], der sämtliche Normen und Werte in ihrer Bindung an die Naturwahrheit und Religion, das Übertragungsdenken einer universalen, vernünftig zu erkennenden Harmonie von Natur und Sittlichkeit als Ideologie durchschaut und seine Leidenschaften beherrschen kann – ausgerechnet dieser sich gegen die sittliche Weltordnung erfolgreich auflehnende Franz wird wahnsinnig aus schlechtem Gewissen. Bis zum fünften Akt beweist er, daß er gar kein Gewissen hat, doch dann soll sein "unsterblicher Geist" über "den blinden Gedanken"[147] siegen. Bei Franz kann der Geist aber nicht siegen, weil der herbeigerufene Pastor Moser sagt, daß Vater- und Brudermord die einzigen vernichtenden Sünden seien. Es siegt dann der Wahnsinn über den plötzlich verzweifelten Franz, den der Pastor "in schröcklichen Bewegungen"[148] zurückläßt und der nun weder beten noch sich selbst umbringen kann, bevor Karls Räuber in holen. Der Verstandesverlust aber löst das Problem:

> "In die Hölle (. . .) *(Wahnsinnig.)* Sind das ihre hellen Triller? hör ich euch zischen ihr Nattern des Abgrunds? – Sie dringen herauf – (. . .) Ha! so erbarm du dich meiner! *(Er reißt seine goldene Hutschnur ab, und erdrosselt sich.)*"[149]

Dieser Wahnsinn ist durch nichts anderes motiviert als durch die Überzeugung des Autors, daß Franz' Denken und Verhalten nicht nur unmoralisch, sondern, viel wichtiger, unnatürlich seien – obwohl sie die Integrität seines Charakters verbürgen und in sich ungebrochen sind. Die Zerstörung durch Wahnsinn und Selbstmord als Folge eigenen lasterhaften Verhaltens hat n u r die Funktion, die Individuum, Gesellschaft und Staat umfassende Ordnung a l s Natur, gegen die Franz sich versündigt hat, zu zementieren. Und die Zementierung widerlegt sich durch die Charakteristik Franz' bis zum benötigten Zusammenbruch selbst. Schiller unterwirft das sich auflehnende Individuum der an Harmonie- und Ordnungsvorstellungen gebundenen eigenen Vernunft, ohne daß dies den Charakteren und ihrer Situation entspräche und daraus abgeleitet würde. Das geschieht mit dem Ziel, dem Publikum die Norm einer wahren und gültigen Ordnung zu vermitteln, die als Weltordnung in Entsprechung zur Ordnung der Naturgesetze, der Sittengesetze, einer ihnen gemäß zu verwirklichenden sozialen Ordnung und einer erst noch zu verwirklichenden ganzheitlichen individuellen Natur gedacht wird. Daß die aufklärerische Intention in bezug auf das Publikum dabei eine emanzipatorische ist, dürfte nicht zu bezweifeln sein.[150]

Dennoch erweist sich bei Schiller noch deutlicher als in Wagners Schauspiel die Verteidigung der Bedürfnisse und Rechte des Individuums g e g e n eine falsche soziale Ordnung als Ideologie vor dem Hintergrund, daß sowohl Auflehnung gegen eine falsche als auch Störung der wahren Ordnung bestraft werden und nur die Ordnung selbst siegt. Die wahre Natur des Individuums mit seiner eigenen Vernunft erscheint also nicht als voraussetzungslose, sondern als eine bereits am Ordnungsdenken normierte. Und der Wahnsinn als Geisteskrankheit hat sowohl für Franz als auch für Langen und seine Mutter die Funktion, ex negativo als Strafe für Unnatur oder positiv als Zerstörung durch die Unnatur anderer eine wahre individuelle Natur zu bestätigen, die einerseits der Besonderheit des Individuums, andererseits einer allumfassenden Ordnung entsprechen soll und selbst gar nicht zu bewahrheiten ist. Gründe für die fehlende Möglichkeit einer solchen Bewahrheitung aber spiegeln sich in dem wohlbekannten, schon mehrmals zitierten Textzeugnis, das schon 1774, sieben Jahre vor den "Räubern" und ein Jahr vor Wagners Stück, erschien. In "Die Leiden des jungen Werthers" wird, vermittelt durch das Bewußtsein Werthers, die E n t g e g e n s e t z u n g einer wahren individuellen Natur und einer ihr nicht gemäßen gestörten Gesellschaftsordnung, die zerstörend ist, aufgelöst. Und darin konnten viele Literaten und Leser i h r e Wahrheit so wiederfinden, daß sie Literatur und Leben verwechselten.

Zerstörte Harmonie: Verhinderungen

Wenige Wochen vor seinem Selbstmord, am 30. November, beschreibt Werther einen Wahnsinnigen. Diesem ist er auf einem seiner Gänge durch die Natur zufällig begegnet – was ihn ergriffen und zu einer verstärkten Erfahrung von Leid geführt hat.[151] Werther schreibt, daß der Kranke Blumen für seine Geliebte gesucht habe. Während der Unterhaltung, die berichtet wird, sagt der Suchende, die Geliebte besitze "Juwelen und eine Krone"; ihren Namen nennt er nicht, sondern antwortet auf Werthers Frage danach, er sei ein anderer Mensch, wenn ihn nur "die Generalstaaten bezahlen wollten."[152]. Das verbindet er mit einem ehemaligen Zustand des Glücks, den er verloren hat und nach dem er sich zurücksehnt.

> " 'Ach ich wollt, ich wäre wieder so! (. . .) da war mir's so wohl, so lustig, so leicht wie ein Fisch im Wasser!' "[153]

An diesem Zustand ist Werther besonders interessiert; deshalb unterbricht er die hinzugekommene Mutter des Wahnsinnigen in ihrer Aufklärung über den Krankheitsverlauf. Sie erzählt, daß Tiefsinn, hitziges Fieber und eine ein Jahr dauernde Raserei im Tollhaus nun übergegangen seien in einen stillen Wahnsinn, worüber sie bei allem zu tragenden Leid für sich und den Sohn noch dankbar sei. Das nimmt Werther kaum zur Kenntnis und will stattdessen mehr über die ehemals glückliche Zeit wissen. Die Antwort, der "törige Mensch" meine das Jahr im Tollhaus, wo er "von sich war", trifft ihn "wie ein Donnerschlag"[154]: Mehr will er nicht hören, gibt der Frau Geld und entfernt sich eilig. Auf dem Rückweg zur Stadt denkt er dann weder über den Wahnsinnigen und dessen gegenwärtige Trauer noch über das Leid der Mutter nach, sondern reflektiert verallgemeinernd das "Schicksal der Menschen". Das zur Kenntnis genommene G l ü c k des ehemals Rasenden macht ihm bewußt, daß die Menschen wohl

> "(. . .) nicht glücklich sind, als eh sie zu ihrem Verstande kommen und wenn sie ihn wieder verlieren!"[155]

Und wegen des Glücks bei fehlendem Verstand möchte Werther in dieser Situation nicht Kind, sondern selbst wahnsinnig sein. Der Wahnsinn verbürgt ihm eine Unbedingtheit des Fühlens und Hoffens g e g e n alle äußeren Hindernisse und eine daraus abzuleitende objektive Hoffnungslosigkeit; das eigene Bewußtsein hingegen verhindert eben diese Unbedingtheit durch die selbstbezogene Reflexion, daß der Mangel an Glück u n d an der Möglichkeit, es zu verwirklichen, n i c h t an einer verhindernden äußeren Realität liegt:

> "Elender! und auch wie beneid ich deinen Trübsinn, die Verwirrung deiner Sinne, in der du verschmachtest! Du gehst hoffnungsvoll aus, deiner Königin Blumen zu pflücken – (. . .) und begreifst nicht, warum du keine finden kannst. Und ich – und ich gehe ohne Hoffnung, ohne Zweck heraus und kehr wieder heim, wie ich gekommen bin. (. . .) Seliges Geschöpf, das den Mangel seiner Glückseligkeit einer irdischen Hindernis zuschreiben kann. – Du fühlst nicht! (. . .) daß in deinem zerstörten Herzen, in deinem zerrütteten Gehirne dein Elend liegt, wovon alle Könige der Erde dir nicht helfen können.' "[156]

Werther b e n e i d e t den Wahnsinnigen also im Bewußtsein des Andersseins. Er hält sein eigenes Leiden a l s Bewußtsein, emotional und intellektuell zerrüttet zu sein, für schlimmer als den Wahnsinn, weil in diesem das Leiden wenigstens jeder Selbstreflexion entzogen ist.
Dem folgt eine Stilisierung des Wahnsinnigen im allgemeinen zum Märtyrer, der in seinen Wahnvorstellungen der eigenen Wahrheit folgt, um das "bedrängte Herz"

zu erleichtern. Er versteht Werthers Vorstellung nach nicht, daß jeder Schritt auf dieses Ziel hin sein Leiden gleichzeitig verschlimmert – weil er alle Qual immer nur als Mittel erfährt, eben diese Qual zu überwinden. So wird seine Krankheit für Werther zur "Pilgrimschaft nach dem heiligen Grabe", und jeder

> "(...) Fußtritt, der seine Sohlen auf ungebahntem Wege durchschneidet, ist ein Lindrungstropfen der geängsteten Seele (...)."[157]

Das verstehen die "Wortkrämer" auf ihren "Polstern", die eine solche Krankheit "Wahn nennen"[158], nicht. Bei dieser Verständnislosigkeit der reduzierten und reduzierenden kalt Vernünftigen angelangt, beschreibt Werther dann seine Gott geoffenbarten Tränen. Die eigene Vorstellung vom unverstandenen Wahnsinnigen, der seinem Leid entrinnen will und ihm nicht entrinnen kann, läßt das Gefühl überwältigend werden, daß es gar keine Linderung für das Leid des Menschen auf seiner irdischen Wanderschaft geben könne. Was der Wahnsinnige der Vorstellung nach wähnt, ist Werther zu wähnen unmöglich. So wendet dieser sich an den unbekannten, fernen, nicht gefühlten himmlischen Vater, schreibt sein eigenes Leid über die Unentrinnbarkeit des Leids nicht *einem* irdischen Hindernis zu wie der Wahnsinnige, sondern dem Irdischen als Hindernis an sich, begreift sich als auf Wanderschaft ausgeschickten Sohn, der früher zurückkehren will als erlaubt, und rechnet dafür mit der Verzeihung nun des liebenden Vaters. *Welchen* Leids er sich aber jenseits des irdischen Lebens zu entledigen hofft und was für ein Glück er sich vor dem Angesicht Gottes vorstellt, schreibt er auch:

> "Die Welt ist überall einerlei, auf Müh und Arbeit Lohn und Freude; aber was soll mir das? mir ist nur wohl, wo du bist, und vor deinem Angesichte will ich leiden und genießen.' "[159]

Genuß *und* Leid ersehnt Werther als Glück – was darauf schließen läßt, daß er unter Glück weniger einen leidlosen Zustand oder den Besitz Lottes versteht als vielmehr die *Totalität des Gefühls*. Die fehlt ihm im Einerlei des Lebens, sieht man von der Liebe zu Lotte zunächst einmal ab. Der Brief über den Wahnsinnigen und den Wahnsinn läßt auch, für sich genommen und im Vergleich zu anderen Briefen, erkennen, warum das so ist:

Am Kranken nimmt Werther nur wahr, was ihm selbst fehlt – die Möglichkeit von Glück; das wird *im* Selbstbezug auf das allgemeinmenschliche Schicksal bezogen reflektiert. Dann wird der *eigene* Wunsch nach einer Unbedingtheit des Gefühls gegen eine verhindernde äußere Realität im Bewußtsein des eigenen Mangels auf den Wahnsinnigen *projiziert*, der als Glücklicher *im* Leiden erscheint. Das wird verbunden mit einem Angriff auf die, welche diese verallgemeinerte Wahrheit nicht erkennen. Die Projektion steigert das Gefühl, selbst noch viel schlimmer zu leiden als jeder Wahnsinnige, und das gesteigerte Gefühl eigenen Leids verdrängt schließlich die vorherige Reflexion, daß dieses Leid im eigenen Herzen und im eigenen Verstand begründet liegt: Es wird in der Reflexion bezogen auf den Wiederholungscharakter des irdischen Lebens an sich, das so unbedingten Genuß und unbedingtes Leid gar nicht zuläßt.

Das kann es, bedingt durch die W a h r n e h m u n g der äußeren und inneren Realität, auch in der Tat nicht. Denn Werther erkennt im äußeren Wechsel das ewig sich wiederholende Einerlei, weil er dieses als objektiv zu Erkennendes selbst in die Außenwelt projiziert – ohne es zu merken. Die Projektion aber ist nicht nur abhängig von dem an Lotte gebundenen Leiden als linerarem Prozeß, der in den Selbstmord führt, sondern auch, vom ersten Brief an, von unbeständigen, stets wechselnden und situationsabhängigen Gefühlen und einer daran u n d an die jeweilige Situation gebundenen Reflexion.

Dafür ist der vorgestellte Brief typisch: Alle Briefe sind Ausdruck und Reflexion von schwankenden Gefühlen zugleich, und die Reflexion kann das Schwanken nicht erfassen. Denn sie verhindert als Tätigkeit des Bewußtseins die Unbedingtheit eines konstanten Gefühls, während das jeweils situationsbedingte, verabsolutierte Gefühl die Gültigkeit und Konstanz des Reflektierten, Erkannten, als Wahrheit Mitgeteilten für das eigene Bewußtsein auflöst. Vor dem Hintergrund dieses Musters einer Bewältigung subjektiver und objektiver Realität gibt es n i c h t s über Werther zu sagen, was dieser nicht an irgendeiner Stelle in seinen Briefen selbst sagt. Er ist von des Gedankens Blässe angekränkelt, ohne jedoch an einem für ihn selbst gültigen Gedanken festhalten zu können. Das macht ihn zu jeglichem zielgerichteten und kontrollierten Tun unfähig.

Dafür gibt es viele Beispiele. Nach seiner Bekanntschaft mit Lotte schreibt Werther, das gegenwärtige Glück reflexiv verallgemeinernd:

> "(. . .) wir sehnen uns, ach! unser ganzes Wesen hinzugeben, uns mit all der Wonne eines einzigen großen Gefühls ausfüllen zu lassen. – Und ach! wenn wir hinzueilen, wenn das Dort nun Hier wird, ist alles vor wie nach, (. . .) und unsere Seele lechzt nach entschlüpftem Labsale."[160]

Das wird an dieser Stelle aber nicht beklagt, sondern dient der Legitimation einer "stillen, wahren Empfindung"[161] beim Erbsenbereiten während des Lesens im Homer. Solange diese Empfindung andauert, gilt der selbstgezogene Krautkopf auf dem Tisch, den Werther am 26. Mai[162] noch vom erwünschten "Strom des Genies" von den Feldern der "gelaßnen Kerls"[163] hinweggespült sehen wollte, als Inbegriff eines Glücks in Zügen "patriarchalischen Lebens"[164]. Solche Schwankungen machen das "einzige große Gefühl" unmöglich, weil das jeweils vorübergehende als w a h r rationalisiert wird. Darüber hinaus nimmt diese Art der Rationalisierung, die Produkt der Selbstreflexion in der Reflexion von Gefühlen ist, auch allen Gefühlen die Kraft:

> "Was ist der Mensch? (. . .) Ermangeln ihm nicht da eben die Kräfte, wo er sie am nötigsten braucht? Und wenn er in Freude sich aufschwingt oder im Leiden versinkt, wird er nicht in beiden eben da aufgehalten, eben da wieder zu dem stumpfen, kalten Bewußtsein zurückgebracht, da er sich in der Fülle des Unendlichen zu verlieren sehnte."[165]

Das schreibt Werther am 6. Dezember, vor seinem Selbstmord – wie immer situationsbedingt. Und eben diese Situationsabhängigkeit von gefühlter u n d gedachter

Wahrheit läßt auf den Kern seines Leidens schließen: Es ist das unerfüllbare Bedürfnis nach w a h r e m G e f ü h l zur Bestätigung einer w a h r e n eigenen N a t u r – die gar nicht vorhanden ist. Sie spiegelt sich als fehlend in den Augenblicksprojektionen eines Ich, das sich mit seinen eigenen Projektionen identifiziert und dadurch gegenüber der Außenwelt verabsolutiert – um sich seiner selbst zu vergewissern. Diese Art der Selbstvergewisserung aber, die auf zwei Ebenen verläuft: der Erfahrung und der b r i e f l i c h b e s c h r i e b e n e n Erfahrungen, ist gleichzeitig eine Selbstzersetzung. Denn das Ich nimmt in den Projektionen sein eigenes Fehlen als von dem Projizierten Unterschiedenes wahr, ohne dies in seinem Bedürfnis nach wahrem Gefühl als gesuchtem Garanten für seine Identität anerkennen zu können. "Wenn wir uns selbst fehlen, fehlt uns doch alles", schreibt Werther am 22. August, und: "Ich weiß nicht, was ich soll."[166] Das stimmt wie alles, was er über sich selbst schreibt, nur wird es wie andere erkannte Wahrheiten durch neue auch wieder aufgehoben.

Dem entspricht, daß Werther, auf der Suche nach wahrem Gefühl, sich auch immer wieder auf die Wahrheit eines Herzens beruft, das keine Wahrheit verbürgen k a n n, es aber gegen das kalte reflexive Bewußtsein s o l l. Er hält sein "Herzchen wie ein krankes Kind, all sein Wille wird ihm gestattet"[167], wie er am 13. Mai Wilhelm mitteilt; und auch mit dieser Selbsterkenntnis hat er recht. Nur gewährleistet die Verabsolutierung des Herzens zwar eine Unbedingtheit des jeweiligen Gefühls, verhindert aber eben dadurch das einzige große und wahre Gefühl. Denn das Herz empfindet und will immer ganz Verschiedenes und ist n i c h t Kern einer eigenen wahren Natur. Folgt Don Sylvio in seinem Wahnsystem der Wahrheit seines Herzens, hält daran fest und ver-wirklicht sie, zerbricht Langen w e g e n der Wahrheit seines leidenschaftlichen Herzens an der Wirklichkeit, so hat Werther überhaupt keine eigene Wahrheit, auf die er sich berufen kann. In seinen Briefen kristallisieren sich so die Unmöglichkeit einer wahren individuellen Natur u n d Gründe dafür: Werther fühlt und denkt nicht a u s eigener Natur, sondern u m sie zu bestätigen. Deshalb kann er sich die äußere Realität nicht unterordnen wie Sylvio, um sie wunschgemäß neu zu schaffen, und ist ihr auch nicht ausgeliefert wie Langen, sondern bleibt auf eine immer neue Evokation und Verabsolutierung von Gefühlen angewiesen.

Diese Angewiesenheit resultiert nicht zuletzt daraus, daß seine gesamte Wahrnehmung äußerer und innerer Realität keine voraussetzungslose ist – was er n i c h t reflektiert: Werther nimmt Realität emotional und intellektuell wahr in Bildern, in M u s t e r n von Kunst und Literatur. Er ist belesen und gar nicht in der Lage, eigenes, autonomes Gefühl und angelesenes, nachempfundenes, dem gemäß er sich Situationen schafft, zu trennen. Gleich dem ersten Brief zufolge sitzt er in einem "verfallnen Kabinettchen" mitten in einem kunstvoll angelegten Garten, die "unaussprechliche Schönheit der Natur" genießend – und die Gefühle des Herzens, "das sein selbst hier genießen"[168] könne. Das ist typisch: Sowohl auf die äußere wie auch auf die menschliche Natur bezogen sieht Werther Realität als eingerahmte, als Bild, das seine durch Kunst und Literatur gefärbten Gefühle hervorruft – und fühlt sich dabei von der inneren und äußeren N a t u r ergriffen. Wenn er dann, beschrieben am 3. November, "wie ein verlechter Eimer" von dieser Natur steht, die so starr "wie ein lackiert Bildchen"[169] ist, so hat das nicht nur mit dem hinzugekommenen Leid wegen Lotte zu tun. Er selbst schafft sich die "Bildchen", die ihn wiederum einengen. Denn mit solchen projizierten Rahmen für seine Projektionen ist ein Verkennen innerer und äußerer Realität verbunden, das auch schon beim ersten Zusammentreffen mit Lotte eine Rolle spielt. Mit dem Bild Lottes inmitten ihrer Geschwister fällt Werther "das reizendste Schauspiel in die Augen"[170], das er jemals gesehen hat. Das entzündet die Gefühle, an denen er sich selbst begeistert, dann so, daß er

> "(. . .) in den herrlichen Sinn ihrer Rede ganz versunken, oft gar die Worte nicht hörte, mit denen sie sich ausdruckte!"[171]

Auch das ist typisch: Werther meint, in dem, was er wahrnimmt, dessen Sinn *an sich* wahrzunehmen, projiziert ihn aber selbst in das Wahrgenommene hinein, um Gefühle zu evozieren, die bildungsbürgerlich-empfindsam präformiert sind.

Dies läßt ihn, im Verein mit dem unerfüllbaren Bedürfnis nach *wahrem* Gefühl, zum *Dilettanten* auf allen Gebieten werden. Er empfindet mit und nach, reflektiert Gefühltes und fühlt bereits Vorreflektiertes, während er in jeder Situation meint, er empfinde die eigene, die mitmenschliche und die äußere Natur. Dieser Irrtum zeigt sich auch daran, daß er von seinen subjektiv als wahr bewußten Empfindungen in bezug auf die Außenwelt nichts wieder als außersubjektiv wahr und allgemeingültig, weil der Natur entsprechend, objektivieren kann: Er ist ein verhindertes Genie. Muß der wahre Enthusiast bei Shaftesbury seine Glücksbedürfnisse *und* sein Leiden dem einheitlich wirkenden Prinzip in der Natur so unterordnen, daß er im Einklang mit diesem Prinzip steht und konstant fühlt und denkt, so kann Werther dies nicht. Er ist kein wahrer Enthusiast in dem Sinne, daß er in allen Dingen den *Verweis* auf das Gute, Wahre und Schöne wahrnehmen könnte. Weil es ihm nicht um die Wahrheit der Gesamtnatur, sondern um die des davon getrennten eigenen Ich geht, nimmt er die Wirklichkeit aus diesem Eigeninteresse nicht wahr, wie *sie* ist, sondern wie sie *ihm* gemäß ist. Deshalb und weil sein eigenes Ich ein präformiertes ist, ohne daß ihm dies bewußt wäre, kann ihn die schaffende Natur nicht be-seelen, so daß er, sie als geschaffene selbst beseelend, sie nachschaffen könnte. Es gelingt ihm nicht, sie als Künstler ihren *eigenen* Gesetzen gemäß als Abbild des Urbildes zu re-produzieren – denn er selbst ist als Schaffender *kein* Abbild des Urbildes. Nur eins gelingt ihm: sein eigenes präformiertes Ich, das Verkennen dieser Präformationen, das Leiden daran und das Bedürfnis, Wahrheit jenseits aller Präformationen zu fühlen, zu denken und zu produzieren, nachzugestalten. Werther ist ein Virtuosus des *Briefes*. Eben weil es in den Briefen um sein Ich geht, kann er im Nachschaffen dieses Ich wahrer Künstler sein. Denn durch die Darstellung der sozialen, individuellen und natürlichen Wirklichkeit gemäß der eigenen Projektionen entsprechen sich die inneren Gesetzmäßigkeiten des Schreibenden und die äußeren des Beschriebenen so, daß jeder Brief zum meisterhaften Abbild des präformierten Ich als Urbilds wird.

> "Da bin ich wieder, Wilhelm, und will mein Butterbrot zu Nacht essen und dir schreiben."[172]

Werther bedarf bestimmter Bedingungen, um produzieren zu können; wo diese als nicht erkannte Rahmenbedingungen der Produktion aufgrund eigener Projektionen auf die Wirklichkeit überschritten werden, da unterliegt er entweder äußeren Herrlichkeiten, der inneren Fülle oder fühlt nur innere Leere – mit zeitweiligem und situationsbedingtem Bewußtsein, durchaus zum genialen Künstler befähigt zu sein. Das äußert sich nicht zuletzt in der schon im anderen Zusammenhang zitierten Verteidigung der als trunken und wahnsinnig Etikettierten gegenüber Albert; Werther projiziert dort das an Albert entzündete Gefühl eigener Außerordentlichkeit und Befähigung zur Größe auf diejenigen, die ihren Leidenschaften ausgeliefert sind. Sein Dilettantismus aber, der, abgesehen von den Briefen, Großes zu schaffen gar nicht zuläßt, geht hin bis zum Selbstmord, der noch eines literarisch verstärkten Gefühls bedarf: Lessings "Emilia Galotti" auf dem Tisch, erschießt sich Werther so ungeschickt, daß er noch zwölf Stunden ohne Bewußtsein weiterlebt. Und er geht nicht in der Natur zugrunde wie Ossians Helden, die in sie eingehen, sondern erschießt sich am Schreibtsich – nicht ohne sich vorher noch als Sohn der Natur bezeichnet zu haben:

> "So traure denn, Natur, dein Sohn, dein Freund, dein Geliebter naht sich seinem Ende (. . .)",[173]

schreibt er in seinem Abschiedsbrief an Lotte. Und weil das Briefschreiben stets das F e h l e n der eigenen wahren Natur und der Verbundenheit mit der äußeren wahren Natur kompensiert und gleichzeitig bedingt hat, hebt der Ersatz der Feder durch die Pistole dieses Fehlen nur subjektiv, im Gefühl und im Bewußtsein Werthers auf. Diese Aufhebung der Entfremdung aber ist als Ende einer zerstörenden Entwicklung des präformierten Ich an Lotte gebunden – so daß nun Bedingungen für Werthers Liebe zu Lotte zu kennzeichnen sind.

Aufgrund seiner projektiven Realitätswahrnehmung ermangelt Werther eines A u ß e n, das ihm entgegengesetzt ist und von dem her er sich selbst begrenzen könnte. Den voneinander abhängigen Gefühlen und Reflexionen sind durch die Projektionen keinerlei Grenzen gesetzt. Dadurch zersetzt sich das Ich immer wieder selbst; es zerfließt, ist nicht greifbar und kann als einheitliches nicht erkannt und gefühlt werden. Ein Ichgefühl als Identitätsgefühl aber ist da möglich, wo die äußere Realität erstens den präformierten Gefühlen und Vorstellungen entspricht und sich zweitens einer Vereinnahmung durch die projektive Wahrnehmung v e r w e i g e r t. Beide Funktionen hat Lotte für Werther – vor allem die der Verweigerung. Diese ist die Bedingung für die Möglichkeit des absoluten und wahren Gefühls, das Werther zur Bestätigung seiner wahren Natur als Identitätsgefühl braucht. Das Gefühl kann wachsen in dem Maße, wie Lotte unerreichbar ist.

> "Warum denn mich! Werther! Just mich! das Eigentum eines andern. Just das! Ich fürchte, ich fürchte, es ist nur die Unmöglichkeit, mich zu besitzen, die Ihnen diesen Wunsch so reizend macht.' "[174]

Weil Lotte mit der Erkenntnis recht hat, steigern selbst diese Worte noch Werthers Gefühl, wahres Gefühl zu fühlen – u n d das Bedürfnis, die Geliebte zu besitzen.

Nichts mehr interessiert ihn außer der Vereinnahmung der Person, die sich ihm verweigert; der Wunsch danach ist gewachsen entsprechend dem zunehmenden Bestehen Lottes auf Distanz. Die Vereinnahmung gelingt Werther nach dem Vorlesen des Ossian, das beider Gefühle gesteigert hat – er raubt Lotte einen Kuß. Aber nicht sie – denn sie entzieht sich sofort –, nur er selbst fühlt durch den Kuß seine wahre Natur in der Erfüllung des wahren Gefühls und fühlt sich auf ewig an Lotte und Lotte an sich gebunden.

> "Lotte, kein Jahrtausend vermag den Eindruck auszulöschen! Und ich fühl's, du kannst den nicht hassen, der so für dich glüht.' "[175]

Während Werther in seinem Abschiedsbrief jedoch für Lotte glüht, vergißt diese, nachdem sie die Pistolen schon ausgehändigt hat, ihre Angst, ihre Befürchtungen und die ganze empfundene Ausweglosigkeit für Werthers Schicksal:

> "Der Tisch ward gedeckt, und eine gute Freundin (. . .) machte die Unterhaltung bei Tische erträglich, man zwang sich, man redete, man erzählte, man vergaß sich."[176]

So ist selbst die von Werther als wahr gefühlte ewige Verbundenheit, die Sympathie des Herzen, in sich gebrochen – wie auch Werthers wahres Gefühl bis zum Schluß durch eigene Reflexionen gebrochen wird, die der Steigerung des Gefühls dienen. Er stilisiert sich selbst als Opfer zur Rettung Alberts und Lottes, nicht ohne Anklänge an das Opfer Christi, indem er schreibend vor Brot und Wein sitzt, die er sich hat bringen lassen. Vor diesem Hintergrund erscheint der Selbstmord als Bestätigung einer subjektiv als wahr gefühlten wahren Natur in der Nicht-Existenz: Sie existiert objektiv nicht und kann subjektiv nur als wahr empfunden werden im Übergang aus einer entfremdeten Existenz in die Nicht-Existenz des Subjekts.

In diesen Zusammenhängen ist auch Werthers Reaktion auf die Ausweisung aus der Adelsgesellschaft während seiner Zeit als Gesandtschaftssekretär zu verstehen. Der Erzähler, der zum Schluß des Briefromans die Ereignisse vermittelt, berichtet, daß Werther

> "(. . .) seine Ehre dadurch unwiederbringlich gekränkt hielte und daß ihm dieser Vorfall eine Abneigung gegen alle Geschäfte (. . .) gegeben hatte. Daher überließ er sich ganz der wunderbaren Empfind- und Denkungsart, die wir aus seinen Briefen kennen, und einer endlosen Leidenschaft (. . .)."[177]

Betrachtet man die dazugehörigen Briefe vom 15., 16. und 24. März[178], so wird deutlich, daß Werther nicht durch die Ausweisung aus der Gesellschaft selbst gekränkt ist. Denn er fährt unmittelbar danach hinaus in die Natur, um in seinem Homer zu lesen, "wie Ulyß von dem trefflichen Schweinehirten bewirtet wird. Das war all gut."[179] Die Gesellschaft ist ihm zunächst ziemlich gleichgültig; er betrachtet sie wie sich selbst als einen "Raritätenkasten" voller Marionetten, gemäß der inneren Leere, über die er Lotte am 20. Januar geschrieben hat.[180] Verletzt ist Werther erst, als Bürgerliche und Adelige über den Vorfall der Ausweisung zu r e d e n beginnen: "Da fing mir das Ding erst an zu wurmen."[181] Es wurmt ihn die Schadenfreude, mit der aus den unterschiedlichen sozialen Perspektiven über sein Durchbrechen gültiger Normen geredet wird. Das Gerede und das Gefühl, abgelehnt zu werden, machen ihn wütend und führen zu Aggressionen, die dann durch die Annahme einer Einladung auf ein fürstliches Jagdschloß zu kompensieren gesucht werden. Die Aggressionen, die sich auch gegen Wilhelm als den Urheber der Gesamtsituation überhaupt richten, obwohl Werther diesem zunächst für die Vermittlung seines neuen Postens dankbar war, sind auf das Muster der projektiv-vereinnahmenden Wahrnehmung auch sozialer Realität zurückzuführen: Bürger w i e Adelige hat Werther stets als Anlaß für s e i n e Gefühle und Bedürfnisse wahrgenommen und als projizierte Bilder zur Identifikation oder Absetzung benutzt. Die Verkennung ihrer jeweiligen Regeln und Eigenarten f ü r s i c h hing zusammen mit der Verkennung auch der eigenen Nicht-Identität mit jeder der sozialen Schichten. Indem sich aber die Evokationsspiegel durch das allgemeine Gerede der gewohnten Vereinnahmung verweigern, wird Werther eine Grundlage seines Identitätsgefühls in der Selbstverkennung entzogen. Die Konsequenz davon ist, daß er zunächst in das Dorf seiner Kindheit zurückkehrt, auf die Kindheit regrediert und vergangene Gefühle zu evozieren sucht, um dann seine Gefühle verstärkt auf die sich verweigernde Lotte zu richten. Das Bedürfnis nach wahrem Gefühl ist durch die Erfahrung gefährdeter, weil nicht anerkannter Identität lebensnotwendig geworden und ist nicht ohne Bedeutung an eine Frau gebunden, welche die Mutter verkörpert. Eine Bedingung dafür ist Werthers Erinnerung an die gestorbene mütterliche Freundin, in deren Liebe er sich als G e n i e fühlte[182]: Lotte soll in ihrer Qualität als Mutterersatz eine Identität des Kindes, des Liebenden und des Künstlers verbürgen. Und das läßt darauf schließen, daß Werthers Verkennung des eigenen Ich in der Gegenwart auch an ein projektiv idealisierendes Verkennen der erinnerten Vergangenheit und der erstrebten Zukunft gebunden ist.

So leidet in Werther also nicht ein Bürger am Adel, ein leidenschaftlich Liebender an kalt Vernünftigen, ein Empfindsamer am reduzierten Bildungs- und Wirtschaftsbürger oder ein Künstler an der Wirklichkeit. Alle Pole des Konflikts sind so in sich gebrochen, daß Werther gegen nichts steht und gegen nichts ankämpfen kann außer gegen Lotte. Und viele Gegenfiguren erscheinen, selbst noch durch sein Bewußtsein gebrochen, durchaus verständnisvoll und bemüht um ihn: Wilhelm, zunächst Albert, der Graf, Lotte und auch das Fräulein von B. Aber sie erreichen ihn nicht, weil er sie erstens nicht wahrnimmt, wie sie sind, und weil zweitens die Entfremdung zwischen ihm und seiner Umwelt e n t s p r e c h e n d seiner Selbstzersetzung als versuchter Selbstvergewisserung in der Verabsolutierung des Gefühls für Lotte verläuft. Die intersubjektive Harmonie, von Anfang an ebensowenig vorhanden wie die intrasubjektive, wird wie diese progressiv zerstört d u r c h alle Versuche, sie herzustellen. Und das versuchen nicht nur Werther selbst, sondern vor allem Wilhelm, der stumme und geduldige Ansprechpartner, und Lotte.

Im Zusammenhang mit der um Werther bemühten Umwelt ist auch dessen "Krankheit zum Tode" in seiner Selbstauffassung zu relativieren unter dem Aspekt eines Bedürfnisses danach. Sie ist n i c h t zwangsläufig, eben weil Werther keinem außerhalb seiner selbst liegenden Schicksal ausgesetzt ist; das wäre er nur, wenn e i n

Konfliktpol verabsolutiert wäre. Dennoch ist Werther krank, abzulesen an der Gesamtheit der Briefe und ihrer Reihenfolge: Seine Krankheit besteht in der fehlenden Einsichtsmöglichkeit in die Wahrheit seiner entfremdeten, sozial geprägten und als wahr im Sinne von unverfälscht gar nicht vorhandenen Natur; dazu kommt die Unmöglichkeit, Auswege aus dem Leiden, die ihm durchaus angeboten werden, wahrnehmen und einschlagen zu können. Das verweist auf einen p a t h o l o g i s c h gestörten Charakter, der durch alle Erfahrung, Reflexion und auch Selbsterkenntnis nicht zu korrigieren ist und den dafür, weil er sich der Entfremdung durch Präformationen nicht bewußt ist, keinerlei Selbstverschulden trifft.

So verstanden, werden im Roman und durch den Roman Wahrheitsüberzeugungen aufgelöst in der Kristallisation eines Wirkzusammenhangs von Individualpathologie und Umwelt, gebrochen durch ein Bewußtsein, das umweltgeprägt ist und daran leidet, weil es nach Unbedingtem strebt, das Identität verbürgen soll. Das ständige "Wenn-Dann" dieses Bewußtseins zeigt eben, daß es ein bedingtes ist und sich selbst bedingt. Das verweist auch auf die Romanebene: Identitätslosigkeit und zerstörte Harmonie sind n i c h t außerliterarisch zwangsläufig, w e n n nicht ein Charakter wie der Werthers Realität bewältigen muß oder: w e n n die Realität nicht einen Charakter w i e d e n Werthers behindern würde. Deshalb hat der Roman aufgrund der Vermittlung von wahrer Natur als B e d ü r f n i s und präformierter als deformierter Natur als R e a l i t ä t in der Pathologie Werthers seinen zeitgebundenen Wahrheitswert. Er spiegelt ein verhindertes Ich in einer verhindernden Realität o h n e einen immanenten Gegenentwurf.[183]

Anders als in Wielands Roman, wo ein Ausweg zu Glück und umfassender Harmonie im Bereich des Ästhetischen selbst angeboten ist, wird die Ästhetisierung unmöglichen Glücks und unmöglicher Harmonie bei Goethe, nicht für Werther, selbst zum Ausweg – aus dem Fehlen wahrer Harmonie zwischen Individuum und Gesellschaft, zwischen Wunsch und Wirklichkeit in der außerliterarischen Realität. Aber der Ausweg durch die Ästhetisierung des Problems wird gleichzeitig immanent in Frage gestellt – in der Selbstzersetzung Werthers als Virtuosus des Briefes. So zeigt Goethes Roman nicht nur, daß außerliterarisch eine Wahrheit des Wunsches, gebunden an ein ganzheitliches und für sich besonderes Individuum, fehlt, sondern auch, daß Wahrheit überhaupt fehlt, sowohl unter individuellen und sozialen Aspekten als auch in bezug auf eine in der äußeren Natur liegende Harmonie von Gesetzmäßigkeiten. Das Bedürfnis nach Glück wird gespiegelt w i e das nach der Wahrheit sich entsprechender Gesetzmäßigkeiten in allen Bereichen als Bedingung für die Möglichkeit der Verwirklichung von Glück. Das heißt: als ästhetisches Produkt kristallisiert der Roman selbst sozial und individuell vermittelte Konfliktstrukturen o h n e Möglichkeiten einer Harmonisierung.

Unter diesem Aspekt konnte "Werther", anders als "Don Sylvio", ein Identifikationsangebot bereitstellen, das Grenzen zwischen literarisch-ästhetischer und außerliterarischer Wirklichkeit nicht mehr bewußt werden ließ: Viele Leser erkannten in Goethes Roman wieder, wie sie waren und sein wollten statt sein sollten. Eben die distanzlose Rezeption betrachteten viele Aufklärer aus guten Gründen als problematisch, ohne daß sie die ästhetische Qualität des "Werther" bestreiten mußten.

Sie sahen die Gefahren einer Literatur und Leben verwechselnden Leseridentifikation mit einem Roman, der a l s Wahrheit genommen wurde und immanent k e i n Angebot zur Konfliktlösung bereitstellte.[184] Das Letzte bedingt im "Werther, daß der Wahnsinn nicht wie bei Wieland in die Funktion einer projektiven Wunscherfüllung gesetzt werden und eine w a h r e Natur im Glück verbürgen kann, sondern in bezug auf das Fehlen dieser Wahrheit doppelt funktionalisiert wird. Der Wahnsinnige ist Spiegel Werthers, der sich mit ihm identifiziert und – identifizieren muß; denn er erfährt die Vorgeschichte des Kranken nachträglich als identisch mit seiner eigenen Situation:

> "Wilhelm! der Mensch, von dem ich dir schrieb, war Schreiber bei Lottens Vater, und eine unglückliche Leidenschaft zu ihr, die er nährte, verbarg, entdeckte, und aus dem Dienst geschickt wurde, hat ihn rasend gemacht."[185]

Diese Spiegelung wird gleichzeitig durch das Bewußtsein Werthers gebrochen, der den Kranken zu einer Funktion seiner eigenen Gefühle macht und deshalb dessen u n d seine eigene Identität verkennt. Dadurch wird der Wahnsinnige im Rahmen des Romans funktionalisiert als Spiegel eines gestörten, selbst pathologischen Ich, das m e i n t, der Wahnsinnige sei sein objektiver Spiegel, während sich im Spiegel das hineinprojizierte gestörte, sich spiegelnd-verkennende Ich spiegelt.

Durch solche Spiegelungen zerstört der Roman Sinn – während dieser bei Wieland umgekehrt durch die Integration des Wahnsinns in Sylvios Streben nach Glück verbürgt wird. Im "Werther" aber wird eben durch die Sinnzerstörung der N a t u r w a h n in der Gegenreaktion zur allgemein verbindlichen, restriktiven Aufklärungsvernunft kritisiert: Die wahre individuelle Natur als Basis einer wahren individuellen Vernunft erscheint als nicht vorhanden. Das aber läßt, vor dem Hintergrund der Vernunft- und Wahrheitsproblematik der Zeit, auf einen Ausweg zu neuen gültigen Wahrheiten schließen, der im außerliterarischen Bereich auch gesucht wurde: Beantwortet werden mußte die Frage, w a s die Natur des Individuums sei und w i e die soziale und politische Umwelt beschaffen sein müsse, um jener in möglichst vielen Einzelfällen zu entsprechen. Und aus diesem Bedürfnis: wahre, Harmonie verbürgende Entsprechungszusammenhänge erst einmal erforschen zu wollen statt sie vorauszusetzen, wurde die Psychologie populär. Es ging um das I c h, das mit Werther als Problem offensichtlich wurde.

Erfahrungsseelenkunde: Psychologie als soziales Bedürfnis

> "Wie weit mannichfaltiger, verderblicher, und um sich greifender als alle körperliche Uebel, sind die Krankheiten der Seele! Wie weit unentbehrlicher, als alle Arzneikunde für den Körper, wäre dem menschlichen Geschlechte eine Seelenkrankheitslehre, die es noch nicht hat! (. . .) das würde alsdann einmal ein algemeiner Spiegel werden, worin das menschliche Geschlecht sich beschauen könte."[186]

Wo einer verhindernden Realität kein Gegenentwurf mehr entgegengesetzt werden konnte, weil das Individuum als deren Produkt erschien und zu beobachten war, blieb die Erfahrung und bewußte Wahrnehmung fehlender Wahrheit und fehlenden Glücks ohne ein sinnstiftendes Realitätsmodell. Damit hängt zusammen, daß unter Normalen seelische Krankheiten verstärkt wahrgenommen wurden. In den zitierten Sätzen versteht Karl Philipp Moritz die Pathologie der Normalen, nicht der Geisteskranken, als möglichen Spiegel einer Wahrheit der Vernunft. Diese empirisch-psychologisch zu erforschen, war vorwiegend seit den 80er Jahren ein öffentliches Interesse; die Psychologie, die bis um die Mitte des 18. Jahrhunderts an die Philosophie gebunden und weitgehend auf den akademischen Bereich beschränkt war, wurde nun auch außerhalb der Universitäten zur Methode der Wahrheitsfindung.[187]

Die Suche nach der Wahrheit des Ich aber richtete sich nach innen, nicht nach außen: Was der Mensch als besonderes Individuum sei, stand zur Debatte – was ihn zu dem mache, als der er nach außen sich zeige. War an Werther wie an anderen Leidenden zu beobachten, "wie der Zeiger an der Uhr sich dreht," so galt es nun von da aus, "das inre Triebwerk, das ihn bewegt"[188], als inneres Ausland zu erforschen. Wie heute auch, wurde die Psychologie populär in einer als entfremdend empfundenen sozialen und mentalen Realität. Nur ging es nicht darum, daß, wo Es war, Ich werden oder wo Ich war, Es werden sollte; es ging darum, daß aus einem als deformiert erkannten Ich das wahre Ich erschlossen werden sollte – um wahre Bedingungen für die Möglichkeit nicht deformierter Individuen in einer nicht deformierenden Gesellschaft herauszufinden. Das heißt: die populäre Psychologie erhielt auch die Funktion eben der konfliktlösenden Vernunft, gegen die sie sich richtete. Und in dieser Funktion war sie sowohl gedanklich zeitgebunden, weil selbst an umfassenden Harmonievorstellungen und absolut gültiger Wahrheit als Ziel aller Erforschungen orientiert, als auch zum Scheitern verurteilt: unter dem Aspekt des vorausgesetzten Ziels, das der psychologischen Analyse entzogen wurde.

Das kann abgelesen werden an dem wohl bedeutendsten psychologischen Diskussionsforum der Zeit, am "Magazin zur Erfahrungsseelenkunde"[189], das von 1783 bis 1793 in zehn Bänden zu je drei Stücken erschien. Herausgegeben wurde es von Moritz, vorübergehend auch von dem schon vorgestellten Irrenhausbesucher Pockels; die letzten Bände edierte Moritz zusammen mit Salomon Maimon.[190] Im Unterschied zu anderen psychologischen Magazinen, die gerade im letzten Drittel des 18. Jahrhunderts veröffentlicht wurden[191], arbeiteten Leser am Moritzschen mit. Fachleute und Laien, der bildungsbürgerlichen Schicht angehörend, liefern Beiträge psychologischer Selbst- und Fremdbeobachtungen, letztere häufig am vierten Stand, kleinen Handwerkern, Tagelöhnern und Bauern angestellt, und kommentieren oder ergänzen auch bereits veröffentlichte Beiträge.[192] Daneben finden sich Revisionen der Herausgeber, kritische Revisionen der Revisionen und auch längere theoretische Abhandlungen[193]; diese füllen vor allem die letzten Bände, in denen Beschreibungen von Beobachtetem zurücktreten und auch kaum noch Leserbeiträge zu finden sind[194]. Und nicht nur wegen der Qualität des "Magazins" als eines Sammelbeckens zeitgenössischer psychologischer Interessen, Erfahrungen und Deutungen spiegelt sich in ihm die Problematik der neuen Wahrheitssuche, sondern auch in seiner Entwicklung selbst bis hin zum Ende seines Erscheinens und den davon nicht zu trennenden, untereinander verschiedenen Auffassungen der Herausgeber über Aufgaben, Möglichkeiten, Grenzen und soziale Funktionen der Psychologie. Moritz' Auffas-

sungen ändern sich auch für sich genommen im Laufe der Zeit; er verschiebt psychologische Erkenntnisprobleme durch Modifikationen und Verlagerungen von Erkenntnisinteressen und -zielen. Gründe dafür werden schon aus seinem "Vorschlag zu einem Magazin einer Erfarungs-Seelenkunde" von 1782 ersichtlich, dem die Eingangszitate entnommen sind. Weil nun dieser "Vorschlag" bereits auf die Uneinlösbarkeit des Anspruchs im "Magazin" verweist, über die Erfahrungsseelenkunde "Wahrheit und Glückseligkeit unter den Menschen thätig zu befördern"[195], soll er im folgenden analysiert werden; das ermöglicht ein Verständnis des "Magazins", ohne daß alle zehn Bände im einzelnen vorgestellt werden müßten.
Moritz' Zielsetzung ist eine empirisch-analytische und eine davon nicht zu trennende therapeutische. Durch genaueste, vorurteilslose Selbst- und Fremdbeobachtung in jeder Lebenslage und zu jeder Zeit und durch die öffentliche Mitteilung solcher Beobachtungen vieler will er dem, was den ganzheitlichen Menschen ausmacht, induktiv auf die Spur kommen. Durch ein bewußtes Achten auf alle inneren Regungen, Gefühle und Verhaltensmotivationen, auch auf die geringfügigsten äußeren Umstände und die Wirkzusammenhänge zwischen diesen und jenen kann der Blick der Seele in sich selber so verschärft werden, daß der einzelne sein "inres Triebwerk", seine wahre und einzigartige individuelle Natur immer besser erkennen kann und den Wert seiner Individualität zunehmend fühlt – wie auch den der Einzigartigkeit anderer. So kann er auch erkennen, was ihn an seiner und andere an ihrer Individualität hindert: was im Wirkzusammenhang von innen und außen zur Selbstentfremdung führt und geführt hat. Das ist entwicklungsgenetisch und empirisch-sensualistisch gleichzeitig gedacht und bedingt für die Suche nach der wahren Natur des Menschen eben das Problem, das in bezug auf die Erkenntnis von Wahnsinn und Verbrechen durch eine Rückverfolgung ihrer Genese besonderen Fall schon gezeigt wurde: die Freisetzung einer Ursachenvielfalt von Abweichungen. Was Knigge etwas später von dem philosophischen Arzt erwartet: die gültige, alle Fälle erklärende Theorie des Wahnsinns, eben das erwartet auch Moritz von den Selbstbeobachtungen der Nicht-Geisteskranken: die für alle Menschen gültige, die Menschheit als ein Gesamtsystem umfassende Theorie.

> "Aber wie sol ein solches Werk jemals vollendet werden? – Dann ist es vollendet, wenn alle Ausnahmen bemerkt sind, wenn die Fakta sich immer so einfinden, daß sie keine Ausnahmen mehr von der Regel machen."[196]

Vorausgesetzt wird gerade das, was erst noch durch voraussetzungslose Beobachtung erforscht werden soll: daß die wahre Natur des Individuums als oberste Norm seiner selbst, einmal erkannt und verwirklicht, in einer Gesamtharmonie alles Menschlichen stehe und sie auch allererst bewirke.

> "Nun wird aber dasjenige in der Nebeneinanderstellung oft zur Harmonie, was einzeln genommen, mißtönen würde: dies trift auch bei dem Menschen ein. Welche Harmonie muß der höchste Verstand vernehmen, indem alles neben einander steht, und zugleich tönet, was uns auf einander zu folgen und einzeln zu tönen scheinet!"[197]

Das ist dem Entsprechungsdenken der Zeit nach Leibniz verpflichtet, ebenso wie Moritz' Verständnis von der Einzigartigkeit des Individuums. Es ist einzigartig im V e r h ä l t n i s zu anderen und wird damit nicht n u r als Besonderes gesehen. Denn seine Einzigartigkeit ist einerseits bestimmt durch seine wahre Natur mit den besonderen Anlagen und Kräften, der gemäß es sich in seiner eigenen Art entwickelt, sofern es nicht durch Beeinflussung von außen daran gehindert wird. Andererseits aber ist seine Einzigartigkeit bestimmt durch den Stellenwert, den sie im Gesamtsystem der aus lauter Individuen bestehenden Menschheit hat. Und das schließt von vornherein aus, daß eine Einzigartigkeit des Individuums auch darin bestehen könnte, aus dem allharmonischen Rahmen zu fallen.

> "(. . .) welch eine Verschiedenheit! (. . .) von der feinsten Organisation bis zur gröbsten; (. . .) und von der aufstrebendsten Stärke bis zur hinfälligsten Schwäche – und doch dies alles nur verhältnismässige Begriffe – jeder ist gut, und kan gut sein, in seiner Art. – Der Allerunterste auf der Staffel der Menschheit bliebe doch noch immer ein Meisterstück auf Erden, wenn er der einzige in seiner Art wäre."[198]

Daß es nun weder mit sich selbst identische Individuen noch die harmonische, jedem seine Individualität belassende Verhältnismäßigkeit zwischen ihnen gibt, erklärt Moritz ganz im Sinne der Kulturkritik der Zeit nach Rousseau; die soziale und kulturelle Prägung an sich wird als entfremdend verstanden. Das Fehlen individueller Wahrheit ist

> "(. . .) die Frucht der Ueppigkeit und Verfeinerung, der auswendig gelernten Verbeugungen (. . .). Das Kind lernt schon (. . .) sich verstellen, ehe es noch weiß, daß es Verstellung giebt (. . .); und wann die Zunge noch lallet, sind die Worte schon gekünstelt, und hören auf, natürlicher Ausdruck der Empfindung zu sein. Dadurch wird almählich der dichte Vorhang gewebt, welchen am Ende der Blick des bildenden Beobachters, oder des beobachtenden Bilders, der Herzen nicht mehr durchdringen kan."[199]

Das selbstentfremdete Individuum als a b g e w i c h e n e s wird also von Moritz wie auch schon von Kant 1764 so gesehen, daß es falsche Normen und Werte einer selbst von der Natur abgewichenen Gesellschaft internalisiert hat und sich so gar nicht in Übereinstimmung mit seinen einzigartigen Anlagen hat entwickeln können. Daraus resultiert eben die Forderung nach radikal ehrlicher Selbstbeobachtung als einer Methode, den "dichten Vorhang" des Verfälschten zu durchdringen. Voraussetzung dafür, daß dies auch bei anderen gelinge, ist die Erkenntnis des Einzelnen, wie sein eigener "Vorhang" gewebt sei. Neu an dieser Forderung ist nicht die Selbstbeobachtung als Versuch der Selbstanalyse – neu ist die radikale Voraussetzungslosigkeit, mit der sie betrieben werden soll. Überzeugungen und Gefühle von Religion, Tugend, Moral wie auch Empfindungen von Leid, Freude, innerer Leere – a l l e s soll der Beobachtung unterzogen werden, ohne Rücksicht auf geltende Normen, Werte und vernünftig legitimierte Wahrheitsüberzeugungen. Das unterscheidet die Erfahrungsseelenkunde von anderen Methoden der Selbstbeobachtung, die auch Pietismus und Quietismus aufzuweisen hatten[200]; deren Voraussetzungen und Auswirkungen auf die Psyche unterstehen selbst der Beobachtung des Erfahrungsseelenkundlers, so daß sein Denken als ein psychologisches von religiös und ethisch gebundenen Denkmodellen, auch wenn sie sich auf die Psyche beziehen, abzusetzen ist. Allerdings: mit der Aufwertung des Individuums als Norm seiner selbst, das es zu erforschen gilt, wird e i n Aspekt der anderen Selbstbeobachtungsmethoden fortgesetzt und radikalisiert. Und dieser Aspekt läßt neben der nicht reflektierten zeitgebundenen Voraussetzung der Erfahrungsseelenkunde, was das Harmoniedenken betrifft, ein zweites Grundproblem erkennen: Der sich selbst entfremdete Selbstbeobachter muß sich s p a l t e n können in einen Agierenden und in einen kalt Beobachtenden

> "(. . .) und über sich selber, gleichsam als ob er ein anderes von sich selber verschiedenes Wesen wäre, (. .) über seine eignen Klagen und Beschwerden – lächeln – das alles wie ein Schauspiel (. . .) betrachten (. . .) So bald mir mein eigner Zustand beschwerlich wird, höre ich auf, mich für mich selber so sehr zu interessieren, und betrachte mich als einen Gegenstand meiner eignen Beobachtung, als ob ich ein Fremder wäre (. . .)."[201]

Um die eigene wahre Natur in flagranti zu ertappen, muß der Selbstbeobachter sich also schon neben sie stellen und darauf verzichten, wie Werther seinem Herzen alles zu gestatten. Diese Spaltung, das Heraustreten aus eigenen Gefühlen und Verhaltensweisen, d a m i t sie beobachtet werden können, betrachtet Moritz nun n i c h t als beschwerlich, sondern vielmehr als "Trost und eine Zuflucht vor unsern eignen Kummer."[202] Gerade i m Leiden, wenn ein Individuum "von Menschen oder von seinem Schicksale unterdrückt wird, und nun nicht weiter kan", kann es sich d u r c h die Abspaltung von sich selbst "Wonne" bereiten und "zum alles umfassenden Schöpfer des Weltals"[203] erheben. Das aber verweist nicht nur auf die Probleme Anton Reisers, sondern auch auf das Denken Moritz', der sie analysieren will: Die Selbstbeobachtung als eine Methode der Erfahrungsseelenkunde dient schon der K o m p e n s a t i o n einer Selbstentfremdung, die bezogen auf die zu erforschende wahre individuelle Natur durchschaut werden soll – und als bereits kompensierte gar nicht mehr durchschaut werden k a n n. In der Wende nach innen, im individualpsychologischen Ansatz der Beobachtung liegt so schon begründet, warum die Bedingungen für das Fehlen von Individualität gedanklich nicht erfaßt, sondern nur beschrieben werden können. Denn die sozialpsychologischen Voraussetzungen der Methode selbst können nicht reflektiert werden; sie werden als entfremdende allenfalls verstärkt, wenn das sich selbst entfremdete Individuum sich als einen Fremden beobachten will, um sich als ganzheitliches zu konstituieren. Es kann sich nur in R o l l e n erfahren, mit denen es n i c h t identisch ist – und das erwähnt Moritz sogar, ohne es zu diesem Zeitpunkt schon als Konsequenz der Methode zu reflektieren:

> "So bald ich also sehe, daß man mir selber keine Rolle geben will, stelle ich mich vor die Bühne (. . .)."[204]

So resultiert aus den beiden Hauptproblemen der Erfahrungsseelenkunde auch noch ein drittes: das der Definition von Seelenkrankheit und Seelengesundheit, die als vorläufige Arbeitsbegriffe schon geklärt werden müssen, damit das Beobachtete überhaupt in einen Erfahrungszusammenhang eingeordnet werden kann. Seelengesundheit ist für Moritz ein Desiderat bei überall zu beobachtender Seelenkrankheit als Selbstentfremdung. Aus der Beobachtung lauter entfremdeter, weil nicht mit sich selbst harmonisch identischer und glücklicher Individuen aber kann sich nur das Dilemma ergeben, Seelengesundheit und -krankheit entweder d o c h moralisierend oder logisch-deduktiv unterscheiden zu müssen. Und eben das zeigt sich auch im "Magazin".

Dort definiert Moritz Seelenkrankheit und Seelengesundheit zunächst folgendermaßen:

> "Mangel der *verhältnißmäßigen Uebereinstimmung* aller Seelenfähigkeiten ist Seelenkrankheit. (. . .) Hieraus folget, daß ein jeder Mensch nach dem ihm eignen Maaß seiner Seelenfähigkeiten, auch seinen eignen Seelengesundheitszustand habe (. . .) Die thätigen Kräfte müssen mit den vorstellenden Kräften in einem gewissen Verhältniß stehen; sind sie gegen dieselben zu stark, und bekommen ds Uebergewicht, so ist dieses Krankheit der Seele (. . .); sind sie gegen dieselben zu schwach, so ist dieses ebenfalls Krankheit; (. . .) schwinden sie ganz oder zum Theil, so ist dieses gleichsam eine *Seelenlähmung* (. . .)."[205]

Hier scheint das Individuum a l l e i n Norm zu sein für seine seelische Gesundheit, die als dynamisches Kräftegleichgewicht, das intrasubjektive Harmonie verbürgt, verstanden wird; ein intersubjektives "Maaß" der Seelenfähigkeiten gibt es nicht. So sind demgemäß Langen wie Werther krank allein aufgrund ihrer intrasubjektiven Disharmonie, deren Genese zu verfolgen ist, damit man ihr entgegensteuern kann. Und am intrasubjektiv Disharmonischen vor allem waren die Leser des "Magazins" interessiert.

In den ersten drei Bänden überwiegen die Beiträge zur Seelenkrankheitskunde[206]: Beobachtete Wahnsinnige werden beschrieben, psychopathologische Ausnahmezustände, Fallgeschichten von Selbstmördern – kurz, starke Abweichungen von dem, was als normal, vernünftig und moralisch galt. Gerde an Wahnsinnsfällen zeigen sich die Beobachter als F r e m d beobachter psychologisch so interessiert, daß Moritz in seiner ersten Revision im vierten Band dieses Interesse umzulenken sucht. Er ist den zugrunde liegenden sozialpsychologischen Bedürfnissen auf die Spur gekommen:

> "Es scheinet, als ob die Krankheiten der Seele schon an und für sich selbst, so wie alles Fürchterliche und Grauenvolle, am meisten die Aufmerksamkeit erregen, und sogar bei dem Schauder, den sie oft erwecken, ein gewisses geheimes Vergnügen mit einfliessen lassen, das in dem Wunsche, heftig erschüttert zu werden, seinen Grund hat."[207]

In der Tat: Moritz vermutet richtig, was von heute aus gesehen als sozialpsychologische Motivation für die Irrenanstaltsbesuche anzunehmen und auch auf die Texte von Garve und Spieß zu beziehen ist. Ob heftige Erschütterung oder die mildere Rührung gewünscht wurde, ist für das "geheime Vergnügen" am Abnormen nicht ausschlaggebend. Aber: die Frage des streng und vorurteilslos beobachtenden Erfahrungsseelenkundlers hätte lauten können, w a r u m denn Grauenvolles die Aufmerksamkeit errege und w a r u m das vermutete Bedürfnis, heftig erschüttert zu werden, bestehe. Das fragt Moritz n i c h t, sondern erklärt es ganz und gar unpsychologisch: Absicht der Erfahrungsseelenkunde sei nicht, Bedürfnisse nach Erschütterung zu erfüllen, sondern Seelenkrankheiten auf ihre Ursachen hin zu erforschen, um sie abschaffen zu können. Daß man unter Seelenkrankheiten "immer eine Art von Wahnwitz oder Melancholie" verstehe, führt er auf mangelnde Aufklärung zurück:

> "Man hat sich noch nicht daran gewöhnt, den Geitz, die Verschwendung, die Spielsucht, den Neid, die Trägheit, die Eitelkeit u.s.w. unter die Gemüths- oder Seelenkrankheiten zu rechnen, und auf specifische Mittel dagegen zu denken. (. . .) Und doch ist dieß freilich bittere Geständniß seiner Schwächen gegen sich selbst, gerade die angelegentlichste Sache bei der so nothwendigen Ausübung des Gnothi sauton (Kenne dich selbst) welches immer der Hauptpunkt bleibt, wohin sich alle Erfahrungen in Ansehung der menschlichen Seele vereinigen müssen."[208]

Damit werden, um der angestrebten Gesundheit als Glück in Harmonie willen, Laster zu erklärbaren und therapierbaren Seelenkrankheiten. Das ist eine ähnliche Umdeutung wie bei Rousseau und impliziert für die Therapeutik die Kontrolle, die auch in Wagnitz' Denken, was die Besserung der Verbrecher betrifft, enthalten ist. Moritz sieht die genannten Laster nicht, wie die unterhaltend aufklärenden Irrenhausbesucher, als selbstverschuldete Störungen der intrasubjektiven Harmonie, die in den Wahnsinn führen können, aber an sich noch nicht pathologisch sind, sondern bereits als Krankheiten – weil er von ihnen aus Störungen im "inren Triebwerk" deduziert.

> "So scheint es, daß der *Neid* vorzüglich in einem Mißbrauch der *vergleichenden Kraft* der Seele gegründet ist. (. . .) Statt daß ich also die Vorstellungen des Trägen mehr in Verbindung, in Wirkung und Gegenwirkung aufeinander zu bringen suche, muß ich die Vorstellungen des Neidischen (. . .) zu isolieren suchen. Ich muß ihn durch Uebung lehren, das, womit sich seine Denkkraft beschäftiget, ganz an und für sich, und in sich vollendet, ohne Rücksicht auf irgend etwas anders, zu betrachten. –"[209]

Das widerspricht dem Gesundheitsbegriff als Verhältnismäßigkeit aller Seelenkräfte n i c h t, sondern bestätigt ihn. Nur ist das Individuum eben nicht oberste Norm für seine L a s t e r: daß es, solche auslebend, mit sich selbst ganz identisch und für sich gesund und glücklich sein könne, ist nicht beobachtbar, weil nicht denkbar für Moritz. Um das Individuum gegen seine Unterdrückung durch die Umwelt zu seiner wahren Natur zu emanzipieren und ihm zum Glück zu verhelfen, müssen Laster als Seelenkrankheiten therapeutisch aus ihm ausgegrenzt werden. Eine Reflexion eventuell verinnerlichter t u g e n d h a f t e r Normen und Werte findet n i c h t statt – was die Erfahrungsseelenkunde sowohl von der Psychoanalyse nach Freud als auch von jeder modernen Sozialpsychologie unterscheidet.[210] Auch denkt Moritz in diesem Zusammenhang weder empirisch-sensualistisch noch materialistisch oder, modern ausgedrückt, psychosomatisch:

> "Der Wahnwitz ist doch immer größtentheils mit in dem Körper gegründet (. . .). – Er kann also nicht der Hauptgegenstand der Erfahrungsseelenkunde seyn, sondern es kömmt vorzüglich auf die Natur unsrer vorstellenden Kraft, auf die Abweichungen und die gehörige Art des Einlenkens derselben an (. . .)."[211]

Wie der Wahnsinn, weil er zum Teil körperlich bedingt sei, als Gegenstand des psychologischen Interesses ausgegrenzt wird, so auch die mögliche umweltbedingte, rein psychologische D e t e r m i n i e r u n g des Individuums im Sinne Lockes. Eine unkorrigierbare Umweltdeterminierung ist nicht denkmöglich wegen der vorausgesetzten autonomen Eigenentwicklung des Individuums aus eigener Kraft, die als Entfaltung seiner angeborenen Anlagen nur abweichend verlaufen, nicht aber den Charakter durch Ein-drücke von außen k o n s t i t u i e r e n kann:

> "Aber so läßt der Geist der Menschen sich nicht von Menschen schaffen: er arbeitet sich selbst durch alle Hindernisse, und auch durch die Gewalt der ersten Eindrücke mit seiner angebohren eigenthümlichen Kraft hindurch. Die Grenzen der Pädagogik erstrecken sich wohl auf die Ausbildung, aber nicht bis auf die Bildung der Anlagen der Seele."[212]

So gedacht, kann eine den Seelenkrankheiten entgegensteuernde Therapie nur als Regulation von aus der Verhältnismäßigkeit geratenen Seelenkräften verstanden werden, nicht als kontrollierende Beeinflussung des Individuums. Und dem entspricht, daß Moritz im Verein mit seinen Autoren-Lesern eine Umwandlung von Zuchthäusern zu wahren Besserungsanstalten durchaus bejaht.[213]
Vom Regulierungsdenken aus ist der Schritt zur normativen und restriktiven therapeutischen Vernunft Pockels', der die Erfahrungsseelenkunde g e g e n das Individuum wendet, gar nicht so weit. Abgesehen von seinen Revisionen, in denen Pockels über Wahrheit und Unwahrheit in den eingesandten Beiträgen entscheidet, ohne das Beobachtete ernstzunehmen[214], bemerkt er auch,

> "(. . .) daß die meisten Leiden, die die Menschheit drücken, von uns selbst herrühren (. . .); daß überhaupt die Unmäßigkeit der Leidenschaften und das aufgehobene Gleichgewicht der menschlichen Seelenkräfte an allen den Uebeln Schuld sind, die von uns selbst herrühren, und den Erdkreis überschwemmen."[215]

Bei Pockels wird Therapie zur totalen Kontrolle, damit allen Übeln schon vorgebeugt werden kann; der Einzelne wird zum Objekt einer Seelenkunde im Dienste der Lohn-Strafe-Moral. Das ist g e g e n Moritz' Intentionen, liegt aber schon in dessen eigenem Seelengesundheitsbegriff begründet. Denn: nicht das Individuum, sondern eben die Lohn-Strafe-Moral muß da zur Norm seelischer Gesundheit oder Krankheit werden, wo die Beobachtung der Überzeugung widerspricht, daß das Gleichgewicht der Seelenkräfte bei lasterhaften Personen als Kranken gestört sei.

Das ist am Beispiel eines Leserbeitrags zu zeigen. Der Prediger zur Hellen aus der Grafschaft Ravensberg bezieht sich im siebten Band des "Magazins"[216] auf Moritz' Unterscheidung zwischen dem Laster als eigentlicher Seelenkrankheit und dem Wahnsinn als körperlich bedingter Krankheit und schließt diesen wie alle körperlich mitbedingten seelischen Verhinderungen aus dem Begriff der Seelenkrankheit aus. Denn "der Grund dieser zufälligen Verhinderungen" liege "nicht in der Natur der Seele"[217] selbst, ebensowenig wie die sozialen und umweltbedingten Verhinderungen von außen. Die Seelenkrankheit als Lasterhaftigkeit hat ihren Grund also in der Disharmonie der individuellen Seelenkräfte allein. Und dann schildert zur Hellen "das einzige ächte Original von Lasterhaftigkeit", das ihm bekannt ist.

"Es ist kein einziges unter allen Lastern, in so weit sie dieser Mensch kennet, das ihm nicht ganz eigen wie natürlich geworden wäre."[218]

Der Kranke ist ein Wollüstling mit bestem Gewissen, der reihenweise unschuldige Mädchen verführt und dann über deren Elend lacht. Religion und Tugend sind ihm gleichgültig; er heuchelt, lügt und betrügt, ist ein wahrer Bürgerschreck und mit sich selbst so im reinen, daß ihm all seine Untaten eine große "Seelenheiterkeit" bereiten. Strafen und moralische Vorhaltungen haben diese Heiterkeit nicht schmälern können und auch sonst nichts bewirkt, so daß man nach zur Hellen fast glauben könne,

"(. . .) er sey ohne alle Moralität gebohren, gezwungen durch Natur so zu handeln und zu seyn, als er handelt und ist."[219]

Ein glücklicher Unhold, dessen Seelenkräfte in der Lasterhaftigkeit so sehr im Gleichgewicht sind, daß therapeutisch nichts mehr zu regulieren ist, muß aber aus der Definition Moritz' herausfallen, daß jeder seinen eigenen Zustand der Seelengesundheit habe. Zur Hellen kann nur die wahre Natur als Norm setzen, die zwar nicht beobachtbar ist, aber die intersubjektive Harmonie verbürgt. Deshalb können keine psychologischen Kategorien, sondern nur noch normativ-moralische "diese durchaus erkrankte Seele" gegen das Selbstgefühl des Lasterhaften für unheilbar krank erklären. Die einzige, aber dennoch unsichere Heilungschance könnte nach zur Hellen in einer mehrjährigen Arbeits- und Besserungshaus-Therapie liegen – das "wäre die beste Kur und zugleich Wohlthat für den Staat."[220]

Ähnlich denken fast alle Autoren-Leser des "Magazins", aber solche Schwierigkeiten in bezug auf die Emanzipation des Individuums reflektiert Moritz nicht.[221] Stattdessen verändert er sein Denken und verschiebt die psychotherapeutischen Ziele. Aus Italien zurückgekehrt, kündigt er Pockels zwar die Mitherausgeberschaft auf, distanziert sich von dessen wertenden Revisionen und betont erneut die Offenheit des "Magazins" für die Mitteilung aller beobachteten Erscheinungen von psychologischem Interesse. Aber: seine Gedanken "Ueber den Endzweck des Magazins zur Erfahrungsseelenkunde"[222] im achten Band lassen deutlich eine modifizierende Erweiterung der ursprünglich therapeutischen, auf das leidende Individuum bezogenen Ziele und Erkenntnisinteressen erkennen. In bezug auf den Wert der Selbstbeobachtung heißt es nun:

"Und gesetzt auch, daß aus diesen Betrachtungen sich für das eigentliche Leben kein unmittelbarer Nutzen zeigte, so würde doch dieser Gesichtspunkt immer dazu dienen, den Kreis des menschlichen Denkens überhaupt zu veredeln, und zu verschönern (. . .)".[223]

Es geht jetzt eher um "Wahrheitsforschung" als einen "gemeinschaftlichen Antheil der Sterblichen", um die wechselseitige Durchdringung von Erfahrung und Nachdenken, um den "reinsten Aufschluß" über die "Verkettungen der menschlichen Dinge" durch das strebende Bemühen, das "Mannichfaltige" auf die "einfachsten und wahrsten Grundsätze"[224] zurückzuführen. Dazu bedarf es nun weniger der Beobachtung des Auffälligen, Abgewichenen, Leidenden als vielmehr des Achtens auf die "ganz gewöhnlichen Aeußerungen des denkenden und vernehmenden Wesens"[225], weil diese des Bemerkens weit würdiger seien als Seelenkrankheiten. Denn durch eine Verschönerung des Denkens ist auch "allen übrigen Dingen im Leben mehr Interesse, und Würde zu geben"[226].

Da hat Goethe, der in Italien selbst Wege zum Edleren suchte, den Kreis des Moritzschen Denkens veredelt. Der Anspruch der Erfahrungsseelenkunde, konkrete Bedingungen für die Möglichkeit individueller Selbstentfremdung und des Leidens daran aufzudecken, wird zurückgenommen zusammen mit der richtigen Erkenntnis, daß der Selbstbeobachter "nur ein Hirngespinst statt seiner vor sich hinstellen kann, um es zu zergliedern. –"[227] Im dritten Stück desselben Bandes schreibt Moritz "Ueber Selbsttäuschung"[228] und bemerkt, daß der Selbstbeobachter, von sich selbst als Agierendem abgespalten, immer noch in der Gefahr ist, Verstellungen zu beobachten. Denn die w a h r e eigene Natur hat stets einen letzten "Schlupfwinkel",

> "(. . .) nehmlich den, daß der *Mensch auch vor sich selber* eine Rolle zu spielen, im Stande ist."[229]

Das ist das i n der 1782 intendierten empirisch-analytischen Psychologie bereits angelegte gedankliche Ende. Gefragt wird n i c h t mehr nach dem Verhältnis von Rolle und Identität, Rollenkonflikt und Entfremdung, psychischer Deformation bis in den Kern des Subjekts, wahrer Natur und sozialer Prägung. Dafür gibt es unter der V o r a u s s e t z u n g "wahrer innerer Kraft und Würde" k e i n e Theorie. Die Lösung aber, die w a h r e Natur vor "Schlupfwinkeln" zu bewahren, liegt in der alten Forderung nach einem Gleichmut des Ich und seelischer, w i l l e n t l i c h herzustellender Ausgewogenheit, die Shaftesbury schon zu Beginn des Jahrhunderts an die Bestimmung des Menschen zur Erlangung des höchsten Guts, in dem allein gültige Wahrheit liegt, gebunden hatte:

> "Wenn irgend etwas fähig ist, vor der Selbsttäuschung zu bewahren, so ist es eine solche ruhige Stimmung der Seele, welche wie ein heiterer Spiegel, jede Art von Affektation und falschem Streben, das in uns sich regen will, uns augenblicklich selbst bemerken läßt, und uns wieder in den Zustand versetzt, wo wir über unsre eigne Thorheit lächeln. –"[230]

Nicht mehr in der Pathologie der Normalen wird der Spiegel einer Wahrheit des Menschengeschlechts gesehen. Dessen Wahrheit liegt nun in der Seele des Einzelnen als Spiegel einer allgemeinmenschlichen, durch die Naturharmonie selbst legitimierten Wahrheit, die auf die Individualpsyche übertragen wird. W i e sich aber das entfremdete und leidende Individuum in die "ruhige Stimmung der Seele" versetzen soll, kann die E r f a h r u n g s seelenkunde nicht mehr beantworten: Moritz verschiebt die Erkenntnisproblematik, die in der Selbstbeobachtung liegt, ohne sie weiter zu analysieren.

Ihren Abschluß findet die Erfahrungsseelenkunde in den logisch-deduktiven, von der Vermögenspsychologie, die Kant auch vertritt, beeinflußten Definitionen Salomon Maimons. Um nicht "manchen aus dem Tollhause, der sich in seiner Tollheit glücklich dünkt, für keinen Seelenkranken halten"[231] und um andererseits nicht a l l e Menschen, "außer den *Stoischen Weisen,* für ziemlich seelenkrank"[232] ansehen zu müssen, ist nach Maimon zu definieren:

> "Seelengesundheit ist (. . .) derjenige Seelenzustand, worin die Würkungen des freien Willens ungehindert ausgeübt werden können; so wie Seelenkrankheit in dem entgegengesetzten Zustande besteht."[233]

Das ermöglicht zwar, daß Bösewichter wie der von dem Prediger zur Hellen geschilderte nicht mehr als krank angesehen werden müssen, setzt aber, wenn die Definition wahr sein soll, voraus, daß Verstand und Vernunft als höhere Seelenkräfte nicht psychologisierbar sind – während Moritz auch sie ursprünglich der Beobachtung und Analyse unterzogen wissen wollte. Maimon begründet die Herauslösung von Vernunft und Verstand aus dem Interessenbereich der Psychologie damit, daß beide höheren Seelenkräfte in bezug auf dieselben Objekte für jedes Individuum notwendige und allgemeingültige Erkenntnisse gewährleisten –

> "(. . .) oder man muß diese Wirkungen selbst in Zweifel ziehn, *und allen Anspruch auf Erkenntnis der Wahrheit aufgeben.*"[234]

Die Erfahrungsseelenkunde endet zugunsten der W a h r h e i t s erkenntnis, nicht unbedingt der Menschenkenntnis, in eben der allgemein verbindlichen Vernunft, die sie ursprünglich in Frage stellte, ohne daß erkannt wurde, daß sie ihr selbst in der Zielsetzung schon zugrunde lag.

Deshalb erwies sich die Psychologie der Befreiung gedanklich und therapeutisch als Beelzebub, der den Teufel ersetzte. Einerseits führte die Erfahrungsseelenkunde ja tatsächlich zu Erweiterungen des Menschenbildes, brach erstarrende Denkmuster auf und stellte darüber hinaus die Geisteskranken zumindest in den interessierten Blick der Normalen[235]; andererseits aber wurde sie nicht zu Ende gedacht und konnte so umfunktioniert werden in eine Psychologie der Kontrolle, in der die Erziehungsarbeit zu Ordnung und Harmonie therapeutisch fortgesetzt werden sollte.

Vorzustellen bleibt, welche Auswege aus dem Dilemma, daß aus dem Beobachteten keine Theorie der Menschheit entwickeln war, in Literatur und Ästhetik gesucht und gefunden wurden.

Die Autonomisierung der Kunst

Als Illustration zur Zielsetzung und Problematik der Erfahrungsseelenkunde ist Moritz' psychologischer Roman "Anton Reiser"[236] zu betrachten. Dieser Roman, weitgehend autobiographisch, der durch Berücksichtigung auch der kleinsten äußeren Lebensumstände, ihrer Auswirkungen auf die Individualpsyche und deren Rückwirkungen auf die individuelle Möglichkeit, Realität zu bewältigen, "vorzüglich die *innere* Geschichte des Menschen schildern soll,"[237] läßt die unlösbaren gedanklichen Schwierigkeiten der Erfahrungsseelenkunde deutlich erkennen. Wo die

Leiden des sich selbst entfremdeten Individuums als familiär, sozial und kulturell bedingte erkannt und diese Bedingtheit empirisch-sensualistisch als charakterbildend verstanden wird, wo aber gleichzeitig diese Charakterbildung als P r o z e ß entwicklungsgenetisch interpretiert wird als unverschuldete Abweichung des Individuums von seiner vorausgesetzten, wahren und autonomen Natur, da können Bedingungen seines Leidens nicht sinnvoll erklärt werden. Das macht den Roman selbst zum einzigartigen Zeugnis beobachteter Wirklichkeit o h n e eine Theorie, die sie erfassen könnte[238].

Der Erzähler stellt seine eigene Lebensgeschichte in der Antons rückblickend dar als Fallgeschichte mit dem Ziel, das "künstlich verflochtne Gewebe eines Menschenlebens" von seinen Entwicklungsbedingungen her verständlich zu machen:

> "Wer auf sein vergangnes Leben aufmerksam wird, der glaubt zuerst oft nichts als Zwecklosigkeit, abgerißne Fäden (. . .) zu sehen; je mehr sich aber sein Blick darauf heftet, desto mehr verschwindet die Dunkelheit, (. .) das Untereinandergeworfene und Verwirrte ordnet sich – und das Mißtönende löset sich unvermerkt in Harmonie und Wohlklang auf."[239]

Die harmonische Auflösung des "Mißtönenden" soll darin bestehen, aus einer "unendlichen Menge von Kleinigkeiten", die nur unbedeutend scheinen, es aber nicht sind, die "Verflechtung" von Ursachen und Wirkungen zu erkennen, die Anton zu dem Individuum gemacht hat, das er seinen Verhaltensweisen und Einstellungen nach ist. Das soll umgekehrt auch wieder erlauben, das Beobachtbare auf seine inneren und äußeren Ursachen zurückzuführen. Gemäß dieser Intention wird die Lebensgeschichte Antons chronologisch erzählt und parallel dazu vom Erzähler in bezug auf die Bedeutung von "Kleinigkeiten" im Ursachen-Wirkzusammenhang von innerer und äußerer Entwicklung reflektiert, kommentiert, erklärt und durch Zurück- oder Vorausverweise zusammengefaßt. Aus der beobachtenden und chronologischen Distanz erscheinen die Erzählerreflexionen und -kommentare als objektive, nicht die Antons selbst. Denn er, auch w e n n er sich selbst beobachtet, steht i n dem Zusammenhang, der ihn bedingt, und kann sich folglich nicht außerhalb desselben wahrnehmen:

> "Den Einfluß der äußern, wirklichen Vorfälle auf den innern Zustand seines Gemüts zu beobachten, verstand Reiser damals noch nicht; seine Aufmerksamkeit auf sich selbst hatte noch nicht die gehörige Richtung erhalten."[240]

Und diese Aufmerksamkeit auf der Ebene des erzählten Ich erhält auch im ganzen Roman nicht die "gehörige Richtung": Weil Anton, bedingt durch den Einfluß seiner Lebensumstände von Geburt an, seine Aufmerksamkeit immer nur auf ein bereits beeinflußtes und geprägtes Ich richten kann – was der Erzähler nicht reflektiert. Er selbst richtet seine Aufmerksamkeit auf die Einflüsse von außen, welche die Entwicklung eines w a h r e n Ich von vornherein verhindern.

> "(. . .) von ihm kann man mit Wahrheit sagen, daß er von der Wiege an unterdrückt ward."[241]

In der Tat: der ständige Streit zwischen den Eltern, mangelnde Elternliebe zum Kind, die Zurücksetzung hinter die jüngeren Geschwister, die fatalen Konsequenzen einer Erziehung nach einem verzerrten Quietismus für die Gewissensbildung, die unmenschliche Behandlung beim intoleranten und bigotten Hutmacher L., Armut und Bedürftigkeit als Schüler und Student, das Angewiesensein auf Wohltäter, die Dank und Wohlverhalten erwarten – all dies wird als Ursachenkette eines s o z i a l bedingten Leidens der Selbstentfremdung gesehen. Die "natürliche Folge" eines "von Kindheit an unterdrückten Selbstgefühls"[242], das durch eine verhindernde Umwelt immer weiter unterdrückt wurde, wird in ihren zersetzenden Auswirkungen auf die Individualpsyche reflektiert und kritisiert. Schon mit dreizehn Jahren ist Anton ein Selbstquäler,

> "(. . .) von dem man im eigentlichen Verstande sagen konnte, daß er in jedem Augenblick *lebend starb*. –"[243]

Im Zusammenhang damit erscheint der Rückzug in die Welt der Einbildungskraft, zunächst das Lesen, als einzige Überlebensmöglichkeit schon des Kindes; "denn das Buch mußte ihm Freund und Tröster und alles sein."[244]

Eben diese unverschuldete Verdrängung "aus der natürlichen Kinderwelt in eine unnatürliche idealische Welt"[245] aber muß der Erzähler nun in zwei einander widersprechenden Funktionen erklären. Antons von außen erzwungener Rückzug in die "idealische" Welt hilft ihm einerseits immer wieder, Leiden zu ertragen und läßt ihn an seiner Umwelt n i c h t zerbrechen:

> "Aber er fühlte noch immer Kraft genug in sich, in gewissen Stunden sich ganz aus seiner wirklichen Welt zu versetzen. – Das war es, was ihn aufrechterhielt."[246]

Andererseits jedoch ist gerade die Diskrepanz zur äußeren Wirklichkeit, die durch den Rückzug in die Welt der Einbildungskraft entsteht, auch U r s a c h e weiteren Leidens. Denn Anton lebt "im Grunde immer ein doppeltes, ganz voneinander verschiedenes inneres und äußeres Leben,"[247] und das daraus entspringende Leiden ist das einer ständigen Unvereinbarkeit von selbstproduzierter Innenwelt und Außenwelt:

> "Allein sein Schicksal war nun einmal von Kindheit an, die Leiden der Einbildungskraft zu dulden, zwischen welcher und seinem würklichen Zustande ein immerwährender Mißlaut herrschte und die sich für jeden schönen Traum nachher mit bittern Qualen rächte."[248]

Diesen Mißlaut selbst als i m m e r w ä h r e n d e n und g l e i c h b l e i b e n d e n kann der Erzähler nicht psychologisch analysieren, sondern nur an die Chronologie gebunden darstellen und als ständigen Wechsel von Phasen des Glücks und des Unglücks in Antons äußerem Leben so erklären, daß die wechselnden äußeren Phasen in einem Wirkzusammenhang mit den wechselnden inneren stehen. Einerseits wird a l l e s Verhalten immer wieder als Folge der frühkindlichen Deprivation reflektiert, andererseits aber auch als immer neue Reaktion und Gegenreaktion auf das, was

Anton im Laufe seines Lebens erfährt und zu bewältigen hat. So wird das Muster selbst im Wirkzusammenhang von Ich und Außenwelt als innere Entwicklung gedacht, was konsequent ist: wenn Antons Leiden als umweltbedingte Abweichung von einer wahren Natur verstanden wird, deren u n g e s t ö r t e Entwicklung eine Identität des Ich jenseits aller Rollen, die allein Ausdruck seiner angeborenen Anlagen ist, zur Folge gehabt hätte. Und das setzt der Erzähler im Gegensatz zu der dargestellten, nur aus internalisierten Rollen bestehenden Identität Antons voraus. Die Problematik dieser Voraussetzung zeigt sich daran, daß die innere Entwicklung des erzählten Ich vom Erzähler nicht auf einen Punkt zugeführt werden kann, von dem aus sich die fortlaufend kommentierte Ursachen-Wirkungs-Kette des Leidens in "Harmonie und Wohlklang" ihrer Systematisierbarkeit auflösen ließe.

Denn zufällige und beliebige äußere Anlässe werden im Bewußtsein des Erzählers w i e in der Erfahrung Antons zu immer neuen Ursachen immer neuer Wirkungen, die aber dem Muster nach dieselben bleiben. Daß Antons Leiden durch sein eigenes Verhalten sich selbst gleich bleibt, wird situationsgebunden vom Erzähler durchaus erkannt:

> "Und alles, was er tat, um sich hievon loszureißen, war im Grunde eine bloße Betäubung seines innern Schmerzes und keine Heilung desselben (. . .)."[249]

Auch daß Anton selbst äußere Ursachen von Leid empfindet, die außerhalb seines Ich keine sind, wird als Einzelbeobachtung reflektiert:

> "(. . .) weil er nun glaubte, *verachtet werden zu können,* so wurde er wirklich verachtet – und ihm schien oft das schon Verachtung, was ein anderer mit mehr Selbstgefühl nie würde dafür genommen haben."[250]

Solche Einzelreflexionen prägen aber nicht die Darstellung der Lebensgeschichte, weil Antons Mangel an Selbstgefühl stets auf das "zurücksetzende Betragen seiner eignen Eltern gegen ihn"[251] zurückgeführt wird, ohne daß daneben auch eine ursächliche Beziehung dieses Mangels zu den jeweils situationsgebundenen Glücksumschwüngen in seiner Biographie hergestellt würde. Und die können sich dann so ausnehmen:

> "Kurz, von einem einzigen zu schnell umgeschlagenen Blatte in dem Exemplar des Direktors von Ciceros Buche von den Pflichten schrieben sich größtenteils alle die Leiden her, die Reisern von nun an in seinen Schuljahren bevorstanden und welche sich vorzüglich auf den Mangel der Achtung des Direktors gründeten, dessen Beifall, woran ihm so viel lag, er zuerst durch das zu schnelle Blattumschlagen verscherzt hatte."[252]

Da wird ein Blattumschlagen ebenso zur "ersten Quelle" einer Ursachen-Wirkungs-Kette des Leids wie all die "Demütigungen" ganz unterschiedlicher Qualität.

> "So war nun Anton einmal auf wenige Wochen glücklich: aber wie bald wurde diese Glückseligkeit zerstört! Damit er sich seines Glücks nicht überheben sollte, waren ihm fürs erste schon starke Demütigungen zubereitet."[253]

Geht es in diesem Fall um niedrige häusliche Arbeiten, die er für seine Mutter verrichten muß und derentwegen ihn seine Mitschüler verspotten, so handelt es sich in einem anderen, späteren Fall von Demütigung darum, daß Anton sich nicht mehr als der erste in der Gunst des Pastors M. fühlt.

> "Man sieht leicht, daß Anton Reisers Eitelkeit durch die Umstände, welche sich jetzt vereinigten, um ihm seine eigne Person wichtig zu machen, mehr als zuviel Nahrung erhielt. Es bedurfte wieder einer kleinen Demütigung für ihn, und die blieb nicht aus."[254]

Ein neuer Mitschüler wird über ihn gesetzt, und Anton fühlt sich "erniedrigt, herabgesetzt, mit den übrigen allen in eine Klasse geworfen."[255] Alles kann für Anton wie für den Erzähler zur Demütigung werden, die immer neues Leid bedingt. Aber eine starke Demütigung für Anton kann vom Erzähler auch als vorteilhaft für die Charakterbildung gewertet werden. Nach einer Phase des Romanlesens, in der Anton sich aus Reaktion auf die empfundene Verachtung der Umwelt völlig gehen läßt, will er auf ein Zeichen des Pastors M. hin diesem Abbitte tun, damit er ihn wieder fördere. Die Abbitte soll möglichst wirkungsvoll inszeniert werden, weil Anton, indem er sich ganz und gar erniedrigen will, den Pastor besonders gerührt sehen möchte. Aber Antons Vater ist schon da, um für seinen mißratenen Sohn selbst ein Wort einzulegen, und dieser fühlt, in der Gegenwart des Pastors, "sich in seinem Vater doppelt gedemütigt und beschämt"[256].

> "Allein kein Zufall in seinem Leben fügte sich vielleicht mehr zu seinem wahren Vorteil als eben dieser. – Wäre es ihm diesmal mit der angelegten Szene gelungen, wer weiß, wozu er in der Folge noch geschritten und was für Rollen er würde gespielt haben. (. . .) Die ganze Fußfallszene wäre doch im Grunde (. . .) Affektation gewesen, und der Übergang von der *Affektation* zur Heuchelei und Verstellung, wie leicht ist der!"[257]

Da wird Antons intendiertes Rollenspiel als mögliche "erste Quelle" der Heuchelei verstanden statt als kompensative Selbststilisierung in der Übernahme eben der Rolle, die von ihm erwartet wird: der des reuigen Sünders.
So sind die Wirkzusammenhänge zwischen deformiertem Ich und Umwelt in der psychologischen Bedingtheit ihrer Unauflösbarkeit vom Erzähler ebensowenig zu durchschauen wie von Anton. Diesem erscheint sein Dasein als "ein Werk des schrecklichen blinden Ohngefährs"[258]; das bringt er zum Ausdruck, indem er Kirschkerne in eine Ordnung legt und sie dann mit geschlossenen Augen zertrümmert. Damit spielt Anton, wie der Erzähler erklärt, selbst das "*blinde Verhängnis*"[259] und nimmt "ohnmächtige kindische Rache am Schicksal"[260], das er als zerstörendes erfährt. Und eben dieses "blinde Verhängnis" wird gegen die Intention des Erzählers und gegen alle Versuche der Analyse und Erklärung zum Konstruktionsprinzip der dargestellten Lebensgeschichte: Sie bleibt von einem Schicksal regiert, das unbeeinflußbar ist – weil es durch den bedingungslosen Zufall waltet, der Anton trifft wie einen der Kirschkerne, auf die er blind einschlägt. Es ist stets der Zufall von außen, der im Roman die Weiterentwicklung von Wirkzusammenhängen bedingt und deren Richtung vom Glück ins Unglück und umgekehrt bestimmt. Das bleibt der psychologischen Analyse entzogen, weil der Erzähler sich selbst auf Zufälle beruft, statt sie zu analysieren:

"Allein man erwog nicht, daß eben dies Betragen, weswegen man ihn zurücksetzte, selbst eine Folge von vorhergegangner Zurücksetzung war. – Diese Zurücksetzung, welche in einer Reihe von zufälligen Umständen gegründet war, hatte den Anfang zu seinem Betragen, und nicht sein Betragen, wie man glaubte, den Anfang zur Zurücksetzung gemacht. Möchte dies alle Lehrer und Pädagogen aufmerksamer (. . .) machen, daß sie die Einwirkung unzähliger zufälliger Umstände mit in Anschlag brächten (. . .)."261

Die Umstände, die zu immer neuen "ersten Quellen" von Glücks- oder Unglücksphasen werden, sind in der Tat unzählig und zufällig und bleiben es auch so, daß Anton der Wiederkehr des immer Gleichen als seinem Schicksal nicht entkommen kann. Dem entspricht, daß der Erzähler dem, was er darstellt, selbst nicht erklärend entkommen kann. Und so begründet er die Unkorrigierbarkeit von Antons Deformation einerseits sozialkritisch, andererseits aber mit Hilfe des regierenden Zufalls – was die Sozialkritik aufhebt.

"Im Grunde war es das Gefühl *der durch bürgerliche Verhältnisse unterdrückten Menschheit*, das (. . .) ihm das Leben verhaßt machte – (. . .) warum erhielt er gerade die Rolle des *Arbeitenden* und ein andrer des *Bezahlenden?* – Hätten ihn seine Verhältnisse in der Welt *glücklich* und *zufrieden* gemacht, so würde er allenthalben Zweck und Ordnung gesehen haben, jetzt aber schien ihm alles Widerspruch, Unordnung und Verwirrung."262

Abgesehen davon, daß eine Sozialkritik als Kritik selbst fragwürdig ist, in der die Ordnung der bürgerlichen Welt nicht an sich in Frage gestellt wird – Reiser könnte sie bejahen, wenn e r die Rolle des Bezahlenden hätte –, gelangt der Erzähler über den Widerspruch, den Anton empfindet, nicht hinaus. Er kann ihn nicht erklärend lösen, weil er eben auf der eigenen, a l l e äußeren Umstände berücksichtigenden Erzählung beruht. Zu diesen Umständen gehört auch, daß Anton nicht n u r unterdrückt wird: Er versteht es durchaus, Menschen auf sich aufmerksam zu machen, die ihn fördern, unterstützen und aus bedrückenden Situationen in bessere versetzen. Das muß der Erzähler anerkennen.

"Und wurde nicht diese Selbstverachtung durch den immerwährenden Druck von außen bei ihm bewirkt, woran freilich mehr der Zufall schuld war als die Menschen."263

Wenn die Menschen eben k e i n e n "immerwährenden Druck" ausüben und wenn auch das Verhaltensmuster Antons als situations u n a b h ä n g i g e Bedingung für Umschwünge wachsender Selbstachtung in Selbstverachtung nicht durchschaut wird, dann muß der Zufall den von außen empfundenen Druck bedingen: Die dargestellte Geschichte eines deformierten Ich läßt keine eindeutige und für alle Situationen gültige Schuldzuweisung an die Außenwelt zu, und dieses Ich selbst kann auch nicht verantwortlich gemacht werden für seine Deformation. Deshalb kann diese vom Erzähler nur gleichermaßen als sozial bedingt u n d als blindes Verhängnis verstanden werden; die sozialen Ursachen der Deformation werden also in ihrer eigenen Bedingtheit nicht erkannt, sondern selbst zum unbedingten Schicksal, dem das Ich ausgeliefert ist.

Anton bleibt über alle psychologischen Analysen hinaus wechselnden Glücks- und Unglücksphasen wie auch Umschwüngen von Selbstachtung in die Selbstverachtung ausgesetzt. Und das dürfte ein Grund dafür sein, daß der Roman Fragment geblieben ist.[264]
Wenn nun Moritz die eigene Lebensgeschichte erzählt und eine beispielhafte Analyse liefern will, die eine Ursachenerkenntnis des Dauerleidens ermöglicht, und wenn dies dem Erzähler nicht gelingt, dann darf auf vier Dinge geschlossen werden.

Erstens ist Antons Leiden tatsächlich unauflöslich – als das Moritz' –, dafür spricht dessen außerliterarische Biographie. Zweitens wird es durch das D e n k e n des Erzählers selbst als unauflöslich k o n s t i t u i e r t. Deshalb könnte drittens das Denken des Erzählers Moritz an die Erfahrungen und Verhaltensmuster Antons gebunden sein. Das hieße viertens, daß der Erzähler Moritz gedankliche Widersprüche ebenso kompensativ bewältigen könnte wie Anton seine Erfahrungen bewältigt: durch einen Rückzug aus der wirklichen Welt in eine "unnatürliche idealische". Das verwiese zurück auf den ersten Punkt wie auch darauf, daß ein solcher Rückzug gleichzeitig das Überleben des sich selbst entfremdeten und in der Entfremdung nicht erkennenden Moritz gewährleistet. Und vor diesem Hintergrund könnte des Erzählers Aufwertung der Kunst als eines "kritischen Gegenentwurfs"[265] zu Antons Dilettantismus im Roman betrachtet werden.

Im vierten Teil des Romans, den Moitz nach seiner Rückkehr aus Italien schrieb, bringt der Erzähler die Leiden Antons auf den individualpsychologischen Nenner: Die Leiden der Einbildungskraft sind die Leiden der Poesie.[266]

> "Er wollte *f ü r s i c h das alles haben, was die Kunst zum Opfer fordert.* (...) Er täuschte sich selbst, indem er das für echten Kunsttrieb nahm, was bloß in den zufälligen Umständen seines Lebens gegründet war. – (. . .) Hätte er damals das sichere Kennzeichen schon empfunden und gewußt, daß, wer nicht über der Kunst sich selbst vergißt, zum Künstler nicht geboren sei, wie manche vergebene Anstrengung, wie manchen verlornen Kummer hätte ihm dies erspart!"[267]

Diese Erklärung des Leidens ist, historisch gesehen, individualpsychologisch konsequent. Anton vereinnahmt schon als Kind Kunst, Gelesenes und im Theater Gesehenes, für sich selbst. Als Ersatzbefriedigung aber hat die Vereinnahmung von Kunst im Rückzug in die "idealische Welt" eine fatale Eigendynamik: Das Ich empfindet seine Wirklichkeit außerhalb der Kunst als auflösend, zerstörend, bedrohlich und unbefriedigend, konsolidiert sich durch den Rückzug in die "idealische Welt", überträgt sein dort gewonnenes Selbstgefühl auf die Wirklichkeit, kann diese n i c h t vereinnahmen wie die Kunst, empfindet sich als gefährdet bis hin zur Selbstauflösung und sucht wieder den Bereich auf, der es davor sehr befriedigend schützt. Das ist ein perfekter Z i r k e l, den Moritz auch beschreibt:

> "Weil er von Kindheit auf *zu wenig eigene Existenz gehabt hatte,* so zog ihn jedes Schicksal, das außer ihm war, desto stärker an; daher schrieb sich ganz natürlich während seiner Schuljahre die Wut, Komödien zu lesen und zu sehen. – Durch jedes fremde Schicksal

fühlte er sich gleichsam sich selbst entrissen und fand nun in andern erst die Lebensflamme wieder, die in ihm selber durch den Druck von außen beinahe erloschen war."[268]

Und eben die Tatsache der von Anfang an mangelnden eigenen Existenz unterscheidet Antons Leiden u n d Dilettantismus von denen Werthers: Ist Werther unter beiden Aspekten an die W i e d e r e r i n n e r u n g eines ganzheitlichen, Identität verbürgenden k i n d l i c h e n Zustandes gebunden, der gerade in der Vermittlung zwischen der jenseits der Erzählgegenwart liegenden Liebe zur gestorbenen mütterlichen Freundin und der Liebe zu Lotte als projektives Ideal erscheint, so kann Anton ein solches gar nicht haben. Bei Werther dient die Vereinnahmung von Kunst dazu, eine wiedererinnerte, idealisierte kindliche Identität, die seine Besonderheit als Genie ermöglicht, in der Vereinnahmung Lottes zu verwirklichen. Er verkennt in seinen Projektionen die subjektive und objektive Realität, wie sie i s t. Anton hingegen f e h l t eben die Möglichkeit der Wiedererinnerung, Projektion und Idealisierung eines glücklichen Zustandes a u ß e r h a l b und j e n s e i t s der Kunst: Dieser Zustand liegt für ihn allein in ihr selbst. Dafür spricht seine Werther-Identifikation. In allem, was Werther denkt und fühlt, in dessen Verhältnis zur Wirklichkeit und Kunst erkennt Anton sich selbst wieder – nur in einem nicht:

> "Was aber nun die *eigentlichen* Leiden Werthers anbetraf, so hatte er dafür keinen rechten Sinn. – Die Teilnehmung an den Leiden der Liebe kostete ihm einigen Zwang – er mußte sich mit Gewalt in diese Situation zu versetzen suchen, wenn sie ihn rühren sollte (...)."[269]

Eben weil Anton wie der Erzähler das Liebesleiden Werthers für dessen e i g e n t l i c h e s Leiden halten, erkennen beide Antons Leiden im Spiegel des "Werther" ebensowenig, wie Werther sein eigenes erkennt als unerfüllbares Selbstideal der Ganzheit und Vollkommenheit in der Realität der Selbstentfremdung. Diese aber wird für Werther zerstörerisch über seinen Dilettantismus hinaus, weil der erinnerte und angestrebte ideale Zustand j e n s e i t s der Kunst liegt – während Antons Selbstentfremdung in und durch die Kunst stets aufzuheben ist und neu bewirkt wird. Er erinnert den glücklichen Zustand in der Kunst wieder, projiziert ihn als zu erreichendes Ideal auf die innere und äußere Realität und versucht, den idealen Zustand zu verwirklichen: durch die Produktion von Kunst. Was er aber produzieren kann, ist immer wieder nur sich selbst – das Unvollkommene, das vollkommen s e i n s o l l und es nicht ist, eben w e i l es so sein s o l l.

> "Die Blätter färbten sich nur mit jungem Grün, *um wieder zu verwelken.* – Der Himmel war heiter, *um sich wieder zu trüben.*"[270]

Daß aus einer intendierten Wirkung, die der Produktion von Kunst schon vorausgeht, "gemeiniglich nicht viel Gutes zu erfolgen pflegt"[271], erklärt der Erzähler nun einerseits so, daß Anton "Empfindungen *log,* die er nicht hatte"[272], andererseits aber den ganzen Roman hindurch auch so, daß er autonome Empfindungen aufgrund seiner Lebensgeschichte auch gar nicht haben kann. Weil Anton auf die "idealische Welt" als Fluchtpunkt a n g e w i e s e n ist, ist er kein wahrer Künstler:

"Es war also kein echter Beruf, kein wahrer Darstellungstrieb, der ihn anzog; (. . .) Um seinetwillen wollte er die Lebensszenen spielen – sie zogen ihn nur an, weil er sich selbst darin gefiel, nicht weil an ihrer treuen Darstellung ihm alles lag."[273]

Der Selbstbezug in Antons sämtlichen Versuchen, zu dichten oder Schauspieler zu sein, wird nun als U r s a c h e seines Leidens benannt und, ganz im Sinne der bereits vorgestellten gedanklichen Konfliktverschiebungen Moritz' im "Magazin", auf die S e l b s t t ä u s c h u n g zurückgeführt. Diese ist nun im Denken des Erzählers der Grund dafür, daß Anton sein Leiden s e l b s t produziert; sie könnte vermieden werden durch genaue Selbstüberprüfung. Denn wo das als groß und vollkommen Empfundene nicht darstellbar ist, aber nach seiner Darstellung gestrebt wird, da macht die Seele "ihr eigenes Dasein" sich selbst "verächtlich"[274]. Das ist der Fall bei Anton, der es unterläßt,

"(. . .) sein Innerstes zu prüfen, ob nicht der Wunsch bei ihm an die Stelle der Kraft tritt, und weil er diese Stelle nie ausfüllen kann, ein ewiges Unbehagen die Strafe verbotenen Genusses bleibt."[275]

Und das trifft als B e o b a c h t u n g ja in der Tat auf Anton zu:

"(. . .) der die besten Stunden seines Lebens durch mißlungene Versuche trübete, durch unnützes Streben nach einem täuschenden Blendwerke, das immer vor seiner Seele schwebte, und wenn er es nun zu umfassen glaubte, plötzlich in Rauch und Nebel verschwand."[276]

Nur ändert der Erzähler zur Erklärung dieses Phänomens die psychologischen Kategorien, in denen und mit deren Hilfe Antons Leiden erfaßt werden. Er erklärt sie als Leiden der Poesie v e r m ö g e n s psychologisch damit, daß Anton *"nur Empfindung, aber kein Dichtungsvermögen"*[277] hat und das verkennt. Untrügliche Zeichen aber, wahres Dichtungsvermögen, das man als Anlage hat oder nicht, zu erkennen, gibt es dem Erzähler nach genug: Der wahre Dichter sucht sich nicht erst den Stoff zu seiner Empfindung, sondern hat jenen zugleich mit dieser vor Augen. Auch bedarf es keines besonderen Stoffes wie der Einsamkeit, des Schrecklichen oder des Außergewöhnlichen als Bedingung für die Möglichkeit des Dichtens; aufgrund seines besonderen Vermögens kann nämlich der wahre Dichter "jeden Gegenstand, der sich seiner Einbildungskraft darbietet, (. . .) verschönern"[278]. Und

"(. . .) der wahre Dichter und Künstler findet und hofft seine Belohnung nicht erst in dem Effekt, den sein Werk machen wird, sondern er findet in der Arbeit selbst Vergnügen (. . .)."[279]

Indem der Erzähler diese untrüglichen Erkennungszeichen benennt, m i ß t er Anton an einer vermögenspsychologisch begründeten Psychologie des wahren Künstlers, der als besonders begabtes Individuum Kunst a u t o n o m, aus seinem vorhandenen, in seiner N a t u r liegenden Vermögen heraus produziert. Und eben deshalb stellt der wahre Künstler die Kunst nicht in s e i n e n Dienst, sondern sich selbst in den Dienst der Kunst. Insofern steht diese als autonome auch über ihm selbst: Er bringt sie kraft seines Vermögens hervor u m i h r e r s e l b s t w i l l e n, nicht um seinetweillen. Diese N o r m erfüllt Anton nicht – und das erklärt nun sein Leiden als selbstproduziertes durch Selbstverkennung und läßt seinen Fall zum warnenden und belehrenden Beispiel für andere, ähnlich Leidende werden.

Indem also der Erzähler Antons Dilettantismus mit der wahren Kunstproduktion kontrastiert, unterstellt er ihn selbst einer Norm, die ihm nicht entspricht. Damit kann er den unvereinbaren Kontrast von wirklicher und "unnatürlicher idealischer" Welt, in dem Anton lebt und der sein Leiden unauflöslich und schicksalhaft macht, als a u f l ö s b a r begründen: Unnützes Streben zur Kunst aufgrund von Selbsttäuschung ist durch Selbsterkenntnis zu vermeiden. Das ist, bezogen auf Anton, aber nur möglich durch einen Umschwung im Denken des Erzählers: Wird in der erzählten Lebensgeschichte empirisch-sensualistsich und entwicklungsgenetisch dargestellt und begründet, daß die Kunst für Anton eine lebensnotwendige kompensatorische Funktion hat und ihre Vereinnahmung Überlebensstrategie eines Ich ist, das nur durch sie seine Existenz als nicht bedroht und befriedigend fühlt, so wird nun das Leiden am Kompensationsmuster selbst vermögenspsychologisch damit begründet, daß die Kunst für Anton eine zerstörende Funktion hat, w e i l er sie für sich vereinnahmt. Und die Vermittlung beider Pole erkennt der Erzähler nicht, weil er im Wechsel von der Erfahrungsseelenkunde zur reinen Vermögenspsychologie auch die Bezugspunkte seiner psychologischen Analysen u m k e h r t. Antons Leiden an und in der Wirklichkeit werden einerseits an den Rechten und Bedürfnissen des Individuums gemessen; in diesem Zusammenhang wird Antons Verhältnis zur Kunst auf ihn selbst bezogen und in seiner biographischen Bedingtheit gesehen. Andererseits aber werden seine Leiden als Leiden der Poesie an den Erfordernissen einer Kunst gemessen, die autonom ist; in diesem Zusammenhang wird Antons Verhältnis zur Kunst an einem absolut gesetzten und normativen Maßstab für die w a h r e Kunst und den w a h r e n Künstler gemessen. Im ersten Fall heißt es:

> "(. . .) denn hätte er sich seinen Zustand völlig so leer und abgeschmackt gedacht, wie er wirklich war, so würde er sich selbst ganz weggeworfen haben und in Schmach ganz versunken sein."280

Im zweiten Fall hingegen wird gefordert, daß Anton eben diesen Zustand erkennt, wie er ist: Er soll erkennen, was ihn zerstört – damit er n i c h t leide. Aus der autonomen Kunst, wie sie sein soll, wird individuelles Leiden, das nicht sein soll, ausgeschlossen: ohne daß dieses in seinen Bedingungen erkannt worden wäre.

Das läßt nur darauf schließen, daß der Erzähler selbst im Umschwung seines Denkens den Ausweg Antons findet – der für Anton als leidendes Individuum keiner ist. Aber was die Bedingungen für die Möglichkeit wahrer und autonomer Kunst betrifft, ist dieser Ausweg u n a n g r e i f b a r: Denn die Kunst soll ja n i c h t in den "zufälligen Umständen" des individuellen Lebens "gegründet" sein. So setzt der Erzähler Antons Verhaltensmuster auf der Reflexionsebene fort und bewältigt es dadurch als kompensatorisches selbst kompensativ: Er rettet sich aus der Beobachtung unerklärlichen Leidens in der wirklichen inneren und äußeren Welt Antons in die "idealische" Welt. Und diese begreift er nicht, wie in den Erklärungsversuchen von Antons Leiden, als "unnatürliche", sondern w i e Anton g e g e n Anton als Ort der Wahrheit, wo alle Leiden als unbedeutende oder: leere und abgeschmackte, ein Ende haben.

"Dasjenige, was durch die menschlichen Einrichtungen und Verbindungen gleichsam aus dem Gebiete der Aufmerksamkeit herausgedrängt, gemein und unbedeutend geworden ist, trat, durch die Macht der Poesie, wieder in seine Rechte, wurde wieder *menschlich* und erhielt wieder seine ursprüngliche Erhabenheit und Würde."[281]

Was für Anton gilt, trifft auch zu für Moritz' ästhetische Theorie. Das autonome, in sich selbst vollendete Schöne wird der erkennenden Vernunft übergeordnet als ein Fluchtpunkt, der eine vollendete und leidlose Gesamtwirklichkeit als objektiv wahr ausweist. Und auf diese wahre Wirklichkeit, verbürgt durch die Kunst, v e r w e i s t alles Leiden in der beobachtbaren individuellen und sozialen Realität. Das Leiden hat keinen Wahrheitswert mehr für sich, sondern wird bezogen auf die Wahrheit, aus der es ausgeschlossen ist. Es wird erträglich

"(. . .) durch den tröstenden Gedanken, daß es keinen Stand in der Welt gibt, der dem Menschen die Macht rauben könnte, die wahren Vorzüge seines Geistes zu empfinden, über die Verhältnisse der Dinge und ihren Zusammenhang Betrachtungen anzustellen und sich mit einem einzigen Schwunge seiner Denkkraft über alles das hinwegzusetzen, was ihn hienieden einengt, quält und drückt."[282]

Der von Moritz häufig wiederholte Umschwung des Denkens von der Beobachtung und Darstellung des Leidens zur autonomen Kunst aber wird teuer bezahlt – mit der Zementierung von A n t o n s Leiden in der Bedingung für die Möglichkeit des Schönen, das jenes aufheben soll, dies aber in der Wirklichkeit außerhalb der Kunst gar nicht kann:

"Sisyphus wälzt den Stein – Tantalus lechzt nach der von seinen Lippen ewig weichenden Flut. Allein die Qualen sind nur dem Individuum schrecklich und werden in der Gattung schön – sobald daher die Gattung in dem Individuum sich vollendet, löst sein Leiden sich von ihm ab und geht in die Erscheinung, die Empfindung geht in die *Bildung* über – was von dem bildenden Wesen sich zerstört, ist sein Phantom – das veredelte Dasein bleibt zurück."[283]

Um Wahrheit als Harmonie sich entsprechender Gesetzmäßigkeiten ging es nach wie vor – und Antons Dauerleiden führten nicht zu der Frage, ob es diese Wahrheit, übertragen auf den individuellen und sozialen Bereich, überhaupt gebe. Im Gegenteil: Moritz verlegt sie dorthin, wo ihr keine Beobachtung und Erfahrung mehr entgegensteht – in die Kunst, die als autonome aller sozialen und individuellen Bedingtheiten entkleidet und an das nicht zu beobachtende Wesen der Wirklichkeit gebunden wird. Sie ist, vermittelt über den wahren Künstler, Abbild des Abbildes des einen, wahren Urbildes aller Wirklichkeit: des reellen und vollendeten Schönen. Das wiederum ist nur i n der Kunst als einem Doppelspiegel indirekt erfahrbar. Moritz geht über Shaftesburys Theorie hinaus, indem er das Kunst-Schöne als ein

Medium, in dem das Wahre und Gute gespiegelt wird, absolut setzt – und damit auch die ästhetische Vernunft des wahren Künstlers. Diese erhält bei Moritz die Funktion, die unlösbaren Probleme und Widersprüche für die psychologische Vernunft zu lösen: Sie soll die wahre Harmonie und Ordnung, das Notwendige und Allgemeine, das hinter allem Besonderen und Zufälligen, auch dem durch Zufälle bedingten individuellen Leiden liegt, zur anschauenden Erkenntnis bringen und wegweisend sein für die außerästhetische Vernunft.

Wie die Leiden Werthers und Antons in der autonomisierten Kunst überwunden werden, ist zu zeigen an Goethes Roman "Wilhelm Meisters Lehrjahre"[284]. Es ist die ästhetische Vernunft, die den Lehrjahren das Ziel setzt und es als wahr verbürgt: Wilhelm ist, was er wird, und wird, was er sein soll. Das Ziel aber schließt alles Zufällige, Unberechenbare, nicht Gesetzmäßige aus. Und in dem Zusammenhang kommt der Wahnsinn als Geisteskrankheit wieder vor: in einer neuen, literarisch-immanenten Funktion.[285] Diese ist zu erschließen durch eine Analyse der Figur des Harfners und der Beziehung, die sein Schicksal zu dem Wilhelms im Romanzusammenhang hat.[286]

Ästhetische Vernunft und die Funktionalisierung des Wahnsinns

Der Harfner, dessen Vorgeschichte im achten Buch des "Wilhelm Meister" erzählt wird[287], ist der ehemalige Mönch Augustin. Schon von Charakter her "zu einer Art von schwärmerischer Ruhe" geneigt, überläßt er sich als Mönch im Kloster

> "(. . .) dem Genuß einer heiligen Schwärmerei, jenen halb geistigen, halb physischen Empfindungen, die, wie sie ihn eine Zeitlang in den dritten Himmel erhuben, bald darauf in einen Abgrund von Ohnmacht und leeres Elend versinken ließen."[288]

Doch nach dem Tod des Vaters bessert sich sein Zustand, die Vernunft siegt, und er will Sperata heiraten. Deshalb bittet er seine Brüder, ihm zu helfen, von seinen Gelübden befreit zu werden. Das versuchen jene, erfahren aber von dem Beichtvater der Familie, daß Sperata ihre Schwester ist. Als sie Augustin, von dem sie bereits ein Kind erwartet, darüber aufklären, ist dieser nicht bereit, das Inzestverbot als ein Naturgesetz hinzunehmen, sondern stellt ihm den "wahren, unzerstörlichen Genuß der reinen Liebe"[289] als sein Recht in Übereinstimmung mit dem Willen der Natur entgegen. Er wird aber von den Brüdern eingesperrt und durchlebt dann zwei Tage in den schwersten Gewissenskonflikten: Einerseits fühlt er sich wegen des begangenen Inzests d o c h schuldig als Verbrecher gegen die Natur, andererseits fühlt er sich wegen seiner Liebe zu Sperata und wegen seines Verlangens nach ihr, das er auch als naturgemäß begreift, unschuldig. Die Liebe siegt über das Inzestverbot; er entflieht, will zur Schwester, wird aber getäuscht und ins Kloster zurückgebracht.

Dort gerät er in seltsame psychische Zustände. Er läuft stets auf und ab, möchte noch lieber "über Berg und Täler (. . .) wandeln"[290], setzt sich nur nieder, wenn er

Harfe spielt und dazu singt, und ist völlig gefügig:

> "(. . .) denn alle seine Leidenschaften schienen sich in der einzigen Furcht des Todes aufgelöst zu haben. Man konnte ihn zu allem in der Welt bewegen, wenn man ihm mit einer gefährlichen Krankheit oder mit dem Tode drohte."[291]

Die Todesangst Augustins, der außerordentlich am Leben hängt, ist gebunden an eine Halluzination, die ihn als Wahnvorstellung verfolgt:

> "Er behauptete nämlich, daß bei seinem Erwachen zu jeder Stunde der Nacht ein schöner Knabe unten an seinem Bette stehe und ihm mit einem blanken Messer drohe."[292]

Als Sperata gestorben ist, flieht Augustin aus dem Kloster, sieht die Aufgebahrte und beginnt seine Wanderschaft mit den Worten:

> " 'Ich kann jetzt nicht bei ihr bleiben, ich habe noch einen sehr weiten Weg zu machen, ich will aber zur rechten Zeit schon wieder da sein; sag ihr das, wenn sie aufwacht.' "[293]

Damit endet die nachträglich erzählte Vorgeschichte; Augustin wird der Hafner in brauner Kutte und mit langem Bart, den Wilhelm in der Schauspielergesellschaft kennenlernt.[294]

Der Harfner aber erinnert sich an nichts; er lebt in dem Gefühl einer ewigen Schuld, die ihn immer wieder einholt und alle Ruhe in seinem unsteten Leben verhindert. Seine frühere Wahnvorstellung ist jedoch geblieben: daß ihm der Tod durch einen schönen Knaben mit einem blanken Messer drohe. In Wilhelms Nähe fühlt er sich zunächst wohl und sicher, zeigt sich aber als sonderbar und abergläubisch, als Melina von ihm verlangt, daß er des besseren Eindrucks der Schauspielergesellschaft wegen Kutte und Bart ablegen solle. Das bringt dem Harfner seine Identität als die eines Schuldbeladenen und von der Rache eines unbekannten Schicksals Verfolgten zurück ins Bewußtsein. Und diese Identität will er behaupten, wenn er Wilhelm verlassen will, weil er nur Unglück bringe:

> "Ich sollte nirgends verweilen, denn das Unglück ereilt mich und beschädigt die, die sich zu mir gesellen. (. . .) Ich bin sicher bei Ihnen, aber Sie sind in Gefahr. Sie wissen nicht, wen Sie in Ihrer Nähe hegen. Ich bin schuldig, aber unglücklicher als schuldig. Meine Gegenwart verscheucht das Glück, und die gute Tat wird ohnmächtig, wenn ich dazutrete."[295]

Wilhelm, der Felix noch nicht kennt und bei sich hat[296], beredet den Harfner jedoch, bei ihm zu bleiben. Er sieht in ihm keinen Wahnsinnigen – der er auch seinem Verhalten nach nicht ist –, sondern einen Menschen, der die Erinnerung an eine große Schuld "immer mit sich fortschleppt." Zu trösten versucht er ihn mit seinem Optimismus:

> "(. . .) geselle dich zu meinem Glücke, und wir wollen sehen, welcher Genius der stärkste ist, dein schwarzer oder mein weißer!' "[297]

Daraufhin scheint der Harfner "wieder aufzuleben und seinen Grillen zu entsagen"[298].

Seine Wahnvorstellung wird beherrschend und läßt ihn zum Wahnsinnigen werden, nachdem Wilhelm Felix, den schönen Knaben, zu sich genommen hat. Nach der Hamlet-Aufführung und der darauf folgenden Nacht Wilhelms mit einer Unbekannten, die sich sehr viel später als die sinnliche Philine herausstellt[299], brennt das Haus: Felix ist in Gefahr. Wilhelm rettet ihn aus den Flammen und übergibt ihn dem Harfner, um selbst das Feuer zu löschen; der Harfner aber zündet ein neues an und will das Kind mit einem blanken Messer ermorden – "als wenn er ihn opfern wolle."[300] Das kann Mignon im letzten Augenblick verhindern; sie ruft Wilhelm herbei, der beide Kinder aus den neuen Flammen reißt und dann, den Harfner hinter sich herziehend, selbst dem nicht zu löschenden Feuer entflieht.

Weil der Harfner nun "so deutliche Spuren des Wahnsinns zeigte,"[301] wird er einem Landgeistlichen zur Pflege und Therapie übergeben. Sein Zustand bessert sich allmählich, und der Arzt, der mit dem Landgeistlichen zusammenarbeitet, kann nach einiger Zeit der Beobachtung auch Näheres über das Existenzgefühl des Harfners berichten.

> "Seit vielen Jahren hat er an nichts, was außer ihm war, den mindesten Anteil genommen (. . .); bloß in sich gekehrt, betrachtete er sein hohles, leeres Ich, das ihm als ein unermeßlicher Abgrund erschien."[302]

Er sehe nichts als eine unendliche Nacht, fühle nichts als eine unendliche Schuld, "die doch auch nur wie ein entferntes, unförmliches Gespenst sich rückwärts sehen läßt."[303] Über seine Vergangenheit ist nichts Genaues zu erfahren gewesen, aber seine Wahnvorstellung ist nun bekannt und erklärt den Mordversuch an Felix.

> "Sein größter Wahn ist, daß er überall Unglück bringe und daß ihm der Tod durch einen unschuldigen Knaben bevorstehe. Erst fürchtete er sich vor Mignon, eh er wußte, daß es ein Mädchen war; nun ängstigte ihn Felix, und da er das Leben bei alle seinem Elend unendlich liebt, scheint seine Abneigung gegen das Kind daher entstanden zu sein.' "[304]

Der Arzt führt den Mordversuch also auf einen Zusammenhang von Todesangst und Lebensliebe zurück. Dem entspricht auch die Wahl des Mittels, das der Harfner selbst für die Wiederherstellung seiner Vernunft findet. Er entwendet ein Fläschchen mit flüssigen Opium, und das Bewußtsein, sich durch dieses Gift jederzeit selbst umbringen zu können, hat ihn "durch die Nähe des Todes wieder in das Leben zurückgedrängt." Die "Unabhängigkeit vom Leben" löst seine Todesangst und macht ihn "erst vom Leben recht abhängig"[305], weil sie ein Festhalten an der Liebe zum Leben erlaubt. Damit ist die Therapie überflüssig geworden; der Harfner kann nun auch auf Kutte und Bart verzichten zum Zeichen seiner neuen, an die Gegenwart des äußeren Lebens gebundenen Identität und seiner Möglichkeit, sich in die Gesellschaft einzufügen. Felix aber ängstigt ihn immer noch; er

"(. . .) konnte seine alte Furcht, die er vor Felix hatte, nicht überwinden und wünschte den Knaben je eher je lieber entfernt zu sehen."[306]

Zerstört wird des Harfners Liebe zum Leben, als er zufällig das Manuskript mit seiner eigenen Vorgeschichte findet und liest: Er erkennt sich wieder in der Geschichte seines Inzests als einen Verbrecher gegen die Natur, dessen Schuld nur durch den Tod zu sühnen ist. Aus einer Karaffe mit Mandelmilch gießt er sich ein Glas ein und gibt sein Opium dazu; bevor er es jedoch austrinkt, treibt ihn seine Lebensliebe noch einmal aus dem Zimmer. Inzwischen trinkt Felix aus der Karaffe, was sich aber erst später herausstellt; der hinzugekommene Harfner meint entsetzt, das Kind habe aus dem Glas getrunken, hält es für unrettbar verloren, alarmiert Wilhelm und die Gesellschaft, in der er sich befindet, und schneidet sich auf dem Oberboden des Schlosses mit einem Schermesser die Kehle durch.[307] Er kann indes gerettet werden, so daß er die Gesellschaft über das Geschehene aus seiner Sicht aufklären kann. In dem Zusammenhang sagt er zu Wilhelm:

" 'Ach! (. . .) warum habe ich dich nicht längst verlassen, ich wußte wohl, daß ich den Knaben töten würde und er mich.' "[308]

Bevor sich jedoch herausstellt, daß Felix gar nicht vergiftet ist, stirbt der Harfner; er löst seinen Verband nachts heimlich ab und verblutet.

Zu fragen ist zunächst nach dem personenbezogenen Zusammenhang, in dem Inzest, Wahnvorstellung, die Ambivalenz von Lebensliebe und Todesangst und der zuletzt zitierte Satz des Harfners stehen. Er sagt ja nicht, er habe gewußt, daß der Knabe ihn töten würde o d e r daß er, um das zu verhindern, den Knaben selbst töten würde. Nicht um die Alternative, wer wen tötet, geht es in seinem Bewußtsein, sondern ganz zum Schluß, angesichts des eigenen Todes, darum, daß beide einander töten. Das kann gedeutet werden als Auflösung der ursprünglichen Ambivalenz, die schon der Wahnbildung des Mönchs im Kloster zugrunde liegt.

An den Inzest sind einerseits Leben, Liebe und Glück für Augustin gebunden, an denen er nach seinen vorhergegangenen Leiden notwendig festhalten muß, andererseits Verbrechen, Selbst- und Fremdzerstörung. Auf die Unauflöslichkeit dieser Ambivalenz verweist die Wahnvorstellung, von einem Knaben getötet zu werden und überall Unglück zu bringen, als Kompromißbildung: Sie dient gleichzeitig der Selbstbestrafung und in der Todesangst, wirklich bestraft zu werden, der Selbstbestätigung des Willens, ohne alle Schuld zu leben. Das wird nach der Flucht aus dem Kloster möglich durch das Vergessen des Schuld i n h a l t s: In seinem unermeßlichen Schuld g e f ü h l ohne bewußten Inhalt sucht der Harfner sich zu behaupten – als zu Recht Gestrafter g e g e n die Berechtigung der Strafe, die zerstörend ist. Ein solcher Selbstbehauptungsversuch ist der versuchte Mord an Felix, wo sich die Doppelfunktion der Wahnvorstellung zeigt: Mit der versuchten Zerstörung dessen, was sich in der Wahnvorstellung als zerstörend objektiviert, ist eine Selbstbefreiung intendiert, die gar nicht gelingen kann, weil sie das Schuldgefühl steigert statt es zu beheben. Durch die therapeutisch erreichte Bindung an die Wirklichkeit zu einem Selbstgefühl im Verhältnis zu sich selbst und zur Umwelt gekommen, gelingt es dem Harfner, seinen Wahn zu ersetzen durch eine neue, verschobene Kompromißbildung, mit der als Vorstellung er als Normaler unter Normalen leben kann. Das Opium ermöglicht, daß er sein Leben bejahen kann; denn die Todesangst wird zur Todesbereitschaft, durch die das Schuldgefühl gelindert wird. Aber es hebt sich nicht auf, wie auch die Angst, bestraft zu werden, bestehen bleibt. Aufgelöst werden beide Kompromißbildungen, als der Harfner den Schuld i n h a l t und damit sich selbst in seiner Vorgeschichte erkennt; übrig bleibt die ursprüngliche Ambivalenz von Aufbegehren gegen das Inzestverbot und dessen Anerkennung. Eben diese Ambivalenz kommt in den letzten Worten des Harfners als seine Identität zum Ausdruck: Sie wird als unlösbarer Konflikt bestätigt und gelöst durch den Selbstmord im Bewußtsein, den Bedrohenden getötet zu haben und von ihm getötet zu werden. So ist der vermeintliche doppelte Tod auch eine doppelte Rache – die des Harfners an seinem Schicksal und die dieses Schicksals an ihm. Und da Felix weiterlebt, ist die Rache am Schicksal objektiv ein Irrtum. Der Tod des Knaben ist subjektive Voraussetzung dafür, daß der Harfner den Selbstmord überhaupt vollzieht. Weil sie aber objektiv nicht zutrifft, erscheint der sich Rächende in seiner Rache letztlich selbst als Erfüllungsgehilfe eines Schicksals, das sich nicht g e g e n, sondern d u r c h sein Aufbegehren vollzieht. Der Harfner ist ihm also vollständig ausgeliefert und wird zerstört durch seinen Selbstbehauptungswillen.

Vor dem Hintergrund ist zu fragen, warum gerade Felix im Roman die Funktion des bedrohenden Knaben hat. In dieser Funktion wird eine Beziehung zwischem dem Schicksal des Harfners und dem Bildungsweg Wilhelms evident: Felix ist ja dessen Sohn und der Marianes, die Wilhelm aus Enttäuschung über ihre Untreue verlassen hat. Und deswegen fühlt er sich s c h u l d i g, bevor er weiß, daß er Vater ist und daß Mariane aus Kummer, ihn verloren zu haben, gestorben ist. Bei Aurelie, der Verlassenen, bekennt er seine Schuld:

> "Ich war dazu bestimmt, das ganze Heil meines Lebens an eine Unglückliche festzuknüpfen, die ich durch die Schwere meiner Treue wie ein Rohr zu Boden zog, ja vielleicht gar zerbrach."[309]

Das Gefühl, an Mariane schuldig geworden zu sein, beherrscht ihn, bis die alte Barbara ihm Felix als seinen Sohn zuführt und ihm seine tatsächliche Schuld, sich in Mariane nur selbst gespiegelt und sie verkannt zu haben, vor Augen stellt.[310] Insofern ist Felix ein Kind der S c h u l d – wie Mignon als das Kind Augustins und Speratas. Das ist im Zusammenhang zu sehen mit dem I n z e s t m o t i v, das als Motiv nicht erlaubter, verhinderter oder schuldhafter Beziehungen zum anderen Geschlecht – häufig in Verbindung mit einer Dreierkonstellation, in der es einen geschädigten Dritten gibt – den Roman, gebunden an Wilhelms Bildungsweg, durchzieht.

Schon in der Kindheit macht das Bild vom kranken Königssohn, der sich in Liebe nach der unerreichbaren Frau des Vaters verzehrt, tiefen Eindruck auf Wilhelm.[311] Dieses Bild findet er wieder im Haus Natalies, die Friedrich, der Wilhelm direkt mit dem kranken Königssohn vergleicht, ihm zuführt als Frau, die er für unerreichbar gehalten hat.[312] In diesen Rahmen fügen sich verschiedene weitere Züge eines

Inzestmotivs, in dem die Vaterinstanz die verbietende ist. Hat der Harfner Angst vor dem blanken Messer des Knaben, so erhält Wilhelm von der sinnlichen Philine ein "artiges Messer", in dessen Griff die Worte *"Gedenkt mein"*[313] eingeritzt sind. Das Messer hat er noch bei sich, als er von Friedrich erfährt, mit wem er die Nacht nach der Hamlet-Aufführung verbracht hat und daß Philine schwanger ist – wobei unklar bleibt, ob Wilhelm der Vater ist oder Friedrich.[314] Zu Philine fühlt Wilhelm sich hingezogen wegen ihrer Sinnlichkeit und verachtet sie deswegen auch; Mariane entschwebt im Traum mit dem Vater[315]; bei der Gräfin verkleidet sich Wilhelm und nimmt aus Spaß die Rolle des Ehemannes ein[316]; und Therese, die ordentliche, arbeitssame und mütterlich-energische, kann er nicht heiraten, weil sie zu Lothario gehört[317]. Solche Konstellationen enthalten nicht nur das Moment des äußeren oder internalisierten Sexualitätsverbots, sondern auch das Moment des Bedürfnisses, es zu überwinden.
Dazu fügt sich, daß Wilhelms Bildungsweg auch der einer V a t e r w e r d u n g ist. Er nimmt Mignon an wie sein eigenes Kind, bevor er Felix als einen Sohn erkennt. Und der Geist seines Vaters scheidet erst von ihm im Saal der Turmgesellschaft, als er seinen Lehrbrief erhält.[318] Das Ende seiner Lehrjahre fällt zusammen mit dem Moment der Sicherheit des Vater s e i n s; alle Zweifel an der eigenen Vaterschaft werden ausgeräumt, indem Wilhelm bestätigt wird, daß er Vater i s t:

> " 'Heil dir, junger Mann! deine Lehrjahre sind vorüber; die Natur hat dich losgesprochen.' "[319]

Aber damit hat Wilhelm erst die Stelle des Vaters eingenommen, noch nicht die des Mannes. Er wählt Therese allein in seiner Eigenschaft als Vater und verkennt dabei sein eigenes, mit seiner Entwicklungsgeschichte identisches Verlangen nach der unerreichbaren Frau. Erst in der durch Friedrich herbeigeführten Verbindung mit dieser, mit Natalie, wird der "kranke Königssohn" mit dem Vater als Mann identisch.

Ist im Inzestmotiv und seiner Auflösung eine Beziehung zwischen den Lebensgeschichten Wilhelms und des Harfners gegeben, so auch durch die Figur Mignons. Als äußerlich geschlechtliches Zwitterwesen kann sie als Kind der Schuld, der Liebe und der Sehnsucht nach einer Verwirklichung reiner Liebe ohne Schuld unter mehreren Aspekten verstanden werden. Sie ist des Harfners Tochter, der aber seine Schuld in dem ihn bedrohenden Knaben objektiviert sieht, und sie ist angenommenes Kind Wilhelms, dessen Schuld in Felix objektiviert ist. Wie der Harfner hat sie als Sprache für ihre Wirklichkeit die Kunst, in der Wilhelm, wenn er sie als Sprache für seine Wirklichkeit benutzt, sich selbst verkennt. Sie beginnt zu kränkeln von dem Zeitpunkt an, als sie in Wilhelm intuitiv den Vater Felix' erkennt – beim Mordversuch des Harfners –, und stirbt in dem Moment, als "Mutter Therese" eintritt, um sich Wilhelm als Ehefrau zu verbinden.[320] Indem sie stirbt, entsühnt sie Felix als Wilhelms Kind der Schuld – und dieser fühlt sich für ihren Tod verantwortlich wie der Harfner für den vermeintlichen Gifttod Felix'. Aber Wilhelm kann die Schuld am Tod Mignons als äußeres Unglück bewältigen; er ist vom Schuldmoment seiner eigenen Vaterschaft befreit, und dadurch wird auch eine schuldfreie sexuelle Liebe möglich.

" 'Lassen Sie mich das Kind sehen', rief er aus, 'das ich getötet habe! Das Unglück, das wir mit Augen sehen, ist geringer, als wenn unsere Einbildungskraft das Übel gewaltsam in unser Gemüt einsenkt; lassen Sie uns den abgeschiedenen Engel sehen!"[321]

In der Tat: Mignon wird zum Engel stilisiert nicht nur in den Augen Wilhelms, sondern, schon vor ihrem Tod, auf der Erzählebene des Romans. Ihrer Lösung von Wilhelm als dem Vater Felix' entspricht, daß sie zunehmend eine reine Sehnsucht verkörpert; sie ändert ihre Funktion für Wilhelm in dem Maße, wie dieser in der Realität ohne Schuld vom Vater zum Mann wird. Sie vergeistigt sich und geht, indem sie stirbt, für ihn über in die Erinnerung an ein Hohes und Himmlisches als Ziel allen Strebens, das jedoch nicht mehr in der Wirklichkeit selbst liegt, sondern jenseits davon. So gesehen, ermöglicht Mignons Tod Wilhelm das Festhalten an einem Leben, das in seiner Vergänglichkeit und Besonderheit über sich selbst hinausverweist und in dem er sinnvoll und tätig wirken kann in der Erinnerung an eine Zukunft, die Gegenwart ist – ohne Künstler zu sein. Und in dieser Funktion läßt Mignon auch Felix für Wilhelm zum Garanten eines Lebens werden, das Verweischarakter hat – wie die Kunst.

"(. . .) sie sah völlig aus wie ein abgeschiedner Geist, und der Knabe wie das Leben selbst; es schien, als wenn Himmel und Erde sich umarmten."[322]

So wird des Harfners Kind der Schuld für Wilhelm selbst Garant eines erfüllten Lebens ohne Schuld. Als Tote aber wird Mignon zum Kunstwerk. Die einbalsamierte Leiche, "das Wunder der Kunst und Sorgfalt"[323], verweist allerdings nicht auf eine Vollendung des Lebens in der Kunst, sondern zurück auf das Leben. Wilhelm kann sie nicht ansehen: Sein Leben wird vollendet in der Verbindung mit der wahren schönen Seele, mit Natalie, die als Zweierverbindung auch über sich selbst hinausverweist – auf ein fruchtbares Wirken im Leben.

Auf der Ebene der Romankonstruktion aber liegt eine Bedingung für die Möglichkeit dieser Vollendung in ihrer Verflechtung mit dem Schicksal des Harfners und in der Absetzung davon.

"(. . .) wir wollen sehen, welcher Genius der stärkste ist, dein schwarzer oder mein weisser!"[324]

Der weiße Genius Wilhelms siegt. Und als Negativfolie haben der Wahnsinn des Harfners, sein Inzest und sein Tod auch die Funktion, Wilhelms Genius als weißen überhaupt erst zu ermöglichen. Alles, was ihn zerstören und sein Bildungsziel verhindern könnte, wird im Prozeß des Romans, dem Bildungsweg, vermittelt über Felix und Mignon, abgespalten und dem Harfner zugeordnet. Das erlaubt die Feststellung einer Alibifunktion des Harfnerschicksals für das Wilhelms: Dessen Integrität in der progressiven Ausbildung seines Charakters steht in einem Wirkzusammenhang mit der Ausgrenzung und Verlagerung alles Desintegrierenden und Zerstörenden auf den Harfner.[325] So bestätigt sein schwarzer Genius den weißen, was die Folgerung zuläßt, daß das Unberechenbare, Dunkle und Verstrickte, aufgehoben im Wahnsinn, aus dem Roman ausgegrenzt werden, um die Vernunft, der gemäß Wilhelm sich bildet, als wahr zu legitimieren. Aber diese Folgerung ist nicht dahingehend zu erweitern, daß sich in der Funktionalisierung des Harfnerschicksals direkt eine außerliterarische Ausgrenzung des Wahnsinns zur Bestätigung der Vernunft im sozialen Bereich spiegele.[326] Das hieße erstens, daß die ästhetische Vernunft des Autors Goethe mit einer sozialen Vernunft identisch wäre und zweitens, daß die letztere als Gegenteil des Wahnsinns in sich einheitlich und konsolidiert hätte sein müssen. Das Problem einer Betrachtung des Romans in bezug auf die historische Vernunft- und Wahrheitsproblematik stellt sich also komplizierter. Denn: die Funktionalisierung des Harfnerschicksals ist eine rein immanente insofern, als es einen Bildungsweg und ein Bildungsziel bestätigt, die selbst bereits G e g e n - e n t w u r f sind: sowohl in bezug auf die bislang vorgestellte Literatur als auch in bezug auf den außerliterarischen sozialen Bereich. Neu an diesem Gegenentwurf ist die in sich problematische Überwindung der Probleme, deren Verschiebung in der Literatur bis hin zum Ausweg Moritz' aus den unerkannten Leiden Anton Reisers abzulesen ist. Und dieses Neue ist in bezug auf Wilhelm zu analysieren.

Vorgeführt wird die Bildung eines Charakters, der sich entwickelt durch die Ausbildung seiner Anlagen in E n t s p r e c h u n g mit Prägungen durch die Umwelt.

> "(. . .) mich selbst, ganz wie ich da bin, auszubilden, das war dunkel von Jugend auf mein Wunsch und meine Absicht. (. . .) Ich habe nun einmal gerade zu jener harmonischen Ausbildung meiner Natur, die mir meine Geburt versagt, eine unwiderstehliche Neigung."[327]

Was Wilhelm an Werner schreibt, entspricht nicht nur seinem, sondern auch dem Bildungsziel des Romans. Nur: die Bildung verläuft nicht einfach in der Entfaltung vorhandener Anlagen im Prozeß einer Entsprechung von Aus-bildung als Herausbildung vorhandener Anlagen und einer Einprägung äußerer Erfahrungen. Das entspräche Leibniz' Theorie, die durch das erkannte Problem sozial bedingter abweichender Entwicklungen längst problematisch geworden war.

Wilhelms Bildungsweg verläuft durch I r r t ü m e r, die immer wieder erkannt und integriert werden. Und das beruht darauf, daß für seinen Charakter k e i n e wahre, autonome individuelle Natur vorausgesetzt wird, sondern eine, die schon im Kern sozial geprägt ist und sich dann in einem Wirkzusammenhang mit der Umwelt weiterentwickelt. An diese sozial geprägte Natur sind auch das individuelle Bewußtsein und die davon abhängige Vernunft gebunden. So kann Wilhelm sich laufend irren, eigene Anlagen und Fähigkeiten generell – nicht nur, was seinen Dilettantismus als Künstler betrifft – verkennen, angelesene Empfindungen und daraus geborene Bedürfnisse legitimieren als naturbedingt, obwohl sie es nicht sind, oder das als unnatürlich und falsch begreifen, was der eigenen oder fremden sozial geprägten individuellen Natur entspricht.

Diese Abkehr von einer a u t o n o m e n individuellen Natur ist zu zeigen am Ursprungskonflikt des Harfners, der in den Wahnsinn führt: Augustins inzestuöse Liebe zu Sperata ist eine Naturempfindung und steht als solche gegen Gesellschaft, Religion und Sitten, wo das Inzestverbot als unveränderliches Naturgesetz gilt.

Aber: der Konflikt besteht n i c h t in einer Auflehnung der individuellen Natur in der Liebesleidenschaft gegen eine verhindernde, an ein die Leidenschaft unterdrückendes Gesetz gebundene Sozialvernunft. Das ließe Augustin der Figur Langens in Wagners Stück ähnlich sein. Er verteidigt seine Liebe vielmehr mit dem V e r s t a n d und verkennt dabei seine eigene N a t u r, die der Freiheit des Verstandes gar nicht gewachsen ist.

> "Der ungebundene, freie Verstand sprach ihn los; sein Gefühl, seine Religion, alle gewohnten Begriffe erklärten ihn für einen Verbrecher."[328]

Augustin kann also das Inzestverbot als eine internalisierte Norm durchschauen – gegen seine eigene Natur, die es internalisiert h a t. Seine Liebe steht nicht gegen Normen im Bewußtsein, sondern sein Bewußtsein, Sperata lieben zu d ü r f e n, steht gegen Normen des Gefühls, es nicht zu dürfen. Sein Konflikt ist also keiner des Gefühls gegen den Verstand, eines Naturbedürfnisses gegen unterdrückende Vernunftnormen, sondern ist in allen Polen bereits gebrochen und vermittelt.

Die Vermittlung von autonomer Natur und sozialer Prägung dieser Natur, an Werthers Leiden als unvereinbar und an Antons Leiden in ihrer Unvereinbarkeit als Resultat einer a b w e i c h e n d e n Entwicklung gespiegelt, wird im Roman zur V o r a u s s e t z u n g von Wilhelms Bildungsweg und -ziel. Der Weg beginnt da, wo Werther und Anton scheitern. Dies wird erreicht durch eine Dynamisierung der vermittelten Gegensätze in bezug auf die Charakterbildung Wilhelms: Erfahrungen prägen sein Bewußtsein, durch das Bewußtsein wird die Selbst- und Fremdwahrnehmung erweitert, durch die Wahrnehmung wird die Selbst- und Fremderkenntnis erweitert; das führt zu neuen Beurteilungen von Erfahrungen und zur Modifizierung früherer Wünsche, Bedürfnisse und Erkenntnisse bis hin zur Erkenntnis der eigenen Identität. Diese wird erkannt im Lesen des Lehrbriefs – wenn auch noch nicht als vollendete –, beruht also auf einer Erkenntnis des Bildungswegs als Selbsterkenntnis, nicht auf der Erkenntnis einer autonomen individuellen Natur. "Die Geschichte des Menschen ist sein Charakter"[329], sagt Therese, und einen Charakter, dessen Basis außerhalb seiner eigenen Entwicklung läge, hat auch Wilhelm nicht. Dies durch wiederholtes Irren zunehmend zu erkennen und zu akzeptieren, führt zur intrasubjektiven Harmonisierung des Individuums, das so lange weiterstrebt, bis es sich selbst seine Grenzen setzt.

> "'Wer seinen Irrtum nur kostet, hält lange damit haus, er freuet sich dessen als eines seltenen Glücks, aber wer ihn ganz erschöpft, der muß ihn kennenlernen, wenn er nicht wahnsinnig ist.' "[330]

Da nur der Harfner wahnsinnig ist, kommt Wilhelm zur Selbsterkenntnis in der Erkenntnis nicht nur seiner Geschichte, sondern auch seiner Geschichte als einer Reihe von Irrtümern.
Das führt dynamisch weiter zur Eingliederung in die Turmgesellschaft, wodurch die intrasubjektive Harmonisierung im Zusammenwirken von Ich und Umwelt, das sich auch erst noch harmonisieren muß, abschließend gewährleistet wird. Wilhelm findet seine Grenzen erst in der Vereinigung mit Natalie.

Das Prinzip, in dem sich diese Dynamisierung vermittelter Gegensätze in der Charakterbildung Wilhelms kristallisiert, aber bleibt die K r a f t. Sie ist wie bei Leibniz angeboren und autonom und wird wie bei Moritz als nicht beeinflußbar gedacht:

> "Eine Kraft beherrscht die andere, aber keine kann die andere bilden; in jeder Anlage liegt auch allein die Kraft, sich zu vollenden (. . .).' "331

Und diese Wilhelm eigene autonome Kraft nimmt wunderbarerweise entgegen seinen Intentionen, sich auf dem Theater harmonisch auszubilden, die Richtung auf die harmonische Ausbildung eines Charakters, der das Theater als ihm nicht gemäß überwindet und sich nach einigem Aufbäumen nahtlos einfügt in eine harmonische Gemeinschaft und in ein tätiges Leben, das als harmonisches Zusammenspiel lauter verschieden ausgebildeter Individuen funktioniert.

> " 'Nur alle Menschen machen die Menschheit aus, nur alle Kräfte zusammengenommen die Welt. Diese sind unter sich oft im Widerstreit, und indem sie sich zu zerstören suchen, hält sie die Natur zusammen und bringt sie wieder hervor."332

Nicht nur in der intrasubjektiven Harmonisierung, sondern auch in der dadurch erreichten Teilhabe am Gesamtorganismus der Menschheit, den die Natur selbst nach ihren Regeln und Gesetzen pulsieren läßt, liegt das Bildungsziel. Das ausgebildete Individuum als Besonderes geht i n dieser Qualität über ins Allgemeine der Menschheit und wirkt mit an deren Harmonisierung, weil die bildende Kraft, die das Allgemeine zusammenhält und leben läßt, im besonderen Individuum selbst liegt und in der Vollendung seiner Aus-bildung freigesetzt wird, so daß sie dann über den Einzelnen als Einzelsystem hinauswirken kann ins Gesamtsystem.

Die dem zugrunde liegende Vernunft des Bildungsprozesses erlaubt sowohl eine Auflösung des blinden, weil zufälligen, über Anton Reiser verhängten Schicksals als auch eine Lösung des Problems von Entwicklungen, die wegen zufälliger Ursachen von außen, die nicht systematisierbar sind, abweichend verlaufen.

> "Das Gewebe dieser Welt ist aus Notwendigkeit und Zufall gebildet; die Vernunft des Menschen stellt sich zwischen beide und weiß sie zu beherrschen; sie behandelt das Notwendige als den Grund ihres Daseins; das Zufällige weiß sie zu lenken, zu leiten und zu nutzen, und nur, indem sie fest und unerschütterlich steht, verdient der Mensch, ein Gott der Erde genannt zu werden."333

Das Notwendige als Basis der eigenen Vernunft zu erkennen, das Zufällige nicht als blind zu begreifen und ihm ausgeliefert zu sein, sondern zu er-greifen und zum Nützlichen zu lenken, wodurch eben dieses bewirkt wird, ist das i n h a l t l i c h o f f e n e Ziel aller Bildung. Aber: das ist nicht nur auf Wilhelm zu beziehen, sondern auch auf die Turmgesellschaft. S i e lenkt das Zufällige – Wilhelms besondere, sozial geprägte Natur – zum Nützlichen d u r c h Zufälle, die der jeweils aus eigener Kraft erreichten Entwicklungsstufe in Wilhelms Bildungsprozeß entsprechen. Auf diesen bezogen sind die bewirkten Zufälle n o t w e n d i g: als Basis für sein Bewußtsein und seine Vernunft, die sich ständig erweitern. Insofern ist Wilhelms

Bildungsweg als ihm selbst unbekanntes Schicksal regiert durch Zufälle, die sich in der Verknüpfung und Beziehung auf ihn als persönlich einzigartiges und notwendiges Schicksal erweisen. Das aber ist identisch mit der Charakterbildung, die in der Erkenntnis der eigenen Geschichte als der eigenen Identität vernünftig zu erfassen ist. Genau dadurch wird Schicksal als etwas, dem der Mensch unterworfen ist, aufgehoben.

Bevor Wilhelm nun seinen Lehrbrief erhält, fragt er sich:

> "(. . .) 'sollten zufällige Ereignisse einen Zusammenhang haben? Und das, was wir Schicksal nennen, sollte es bloß Zufall sein?"[334]

Das widerlegt die romanimmanente Überführung alles Zufälligen in die Notwendigkeit von Wilhelms Bildungsweg nicht. Aber es relativiert das Verhältnis von Zufall und Notwendigkeit. Denn: das Notwendige kann willkürlich bewirkt, also zufällig sein, und das willkürlich Bewirkte, Zufällige, umgekehrt notwendig. Das hängt von der Perspektive ab. Aus der Perspektive Wilhelms auf einer bestimmten Entwicklungsstufe erscheinen die gelenkten Zufälle der Turmgesellschaft als willkürliche Eingriffe in sein Leben. Aus der Perspektive der Turmgesellschaft aber erscheinen die gelenkten Zufälle auf Wilhelm bezogen erstens als notwendige Anstöße für die Weiterentwicklung und zweitens keinesfalls als Eingriffe. Denn Wilhelm kann Warnungen oder Hinweise ja ablehnen oder nicht zur Kenntnis nehmen. Daraus folgt, daß Zufall und Notwendigkeit objektiv gar nicht zu unterscheiden ist. Übrig bleibt nur die individuelle Vernunft, die selbständig *ihre* Basis des Notwendigen erkennen muß, um von dieser Basis aus ebenso selbständig Zufälliges zum Nützlichen lenken zu können.

Diese Vermittlung von Zufall und Notwendigkeit im Wirkzusammenhang von Turmgesellschaft und Wilhelms Ausbildung aus eigener Kraft wird als Konstruktionsprinzip des Romans auch immanent reflektiert. Das Zufällige, der *besondere* Charakter Wilhelms, wird durch ein zufälliges Schicksal, das seine Bildung *ist*, zum Nützlichen gelenkt – und zwar so, daß Bildungsweg und -ziel bezogen auf diesen Charakter notwendig sind. Dadurch wird der Charakter als besonderer zum Spiegel eines Allgemeinen: des notwendigen Konstruktionsprinzips als eines Entwicklungsgesetzes, das in ihm selbst liegt. Dieses Gesetz aber erscheint gleichzeitig auch als ein Besonderes, Zufälliges, willkürlich Bewirktes: in der Ambivalenz als Konstruktionsprinzip des Romans als eines Kunstwerks. So wäre der Roman selbst als ein Besonderes zu betrachten, der ein Allgemeines, Notwendiges sichtbar macht. Und das verweist auf den Wahrheitsanspruch des Bildungsromans als eines Gegenentwurfs zur literarischen und sozialen Realität außerhalb seiner selbst.

Denn: immanent, im Verweischarakter aller Textelemente und Handlungsstränge aufeinander, wird das Konstruktionsprinzip der Verknüpfung von Zufall und Notwendigkeit zwar evident und auch *auf sich selbst* verweisend reflektiert. Aber es wird *nicht* reflektiert in bezug auf das im Selbstverweis *demonstrierte Allgemeine*. Bildungsweg und -ziel Wilhelms bleiben notwendig für die Verwirklichung intra- und intersubjektiver Harmonie außerhalb der

Romanwirklichkeit. So wird im Gegenentwurf erreicht, daß die Möglichkeiten der Menschheit als Summe besonderer Individuen in der Wirklichkeit gespiegelt werden und gleichzeitig die Möglichkeit der All-Harmonie, die in der Wirklichkeit liegt und zu verwirklichen ist. Zu den Möglichkeiten der Menschheit in der Wirklichkeit gehören alle besonderen Individuen, von jeder Art und auf jeder Stufe, alle individuell und sozial verschieden geprägt. Auf dieser Ebene des Romans ist auch das Schicksal des Harfners integriert als Möglichkeit des besonderen Menschen in der Wirklichkeit. Was aber die zweite Ebene, die das Allgemeine und Notwendige sichtbar macht, erfordert, ist die Ausgrenzung des Besonderen und Zufälligen. Dieses hat seinen Wert nicht an sich, sondern in seinem Verweischarakter auf das Allgemeine. Das nun betrifft den Harfner wie Wilhelm selbst: Wird das Harfnerschicksal in bezug auf den Bildungsweg Wilhelms funktionalisiert und ausgegrenzt, so werden auch das Zufällige und Besondere, die Wünsche, Vorstellungen und Bedürfnisse, die dem Bildungsziel im Wege stehen, aus Wilhelm selbst ausgegrenzt: als Irrtümer, die er überwindet. So erscheint sein Bildungsziel als erreichtes irrtums-frei. Zur Bestätigung des Bildungsziels im Roman als einer außerästhetisch gültigen Wahrheit wird also eine doppelte Ausgrenzung vollzogen: die des Wahnsinns in seiner Funktionalisierung für den Bildungsweg, und die des Besonderes, Zufälligen und Willkürlichen aus diesem Bildungsweg selbst, damit er in der All-Harmonie ende.

Vor diesem Hintergrund zeigt sich, bezogen auf das historisch reale Fehlen verbindlicher Wahrheit und einer verbindlichen Vernunft, die doppelte Qualität des Romans als eines Gegenentwurfs, in dem diese Problematik gelöst wird. Einerseits ist er im Vergleich zur sozialen und literarischen Realität emanzipatorsch: Werthers und Antons Leiden sind tatsächlich überwunden. Andererseits aber werden die Leiden gerade durch die aus dem Ziel abgeleiteten Gesetze des Romans der Aufklärung entzogen, so daß jene unerkennbar sind.

Festzustellen bleibt, daß in und mit dem erreichten Bildungsziel die alten Konflikte zwischen Individuum und Gesellschaft, autonomer Natur und sozialer Prägung, autonomer und abweichender Entwicklung verschoben werden auf die Ebene einer idealen Lösung, die auch Ideologie ist: eben durch die doppelte Ausgrenzung des Wahnsinns und des Zufälligen, das dem Nützlichen zugeführt wird, als Bedingung für die Möglichkeit der Lösung selbst.

Das heißt: die allumfassende Harmonie als Allgemeines im Besonderen wird im Roman mythisiert, weil sie als erkenntnisleitendes Prinzip der ästhetischen Vernunft ihrer historischen, sozialen und mentalen Voraussetzungen entkleidet wird. Das enthält die Umkehrung von Wielands Roman. Wird dort die Wahrheit des ans besondere Individuum gebundenen Wunsches vorausgesetzt und in die Harmonie überführt, so wird im "Wilhelm Meister" eine wahre Harmonie vorausgesetzt, in die der vom Besonderen entkleidete Wunsch überführt wird. Das macht einen Unterschied: die ästhetische Vernunft in Goethes Roman ist weder relativierbar noch korrigierbar – sie steht über Sozialvernunft und Wahnsinn und erhält eine erkenntnisleitende Funktion, die über die Möglichkeiten der erkennenden und beobachtenden Vernunft als Ratio hinausgeht. Denn deren Probleme löst sie, indem sie die All-Harmonie als absolute Wahrheit veranschaulicht und in der Kunst des Romans aufhebt. Daß die harmonische Wahrheit des Romans aber nicht im Sinne Moritz' die absolute, in aller Wirklichkeit liegende Wahrheit widerspiegelte, sondern zurückverwies auf den sozialen Bereich mit den ungelösten Problemen, wurde erkannt – als Begrenztheit der ästhetischen Vernunft Goethes.

Die Entgrenzung der ästhetischen Vernunft

> "*Gegen* 'Wilhelm Meisters Lehrjahre'. Es ist im Grunde ein fatales und albernes Buch – so prätentiös und preziös – undichterisch im höchsten Grade, was den Geist betrifft – so poetisch auch die Darstellung ist. (. . .) Die ökonomische Natur ist die wahre – *übrig bleibende*. (. . .) W(ilhelm) M(eister) ist eigentlich ein Candide, gegen die Poesie gerichtet. (. . .) Wer ihn recht zu Herzen nimmt, liest keinen Roman mehr."[335]

So urteilt im Jahr 1800 der enttäuschte Friedrich von Hardenberg, Novalis. Was er nun an dem vorher als beispielhaft bewunderten Roman bemerkt, ist dessen durch die Harmonisierung erreichte Begrenztheit. Denn was in der All-Harmonie des Bildungsziels übrig bleibt, ist ein dynamisches, in sich ausgewogenes Gleichgewicht von intra- und intersubjektiven Kräften. Und dieses Gleichgewicht ist ein ökonomisches nicht primär in einem inhaltlichen Sinn, sondern vorwiegend in einem strukturellen. Die Harmonisierung von Kräften hin zum Zusammenspiel in einer Gesamtharmonie, der im Roman inhaltlich ökonomische Züge einer sinnvollen und klugen Verwaltung und Vermehrung von Besitz zum Wohle des Einzelnen und der Allgemeinheit entsprechen, verweist für Novalis aber nicht mehr über außerliterarische Entsprechungszusammenhänge im sozialen Bereich hinaus. Das ist der Kernpunkt der Kritik. "Es ist eine poetisierte bürgerliche und häusliche Geschichte"[336], stellt er fest und wirft Goethe, den er selbst für den wahren "Statthalter des poetischen Geistes auf Erden"[337] gehalten hat, nun vor, eben nicht in diesem Geiste geschrieben zu haben. Das Poetische am Roman sei lediglich äußerlich: Effekt, der das eigentlich Prosaische, das der Roman vermittle, durch die Poetisierung des Prosaischen in der Darstellung verdecke.

Novalis erkennt also in der gespiegelten Gesamtharmonie nicht den Verweis auf eine absolute Wahrheit der Gesamtnatur. Und daraus folgert er nun nicht, daß es eine autonome ästhetische Vernunft, die allein an die Natur gebunden ein autonomes Kunstwerk produzieren kann, vielleicht gar nicht gebe, sondern daß Goethe nicht einer solchen Vernunft gemäß geschrieben habe. Er erklärt den Widerspruch des Romans, der poetisch in der Darstellung, aber nicht dem Geist nach sei, produktionsästhetisch und hält ihn prinzipiell für lösbar, sofern der Geist des Poetischen in der Anwendung der ästhetischen Vernunft rein verwirklicht werde.

In der Tat: Goethe verwirklicht die ästhetische Vernunft im Sinne Moritz' nicht rein. Denn er bindet sie zurück an die außerästhetische, indem er die harmonisierende Bildung von Individuum und Gesellschaft als Kunst auf die Verwirklichung im sozialen Bereich bezieht und dadurch als Aufgabe sichtbar macht: als Aufgabe im doppelten Sinn des Wortes. Wilhelms Bildungsweg zeigt, daß die Kunst aufgegeben werden muß zugunsten eines tätigen Wirkens im Leben, das – harmonisierend – innerhalb gleichbleibender Strukturen zu ändern ist. Aufgabe aber oder Funktion der Kunst bleibt es, dem Wirken die Richtung, der Harmonisierung das Ziel zu weisen und so auch die Strukturen, die Rahmenbedingungen im sozialen Bereich, als veränderbar auf eine All-Harmonie der Natur hin zu transzendieren. Denn diese spiegelt sich ja *in* der Kunst und muß als konstitutiv dafür gedacht werden, daß die Kunst überhaupt gültige, allgemeinmenschliche Wahrheit spiegeln kann. Und in der Doppelbedeutung der Aufgabe, die der Roman stellt, liegt sein Widerspruch für Novalis: Sichtbar gemacht wird die Autonomie der Kunst als Wahrheit und als Ideologie zugleich, und die Funktion der Kunst erscheint gleichzeitig als richtungsweisend für Veränderungen im sozialen Bereich *und* diese verhindernd. Genau *in* diesem Widerspruch liegt der sozialhistorische und problemgeschichliche Wahrheitswert des Romans, bezogen auf die Vernunft- und Wahrheitsproblematik der Zeit. Moritz löst sie kompensativ mit Hilfe der Autonomisierung von Kunst – und *in* einer als autonom verstandenen Kunst wird die Lösung selbst als unmöglich gespiegelt.

Wo aber immer noch an eine absolute Wahrheit als Bedingung für die Möglichkeit einer Verwirklichung von Aufklärung geglaubt wurde, da konnte es nur noch um eine *Grenzüberschreitung* des harmonischen *Rahmens* gehen, den Goethe der Kunst im "Wilhelm Meister" setzt. Denn durch diesen Rahmen erscheint die Autonomie der Kunst *in* der autonom, als geschlossenes System gedachten Kunst selbst als relative. Das war zu lösen durch eine Erweiterung des Rahmens ins Unendliche: so daß die Wirkzusammenhänge, die Kunst spiegeln sollte, mit den unüberschaubaren Wirkzusammenhängen in der Gesamtnatur als deckungsgleich gedacht werden konnten. Dazu muß Moritz' Vorstellung vom *verjüngten* Maßstab der Kunst, durch den die Widerspiegelung der All-Harmonie in der Natur gewährleistet sein soll, gedanklich aufgehoben werden. Denn absolut wahr und autonom kann die Kunst dann sein, wenn sich in ihr die Gesetzmäßigkeit der Natur widerspiegelt, wie sie seit Shaftesbury auch gedacht werden konnte: im Maßstab des *Unendlichen* der Wirkzusammenhänge, die auf ein einheitliches, sie bewirkendes Prinzip verweisen. Und wenn die Wahrheit des Enthusiasten bei Shaftesbury, die mit der des Rationalisten letztlich übereinstimmen muß, um nicht Wahn zu sein, zur absoluten, vom Rationalisten nicht mehr zu überprüfenden Wahrheit wird, dann ist eine widerspruchsfreie Lösung der Vernunft- und Wahrheitsproblematik *und* auch des Problems einer nur relativen Autonomie der Kunst möglich. Denn: entgegen allen Beobachtungen im sozialen und politischen Bereich kann die entgrenzte Kunst das Glück der Menschheit, ihr Fortschreiten zur Harmonie und einen Zustand der Leidlosigkeit im Unendlichen gewährleisten; entgegen der rationalen Erkenntnis und den Erfahrungen, daß *keine* philosophische, kulturkritische, psychologische oder ästhetische Theorie bis hin zu Goethe dies als Wahrheit verbürgen konnte, kann *sie* es als *absolute* Wahrheit in sich schliessen und vermitteln; und entgegen der Erkenntnis, daß genau diese Vermittlung in Goethes Roman nicht *nur* auf die Natur verwies, kann sie als blanke Chiffre des Wesens der Natur verstanden werden.

Das aber heißt: die Ratio selbst als erkennende Vernunft wird in der ästhetischen Vernunft aufgehoben – und diese wird, als erkennende Vernunft der erkennenden sozusagen, entgrenzt wie die Kunst, die sie produziert. Denn sie allein, gebunden an das wirkende Prinzip in der Natur, kann a l l e beobachtbaren und zu denkenden Widersprüche, Besonderheiten, Vielfältigkeiten, Unberechenbarkeiten, Leid – kurz: alles nicht in Denkmodellen Systematisierbare umfassen und, in der Entäußerung des Umfaßten, transzendieren auf die e i n e absolute Wahrheit hin, die in ihr selbst und dem, was sie umfaßt, liegt.

Diese Entgrenzung der ästhetischen Vernunft, vertreten von Novalis und anderen Romantikern[338], ist in den letzten Jahren des 18. Jahrhunderts eine hochreflektierte, sehr rational und zeitkritisch gedachte und legitimierte. Deshalb ist sie, wie schon die Wirkungsästhetik Lessings, als g e d a c h t e vorzustellen.

> "Hat man nun einmal die Liebhaberey fürs Absolute und kann nicht davon lassen: so bleibt einem kein Ausweg, als sich selbst immer zu widersprechen, und entgegengesetzte Extreme zu verbinden. Um den Satz des Widerspruchs ist es doch unvermeidlich geschehen, und man hat nur die Wahl, ob man sich dabey leidend verhalten will, oder ob man die Notwendigkeit durch Anerkennung zur freyen Handlung adeln will."[339]

Das Athenäums-Fragment von 1798 verweist auf einen ganz ähnlichen intellektuellen Salto mortale, wie er schon bei Deleuze/Guattari für die Gegenwart festgestellt wurde: Die historische Vernunftproblematik wird gelöst durch die Anerkennung ihrer Unlösbarkeit. Eine Vernunft, die sich selbst ständig widerspricht, wird als realitätsadäquat gesetzt; so können Widersprüche auch im sozialen Bereich akzeptiert werden, wie sie sind, erklärend aufgelöst und in neue überführt werden in aller Freiheit des Erkennens. Das ermöglicht, wie heute auch, ein Aufbrechen verkrusteter Denkmuster im Spiel mit Gegensätzen, ein neues Verfügen über die Wirklichkeit, weil deren Erkennen an kein vorgegebenes System – a u ß e r dem einer willkürlichen Setzung und Auflösung gedachter Wirklichkeiten – gebunden ist. Aber: die historische "Liebhaberey fürs Absolute" bleibt im Weltbild des 18. Jahrhunderts ja gebunden an die Vorstellung von einer einheitlichen, in sich sinnvollen und verbindlich, wenn auch nicht mehr rational, zu erkennenden Wirklichkeit. Und das erfordert erstens d o c h ein System, das der entgrenzten ästhetischen Vernunft Kategorien der Erkenntnis liefern kann:

> "Es ist gleich tödtlich für den Geist, ein System zu haben, und keins zu haben. Er wird sich also wohl entschließen müßen, beydes zu verbinden."[340]

Zweitens aber muß dieses System, a u f g r u n d d e s s e n die "freye Handlung" der Verbindung von System und Nicht-System, von einheitlich gedachter, absoluter Wirklichkeit und von anerkannten, nicht zu vereinheitlichenden Widersprüchen in der beobachtbaren und gedachten Wirklichkeit, möglich werden kann, ein a b s o l u t e s sein. Es muß ebenso grenzenlos sein wie die entgrenzte ästhetische Vernunft, es muß die Problematik sämtlicher Theorien in sich aufheben, es muß das System a l l e r Systeme sein:

> "Das *eigentliche* philosophische System muß Freiheit und Unendlichkeit, oder, um es auffallend auszudrücken, Systemlosigkeit, in ein System gebracht, sein. Nur ein solches System kann die Fehler des Systems vermeiden (...)."[341]

Die Reflexion der Reflexion des Novalis läuft also darauf hinaus, das Übersystem zu schaffen, um Systemfehler zu vermeiden. Das kann nur durch eben die entgrenzte ästhetische Vernunft geschehen, die alle Widersprüche in sich faßt. Das aber heißt: diese wird absolut unangreifbar, weil sie die absolute Wirklichkeit, die einheitlich bewirkende und die vielfältig bewirkte, unmittelbar er-faßt und reproduziert in einem System, das gleichzeitig keins ist, weil es völlig frei und willkürlich produziert und in seinen Elementen verbunden wird. Das ist die P o e s i e als entgrenzt gedachte Kunst. Werkästhetisch gibt es sie jedoch, so verstanden, noch gar nicht. Denn als Übersystem ist sie nur g e d a c h t, und verwirklicht kann das Gedachte immer nur in der Annäherung gedacht werden. Die absolut verwirklichte Poesie wäre ja die, in der System und Nicht-System identisch wären: absolute Notwendigkeit und absolute Freiheit, das Allgemeine – die wirkende Wirklichkeit – und das Besondere – die bewirkte Wirklichkeit –, das Formbewirkende, die Form und der Stoff, das Bezeichnende, das Bezeichnete und seine Vermittlung.

Nun ist aber gerade die V e r m i t t l u n g zwischen all diesen Gegensätzen unendlich und muß es auch sein, wenn sie als solche anerkannt werden. Aufzulösen sind sie also nur, wenn in der Vermittlung selbst die absolut gültige Wahrheit liegt. Und die kann dann in einer unendlich progressiven, das Universum umfassenden Universalpoesie liegen als einem Produkt des unendlich vermittelnden Prinzips, das sie bewirkt. Das Prinzip aber ist die entgrenzte ästhetische Vernunft, die als produktive Imagination gedacht wird. Sie ist gleichzeitig völlig frei und n u r an die Willkür des Künstlers gebunden u n d notwendig, weil sie im Einklang mit dem Absoluten, mit der die Wirklichkeit bewirkenden Wirklichkeit selbst steht. Das bedeutet: der Mensch, der sie als Vermögen hat und gebraucht, der Poet, muß laufend zwischen Extremen vermitteln können, ohne selbst hineinzufallen und sich selbst auf einen der Pole, zwischen denen er vermittelt, zu begeben. Das zu erreichen bleibt eine sittlich-moralische Aufgabe: Von Eigeninteressen muß der Poet, wie schon der sittliche Virtuosus bei Shaftesbury, frei sein. Und so definiert Novalis die produktive Imagination:

> "*Harmonie* ist die Bedingung ihrer Tätigkeit – *des Schwebens,* zwischen Entgegengesetztem. (...) Alles Sein, Sein überhaupt ist nichts als Freisein – *Schweben* zwischen Extremen, die notwendig zu vereinigen und notwendig zu trennen sind. Aus diesem Lichtpunkt des Schwebens strömt alle Realität aus – in ihm ist alles enthalten – (...) Ichheit oder produktive Imaginationskraft, das *Schweben* – bestimmt, produziert die Extreme, das wozwischen geschwebt wird – dieses ist eine Täuschung, aber nur im Gebiete des gemeinen Verstandes. Sonst ist es etwas durchaus Reales, denn das Schweben, seine Ursache, ist der Quell, die Mater aller Realität, die Realität selbst."[342]

Das läßt einen grundsätzlichen Unterschied zum Denken Shaftesburys erkennen: für diesen liegt die wahre Wirklichkeit im einheitlich wirkenden Prinzip selbst, für Novalis z w i s c h e n diesem und der bewirkten Wirklichkeit. Deshalb schwebt denn alles für ihn, und weil das Schweben keinen Inhalt hat als das Sein selbst, kann sich alle erfahrbare und denkbare Wirklichkeit immer nur genauso realisieren und prozessual manifestieren wie die Poesie. Deren absoluter Wahrheitswert als Spiegel des Seins und der manifesten Wirklichkeit, die also abgebildet werden als Wirklichkeit der Wirklichkeit, wird über die entgrenzte ästhetische Vernunft ontologisch begründet. Das Sein aber ist als Nichts, als Schweben zwischen allem, was es produziert und wieder auflöst, zugleich Alles. Und von ihm aus gesehen sind alle selbstproduzierten Manifestationen des Seins wie die manifeste Wirklichkeit selbst T ä u s c h u n g für die außerästhetische erkennende Vernunft. Das heißt: die Poesie i s t Täuschung für die nicht-ästhetische Vernunft; ihre absolute Wahrheit, ihr Sein, kann nur empfunden und unmittelbar, über die Ein-Bildung der Poesie in das Gemüt des Rezipienten, geschaut werden. Was er aber so erkennt, ist die Vermittlung von Sein und Seiendem, von Absolutem und Nicht-Absolutem. Die Poesie ist also auch wirkungsästhetisch definiert und zu erkennen.

“Poesie = *Gemüterregungskunst*”,[343]

sagt Novalis und bestimmt dabei die Kunst als techné so, daß die freien und willkürlichen Vermittlungen und Verbindungen des Stofflichen derart beschaffen sein müssen, daß der Rezipient praktisch nicht liest, sondern gelesen wird. Sein Gemüt ist vorzustellen wie ein Klavier, dessen Tastatur bespielt wird, damit es töne. Unter techné aber wird weder ein rational kontrolliertes Prinzip der Gestaltung noch ein psychologisch, sozial oder literar-ästhetisch vermitteltes verstanden. Denn im sittlich gebildeten Poeten, der vermittelnd zu schweben versteht und also in sich selbst harmonisch, weil im Sein stehend ist, bildet sich dieses Sein ja selbst ein und bringt sein aktives Vermögen zum Tönen. Tönt es über das Werk nicht wider im Rezipienten, dann gibt es drei Möglichkeiten der Erklärung. Erstens handelt es sich nicht um einen wahren Poeten, weil im Produkt der Geist des Poetischen fehlt. Zweitens handelt es sich nicht um wahre Poesie, weil sie in der Wirkung versagt. Und drittens muß alle Poesie in ihrer Wirkung da versagen, wo das Gemüt des Rezipienten in der Verhaftung allein an die manifeste Wirklichkeit so verfestigt ist, daß es sich gar nicht erregen l ä ß t. Damit es sich jedoch erregen lasse, bedarf es der Bildung des Rezipienten zum vermittelnden Schweben im Sein: d u r c h Poesie. Und wenn alle Menschen, geleitet durch die wahren Poeten, schwebend zwischen Widersprüchen vermittelnd in Widersprüchen leben können, dann ist alles Schlechte und Leidverursachende in der bestehenden sozialen und politischen Realität transzendiert auf das Absolute hin und hebt sich im Absoluten, dem schwebenden Sein als Freisein von allem, was manifest i s t, auf. Weil der Mensch aber nun einen Körper hat, also selbst manifest ist, kann sich das Schweben nur als Sehnsucht äußern: Die S e h n s u c h t nach dem Absoluten i s t das Absolute als unendlich wirkendes Prinzip. Daß sie, die Sehnsucht, das alle Menschen vereinigende, zur Universalharmonie führende Prinzip sei, das, in der Gemeinschaft aller zur Reinheit geläutert, eben diese Universalgemeinschaft an den Punkt der irdischen Vollendung bringen könne, an dem dann ein höheres Prinzip, eine Kraft von oben, die Menschheit ergreife und überführe in die höhere Organisation – das wird von Novalis k o n k r e t gedacht und auf die bestehende, unbefriedigende soziale und politische Wirklichkeit übertragen. Die nun kann, mit Hilfe des scharfsinnigen Scharfsinns, der Poesie der Poesie als Religion der Religion und so fort, aber nur bestätigt werden, wie sie ist: Die Wirklichkeit wird ja poetisch transzendiert hin auf ihre Wirklichkeit im Absoluten, nicht hin auf die Bedingungen ihrer Möglichkeit, die in ihr selbst liegen könnten. Und das heißt: die entgrenzte ästhetische Vernunft, die a l s solche nicht nur ästhetisch, sondern auch mit Hilfe eben der Vernunft legitimiert ist, die in der Tradition des Jahrhunderts durch Umdeutungen der Wirklichkeit auf verbindliche und widerspruchsfreie Wahrheit zielte, i s t am Ziel – durch eine im Absoluten verankerte und dadurch unangreifbare Konfliktlösung, die Widersprüche nicht ausgrenzt, sondern umfaßt. Aber: i n d e m sie alle Widersprüche umfaßt, ist sie selbst ein M y t h o s. Die entgrenzte Vernunft kann die Bedingungen ihrer eigenen Möglichkeiten nicht mehr erkennen und damit auch nicht die der Wirklichkeit, wie sie als bestehende ist. Deren Bedingungen kann sie nur verbildlichen und im vorrationalen, magischen Denken bewältigen.

Daß das positiv als Ü b e r v e r n u n f t und nicht im modernen Sinne des Mythos als Ideologie, in dem Historisches enthistorisiert wird, verstanden wurde, aber schon damals als Ideologie erkannt werden k o n n t e, zeigt recht deutlich "Das älteste Systemprogramm des deutschen Idealismus"[344]:

> "Ich bin nun überzeugt, daß der höchste Akt der Vernunft (. . .), indem sie alle Ideen umfaßt, ein ästhetischer Akt ist (. . .) es gibt keine Philosophie, keine Geschichte mehr, die Dichtkunst allein wird alle übrigen Wissenschaften und Künste überleben. (. . .) wir müssen eine neue Mythologie haben, diese Mythologie aber muß im Dienste der Ideen stehen, sie muß eine Mythologie der *Vernunft* werden."[345]

Und dann folgt das alte, niemals erreichte Ziel der Aufklärung zur B e g r ü n d u n g für den absoluten Wahrheitswert der ästhetischen Vernunft als einer mythologischen Übervernunft.

> "Ehe wir die Ideen ästhetisch d.h. mythologisch machen, haben sie für das *Volk* kein Interesse, und umgekehrt: ehe die Mythologie vernünftig ist, muß sich der Philosoph ihrer schämen. So müssen endlich Aufgeklärte und Unaufgeklärte sich die Hand reichen (. . .). Dann herrscht ewige Einheit unter uns. (. . .) Dann erst erwartet uns *gleiche* Ausbildung *aller* Kräfte, des Einzelnen sowohl als aller Individuen. Keine Kraft wird mehr unterdrückt werden, dann herrscht allgemeine Freiheit und Gleichheit der Geister! – Ein höherer Geist vom Himmel gesandt, muß diese neue Religion unter uns stiften, sie wird das letzte, größte Werk der Menschheit sein."[346]

Das ist die Mythologie als Ideologie einer Vernunft, die für die wahre Harmonie, die sie legitimiert, auf den "Geist vom Himmel" angewiesen ist. Historisch aber konnte diese mythologisch-ästhetische Vernunft als ein Wegweiser f ü r die außerästhetische Vernunft dienen, die sich als Ratio erst mit dem wahren Sein wieder vereinigen mußte, um eine allumfassende Harmonie in den sozialen und mentalen Bereichen mitzubewirken.
Daß nun die Poesie "am Ende wieder" werden soll, "was sie am Anfang war – *Lehrerin der Menschheit*"[347], ist konsequent gedacht. Und in dieser Funktion erscheint die Poesie auch in des Novalis "Die Lehrlinge zu Sais"[348].

"Um die Natur zu begreifen, muß man die Natur innerlich in ihrer ganzen Folge entstehen lassen. (. . .) Der denkende Mensch kehrt zur ursprünglichen Funktion seines Daseins, (. . .) zu jenem Punkte zurück, wo Hervorbringen und Wissen in der wundervollsten Wechselverbindung standen, zu jenem schöpferischen Moment des eigentlichen Genusses, des innern Selbstempfängnisses. Wenn er nun ganz in die *Beschauung* dieser Urerscheinung versinkt, so entfaltet sich vor ihm (. . .) wie ein unermeßliches Schauspiel, die Erzeugungsgeschichte der Natur (. . .). Die sorgfältige Beschreibung dieser innern Weltgeschichte ist die wahre Theorie der Natur; durch den Zusammenhang seiner Gedankenwelt in sich, und ihre Harmonie mit dem Universum, bildet sich von selbst ein Gedankensystem zur getreuen Abbildung und Formel des Universums."[349]

Die P o e s i e also kann die lange gesuchte, sinnstiftende, alles erklärende "Formel des Universums" liefern; sie allein verbürgt ja, daß es diese Formel gibt.

Dem entspricht, daß das damals schon historisch-ästhetische Denkmodell Shaftesburys am Ende des die Wirklichkeit umdeutenden Jahrhunderts überführt wird in den Bereich der Naturwissenschaft. Und das ist ja auch nur konsequent, wenn es erstens um den absoluten Wahrheitswert einer entgrenzten ästhetischen Vernunft ging und wenn diese zweitens, so wie hier auch vorgestellt, in bezug auf die nie gelöste Vernunft- und Wahrheitsproblematik als problemlösend empfunden wurde. Denn wenn diese Problematik eine allgemeine war, dann konnte eine entgrenzte ästhetische Vernunft von vielen Zeitgenossen auch in anderen mentalen Bereichen als wahr gedacht werden.

So könnte man den Siegeszug der Naturphilosophie in den Naturwissenschaften um 1800, einschließlich der Medizin, zurückführen auf ein allgemeines Erkenntnisinteresse, das darauf zielte, die Schau des Shaftesburyschen Enthusiasten wissenschaftlich zu b e w e i s e n. Zu dem Zwecke wirken dann am Ende des Jahrhunderts Philosophie, Naturwissenschaften, Literatur und Ästhetik zusammen, um die entgrenzte ästhetische Vernunft in e i n e m System aller Systeme zum Welterklärungsmodell werden zu lassen.

Das Problem der Erfahrung oder: des Ding an sich bei Kant löst Johann Gottlieb Fichte[350], indem er die Außenwelt mit ihren zu erkennenden Strukturen und Gesetzmäßigkeiten zur Projektion des sich selbst setzenden Ich erklärt. So können absolute Freiheit und absolute Notwendigkeit als identisch gedacht werden. Das Erkannte ist immer wahr, weil selbstproduziert, und die Wirklichkeit, wie sie ist, ist nun identisch mit der, wie sie sein soll: Sie ist, wie sie sein soll, und soll sein, wie sie ist. Das Problem, daß sie a u ß e r h a l b der Theorie nicht so harmonisch ist, wie sie sein soll, liegt dann allein am Ich, das sie projektiv setzt: Setzt es sie, wie sie sein soll, dann i s t sie auch so. Daraus resultiert, daß die soziale und politische Veränderung einer schlechten Wirklichkeit letztlich eine individual-moralische Frage ist und daß die Kraft, die man zur individual-moralischen Veränderung braucht in einer Wirklichkeit, die leiden macht und sich offensichtlich kaum verändert, an den Glauben gebunden werden muß, der die Tat ermöglicht.[351] Das ist aber nicht mehr der Kantsche Glaube an die Durchsetzungsfähigkeit der Ratio, sondern der Glaube an einen Gott, der als Sinnstifter auch für den eigenen philosophischen Entwurf beschworen wird.[352] Und *das* Problem löst dann wieder Friedrich Wilhelm Johann Schelling mit seinem philosophischen Modell des objektiven Idealismus erst als Ergänzung, dann im Gegensatz[353] zum subjektiven Idealismus Fichtes: Die Tatsache, daß das Ich sich aufgrund eines *objektiven*, von außen bewirkten *Gefühls* als Ich überhaupt erst setzen kann, wird begründet mit einer objektiven Vernunft, die sich in der äußeren Gesamtnatur manifestiert und in sie eingebunden ist. Die menschliche Vernunft ist dem gemäß *Produkt* einer Natur-Vernunft, und die im Absoluten mit sich selbst identische Natur-Vernunft, Geist-Materie-Natur, hat die menschliche Vernunft in einer universalen Entwicklung produziert, um in ihr zur Anschauung ihrer selbst zu kommen. Das heißt: die menschliche Vernunft ist, als autonome, Medium des Absoluten. Und damit ist der Unterschied, den Shaftesbury zwischen Enthusiasmus und Ratio macht, aufgehoben. Denn die Ratio selbst steht dem wirkenden Prinzip in der Natur nicht mehr gegenüber, sondern in ihm. Genau das verkennt sie, wenn sie nicht in allem das All-Eine erkennt.

Die universale Entwicklung wird verstanden als Entfaltung aus dem absoluten Sein, als ein Makroorganismus, der entsteht, getragen und weitergebildet wird durch die im Absoluten herrschenden Kräfte der Dualität, Polarität und Wechselwirkungen. Aus diesen entstehen alle beobachtbaren Naturerscheinungen vom Anorganischen bis hin zum Menschen mit seiner Vernunft. Das Manifeste, in dem die Polaritäten liegen, unterscheidet sich in seinen Abstufungen dabei nicht qualitativ, sondern quantitativ – je nach dem Kräfteverhältnis von Materie und Geist in ihm. So ist der Mensch eine Höherentwicklung des Tiers, dieses der Pflanze und so fort; jede nächsthöhere Organisation enthält die niedrigere in sich.

Zur Auffassung des Universums als eines Makroorganismus trugen die neuen naturwissenschaftlichen Erkenntnisse bei: Entdeckungen in den Bereichen von Elektrizität, Physiologie und Chemie ließen die Hoffnung wachsen, einem einheitlichen Prinzip allen Lebens auf die Spur zu kommen.[354] Unter dem Einfluß der Philosophien Fichtes und Schellings galt es jedoch in den Naturwissenschaften, die Natur zu *verstehen*, auszulegen durch das Aufspüren von *Analogien*, von Ähnlichkeiten und Verwandtschaften im Beobachtbaren. Das heißt: das Analogiedenken wurde zur Methode der Wahrheitsfindung und -legitimation. Und das löste alle Probleme des empirisch-sensualistischen, entwicklungsgenetischen und logisch-deduktiven Denkens, sofern mit seiner Hilfe, wie bei Locke, Leibniz und Kant, die Bedingungen für die Möglichkeit *wahrer* Erkenntnis abgesichert werden sollten. Denn subjektiv und objektiv idealistisch gedacht, waren Analogieschlüssen keinerlei Grenzen gesetzt, auch wenn die reflektierten Mitarbeiter am Einheitssystem darauf beharrten, Analogieschlüsse empirisch-analytisch abzusichern. Prinzipiell aber konnten sie wegen der Auffassung von Wirklichkeit, auf die sie sich bezogen und der sie entsprechen sollten, nicht widerlegt werden – ebensowenig wie ihre Übertragung vom Naturbereich auf den sozialen und historischen Bereich.[355]

So ist es auch wiederum nur konsequent, daß die Naturwissenschaften sich selbst überführten in die Philosophie und daß die Philosophie in ihrer Bindung an die Ratio überführt wurde in die ästhetisch-mythologische Vernunft, die sich als alle

Ideen umfassende in der Kunst kristallisieren sollte: Schelling selbst erhob die Kunst zum Organon der Philosophie.[356]

Daß nun die absolute Wahrheit der Kunst der Emanzipation des Menschen dienen sollte und sie zugleich verhindern konnte, aber geht aus folgenden Sätzen Novalis' hervor:

> "Poesie ist die große Kunst der transzendentalen Gesundheit. Der Poet ist also der transzendentale Arzt."[357]
>
> "Der transzendentale Dichter ist der transzendentale Mensch überhaupt."[358]
>
> "Der poetische Staat – ist der wahrhafte, vollkommene Staat."[359]
>
> "Der Beste unter den ehemaligen französischen Monarchen hatte sich vorgesetzt, seine Untertanen so wohlhabend zu machen, daß jeder alle Sonntage ein Huhn mit Reis auf seinen Tisch bringen könnte. Würde nicht die Regierung aber vorzuziehn sein, unter welcher der Bauer lieber ein Stück verschimmelt Brot äße, als Braten in einer andern, und Gott für das Glück herzlich dankte, in diesem Lande geboren zu sein?"[360]
>
> "(...) wenn der Mensch das *Übel* in der Welt liebgewänne – in dem Augenblicke, als ein Mensch die Krankheit oder den Schmerz zu lieben anfinge, läge die reizendste Wollust in seinen Armen (...) je fürchterlicher d(er) Schmerz desto höher die darin verborgene Lust. *(Harmonie.)* (...) Enthusiasmus für Krankheiten und Schmerzen. (...) Halbe Krankheit ist übel – ganze Kr(ankheit) ist Lust – und zwar höhere."[361]

Das Problem solcher Sätze liegt darin, daß sie nicht nur auf den ästhetischen, sondern auch auf den außerästhetischen Bereich zu beziehen sind – nicht zuletzt, weil ein Anspruch auf einen solchen Bezug in ihnen selbst liegt. Und die soziale und politische Realität, die be-dacht wird, bedarf in der Tat der "Berührung eines Zauberstabs"[362], wenn Schmerz, Krankheit und Leid nur geliebt zu werden brauchen, um sich in höhere Lust zu verwandeln.

Ein gedankliches Resultat solcher Zauberei, die im vorrationalen magischen Denken selbst begründet liegt, bleibt im folgenden zu zeigen: Die ästhetisch-mythologische Vernunft als entgrenzte erkennt sich im Wahnsinn wieder, und zwar doppelt verstanden. Sie erkennt sich im Wahn-Sinn als Nicht-Sinn, den sie, weil alles umfassend, selbst umfaßt im Schweben zwischen Wahn und Sinn, zwischen Sinn, der in Wahn aufgelöst wird und Wahn, der in Sinn überführt wird. Und sie erkennt sich wieder in der Geisteskrankheit, die eben wegen des Schwebens zwischen dem Nichts und dem All als bedrohlicher Fall aus der Wirklichkeit der Wirklichkeit empfunden und gedacht werden muß. So erhält der Wahnsinn unter den beiden Aspekten der zerstörenden Krankheit und der Wahrheit der Vernunft seine Wahrheit in der Natur selbst, nicht gegen sie: Er ist keine Abweichung mehr von der Natur, sondern ihre Chiffre wie die Poesie oder die unverhüllte Wahrheit der Natur, die zerstörend ist, wenn das vermittelnde Schweben des Künstlers als eines Individuums aus der Balance gerät.

Das verweist auf zweierlei: erstens darauf, daß die Integration des Wahn-Sinns in die ästhetische Vernunft primär gar nichts zu tun hat mit dem außerästhetischen Wahnsinn, mit den Geisteskranken in den Anstalten genausowenig wie mit den unvernünftigen oder psychisch deformierten, weiterhin bildend zu erziehenden und zu prägenden Normalen in der sozialen Realität. Die Wahrheit des Wahnsinns entspringt und dient der Lösung der Vernunft- und Wahrheitsproblematik in der entgrenzten ästhetischen Vernunft selbst. Zweitens aber verweist es darauf, als wie gefährdet und gefährdend eben diese entgrenzte Vernunft empfunden werden mußte. Als Mythologie der Vernunft kann sie das Ich des zwischen allem Schwebenden so auflösen, daß sich die Natur, statt sich als freundlich bezauberte zu zeigen, in ein wüstes, verschlingendes Chaos verwandelt. Sie wird, als grenzenlos umfaßte, zum Abgrund bodenloser Realitäten. Und das zeigt die Poesie als oberste Weltformel, a-sozial und a-politisch in ihrer sinnstiftenden Funktion, selbst als Wahn.

Ästhetisierte Wahrheiten des Wahnsinns

Ausgehend vom Übersystem Novalis' lassen sich, bezogen auf Auffassungen des Wahnsinns, fünf Problemkreise zeigen, die in der entgrenzten ästhetischen Vernunft selbst liegen und durch sie als Projektionen freigesetzt werden. Diese Problemkreise gehören eng zusammen und sind bei Novalis eingebunden in eine gedankliche Synthese, die dann in der Literatur um und nach 1800 selbst wieder zersetzt wird, statt in die ästhetische Praxis umgesetzt zu werden. Das liegt daran, daß die vorzustellenden Problemkreise einer gedachten Vermittlung von Theorie und Praxis in einem Übersystem entspringen, das, weil es die Bedingungen seiner Möglichkeit aus dem Absoluten ableitet, selbst nicht mehr mit der Praxis vermittelt ist. Es ist noch weiter von ihr entfernt als die Systeme, die es in sich aufhebt.
Als erstes ergibt sich das Problem der unendlichen Natur-Dechiffrierung:

> "Nun dünkt es einigen, es sei der Mühe gar nicht wert, den endlosen Zerspaltungen der Natur nachzugehn (. . .), und werde dies zuletzt ein wahrer Wahnsinn, ein fester Schwindel an der entsetzlichen Tiefe. (. . .) überall ungeheurer Umschwung, (. . .) eine unglücksschwangere Unermeßlichkeit (. . .). Wie ein Heiland steht dem armen Menschengeschlechte der Tod zur Seite, denn ohne Tod wäre der Wahnsinnige am glücklichsten. (. . .) jeder Reiz scheine ein wachsender Wirbel, der bald sich des Unglücklichen ganz bemächtige, und ihn dann durch eine schreckenvolle Nacht mit sich fortreiße. Hier sei die listige Fallgrube des menschlichen Verstandes, den die Natur überall als ihren größten Feind zu vernichten suche."[363]

Es ist das Ungeheuer Natur, das sich nicht erkennen läßt, sondern alles verschlingt und den Verstand mit sich reißt in die bodenlose Tiefe, das einige mutlose Lehrlinge zu Sais fürchten. In dieser Furcht liegt das Vexierbild, das die freundliche, sinnvolle und dem Menschen gemäße Natur zeigt, sobald dieser seine Perspektive ändert und die Natur auf sich bezieht, sie sich, wie er ist, aneignen will statt sich umgekehrt auf die Natur zu beziehen, wie sie es erfordert. Es ist das alte Problem des sittlichen Enthusiasten bei Shaftesbury: Dem falschen Enthusiasten droht der Wahnsinn; die Erforschung und Betrachtung der Natur erfordert selbstlose Hingabe an sie, Liebe zu ihr als interesselose Anschauung, in der auch eigenes Leiden an ihrer Unermeßlichkeit überwunden ist. Die notwendige Perspektive, die den Wahnsinn verhindert, bleibt so eine auf der richtigen Naturvorstellung beruhende reine Willenssache.

> "Der wachende Mensch sieht ohne Schaudern diese Brut seiner regellosen Einbildungskraft, denn er weiß, daß es nichtige Gespenster seiner Schwäche sind. (. . .) Der Sinn der Welt ist die Vernunft: um derentwillen ist sie da, und wenn sie erst der Kampfplatz einer kindlichen, aufblühenden Vernunft ist, so wird sie einst (. . .) zum Schauplatz einer wahren Kirche werden. Bis dahin ehre sie der Mensch (. . .). Wer also zur Kenntnis der Natur gelangen will, übe seinen sittlichen Sinn, handle und bilde dem edlen Kerne seines Innern gemäß, und wie von selbst wird die Natur sich vor ihm öffnen."[364]

G e l ö s t wird das alte Problem also a u c h mit Hilfe der alten Forderung Shaftesburys: Damit das Postulat des höchsten Gutes, des Einklangs von Natur und Mensch im Wirken – hier: des Einklangs von Poet als transzendentalem Menschen und Natur im Produzieren – verwirklicht werde, sind Selbstzucht, Mäßigung, Ruhe und Besonnenheit vonnöten. Was Wieland als Ideal relativiert, das nur in der Phantasie als projektivem Wahn zu verwirklichen ist, was Werther und Anton Reiser nicht gelingt, das wird bei Novalis erneut und verstärkt normativ gesetzt. Denn eine sinnlose äußere Natur, die in den Wahnsinn führen würde, kann es für den Menschen nicht geben; das bleibt vor dem Hintergrund, daß Wahrheit im Sein der Natur liegen m u ß,

> "(. . .) Gedankenspiel, eine wüste Phantasie ihres Traumes (. . .) eine seltsame abenteuerliche Larve ihrer Begierden."[365]

Und diese Begierden der Menschen sind weder durch die Natur selbst noch sozial vermittelt, sondern entspringen nach wie vor Eigeninteressen, die zu korrigieren sind.

So steht auch die entgrenzte ästhetische Vernunft in der Frage nach wahrer Erkenntnis und den Bedingungen ihrer Möglichkeit vor eben dem Problem, das sich aus der Verkettung unendlicher Ursachen und Wirkungen nach der Theorie Leibniz' ergibt. Ist diese religiös gebunden, indem alle menschliche Erkenntnis in Gott als dem allein unendlich Erkennenden begrenzt wird, so wird die Bindung am Ende des Jahrhunderts verschoben auf die Poesie. S i e erhält nun die Funktion der R e - l i g i o, der Wiederanbindung von S i n n und aller normativ-sittlichen Forderungen an das höhere, über alles manifest Irdische hinausverweisende Prinzip. Mit Hilfe dieser Funktion der Poesie als neuer Religio können sowohl das sittliche Postulat Shaftesburys als auch das Leibnizsche Postulat einer unendlich fortschreitenden, methodisch geregelten Erkenntnis des Wahren – nun als zu reproduzierende Empfängnis gedacht –, legitimiert werden als Schutz vor dem Wahnsinn. In dieser Legitimation aber, die letztlich n i c h t mit Hilfe der entgrenzten ästhetischen Vernunft selbst begründet werden kann, wiederholt sich auch das alte Problem der Suche nach der "ersten Quelle" aller Wirkungen. Die "erste Quelle" m u ß ethisch oder religiös normativ bestimmt werden, weil sich sonst j e d e Vernunft, die methodisch geregelt absolute Wahrheit erkennen will, auflösen muß in den Wahnsinn als Auflösung von Sinn. Insofern findet die entgrenzte ästhetische Vernunft in der Poesie nicht nur ihren grenzenlosen Ausdruck, sondern auch ihre Begrenzung. Die Poesie hat also die Doppelfunktion der Religio und der Begrenzung des Grenzenlosen, das sich in ihr kristallisiert.

Genau diese Doppelfunktion hat sie heute, ohne daß das in seiner Historizität reflektiert würde, bei Michel Foucault: Indem die Poesie das "Gemurmel" aus dem Jenseits der Geschichte zur Sprache bringt und die "Leerstelle" der Vernunft bezeichnet, ist sie in der Lage, die vom einheitlichen Sein abgespaltene Ratio wieder mit ihrem eigenen Grund in der Fülle des Seins zu vereinen. In dieser Funktion der Religio begrenzt die Poesie die historisch-strukturalistische Vernunft, ohne daß diese als eine die Wirklichkeit ästhetisierende verstanden würde. Foucault meint, über eine außerästhetische historische Wahrheit von Vernunft und Wahnsinn aufzuklären – und restituiert dabei die entgrenzte ästhetische Vernunft als einen neuen Mythos für die außerästhetische, statt den Mythos selbst als einen in der eigenen vorgeprägten Ratio liegenden zu reflektieren.

Das zweite historische Problem, das Foucault eben durch die mangelnde Reflexion der eigenen Vernunftposition umgeht, liegt in der unendlichen Reflexion des Ich, die den Wahnsinn als Gefahr der Selbstauflösung sichtbar macht. Da die ideale Forderung des vermittelnden Schwebens nicht empirisch-psychologisch zu begründen ist, sondern nur deduktiv vermögenspsychologisch, wird die Gefahr einer unendlichen Spaltung des Individuums bewußt – als Möglichkeit eines die begrenzte Individualnatur zerstörenden Wahnsinns, der das Ich zersetzt. Das hat dann universale, ja kosmologische Gründe:

> "Man muß notwendig erschrecken, wenn man einen Blick in die Tiefe des Geistes wirft. (. . .) *Ermüdet* steht die Einbildungskraft *still* – und nur ihre momentane Konstitution wird damit indiziert. Hier stoßen wir auf die Möglichkeit von *Geisteskrankheiten* – Geistesschwächen – kurz auf die geistige Lebens- und Konstitutionslehre – und das Moralgesetz erscheint hier, als das einzig wahre, große Graderhöhungsgesetz des Universums – als d(as) Grundgesetz der harmonischen Entwicklung."[366]

Daß des Novalis "Graderhöhungsgesetz des Universums" das Individuum in Entsprechung zu dessen sittlicher Selbstbildung nicht miterhöhen muß, sondern im Wahnsinn der Selbstauflösung zwischen Endlichem und Unendlichem völlig zerstören kann, spiegelt sich in vielen literarischen Wahnsinnsdarstellungen um und nach 1800. Das Doppelgänger-Motiv, die Unvereinbarkeit verschiedener Rollen im Ich ohne die Möglichkeit der von Novalis gedachten Synthese findet sich nun häufig.

> " 'Niemand hat meine Gestalt' (sagte Schoppe erschüttert) 'als der Ich.' (. . .) Der schreitende Abguß seiner Gestalt bewegte sich her – das Feuerauge in der Hand stieg in das Gesicht – (. . .) 'Mein Schoppe,' (rief sie) 'ich suche dich, kennst du mich nicht?' 'Lange genug! Du bist der alte Ich – nur her mit deinem Gesicht an meins und mache das dumme Sein kalt', (. . .) 'Ich bin Siebenkäs', sagte das Ebenbild zärtlich (. . .) 'Ich auch, Ich gleich

Ich', sagt' er noch leise, aber dann brach der überwältigte Mensch zusammen (...)."[367]

Schoppe in Jean Pauls "Titan", dem die "Erdkugel (...) viel zu klein und leicht" war, wohnt nun "wieder im Feuer" des Seins:

"Denn etwas Höheres als das Leben suchtest du hinter dem Leben, nicht dein Ich, keinen Sterblichen, nicht einen Unsterblichen, sondern den Ewigen, den All-Ersten, den Gott."[368]

"Den Gott" zerstört Jean Paul nicht – er bleibt letztlich sinnstiftend für Schoppes Ich-Zersetzung im Wahnsinn.[369] In der Literatur erscheint die Welt nicht als *"Makroanthropos"*[370], sondern als eine nicht mehr zu bewältigende Realität; der Mensch erscheint nicht als ein unendlich reflektierender, sondern als ein im Spiegelkabinett seiner selbst zusammenbrechender. Wo aber Mensch und Welt in der Literatur unendlich gespiegelt und vermittelt werden, da hebt sie selbst als Kunst die ihr zugeschriebene Funktion der Religio wieder auf und spiegelt des Novalis Schweben im Sein als Sein, Leben und Produzieren im Nichts.

"Drüben auf dem Grabe steht noch der Geisterseher und umarmt Nichts! Und der Widerhall im Gebeinhause ruft zum letzten Male *– Nichts!'* – ".[371]

Aber: Kreuzgang in Bonaventuras "Nachtwachen" lacht auch über das Nichts, worüber er aufklärt, indem er die Autonomie der Kunst in der entgrenzten ästhetischen Vernunft ad absurdum führt. Als Wahnsinniger im Tollhaus sitzend ist er

"(...) fast auf dem glücklichen Wege, mich wahrhaft zur Tollheit, als dem einzigen haltbaren Systeme, zu bekennen (...)."[372]

Denn: des Novalis Übersystem der Vernunft oder auch Jean Pauls Überführung des wahnsinnigen Schoppe in die Wirklichkeit der Wirklichkeit können da als Teil eines allumfassenden Wahnsinns aufgelöst werden, wo die absolut freie Produktion alles Seienden mit seinen Widersprüchen wie auch die Autonomie der Kunst, die eine Wahrheit im Absoluten bezeichnet, zu Ende gedacht werden: Übertragen auf das in der Vermittlung liegende Sein selbst läßt der Gedanke der freien Produktion alles Seiende, die gesamte bestehende Erfahrungswirklichkeit, zum Produkt einer Willkür ohne Sinn und Vernunft werden – zum Spielball eines Wahnsinnigen. Und der ist bei Bonaventura als Weltschöpfer Nr. 9 im Tollhaus, hält die Welt als Spielball in der Hand und weiß in seinem "Monolog des wahnsinnigen Weltschöpfers"[373] nicht mehr, was er mit dem sinnlos Vernunftsysteme entwerfenden Menschen, mit der geschnitzten Puppe, machen soll.

"Was soll ich nur mit ihr anfangen? – Hier oben sie in der Ewigkeit mit ihren Possen herumhüpfen lassen? – Das geht bei mir selbst nicht an; denn da sie sich dort unten schon mehr als zuviel langweilt (...), wie müßte sie sich bei mir in der Ewigkeit, vor der ich oft selbst erschrecke, langweilen!"[374]

Bei Bonaventura wird die Welt wieder zum Irrenhaus, aber auf anderer Ebene als bei Swift, Voltaire oder auch Lichtenberg. Es geht nicht mehr um den Wahnsinn als Unvernunft, die in der condition humaine liegt und im Gegensatz steht zu einem vernünftig geregelten und in sich abgestuften Universum, das Bezugspunkt einer Aufklärung zur Vernunft bleibt. Es geht jetzt um ein in sich völlig sinnloses Universum der endlosen Reproduktion, dessen Wahrheit unerkennbar ist, weil sie nicht in der Vernunft, sondern im Wahnsinn des Schöpfers begründet liegt. Damit hängt zusammen, daß die Kunst, die den Menschen poetisieren, also im Sinne Novalis' zur Wahrheit im Sein führen will, den Menschen in den Wahnsinn führt, wenn sie ihn *tatsächlich* poetisiert. Im Tollhaus sitzt Ophelia, die

> "(. . .) aus ihrem Vexierwahnsinne Ernst machte und förmlich toll vom Theater ablief. (. . .) die mächtige Hand des Shakespeare, dieses zweiten Schöpfers, hatte sie zu heftig ergriffen (. . .). Für mich war es ein interessantes Schauspiel, (. . .) dieses Umschaffen der wirklichen Person zu einer poetischen (. . .)."[375]

Diese Ophelia und Kreuzgang, der den Hamlet gespielt hat und sie liebt, wechseln nun im Tollhaus Briefe. Kreuzgang versteht selbst die Liebe als Maske, welche die Wahrheit des Weltwahnsinns verschleiert. Aber die Liebe allein bleibt gegen die Erkenntnis ihrer Sinnlosigkeit im Absoluten eine Möglichkeit, den universalen Wahnsinn zu ertragen und fortzusetzen, statt ihn durch ein Aussterben der Menschheit zu beenden. Ophelia jedoch *weiß nicht*, ob sie liebt: Sie kennt ihr *Ich* nicht, weil sie aus ihrer *Rolle* nicht herauskommt.

> "Liebe und Haß stehen in meiner Rolle, und zuletzt auch Wahnsinn – aber sage mir was ist das eigentlich alles an sich, daß ich wählen kann. (. . .) Hilf mir nur meine Rolle zurücklesen, bis zu mir selbst. Ob ich denn selbst wohl noch außerhalb meiner Rolle wandle, oder ob alles nur Rolle, und ich selbst dazu. (. . .) aber die Rolle ist nicht Ich."[376]

Kreuzgang *kann* ihr nicht helfen, sondern klärt sie auf, daß *alles* Rolle sei – das ganze Leben sei ein Theater unendlicher Rollenspiele. Es komme darauf an, die Rollen als "Possen" mitzuspielen, "bloß aus Rache, damit nach uns noch Rollen auftreten müssen"[377]. Ein Ich *hinter* den Rollen gibt es *nicht*; hinter allen Rollen ist – Nichts.

> "Willst du aus der Rolle dich herauslesen bis zum Ich? – Sieh, dort steht das Gerippe und wirft eine Hand voll Staub in die Luft und fällt jetzt selbst zusammen; – aber hinterdrein wird höhnisch gelacht. Das ist der Weltgeist, oder der Teufel – oder das Nichts im Widerhalle!"[378]

So wird der Wahnsinn bei Bonaventura sehr bewußt als Spiegel einer Vernunft gestaltet, die Wahrheit sucht, erkennen zu können glaubt und darin selbst Wahnsinn als Irrtum ist. Die Wahrheit aber, welche die Wahnsinnigen sagen, ist eine Wiederholung *und* Bestätigung des alten Problems der Erfahrungsseelenkunde: Es gelingt nicht, ein wahres Ich mit einer wahren individuellen Natur hinter allen Rollen zu finden; zu beobachten sind nichts als Rollen. Das heißt: eben das Problem, das durch die Autonomisierung der Kunst, legitimiert durch die Vermögenspsychologie, gelöst werden sollte, kehrt i n der Literatur zurück und wird als unlösbar bestätigt. Und damit wird der Kunst auch s e l b s t wieder nur eine Rolle zugeschrieben; sie wird ihres Wahrheitswerts entkleidet, und zwar a u c h dessen, den Goethe ihr im "Wilhelm Meister" in ihrer wegweisenden Funktion für Veränderungen im sozialen Bereich zumißt.

> "Die Dichter sind ein unschädliches Völkchen, mit ihren Träumen und Entzückungen und dem Himmel voll griechischer Götter, den sie in ihrer Phantasie mit sich umhertragen. Bösartig aber werden sie sobald sie sich erdreisten ihr Ideal an die Wirklichkeit zu halten, und nun in diese, mit der sie gar nicht zu schaffen haben sollten, zornig hineinschlagen."[379]

Mit dem Sinn des Universums hebt Bonaventura also auch jeden auf die Wirklichkeit der Wirklichkeit verweisenden Sinn der Kunst und die Auffassung des Künstlers als eines besonderen Menschen auf. So zerstört er mit seinen "Nachtwachen" das Übersystem einer entgrenzten ästhetischen Vernunft als völlig wirklichkeitsfern.

Was bleibt, ist die Ratio, von der aus das Übersystem zersetzt wird[380] – und ein ambivalenter, existentialistisch zu nennender Trotz Kreuzgangs g e g e n den Wahnsinn des Universums, verbunden mit einer ebenso ambivalenten, nicht mehr auf das Wesen der Wirklichkeit verweisenden Liebe zu den in ihren Rollen befangenen Wahnsinnigen in diesem Universum.

In dem, was bleibt, aber unterscheidet sich Bonaventura von Deleuze/Guattari: Er stellt kein der "Schizo-Analyse" vergleichbares Verfahren dar oder fordert es, damit die Vernunft dem sinnlosen Maschinenuniversum entspreche und letztlich doch wieder mit dem zu Erkennenden harmonisiert werde. Er stellt dem Sinnlosen eine Ratio entgegen, die zwar relativiert, aber nicht aufgehoben wird. Abgesehen davon, daß eine Sinnlosigkeit im Absoluten, die auch die individuelle Vernunftposition umfaßt, historisch n i c h t als befreiend und positiv gedacht werden konnte, geht Bonaventura jedoch eben d u r c h das Festhalten an einer Ratio, die nicht aufgelöst wird, auch über Deleuze/Guattari hinaus. Er zerstört den absoluten Wahrheitswert der Kunst und macht ihn als Ideologie sichtbar, während die Schizo-Analytiker ihn umgekehrt, bezogen hauptsächlich auf die moderne Kunst, voraussetzen müssen, wenn sie die Wahrheit der Schizo-Vernunft und deren e m a n z i p a t i v e Funktion legitimieren wollen. Bonaventura aber legitimiert überhaupt keine Wahrheit mehr, sondern zerstört sie. Und das weist zurück auf den dritten Problemkreis, der durch die entgrenzte ästhetische Vernunft des Novalis freigesetzt wird.

Die Wahrheit der Wirklichkeit ist nicht nur unendlich, sondern auch u n m ö g l i c h zu dechiffrieren als eine, die inhaltlich erkannt werden könnte. Denn das Sein, bezogen auf das Seiende je nach Perspektive das Alles oder Nichts, liegt ja immer nur in der Vermittlung.

Unter diesem Aspekt ist die Poesie ein Vermittelndes u n d Vermitteltes: S c h l e i e r der Wahrheit, die im absoluten Sein liegt. Er kann nur i n der Poesie als einem unendlichen Spiegel aufgehoben werden:

"(. . .) und wenn kein Sterblicher, nach jener Inschrift dort, den Schleier hebt, so müssen wir Unsterbliche zu werden suchen; wer ihn nicht heben will, ist kein echter Lehrling zu Sais."[381]

Was hinter dem Schleier liegt, dessen Aufhebung an die Sehnsucht nach der "heiligen Heimat" gebunden bleibt, ist in der Poesie das "Allerheiligste", in das nur der Traum führt und das nur durch die Liebe erkannt werden kann: Es ist die Geliebte, in der sich der Liebende selbst erkennt.

"(. . .) und er stand vor der himmlischen Jungfrau, da hob er den leichten, glänzenden Schleier, und Rosenblütchen sank in seine Arme. Eine ferne Musik umgab die Geheimnisse des liebenden Wiedersehns (. . .)."[382]

Novalis' Märchen von Hyazinth und Rosenblütchen illustriert als geheimnisvolle Wahrheit, in der die Wirklichkeit der Wirklichkeit als "Lichtpunkt" aufscheint, was Wieland als Wahrheit des Wunsches an den projektiven Wahnsinn bindet und was Bonaventura wieder als Wahn zersetzt: die Möglichkeit der Wahrheitsfindung in der Selbst- und Fremderkenntnis durch die Liebe. In der Poesie als Schleier der Wahrheit hält Novalis die Möglichkeit einer unverschleierten Wahrheit aufrecht, die nur zu erträumen ist – die des wahren, mit sich selbst identischen Ich als "Meister eines unendlichen Spiels"[383], das Wahrheit liebend erkennt, wenn es fühlen gelernt hat. Und dieses Fühlen als "inneres Licht" schließt "alle törichten Bestrebungen"[384] aus.

Wer aber den Schleier in der Realität aufzuheben sucht, um die geheimnisvolle Wahrheit nicht nur liebend und fühlend, sondern auch rational zu erkennen, stirbt oder wird wahnsinnig. Der Mensch ist der unverschleierten Wahrheit nicht gewachsen. Aber: der Wahnsinnige kennt sie und erfährt sie; er kündet zugleich von der Wahrheit des Seins und von der zerstörenden Kraft dieser Wahrheit. Ist es bei Schoppe das Suchen danach, das wahnsinnig macht, und zeigt Bonaventura die unverschleierte Wahrheit der Wahnsinnigen als nicht vorhanden, weil es hinter deren Rollen nichts gibt, so ist Balder in Ludwig Tiecks "William Lovell" ein Wahnsinniger, den die Erkenntnis des Absoluten in der Natur und die Liebe zerstören.

"(. . .) die Fugen sind gerissen, der Geist sieht unmittelbar, ohne Sinne und ohne das Mittelglas des Verstandes, in das Dasein und die Gegenstände hinein, und der Körper schaudert unter heftigen Zuckungen."[385]

Im Waldgebirge lebend kommt Balder, vorher unter den Menschen von gräßlichen Bildern des Wahnsinns verfolgt und immer nur kurz davor, den geistigen Blick in das Dasein zu werfen, zur Ruhe. Denn nun hat er diesen Blick und versteht die Natur wie die Tiere jenseits der Sinne und jenseits des Verstandes. Er versteht sie rein geistig als Liebender in einerTiefe ohne allen Inhalt.

"Von den großen Dingen, die ich weiß, kann und darf ich Dir nichts schreiben. Es ist bloß darum ein Geheimnis, weil Du es nicht verstehen würdest."[386]

Hier wird der Wahnsinnige zum Künder einer Wahrheit, die nur diejenigen verstehen, die sie sowieso schon verstehen. Zugrunde in der Raserei geht Balder dann über den Tod einer Geliebten, die ihn erst zurück in die Normalität und in das soziale Leben geführt hat.

Wenn aber eine vollendete Harmonie mit der Natur durch ein unmittelbares Verstehen ihrer unverschleierten Wahrheit nur im Wahnsinn möglich ist, dann verweist das darauf, daß die Normalen gemäß der entgrenzten ästhetischen Vernunft selbst im Schleier befangen sind: in den beiden erstgenannten Problemkreisen der unendlichen Dechiffrierung der Natur und der unendlichen Ich-Reflexion. Und das bedeutet: die Sprache der Natur i s t als chiffrierte Poesie und umgekehrt. Der Verweischarakter der Poesie als Kunst wird analog dem der Natur als Poesie gesehen – und der Wahnsinn verweist auf ein Durchbrechen des Verweisenden von Poesie und Natur.

> "Alles Vollendete spricht nicht für sich allein – es spricht eine ganze (mit)verwandte Welt aus. Daher schwebt um das Vollendete jeder Art der Schleier der ewigen Jungfrau (...)',387

schreibt Novalis, und:

> "Die Natur hat Kunstinstinkt – daher ist es Geschwätz, wenn man Natur und Kunst unterscheiden will. Beim Dichter sind sie höchstens dadurch verschieden, daß sie durchaus verständig und nicht leidenschaftlich sind (...)."388

Wahrheit ist universal verschleiert und wird als verschleierte dargestellt – in der Poesie, die kraft der Übervernunft des wahren Poeten verständig geregelt ist. Und in diesem Akzeptieren der n i c h t unverschleiert darzustellenden, zu benennenden und erkennenden Wahrheit liegt die Wiederholung, Umkehrung und Verabsolutierung eines a l t e n Problems: den "dichten Vorhang" oder das "verflochtne Gewebe" als Hindernisse für die Erkenntnis eines Wahren durchschauen zu wollen. Kant begreift 1764, wie die von Rousseau beeinflußten Kulturkritiker bis ins 19. Jahrhundert hinein, die Verstellung des sozial und kulturell geprägten, von der äußeren und inneren Natur abgewichenen Menschen als einen dichten Vorhang, der auf die wahre Natur, Tugend, Ordnung und Vernunft hin zu durchschauen ist; Moritz versteht Anton Reisers Lebensgeschichte als ein verflochtenes Gewebe, das in einer Rückverfolgung dieser Geschichte bis zur Geburt verstehend aufgelöst werden soll – was nicht gelingt; Goethe transzendiert die für Wilhelm selbst verschleierte individuelle Wahrheit mit, in und durch die Kunst hin auf die Wahrheit einer sozial geprägten und harmonisierten Natur – was Novalis als unwahr versteht. Bei diesem schließlich i s t der nie durchschaute Schleier die Wahrheit der beobachtbaren, erfahrbaren und denkbaren Wirklichkeit selbst; er verweist auf das absolute Sein und ist, weil dieses ja gleichzeitig das Nichts ist, notwendig. So wird der Schleier der Wahrheit nicht mehr durchschaut in bezug auf die Wahrheitsproblematik, die er verschleiert. Denn die Überzeugung von einer verschleierten Wirklichkeit als absoluter Wahrheit hinter der verschleiernden impliziert einen Erkenntnisverzicht, der als solcher n i c h t anerkannt wird. Alle Erkenntnis, selbst die durch die entgrenzte ästhetische

Vernunft bewerkstelligte, hat im Übersystem an sich ja auch nur Verweischarakter.

Damit hängt zusammen, daß das Leben zum Traum und das Denken zum Traum des Fühlens erklärt werden kann. So erhält das vorübergehende Fühlen des Unendlichen im Endlichen den Wert des Realen gegenüber aller Gebundenheit der Sinne und des Verstandes an Inhalte, die endlich sind. Unter diesem Aspekt wird der Wahnsinn als ein das Individuum entgrenzendes und in seiner Individualität zerstörendes Durchbrechen des Seienden zum F a s z i n a n s: Die Sprache der Wahnsinnigen wird zur Chiffre einer tieferen Wahrheit aus der bodenlosen Wirklichkeit als die der Normalen. In dieser Tradition stehen heute Foucault, Deleuze/Guattari, die Antipsychiatrie und auch die grenzüberschreitende Ästhetik, sofern der Schizophrene als Künder a-historischer Wahrheit aus der Tiefe der Natur aufgefaßt wird. Die historische Aufwertung des Wahnsinns als Mediums der und für die Wahrheitsfindung aber beruht auf einer Umkehrung und Konfliktverschiebung, welche die Vernunft- und Wahrheitsproblematik n i c h t lösen konnte: Gilt den unterhaltend aufklärenden Autoren noch der Wahnsinnige als leere Hülle, als lebender Toter, dessen vernunftloser Zustand schlimmer ist als der Tod selbst, so gilt Vertretern der entgrenzten ästhetischen Vernunft nun die Ratio als leere Hülle, die Einheit von Vernunft und Wahnsinn im Erkenntnisspiel von Wahn und Sinn als höhere Vernunft, und der Wahnsinnige zwar als ent-individualisierter, aber in der Wahrheit stehender. Nur: eben weil das mit den häßlichen, abstoßenden und Sinnloses redenden Geisteskranken in den Anstalten n i c h t s zu tun hat, sondern Vorstellungen von Wahnsinnigen entspricht, die Träumenden, Somnambulen, Verzückten oder Visionären vergleichbar sind[389], kann der reale Geisteskranke von der entgrenzt-ästhetischen Vernunftposition aus als n o c h ent-menschlichter empfunden werden als von einer rationalen oder sich selbst begrenzenden ästhetischen. Ein gutes Beispiel dafür liefert Heinrich von Kleist, der den wahnsinnigen Jüngling in der Anstalt als entmenschlichten beschreibt und sich dadurch von ihm absetzt. In seinem "Kätchen von Heilbronn" aber analogisiert er den Wahnsinn mit einem Unbewußten, in dem die Wirklichkeit der Wirklichkeit unmittelbar empfangen und geschaut wird. Jenseits des Bewußtseins, als von außen ein-gebildete, ver-dichtet sich die Wahrheit der Wirklichkeit im Gemüt und bewirkt, daß das von dieser Wahrheit betroffene Individuum sozusagen gehandelt w i r d statt selbständig, aus freier Entscheidung und aus freiem Willen, zu handeln. Die Träumenden, Somnambulen und Wahnsinnigen haben als Medien von Wahrheit gar keinen eigenen Willen; sie sind den geheimnisvollen Kräften und Mächten jenseits der Grenze der Vernunft, von denen sie künden, ausgeliefert. Das ist heute nach Foucault auch so. Und wie für diesen, so ist auch für Novalis die unvermittelte Sprache des Wahnsinns als Chiffre für die Wahrheit der Wirklichkeit n i c h t identisch mit der Sprache der Poesie: diese enthält Regeln, die des Wahnsinns nicht.

Das verweist auf den vierten Problemkreis, der sich für die entgrenzte ästhetische Vernunft ergibt: den der produktionsästhetischen C h i f f r i e r u n g von Wahrheit in der Poesie.

"Gemeinschaftlicher Wahnsinn hört auf Wahnsinn zu sein und wird Magie. Wahnsinn nach Regeln und mit vollem Bewußtsein."[390]

Das Verfahren des Poeten ist für Novalis ein magisches: indem er Geistiges versinnbildlicht und Sinnbildliches, in die Sinne Fallendes, vergeistigt mit dem unendlichen Ziel, eine Universalmagie herzustellen, um alles Seiende dem Sein als vermittelndem Prinzip dienstbar zu machen. Insofern ist der Poet kraft seines Vermögens ein "Zauberer" und als solcher "ein Künstler des Wahnsinns."[391] Denn seine produktive Imaginationskraft enthält in der Ausübung die Regeln, mittels derer im Produkt, der Poesie, Wahn zu Sinn wird und Sinn zu Wahn. Das kann so verstanden werden, daß in der Poesie das manifest Seiende, die dargestellte Wirklichkeit und das sie darstellende Kunstwerk selbst, zugleich als wahrhaft seiend und als Täuschung gespiegelt werden – als Wahn, bezogen auf den Sinn, der im Wahn selbst liegt. Eben weil die absolute Wahrheit der Wirklichkeit immer nur in dem liegt, was sie n i c h t ist, kann sie auch nur in der Täuschung, im Wahn, veranschaulicht werden. Das heißt: die Poesie als manifestes Kunstwerk ist selbst nicht wahr, sondern Blendwerk, Täuschung als Produkt der aktiven Einbildungskraft. Aber dieses wird produktionsästhetisch organisiert mit Hilfe eben der Regeln, mit denen die Wirklichkeit die Wirklichkeit, das Sein das Seiende organisiert. Der absolute Wahrheitswert des Produkts liegt also in seinem Wesen, nicht in seiner Erscheinung. Auf beiden Ebenen unterscheidet sich die Poesie vom Wahnsinn, dessen Regellosigkeit auf eine Wahrheit im Absoluten v o r jeder Organisation verweist, wie auch von der empirischen Realität, in der die Regeln des Seienden, bewirkt und getragen von der Gesamtorganisation, gelten. In der Vermittlung zwischen Wahn und Sinn umfaßt die Poesie beides – den regellosen Wahnsinn und die Regeln der manifesten Wirklichkeit –, indem sie einen geordneten und harmonischen Zusammenhang lauter auf sich selbst verweisender Elemente herstellt und in einer unendlichen Potenzierung von Wahn und Sinn wieder auflöst. So wird Wahn in Sinn verzaubert und umgekehrt. Und daß dies nur in der T ä u s c h u n g möglich ist, zeigt von heute aus gesehen und wörtlich genommen die Aporie der entgrenzten ästhetischen Vernunft: Die Wahrheit im Absoluten ist nur in der Täuschung zugänglich.

Auch das enthält historisch die Wiederholung, Umdeutung und Verabsolutierung eines alten Problems: des der Kontrolle über das Unberechenbare, Zufällige und nicht Systematisierbare, das die Wahrheit von Harmonie und Ordnung, nun ins Absolute verlegt, gefährdet. Die Kontrolle soll jetzt in der produktiven Imaginationskraft des Poeten als eines besonderen Menschen, in dem sich eine Wahrheit ver-dichtet, die er dann dichtend reproduziert, selbst liegen. Die Poesie, als P r o z e ß o h n e R a h m e n gedacht, ist eine produktionsästhetisch kontrollierte, und zwar allein durch das vermittelnde Sein als Urbild im Künstler, der dessen Abbild ist, selbst. So können für den Künstler gedanklich absolute Freiheit und absolute Notwendigkeit i m Z u f a l l identisch sein. Das führt über Goethes Vermittlung von Zufall und Notwendigkeit hinaus; für Novalis ist der Zufall selbst die Instanz, in der sich eine Vermittlung bereits kristallisiert.

"Der Dichter betet den Zufall an."[392]

Reihen sich die Zufälle bei Moritz noch zum blinden Schicksal, so ist der Zufall im Übersystem Novalis' "Berührung eines höhern Wesens"[393] und damit selbst das Medium, in dem die vermittelnde Synthese von Freiheit und Notwendigkeit erfahrbar und darstellbar wird.

Mit der Auffassung von Poesie als geregeltem Wahnsinn aber werden für den Künstler selbst alle vorgestellten Problemkreise freigesetzt: Es bleibt die Frage, wieviel Macht der Zauberkünstler seiner i n d i v i d u e l l e n Konstitution nach hat, die Vermittlung zwischen Wahn und Sinn zu produzieren und zu leisten. Das Sein als Alles oder Nichts kann nämlich sein besonderes Vermögen auch so entgrenzen, daß er wahnsinnig im Sinne von geisteskrank wird, ohne das Entgrenzte noch in der Kraft der Reproduktion kristallisieren zu können. Und das heißt: die Übervernunft des E n t h u s i a s m u s kann umschlagen in die Geisteskrankheit und sich ins Chaos auflösen, statt die Wirklichkeit der Wirklichkeit in der Produktion zu umfassen. Kann der Enthusiast bei Shaftesbury nur wahnsinnig werden, wenn er die Natur nicht um ihrer selbst willen liebt, also von vornherein kein wahrer Enthusiast ist, so kann er der entgrenzten ästhetischen Vernunft gemäß gerade dann wahnsinnig werden, wenn er der Natur der Natur so verfällt, daß s i e i h n als Individuum kristallisiert statt daß e r s i e noch kristallisieren könnte. Ist dies der Fall, dann kann er nicht mehr zwischen Wahn und Sinn vermitteln, sondern ist einem Wandel von Wahn und Sinn als blinder Macht a u s g e s e t z t, ohne ihn beherrschen zu können.

Solchermaßen gefährdete Künstlerexistenzen stellt E.T.A. Hoffmann dar:

> "(..) – ins Kristall bald dein Fall – ins Kristall!' "[394]

ruft die Alte dem Studenten Anselmus in "Der goldne Topf" zu. Für Anselmus verwandelt sich die Wirklichkeit sowohl ins Gräßliche, das ihn aufzulösen und in der Auflösung erstarren zu lassen droht, als auch in das Zauberland der Sehnsucht. Durch die Liebe aber gelangt er zur "Erkenntnis des heiligen Einklangs aller Wesen"[395] – und erlangt das Wohnrecht in Atlantis, das Leben i n d e r Poesie. Diese ist bei Hoffmann wieder scharf vom Bereich der außerästhetischen Wirklichkeit getrennt; Serapion ist ein Künstler i m Wahnsinn, kein "Künstler d e s Wahnsinns" als wahrer Enthusiast. Und in "Die Elixiere des Teufels" wird der Umschlag vom Wahn in Sinn verwandelnden, das Chaos des Zufälligen in ein *"vernünftiges* Chaos"[396] transformierenden Enthusiasmus in den Wahnsinn, der das Chaos produziert, o h n e es transformieren zu können, zum Konstruktionsprinzip des Romans selbst.[397] In Hoffmanns literarischen Wahnsinnsdarstellungen und Darstellungen von Künstlerexistenzen, in denen der Wahnsinn als produktionsästhetisches Problem erscheint, brechen alle Probleme, die in der entgrenzten ästhetischen Vernunft selbst liegen, auf als n i c h t zu harmonisierende. Hoffmann überführt Novalis' Übervernunft des Poeten und der Poesie ins Pathologische, indem er die Wahrheit, die in der Vermittlung zwischen Endlichem und Unendlichen liegen soll, verschiebt: Er vermittelt die entgrenzte ästhetische Vernunft selbst mit der Gefahr ihrer Auflösung im Wahnsinn und bindet sie so wieder an die beobachtbare Wirklichkeit. Die innerliterarische Freisetzung einer Wahnsinnsgefahr für den Künstler selbst aber war eine der Voraussetzungen für die Genie-Wahnsinns-Diskussion in der Psychiatrie des 19. Jahrhunderts.[398]

Diese Entwicklung über Hoffmann und den Bereich des Literarischen und Ästhetischen hinaus weist nun zurück auf den fünften und letzten Problemkreis, der in der entgrenzten ästhetischen Vernunft Novalis' liegt. Da diese Vernunft allumfassend ist, enthält sie auch das Problem einer Universalisierung des Wahnsinns als eines Gegenteils der Vernunft: In der Synthese zwischen Wahn und Sinn, welche die entgrenzte Vernunft leisten soll, pathologisiert sie sich selbst.

> "Leben ist eine Krankheit des Geistes – ein leidenschaftliches Tun. (. . .) Die Krankheiten nehmen mit der Sensibilität überhand."[399]

Für Novalis ist alles Leben eine Geistes-Krankheit, solange der Geist als vermittelndes Prinzip und das, was er produziert und in laufender Auflösung neu vermittelt, das Seiende, sozusagen phasenverschoben zusammenwirken und nicht so miteinander vermittelt sind, daß sie in einem harmonischen Einklang stehen und sich wechselseitig durchdringen, ohne sich aufzuheben. Alles Leben ist ein Prozeß auf diesen Einklang hin, der notwendigerweise durch Disharmonien verläuft.

Das Leben als eine Krankheit des Geistes besteht also darin, daß der Geist nur vermittelnd wirken kann, indem er das Bewirkte und zu Vermittelnde zerstört. Er kann nicht eher zur Ruhe kommen, bis alles Bewirkte der Form nach so vollendet ist, daß es unmittelbar mit ihm selbst vermittelt ist – daß die Vermittlung also nicht mehr unendliches Ziel ist. Unter diesem Aspekt sind die Krankheiten des Lebens als Krankheiten der Seele in allen Dingen Symptom für die Krankheit des Geistes:

> "Kr(ankheiten) der Pflanzen sind Animalisation. Krankh(eiten) d(er) Tiere Rationalisationen. Krankh(eiten) der Steine – Vegetationen. (. . .) Pflanzen sind gestorbene Steine. Tiere – gestorbene Pflanzen. etc. (. . .) Jede Krankheit kann man Seelenkrankheit nennen."[400]

Der Mensch nun ist, was sein Kranksein betrifft, ausgezeichnet vor allen anderen manifesten Geschöpfen:

> "Krankh(eiten) zeichnen den M(enschen) vor den Tieren und Pflanzen aus – zu Leiden ist der Mensch geboren. Je hülfloser, desto empfänglicher für Moral und Religion."[401]

Die einzige höhere und höchste Form, in welche die Menschheit noch übergehen kann, ist der Einklang von Natur und Sittlichkeit als eine vollendete Harmonie, in der das vermittelnde Prinzip des Geistes zur Ruhe kommt.

> "Das System der Moral muß System der Natur werden. (. . .) Unsere Krankh(eiten) sind alle Phänomene erhöhter Sens(ibilität), die in höhere Kräfte übergehen will."[402]

Das heißt: Krankheiten als Seelenkrankheiten, generell als L e i d e n des Menschen werden verstanden als den Menschen zwar verzehrend in seiner gegenwärtigen Form, in der Natur und Moral noch miteinander kämpfen und noch nicht im Einklang stehen. Aber eben darin wirkt die höhere Kraft der Vermittlung, der Geist selbst, um die höchste Form der Harmonie herzustellen. So kann die Krankheit des Menschen als Mittel zu einer höheren Synthese gesehen werden, die den Menschen in seiner bestehenden Form e n t g r e n z t, ihn die Grenze überschreiten läßt zur höheren, transzendentalen Gesundheit. Das geht nur um den Preis des Leidens – und dieses wird in seiner Anerkennung vollkommen ästhetisiert. Denn: der Poet als der "transzendentale Arzt", der den Weg weist zur transzendentalen Gesundheit, überschreitet mit seiner entgrenzten ästhetischen Vernunft ja bereits ständig die Grenzen aller bestehenden manifesten Formen, löst sie auf, verbindet sie neu und verwandelt sie in die höhere, unendliche Form der Poesie.

> "Wenn man etwas Bestimmtes tun und erreichen will, so muß man sich auch provosorische, best(immte) Grenzen setzen. Wer aber dies nicht will, der ist vollk(ommen) (. . .) Er ist ein magischer Idealist, wie es magische Realisten gibt. Jener sucht eine Wunderbewegung – ein Wundersubjekt – dieser ein Wunderobjekt – eine Wundergestalt. Beides sind *logische Kr(ankheiten)* – Wahnarten – in denen sich allerdings das Ideal auf eine doppelte Weise offenbart (. . .)."403

Die entgrenzte ästhetische Vernunft gilt als logische Entzündung insofern, als sich in ihr die Überführung der Logik und des daran gebundenen Denkens in die höhere Form der Übervernunft, der Poesie, kristallisiert. So gesehen, kann auch die Krankheit zur Voraussetzung der enthusiastischen Liebe werden:

> "Jede Krankheit ist vielleicht notwendiger Anfang der innigern Verbindung zweier Wesen – der notw(endige) Anfang der Liebe. Enthusiasmus für Krankheiten und Schmerzen. (. .) *Poetik des Übels.*"404

Wenn aber die Krankheit als Grenzüberschreitung der bestehenden Form des Menschen und das Leiden daran notwendig sind für die transzendentale Gesundheit, dann muß auch in ihnen das Prinzip der absoluten Freiheit des Menschen im Verhältnis zu aller manifesten Wirklichkeit liegen. Das ist auch der Fall: Der Poet als der Inbegriff des Menschen wird Gott gleich als freier Schöpfer höherer Formen – um den Preis des Leidens am Leben als einer Krankheit des Geistes:

> "Es hat von jeher nur Eine Krankheit, mithin auch nur Eine Universalarzenei gegeben. Mit der Sensibilität und ihrem Organen, den Nerven tritt Krankheit in die Natur. Es ist damit Freiheit, Willkür in die Natur gebracht und damit Sünde, Verstoß gegen den Willen der Natur, die Ursache alles Übels."405

Und in Novalis' Analogisierung von Freiheit, Krankheit als Durchgangsstadium u n d Ort dieser Freiheit und von Sünde gegen den Willen der Natur liegt, man braucht es nur wörtlich zu nehmen, die ganze Problematik einer allumfassenden Vernunft, die sich auf eine H a r m o n i e im Absoluten bezieht.

"Alle Krankheiten gleichen der Sünde, darein, daß sie Transzendenzen sind. (. . .) Wie der Mensch Gott werden wollte, sündigte er."[406]

Das kann man nun in der Tat als "logische Entzündung" im Übersystem verstehen: Einerseits m u ß der Mensch Gott gleich werden, damit er in vollendeter harmonischer Wirkeinheit mit Gott als dem Geist, dem produzierenden und vermittelnden Prinzip, stehe. Das wäre die vollendet höchste Form alles Menschlichen, in der Krankheit und Leiden transzendiert wären und überführt in die höhere Gesundheit. Dazu verhilft die Poesie, die den Menschen poetisieren soll, als Universalarznei in ihrer Funktion der Religio, der Wiedereinbindung der Menschen in den Willen der Natur. Dieser zielt darauf, Natur und Sittlichkeit deckungsgleich werden zu lassen. Andererseits liegt aber genau in den dafür erforderlichen Transzendenzen die universale Krankheit als Analogon zur universalen Sünde und zum Übel gegründet. Und damit hat Novalis recht auf einer ganz anderen Ebene, als er denkt: Das Übel liegt in der Erlösungsfunktion des Übersystems selbst. Es hebt sich g e m ä ß der Intention selbst auf und verweist dabei nicht mehr auf eine harmonische Wahrheit im Absoluten, sondern auf die Pathologie, die in ihm selbst liegt.

Mit Hilfe der entgrenzten ästhetischen Vernunft wird zusammen mit dem Wahrheitswert ihres Produkts, der Poesie, auch das Pathologische projektiv universalisiert und als wahr verabsolutiert. Und deshalb entspricht die Poetisierung der Krankheit und des Leidens bei Novalis – in der gedachten Transzendierung – auch ihrer Umkehrung: Die Poetisierung des Pathologischen und die Pathologisierung des Poetischen bedingen sich wechselseitig.

Noch in diesem Entsprechungszusammenhang liegt der Verweis auf den alten A n s p r u c h, Leiden abzuschaffen – und gleichzeitig auf die U n e i n l ö s b a r k e i t dieses Anspruchs w e g e n der totalitären Theorie, mit deren Hilfe die Möglichkeit der Abschaffung von Leid legitimiert wird. Aus dem Wahnsinn als allgemeiner Unvernunft in der condition humaine bei Locke wird bei Novalis eine Krankheit des Geistes als condition universelle. Daran ist der "Geist" des Poetischen gebunden. In dem Gedanken der Transzendierung allen Leidens durch die Poesie liegt also zugleich eine Verschiebung, Idealisierung und Zementierung bestehenden, beobachtbaren und erfahrenen Leidens begründet. Seine totale Abschaffung durch die Poetisierung enthält seine totale Anerkennung. Und diese wird gedanklich dadurch möglich, daß alles b e s t e h e n d e Leiden a l s s o l c h e s keinen Sinn erhält, sondern funktionalisiert wird in seinem Verweischarakter auf die höhere transzendentale Gesundheit, die es u m s c h l i e ß t.

Die Kritik aller Kritik wirkte jedoch kaum zurück auf Theorie und Praxis in der um 1800 beginnenden Psychiatrie –, ebensowenig wie Novalis' hochreflektierte Legitimationen der allumfassenden Vernunft der Poesie im Rahmen seines Übersystems. Damit konnten diejenigen Ärzte, Gebildeten, Aufklärer und Literaten, die an die beobachtbare Wirklichkeit gebunden blieben, um gedanklich und praktisch Glück und Fortschritt in Harmonie zu gewährleisten und zu bewerkstelligen, wenig anfangen.

Aber die ersten Psychiater gingen nun davon aus, daß eine zu diagnostizierende Wahrheit des Wahnsinns nicht eine möglicherweise nur projektive war, die theoretisch abgesichert und auf die Kranken übertragen wurde. Und dazu hatten die Traditionen von Reflexion und Kritik gegen die Intentionen von Literaten und Gebildeten beigetragen. Es liegt in der Konsequenz von Lessings Wirkungsästhetik, daß der Mensch über die Steuerung seiner Affekte der konkreten Kontrolle unterworfen wurde – in der Meinung, es sei zu seinem Besten; es liegt in der Konsequenz der Autonomisierung der Kunst bei Moritz, daß deren Wahrheit, an die all-harmonische im Wesen der Wirklichkeit gebunden, der beobachtbaren Wahrheit des Menschen übergeordnet wurde; es liegt in der Konsequenz des "Wilhelm Meister", daß aus dem Menschen, wie er seinem vorausgesetzten, eigenen Wesen nach sein s o l l t e, das Disharmonische und Unberechenbare ausgeschlossen wurde – notfalls durch Zwang; und es liegt schließlich in der Konsequenz der entgrenzten ästhetischen Vernunft von Novalis, daß die Wirklichkeit des Menschen keinem gedachten System mehr im Wege stand.

In der beginnenden Psychiatrie wurden therapeutische Maßnahmen abgeleitet aus Theorien, denen die Patienten unterstellt wurden. Das Verfahren in der Praxis entsprach dem der Kritik, die vorausgegangen war: sofern die Gegenentwürfe, an die Kritik gebunden war, als wahr auswiesen, was entgegen aller Beobachtung und Erfahrung s e i n s o l l t e, sofern das Wahre an der Wirklichkeit nicht mehr zu überprüfen war und dennoch auf sie übertragen wurde als ihre objektive und wesentliche Wahrheit.

Die ersten Psychiater waren Idealisten und übten, zum Wohle ihrer Kranken, Gewalt über sie aus. Sie dachten in literarischen, psychologischen, ästhetischen, pilosophischen und kulturkritischen Kategorien.

Schluß

Wahrheit und Gewalt

"Englands, Frankreichs und Deutschlands Aerzte treten zugleich auf, das Schicksal der Irrenden zu mildern. Ihnen bieten Philosophen und Priester freundlich die Hand, und unsere erlauchten Diener des Staats sind bereit, Entwürfe zu realisiren (. . .). Ein kühnes Geschlecht wagte sich an die gigantische Idee, die dem gewöhnlichen Menschen Schwindel erregte, eine der verheerendsten Seuchen von dem Erdball zu vertilgen. Und wirklich scheint es, dass es dem Hafen nahe sey, einzulaufen. Ueber sie alle schwebt, gleich dem Adler, eine sublime Gruppe speculativer Naturphilosophen, die ihre irdische Beute in dem reinsten Aether assimilirt und als schöne Poesien wieder giebt."[1]

Das schreibt der Arzt Johann Christian Reil in seinen "Rhapsodieen über die Anwendung der psychischen Curmethode auf Geisteszerrüttungen" von 1803; er hat recht, was die über den Ärzten schwebende "sublime Gruppe" betrifft. Aber diese schwebt nicht über den englischen und französischen Kollegen, deren Wahnsinnstheorien und -therapien seit den 80er Jahren des 18. Jahrhunderts rezipiert wurden. Die deutschen Ärzte um und nach 1800 assimilieren die ausländischen Theorien und Methoden der deutschen Tradition der konfliktlösenden, nun naturphilosophisch im Wesenhaften legitimierten und allumfassenden Vernunft. Sie verbinden auswärts Beobachtetes und Gedachtes mit der Vermögenspsychologie, schaffen umfassende Denkmodelle, in denen die Freiheit des Individuus, die Autonomie der Vernunft und die Möglichkeit der Entwicklung zur, oder: der ärztlichen Herstellung von intra- und intersubjektiver Harmonie und Ordnung als wahr garantiert sind, und sie beginnen, sich den englischen und französischen Ärzten wegen des eigenen tiefer gehenden, systematischeren und widerspruchsfreieren Denkens überlegen zu fühlen.

In England war das empirisch-sensualistische Denkmodell Lockes über den Wahnsinn erweitert worden: William Battie stellt in seiner Abhandlung "Treatise on madness" von 1758[2] Lockes Auffassung des Wahnsinns als einer Verstandesstörung eine andere Auffassung entgegen, die physiologisch abgeleitet wird. Der Wahnsinn ist nach Battie eine Krankheit der Sensation, der Empfindung; er beruht auf einer Störung der äußeren Sinne und ist Sinnestäuschung, nicht Verstandesstörung. Das war eine Ergänzung zu den Ansichten Lockes, die es erlaubte, den allgemeinmenschlichen Wahnsinn der Unvernunft von dem der Geisteskrankheit, für die besondere funktionelle Störungen ausschlaggebend waren, zu unterscheiden – ohne daß das empirisch-sensualistische Denken aufgegeben werden mußte. Zur weiteren Theoriebildung trug vor allem William Cullen[3] bei, der das empirisch-sensualistische Denken als ein psychologisches mit der Physiologie verband und die Neuro-Physiologie und -Pathologie begründete. Dieser Theorie nach konnte der Wahnsinn als Nervenkrankheit gelten, die durch bestimmte Reize und Reaktionen zustande kam und auch geheilt werden konnte. Basierend auf Locke, Battie und Cullen entwickelte sich, getragen von Predigern und Ärzten, in der zweiten Hälfte des 18. Jahrhunderts eine englische Psychiatrie, die vor allem durch ihren Empirismus und Pragmatismus ausgezeichnet war. Im Zusammenhang damit und mit der Rezeption der schottischen Moralphilosophie[4] entstanden Modelle psychologischer Wahnsinnstherapien, die dann auch durch Francis Willis' Behandlung von Georg III. in ganz Europa bekannt und berühmt wurden als das sogenannte m o r a l m a n a g e m e n t. Der Arzt oder Therapeut hat angemessen auf die jeweils verschiedene Psyche der Wahnsinnigen einzuwirken, um sie als aus der intrasubjektiven Harmonie Abgewichene wieder zu harmonisieren. Dazu benötigt er Autorität über den Patienten, der zur Regelmäßigkeit und Ordnung zurückgeführt werden soll ohne Zwang. Willis selbst schrieb nichts; aber viele andere, meist Schüler Cullens, publizierten und machten sowohl die neuen Wahnsinnstheorien als auch Fallgeschichten und Therapieerfolge bekannt. Übersetzt und in Deutschland rezipiert wurden Abhandlungen zum Beispiel von Thomas Arnold[5], John Brown[6], William Perfect[7], William Pargeter[8], William Falconer[9], Benjamin Fawcett[10] und Alexander Crichton[11], der die englischen Ansätze mit den deutschen vermögenspsychologischen verbindet und besonders das "Magazin zur Erfahrungsseelenkunde" hoch schätzt.

Rezipiert wurde das englische moral management vor 1800 aber vor allem in Frankreich. Philippe Pinel, der als der eigentliche Begründer der französischen Psychiatrie gilt[12], verbindet in seiner Abhandlung "Traitē médico-philosophique sur l'aliěnation mentale ou la manie" von 1799, übersetzt 1801[13], den Empirismus und Pragmatismus der Engländer mit der analytischen Ratio in der Tradition der kausal-analytisch, naturwissenschaftlich-rationalistisch verfahrenden "philosophes"[14] und bekennt sich zum t r a i t e m e n t m o r a l. Das ist in der therapeutischen Praxis nicht unterschieden vom moral management, beruht aber auf etwas anderen theoretischen Voraussetzungen. Pinel stellt die beschreibende Methode, die strenge Beobachtung und Klassifizierung klinischer Wahnsinnsfälle in den Vordergrund und leitet daraus sein traitement moral auf der Basis der Leidenschaftsregulierung ab, während die Engländer stärker von einer ganzheitlichen, organischen Auffassung des Seelenlebens ausgehen – und insofern den deutschen Ärzten intellektuell sympathischer sind. Während die französische Psychiatrie nach Pinel beginnt, Nosologien zu erarbeiten, die auf der Systematisierung klinischer Beobachtungen beruhen und laufend vervollständigt werden, heißt es bei Reil 1803:

> "Dass wir über kurz oder lang eine systematische Theorie der psychischen Curmethode bekommen werden, glaube ich: aus der Republick? das glaube ich nicht."[15]

Pinels Abhandlung sei "ohne Principien und Originalität", und auch die Engländer hätten mit Ausnahme Crichtons meist nur "gemeine Artikel über den Wahnsinn"[16] geschrieben, denen es an systematischer Theorie mangele.

Und die entwickelt nun der Rhapsode zusammen mit der p s y c h i s c h e n C u r m e t h o d e, die viel ausgeprägter eine moralische im Sinne der Lohn-Strafe-Moral ist als das moral management, das traitement moral oder auch die cura morale des Italieners Vincenzo Chiarugi[17]. Der Wahnsinn ist für Reil eine D i s h a r m o n i e unter den Seelenvermögen, deren einträchtiges Zusammenwirken, das sich im freien Willen des Menschen und seiner Fähigkeit zur vernünftigen Kontrolle seines Denkens, Handels und Fühlens zeigt, gestört ist. Die Seele ist als wirkendes Prinzip oder Kraftprinzip das Lebensprinzip des Körpers – das, was diesen zu einem lebendigen Organismus macht und ihm seine bestimmte Form verleiht. Körper und Seele hängen so zusammen, daß somatische, organische Störungen die Harmonie der Seelenvermögen stören können und daß umgekehrt eine Disharmonie unter ihnen sich auch körperlich zeigen kann. Aus diesem Wirkzusammenhang von Körper und Seele leitet Reil zwei grundsätzliche Möglichkeiten der Therapie des Wahnsinns ab:

"Es giebt nur *zwey* Wege, Krankheiten zu heilen, *entweder* wir tilgen sie direkt, oder entfernen die Ursachen, durch welche sie entstehn."[18]

Die d i r e k t e Methode kann nun, weil der Wahnsinn als Disharmonie unter den Seelenvermögen definiert ist, nur die psychische Curmethode sein. Sie allein

"(. . .) erregt das Seelenorgan specifisch, weckt die torpiden, bringt die exaltirten Teile zur Ruhe."[19]

Das heißt:

"(. . .) dass Gefühle und Vorstellungen, kurz Erregungen der Seele, die eigenthümlichen Mittel sind, durch welche die Intemperatur der Vitalität des Gehirns rectificirt werden müsse."[20]

Die Seele, deren Organ das im Wahnsinn beobachtbar gestörte Gehirn ist, soll also nicht durch rein medizinische Mittel wie Arzneien, Klistiere oder Brechmittel i n s g e s a m t beruhigt oder erregt werden, sondern s p e z i f i s c h, im Einwirken auf einzelne zu stark oder zu schwach sich äußernde Vermögen, welche das harmonische Zusammenwirken aller Vermögen stören. Und dieses Einwirken auf die Seele ist auch über den Körper möglich, weil der physiologisch mit dem Seelenorgan, in dem sich die Seele äußert, verbunden ist. Durch Reiz oder Beruhigung des Körpers können also Vorstellungen und Gefühle erregt oder besänftigt werden, welche die jeweilige, bei jedem Kranken besondere Disharmonie unter den Seelenvermögen ausgleichen können.

"Psychische Curmethoden sind also methodische Anwendungen solcher Mittel auf den Menschen, welche zunächst auf die Seele desselben und auf diese in der Absicht wirken, damit dadurch die Heilung einer Krankheit zu Stande kommen möge. Es ist daher in Rücksicht ihres Begriffs gleichgültig, (. . .) ob das erregte Spiel der Seelenkräfte, zum Behuf der Heilung, durch mitgetheilte Vorstellungen und Begriffe, oder durch körperliche Mittel, z.B. durch Ruthen, Douchen und Kanonendonner erregt worden ist."[21]

Dem gemäß teilt Reil seine Mittel in verschiedene Klassen ein und fordert, daß jeder, der Wahnsinnige behandele, ausgedehnte psychologische und medizinische Kenntnisse habe; denn der gesamte Wirkzusammenhang einzeln angewandter Mittel muß überschaut werden, damit der Zweck des Gesamtkurplans erreicht wird und nicht unvorhergesehene Rückwirkungen eintreten. Unter diesem Aspekt ist die psychische Curmethode eine K u n s t:

"Eben dies, die allgemeinen Regeln der Individualität anzupassen und den Curplan mit den mannichfaltigsten Verhältnissen des bedingten Falls in eine solche Verknüpfung zu stellen, dass sein Zweck erreicht wird, erfordert einen Scharfsinn und eine Fertigkeit, durch welche das Genie von dem Kunstprodukte und der praktische Arzt von dem theoretischen sich unterscheidet."[22]

Der Unterschied zwischen Arzt und nicht ärztlichem Künstler besteht im Produkt – nicht im Ziel, Gemüter zum Tönen und im Tönen zum harmonischen Einklang mit dem Wesen der menschlichen und der äußeren Wirklichkeit zu bringen. In der Erreichung dieses Ziels muß der Arzt Genie sein wie der Künstler, dem sich die Regeln während des Produzierens als unmittelbare Eingebung mitteilen:

> "Endlich müssen oft die Mittel, den Kranken zum Gehorsam zu bringen, nach den Umständen improvisirt werden. Das Glück, mit welchem dies geschieht, hängt von dem Genie des Künstlers ab."[23]

In der Tat: es erfordert Genie des Arztes, im Einzelfall immer die genau dem Zustand, der sich ja im Heilungsprozeß laufend verändert, entsprechenden Mittel einzusetzen, die zweck g e m ä ß und zweck g e r i c h t e t sein müssen. Und an solchen Mitteln nennt Reil viele, sie am Heilungsprozeß im allgemeinen orientiert systematisierend.

Notwendige Voraussetzung jeder Kur ist, daß des Patienten Aufmerksamkeit auf die Kur fixiert und Gehorsam und Achtung für den Arzt erweckt werden. Denn dieser kann nur psychisch wirken und die Seelenvermögen allmählich harmonisieren, wenn der Anfangswiderstand des Patienten gebrochen ist und dieser weiß, daß der Wille des Arztes zu seinem eigenen Besten ein nicht zu durchbrechendes Gesetz ist.

> "Um den Kranken zu unterjochen muss man ihm zuförderst jede Stütze rauben, damit er sich durchaus hülflos fühle."[24]

Zu diesem Behufe schlägt Reil vor, den Kranken schon beim Anstaltseintritt mit einer fremden Welt zu konfrontieren: ihn unter Kanonendonner und Trommelschlägen zu empfangen, über rasselnde Zugbrücken zu führen und als Mohren verkleideten Angestellten gegenüberzustellen. Die sollen möglichst "eine unbekannte und sonore Sprache reden", weil das den Neuankömmling noch "muthloser"[25] mache. Ist er so gebrochen, daß die Kur beginnen kann, richten sich alle anzuwendenden Mittel nur nach seinem besonderen Fall. Sollte er sich dagegen auflehnen, ist er zu bestrafen, aber:

> "Die Züchtigungen müssen nicht unmässig und grausam, oder der Gesundheit nachtheilig, sondern dem Zweck angemessen seyn, und gleich unterbleiben, wenn der Zweck wegfällt, oder erreicht ist."[26]

Es liegt Reil völlig fern, Kranken gegenüber grausam sein zu wollen oder sie als Individuen zu mißachten; alles dient im Gegenteil dazu, sie wiederherzustellen. Er denkt nicht normativ moralisch, sondern kräftedynamisch – was zum Beispiel bedingt, daß er Kranke mit Sexualphantasien und anstößigen Reden n i c h t abstoßend findet wie Pockels, sondern als seelisch gestört begreift: aufgrund einer im Unterleib konzentrierten blockierten Kräfteabfuhr, die zur Disharmonie unter den Seelenvermögen, die sich in den Wahnvorstellungen und Reden äußert, führt. Die richtige Kur in solchen Fällen ist demnach der Beischlaf.[27] Andere Kranke lassen sich durch Musik, Streicheln oder warme Bäder beeinflussen, wenn es um die Dämpfung überreizter Seelenvermögen geht. Aber genauso gut sind psychische Mittel vonnöten, die erregend in umgekehrten Fällen wirken können: das Einpflanzen der Krätze, heißer Siegellack auf empfindliche Körperteile, eiskalte Sturzbäder, Peitschen, Nahrungsentzug und vieles mehr, was Furcht, Angst, Schrecken, Staunen, Entsetzen hervorrufen kann. Denn solche Gefühle können, ob schockartig oder nicht, die Kranken in ihren fixen Ideen erschüttern, die Aufmerksamkeit auf etwas anderes lenken, entgegengesetzte Affekte und Gefühle hervorrufen und so die in der Disharmonie zementierten Seelenvermögen wieder dynamisieren oder die dynamisch, aber disharmonisch ineinander wirkenden regulieren. Und in diesem Denkzusammenhang hält die Wirkungsästhetik ihren Einzug ins Irrenhaus. Reil schlägt vor, in jeder Anstalt ein Theater einzurichten, dessen Direktor der Arzt ist. Auf dem Theater

> "(. . .) müssten die Hausofficianten hinlänglich eingespielt seyn, damit sie jede Rolle eines Richters, Scharfrichters, Arztes, vom Himmel kommender Engel, und aus den Gräbern wiederkehrender Todten, nach den jedesmaligen Bedürfnissen des Kranken, bis zum höchsten Grad der Täuschung vorstellen könnten. Ein solches Theater könnte zu Gefängnissen und Löwengruben, zu Richtplätzen und Operationssälen formirt werden. Auf demselben würden Donquichotte zu Rittern geschlagen, eingebildete Schwangere ihrer Bürde entladen, Narren trepanirt, reuige Sünder von ihren Verbrechen auf eine feierliche Art losgesprochen. Kurz der Arzt würde von demselben und dessen Apparat nach den individuellen Fällen den mannichfaltigsten Gebrauch machen, die Phantasie mit Nachdruck und dem jedesmaligen Zwecke gemäss erregen, die Besonnenheit wecken, entgegengesetzte Leidenschaften hervorrufen, Furcht, Schreck, Staunen, Angst, Seelenruhe u.s.w. erregen und der fixen Idee des Wahnsinns begegnen können."[28]

Das meint Reil als Wahnsinnstherapie ebenso ernst wie Lessing die Umwandlung von Mitleid und Furcht als Leidenschaften zu tugendhaften Fertigkeiten der geistesgesunden Tragödienbesucher ernst meinte. Die Harmonisierung der Seelenvermögen hin zur Wiederherstellung des freien Willens, der die Vermögen als harmonisch wirkende selbst regulieren kann, wird von Reil als Eingriff in den Affekthaushalt gedacht, der über die Katharsis als Erschütterung verlaufen kann. Der Arzt als Theaterdirektor muß nur wissen, welche besondere Erschütterung oder Besänftigung der Kranke jeweils braucht. Das Theater reguliert vorhandene Affekte durch entgegengesetzte und führt dadurch zu neuen Gemütsstimmungen und davon abhängigen Vorstellungen.

Theater gespielt wurde auch in der französischen Irrenanstalt zu Charenton, wo der Marquis de Sade agierte.[29] Nur: es diente eher der Belustigung eines geistesgesunden Publikums, das aus Paris anreiste, und wurde auch als Belustigung für die Irren mit durchaus therapeutischem Nebeneffekt verstanden. Bei Reil hingegen gehören die Zwangsrollen, welche die Wahnsinnigen spielen sollen, unmittelbar zur Theorie und Therapie des Wahnsinns. Und sein Theater ist vorwiegend ein Schauertheater, in dem die Irren mit Flaschenzügen an die Decke gezogen werden, bodenlose Abgründe überqueren müssen, sich in dunklen Grotten wiederfinden sollen, – es ist ein Gruselkabinett. An solchen Vorstellungen sind die Perversionen des Katharsisgedankens und der Rollenproblematik von der Erfahrungsseelenkunde bis hin zu Bonaventura abzulesen: Der Wahnsinnige soll, w e i l der Therapeut Mitleid mit ihm hat und ihn um jeden Preis heilen will, Furcht und Schrecken empfinden. Was die Normalen dem Anonymus zufolge, der Lessings Theorie bereits auf die Praxis überträgt, d u r c h die Vorführung internierter Geisteskranker selbst empfinden sollten, damit ihr Mitleid reguliert werde, wird nun auf die Kranken übertragen vom Arzt, dessen Mitleid bereits reguliert ist. Der Kranke soll ganz konkret in alle Rollen versetzt werden, die in ihm liegen und die der Arzt als in ihm liegende erkennen kann: damit sie objektiviert werden als Möglichkeiten des Kranken selbst, von denen er auf dem Theater erlöst wird entweder durch die Handlung, in der er mitspielt, oder durch den Schrecken, den ihm die Inszenierung bereitet. Das Problem dabei ist, daß Rollenverteilung und Inszenierung allein in der Macht des Arztdirektors liegen.

Zum Wohle der internierten Geisteskranken waren die "erlauchten Diener des Staats" nun nicht bereit, Reils Theatervorstellungen in den Anstalten zu realisieren. Die "Rhapsodieen" wurden zwar berühmt als literarischer Beginn einer psychischen Heilkunde für Wahnsinnige, aber von Verwaltungsbeamten, Ärzten und Gebildeten auch als das kritisiert, was sie sind: den Wahnsinn ästhetisierende Rhapsodien eines idealistischen Menschenfreundes.[30] Dennoch sind die Grundgedanken des Buches, was die vermögenspsychologisch und naturphilosophisch orientierte Theorienbildung über den Wahnsinn betrifft, durchaus anderen ärztlichen und naturwissenschaftlichen Denkmustern um und nach 1800 entsprechend.[31] Worauf es jedoch ankam, war, die Psychotherapie des Wahnsinns als einer Seelenkrankheit in den Anstalten durchzusetzen. Und dafür war Johann Gottfried Langermann, der die erste "Psychische Heilanstalt für Geisteskranke" 1805 in Bayreuth einrichtete, geeigneter als Reil. Wie dieser hatte Langermann in der Praxis wenig mit Geisteskranken zu tun. Er studierte in Jena, war gut bekannt mit Schiller und Goethe, unterrichtete eine Zeitlang Novalis, hörte Vorlesungen bei Fichte und Schelling, neigte aber mehr der Philosophie Kants zu.[32] 1797 veröffentlichte er seine medizinische Dissertation "De methodo cognoscendi curandique animi morbos stabilienda"[33], in der er den Wahnsinn psychologisch als Seelenkrankheit erklärt und sich gegen die Engländer und Franzosen auf die deutsche Tradition der selbsttätig vorstellenden Kraft der Seele nach Leibniz und der von außen zu steuernden und zu regulierenden Leidenschaften beruft. Die therapeutische Konsequenz ist ein moralischer Rigorismus ohnegleichen; der Arzt hat Allgewalt über die Kranken.

> "Ueber die von mir behauptete Macht der psychischen Kräfte im Menschen, über die Möglichkeit, sie, wo sie der Naturnothwendigkeit unterliegen, nach Willkühr zu erregen und zu leiten, bis die Vernunft herrschend werde; über das bei keiner Geistesstörung ganz vertilgbare Streben nach sittlicher Entwickelung, wenigstens über die im tiefsten Wahnsinn noch immer erkennbare Anerkennung des Moralgesetzes, und endlich über die Parallele meiner psychischen Heilmethode mit den Regeln, welche die bisherige Erziehungskunst zu Bearbeitung und Ausgleichung ausgearteter oder ursprünglich ungleicher psychischer Kräfte versucht und angewandt hat, lächelten Manche, die sich jetzt wenigstens eine andere Sprache angewöhnt haben (. . .)."[34]

Das schreibt Langermann 1804, als er die psychische Heilmethode in Bayreuth durchsetzt. Die Kranken gelten als uneinsichtige Unmündige wie die Kinder, deren Wille zu brechen ist; einen vollkommen geregelten, arbeitsreichen Tagesablauf, Strafen bei Verstößen gegen die Ordnung und auch alle Zwangstherapien überwacht allein der Arzt. Der offene Wahrheitsbegriff der vorpsychiatrischen anatomisch-pathologisch orientierten Anstaltsärzte wird mit dem Auftreten des moralischen oder psychischen Arztes aufgegeben. Gemeinsam ist Langermann und Reil die theoretische Forderung bzw. in Bayreuth praktische Verwirklichung einer räumlichen Trennung von Heilbaren und Unheilbaren. Die Unheilbaren oder: für solche gehaltenen werden ausgegrenzt in besondere Verwahranstalten und dem Interesse der beginnenden deutschen Psychiatrie entzogen. Das ist nach der Trennung in Bayreuth fast überall der Fall[35], während in der französischen Psychiatrie nach Pinel diese Unterscheidung nicht mehr existiert. Der Ausschluß der Unheilbaren in Verwahranstalten soll einer besseren, angemesseneren und differenzierteren Behandlung a l l e r Kranken dienen und außerdem Rückfälle Genesender, denen der Anblick z e r s t ö r t e r Wahnsinniger erspart werden soll, verhindern. Für die nicht vernunftfähigen Unheilbaren bleibt das M i t l e i d als humane Verpflichtung vor allem des Staats; Reil selbst tritt 1811 energisch ein für eine Verbesserung der katastrophalen Zustände in den Verwahranstalten[36]. Aber diese änderten sich kaum, denn: vor dem Hintergrund der deutschen Tradition der konfliktlösenden, auf Harmonie und Ordnung zielenden Vernunft ist die Ausgrenzung der Unheilbaren aus dem Interesse der beginnenden Psychiatrie noch auf ein anderes Motiv als das des Wohles der Kranken zurückzuführen – auf die Unfähigkeit, Menschenunwürdiges zu ertragen und das Menschsein des Unheilbaren statt dessen Zerstörung wahrzunehmen. Was die Franzosen und Engländer schließlich bemerkten[37]: daß das Wissen der Psychiatrie nicht gesichert genug war, um eine Heilbarkeit oder Unheilbarkeit des Wahnsinns zu diagnostizieren, darüber dachten viele deutschen Ärzte zu Beginn des 19. Jahrhunderts nicht nach. Die traditionelle Auffassung der Geisteskranken als l e e r e r H ü l l e n, lebendiger Toter, für die der Tod noch eine Erlösung wäre, verschob sich auf die Gruppe von Kranken, die keine Heilungsmöglichkeiten erkennen ließen. Und in der nicht nur psychiatrischen, sondern auch sozial noch über die Ausgrenzung der Wahnsinnigen hinausgehenden Ausgrenzung der Unheilbaren liegt eine von vielen Wurzeln der fatalen Perversionsmöglichkeiten des Mitleids mit Kranken, die kein für lebenswert gehaltenes Leben führen können.[38]

Daß die Unfähigkeit der ersten Psychiater, den für menschenunwürdig gehaltenen Zustand Vernunftloser zu ertragen, keine bloße Konstruktion von heute aus ist, sondern die andere Seite einer verabsolutierten Vernunft, die es aus Achtung für den Kranken um jeden Preis herzustellen gilt, zeigt sich bei Johann Ferdinand Autenrieth. Er bezieht sich auf seine für h e i l b a r gehaltenen Patienten:

> "(. . .) keine Krankheit (. . .) als der Wahnsinn (. . .) hat (. . .) so vieles an sich, was so sehr vom Versuche, zu Hülfe zu kommen, zurückschreckt. Meistens hört im Verhältniss, als der Arzt den Kranken ernstlich anhalten will, das seinige zu seiner Genesung beyzutragen, das anfängliche Zutrauen von diesem zu dem Arzte auf, und verwandelt sich häufig in den heftigsten Hass; oft aber auch ist ein übertriebenes Anschliessen des Kranken an den Arzt eckelhaft."[39]

Die Mühsal des Arztes ist groß; für die Einnahme von Arzneien muß der störrische "Eigensinn" gebrochen werden. Das "halbwahnsinnige Geschwätz anzuhören" ist über längere Zeit "unerträglich", ebenso "die mit übelverborgener List immer wieder aufs neue hervorgebrachte Sophismen des Kranken zu widerlegen"[40]. Das Gejammer und Geschrei Tag und Nacht ist kaum anzuhören, und doch muß der Arzt zugunsten seines Patienten stets aufmerksam sein, weil doch dessen "unwiderstehlichen Triebe und der unüberwindliche Eigensinn strengere Massregeln"[41] erfordern. Die Situation ist die, daß der Arzt mit dem Kranken

> "(. . .) durch seine Indelicatesse in die mannigfaltigste Unannehmlichkeit kommt, und doch aus Mitleiden den Unglücklichen nicht kränken mag."[42]

Und das Resultat aller mühselig zustande gebrachten Heilerfolge ist, daß der Arzt sozial anerkannt wird, noch mehr zu kurierende Wahnsinnige zugeschoben bekommt und also noch mehr an seinen Unannehmlichkeiten leidet. Eine Lösung dafür gibt es nach Autenrieth auf zweifache Weise. Erstens sind, gegen die Meinung Reils und Langermanns, keine besonderen Heilanstalten zu schaffen, in denen die Patienten *nur* Wahnsinnige sind und die Ärzte *nur* diese als Patienten haben. Das ertrage niemand; anzunehmen seien immer nur wenige Geisteskranke als Patienten, und dazwischen müßten größere Erholungspausen liegen. Was Reil fordert: neben dem Mediziner und dem Chirurgen den "psychischen Arzt" als dritten Facharzt, der über Körper, Seele und deren Wirkzusammenhang Bescheid weiß und ständig neue Erfahrungen sammelt, lehnt Autenrieth ab. Der Dauerberuf des psychischen Arztes sei eine Überforderung. Denn gerade wenn sich der Arzt im Sinne Reils ausführlich mit dem Patienten beschäftigen wolle und müsse, sei die Energie bei dauernder Anstaltserfahrung schnell erschöpft.

> "Der Mangel an Erfahrung lässt sich hier durch gute Schriften ersetzen, durch nichts aber der Mangel an Energie und Aufmerksamkeit."[43]

Zweitens jedoch kann die "Indelicatesse" der Kranken vermindert werden. Und da schlägt Autenrieth allerlei Mittel vor, die, gemessen an anderen Mitteln in der beginnenden Psychiatrie, durchaus auch dem *Wohl* der Kranken dienen – wie dem des Arztes. Statt der Tollkoben, Blockhäuser und Ketten für Rasende und Tobende verlangt er die Einrichtung von "Palisadenzimmern", wie er sie in Tübingen geschaffen hat. In diesen Zimmern, Vorläufern der späteren Gummizelle, ist alles glatt, niet- und nagelfest und abgesichert, so daß der Rasende sich austoben kann, ohne sich selbst zu gefährden und die Einrichtung zu zerstören. Hände und Füße können Wahnsinnigen mit baumwollenen Stricken gebunden werden statt mit Ketten, und wenn sie schreien, bekommen sie eine Ledermaske vor das Gesicht oder auch eine Art hölzerne Birne in den Mund. So übernimmt Autenrieth wie Reil oder Langermann als Therapeut die alte Funktion des Zuchtmeisters in den Zucht- und Tollhäusern; gemessen an der früheren Behandlung der Irren ist die neue therapeutische jedoch eine humanere. Nur: die Therapie ist in der deutschen Psychiatrie, eben weil die wesenhafte Bestimmung des Menschen zur Freiheit im freien Gebrauch des Willens und der Vernunft, gebunden an das Moralgesetz als Pflichtgesetz oder als "Graderhöhungsgesetz" des Universums, für den heilbaren Wahnsinnigen als Menschen vorausgesetzt wird, ja an Wahrheitsüberzeugungen gebunden, die sich gegen das, was ist, beziehen auf das, was sein soll. Und so konnten Psychiater ihre Kranken quälen, prügeln, bestrafen im vollen Bewußtsein, ihre Autorität als Gewalt über den Patienten zu dessen Wohl methodisch geregelt und widerspruchsfrei im Rahmen der jeweiligen Wahnsinnsauffassung therapeutisch auszuüben.[44]

Das schlimmste Beispiel dafür liefert der Psychiater Ernst Horn, der sich in Berlin 1818 wegen des Todes eines Wahnsinnigen verantworten mußte[45]: Er benutzt zum Beispiel die Drehmaschine, auf welcher der Kranke sitzend oder liegend angebunden und herumgewirbelt wird.

> "Ein gesundes Individuum, welches den Wirkungen dieser Maschine sich aussetzt, kann nicht länger, wie einige Minuten, das höchst unangenehme Gefühl ertragen (. . .). Hierzu kommt die Erweckung der Furcht (. . .)."[46]

Erzwungene Arbeit, Pflichterfüllung, Ordnung, Tugend, Sauberkeit, Gehorsam – all dies sind Mittel und Ziele der Therapie zugleich. Erreicht der Kranke die Ziele nicht, werden Drehbett, Drehstuhl, Schaukel, Zwangsstuhl, Zwangsstehen, Wasserschocks, Brenneisen und vieles mehr angewandt, um über den Körper auf die disharmonischen Seelenvermögen zu wirken.[47] Diese Instrumente wurden meist in England erfunden, nur, wenn beobachtet wurde, daß sie zur Erreichung des praktischen Ziels nicht so tauglich waren, auch wieder abgeschafft. Eine deutsche Spezialität Horns allerdings war das Exerzieren-Lassen: Irre mußten mit sandgefüllten Tornistern auf dem Rücken im Hof der Anstalt nach Kommando auf und ab marschieren.

Horns therapeutische Perversionen stellen keinen Sonderfall dar. Das zeigt eine Schrift des Arztes Christian August Fürchtegott Hayner von 1817.[48] Hayner wendet sich gegen jede von den ersten Psychiatern therapeutisch legitimierte Gewalt gegenüber Irren mit dem Hauptargument:

> "Endlich, und was die Hauptsache ist, Mittel, den Irren durch Schläge zu bändigen und zu ziehen, *arten stets in Mißbrauch aus.* (. . .) Hat der Arzt sich nur einmal darauf eingelassen, dann kann er versichert seyn, daß ohne sein Wissen und Willen der Kranke wieder und oft geschlagen wird. (. . .) So lange ich lebe, werde ich alles aufbieten, um die Unglücklichen in meiner Umgebung vor körperlichen Mishandlungen der Art zu schützen und zu verwahren."[49]

Daß nun der psychiatrische Umgang mit Wahnsinnigen nicht von Literaten, Poeten oder Philosophen kritisiert wird, sondern innerhalb der Psychiatrie selbst, hat mehrere Gründe. Erstens hatte die Wahrheit des Wahnsinns in der entgrenzten ästhetischen Vernunft nichts mehr mit den Geisteskranken zu tun, und die Thematisierung des Wahnsinns in der Literatur hängt mit der entgrenzten Vernunft als Problem, nicht mit der Geisteskrankheit als beobachtetem Problem zusammen. Die unterhaltend aufklärenden Texte vor und um 1800 beziehen sich auf die Realität der Geisteskranken in den Anstalten, die vorgestellten ästhetisch-literarischen Texte vor und nach 1800 nicht. Zweitens aber spaltet sich die Psychiatrie, was ja schon bei Langermann und Reil deutlich wird, nach 1800 in Theoretiker und Praktiker – in Schreibtisch-Psychiater, die besonders literarisch und philosophisch geprägt und interessiert sind, und in Anstaltsärzte, die einerseits nach den gedachten Systemen therapeutisch verfahren, andererseits aber auch eher in der Lage sind, in der Praxis bei den Kranken Gnade vor systematisch abgesicherter Heilung ergehen zu lassen.[50] Naturgemäß stehen die Schreibtisch-Psychiater den Literaten und Philosophen näher und werden von diesen auch wieder eher rezipiert: so die "Rhapsodieen" von Reil oder die naturphilosophisch-spekulativen "Ansichten von der Nachtseite der Naturwissenschaft"[51] von Gotthilf Heinrich Schubert, der zwar nicht zu den ersten Psychiatern zu rechnen ist, dessen Ansichten über den Wahnsinn aber als Wahrheit übernommen werden konnten.

Wie nahe ein Schreibtisch-Psychiater Literaten und Philosophen in seiner Theorienbildung stehen konnte, ist recht gut am Beispiel Friedrich Christian August Heinroths zu zeigen. Heinroth, der seit 1811 in Leipzig psychische Medizin lehrte, veröffentlichte 1818 sein "Lehrbuch der Störungen des Seelenlebens oder der Seelenstörungen und ihrer Behandlung"[52]. In diesem Lehrbuch findet sich viel von Auffassungen des Novalis wieder[53]: Heinroth kann das Leben zwar nicht als eine Krankheit des Geistes auffassen, menschliche Krankheit, Übel und Sünde analogisieren und das gleichzeitig als Voraussetzungen einer "transzendentalen Gesundheit" begreifen, versteht aber den Wahnsinn ganz konkret als Folge der Sünde und Gesundheit als ein durch Gewissen und Vernunft garantiertes Leben in ständigem Bezug auf das im Seienden wirkende höhere Prinzip.

> "(. . .) so wie das Gewissen erwacht ist, wird das Leben, nicht *in* der Welt, sondern *für* die Welt, so wie das Leben, nicht *in* dem Ich, sondern *für* das Ich, zur Sünde; d.h. zu dem, der menschlichen Natur und Bestimmung entgegenstrebenden, und darum die freie Entwickelung des höchsten Menschenwesens hemmenden Leben, folglich zu einem menschlichkrankhaften Lebenszustande (. . .)."[54]

Wer für Welt und Ich lebt, also in der manifesten Wirklichkeit Befriedigung seiner Bedürfnisse sucht, sucht sie vergeblich; er "ist daher wahrhaft in einem Zustande des Leidens begriffen, welcher *Leidenschaft* heißt." Dem gemäß ist alle Leidenschaft ein "menschlichkrankhafter Zustand"[55], und die Täuschung des Leidenschaftlichen, Wahrheit in der manifesten inneren und äußeren Wirklichkeit zu suchen, ist der Wahnsinn als Irrtum.

> "(. . .) der Wahn ist ein wahrhaft krankhafter Zustand des Geistes, da er aus einem krankhaften Gemüthszustande entspringt. Vom Wahn wird der Mensch nicht eher befreyt, als bis er von der Leidenschaft frey ist."[56]

Aber: Leidenschaftliche und Wahnsinnige sind heilbar, weil solche Menschen "nur dem guten Prinzip nicht" huldigen; der Lasterhafte hingegen, in dem sich der Hang zur Bedürfnisbefriedigung in der bestehenden Wirklichkeit so zementiert hat, daß er diesen Hang auch nicht aufgeben will, "huldigt dem Bösen (ein Kind des Satans)"[57].

> "Niemand fängt mit dem Laster an, menschlichkrank zu seyn, sondern erst nachdem Gemüth und Geist von der Krankheit ergriffen sind, wird es der Wille."[58]

Und daraus leitet sich dann die psychische Kur ab. Der Arzt als "gesunde, göttlichgekräftigte Seele", dem die "Lebensvirtuosität am Herzen liegt,"[59] soll den Kranken therapieren durch den Einfluß seines in Wirklichkeit mit dem höheren Sein stehenden Willens auf den geschwächten Willen des Patienten. Da er, genau wie bei Novalis der Poet als der "transzendentale Arzt", auch der transzendentale Mensch ist, steht er auf einer

> "(. . .) solchen Stufe, wo er keiner weitern Vorschriften bedarf, *wie* er diesen Willen anzuwenden hat: denn es ist *klar* in seinem Innern, und er übersieht die Verhältnisse des beschränkten, kümmerlichen, irdischen Daseyns mit freyem Blick des Geistes; sein ganzes Wesen ist in den reinen Lebensäther eingetaucht, vor welchem die Schranken des tiefsinnlichen Daseyns schwinden: (. .) kurz: er bedarf keiner Weisung; und denen, welche diesen Standpunkt erreicht haben, ist keine Weisung nütze."[60]

Versucht Reil dem Arztkünstler immerhin noch therapeutische Regeln an die Hand zu geben, so empfängt der Transzendentalpsychiater diese unmittelbar aus der Wirklichkeit der Wirklichkeit, kraft seiner besonderen Empfänglichkeit. Bei Heinroth erhält die Therapie die Funktion der Religio wie bei Novalis die Poesie – nur daß Heinroth die Sünde ganz konkret bekämpfen will, indem er den Kranken Glauben an Gott einzuflößen sucht, damit ihr Wille vom höheren Prinzip ergriffen und gestärkt werde.

Natürlich wurden solche Systeme nicht nur von den Praktikern als absurd abgetan. Was nun, bis ungefähr zur Mitte des 19. Jahrhunderts, in der Psychiatrie entbrennt, ist der Streit zwischen den sogenannten P s y c h i k e r n, die sich meist an den Universitäten befinden, und den S o m a t i k e r n, meist Anstaltsärzten.[61] Ein solcher Somatiker ist Maximilian Jacobi, der die Anstalt in Siegburg leitete. Jacobi schreibt 1830 gegen Heinroth gerichtet:

> "Der Arzt und der Psychologe stehen auf gänzlich gesonderten Feldern."[62]

Das hebt Reils Synthese, die in der Forderung nach einem "psychischen Arzt" als drittem Facharzt liegt, auf. Jacobi begrenzt das Erkenntnisinteresse des Psychiaters als eines Mediziners:

> "Die Untersuchung über das was das Seelenleben an sich, was sein Zweck und Ziel, was gut und böse, sittlich und unsittlich, heilig und unheilig sey, die Fragen über Gott, Freiheit und Unsterblichkeit, so wie jede andere metaphysische Frage, liegen außer seiner Sphäre."[63]

Aber: der Somatiker geht aus von einem ganz ähnlichen Grundmodell wie der Psychiker. Die Seele steht zwischen dem universalen Prinzip des Geistes und dem seienden, körperlichen Individuum, dem sie die Form verleiht. Die Psychiker meinen, daß im Wahnsinn die Seele als formgebendes Prinzip unmittelbar durch Kräfte gestört sei, die ihre Disharmonie im Wirken bewirken: durch Leidenschaften, Gefühle, Begierden, Schocks – durch rein psychologische Ursachen und Wirkungen also, die selbstverschuldet oder nicht sein können. Sie gehen aus von einer allgemeinen, auch für die Gesunden zutreffenden Psychologie und versuchen von daher, zu einer Psychopathologie des Wahnsinns als einer Abweichung vom normalen Seelenleben zu kommen. Das hat den Vorteil, daß der Wahnsinn eher als graduelle, weniger als qualitative Abweichung vom Normalzustand verstanden wird. Bei der vorausgesetzten prinzipiellen Vernunftfähigkeit der Heilbaren hat es aber auch den Nachteil, daß Psychologie und Moral, Therapie und Strafe kaum zu trennen sind. Denn Krankheitssymptome, abgeleitet aus Veränderungen eines vorausgesetzten und als wahr legitimierten Normalzustandes, können leicht als bedingende Ursachen des Wahnsinns oder seines Fortbestehens in der Therapie interpretiert werden. Die Somatiker wie Jacobi hingegen gehen vom Wahnsinn als bereits veränderter F o r m aus, von der Gesamtsymptomatik also, und versuchen diese als pathologische physiologisch zurückzuführen auf die Störungen der Seele nur insofern, als sie sich funktionell äußern. Die geistverbundene Seele bleibt völlig außer acht und gilt immer als nicht krank; die Seele interessiert nur unter dem Aspekt des Wahnsinns als einer im Körperlichen sich äußernden Krankheit, die sie durch eine Störung der physiologisch gedachten Wirkzusammenhänge von Körper und Seele mit bewirkt. Der Vorteil dabei ist, daß "keine pathologische Systeme aus den Erscheinungen des Irreseyns als den die Krankheit bedingenden mehr"[64] entwickelt werden können. Der Nachteil des Verzichts darauf, "die abnormen psychischen Erscheinungen *aus einer Veränderung der normalen* herleiten zu wollen"[65], aber liegt darin, daß das, was Wahnsinn ist, als evident vorausgesetzt werden muß. Die Somatiker gehen von einem theoretisch nicht abgesicherten qualitativen Unterschied zwischen Vernunft und Wahnsinn aus, und zwar anders als die Anstaltsärzte vor 1800 auf der Basis einer verabsolutierten Vernunftposition und eines geschlossenen Wahrheitsbegriffs über das Wesen des Wahnsinns. Daraus und aus der Tatsache, daß auch sie letztlich Leidenschaften, Unmäßigkeiten, kurz: Fehlverhalten des Kranken selbst als Ursachen der p h y s i o l o g i s c h e n Veränderungen voraussetzen müssen, resultiert, daß ihre Behandlung der Wahnsinnigen sich von der der Psychiker, zu denen ja auch Langermann zu zählen ist, kaum unterscheidet.[66] Ob Psychiker und Somatiker als Zuchtmeister oder Priesterärzte die Wahnsinnigen, wenn sie solche als Patienten hatten, therapeutisch mehr oder weniger quälten, war weniger eine Frage der Theorie oder persönlicher Humanität oder Inhumanität als vielmehr des Idealismus und des Ethos, mit dem der Wahnsinn zum Verschwinden gebracht werden sollte – zugunsten der Kranken, gleichgültig, wie sie für dieses Ziel leiden mußten.

Die Poesie aber und gerade sie konnte für die an der Wahrheit des Seins orientierten Psychiater, vornehmlich die Psychiker, längere Zeit beste Quelle psychologischer Kenntnisse bleiben. Denn wenn der "ächte Dichter die Erfahrung zu ersetzen und zu anticipiren vermag" und der gebildete Psychiater nicht "das äussere, künstlich gewobene Gewand der Poesie mit ihrem Geiste verwechselt"[67], dann sind ja in der Literatur als Poesie a l l e wesenhaften Wahrheiten des Menschen zu finden. Karl Wilhelm Ideler, ein Schüler Langermanns, der Heinroth bekämpft und sich gleichzeitig selbst gegen Vorwürfe wehren muß, die Wahnsinnigen genauso zu moralisieren wie der von ihm kritisierte Heinroth, schreibt 1835 in seinem "Grundriss der Seelenheilkunde":

> "(. . .) da der Dichter die Elemente, aus denen das Gemüth eines jeden zusammengesetzt ist, in sich vereinigt; so kann er unmittelbar alle Triebfedern in Bewegung setzen, welche aus Ursachen die Erscheinungen des Seelenlebens hervorbringen; er kann also freithätig mit allen Kräften desselben schalten, (. . .) eben weil sie ganz die seinigen sind, und dadurch alle Seelenzustände im innersten Zusammenhange des Selbstbewußtseins sich zur Anschauung bringen."[68]

Daraus folgt, daß der Dichter "geradezu aus der fremden Seele sprechen kann" – denn die produktive Phantasie, in unmittelbarer Wirkeinheit mit dem höheren Seinsprinzip, das ja in allen Menschen wirkt, ob ihnen das bewußt ist oder nicht,

> "(. . .) ist ein tönendes Erz; sie hallt nur die Sprache des Gemüths zurück, und vermag nichts wahr darzustellen, was nicht diesem entsprungen wäre."[69]

Und da nun das Poetische nichts anderes ist als "die reine Darstellung der von allen Zufälligkeiten des individuellen Lebens entkleideten Natur des Menschen in ihrer ursprünglichen Entwickelung zu allen Zuständen, in denen sich ihre Anlagen befinden können"[70], kann die Dichtung dem Psychiker in der Theorienbildung als Organon dienen:

> "Das Seelenleben erscheint uns also im Spiegel der Dichtung unter der organischen Einheit, nicht in der anatomischen Zerstückelung einseitiger Reflexion, welche als abstraktes Denken nie das rechte Maass der einzelnen Interessen und ihres Wirkens ins Ganze des Gemüths sicher zu treffen weiss."[71]

Da wird die Poesie als "Lehrerin der Menschheit" auch zur Lehrerin des psychologisch orientierten Psychiaters: Sie umfaßt die Wahrheit der menschlichen Natur, die das davon abgespaltene Denken, die Ratio allein als ganzheitliche nicht erfassen kann. So ermöglicht die Literatur, verstanden als Ver-dichtung, die autonom ist und, allein an die Natur gebunden, das W e s e n der menschlichen Natur veranschaulicht, dem Psychiater ein v e r s t e h e n d e s E i n f ü h l e n in Wahnsinnige als Seelenkranke und auch in Gesunde, das einer Theorienbildung v o r a u s g e s e t z t, nicht ihre Folge ist. Das Problem dabei liegt nicht in der Voraussetzung, den Wahnsinn als psychopathologisches Phänomen hermeneutisch erfassen zu wollen, sondern in der Verabsolutierung der Vernunft des Verstehenden selbst. Diese Vernunft wird nicht nur, aber auch gebunden an die Wahrheit der autonomen Dichtung, welche die seelischen Möglichkeiten des Menschen an sich, dessen, was die Menschheit ausmacht, a-sozial und a-historisch verstanden spiegeln soll. Was aber die Menschheit ausmacht, spiegelt sich als Freiheit im harmonischen Zusammenwirken aller intrapsychischen Kräfte. Dieses Vorverständnis kann der Patient nicht in Frage stellen, weil es als wahr legitimiert ist. Berücksichtigt man nun, daß durch die Autonomisierung der Kunst schon bei Moritz das Versagen der Erfahrungsseelenkunde als einer Methode der Wahrheitsfindung k o m p e n s i e r t wird, dann kann die Umkehrung bei Ideler – die Ableitung psychologischen Wissens a u s der autonomen Kunst – bereits aufgrund ihrer Voraussetzungen nur zu normativ-wertenden und moralisierenden Beurteilungen psychologischer und psychopathologischer Phänomene führen. Denn die Autonomie der Kunst als Auffassung, die als solche zeitgebunden sein könnte, wird n i c h t durchschaut und der psychologisch-psychiatrischen Analyse unterzogen, sondern ist für diese Analyse und daraus resultierende Erkenntnisse erkenntnis l e i t e n d. Und dabei interessieren nicht die Konflike, Probleme und Widersprüche zur wesenhaft harmonischen, allgemeinmenschlichen Wahrheit, die sich in der Literatur als "Dichtung" auch spiegeln, sondern die Aufhebung dieser Widersprüche in der Ver-dichtung, die für den Psychiker die organische Einheit des Seelenlebens an sich als wahr ausweist. Nicht das kritische Potential der Kunst wirkt also zurück auf die Psychiatrie, sondern ihre Verabsolutierung als Medium, in dem sich eine Wahrheit kristallisiert, die dem Wesen der äußeren Natur, der menschlichen Natur und der Bestimmung des Menschen entsprechen soll. Von dieser allharmonischen Wahrheit aus lassen sich die "Zufälligkeiten des individuellen Lebens" als Ursachen psychopathologischer Abweichungen erklären und als Fehlverhalten des abgewichenen Individuums therapieren. Wird Anton Reiser, damit sein Leiden e r k l ä r t werden könne, im psychologischen Roman nicht mehr an seiner eigenen Biographie und an den als davon abhängig erkannten individuellen Möglichkeiten gemessen, sondern an den Erfordernissen wahrer Kunst, denen er nicht gerecht werden k a n n, so geht Ideler schon davon aus, daß die wahre Kunst als Organon der Psychologie jedem Individuum prinzipiell und wesenhaft gerecht sei.

Gegen die zwangsläufig moralisierenden Theorien und Therapievorstellungen von Psychikern und Somatikern erfolgte dann in den 40er, verstärkt in den 60er Jahren des 19. Jahrhunderts die Reaktion innerhalb der Psychiatrie selbst: die Wende zu einer neuen naturwissenschaftlichen Definition der Disziplin. Einer der Protagonisten dieser Wende war Wilhelm Griesinger[72]; übernommen wurde in Frankreich empirisch-analytisch gewonnenes Wissen über Pathologie und Physiologie, Ursachen des Wahnsinns wurden empirisch-physiologisch gesucht und verankert, und der Wahnsinnige wurde zum F a l l, zu dem Objekt wissenschaftlichen Interesses, das geschaffen zu haben der etablierten Psychiatrie heute vorgeworfen wird. Nur: es war durchaus die naturwissenschaftlich neu definierte Psychiatrie mit ihrer eher instrumentellen Vernunft, welche die Kranken den Projektionen und Moralisierungen von Psychiatern entzog, denen es nicht nur um den Fall, sondern gleichermaßen um den ganzheitlichen Menschen ging und die weitgehend philosophisch und literarisch geprägt und gebildet waren. Auch die psychiatrische Ausgrenzung der Unheilbaren wurde seit den 40er Jahren des 19. Jahrhunderts nicht mehr beibehalten; es entstanden neue Anstaltstypen, die gleichzeitig der Heilung von Geisteskranken und der Verwahrung Unheilbarer dienen sollten.[73] Kennzeichnend für die weitere Geschichte der Psychiatrie und ihrer Institutionen ist auch die Auseinanderentwicklung von Anstaltspsychiatrie und Universitätspsychiatrie, auf die hier nicht mehr eingegangen werden kann.

Daß die Geschichte der Psychiatrie in Theorie und Praxis auch weiterhin in deutschen Traditionen verlief, dürfte nun plausibel sein: Die paternalistische Selbstauffassung und soziale Rollenerfüllung des Psychiaters, seine Verfügungsgewalt über die Patienten, die soziale Ausgrenzung von Wahnsinnigen und der Institutionen selbst, die Verschiebung und Rückverschiebung von Verantwortlichkeiten für die ausgegrenzten Kranken und die Institutionen zwischen Staat, Gesellschaft und

Psychiatrie, die Legitimation therapeutischer Praxis eher an umfassenden theoretischen Systemen als am Leiden oder Wohlbefinden der Patienten, die Verwechslung von Therapie und Moral, die ärztlichen Überzeugungen, immer zum Wohle der Patienten zu handeln – all dies, wo immer es historisch und für die Gegenwart festzustellen ist, entspringt nicht nur, aber auch der Tradition der kritischen Vernunft vor 1800, die, immer neu und immer wesentlicher als w a h r legitimiert, sich die beobachtbare und erfahrbare Wirklichkeit unterzuordnen sucht, um diese als unbefriedigende mit dem Ziel eines allgemeinen Glücks in einer allgemeinen Harmonie zu verändern, statt den Wahrheitswert der dazu nötigen Gegenentwürfe in der beobachtbaren Wirklichkeit und an ihr zu relativieren. Und diese Tradition setzen in der heutigen Aufklärung gerade auch die Intellektuellen und Literaten fort, welche eine Gewalt der Vernunft in Psychiatrie und Gesellschaft kritisieren und dabei ihre Kritik an allumfassende Systeme und in diesen enthaltene Gegenentwürfe binden, die selbst nicht ideologiekritisch reflektiert, sondern literarisch und ästhetisch legitimiert werden.

Zu betonen bleibt, daß aufgrund der r e l a t i v e n Autonomie ästhetischer Wahrheitsfindung und -spiegelung in der Literatur k e i n e absoluten Wahrheiten der Vernunft oder des Wahnsinns zu finden sind. Literatur ist an Auffassungen des Ästhetischen gebunden, die selbst mit der Vernunftproblematik und den damit zusammenhängenden Auffassungen des Wahnsinns im sozialen Bereich und in anderen mentalen Bereichen vermittelt sind. Das ist, wenn auch zeitlich parallele Entwicklungen im Bereich von Literatur und Ästhetik zur Entwicklung der Psychiatrie im 19. Jahrhundert nicht mehr gezeigt werden können, zu verdeutlichen an einem abschließenden Textbeispiel.

1835, im selben Jahr, als der Psychiater Ideler der autonomen Poesie noch einen absoluten Wahrheitswert für die psychiatrisch-psychologische Theorienbildung attestierte, schrieb Georg Büchner die Erzählung "Lenz". Und Lenz, der Schizophrene, sagt zum Problem von Wahrheit und Gewalt auch und gerade in bezug auf den Wahrheitswert von Literatur und Auffassungen des Ästhetischen:

> "Die Dichter, von denen man sage, sie geben die Wirklichkeit, hätten auch keine Ahnung davon; doch seien sie immer noch erträglicher als die, welche die Wirklichkeit verklären wollten. (. . .) Dieser Idealismus ist die schmählichste Verachtung der menschlichen Natur."[74]

Lenz' Wahnsinn hat nichts mehr mit den Projektionen einer entgrenzten ästhetischen Vernunft und d e r e n Gefährdung zu tun. Im dargestellten Wahnsinnigen kristallisiert Büchner vielmehr die individuell u n d sozial bedingte Zerstörung eines Individuums, das Wirklichkeit als natürliche u n d soziale nicht bewältigen k a n n, weil sie keinen einheitlichen Sinnzusammenhang erkennen läßt. Mit dieser chaotischen Wirklichkeit ist Lenz' Bewußtsein zwar harmonisch, aber als das eines Schizophrenen. Und in diesem als Individuum, das seiner Besonderheit nicht entkleidet wird in bezug auf ein in ihm liegendes Allgemeines, Menschheitliches, in dem seine Wahrheit läge, und als L e i d e n d e m äußert sich n i c h t die Natur der Natur. Das meinen Deleuze/Guattari heute, indem sie ihr Modell des lachenden Schizo in einem Maschinenuniversum als einen Gegenentwurf, der heutige Erfahrungen von Zerrissenheit und Gespaltenheit durch Umdeutungen harmonisiert, auf den Text projizieren. In und an Lenz' Schizophrenie wird vielmehr o h n e das Angebot einer Konfliktlösung ein Wirkzusammenhang von Individualpathologie und nicht zu bewältigender Wirklichkeit gespiegelt, der offen bleibt – in bezug auf die M ö g l i c h k e i t einer dem Individuum g e m ä ß e n Wirklichkeit, in der es nicht schizophren sein oder werden m u ß.[75] An Lenz wird keine allgemeinmenschliche Befindlichkeit demonstriert, sondern eine besondere und individuelle.

Daß mit "Lenz" die erste Pathographie eines Schizophrenen literarisch dargestellt wurde, lange b e v o r es in der Psychiatrie Theorienbildungen über den Wahnsinn als Schizophrenie gab, ist erst in der Psychiatrie der Gegenwart festgestellt worden.[76] Daraus ist aber nicht zu folgern, daß Büchner als Dichter und Arzt eine besondere, a-historische Intuition für das Wesen der Schizophrenie gehabt hätte. Er verzichtet lediglich auf eine Sinngebung des Wahnsinns im Rahmen einer in sich widerspruchsfreien, Wahrheit verbürgenden Theorie u n d auf die projektive Darstellung eines Wahnsinns, der an einen mit Hilfe der ästhetischen Vernunft legitimierten und als wahr verabsolutierten Gegenentwurf zur schlechten Wirklichkeit gebunden wäre. Diese wird als zersetzende dargestellt; und daran gebunden spiegelt Büchner ein zersetztes, sich selbst und die äußere Wirklichkeit zersetzendes Bewußtsein ohne die Möglichkeit einer sinnstiftenden Integration und Unterordnung seiner Elemente unter den Willen und die Kontrolle des Ich. Nicht in einer grenzüberschreitenden Einfühlung des Dichters in den sonst unverstandenen Kranken liegt der Wahrheitswert der Erzählung als einer Pathographie, sondern allenfalls im Verzicht auf die Darstellung wesenhafter Wahrheit. Dieser Verzicht ermöglicht die literarische Spiegelung eines Bewußtseins, das heute als schizophrenes verstanden werden k a n n, – ohne daß es, was die Bewußtseinsstruktur und das Existenzgefühl realer Kranker betrifft, w a h r sein muß. Denn auch "Lenz" bleibt, wie alle Literatur von Nicht-Schizophrenen, an die zeitbedingte Realitätswahrnehmung, -erfahrung und gedankliche Bewältigung von Normalen gebunden, die einen Konsens über Wirklichkeit herstellen – selbst noch im Medium des Ästhetischen, in dem außerästhetische Konsensbildungen in Frage gestellt werden können.

Aspekte und Bezüge, Möglichkeiten und Grenzen literarisch-immanenter Kritik zu verdeutlichen, bleibt in der gegenwärtigen Aufklärung über Vernunft und Wahnsinn Aufgabe der Literaturkritik. Sie begibt sich da sowohl aus der Kritik als auch unter das Niveau ihres Gegenstandes, wo sie bestimmte Auffassungen des Ästhetischen als eines Mediums, in dem sich überzeitliche Wahrheiten spiegeln, voraussetzt. Dabei ist es gleichgültig, wie diese Auffassungen beschaffen sind. 1952 meinte Albrecht Schöne, die zeitlose Wahrheit des Ästhetischen ganz ähnlich wie der Psychiater Ideler im Jahre 1835 nicht bezweifelnd, die dichterische Gestaltung des Wahnsinns in Büchners "Lenz" sei nicht ganz gelungen. Sie enthalte zwar alle Kategorien für die eigenen Interpretationen einer Reihe von Texten, aber sie lasse keine S i n n g e b u n g des Wahnsinns erkennen – weil Büchner sich zu eng an die Oberlin-Vorlage gehalten habe.

"(. . .) während die psychologische Wissenschaft vom Menschen der Irrtumsmöglichkeit und dem Erkenntnisfortschritt aller suchenden Bemühungen unterworfen ist, lebt die dichterische Kunde vom Menschen in der gültigen Einmaligkeit intuitiven Wissens. (. . .) Vom Dichter ist gefordert, die Welt der heilen Wirklichkeit zu verlassen und einzutreten in die Bezirke der 'Gegenwelt' des Wahnsinns (. . .). Damit erst wird das 'metaphysische Verstehen', wird eine neue Wertbezogenheit, wird Sinngebung möglich. Jede dichterische Gestaltung des Wahnsinns vollzieht sich im Eintritt des Dichters in die 'Gegenwelt', aus der er eine in die Form des sprachlichen Kunstwerkes geborgene Kunde heimträgt in die heile Welt."[77]

Eine in der Literatur "geborgene Kunde" der Wahrheit von Vernunft und Wahnsinn, die für Realitätserfahrungen der Gegenwart sinnstiftend sein soll, wird aus der Gegenwelt des Wahnsinns h e u t e immer noch heimgetragen: in der antipsychiatrisch und von den französischen Intellektuellen beeinflußten Psychiatriekritik wie auch in der "grenzüberschreitenden" Ästhetik Gorsens. Es bleibt aber zu berücksichtigen, w e l c h e "Kunde" die ersten Psychiater aus der literarischen und ästhetischen Entwicklung von Wieland bis Novalis heimtrugen in i h r e n Bereich: die einer Wahrheit, die nach Büchner Züge der "schmählichsten Verachtung der menschlichen Natur" aufwies. Und eben eine solche Verachtung wirft heute Glatzel als ein Vertreter der etablierten Psychiatrie der Psychiatriekritik vor, die er für eine praxisferne Bewegung von Intellektuellen und Literaten hält. Diese wiederum werfen dieselbe Verachtung der etablierten Psychiatrie vor.

Vielleicht gibt es dennoch die Möglichkeit, Aufklärung als Prozeß einer Auseinandersetzung mit erkannten Problemen statt mit sich selbst zu betreiben. Eine Bedingung dafür ist, daß aus der historischen Aufklärung, ihrem Verlauf und ihren Folgen Konsequenzen zu ziehen sind.

Es ist an der Zeit für mehr Rationalität und weniger Wahrheitsüberzeugungen in der Kritik.

Anmerkungen und Literaturverzeichnis

Anmerkungen

Aus drucktechnischen Gründen sind Auslassungszeichen in Zitaten nicht in eckige, sondern in r u n d e Klammern gesetzt. Wo diese Einfügungen statt Auslassungszeichen umfassen, handelt es sich meist um Einfügungen im Original. Die wenigen Fälle, in denen dies nicht gilt, sind in den Anmerkungen gekennzeichnet.
Kurztitel werden benutzt, wenn dadurch ein Nachschlagen im Literaturverzeichnis vermeidbar erscheint.

Motto:

*Karl R. Popper: Ausgangspunkte. Meine intellektuelle Entwicklung. Hamburg 1979. S. 20. (Im Original kursiv.)

Anstelle einer Einleitung: Die Erfahrung

1 Michel Foucault: Wahnsinn und Gesellschaft. Eine Geschichte des Wahns im Zeitalter der Vernunft. Frankfurt a.M. 1973. S. 7.

Erster Teil
Literatur, Wahnsinn und Gesellschaft heute: Aspekte und Bezüge

1 Frankfurt a.M. 1979. Die deutsche Erstausgabe erschien 1971.

2 Reinbek b. Hamburg 1978. Die deutsche Erstausgabe erschien 1973.

3 München/Gütersloh/Wien 1975/6.

4 Frankfurt a.M. 1976.

5 Reinbek b. Hamburg 1977.

6 München 1979. Die deutsche Erstausgabe erschien 1973.

7 München 1977.

8 München 1977. Die deutsche Erstausgabe erschien 1973.

9 Weitere, hier nicht berücksichtigte Titel finden sich in dem Aufsatz von Wolfgang Hädekke: Der taube Lärm unterhalb der Geschichte. Das Thema Wahnsinn in der neuesten Literatur. In: Neue Rundschau 89 (1978), S. 120 - 130.

10 Augustin, Raumlicht, S. 263 f.

11 Ebd., S. 265.

12 Erlenberger, Hunger nach Wahnsinn, S. 69.

13 Ebd.

14 Kipphardt, März, S. 52.

15 Cardinal, Schattenmund, S. 218.

16 Kipphardt, März, S. 20

17 Cardinal, Schattenmund, S. 313.

18 Erlenberger, Hunger nach Wahnsinn, S. 122.

19 Cardinal, Schattenmund, S. 27.

20 Erlenberger, Hunger nach Wahnsinn, S. 123.

21 Green, Rosengarten, S. 56.

22 Ebd., S. 50, Anm. d. Übers.: "Irie: von englisch eerie – angsterregend. Yri: die Sprache Yrs".

23 Cardinal, Schattenmund, S. 20.

24 Augustin, Raumlicht, S. 204.

25 Das sagt Dr. Fried in: Green, Rosengarten, S. 16.

26 Kipphardt, März, S. 71.

27 Wo eine gleichberechtigte Kommunikation zwischen Arzt und Patient nicht stattfindet, wie in den Romanen Cardinals und Erlenbergers, hat das Niederschreiben der Wahnsinnserfahrungen selbst eine therapeutische Funktion. Diese wird bei Erlenberger immanent nicht reflektiert.

28 Das ist in den Romanen Keseys und Erlenbergers nicht der Fall.

29 Kipphardt, März, S. 106 f.

30 Cardinal, Schattenmund, S. 20.

31 Green, Rosengarten, S. 13.

32 Cardinal, Schattenmund, S. 10.

3 Kesey, Kuckucksnest, S. 19.

34 Ebd., S. 323.

35 Kipphardt, März, S. 73. Hinzufügung von mir.

36 Ebd., S. 70 f.

37 Erlenberger, Hunger nach Wahnsinn, S. 7.

38 Augustin, Raumlicht, S. 197.

39 Kipphardt, März, S. 79.

40 Augustin, Raumlicht, S. 60 f.

41 Erving Goffmann: Asyle. Über die soziale Situation psychiatrischer Patienten und anderer Insassen. Frankfurt a.M. 1974. Die deutsche Erstausgabe erschien 1972. Zitiert wird im folgenden aus einem Vorabdruck des Kapitels "Insassen". In: Kursbuch 28 (1972): Das Elend mit der Psyche. Band I: Psychiatrie, S. 167 - 186.

42 Thomas J. Scheff: Das Etikett "Geisteskrankheit". Soziale Interaktion und psychische Störung. Frankfurt a.M. 1980. Die deutsche Erstausgabe erschien 1973.

43 Ronald D. Laing: Das geteilte Selbst. Eine existenzielle Studie über geistige Gesundheit und Wahnsinn. Reinbek b. Hamburg 1976. Die deutsche Erstausgabe erschien 1972. Ebenso wichtig, aber hier nicht berücksichtigt ist Laings Buch: Phänomenologie der Erfahrung. Frankfurt a.M. 1975. Es erschien deutsch zuerst 1969.

44 David Cooper: Die Sprache der Verrücktheit. Erkundungen ins Hinterland der Revolution. Berlin 1978. Außerdem hinzuzuziehen ist: Ders.: Psychiatrie und Antipsychiatrie. Frankfurt a.M. 1975. Die deutsche Erstausgabe erschien 1971.

45 Thomas S. Szasz: Geisteskrankheit – ein moderner Mythos? Grundzüge einer Theorie des persönlichen Verhaltens. München 1975. Das Buch erschien deutsch zuerst 1972. Auf denselben Grundgedanken beruhen Szaszs Abhandlungen: Die Fabrikation des Wahnsinns. Gegen Macht und Allmacht der Psychiatrie. Frankfurt a.M. 1976, deutsch zuerst 1974 erschienen, und: Psychiatrie – die verschleierte Macht. Essays über die psychiatrische Entmenschung des Menschen. Frankfurt a.M. 1978. Die deutsche Erstausgabe erschien 1975.

46 Franco Basaglia (Hrsg.): Die negierte Institution oder die Gemeinschaft der Ausgeschlossenen. Frankfurt a.M. 1973. Außerdem: Ders. u.a.: Der Begriff der Psychiatrie. Frankfurt a.M. 1974.

47 Goffmann, Insassen, in: Kursbuch 28 (1972), S. 185.

48 Ebd.

49 München/Wien/Basel 1969.

50 Scheff, Etikett "Geisteskrankheit", S. 82 f.

51 Szasz, Fabrikation des Wahnsinns, S. 179.

52 Ebd., S. 28.

53 Laing, Das geteilte Selbst, S. 39.

54 Ebd., S. 177.

55 Ebd., S. 9 im Vorwort.

56 Cooper, Sprache der Verrücktheit, S. 13.

57 Das beschreibt Basaglia in: Macht das Tor auf! Die Vergesellschaftung der psychiatrischen Anstalt am Beispiel Triest. In: Neues Forum 24, H. 284/5 (1977). S. 39 - 43.

58 Gemeint sind die Gesetze 180 "Riforma psichiatrica" von Mai 1978 und 833 "Riforma sanitaria" vom 23.12.1978.

59 Vgl. dazu die genannten Arbeiten Basaglias und Coopers. Wichtig in diesem Zusammenhang ist aber vor allem das Buch von Johann Glatzel: Die Antipsychiatrie. Psychiatrie in der Kritik. Stuttgart 1975. Glatzel versucht erstmals, die Gemeinsamkeiten der Antipsychiatrie als einer Bewegung zu beschreiben.

60 So nennen viele Antipsychiater die traditionelle, heute etablierte Psychiatrie, wo zwischen Geistesgesundheit und -krankheit deutlich unterschieden wird. Diese Position vertritt Glatzel, Die Antipsychiatrie.

61 Zum Gegensatz zwischen dem antipsychiatrischen und dem klassisch-psychiatrischen Denken vgl. vor allem die sehr informativen, nicht einseitigen, sondern Schwierigkeiten abwägenden Beiträge in: Johann Glatzel (Hrsg.): Medizin Mensch Gesellschaft 3, H. 3 (1978): Abweichendes Verhalten: Psychiatrie und Sozialwissenschaften. Von besonderem wissenschaftstheoretischem Interesse sind darin die Arbeiten von Heino von Gyldenfeldt und Stephan Ahrens: Krankheit und Devianz. Ein Vergleich zweier Grund-Begriffe. S. 124 - 127, und von Hildburg Kindt: Fehlverhalten: Normabweichung oder psychische Krankheit? S. 133 - 137. In dem Heft finden sich auch weitere Literaturangaben zu wissenschaftstheoretischen Problemen in der Psychiatrie.

62 Gyldenfeldt/Ahrens, Krankheit und Devianz, S. 127.

63 Vgl. dazu Glatzel, Die Antipsychiatrie, vor allem S. 1 - 6.

64 Unterrichtung durch die Bundesregierung: Bericht über die Lage der Psychiatrie in der Bundesrepublik Deutschland. – Der Bericht wird im Literaturverzeichnis angeführt unter: (Psychiatrie-Enquete). Eine übersichtliche Zusammenstellung der Daten der Enquete findet sich bei Ernst Klee: Psychiatrie-Report. Frankfurt a.M. 1978. S. 53 - 61.

65 Psychiatrie-Enquete, S. 408.

66 Das geht aus einem Sondervotum der DGPN zur Enquete hervor, abgedruckt in deren Anhang, S. 411 - 414.

67 Nach Ernst Klee: Psychiatrie. In: Die Zeit Nr. 9 vom 23.2.1979, S. 66.

68 Psychiatrie-Enquete, S. 4.

69 Ebd., S. 7.

70 Vgl. dazu die Kritik an der Enquete bei Klee, Psychiatrie-Report. Das Zitat ist ebd., S. 53, entnommen und ist nach Klee eine Aussage des Psychiaters Rudolf Degkwitz.

71 Außer dem der DGPN sind sieben weitere Sondervoten zu einzelnen Problemkreisen im Anhang der Psychiatrie-Enquete abgedruckt. Ebd., S. 415 - 426.

72 Etliche Sachbücher werden bei Klee, Psychiatrie-Report, genannt, aber auch in der Presse finden sich genug Hinweise. An antipsychiatrisch beeinflußten Zeitungsartikeln gibt es so viele, daß sie nicht aufzuzählen sind; an Fernsehspielen ist Kipphardts "Das Leben des schizophrenen Dichters Alexander März", Erstsendung im Juni 1975, hervorzuheben, an Kinofilmen die Verfilmungen von Keseys und Greens Romanen und Titel wie "Durchgedreht", "Family Life" oder letztlich "Tag der Idioten", die immer ein gut gefülltes Kino versprechen.

73 Sie entstanden zum Teil schon zu Beginn der 60er Jahre, als die Psychiatrie in der Bundesrepublik noch kaum in der öffentlichen Diskussion war.

74 Die Krankheitsbezeichnungen richten sich nach dem Klassifikationsschema der WHO: Internationale Klassifikation der Krankheiten. 8. Revision. 1967. S. 26 - 30. Im Literaturverzeichnis angeführt unter: (Psychiatrie – Klassifikation). Dieses Schema ist heute neben dem von Kurt Schneider in der deutschen etablierten Psychiatrie in Gebrauch. Näheres darüber findet sich bei Glatzel, Die Antipsychiatrie, S. 126 f. Vgl. auch die Literaturhinweise ebd., S. 115 - 122.

75 Ebd., S. 52.

76 Ebd.

77 Augustin, Raumlicht, S. 264.

78 Alexanders poetische Texte. Hrsg. von Leo Navratil. München 1977.

79 Ebd., S. 83.

80 Kipphardt, März, S. 27.

81 Ein gutes Beispiel dafür ist der Frankfurter Psychiatrie-Streit von 1976/7, hauptsächlic geführt zwischen dem Psychiatrie-Professor Hans Joachim Bochnik und dem Journaliste Ernst Klee. Dieser Streit und auch der Anteil der Presse daran wird sehr einseitig, abe informativ genug über die Entwicklung von Bunkermentalitäten geschildert bei Klee Psychiatrie-Report, S. 13 - 52.

82 Renate Wolff und Klaus Hartung: Psychische Verelendung und die Politik der Psychia trie. In: Kursbuch 28 (1972), S. 1 - 104. Zitat S. 1. Psychiatriekritische Literatur wi angeführt ebd., S. 101 - 104.

83 Ebd., S. 99 - 101.

84 Szasz, Fabrikation des Wahnsinns, S. 16.

85 Glatzel, Die Antipsychiatrie, S. 2.

86 Ebd., S. 3 f.

87 Ebd., S. VII.

88 Ebd., S. VI.

89 Ebd., S. VII

90 Ebd., S. VI.

91 Ebd., S. 54.

92 Ebd., S. 79.

93 Ebd., S. 106.

94 Ebd., S. 108.

95 Ebd., S. 107.

96 Ebd., S. 108.

97 Ebd., S. 113.

98 Cardinal, Schattenmund, S. 314.

99 Green, Rosengarten, Klappentext.

100 Erlenberger, Hunger nach Wahnsinn, Klappentext. Hinzufügung von mir.

101 Kipphardt, März, S. 8.

102 Ebd., S. 253.

103 Augustin, Raumlicht, S. 184.

104 Ebd., S. 185.

105 Darüber informieren George R. Bach und Haja Molter: Psychoboom. Wege und Abwege moderner Psychotherapie. Düsseldorf/Köln 1976. Zitat S. 15.

106 Ebd., S. 218 - 220, werden zahlreiche Adressen von Instituten in der Bundesrepublik genannt.

107 Es kann hier nicht um eine Erörterung psychologisch-wissenschaftlicher Fragestellungen gehen. Über "Neue Formen der Psychotherapie" informiert unter ebendiesem Titel eine Sonderausgabe der populärpsychologischen Zeitschrift: psychologie heute (1980). Sonderband. Sie wird im Literaturverzeichnis angeführt unter: (Psychotherapie). Für den Laien, der sich einen Überblick verschaffen will, genügt auch Bach/Molter, Psychoboom. Die Autoren vertreten selbst neue Ansätze der Psychotherapie, richten sich aber gegen modische Auswüchse, die nur einer besseren Vermarktung dienen. Eine Bibliographie der maßgeblichen, ins Deutsche übersetzten Publikationen über neue Psychotherapien findet sich ebd., S. 212 - 217.

108 Sie zeichnet sich aus als "Psychologie der Gesundheit", ist nicht theorie-, sondern praxis- und prozeßorientiert und beruht, was die Denkmodelle betrifft, auf einem bewußten und intendierten Eklektizismus. Vgl. dazu Bach/Molter, Psychoboom, S. 28 -31.

109 Die neu erwachten Bedürfnisse haben auch in der akademischen Psychologie zu einer Auseinandersetzung mit gruppendynamischen Konzepten aus den USA geführt. Welche Gruppen es gibt, welche therapeutischen Verfahren angewandt und welche Ziele verfolgt werden, beschreiben Adolf Däumling u.a.: Angewandte Gruppendynamik. Selbsterfahrung – Forschungsergebnisse – Trainingsmodelle. Stuttgart 1974.

110 Arthur Janov: Der Urschrei. Ein neuer Weg der Psychotherapie. Frankfurt a.M. ^{6}1974. Die deutsche Erstausgabe erschien 1973.

111 Carl R. Rogers: Encounter-Gruppen. Das Erlebnis der menschlichen Begegnung. München 1974.

112 Beschrieben nach Prospekten des Feeling-Center in Hollywood bei Bach/Molter, Psychoboom, S. 152 - 156.

113 Rogers, Encounter-Gruppen, S. 18.

114 Alle Zitate ebd., S. 17 f.

115 Däumling u.a., Angewandte Gruppendynamik, S. 234.

116 Dies wird deutlich bei allen hier genannten Autoren, auch bei Bach/Molter, Psychoboom, die um ausgewogene Kritik an den neuen Therapien bemüht sind.

117 Zitiert nach ebd., S. 174.

118 Ebd., S. 153.

119 Vgl. dazu ebd., S. 173 - 175, das Kapitel "Vom Papperlapp der Psychologie".

120 Im Zuge der Popularisierung der Gestalttherapie. Diese wird vorgestellt und entwickelt im Buch von Frederick S. Perls: Gestalt-Therapie in Aktion. Stuttgart 1979. Das Buch erschien deutsch zuerst 1974.

121 Zum Problem einer möglichen Mythisierung des autonomen Subjekts und einer eventuellen politischen Vereinnahmung der neuen psychologischen Subjektivität vgl. vor allem die kritischen Beiträge in: Klaus Horn (Hrsg.): Gruppendynamik und der "subjektive Faktor". Repressive Entsublimierung oder politisierende Praxis. Frankfurt a.M. 1973.

122 Dafür ist der Frankfurter Justiz-Skandal von 1976/7 ein gutes Beispiel. Eine Touristin, die im Urlaub unter Behinderten im Hotel gelitten hatte und im Prozeß, den sie gegen ein Reiseunternehmen anstrengte, Körperbehinderte mit Geisteskranken verwechselte, erhielt Recht und bekam einen Teil ihres Reisegeldes zurückerstattet. Die Auseinandersetzungen unter Juristen, Journalisten und Bürgern, die sich für die Behinderten engagierten, waren in der Folge heftig. Sie verschoben sich bis hin zu Vorwürfen des politischen "Rechts" und "Links". Das Ergebnis im Jahre 1981 war, daß das betroffene Hotel überhaupt keine behinderten Urlauber mehr annahm, weil noch mehr deutsche Touristen, die zwar prinzipiell nichts gegen Behinderte hatten, sie aber im Erholungsurlaub nicht ertragen konnten und wollten, vor Gericht gingen und klagten. Der mehrjährige Verlauf des Skandals ist nachzulesen bei Ernst Klee: Ein böses Urteil und die Folgen. In: Die Zeit Nr. 19 vom 1.5.1981, S. 14. Bei aller berechtigten Kritik an den Touristen bleibt die Frage, wie es denn überhaupt, bei allem aufgeklärt-humanen Bewußtsein, mit der Fähigkeit von Gesunden bestellt ist, häßliche und störende Kranke und Behinderte zu ertragen.

123 Unterrichtung durch die Bundesregierung: Stellungnahme der Bundesregierung zum Bericht der Sachverständigen-Kommission über die Lage der Psychiatrie in der Bundesrepublik Deutschland. – Der Bericht wird im Literaturverzeichnis angeführt unter: (Psychiatrie-Enquete, Stellungnahme). Aufgrund der Reformverzögerungen trotz der Enquete kam es 1980 in Bonn zu einer großen Demonstration. Darüber berichtet Ernst Klee: Psychiatrie und Menschenrechte. In: Die Zeit Nr. 40 vom 26.9.1980, S. 70. Zitat: Psyhiatrie-Enquete, Stellungnahme, S. 8.

124 Ebd.

125 Arthur Burton: Begegnung, Existenz und Psychotherapie. In: Horn (Hrsg.): Gruppendynamik und der "subjektive Faktor". S. 182 - 204. Zitat S. 193.

126 Dörner wird hier stellvertretend genannt für die sozialkritischen Psychiater und Mitarbeiter innerhalb der etablierten Psychiatrie und auch für psychiatrieferne Intellektuelle, die Ideologiekritik auf die eigenen Vernunftpositionen beziehen, selbstkritisch Aufklärung betreiben und auf die Probleme und Konflikte hinweisen, die sie nicht lösen können. Beispielhaft für diese Art von Aufklärung ist die Fachzeitschrift "Sozialpsychiatrische Informationen", die seit 1970 erscheint. Wichtig, auch zur Kenntnisnahme der Geschichte der Psychiatrie im Dritten Reich ist der Sonderband von Dörner u.a. (Hrsg.): Der Krieg gegen die psychisch Kranken. Nach "Holocaust": Erkennen – Trauern – Begegnen. Rehburg-Loccum 1980.

127 Klaus Dörner: Kranksein ist normal. Die urärztliche Kunst, etwas nicht zu tun. In: Die Zeit Nr. 44 vom 24.10.1980, S. 62.

128 Das ist zum Beispiel bei dem Psychiater Glatzel, Die Antipsychiatrie, nicht der Fall. In Reaktion auf das, was er für Unsinn hält, übersieht er die Problematik des eigenen Krankheitsverständnisses.

129 Denkschrift der "Deutschen Gesellschaft für Soziale Psychiatrie" (DGSP): Holocaust und die Psychiatrie – oder der Versuch, das Schweigen in der Bundesrepublik zu brechen. Vorgelegt zum 1. September 1979. In: Dörner u.a. (Hrsg.): Der Krieg gegen die psychisch Kranken. S. 206 - 215. Zitat S. 213.

130 Ebd., S. 214.

131 Michel Foucault: Wahnsinn und Gesellschaft. Frankfurt a.M. 1973. Die deutsche Erstausgabe erschien 1969.

132 Robert Castel: Die psychiatrische Ordnung. Das Goldene Zeitalter des Irrenwesens. Frankfurt a.M. 1979.

133 Gilles Deleuze und Félix Guattari: Anti-Ödipus. Kapitalismus und Schizophrenie. Frankfurt a.M. 1979. Die deutsche Erstausgabe erschien 1974.

134 Ein bekanntes Beispiel ist das Buch von Pierre Bertaux: Friedrich Hölderlin. Frankfurt a.M. 1978.

135 Vgl. dazu das Buch von Hans-Jürgen Schings: Melancholie und Aufklärung. Melancholiker und ihre Kritiker in Erfahrungsseelenkunde und Literatur des 18. Jahrhunderts. Stuttgart 1977. – Schings zufolge grenzt die historische Aufklärung die Melancholiker, Schwärmer, Hypochonder aus, auf deren Seite sich schließlich Vertreter der Genieästhetik stellen; diese sollen die kritisierte Melancholie zur Waffe der Kritik an einer restriktiven Aufklärungsvernunft umfunktionalisiert haben. Die These kann nur belegt werden, indem

die Foucaultsche Grenze über Moritz zu Hamann historisiert wird.

136 Foucault, Wahnsinn und Gesellschaft, S. 7.

137 Ebd., S. 12.

138 Ebd.

139 Ebd., S. 15.

140 Ebd., S. 13.

141 Ebd., S. 70

142 Ebd., S. 511.

143 Klaus Dörner: Bürger und Irre. Frankfurt a.M. 1975. S. 344.

144 Ein bekannter und vehementer Kritiker Foucaults war Jean Améry; er warf ihm "von jeglicher empirischer Erdenschwere losgelöste Spekulationen" vor und bezeichnete seine zahlreichen Anhänger unter den deutschen Intellektuellen als unvernünftig. Denn diese verstehen das "gewaltige anti-aufklärerische Unternehmen" des Foucaultschen Gesamtwerks nicht als ein "historisches Phänomen" der Gegenwart, das zu analysieren wäre, sondern folgen dem Meister blind. Amérys intellektuelle Attacke gegen Foucault wurde veröffentlicht in: Die Zeit Nr. 14 vom 31.3.1978, S. 44 f. Zitate ebd.

145 Castel, Die psychiatrische Ordnung, S. 309.

146 So Foucault, Wahnsinn und Gesellschaft, S. 12.

147 Ebd., S. 10.

148 Deleuze/Guattari, Anti-Ödipus, S. 7.

149 Ebd., S. 43.

150 Ebd., S. 44.

151 Ebd.

152 Ebd., S. 9.

153 Ebd., S. 11.

154 Ebd.

155 Ebd., S. 67.

156 Foucault, Wahnsinn und Gesellschaft, bes. S. 510 - 536.

157 Deleuze/Guattari, Anti-Ödipus, S. 351.

158 Ebd., S. 350.

159 Ebd.

160 Ebd., S. 351.

161 Ebd., S. 67.

162 Ebd., S. 470.

163 Beide Zitate ebd., S. 471.

164 Deleuze/Guattari, Anti-Ödipus, S. 11.

165 Zu den Rezipienten gehört zum Beispiel Adolf Muschg. Er sieht die Schizo-Analyse in der gegenwärtigen Alternativ-Szene praktiziert und bejaht dies als emanzipatorisch angesichts verfestigter gesellschaftlicher Fronten, die ein politisch und sozial zielgerichtetes Handeln heute zum Scheitern von vornherein verurteilten. Muschg analysiert nicht, inwiefern Deleuze/Guattari die Wirklichkeit ästhetisieren, sondern legitimiert mit ihrer Hilfe den Wert der Neuen Subjektivität; im Zusammenhang damit wird Goethe, der wiederholt aus ihm unangenehmen Situationen floh, als Vorbild einer Flucht zur individuellen Selbstverwirklichung vorgestellt. Das ist nachzulesen in: Adolf Muschg: Goethe als Fluchthelfer. Innerlichkeit – Flucht oder Rettung? In: Die Zeit Nr. 23 vom 29.5.1981, S. 39 f.

166 Bei Szasz, die Fabrikation des Wahnsinns, bes. S. 64 - 81 und S. 253.

167 Bei Laing, Das geteilte Selbst, bes. S. 33 - 35.

168 Deleuze/Guattari, Anti-Ödipus, S. 7 f.

169 Foucault, Wahnsinn und Gesellschaft, S. 58.

170 Hrsg. und eingeleitet von Samuel Weber. München 1973. Zur Darstellung bei Deleuze/Guattari vergl. bes. Anti-Ödipus, S. 14 - 25.

171 Ebd., S. 507. Eine das Werk Kafkas schizo-analytisch aufbrechende Deutung liefern Deleuze/Guattari in ihrer kleinen Arbeit: Kafka. Für eine kleine Literatur. Frankfurt a.M. 1976.

172 Foucault, Wahnsinn und Gesellschaft, S. 536.

173 Ebd., S. 545.

174 In: Michel Foucault: Schriften zur Literatur. München 1974. S. 119 - 129.

175 Ebd., S. 127.

176 Ebd.

177 Ebd., S. 128.

178 Ebd., S. 129

179 Ebd.

180 Ebd., S. 128

181 Ebd., S. 129

182 Ebd., S. 128 f.

183 Vgl. dazu Anm. 134 f. Auch Anke Bennholdt-Thomsen und Alfredo Guzzoni: Der "Asoziale" in der Literatur um 1800. Königstein/Taunus 1979, rechnen den Wahnsinn zu den Formen devianten Verhaltens und begründen darauf ihre Interpretationen. Das Buch wird in den Anmerkungen zum zweiten und dritten Teil dieser Studien besprochen.

184 Bibliographische Angaben siehe oben, Anm. 9.

185 Ebd., S. 121. Hinzufügung von mir.

186 Ebd., S. 130.

187 Ebd.

188 Ebd.

189 Gemeint ist Hellers Brief an Navratil in: Alexanders poetische Texte, vgl. oben Anm. 78, S. 178 f.

190 Ebd., S. 178.

191 Ebd., S. 179. Hinzufügung von mir.

192 Alle Zitate ebd., S. 178.

193 Ebd., S. 179.

194 Beide Zitate ebd.

195 Winfried Kudszus (Hrsg.): Literatur und Schizophrenie. Theorie und Interpretation

eines Grenzgebiets. Tübingen 1977.

196 Ders.: Literatur, Soziopathologie, Doublebind. Überlegungen zu einem Grenzgebiet. In: Ebd., S. 135 - 163. Zitat S. 138.

197 Ebd.

198 Ebd., S. 139.

199 Ebd. Um diese Vereinigung geht es jedoch implizit im ganzen Aufsatz. In seinem Überblick über die Schizophrenieforschung stützt Kudszus sich auch auf C.G. Jung und Wilhelm Reich, deren Ansätze in der psychiatrisch-wissenschaftlichen Forschung kaum eine Rolle spielen. Vgl. dazu bes. ebd., S. 145 - 148.

200 Peter Gorsen: Literatur und Psychopathologie heute. Zur Genealogie der grenzüberschreitenden bürgerlichen Ästhetik. In: Kudszus (Hrsg.), Literatur und Schizophrenie, S. 13 - 68. Zitat S. 49.

201 Gorsen bezieht sich auf den Expressionismus, Dadaismus, Surrealismus, Lettrismus und andere, sinn- und sprachzerstörende oder ver-dichtende Literatur und ordnet sie seiner Genealogie der "grenzüberschreitenden Ästhetik" ein, bis hin zu einer Entgrenzung des Ästhetischen, die er in einer Konvergenz von Literatur und Wirklichkeit in den gegenwärtigen textes bruts sieht. Vgl. dazu ebd., bes. S. 23 - 32.

202 Ebd., S. 56.

203 Ebd., S. 23 - 25.

204 Man lese dazu André Breton: Die Manifeste des Surrealismus. Reinbek b. Hamburg 1977. Im ersten Manifest von 1924 heißt es: "Und tatsächlich sind Halluzinationen, Illusionen usw. keine geringzuachtende Quelle des Genusses. (. . .) Ich könnte mein Leben damit verbringen, die Wahnsinnigen zu ihren Bekenntnissen zu provozieren. Sie sind Menschen von peinlicher Ehrlichkeit und von einer Unschuld, die sich nur mit der meinen vergleichen läßt." (Ebd., S. 12) Die Geisteskrankheit wird n u r ästhetisch betrachtet und legitimiert die sozial- wie ästhetisch-kritische Auffassung als wahr, daß nach "dem Prozeß gegen die materialistische Haltung" der "gegen die realistische eingeleitet werden" (ebd., S. 12 f.) müsse.

205 Gemäß einem Bericht aus einer französischen psychiatrischen Fachzeitschrift von 1929, abgedruckt zu Anfang des zweiten Manifests, ebd., S. 51 f., neben einem Sitzungsprotokoll der französischen "Medizinisch-Psychologischen Gesellschaft" vom 28.10.1929, ebd., S. 53 f. Die Psychiater kritisieren den Surrealismus als "Prozedismus" und verstehen die Psychiatriekritik in Bretons Erzählung "Nadja" weder ästhetisch noch als Kritik, sondern als einen offenen Aufruf zur Gewalt. Vgl. dazu Breton: Nadja. Frankfurt a.M. 1976. Bes. S. 103 - 111. Daraus geht keinerlei Grenzüberschreitung im Sinne von Gorsens Genealogie hervor, sondern allenfalls die Gewalt gegenüber Kranken, die in deren Ästhetisierung liegen kann. Nadja interessiert den Erzähler nicht mehr, sobald

ihre Schizophrenie als Krankheit wahrgenommen wird; in dem Moment hat sie als inspirierende Muse ausgedient. Das hindert den Erzähler nicht daran, immer noch zu betonen, daß es keine Grenze gebe "zwischen dem *Nicht-Wahnsinn* und dem Wahnsinn" (ebd., S. 111). Eine solche Grenze darf es auch nicht geben, wenn surrealistische Auffassungen von Kunst und Leben wahr sein sollen und wenn aus dieser Wahrheit der kritische Anspruch gegenüber anderen Auffassungen abgeleitet wird. Das heißt: die ästhetische Funktionalisierung Nadjas ist nicht nur moralisch zu werten in bezug auf die Ausgrenzung der realen Kranken. Sie ist auch rückzubeziehen auf die Qualität der Sozial-, Vernunft- und Ästhetik-Kritik im Surrealismus selbst. Das unterläßt Gorsen, weil diese Kritik der antipsychiatrischen, die er selbst vertritt, sehr ähnelt und folglich die eigene Genealogie-These legitimiert.

Zweiter Teil
Wahnsinn, Gesellschaft und Unvernunft: Vernunftprobleme im 18. Jahrhundert

1 Das erwähnen auch Bennholdt-Thomsen/Guzzoni, Der "Asoziale", S. 165 - 168. Promies, Die Bürger und der Narr, S. 271 f., geht ebenfalls, allerdings recht hurtig, auf Irrenanstaltsbesuche in der Literatur dieser Zeit ein. Die Arbeiten enthalten aber keine ausführlichen Analysen zu den Texten, die sie erwähnen, weil Anstaltsbesuche nicht im Zentrum der Interpretationen stehen. Deshalb sollen diese im folgenden auch nur dort angemerkt werden, wo anders gewonnene Schlußfolgerungen und Wertungen etwas verkürzt erscheinen.

2 Das Gattungsproblem bleibt außer acht; die Aufzählung soll nur das literarische Umfeld begrenzen, aus dem Textbeispiele nach dem Zufallsprinzip ausgewählt wurden und in dem nach weiteren zu suchen ist.

3 Das Dokumentarische wird in den Texten gefiltert durch die subjektive Perspektive der Autoren, gleichgültig, ob es sich um Berichte oder um Erzählungen handelt. Insofern sind Autor, Erzähler, Berichterstatter oder geistesgesunde Hauptfigur nicht scharf zu trennen, sondern in Verbindung zu betrachten.

4 Das unterscheidet diese Literatur von zeitgenössischen Berichten von Anstaltsärzten, die keine Besuche machen, sondern angestellt sind. Vgl. dazu unten Anm. 109. Aber auch reisende Ärzte zwischen 1750 und 1800 besuchen Irrenanstalten, beschreiben sie weniger distanziert und richten sich an gebildete Laien. Darauf kann hier nicht eingegangen werden; es verweist nur darauf, daß die Grenzen zwischen aufklärender, unterhaltender und fachlich orientierter Literatur fließend sind. Eine informative kommentierte Bibliographie zu den ärztlichen Reiseberichten, in denen Anstaltsbesuche aber nur unter anderem erscheinen, liefert die kurze Dissertation von Friedrich-Wilhelm Bayer: Reisen deutscher Aerzte ins Ausland (1750 - 1850). Med. Diss. Berlin 1937.

5 Sie fehlen aus dem einfachen Grund, weil es vor 1800 keine Psychiatrie als etablierte Wissenschaft gab.

6 Berichte über selbst erfahrene psychopathologische Ausnahmezustände gab es im Bereich der Erfahrungsseelenkunde genug. Sie erscheinen aber nicht in Verbindung mit Anstaltsberichten.

7 Diese unterscheidet sich je nach der Person des Autors, läßt aber ein gemeinsames, zeitgebundenes und von heute unterschiedenes Grundmuster erkennen. Das Grundmuster wiederum ist in seinen individuellen gedanklichen Ausprägungen vorzustellen, wenn die Texte nicht reduziert und dadurch in ihrer jeweiligen Eigenart verkannt werden sollen.

8 Zitiert nach der Ausgabe: Matthias Claudius: Sämtliche Werke. Nach dem Text der Erstausgaben (Asmus 1775 - 1812) und den Originaldrucken (Nachlese). Verantw. f. d. Textredaktion: Jost Perfahl. Mit e. Nachwort u. e. Zeittafel von Wolfgang Pfeiffer-Belli sowie Anmerkungen und Bibliographie von Hansjörg Patschek. München o.J. S. 257 - 259.

9 Zitiert nach der Ausgabe: Der Philosoph für die Welt. Hrsg. von J.(ohann) J.(acob) Engel. Berlin 1853. Dreißigstes Stück. S. 188 - 194.

10 Adolph Freiherr von Knigge: Über den Umgang mit Menschen. Eingeleitet von Max Rychner. Birsfelden/Basel o.J. Erster Teil, § 29. S. 135 - 139.

11 In: Carl Friedrich Pockels (Hrsg.): Denkwürdigkeiten zur Bereicherung der Erfahrungsseelenlehre und Characterkunde. Ein Lesebuch für Gelehrte und Ungelehrte. Erste Sammlung. Halle 1794. S. 148 - 175. Die Beobachtungen erschienen zwar anonym, müssen aber von Pockels selbst sein. Denn S. 162 erwähnt er einen Kranken, der "im vorhergehenden Aufsatz geschildert ist" – und den konnte wohl nur der Herausgeber kennen.

12 Johann Christian Gottlieb Schaumann: Fragment eines Briefes, enthaltend eine Beschreibung des cellischen Irrhauses. Celle, den 4ten Aprill 1790. In: Ders.: Psyche oder Unterhaltungen über die Seele. Für Leser und Leserinnen. Zwei Theile. Halle 1791. Erster Teil. S. 208 - 234.

13 Zitiert nach der Ausgabe: Freimütiges aus den Schriften Garlieb Merkels. Hrsg. von Horst Adameck. Berlin 1959. S. 285 - 289 und S. 291 - 298. Die beiden "Briefe" erschienen zuerst in Merkels Sammlung: Briefe über einige der merkwürdigsten Städte im nördlichen Deutschland. Band I: Briefe über Hamburg und Lübeck. Leipzig 1801. Merkel besuchte beide Städte 1798/9.

14 Zitiert nach der Ausgabe: Heinrich von Kleist: Sämtliche Werke und Briefe. Hrsg. von Helmut Sembdner. 5., verm. u. rev. Aufl. München 1970. Band II. S. 558 - 567. Der Bericht über das Juliushospital ist im Briefteil vom 13. September, S. 558 - 562, enthalten.

15 Zitiert nach der Auswahlausgabe: Christian Heinrich Spieß: Biographien der Wahnsinnigen. Ausgewählt, herausgegeben und mit einem Nachwort versehen von Wolfgang Promies. Darmstadt und Neuwied 1976. S. 271 - 314. "Das Hospital" erschien zuerst 1796 im dritten Teil der "Biographien". 1. - 4. Bändchen. Leipzig 1795 - 96. S. 223 - 294. – Die leichter erreichbare Ausgabe von Promies kann benutzt werden, weil sie sich nur in hier

unwesentlichen, philologisch aber nicht begründbaren Abweichungen hauptsächlich orthographischer Art von der Originalausgabe unterscheidet.

16 Zitiert nach der Ausgabe: A. M. von Thümmel's sämmtliche Werke. Acht Bände. Leipzig 1853 - 54. Sechster Band. 1854. S. 3 - 39. – Die "Reise in die mittäglichen Provinzen von Frankreich" beruht auf eigenen Reiseerlebnissen Thümmels in Frankreich von 1774 - 77.

17 G. C. Lichtenbergs ausführliche Erklärung der Hogarthischen Kupferstiche. Dritte Lieferung. The Rake's Progress. Der Weg des Liederlichen. In: Georg Christoph Lichtenberg: Schriften und Briefe. Dritter Band. Hrsg. von Wolfgang Promies. Darmstadt 1972. S. 821 - 910. Die Anstaltsbeschreibung und Auseinandersetzung mit dem Wahnsinn findet sich in der Erklärung zur "Achten Platte", S. 901 - 910.

18 Lichtenberg besuchte, wie er selbst, ebd., S. 910, anmerkt, die Anstalt Bedlam im Oktober 1775.

19 Pockels, Beobachtungen, S. 148 f.

20 Merkel, 35. Brief über Hamburg, S. 287.

21 Das ist nicht der Fall bei Engel, Knigge und Lichtenberg.

22 Lichtenberg, Der Weg des Liederlichen, S. 902.

23 Solche Schilderungen finden sich nicht bei Engel und Knigge; alle Autoren aber begreifen unter "Wahnsinn" die verschiedensten Formen von Geisteskrankheit.

24 Merkel, 5. Brief über Lübeck, S. 295.

25 Knigge, Umgang mit Menschen, S. 136.

26 Schaumann, Fragment eines Briefes, S. 216.

27 Ebd., S. 231 f.

28 Ebd., S. 227.

29 Pockels, Beobachtungen, S. 149.

30 Ebd., S. 165.

31 Ebd., S. 166.

32 Merkel, 35. Brief über Hamburg, S. 287.

33 Ebd., S. 286.

34 Knigge, Umgang mit Menschen, S. 136.

35 Merkel, 5. Brief über Lübeck, S. 296.

36 Kleist, Brief vom 13.9.1800, S. 559.

37 Ebd., S. 562.

38 Schaumann, Fragment eines Briefes, S. 231 f.

39 Spieß, Hospital der Wahnsinnigen, S. 274.

40 Ebd., S. 295.

41 Ebd., S. 301.

42 Alle Zitate Pockels, Beobachtungen, S. 154 f.

43 Ebd., S. 165.

44 Kleist, Brief vom 13.9.1800, S. 560.

45 Ebd., S. 561.

46 Lichtenberg, Der Weg des Liederlichen, S. 901.

47 Claudius, Besuch im St. Hiob, S. 258.

48 Pockels, Beobachtungen, S. 168.

49 Thümmel, Reise, Band VI, S. 21 f.

50 Spieß, Hospital der Wahnsinnigen, S. 276.

51 Das ist der Fall bei Bennholdt-Thomsen/Guzzoni, Der "Asoziale", wenn sie S. 168 am Beispiel Spieß' die historische Einstellung zum Wahnsinn und zu den Kranken als "eine Mischung von aufgeklärter menschlicher Gesinnung und Borniertheit" werten.

52 Knigge, Umgang mit Menschen, S. 135 f.

53 Kleist, Brief vom 13.9.1800, S. 560 f.

54 Lange Zeit wurde angenommen, daß Onanie in den Wahnsinn führen könne. Die wichtigste Literatur dazu und zum biographischen Problem Kleists nennt Sander L. Gilman: Wahnsinn, Text und Kontext. Die historischen Wechselbeziehungen der Literatur, Kunst und Psychiatrie. Frankfurt a.M./Bern 1981. Anmerkungen S. 73 f.

55 Engel, Das Irrenhaus, S. 188.

56 Spieß, Hospital der Wahnsinnigen, S. 303.

57 Ebd., S. 306.

58 Vgl. ebd., S. 298.

59 Die Vorgeschichte dieser Wahnsinnigen, die Wilhelm schon vor seinem Irrenhausbesuch erfährt, wird geschildert in: Thümmel, Reise, Band V, 1853, S. 110 - 127.

60 Spieß, Hospital der Wahnsinnigen, S. 308 f.

61 Kleist, Brief vom 13.9.1800, S. 560.

62 Alle Zitate Thümmel, Reise, Band VI, S. 11.

63 Schaumann, Fragment eines Briefes, S. 225 f. Hinzufügung von mir.

64 Claudius, Besuch im St. Hiob, S. 257.

65 Schaumann, Fragment eines Briefes, S. 224.

66 Spieß, Hospital der Wahnsinnigen, S. 294.

67 Ebd., S. 282.

68 Merkel, 5. Brief über Lübeck, S. 296 f.

69 Ebd., S. 298.

70 Ebd.

71 Spieß, Hospital der Wahnsinnigen, S. 293.

72 Lichtenberg, Der Weg des Liederlichen, S. 906.

73 Ebd., S. 902.

74 Spieß, Hospital der Wahnsinnigen, S. 308.

75 Knigge, Umgang mit Menschen, S. 135. Hinzufügung von mir.

76 Dazu neigt Wolfgang Promies ein wenig in seinem recht informativen, mit zu vielen Ausrufungszeichen versehenen Nachwort zu seiner Ausgabe der "Biographien", S. 317 - 343. Er führt nicht gelöste Probleme mit dem Wahnsinn auf psychische Schwierigkeiten, implizit auch auf eine mangelnde Denkfähigkeit "spätaufklärerischer Geister" zurück und sieht

"den Schöngeist des 18. Jahrhunderts sozusagen in kopfhängerischer Attitüde." (Ebd., S. 330 f.)

77 Als Grundlage der folgenden Ausführungen dienen mehrere psychiatrie-historische Arbeiten, in denen ein umfangreiches Quellenmaterial aufgearbeitet ist. Neben Foucaults "Wahnsinn und Gesellschaft", in dem aber, nicht immer historisch zuverlässig, vorwiegend französische Verhältnisse beschrieben werden, und Dörners Buch "Bürger und Irre", dessen Darstellung von Zusammenhängen weitgehend zu folgen ist, sind zu nennen: Dietrich Jetter: Geschichte des Hospitals. Band I. Westdeutschland von den Anfängen bis 1850. Wiesbaden 1966. – Ders.: Zur Typologie des Irrenhauses in Frankreich und Deutschland (1780 - 1840). Wiesbaden 1971. – Theodor Kirchhoff: Grundriss einer Geschichte der deutschen Irrenpflege. Berlin 1890. – Heinrich Laehr: Gedenktage der Psychiatrie und ihrer Hülfsdisciplinen in allen Ländern. 4., verm. u. umgearb. Aufl. Berlin 1893. – Erich Haisch: Irrenpflege in alter Zeit. In: Ciba-Zeitschrift 8, Nr. 95 (1959), S. 3142 - 3172. – Ulrich Kleiner: Das Irrenwesen im 18. Jahrhundert, dargestellt an zeitgenössischen Zeitschriften. Med. Diss. Kiel 1962 (masch.).

78 Vgl. dazu Jetter, Westdeutschland von den Anfängen, bes. S. 53 f.

79 Darüber informiert, die Zeit vom Mittelalter bis zum 19. Jahrhundert umfassend, Theodor Kirchoff: Beziehungen des Dämonen- und Hexenwesens zur deutschen Irrenpflege. In: Allgemeine Zeitschrift für Psychiatrie und psychisch-gerichtliche Medicin 44 (1888), S. 329 - 398. Auch im "Grundriss" von 1890, S. 37 - 92, wird das Thema abgehandelt.

80 Eine Fundgrube für die Information über Theorien und Therapievorstellungen der vorpsychiatrischen Ärzte, die sich mit Geisteskranken befaßten, ist die umfangreiche Bibliographie von Heinrich Laehr (Hrsg.): Die Literatur der Psychiatrie, Neurologie und Psychologie von 1459 - 1799. Drei Bände. Berlin 1900. Band II enthält die Fachliteratur von 1700 - 1799, Band III Personen- und Sachregister. Nicht alle Angaben auch in Laehrs anderen Arbeiten sind unbedingt zuverlässig, was bei der Fülle des zusammengetragenen Daten- und Faktenmaterials verständlich ist. Laehrs Angaben sind zu überprüfen an denen Jetters, die nur auf eigenen Quellenforschungen in Anstaltsarchiven beruhen.

81 Eine kurze Zusammenfassung dieser Entwicklung stellt Erna Lesky vor: Medizin im Zeitalter der Aufklärung. In: Lessing und die Zeit der Aufklärung. Vorträge gehalten auf der Tagung der Joachim Jungius-Gesellschaft der Wissenschaften. Hamburg am 10. und 11. Oktober 1967. Göttingen 1968. S. 77 - 99. In ihren Anmerkungen S. 95 - 99 nennt Lesky auch weitere medizinhistorische Literatur und Quellentexte.

82 Diese Entwicklung beschreibt Jetter, Westdeutschland von den Anfängen, S. 56 - 61. In Lübeck bestand ein Tollhaus seit dem Mittelalter; 1788 wurde das neue Irrenhaus gebaut, das Merkel beschreibt. Einen festangestellten Arzt gab es erst seit 1819. In Frankfurt bestand seit 1527 ein Narrenhaus; 1728 wurde Geld gesammelt, weil es baufällig war, aber erst 1777 war ein Neubau vollendet. Dieser wurde schon 1783 erweitert für einen weiteren Neubau 1785. Damit wurde aus dem Tollhaus das "Kastenhospital", das Knigge so sehr lobt.

83 Vgl. dazu Jetter, ebd., S. 55. Noch 1810 gab es im Pesthof, der seit 1797 "Krankenhof" genannt wurde, 104 Wahnsinnige und 36 Epileptiker. Ähnliche Verhältnisse herrschten im Berliner Pesthaus.

84 Haisch, Irrenpflege, S. 3142.

85 Das betont besonders Dörner, Bürger und Irre, S. 192.

86 Die Verschickung eines wahnsinnigen Pastors V. nach South Carolina schildert Kirchhoff, Grundriss, S. 129 - 131. Den Akten des Tollhauses von Neumünster wird entnommen, daß es V. in der Fremde besser gehen sollte: Statt Zwangsarbeit im Tollhaus zu leisten, konnte er Schiffsprediger werden. Die konkrete Ausgrenzung ist also nicht nur auf negativ zu bewertende Motive zurückzuführen.

87 Die französischen Hôpitaux Généraux als Ausgrenzungsinstitutionen des Absolutismus bestanden von 1956 bis zur Revolution von 1789. Sie waren, zwischen Polizei- und Gerichtsgewalt, fast autonome Institutionen, die nur dem König unterstanden. Ein "lettre de cachet" genügte, um jede mißliebige Person dort einsperren zu lassen. Leichter lesbar und prägnanter als Foucault informieren darüber Jetter, Zur Typologie des Irrenhauses, und Dörner, Bürger und Irre, bes. S. 119 - 221 und S. 144 - 147.

88 Zum Irrenwesen in Brandenburg und Berlin vgl. Kirchhoff, Grundriss, S. 152 - 155. Schon kurz nach 1711 wurden die Kranken vom Dorotheenhospital in ein neues Irren- und Arbeitshaus in der Friedrichsstadt verlegt. – Die Anstalt in Celle wurde erst 1732 fertiggestellt. Geplant war von Anfang an, im Unterschied zu anderen Anstalten Züchtlinge und Irre räumlich zu trennen. Vgl. dazu Jetter, Westdeutschland von den Anfängen, bes. S. 121 - 124.

89 Das Irrenwesen blieb sehr vielfältig. Die Entwicklung ist nicht als eine chronologische Aufeinanderfolge jeweils verschiedener Stufen zu sehen, sondern als allmähliche Verschiebung. Diese ist, gerade im ständigen Vergleich mit Entwicklungen in anderen europäischen Ländern, vor allem in Frankreich und in England, sehr gut nachzuvollziehen mit Hilfe der Arbeit von Laehr, Gedenktage der Psychiatrie.

90 Dörner, Bürger und Irre, S. 190.

91 Darauf kann hier nicht weiter eingegangen werden, es ist auch bekannt genug. Eine knappe Zusammenfassung der ambivalenten Motive der Ausgrenzung von staatlicher Seite in Verbindung mit Peuplierungspolitik und Cameralismus bringt Jetter, Zur Typologie des Irrenhauses, S. 113 - 116.

92 Vgl. dazu Jetter, Westdeutschland von den Anfängen, S. 130: In Pforzheim wurde 1714 eine Anstalt gebaut, in Neumünster 1728; 1755 wurde eine in Glückstadt eröffnet, 1748 in Braunschweig, 1763 in Schwabach. In Ludwigsburg und Mannheim wurden 1746 und 1749 Anstalten gegründet. Die große Anstalt in Waldheim/Sachsen, die den meisten späteren Neugründungen als Vorbild diente, bestand seit 1716. Vgl. dazu ebd., S. 121.

93 Dörner, Bürger und Irre, S. 190.

94 Das bedeutet nicht, daß es den Irren in Frankreich und in den etwas später besetzten deutschen Städten dann besser ging. Sie wurden formal befreit, aber da es keine Auffanginstitutionen gab, wurden sie bald wieder als gefährlich in Gefängnisse eingesperrt. Das änderte sich in Frankreich grundlegend erst in den 20er Jahren des 19. Jahrhunderts. Vgl. dazu Dörner, ebd., S. 144 - 147.

95 Ein gutes und repräsentatives Beispiel dafür findet sich bei Johann Jacob Reinhard: Umständliche Nachricht von dem Waisenhause, wie auch Tol- und Krankenhause zu Pforzheim, Ingleichen von dem Zucht- und Arbeitshause daselbst. Mit Kupferen. Carlsruhe 1759. In dieser "Nachricht" sind ausführliche "Landesfürstliche Ordnungen wornach die Verfassung des Waisenhauses zu Pforzheim und des dazu gehörigen Tol- und Krankenhauses dermalen eingerichtet ist", abgedruckt. Andere, ähnliche Ordnungen und Verordnungen werden bei Kleiner, Das Irrenwesen, im Verlauf der ganzen Arbeit beschrieben.

96 Reinhard, Umständliche Nachricht, S. 45.

97 Waldheim, die vorbildliche Anstalt für das In- und Ausland, mußte ständig von Miliz bewacht werden; sie war immer überfüllt und von Epidemien heimgesucht. Von Anfang an gab es immer wieder Untersuchungskommissionen, die Verbesserungsvorschläge machten, woraufhin dann stets neue Verordnungen erlassen wurden. Aber es änderte sich nicht viel. Vgl. dazu Jetter, Zur Typologie des Irrenhauses, S. 95 - 98.

98 Haisch, Irrenpflege, S. 3150.

99 Zitiert nach Dörner, Bürger und Irre, S. 194.

100 So war in Preußen zum Beispiel das Betteln verboten; wer bettelte statt zu arbeiten, kam ins Armenhaus. Daß die Bevölkerung Berlins dies um die Mitte des Jahrhunderts noch nicht einfach hinnahm, zeigt eine Auseinandersetzung zwischen der Bürgerschaft und einem Armenwächter, der eine alte Frau ins Armenhaus schaffen will. Dieses Beispiel, entnommen aus zeitgenössischen Berichten und Anzeigen, ist nachzulesen in: Peter Brand und Rainer Zilkenat (Hrsg.): Preußen. Ein Lesebuch. Berlin 1981. S. 79 f.

101 Daher kommt nach Jetter, Westdeutschland von den Anfängen, S. 121, noch heute der Ausdruck "spinnen" für geistesgestört sein.

102 John Howard: The State of Prisons in England and Wales, with preliminary Observations and an Account of some foreign Prisons, Warrington 1777. Deutsch: Über Gefängnisse und Zuchthäuser. Aus dem Englischen von G.L.W. Köstler. Leipzig 1780. – Der menschenfreundliche Irrenhausaufseher Filbert, der Wilhelm bei Thümmel, Reise, Band VI, S. 3 - 39, durch die Anstalt führt, ist ein Neffe Howards.

103 John Howard: An Account of the principal Lazarettes in Europe. London 1789. Deutsch: Nachricht von den vorzüglichsten Krankenhäusern und Pesthäusern in Europa. Aus dem

Englischen von G.L.W. Köstler. Leipzig 1791.

104 Zwei Bände. Zeyten Bandes zweyte Hälfte: Nebst einem Anhange über die Zweckmässigste Einrichtung der Gefängnisse und Irrenanstalten. Halle 1791, 1792 und 1794. Später veröffentlichte Wagnitz noch: Ideen und Plane zur Verbesserung der Policey- und Criminalanstalten. Dem neunzehnten Jahrhundert zur Vollendung übergeben. Erste bis dritte Sammlung. Halle 1801 - 03.

105 Halle 1803.

106 Johann David Albrecht Höck: Historische Nachrichten und Bemerkungen über die merkwürdigsten Irren-Anstalten. Nebst Ideen und Planen zur Verbesserung derselben. Regensburg 1804.

107 Das berichten alle Psychiatrie-Historiker, so Haisch, Irrenpflege, S. 3146, und Dörner, Bürger und Irre, S. 198.

108 Allerdings waren die Zustände im Narrenturm katastrophal: In etwa 140 Zellen waren bis zu 250 Irre untergebracht und angekettet, wie Haisch, Irrenpflege, S. 3148, ausführt. Bis 1786 aber liefen die Wahnsinnigen in Österreich gewöhnlich frei herum; erst in diesem Jahr gab Joseph II. den Befehl, Pflegeanstalten einzurichten. In diesen Anstalten herrschte dann bis 1833 ein ähnliches Durcheinander von Ausgegrenzten wie in den deutschen Zucht- und Tollhäusern vor 1800. Vgl. dazu Kirchhoff, Grundriss, S. 164.

109 Hrsg. von Konrad Friedrich Uden und Johann Theodor Pyl. Stendal 1782 - 84. – Ab 1785 gab Pyl das "Magazin" allein heraus, unter dem Titel: Neues Magazin für die gerichtliche Arzneykunde und medizinische Polizey. Stendal 1785 - 88. – In diesem Magazin finden sich folgende Berichte, vorwiegend von Anstaltsärzten, die ein recht gutes Bild damaliger Anstalten in all ihrer Verschiedenheit liefern: Johann Theodor Pyl: Das Irrenhaus in Berlin. In: Magazin, 2. Band, 2. Stück (1784), S. 283 - 321. Der Bericht enthält einen Abdruck aller Instruktionen und Verordnungen für das Personal und Tabellen über Kleidungs-, Verpflegungs- und Gehaltsordnungen. – Anonym: Nachrichten von den Hessischen Samthospitalien, besonders dem Kloster Marxhausen. In: Ebd., 4. Stück (1784), S. 757 - 767. Dieser Bericht scheint nicht von einem Arzt zu sein; er ähnelt in der Bestialisierung von Wahnsinnigen sehr den "Beobachtungen" von Pockels. – Johann Daniel Mezger: Ueber das Königsbergische Irrhaus. In: Ebd., S. 767 - 774. Mezger ist der einzige angestellte Anstaltsarzt, der katastrophale Zustände recht drastisch vorführt. 1787 - 89 wurde daraufhin in Königsberg ein neues Irrenhaus gebaut. – Anonym: Nachricht über die Einrichtung des neuen großen Hospitals in Wien (aus speziellen Nachrichten von Wien). In: Ebd., S. 774 - 796. – Johann Wilhelm Günz: Nachrichten von dem Irren- und Zuchthause zu Waldheim, und dessen Einrichtung. (Aus einem Schreiben des Herrn D. Günz an Herrn D. Glawnig, zu Brieg). In: Neues Magazin, 1. Band, 1. Stück (1785), S. 100 - 135. – Ernst Gottlieb Glawnig: Nachricht von dem neu erbauten Irrhause zu Brieg in Niederschlesien. In: Ebd., 3. Stück, S. 467 - 475. Der Neubau wurde 1785 bezogen. Der Arzt ist zur Führung von Krankenkarteien und zu Leichensezierungen verpflichtet, um den Wahnsinn als Krankheit zu erforschen. – Johann Theodor Pyl: Nachricht von dem Kastenhospital zu Frankfurt am Mayn. In: Ebd., 2. Band, 1. Stück

(1786), S. 113 - 121. Vgl. dazu auch oben, Anm. 82. Am Kastenhospital ist ein Arzt zum regelmäßigen Besuch der Irren verpflichtet. – Johann Daniel Metzger (sic!): Das Zuchthaus zu Roessel im Ermeland. In: Ebd., 3. Stück (1787), S. 133 - 150. Auch dieser Bericht enthält wie der erstgenannte von Pyl über Berlin Instruktionen, Verordnungen und Tabellen über die interne Anstaltsorganisation. – Die genannten Artikel werden im Literaturverzeichnis nicht gesondert angeführt, bis auf den über die Hessischen Samthospitalien. Weitere Fachzeitschriften des 18. Jahrhunderts verzeichnet die Bibliographie von Laehr, Die Literatur der Psychiatrie, Band III, S. 261 - 269.

110 Eine Fülle von Material dazu liefert Johann Baptist Friedreich: Versuch einer Literärgeschichte der Pathologie und Therapie der psychischen Krankheiten. Würzburg 1830. Das 18. Jahrhundert nimmt den größten Teil der Abhandlung, S. 187 - 644, ein. Zu den Nosologien bemerkt Friedreich, S. 214: "Besonders zu tadeln ist die, oft zu gesuchte und von den Zufällen hergenommene Eintheilung der Krankheiten."

111 Wie in Brieg, so wurde auch in Waldheim versucht, die körperlichen Ursachen des Wahnsinns zu erforschen. Über Gredings Versuche, Behandlungen auch mit verschiedensten Kräutern auszuprobieren und über sein Achten darauf, daß die versuchten Therapien die Kranken nicht quälten, informieren am besten seine eigenen Erfahrungsberichte. Siehe dazu: Johann Ernst Greding: Vermischte medicinische und chirurgische Schriften. Hrsg. von Karl Wilhelm Greding. Altenburg 1781. – Ders.: Sämmtliche medizinische Schriften. Hrsg. von Carl Wilhelm Greding. Zwei Theile. Greiz 1790 - 91.

112 Das war zum Beispiel in Brieg, Frankfurt, Waldheim, Bamberg, Würzburg und Ludwigsburg der Fall. Vgl. dazu auch Dörner, Bürger und Irre, S. 198.

113 Jetter, Westdeutschland von den Anfängen, S. 128, belegt diese Entwicklung, in der sich gegen Ende des Jahrhunderts fast überall der Trennungsgedanke durchsetzte.

114 Unter dem Bischof Franz Ludwig von Erthal wurden die Hospitäler von Würzburg und Bamberg zu Vorläufern des modernen Krankenhauses. Das Bamberger Krankenhaus, wie das Würzburger nur für heilbare Kranke gedacht, nahm allerdings erst ab 1805 Wahnsinnige auf, obwohl schon 1788 Pläne dafür bestanden. In Würzburg aber gab es schon 1748 einen Arzt für Wahnsinnige, die bereits 1773 von den Epileptischen getrennt wurden. Mit der Eröffnung des Bamberger Krankenhauses 1789 wurde Adalbert Friedrich Marcus leitender Arzt. Vgl. dazu Jetter, Westdeutschland von den Anfängen, S. 149 - 164, und ders., Zur Typologie des Irrenhauses, S. 90 f.

115 Reil, Rhapsodieen, S. 14 f. Hinzufügung von mir.

116 Das erwähnt Haisch, Irrenpflege, S. 3148. Auch Laehr beklagt solche Zustände noch 1852, in: Ders.: Ueber Irrsein und Irrenanstalten. Für Aerzte und Laien. Halle 1852. Ungeachtet allen Fortschritts sind die Irren in Berlin noch 1852 mit "Syphilitischen, Krätzigen und Gefangenen unter einem Dache" (ebd., S. 5). Lesenswert ist das Kapitel "Vier und zwanzig Stunden aus dem Leben und Treiben einer Irrenanstalt", S. 158 - 206, wo eine wahre Irrenhaus-Idylle mit blitzsauberen Irren und alles überschauenden Ärzten geschildert wird. Das ist das Ideal Laehrs.

117 Johann Gottfried Langermann, preußischer Medizinal- und Sanitätsrat, wurde von Karl August von Hardenberg mit der Einrichtung dieser ersten Heilanstalt beauftragt. Ein "Bericht des Medicinal-Raths Dr. Langermann, die Veränderungen in dem Bayreuther Irrenhaus betr. Bayreuth den 28. May 1804" und die "Verfügung von v. Hardenberg an die Kammer zu Bayreuth, den Zustand des dortigen Irrenhauses zu St. Georgen betr. Berlin den 16. Februar 1805" sind abgedruckt in: Allgemeine Zeitschrift für Psychiatrie und psychisch-gerichtliche Medicin 2, H.4 (1845), S. 569 - 606.

118 Knigge, Umgang mit Menschen, S. 136 f. Hinzufügung von mir.

119 Ebd., S. 138

120 Dieser Ansicht sind Bennholdt-Thomsen/Guzzoni, Der "Asoziale", S. 176 nicht. Sie setzen für das Denken der Zeit einen Unterschied zwischen Wahnsinns- und Verbrechensauffassungen voraus. Beim Verbrechen würden soziale Ursachen und Folgen berücksichtigt, beim Wahnsinn nicht. Diese Unterscheidung ist deswegen nicht plausibel, weil das Ursachendilemma der Autoren in bezug auf den Wahnsinn, das Bennholdt-Thomsen/Guzzoni für Vorurteile halten, sich eben aus der Erkenntnis auch sozialer Ursachen des Wahnsinns ergibt.

121 Halle 1787.

122 "Moralisch" wurde im 18. Jahrhundert im Sinne von "psychologisch" u n d "sittlich" verstanden. Allerdings zeigen alle analysierten Texte, daß die Auffassungen des Moralischen im 18. Jahrhundert von einer Lohn-Strafe-Moral kaum zu trennen sind.

123 Die psychiatrische Theorienbildung um und nach 1800 ist nicht unabhängig von sozialen Einstellungen zum Problem der Abweichungen zu sehen. Anderer Meinung sind Werner Leibbrand und Annemarie Wettley: Der Wahnsinn. Geschichte der abendländischen Psychopathologie. Freiburg/München 1961. – Die Autoren bleiben in ihrem umfangreichen, zum Thema unverzichtbaren Nachschlagewerk rein psychiatrisch-theoriengeschichtlich orientiert. Das verkürzt die Darstellungen der historischen Theorien selbst.

124 Wagnitz, Ueber die moralische Verbesserung, S. 50 f.

125 Ebd., S. 51.

126 Ebd., Vorrede.

127 Das betrifft nicht nur Preußen, obwohl es unter Friedrich dem Großen das deutlichste Beispiel für eine in sich widersprüchliche, auf eine Vereinbarkeit aller Bereiche zielende absolutistische Staatsauffassung ist. Auf einzelstaatliche und regionale Unterschiede kann hier nicht eingegangen werden. Informationen und Literatur dazu finden sich außer in den einschlägigen Handbüchern bei Rudolf Vierhaus: Deutschland im 18. Jahrhundert: soziales Gefüge, politische Verfassung, geistige Bewegung. In: Lessing und die Zeit der Aufklärung. S. 12 - 29.

128 Das betraf naturgemäß hauptsächlich Angehörige der Unterschichten, für die Gebildete mehr und bessere Anstalten schaffen wollten, so daß Armut und Bettelei durch den Staat aufgefangen werden sollten. Ein gutes Beispiel dafür ist der Entwurf von Michael Friedländer: Entwurf einer Geschichte der Armen und Armenanstalten. Nebst einer Nachricht von dem jetzigen Zustande der Pariser Armenanstalten und Hospitäler insbesondere. Im November 1803. Leipzig 1804.

129 Sehr gute Darstellungen zu dieser Ambivalenz in Theorie und Praxis des aufgeklärten Absolutismus und auch zu Gemeinsamkeiten mit der literarischen Aufklärung wie zu Unterschieden von ihr bieten: Peter Baumgart: Wie absolut war der preußische Absolutismus? In: Manfred Schlenke (Hrsg.): Preußen, Beiträge zu einer politischen Kultur. Reinbek b. Hamburg 1981. S. 89 - 105. Ebd., S. 104 f., wird die wichtigste Literatur zum aufgeklärten Absolutismus nicht nur in Preußen angegeben. – Horst Möller: Königliche und bürgerliche Aufklärung. In: Ebd. S. 120 - 135. Möller zeigt für Preußen die Wechselbeziehungen von innenpolitisch-praktischer und literarischer Aufklärung wie auch die gegensätzlichen Interessen.

130 Die Ausführungen zum Gesundheitswesen beruhen auf der umfangreichen, sehr viel Quellenmaterial enthaltenden Arbeit von Alfons Fischer: Geschichte des deutschen Gesundheitswesens. Zwei Bände. Berlin 1933. Band II.

131 Medizinalordnungen, Gesundheitsgesetze und Ausbildungsordnungen werden genannt ebd., S. 140 - 146.

132 Der von Friedrich Schiller so gehaßte Karl Eugen zum Beispiel machte sich um die Förderung der Medizin besonders verdient. 1751 veranlaßte er eine Erweiterung des anatomischen Theaters der Medizinischen Fakultät der Universität von Tübingen. Etwas später führte er das medizinische Staatsexamen ein und verbot, des Ausbaus der medizinischen Fakultät wegen, das herkömmliche Auslandsstudium. Nach Jetter, Westdeutschland von den Anfängen, S. 171 - 173.

133 So holte Maria Theresia 1745 den berühmten, von Hermann Boerhaave beeinflußten Gerhard van Swieten nach Wien, womit eine mehr praxisorientierte Medizin den Anfang nahm. Johann Peter Frank wurde 1772 unter dem Fürstbischof von Speyer Landphysikus und 1795 als Direktor des Allgemeinen Krankenhauses und Leiter des österreichischen Medizinalwesens nach Wien berufen. Franz Anton Mai wurde 1789 Leibarzt der Kurfürstin von Mannheim. Vgl. dazu Fischer, Gesundheitswesen II, S. 7, S. 43 f. und S. 47 - 49.

134 So zum Beispiel die Rede von Johann Peter Frank, die er zuerst lateinisch 1790 an der österreichischen Universität von Pavia hielt: Ders.: Vom Volkselend einer fruchtbaren Mutter von Krankheiten. Aus dem Lateinischen von S.J.L. Doering. Marburg 1794.

135 Philosophisch-medizinische Abhandlungen darüber gab es genug, wie zum Beispiel die von Simon André Tissot: Von den Krankheiten vornehmer und reicher Personen an Höfen und in großen Städten. Frankfurt und Leipzig 1770.

136 Sechs Theile. Carlsruhe 1783 - 88.

137 Eine ausführliche Analyse dieser Verabsolutierung von Gesundheit als einem moralischen Wert in Salzmanns Roman, in Verbindung mit einer Analyse der Moralmedizin Tissots, unternimmt Walter Rüegg: Der Kranke in der Sicht der bürgerlichen Gesellschaft an der Schwelle des 19. Jahrhunderts. In: Walter Artelt und Walter Rüegg (Hrsg.): Der Arzt und der Kranke in der Gesellschaft des 19. Jahrhunderts. Vorträge eines Symposiums vom 1. - 3. April 1963 in Frankfurt am Main. Stuttgart 1967. S. 35 - 49. – Weitere moralhygienische Schriften der historischen Gesundheitsaufklärung nennt Fischer, Gesundheitswesen II, S. 152 - 161.

138 Salzmann, Carl von Carlsberg, Zweiter Theil, S. 230.

139 Nach Fischer, Gesundheitswesen II, S. 17, im Teil 2, Titel 2, § 67 und § 68.

140 Bernhard Christoph Faust: Entwurf zu einem Gesundheits-Katechismus. Der, mit dem Religions-Katechismus verbunden, für die Kirchen und Schulen der Graffschaft Schaumburg-Lippe ist entworfen worden. Vermehrte Auflage. Bückeburg 1792. – Auf diesen "Katechismus" gehen Fischer, Gesundheitswesen II, S. 154, und Rüegg, Der Kranke, S. 41 f., ein. Ihren Besprechungen der moralischen Gesundheitsaufklärung ist nichts hinzuzufügen; sie heben sowohl die emanzipativen als auch die repressiven, gewissensbildenden Momente hervor.

141 Faust, Gesundheits-Katechismus, Eingangsgedicht. Zitiert nach Rüegg, Der Kranke, S. 41 f.

142 Nach Fischer, Gesundheitswesen II, S. 50.

143 So ordnete zum Beispiel der Fürstbischof von Würzburg schon 1793 an, daß der "Katechismus" in den Schulen abschnittweise zu besprechen sei. Nach Fischer, ebd., S. 51. Dieselbe Auflagenziffer für die Zeit von 1792 - 1802 nennt Rüegg, Der Kranke, S. 41.

144 Über Frank als Medizinalreformer informiert kurz Erna Lesky: Johann Peter Frank als Organisator des medizinischen Unterrichts. In: Sudhoffs Archiv für Geschichte der Medizin und der Naturwissenschaften 39 (1955), S. 1 - 29. – Frank, "nacheinander Reformator des lombardischen, österreichischen, russischen Medizinalwesens" (Rüegg, Der Kranke, S. 42), veröffentlichte ein umfangreiches Werk, in dem die "medizinisch-bürgerliche Aufklärung, Erziehung und Verantwortung gipfelt" (ebd.): Es erschien in acht Bänden zwischen 1779 und 1819 und ist in folgender Ausgabe eingesehen worden: Johann Peter Frank: System einer vollständigen medicinischen Polizey. Mit einigen Zusätzen von F. August von Wasserberg (Band I - III). Dritte verbesserte Auflage Band I - IV. Wien 1786, 1787 und 1790. Band V: Tübingen 1813. – In Band IV wird das Anstaltswesen besprochen, wobei die Verwahrungs- und Sicherungsfunktion der Institutionen stark betont wird. Franks Werk hatte, wohl auch aufgrund seiner perfektionistischen Reformvorstellungen, im 18. Jahrhundert kaum Einfluß auf die Praxis des Gesundheitswesens, desto mehr aber auf die literarische Gesundheitsaufklärung.

145 Mai, seit 1769 Medizinalrat im kurfürstlichen Consilium medicum in Mannheim, ver-

öffentlichte 1800 einen alles umfassenden Entwurf zur Gesundheitsgesetzgebung. Dessen Verwirklichung hätte sowohl umfassende Reformen als auch eine totale Kontrolle über den Einzelnen erforderlich gemacht. Auch dieser Entwurf blieb noch lange ohne praktische Konsequenzen. Franz Anton Mai: Entwurf zu einer Gesetzgebung über die wichtigsten Gegenstände der medizinischen Polizei als Beitrag zu einem neuen Landrecht in der Pfalz. Heidelberg 1800. – Zur Biographie Mais vgl. Fischer, Gesundheitswesen II, S. 47 - 49; ebd., S. 149 - 152, wird auch der "Entwurf" ausführlich besprochen.

146 Mit einem Brief Immanuel Kants an den Autor sowie einem modernen Nachwort von Rolf Brück. München 1978. Hufelands Werk erschien als "Die Kunst das menschliche Leben zu verlängern" zuerst in Jena 1797.

147 Hufeland, Makrobiotik, S. 10.

148 Zitiert nach der Ausgabe: Immanuel Kant: Werke in zwölf Bänden. Band XI. S. 371 - 393.

149 Ebd., S. 375.

150 Das geht auch aus den gegen Thomas Hobbes gerichteten Staatstheorien der Zeit hervor. Von den deutschen Theoretikern wurde eine Zerstörung des Verpflichtungsgedankens durch eine Revolution bekanntlich stärker abgelehnt als von den französischen oder auch englischen.

151 Das wird den Nicht-Philosophen am leichtesten zugänglich in der 1785 zuerst erschienenen Schrift von Kant: Grundlegung zur Metaphysik der Sitten. In: Ders.: Werke in zwölf Bänden. Band VII. S. 11 - 102.

152 Ebd., S. 71. – Natürlich soll hier nicht der Kategorische Imperativ analysiert werden; hinzuweisen ist nur auf seine Gebundenheit an die Vorstellung eines nach zeitlosen Gesetzen funktionierenden Universums – und an die Zeit des aufgeklärten Absolutismus.

153 Eben diese kulturkritische Tradition lassen Bennholdt-Thomsen/Guzzoni, Der "Asoziale", S. 165 - 197, vollkommen außer acht, obwohl die Konsequenzen für die Auffassung von einer Soziogenese des Wahnsinns an der unterhaltend aufklärenden Literatur und an der beginnenden psychiatrischen Theorienbildung um 1800 abzulesen sind. Daß Bennholdt-Thomsen/Guzzoni meinen, der Wahnsinn sei in der historischen Aufklärung nur individualgenetisch gesehen worden, liegt daran, daß sie das Wirklichkeitsverständnis der Autoren in den Texten nicht analysieren, sondern als unproblematisch voraussetzen und dann die Texte psychoanalytisch, auf die wahnsinnigen Figuren bezogen, interpretieren.

154 Diese Auseinanderentwicklung wurde gerade von den Popularaufklärern als Problem empfunden und thematisiert, die schon damals und heute immer noch als zwar bemüht, aber bieder und ein wenig geistlos verstanden wurden. So meinten zum Beispiel Justus Möser oder Christian Garve gegen Kant, daß widerspruchsfreie Theorien in der Anwendung auf die soziale Praxis und den Menschen nicht immer taugen müßten. Allerdings

geht dann gerade Garve in seiner Auseinandersetzung mit Kant unreflektiert moralisierend ebenfalls von einer Vereinbarkeit aller Bereiche aus und bestätigt sie am Ende seiner Überlegungen moralisch. Die Popularaufklärung, die ganz konkret an die Aufzuklärenden und an die beobachtbare soziale Realität gebunden blieb, hat nicht zur Verabsolutierung kritischer Gegenentwürfe beigetragen. Sie blieb aber auch einem Vernunftbegriff verhaftet, der als gesunder Menschenverstand, mit normativen Moralvorstellungen untermischt, viel zu begrenzt war, als daß er von vielen Gebildeten der Zeit hätte akzeptiert werden können. Vgl. dazu: Justus Möser: Über Theorie und Praxis. In: Ders.: Anwalt des Vaterlandes. Ausgewählt und herausgegeben von Friedemann Berger. Leipzig und Weimar 1978. S. 467 - 481. – Christian Garve: Ueber die Gränzen des bürgerlichen Gehorsams, in Beziehung auf den Aufsatz von Kant über den Gemeinspruch: das mag in der Theorie richtig seyn, taugt aber nicht für die Praxis. In: Ders.: Popularphilosophische Schriften über literarische, ästhetische und gesellschaftliche Gegenstände. Im Faksimiledruck hrsg. von Kurt Wölfel. Zwei Bände. Stuttgart 1974. Band II. S. 1117 - 1140.

155 Jean-Jacques Rousseau: Abhandlung über die von der Akademie zu Dijon gestellte Frage, ob die Wiederherstellung der Wissenschaften und Künste zur Läuterung der Sitten beigetragen habe. In: Ders.: Sozialphilosophische und Politische Schriften. In Erstübertragung von Eckhart Koch u.a. München 1981. S. 4 - 35. – Ders.: Abhandlung über den Ursprung und die Grundlagen der Ungleichheit unter den Menschen. In: Ebd., S. 37 - 161.

156 Rousseau, Abhandlung Sitten, S. 14.

157 Zitiert nach der Ausgabe: Jean-Jacques Rousseau: Emil oder über die Erziehung. In neuer deutscher Fassung besorgt von Ludwig Schmidts. 4. Auflage. Paderborn 1978. – Das Buch erschien zuerst 1762.

158 Ebd., S. 9.

159 Ebd., S. 12.

160 Ebd., S. 30.

161 Ebd., S. 29.

162 Ebd., S. 31.

163 Ebd., S. 76.

164 Darauf kann hier nicht eingegangen werden. Über diese Unterschiede im Zusammenhang mit der Wahnsinnsproblematik informiert recht gut das Buch von Dörner, Bürger und Irre. Dörner stellt Entwicklungen in England, Frankreich und Deutschland in drei getrennten Teilen dar und arbeitet, weil er ja eine Sozialgeschichte der Psychiatrie schreibt, die rationalen Differenzen deutlich heraus. Foucault, Wahnsinn und Gesellschaft, argumentiert hingegen gesamteuropäisch, weil die Einheit von Vernunft und Wahnsinn ja im Orient liegt, der hinter der Grenze Europas beginnt. Das verwischt alle Unterschiede, die aber wegen der verfolgten einen großen Geste der Abtrennung der europäischen Vernunft

vom Wahnsinn auch nicht wichtig sind.

165 Das betrifft vor allem die Vertreter des Sturm und Drang. Zwar kritisieren sie die restriktiven und repressiven Momente in Staat, Gesellschaft und der Vernunft der literarischen Aufklärung, beziehen sich aber dabei auf die umfassende Wahrheit der individuell-menschlichen und der äußeren Natur und kritisieren die bestehende und beobachtbare Realität nicht rational-analytisch, sondern setzen ihr emotionale Bedürfnisse entgegen.

166 Ein gutes Beispiel dafür ist Salzmanns Roman "Carl von Carlsberg", aus dem bereits zitiert wurde. Die von Rousseau beeinflußte deutsche Pädagogik richtete sich an der individuellen Natur des Menschen aus, die als harmonisch-gesetzmäßige, im Einklang mit dem Willen der Gesamtnatur stehende, verabsolutiert wurde.

167 So sieht zum Beispiel Friedländer, Entwurf einer Geschichte der Armen und Armenanstalten, die Armut ganz rousseaugemäß als Folge des Fortschritts in sich differenzierenden bürgerlichen Gesellschaften. Er führt dies aber nicht, wie Rousseau, zurück auf Machtpolitik und Wirtschaftsinteressen, die es zu bekämpfen gilt. Vielmehr verlangt er für die deutschen Staaten 1804 m e h r Anstalten für Arme und Bettler – auf der Basis eines in seinen Bedingungen nicht analysierten weiteren Fortschritts in einer Gesellschaft, in der für alle gesorgt ist. Das heißt: in Friedländers Denken verläuft der Fortschritt dann wieder naturgemäß, wenn Staat und Gesellschaft diejenigen in Institutionen auffangen, die Opfer des Fortschritts werden.

168 Immanuel Kant: Versuch über die Krankheiten des Kopfes. In: Ders.: Werke in zwölf Bänden. Band II. S. 887 - 901. Zitat S. 887.

169 Alle Zitate ebd., S. 888.

170 Ebd., S. 896.

171 Ebd., S. 898 f.

172 Vgl. oben Anm. 105. Zitat ebd., S. 13 f.

173 Im Schlußteil dieses Buches. – Wie nachhaltig die Kulturktitik im Sinne Rousseaus auf psychiatische Auffassungen von einer krankmachenden Gesellschaft, der die Wahrheit der Natur entgegengesetzt wurde, wirkte, wird auch bei Burrows, Untersuchung über Geisteszerrüttung, S. 24, deutlich: "Der Zustand der bürgerlichen Gesellschaft ist einmal zu beschaffen, daß es an Anregungen zur Zerrüttung der Geisteskräfte nie fehlen kann. Mit Recht hat man die Geisteszerrüttung die Krankheit der Civilisation genannt: denn je verfeinerter, je verkünstelter die Nation, desto geneigter zur Verrücktheit." – Die frühen Psychiater verstanden sich häufig, vielen heutigen Antipsychiatern gar nicht unähnlich, nicht nur als zuständig für ihre Kranken, sondern auch als zuständig für eine dem Menschen gemäße Vernunft schlechthin, nach der Staat und Gesellschaft einzurichten waren.

174 Kant, Versuch, S. 892.

175 Ebd., S. 890.

176 Jonathan Swift: Ein ernsthafter und brauchbarer Plan zur Schaffung eines Hospitals für Unheilbare, von allgemeinem Nutzen für alle Untertanen Seiner Majestät. In: Ders.: Ausgewählte Werke. Drei Bände. Bearb. von Horst Höhne. Berlin und Weimar 1967. Band I. S. 447 - 496. Swift schrieb diese Satire 1733 und meint darin unter anderem, "daß solch ein Hospital mit einer beträchtlichen Anzahl von Leuten beliefert würde, die aus unseren Universitäten hervorgegangen sind und gegenwärtig in verschiedenen Berufen unter den ehrwürdigen Titeln von Ärzten, Juristen und Geistlichen in der Welt auftreten." (Ebd., S. 479) Tragischerweise war Swift 1733 schon selbst in Bedlam interniert.

177 Vom Wahn einer Weltsicht nach Leibniz' Entsprechungsdenken handelt bekanntlich Voltaires "Candide oder Der Optimismus". Die Vorstellung von einer ganzheitlichen, in sich harmonischen und guten Natur des Menschen wird als Wahn satirisiert in: Voltaire: Memnon oder die menschliche Weisheit. In: Ders.: Sämtliche Romane und Erzählungen. Mit einer Einleitung von Victor Klemperer. 2. Auflage. Zwei Bände. Frankfurt a.M. 1978. Band I. S. 233 - 239.

178 Brief Rousseaus an Voltaire. Paris, den 7. September 1955. In: Voltaire. Korrespondenz aus den Jahren 1749 bis 1760. Hrsg, von Rudolf Noack. Leipzig 1978. S. 69 - 72. Zitat S. 71.

179 Brief Voltaires an Rousseau. Délices bei Genf, den 30. August 1755. In: Ebd., S. 65 - 68. Zitat S. 67.

180 Voltaire, Memnon, S. 239. – Memnon will gut und weise werden und scheitert kläglich. Der Geist erscheint ihm im Traum danach.

181 Zitiert nach der Ausgabe: John Locke: Über den menschlichen Verstand. In vier Büchern. 3. Aufl., unveränderter Nachdruck in einem Band. Hamburg 1976. – Lockes "An essay concerning human understanding" erschien 1700 bereits in der 4. Auflage.

182 Zitiert nach der Ausgabe: Gottfried Wilhelm Leibniz: Neue Abhandlungen über den menschlichen Verstand. In dritter Auflage. Mit Benutzung der Schaarschmidt'schen Übertragung neu übersetzt, eingeleitet und erläutert von Ernst Cassirer. Leipzig 1915. – Der Einfluß, den die "Neuen Abhandlungen" auf das Denken deutscher Literaten und Gebildeter im letzten Drittel des 18. Jahrhunderts ausübten, ist sehr hoch zu veranschlagen. Das erläutert Cassirer in seiner Einleitung, ebd., S. V - XXV.

183 Zitiert nach der Ausgabe: Werke in zwölf Bänden. Band XII. S. 399 - 690.

184 Locke, Über den menschlichen Verstand, Einleitung, S. 23.

185 Ebd., Zweites Buch, XXXIII. Kapitel: "Über die Assoziation der Ideen", § 4, S. 499.

186 Ebd., § 18, S. 506. Hinzufügung von mir.

87 Ebd., S. 506 f.

188 Leibniz, Neue Abhandlungen, Vorrede, S. 8. – Die Vorrede, auf die sich die folgenden Analysen hauptsächlich beziehen, umfaßt die Seiten 1 - 30.

189 Ebd., S. 10.

190 Ebd., S. 11.

191 Ebd., S. 15.

192 Ebd.

193 Ebd., S. 27.

194 Ebd., S. 26.

195 Ebd., Zweites Buch, Kapitel XXXIII: "Von der Ideenassoziation", § 18, S. 294. Hinzufügung von mir.

196 Ebd. Hervorhebung von mir.

197 Kant, Anthropologie, S. 399.

198 Ebd.

199 Ebd., S. 529.

200 Ebd., S. 530 f.

201 Ebd., S. 531.

202 Ebd., S. 532.

203 Ebd., S. 535.

204 Vgl. dazu auch Dörner, Bürger und Irre, der S. 208 - 216 Kants Wahnsinnsauffassung ausführlich analysiert und S. 216 einen "theoretisch-ätiologischen Widerspruch" feststellt. Dörner argumentiert in einem anderen Rahmen als dem hier interessierenden der philosophiehistorischen Wahrheitsfindung, kommt aber zu vergleichbaren Ergebnissen.

205 Kant, Anthropologie, S. 533.

206 Schleiermacher schrieb eine vernichtende Rezension der "Anthropologie", in: Athenaeum. Eine Zeitschrift von August Wilhelm Schlegel und Friedrich Schlegel. Drei Bände. Berlin 1798 - 1800. Fotomechanischer Nachdruck Darmstadt 1977. Zweiten Bandes zweites Stück. S. 300 - 306. S. 301 wird betont: "(. . .) wer davon, was der Mensch als freihan-

delndes Wesen aus sich selbst macht, oder machen kann und soll, nichts mehr und gründlicheres weiß, als er hier aufgezeichnet findet, kann nicht einmal ein mittelmäßig um sich wissender Mensch seyn."

207 Vgl. dazu Kant: Die Metaphysik der Sitten. In: Ders.: Werke in zwölf Bänden. Band VIII. S. 309 - 634. In der "Tugendlehre", Erstes Hauptstück, Erster Artikel, § 6, Kasuistische Fragen, S. 556, heißt es: "Wer sich die Pocken einimpfen zu lassen beschließt, wagt sein Leben aufs Ungewisse (. . .) und ist so fern in einem weit bedenklicheren Fall des Pflichtgesetzes, als der Seefahrer, welcher doch wenigstens den Sturm nicht macht, dem er sich anvertraut, statt dessen jener die Krankheit, die ihn in Todesgefahr bringt, sich selbst zuzieht. Ist also die Pockeninokulation erlaubt?" Wohlgemerkt: Kant entscheidet das Problem nicht, sondern stellt es – aber eben darin liegt das Problem einer philosophischen Übertragung zeitlos gültiger Gesetze auf die Erfahrungswirklichkeit. Nicht nur, weil Zeitgenossen Kants anders dachten, sondern weil er selbst pragmatische Überlegungen anstellt und seine Theorie auf die Praxis bezieht, wäre es inkonsequent, solche Bezüge für zeitgebunden und die Theorie selbst für zeitlos zu halten.

208 So wurden wegen des Zieles einer vermehrten und gesunden Bevölkerung, mit dem sich die Gesundheitsaufklärer identifiziert hatten, zum Beispiel Vielweiberei gefordert oder auch ein Verbot von Eheschließungen mit körperlich oder psychisch Kranken und Wahnsinnigen. Solche Verbots-Vorschläge zählt Fischer, Gesundheitswesen II, S. 220 - 225, auf. 1813 wurde dem Großherzog von Hessen vorgeschlagen, Ehen mit körperlich Entstellten, Epileptikern oder ansteckenden Kranken zu verbieten. Der Herzog zog Erkundigungen ein, stellte fest, daß die Vererbungsfrage wissenschaftlich ungeklärt war und ließ das Verbot nicht zu. Vgl. ebd., S. 225 Anm. 2. – Auch Frauen mit zu engem Becken, bei denen engagierte Reformer schon im 18. Jahrhundert an Heiratsverbote dachten, weil kein vielfältiger und gesunder Nachwuchs zu erwarten war, durften weiter heiraten.

209 Angaben bei Brand/Zilkenat (Hrsg.), Preußen, S. 18.

210 Abgedruckt bei Höck, Historische Nachrichten über Irren-Anstalten, S. 33 - 35 und S. 36 - 38.

211 Ebd., S. 36 f.

212 Diese Entwicklung beschreibt Dörner, Bürger und Irre, S. 196f. S. 197 führt er das hier genannte Beispiel an.

213 Das ist als Entwicklung vornehmlich in den 80er Jahren den Anstaltsbeschreibungen bei Jetter, Zur Typologie des Irrenhauses, zu entnehmen. Auch die oben, Anm. 109, genannten Quellentexte von Anstaltsärzten verweisen darauf.

214 Gegen eine damals anscheinend weit verbreitete Auffassung, daß Geisteskrankheiten seit 1770 zugenommen hätten, wendet sich G.M. Burrows: Untersuchung über gewisse, die Geisteszerrüttung betreffende Irrthümer und ihre Einflüsse auf die physischen, moralischen und bürgerlichen Verhältnisse des Menschen. Leipzig 1822. In dem Kapitel "Ist die Verrücktheit eine überhandnehmende Krankheit?", S. 23 - 45, wird diese Frage

verneint. Burrows bringt ein scheinbares Anwachsen von Geisteskrankheit als stets vorübergehendes direkt in Verbindung mit vorübergehenden politischen und sozialen Erschütterungen und belegt dies hauptsächlich für Frankreich und England. Die höchste Wahnsinnsrate für das Jahr 1817 schreibt er allerdings, abgeleitet aus Selbstmordstatistiken, deutschen Städten zu (ebd., S. 44). Für das 18. Jahrhundert weist er nach, daß die Irrenhausstatistiken unzuverlässig waren und deshalb keine Errechnung absoluter Zahlen erlauben. – Ebenfalls gegen eine Zunahme von Geisteskrankheiten schon seit 1750 wendet sich William Heberden: Observations on the Increase and Decrease of different Diseases. London 1801. Burrows, S. 32, stützt sich auf Heberdens Belege. – Auch Laehr, Ueber Irrsein, S. 6, wendet sich noch 1852 gegen eine reale Zunahme von Geisteskrankheiten und führt die relative, die den Anstaltsstatistiken zu entnehmen ist, auf die Verbesserung der Anstalten selbst zurück. Das impliziert einen gedachten Wirkzusammenhang von Ausbau und sozialer Inanspruchnahme der Ausgrenzungsinstitutionen. – Kirchhoff, Grundriss, S. 153, spricht hingegen von einer real steigenden Zahl von Irren gegen Ende des 18. Jahrhunderts in Berlin. – Ob deutsche Aufklärer und Ärzte schon im letzten Drittel des 18. Jahrhunderts meinten, Geisteskrankheiten nähmen in der Bevölkerung real zu oder nicht, hängt nicht zuletzt ab von kulturkritischen Auffassungen.

215 Johann Heinrich Ferdinand Autenrieth: Versuche für die praktische Heilkunde aus den klinischen Anstalten von Tübingen. Erster Band. Erstes Heft. Tübingen 1807. S. 200 f. Viele Ärzte um und nach 1800 beklagen sich über ein Desinteresse der Angehörigen an den Wahnsinnigen – so der schon zitierte Reil, Rhapsodieen, S. 14 f., und auch Burrows, Untersuchung, S. 17 f. Allerdings scheint dieses Desinteresse vorwiegend auf die Stadtbewohner mit ihren auch durch die Aufklärung anerzogenen bürgerlichen Normen und Werten zugetroffen zu haben und muß, was die Abschiebung der Kranken in Anstalten betrifft, recht ambivalent gewesen sein. Laehr, Ueber Irrsein, S. 6, merkt an, daß ein interniertes Familienmitglied um 1800 auch eine soziale Stigmatisierung der ganzen Familie bedeutete und daß deswegen die Irren auch versteckt statt eingeliefert wurden. Aber in den Städten muß die Abschiebung vorgeherrscht haben, was auch bei Höck, Historische Nachrichten über Irren-Anstalten, S. 58 f., deutlich wird. Er berichtet von widerrechtlichen Einsperrungen und entsprechenden staatlichen Schutzgesetzen in Neu-Ruppin, Mark Brandenburg, Schleswig-Holstein und Sachsen-Weimar.

216 Kleist, Brief vom 13.9.1800, S. 560.

217 Reil, Rhapsodieen, S. 15. Auch Wagnitz, Historische Nachrichten, Zweyten Bandes zweyte Hälfte, S. 243, kritisiert, daß die Wahnsinnigen "jedem neugierigen Fremden, der das Zuchthaus besucht, zum Schauspiel dargestellt werden."

218 Das erwähnt Haisch, Irrenpflege, S. 3142. Kirchhoff, Grundriss, S. 153 f., beschreibt das Sonntagsvergnügen der Berliner im Irrenhaus an der Krausenstraße, bevor dieses 1798 abbrannte. 1761 erhielt der Speisemeister in der Anstalt von Braunschweig die Erlaubnis, Irre durch die Türklappen zu zeigen; 1801 wurde das durch eine Instruktion verboten, weil die Irren als Kranke geschützt werden sollten (ebd., S. 113). – Daß die Irrenbesichtigung nicht erst im letzten Drittel des 18. Jahrhunderts aufkam, sondern auf alten Traditionen beruhte, zeigt das Beispiel Lübecks: Bis 1705 wurden im dortigen Tollhaus Bier und Brot ausgegeben, was ordentliche Gastwirte dann aus Geschäftsgründen ver-

bieten ließen. Seitdem fand ein jährlicher Fastnachtslauf ins Irrenhaus statt, der erst 1803 verboten wurde (ebd., S. 147). – Aber im letzten Drittel des 18. Jahrhunderts erhielten die Anstaltsbesuche eine zusätzliche soziale Funktion. Sie dienten nicht mehr nur vorwiegend der Belustigung oder dem Schauder, sondern ganz dezidiert der Bestätigung von Humanität und Mitleid mit den armen Kranken – was die älteren Motive verwerflich erscheinen ließ, aber, sozialpsychologisch gesehen, nicht aufheben mußte.

219 Schaumann, Fragment eines Briefes, S. 224.

220 Das zeigt das Kindsmordproblem, das im Sturm und Drang literarisch thematisiert wurde. Der Zusammenhang der Verbrechens- mit der Wahnsinnsproblematik aber wird am deutlichsten bei Spieß. Fast gleichzeitig mit den "Biographien der Wahnsinnigen" veröffentlichte er auch eine umfangreiche biographische Sammlung über Verbrecher. Diese versteht er in den meisten Fällen als schuldlos Verstrickte und wegen ihrer Verstrickung in unheilvolle Situationen ins Verbrechen Getriebene. Das führt ihn als Erzähler in das Dilemma, die gerichtliche Bestrafung von Verbrechen gleichzeitig als berechtigt und notwendig anerkennen und, weil dem betroffenen Individuum und dessen Situation n i c h t gerecht, beklagen zu müssen. Dieses Dilemma ist dasselbe wie bei den Wahnsinnigen; ob eine Lebensgeschichte im Wahnsinn oder im Verbrechen endet, ist im Vergleich der biographischen Sammlungen zufällig. Spieß führt Verstrickungen ins Unglück, gleichgültig, in welches, vor und versucht, sie psychologisch-hermeneutisch verständlich zu machen. Vgl. dazu Christian Heinrich Spieß: Meine Reisen durch die Höhlen des Unglücks und Gemächer des Jammers. 4 Theile. Leipzig 1796 - 98.

221 Daß Geisteskranke traditionellerweise auch einer milderen Rechtsprechung unterzogen wurden, beschreibt Kirchhoff, Grundriss, S. 98 f. und S. 138 - 140, für Hamburg und Nürnberg. Dies stand allerdings im Belieben der Richter. Erst im "Code Napoléon" und im Preußischen Landrecht von 1794 wurde festgelegt, daß auch geordnet erscheinende Wahnkranke ohne Fieber, also die Wahnsinnigen, Wahnwitzigen und Aberwitzigen Kants, durch Affekte bei der Tat in ihrer Zurechnungsfähigkeit beeinträchtigt gewesen sein könnten. Das galt es für die Zumessung der Strafe festzustellen. Vgl. dazu Haisch, Irrenpflege, S. 3168.

222 Zitiert nach Kant, Anthropologie, S. 529 Anm.

223 Ebd.

224 Ebd., S. 528. – Kants Einstellung zur forensischen Psychiatrie analysiert auch Dörner, Bürger und Irre, S. 212 f. Der im folgenden geschilderte Fall ist ebd. entnommen und wird in dem Zusammenhang betrachtet, in dem Dörner ihn auch sieht. Auch Kirchhoff, Grundriss, S. 142, berichtet davon.

225 Dörner, Bürger und Irre, S. 212. – Die historischen Akten sind aufgearbeitet in einer Dissertation, die Dörner ebd., S. 213 Anm. 72, nennt und aus der er zitiert: R. Brachmann: Der Fall Rüsau. Ein Beitrag zur Geschichte der forensischen Psychiatrie. Med. Diss. Hamburg 1921.

226 Dörner, Bürger und Irre, S. 213.

227 Johann Christian Adelung: Geschichte der menschlichen Narrheit, oder Lebensbeschreibungen berühmter Schwarzkünstler, Goldmacher, Teufelsbanner, Zeichen- und Liniendeuter, Schwärmer, Wahrsager, und anderer philosophischer Unholden. Sieben Theile. Leipzig 1785 - 89. Erster Theil. 1785. Vorrede. S. 1.

228 Ebd., S. 2. – In der Vorrede zum siebten Teil 1789 verteidigt sich Adelung: "Einer meiner Recensenten tadelt es, daß ich manche einzelne Handlungen meiner Fantasten als vorsetzliche Betriegerey und Bosheit dargestellet habe, da es doch nur Verrücktheit gewesen. Allein mein Bischen Weltkenntniß hat mich hinlänglich überzeuget, daß Schwärmerey, ja selbst Verrücktheit und vorsetzliche Bosheit sehr wohl bey einander bestehen können, ob es gleich in einzelnen Fällen oft schwer ist, beyder Gränzen genau zu bestimmen." (Ebd., S. 3) Aber das hält Adelung nicht davon ab, das in seinen Augen Unvernünftige als pathologisch zu begreifen und umgekehrt.

229 Carl Friedrich Flögel: Geschichte der komischen Litteratur. Vier Bände. Liegnitz und Leipzig 1784 - 87. Zweiter Band. 1785. S. 628 f. – Alles Lächerliche und auch der moralische Nutzen des Lachens haben für Flögel Grenzen. Im ersten Band, 1784, S. 28, heißt es: "Freylich wird ein Narr, der ganz Narr ist, in der Komödie und Satyre nicht gebessert; denn dieser gehört eigentlich unter die Geissel des Tollwärters." Ebd., S. 99, wird auch begründet, warum: "Würde der nicht ins Tollhaus gehören, welcher ein fruchtbares Land als ein unfruchtbares lächerlich machen, welcher in der Wahrheit die Falschheit, in der Ordnung Unordnung finden wollte?" –

230 Johann Gottfried Herder: Auch eine Philosophie der Geschichte zur Bildung der Menschheit. Beitrag zu vielen Beiträgen des Jahrhunderts. 1774. In: Sturm und Drang. Kritische Schriften. Plan und Auswahl von Erich Loewenthal. 3. Auflage. Heidelberg 1972. S. 579 - 670. Zitat S. 632. – Was Herder dagegen setzt, ist aber n i c h t das besondere Individuum als Norm: "Groß muß das Ganze sein, wo in jeder Einzelnheit schon so ein Ganzes erscheint! (. . .) Eben die Eingeschränktheit meines Erdpunktes, die Blendung meiner Blicke, das Fehlschlagen meiner Zwecke, (. . .) – eben das ist mir Bürge, daß *ich nichts,* das *Ganze* aber *alles* sei!" (Ebd., S. 669) Um das Rousseausche Alles oder Nichts geht es auch bei Herder; in den großen Strukturen und Entwicklungsgesetzen der Geschichte, die den Gesetzen der Natur gemäß verläuft, ist der Einzelne aufgehoben. Das gewährleistet eine sozialkritische und eine im Absoluten verankerte Sinnstiftung für individuelles Leiden: Der Einzelne kann aus der gegenwärtigen sozial und kulturell bedingten Krankheit der Selbstentfremdung genesen, wenn er selbst, Gesellschaft und Staat wieder den Gesetzen der Natur folgen. Schlagen die Zwecke des Individuums aber dennoch fehl, so verbürgt das eben einen nicht erkennbaren Gesamtplan des Ganzen von Natur und Geschichte.

231 Friedrich Schiller: Über Bürgers Gedichte. In: Schillers Werke. Vier Bände. Vierter Band. Eingeleitet von Hans Mayer und Golo Mann. Frankfurt a.M. 1966. S. 381 - 400. Zitat S. 392. – Auch hier zählt die Erfahrungswirklichkeit des besonderen Individuums nicht, sondern die allumfassende Übereinstimmung als Wahrheit, die der Künstler auszudrücken habe: "*Menschlich* heißt uns die Schilderung eines Affekts, nicht weil sie darstellt, was

ein einzelner Mensch wirklich so empfunden, sondern was *alle Menschen* ohne Unterschied *mitempfinden müssen.*" (Ebd., S. 396)

232 Nach Johann Peter Eckermann: Gespräche mit Goethe in den letzten Jahren seines Lebens. Mit einer Einführung hrsg. von Ernst Beutler. München 1976. S. 332. – Die Eintragung datiert vom 2. April 1929; auch wenn der unzuverlässige Eckermann Goethes Äußerung erfunden hätte, drückt sie doch dessen Einstellung zum Gesunden und Kranken, die sich seit dem Ende der 80er Jahre des 18. Jarhhunderts nicht wesentlich geändert hat, gut aus.

233 Erster und Zweiter Theil. Cilli 1792.

234 Ebd., Zweiter Theil, S. 186. – Das zwölfte Kapitel: "Von der Verschiedenheit des Lächerlichen, oder von der Narrheit der Menschen", S. 155 - 191, enthält Kepplers Zulassung des Wahnsinns als Irrtumsmöglichkeit: "Vernunft kämpft mit Vernunft, und Gründe mit den Gründen/Komm Blinde führe mich, ich kann den Weg nicht finden./ Entscheide hier den Streit und sage, wer hat Recht / Der Mächtige gewiß, der Schwache schliesset schlecht." (Ebd., S. 190)

Dritter Teil
Literatur, Psychologie und ästhetische Vernunft: Traditionen von Reflexion und Kritik

1 Zitiert nach der Ausgabe: Christoph Martin Wieland: Werke. Hrsg. von Fritz Martini und Hans Werner Seiffert. München 1964. Erster Band. S. 7 - 380. – Diese Ausgabe folgt der Erstausgabe des Romans von 1764.

2 Vgl. dazu bes. Horst Thomé: Roman und Naturwissenschaft. Frankfurt a.M./Bern/Las Vegas 1978. – Thome begründet S. 45 - 49 einleuchtend, daß dies zum Beispiel noch in Christian Fürchtegott Gellerts Roman "Leben der Schwedischen Gräfin von G**" der Fall ist. Gellert schaffe keine eigenständige Romanwirklichkeit, deren Legitimation immanent geschehen müßte, sondern illustriere eine "durch sozialen Konsensus" (ebd., S. 45) vorgegebene Realität. Auch die "Moral wird an keiner Stelle des Romans zum Problem, weil die Weltauslegung, die sie rechtfertigt, nicht zum Problem wird." (Ebd., S. 47.)

3 Wieland, Don Sylvio, S. 22.

4 Ebd., S 29.

5 Vgl. ebd., S. 32 - 35.

6 Ebd., S. 45 f.

7 Das erzählt Sylvio selbst; vgl. ebd., S. 45 - 50.

8 Ebd., S. 75.

9 Ebd., S. 76.

10 Mit der Wanderschaft Sylvios und Pedrillos beginnt das dritte Buch des Romans, ebd., S. 85.

11 Daraus folgert Wolfgang Jahn: Zu Wielands "Don Sylvio". In: WW 18 (1968), S. 320 - 328, daß der Roman im Gegensatz zu "Agathon" nicht als Entwicklungsroman zu verstehen sei; die "Minne des Feenritters" bleibe "von barocker Beständigkeit" (ebd., S. 322). Allerdings kann Jahn so Sylvios Entwicklung von der wahnhaften Realitätsverkennung zur Realitätserkenntnis nicht plausibel deuten.

12 So ist das achte Kapitel im vierten Buch überschrieben, mit dem der erste Teil des Romans endet. Vgl. Wieland, Don Sylvio, S. 185 - 188.

13 Ebd., S. 188.

14 Ebd., S. 201.

15 Ebd.

16 Ebd., S. 202.

17 Ebd. nennt der Erzähler Sylvios Selbstvergewisserung "Dithyrambische Einfälle", die den "weisen Lesern" wohl "närrisch" vorkommen könnten.

18 Das erfährt Sylvio von Felicia erst im zweiten Kapitel des siebten Buches; vgl. ebd., S. 359 - 361.

19 Ebd., S. 209.

20 Ebd., S. 210 f.

21 Ebd., S. 223.

22 Die Geschichte wird erzählt im sechsten Buch, erstes und zweites Kapitel, ebd., S. 270 - 338.

23 Ebd., S. 343.

24 Ebd., S. 345 f.

25 Ebd., S. 358. – Hervorhebung von mir.

26 Ebd., S. 359.

27 Ebd., S. 361.

28 Ebd., S. 370.

29 Solche Einschübe des Erzählers lassen sich schon an einzelnen Kapitelüberschriften erkennen, zum Beispiel: "Psychologische Betrachtungen", ebd., S. 21, oder: "Unmaßgebliche Gedanken des Autors", ebd., S. 54. – Der Erzähler gibt sich ebd., S. 107 f., als Übersetzer des spanischen Autors Don Ramiro von Z. aus. Doch dieser Autor, erfunden wohl in Anlehnung an den "Don Quijote", wird wenig erwähnt und spielt auch für die hier gemeinte Auseinandersetzung des Erzählers mit dem Leser über den Wahrheitswert des Erzählten keine Rolle.

30 Das ist besonders der Fall im ersten Kapitel des fünften Buches, ebd., S. 191 - 194, wo der Erzähler auf den Unterschied zwischen dem erzählten Roman und den Feenmärchen eingeht: Man könne ihm nicht vorwerfen, sich in der Schilderung der Abenteuer nicht an die Wirklichkeit gehalten zu haben, die jeder erfahren könne. – Aber auch im Erzählten selbst werden Vernunft- und Wahnsinnsauffassungen in Frage gestellt, so daß der Leser zum selbständigen Nachdenken angehalten ist. So hält Pedrillo zum Beispiel einen Baum für einen Riesen, während Sylvio sich dagegen verwahrt und betont, er sei doch kein Don Quijote, den man bereden könne, "Windmühlen für Riesen anzusehen" (ebd., S. 87). Sylvio ist kein Quijote; das Problem liegt anders: Als beide ein Licht sehen, gibt der Erzähler gar keine Erklärung dazu, was dieses Licht wirklich sei. Pedrillo hält es für einen feurigen Mann, Sylvio für einen Salamander. Der aufgeklärte Leser weiß, daß beides unmöglich ist. Aber eben weil der Erzähler schweigt, wird eines vermittelt: Sylvio wie Pedrillo nehmen die Realität nur so wahr, wie sie sie gemäß ihrer eigenen Realitätsmodelle wahrnehmen können. Sie streiten sich über eine objektive Wahrheit, die b e i d e verkennen – solange sie sich nicht darüber einigen, beide Erklärungen gelten zu lassen. Eine Instanz, die über objektive Wahrheit entscheiden könnte, gibt es nicht. Vgl. dazu ebd., S. 90 - 92.

31 Der Roman "Histoire de Gil Blas de Santillane" erschien in vier Teilen in Paris 1715 - 1735. Er kann hier als Quelle für Wielands Roman ebenso wenig berücksichtigt werden wie der "Don Quijote". Sehr ausführliche Nachweise von großenteils wörtlichen Übereinstimmungen oder formalen Ähnlichkeiten zeigen aber auch, daß vergleichende Betrachtungen für ein Textverständnis wenig sinnvoll sind, sofern nicht auf die unterschiedliche Funktionalisierung übereinstimmender Einzelelemente im jeweils für sich bestehenden Romanzusammenhang geachtet wird und mögliche Gründe dafür analysiert werden. Ein gutes Beispiel für solch eine wenig sinnvolle vergleichende Betrachtung, die aber dennoch wegen der Materialzusammenstellung nützlich sein kann, ist der Aufsatz von Stephan Tropsch: Wielands Don Sylvio und Cervantes' Don Quijote. In: Euphorion 4 (1899), S. 32 - 61.

32 Daraus schließt Daniel Wilson, der mit seiner Arbeit: The Narrative Strategy of Wieland's *Don Sylvio von Rosalva.* Bern/Frankfurt a.M./Las Vegas 1981, die erste ausführliche Interpretation des "Don Sylvio" vorlegt, daß der Roman selbst ein Feenmärchen sei. Sylvio bleibe ein Schwärmer, sei weiterhin von der realen Existenz der Feen überzeugt, und die Schwärmerkritik im Roman beziehe sich als Satire lediglich auf Lesege-

wohnheiten der Zeit. Vgl. dazu bes. ebd., S. 74 f. – Wilsons Einzelbeobachtungen sind ebenso plausibel wie die in den Interpretationen, gegen die er sich richtet, zum Beispiel von Friedrich Sengle: Wieland. Stuttgart 1949, oder auch von Heinrich Vormweg: Die Romane Wielands. Zeitmorphologische Reihenuntersuchung. Diss. Bonn 1956. S. 67 - 107. S. 106 f. meint Vormweg in Übereinstimmung mit Sengle, "Don Sylvio" sei im Gegensatz zum "Agathon" konstruiert und oberflächlicher; der Roman sei eine Satire gegen die Schwärmerei am Beispiel der H e i l u n g S y l v i o s bis hin zu adäquater Realitätserkenntnis. – Daß in den Interpretationen Sylvio einerseits ohne Entwicklung Schwärmer bleiben soll, andererseits aufgrund einer konstruierten, also von den Interpreten nicht in plausibler Motivierung nachzuweisenden Entwicklung die Schwärmerei überwinden soll, zeigt ein Dilemma der Interpreten.

33 Zu diesem Ergebnis kann Thomé, Roman und Naturwissenschaft, nicht kommen. Er sieht S. 162 im "Don Sylvio" eine explizite Kritik an der "hymnischen Tradition" im Gegensatz zur mechanistischen; die hymnische Tradition werde dann "in der Figur des Agathon wegen ihres Versehens an empirischer und überprüfbarer Realität implizit kritisiert." Damit schließt Thomé sich, in anderen Worten, den gängigen Interpretationen des "Don Sylvio" an, gegen die Wilson, The Narrative Strategy, sich richtet.

34 Ebd., S. 363.

35 Ebd. erwähnt auch Fritz Martini in seinem Nachwort, S. 915 - 966, hier S. 921, daß Sylvio "ein feuriger Enthusiast seiner chimärischen Einbildungen" sei und zugleich "ein Phantast, ein Träumer, ein Narr." Aber im recht informativen Nachweis der "Fülle" des "spielfreudigen Fabulierens" im Roman, in dem sich ein "Zusammenwirken von imaginativ schweifendem Fabulieren, von ironisch spielender Mehrstimmigkeit und psychologischem Durchhellen als komplexe Einheit darstellt" (ebd., S. 924), gelingt es Martini nicht, Einzelheiten aus der beobachteten Komplexität anders als in spielerischer Fülle auszubreiten. Das erschwert ein Verständnis des Romans, sofern man Worte wie Ironie, Rokoko, Märchenzauber, Verweben, Elastizität der Erzählsprache und so fort als der inhaltlichen Füllung bedürftig erachtet.

36 Christoph Martin Wieland (Hrsg.): Auszüge aus einer Vorlesung über die Schwärmerey. (Mit einem) Zusatz des Herausgebers. In: Der Teutsche Merkur vom Jahr 1775. Viertes Vierteljahr. S. 134 - 155. Zitat S. 152 f.

37 Zitiert nach der Ausgabe: Shaftesbury: Ein Brief über den Enthusiasmus. Die Moralisten. Ins Deutsche übertragen und eingeleitet von Max Frischeisen-Köhler. Leipzig 1909. S. 1 - 36.

38 Ebd., S. 7.

39 Zitiert nach der Ausgabe: Ebd. S. 37 - 210.

40 Ebd., S. 106 f.

41 Ebd.

42 Ebd., S. 118.

43 Ebd., S. 110.

44 Ebd., S. 108.

45 Ebd., S. 165.

46 Ebd., S. 162.

47 Ebd., S. 112.

48 Ebd., S. 113.

49 Ebd., S. 178.

50 Ebd., S. 179.

51 Ebd., S. 204.

52 Ebd., S. 161.

53 Im "Nachbericht des Herausgebers welcher aus Versehen des Abschreibers zu einem Vorberichte gemacht worden". In: Wieland, Don Sylvio, S. 9 - 13.

54 Ebd., S. 222.

55 Unter dem Aspekt ist Wielands Roman dem "Don Quijote" nicht vergleichbar; Cervantes' Weltbild bleibt ein religiös gebundenes.

56 Johann Karl August Musäus: Grandison der Zweite; oder, Geschichte des Herrn von N*** in Briefen entworfen. Drei Bände. Eisenach 1760 - 62. – Der Roman erschien zuerst anonym und war ein großer Erfolg. Musäus parodiert Richardsons Tugendauffassung und die daran angelehnte Empfindsamkeit in Deutschland am Beispiel eines Verrückten, der sich mit Richardsons Romanfigur so identifiziert, daß er sich an ihre Stelle setzt.

57 Ders.: Physiognomische Reisen, voran ein physiognomisch Tagebuch. Heftweis' herausgegeben. Vier Bände. Altenburg 1778 - 79. – In diesem Roman parodiert Musäus Johann Kaspar Lavaters Physiognomielehre am Beispiel eines davon Besessenen, der sich in der Anwendung Lavaterscher Lehrsätze in der Erkenntnis von Charakteren laufend irrt.

58 Beide Romane stehen wie Wielands "Don Sylvio" in der Tradition des "Don Quijote". Wo die Wahrheitsfindung für die aufklärerische Vernunft kein Problem ist, wird der Wahnsinn Quijotes zum Vorbild einer Kritik, die Eingebildetes, das der Erkenntnis der als verbindlich gesetzten Vernunft nicht entspricht, als Wahnsinn im Sinne der allgemeinen Unvernunft Lockes bekämpft. Die Quijote-Rezeption ändert sich in der deutschen Ro-

mantik grundlegend.

59 Zitiert nach der Ausgabe: Johann Karl August Musäus: Volksmärchen der Deutschen. Vollständige Ausgabe. Nach dem Text der Erstausgabe von 1782 - 86. Mit einem Nachwort und Anmerkungen von Norbert Miller. S. 250 - 275.

60 In seinem Nachwort "Der Romancier J.K.A. Musäus", ebd., S. 876 - 906, geht auch Norbert Miller kurz auf die Legende als ein "aufklärerisches Märchen gegen die Aufklärung" ein, das "die spielerische Aufhebung der eigenen Position" (ebd., S. 906) enthalte.

61 Musäus, Fünfte Legende von Rübezahl, S. 250.

62 Ebd., S. 251.

63 Ebd., S. 253.

64 Ebd., S. 253 f.

65 Ebd., S. 254.

66 Ebd., S. 259 f.

67 Ebd., S. 273.

68 Ebd., S. 272.

69 Ebd., S. 273.

70 Ebd., S. 274.

71 Ebd., S. 275.

72 Im "Vorbericht an Herrn David Runkel. Denker und Küster an der St. Sebaldskirche in – meinen sehr werten Freund". In: Musäus, Volksmärchen der Deutschen, S. 5 - 13.

73 Ebd., S. 8.

74 Ebd.

75 Selbstverständlich soll, wenn im folgenden von Kontrollstrategien die Rede ist, damit nicht etwa Lessings Tragödientheorie insgesamt erläutert sein – ebenso wenig wie seine Vernunftposition. Daß gerade er sich später zum Verzicht auf die Erkenntnis absolut gültiger Wahrheit bekannte, weil sie sich durch menschliches Handeln in der Geschichte erst erweisen müsse, ist bekannt. Leider ist es hier nicht möglich, auf V e r s c h i e b u n g e n der Vernunft- und Wahrheitsproblematik im sich entwickelnden Denken Lessings einzugehen: Er gibt die Vorstellung von einer gültigen, verbindlichen Wahrheit und einer Instanz, die diese als absolute, nicht relative, verbürgt, n i c h t auf.

In "Die Erziehung des Menschengeschlechts" von 1780 unterstellt Lessing den Gang der Geschichte und Vernunftentwicklung als Weg zu einer wahren, in der Wahrheit einer allumfassenden Harmonie und Ordnung stehenden, diese erkennenden und in der Lebenspraxis verbürgenden Vernunft der göttlichen Kontrolle. Die Problematik, an der die Erziehung des Menschen durch die Tragödie scheitert, wird nicht auf das eigene Denken bezogen, das die Bedingungen für die Möglichkeit des Gegenentwurfs zur bestehenden Wirklichkeit zu reflektieren hätte; die Problematik wird vielmehr auf eine durch Erfahrung nicht mehr zu widerlegende Ebene verschoben und in einem noch umfassenderen Gegenentwurf aufgehoben.

76 Zitiert nach der Ausgabe: G.E. Lessing: Hamburgische Dramaturgie. Kritisch durchgesehene Gesamtausgabe. Mit Einleitung und Kommentar von Otto Mann. Stuttgart [3]1978. Lessings Aristoteles-Interpretation kann im folgenden nicht berücksichtigt werden.

77 Ebd., 75. Stück, S. 294.

78 Ebd., 77. Stück, S. 302.

79 Ebd., S. 304.

80 Ebd., S. 301.

81 Ebd.

82 Ebd., 78. Stück, S. 308.

83 Ebd., 77. Stück, S. 304.

84 Ebd., 78. Stück, S. 309

85 Friedrich Nicolai: Abhandlung vom Trauerspiele. In: Lessings Briefwechsel mit Mendelssohn und Nicolai über das Trauerspiel. Hrsg. und erl. von Robert Petsch. Darmstadt 1967. S. 1 - 42. Zitat S. 4.

86 Anonym: Nachrichten von den Hessischen Samthospitalien, besonders dem Kloster Marxhausen. In: Magazin für die gerichtliche Arzneikunde, 2. Band, 4. Stück (1784), S. 757 - 767.

87 Ebd., S. 757. Hervorhebungen von mir.

88 Ebd., S. 758.

89 Zitiert nach der Ausgabe: Christian Garve: Popularphilosophische Schriften. Bibl. Angaben vgl. oben, Anm. 154 im zweiten Teil. Band II. S. 431 - 510.

90 Ebd., S. 437.

91 Ebd., S. 433.

92 Ebd., S. 435.

93 Ebd., S. 437.

94 Ebd., S. 458.

95 Ebd., S. 455.

96 Ebd.

97 Das ist möglich, weil Garve als Popularphilosoph spekulativ-systematischem Denken auch in bezug auf ästhetische Fragestellungen abgeneigt ist. Er argumentiert, ein Einvernehmen zwischen Autor und Publikum voraussetzend, mit Hilfe des sogenannten gesunden Menschenverstandes. Recht informativ und auch als notwendige Ehrenrettung Garves zu verstehen, der seinerzeit von Andersdenkenden ganz ähnlich wie Nicolai als beschränkt kritisiert wurde, ist das Nachwort von Kurt Wölfel im zitierten zweiten Band der Garve-Ausgabe, S. 25*–60*. Wölfel begründet dort ausführlich, warum, wo immer Garve "eine eklatante Störung des Einvernehmens" zwischen Autor und Publikum sieht, "nicht das Publikum, sondern der Autor ihm verdächtig wird." Garve erklärt ein mangelndes Verständnis des Publikums für literarische Werke nicht damit, daß die "Wahrheit eines Schriftstellers dem Einsichtsvermögen der Leser unzugänglich sei", sondern umgekehrt: daß der Schriftsteller in diesem Falle nicht authentisch, wahr im Sinne des Publikums, geschrieben habe. (Alle Zitate ebd., S. 52*)

98 Garve, Ueber die Rollen der Wahnwitzigen, S. 458.

99 Ebd., S. 459.

100 Ebd., S. 460.

101 Ebd., S. 461.

102 Ebd.

103 Ebd., S. 439.

104 Die im zweiten Teil bereits vorgestellte Schilderung des Irrenhausbesuchs ist eine aus dem Rahmen fallende Erzählung. Die Original-"Biographien" enthalten sonst, bis auf eine Sage aus dem Mittelalter, nur einzelne Lebensgeschichten als Fallgeschichten. Eine ausführliche Analyse der "Biographien" liegt nicht vor, aber dafür gibt es verschiedene, ein wenig einseitige Bewertungen. Promies meint in seinem Nachwort zur zitierten Auswahlausgabe, S. 339 f.: "Wahnsinn erscheint hier häufig fast anheimelnd. (. . .) Wahnsinn wirkt hier wie eine – traurige Pointe, anekdotisch, wie – Literatur! (. . .) wir befinden uns sozusagen vor einer Romantik in präexistentem Zustand." Was das letztere heißen soll, ist zu erraten.

Die folgende Fallgeschichte interpretieren auch Bennholdt-Thomsen/Guzzoni, Der "Asoziale", S. 188 - 191. – allerdings ihrem generellen Ansatz gemäß figurenbezogen-psychoanalytisch. Deshalb meinen sie, die "nicht als solche herausgestellte Diagnose des Wahnsinns" (ebd., S. 188) im Text erst interpretativ erschließen zu können – und übersehen dabei die sozialpsychologische Diagnose, die der Text in seiner Organisation, dem Erzähler nicht bewußt, selbst bietet.

105 Daß Spieß sich als Aufklärer verstand – was ernstgenommen werden sollte, weil es seiner Beliebtheit und seinem Eingehen auf Leseerwartungen nicht widersprechen muß –, geht nicht nur aus seinen biographischen Sammlungen hervor. Auch in seinen Geisterromanen läßt sich durchgehend die Intention nachweisen, über Probleme von Leid und Ungerechtigkeit und die individuelle Verstrickung ins Unglück aufzuklären und diese Probleme gedanklich einer innerweltlichen Lösung zuzuführen. Das analysiert, bezogen auf das damit verbundene Problem der Theodizee, Otto Rommel in seinem Aufsatz: Rationalistische Dämonie (Die Geister-Romane des ausgehenden 18. Jahrhunderts). In: DVjs 17 (1939), S. 183 - 220.

106 Zitiert nach der Ausgabe von Promies: Spieß, Biographien der Wahnsinnigen, S. 9 - 43. In der Originalausgabe findet sich die Fallgeschichte im ersten Band von 1795, S. 95 - 162. – Den Titel in der Auswahlausgabe: "Zwischen Wahn und Wilhelm das ist: Die Geschichte von Wilhelm M**r und Karoline W*g" hat Promies erfunden; Spieß überschreibt seine Fallgeschichten der Authentizität halber nur mit den abgekürzten Namen der Erkrankten. Zu betonen bleibt, daß es für die Analyse der Vernunft-Wahnsinns-Problematik in bezug auf das Problem eines durch die Katharsis herbeigeführten tugendhaften Mitleids gleichgültig ist, ob Spieß nun authentische Fallgeschichten literarisiert oder ob er diese zum Teil frei erfunden hat.

107 Wie in dem schon vorgestellten Text über den Irrenhausbesuch darf auch hier der Ich-Erzähler mit dem Autor Spieß als identisch betrachtet werden.

108 Spieß, Biographien der Wahnsinnigen, S. 10.

109 Ebd., S. 12.

110 Ebd., S. 13.

111 Ebd., S. 18.

112 Ebd.

113 Ebd.

114 Ebd., S. 19 f.

115 Ebd., S. 20.

116 Ebd., S. 22.

117 Ebd., S. 23.

118 Ebd.

119 Ebd.

120 Ebd., S. 25.

121 Ebd., S. 29.

122 Ebd., S. 31.

123 Ebd., S. 32.

124 Ebd., S. 33.

125 Ebd., S. 35.

126 Ebd., S. 40.

127 Ebd., S. 42.

128 Diesen Aspekt arbeiten Bennholdt-Thomsen/Guzzoni, Der "Asoziale", in ihrer psychoanalytischen Interpretation heraus. Vgl. dazu oben, Anm. 104.

129 Gerade unter dem Aspekt, daß die Trivialliteratur der Zeit als Bedürfnisbefriedigungs- und Identifikationsliteratur die Normen und Werte, welche in der Gebildetenschicht aufklärend vertreten werden, sowohl bestätigt als auch unterläuft, wären sozialpsychologische Funktionsanalysen der Schauerliteratur, Ritterstücke, Rührstücke u.a. von Interesse in bezug auf die Vernunftproblematik der Zeit, soweit sie aus der Verinnerlichung von Kontrollmustern resultierte. Zu fragen wäre danach, ob die Leserbedürfnisse, die sie offenbar erfüllte, nicht gerade von emanzipationsfreudigen und das Ästhetische aufwertenden Gebildeten und Literaten, die diese Bedürfnisse nicht ernstnahmen, mit bewirkt wurden. Die bislang vielleicht differenzierteste Arbeit zur Trivialliteratur der Zeit, in der auch sozialpsychologische Aspekte behandelt werden, ist die von Marion Beaujean: Der Trivialroman in der zweiten Hälfte des 18. Jahrhunderts. Bonn 1964.

130 Heinrich Leopold Wagner: Die Reue nach der Tat. Ein Schauspiel. In: Sturm und Drang. Dramatische Schriften. Plan und Auswahl von Erich Loewenthal und Lambert Schneider. Zweiter Band. Heidelberg ^{3}1972. S. 467 - 534. Zitat S. 531.

131 Ebd., S. 532.

132 Ebd.

133 Ebd., S. 532 f.

134 Ebd., S. 534.

135 Ebd., S. 521.

136 Ebd., S. 509.

137 Ebd., S. 489.

138 Ebd., S. 511.

139 Ebd., S. 503.

140 Ebd., S. 505.

141 Ebd.

142 Johann Anton Leisewitz: Julius von Tarent. Ein Trauerspiel. In: Sturm und Drang. Erster Band. S. 555 - 613. Zitat S. 580.

143 Johann Wolfgang Goethe: Die Leiden des jungen Werthers. Erste Fassung. In: Goethe. Berliner Ausgabe. Band 9. Berlin und Weimar [3]1976. S. 7 - 118. Zitat S. 47.

144 Ebd., S. 51.

145 Ebd., S. 50.

146 Vgl. dazu Harald Steinhagen: Der junge Schiller zwischen Marquis de Sade und Kant. Aufklärung und Idealismus. In: DVjs 56 (1982), S. 135 - 157. – Für Steinhagen ist Franz Moor "radikalster Vertreter" (ebd., S. 137) der deutschen Aufklärung. Steinhagens an den "Räubern" überzeugend belegte These ist die, daß dem "vorkantischen Idealismus" Schillers "auf jeden Fall derselbe aufgeklärte Vernunftbegriff" (ebd., S. 156) zugrunde liege, den er als Autor im Zusammenbruch Franz Moors als Möglichkeit der Vernunft überhaupt negiere. Dem ist zuzustimmen. Nur: Steinhagens Deutung dieses Phänomens ist selbst problematisch. Er meint, daß die Vernunft des Autors Schiller unter dem Aspekt, daß sie "im ästhetischen Gebrauch" rein instrumentell eingesetzt werde mit dem einzigen Ziel, im Zuschauer Abscheu gegen die ungebundene und unmoralische Vernunft Franz Moors hervorzurufen, angewandt werde zur "Macht über Menschen" (ebd., S. 154), also Gewalt impliziere. Die Problematik der Gewalt in der instrumentell eingesetzten ästhetischen Vernunft Schillers resultiere daraus, daß Schiller selbst eine ungebundene, von jeder Moral freie Vernunft "zu denken nicht unterlassen" (ebd., S. 157) könne. Genau das ist zu bezweifeln: Es ist sehr die Frage, ob Schiller die Vernunft eines Verbrechers überhaupt als f r e i e Vernunft denken kann. Denn Freiheit ist auch für Schiller gebunden an Sittlichkeit in dem Sinne einer Übereinstimmung des Vernunftgebrauchs mit der harmonischen Gesetzmäßigkeit des Universums. Das schließt, wie bei Kant, den beliebigen Gebrauch der Vernunft zur Verfolgung von Eigeninteressen schon aus dem Vernunftbegriff selbst aus – bereits vor den Kant-Studien. Im Übertragungsdenken, das allumfassende Ordnung und Harmonie als wahr ausweist, liegt die "Macht über Menschen"

begründet – und auf der anderen Seite auch die Kritik an einer dem ganzheitlichen, harmonischen Menschen nicht gemäßen sozialen Realität. Unter diesen Aspekten ist zwischen Schillers ästhetischer Vernunft und der an Franz Moor dargestellten Vernunft sehr zu differenzieren: Die implizite Gewalt hat in den jeweiligen Funktionszusammenhängen der Denkmuster ganz andere Bedingungen.

147 Friedrich Schiller: Die Räuber. Ein Schauspiel. In: Schillers Werke. Erster Band. Textkritisch herausgegeben von Herbert Kraft. Frankfurt a.M. 1966. S. 5 - 130. Zitat S. 118.

148 Ebd., S. 119.

149 Ebd., S. 121.

150 Ähnlich wie bei Lessing ließen sich auch bei Schiller Konfliktverschiebungen in der gedanklichen Entwicklung analysieren. Sie können hier nur angedeutet werden. Die Macht, mit der Schiller in den "Räubern" die Harmonie-Vernunft gegen Franz und Karl siegen läßt, ist auch wiederzuerkennen in der späteren Funktionalisierung des Ästhetischen zum Wohle des freien Menschen, der an seiner harmonischen Ganzheit verhindert ist in der bestehenden Gesellschaft. Und diese kann nur verändert werden zur Gesamtharmonie hin, wenn zuvor das Individuum, gemäß seiner menschheitlich-wesensgemäßen Vollkommenheit und Bestimmung, harmonisiert wird – mittels der ästhetischen Erfahrung. Vgl. dazu Friedrich Schiller: Über die ästhetische Erziehung des Menschen in einer Reihe von Briefen. In: Schillers Werke. Vierter Band. Eingeleitet von Hans Mayer und Golo Mann. Frankfurt a.M. 1966. S. 193 - 286. Dort heißt es S. 199: "Wenn also auf das sittliche Betragen des Menschen wie auf *natürliche* Erfolge gerechnet werden soll, so muß es Natur *sein,* und er muß schon durch seine Triebe zu einem solchen Verfahren geführt werden, als nur immer ein sittlicher Charakter zur Folge haben kann. Der Wille des Menschen steht aber vollkommen frei zwischen Pflicht und Neigung, und in dieses Majestätsrecht seiner Person kann und darf keine physische Nötigung greifen. Soll er also dieses Vermögen der Wahl beibehalten und nichtsdestoweniger ein zuverlässiges Glied in der Kausalverknüpfung der Kräfte sein, so kann dies nur dadurch bewerkstelligt werden, (. . .) daß (. . .) seine Triebe mit seiner Vernunft übereinstimmend genug sind, um zu einer universellen Gesetzgebung zu taugen." – Es liegt Schiller wie Lessing fern, die gedachte Methode des "Bewerkstelligens" am Menschen über die ästhetische Erfahrung als Eingriff in der "Majestätsrecht" des Individuums zu begreifen. Es liegt ihnen aber ebenso fern zu fragen, wie denn die bejahte freie Wahl des Individuums, eventuell nur seinen Eigeninteressen zu folgen, noch frei sein soll bei der Zielsetzung, eben dieses Individuum zu einem "zuverlässigen Glied" in einem sich selbst regulierenden sozialen Kräftesystem zu machen. Eine Vereinbarkeit von beidem wird in der Vorstellung von der zu verwirklichenden Natur des Menschen bereits vorausgesetzt.

151 Vgl. Goethe, Werther, S. 87 - 90. Bibl. Angaben siehe oben, Anm. 143

152 Ebd., S. 88.

153 Ebd.

154 Ebd.

155 Ebd., S. 88 f.

156 Ebd., S. 89.

157 Ebd.

158 Ebd.

159 Ebd., S. 90.

160 Ebd., S. 28 f.

161 Ebd., S. 29.

162 Vgl. ebd., S. 14 - 16.

163 Ebd., S. 16.

164 Ebd., S. 29.

165 Ebd., S. 91.

166 Ebd., S. 54 f.

167 Ebd., S. 10.

168 Ebd., S. 8.

169 Ebd., S. 84.

170 Ebd., S 20.

171 Ebd., S. 23.

172 Ebd., S. 19.

173 Ebd., S. 110.

174 Ebd., S. 96.

175 Ebd., S. 114.

176 Ebd.

177 Ebd., S. 95.

178 Vgl. ebd., S. 69 - 73.

179 Ebd., S. 71.

180 Ebd., S. 67.

181 Ebd., S. 71.

182 Die Erinnerung an diese Freundin findet sich im Brief vom 17. Mai, ebd., S. 12.

183 Zu einem entsprechenden Ergebnis kommt Eckhart Meyer-Krentler auf ganz anderem Wege in seinem Aufsatz: "Kalte Abstraktion" gegen "versengte Einbildung". Destruktion und Restauration aufklärerischer Harmoniemodelle in Goethes *Leiden* und Nicolais *Freuden des jungen Werthers.* In: DVjs 56 (1982), S. 65 - 91. S. 90 heißt es: "So sehr man auch Werthers Leiden an der Gesellschaft als Ursache seiner "Krankheit zum Tode" ansehen mag, so wenig eröffnet Werther in seiner Existenz irgendeine Perspektive für ein neues Modell gesellschaftlichen Handelns. Eine konkrete neue Sozialutopie wird hier nicht angeboten." Meyer-Krentler untersucht die Zerstörung von Freundschaftsmustern im "Werther", die als empfindsam verstandene, auf der Sympathie der Herzen beruhende durch die Konstruktion des Romans gebrochen werden. Das wird mit Nicolais Gegenentwurf zum "Werther" verglichen, den Meyer-Krentler nicht abwertet. Eben weil Goethes "Werther" keine Perspektive habe eröffnen können, sei die von Nicolai gebotene durchaus begrüßt und zustimmend rezipiert worden. Allerdings bemerkt Meyer-Krentler zutreffend, daß Nicolais Versuch, die im "Werther" als zerstört gezeigte Harmonie zu restaurieren, gerade durch den nun unaufhebbaren Gegensatz zu Goethes "Werther" die dort gespiegelte Disharmonie im außerästhetischen Bereich nur bestätigen und verstärken konnte.

184 Das ist bekannt und wird auch von Meyer-Krentler, ebd., S. 89, betont: "Nicolais neuer Romanschluß wird als sinnvolle und notwendige Ergänzung angesehen, durch die der *Werther* nicht etwa in Frage gestellt, sondern vervollständigt wird – Lessing, Wieland, Möser, Garve, Semler, Geßner, Höpfner, Boie, Laroche und andere bezeugen dies (. . .). Die Faszination durch Werthers Seelenzustand, das Verständnis für ihn paart sich mit dem Bedürfnis, ihn aufzufangen oder zumindest den seelenverwandten Leser vor einem ähnlichen Schicksal zu bewahren."

185 Goethe, Werther, S. 90.

186 Karl Philipp Moritz: Vorschlag zu einem Magazin einer Erfahrungs-Seelenkunde. In: Ders. (Hrsg.): Gnothi sauton oder Magazin zur Erfahrungsseelenkunde als ein Lesebuch für Gelehrte und Ungelehrte. Zehn Bände. Berlin 1783 - 1793. Neuherausgegeben und mit einem Nachwort versehen von Anke Bennholdt-Thomsen und Alfredo Guzzoni. Lindau 1978 - 79. Band 1. (S. 1 - 19). Zitat (S. 2 u. 6).

187 Die Entwicklung der Psychologie im 18. Jahrhundert wird hier nicht berücksichtigt. Zunehmende Bedeutung erhielt die empirische Psychologie erst nach dem Siebenjährigen Krieg, als sie allmählich von der Metaphysik gelöst wurde. Unverzichtbar nicht nur,

was Quellen, sondern auch, was Möglichkeiten psychologischen Denkens im 18. Jahrhundert betrifft, das aufgrund äußerer Ähnlichkeiten mit heutigen psychologischen Denkmodellen nicht vorschnell in Verbindung gebracht werden sollte, ist die umfangreiche Arbeit von Max Dessoir: Geschichte der neueren deutschen Psychologie. Berlin 1902. – S. 115 bezeichnet Dessoir die empirische Psychologie im letzten Drittel des 18. Jahrhunderts als einen "Massenbetrieb, der kaum zu übersehen ist." Es gelingt ihm jedoch, diesen Massenbetrieb einigermaßen übersichtlich zu präsentieren. Das Buch zeigt, daß es d i e Psychologie in der Vielfalt psychologischer Theorien nie gegeben hat.

188 Moritz, Vorschlag, (S. 9).

189 Bibliographische Angaben siehe oben, Anm. 186.

190 Pockels, dessen Beiträge zum "Magazin" sich vom 2. Stück des 2. Bandes an finden, vertrat Moritz während dessen Italienreise als Herausgeber für die Bände 5, 6 und zum Teil auch 7. Mit dem 3. Stück des 7. Bandes übernimmt Moritz wieder die Herausgeberschaft. Maimon arbeitet schon am 8. Band mit und gibt dann praktisch die beiden letzten Bände allein heraus; im 9. Band finden sich noch wenige Beiträge von Moritz, im 10. gar keine mehr. Zur Anlage des "Magazins" vgl. das informative Nachwort und die anschließenden Autoren- und Sachregister von Bennholdt-Thomsen/Guzzoni am Ende von Band 10 des "Magazins", S. 1 - 79.

191 Dazu gehört zum Beispiel das schon zitierte Magazin von Pockels: Denkwürdigkeiten zur Bereicherung des Erfahrungsseelenlehre. 1794. – Weitere Magazine und Zeitschriften nennen Bennholdt-Thomsen/Guzzoni in ihrem Nachwort zum "Magazin", Band 10, S. 29 - 32.

192 Wie in Spieß' "Biographien der Wahnsinnigen", so werden auch im "Magazin" Angehörige der Schichten zu Beobachtungsobjekten, die nicht unbedingt selbst lesen und schreiben können. Dem liegt im "Magazin" ein ambivalentes Interesse zugrunde: Einerseits sollen alle, auch diejenigen, die der literarischen Öffentlichkeit nicht angehören, beobachtet werden, damit Aufklärung als Emanzipation des Individuums in der Praxis allgemein werde. Andererseits aber können Berichte über diejenigen, die sie selbst nicht lesen können, schonungslose Wahrheiten enthalten, ohne daß die Scham oder Schande zu befürchten wären, die mit Selbstoffenbarungen normwidriger Gefühle, Bedürfnisse oder Verhaltensweisen in der literarischen Öffentlichkeit möglicherweise verbunden sind. Vgl. dazu Moritz, Vorschlag, (S. 4): "Befürchtet man, daß es eine widrige Wirkung thun würde, wenn manche Personen ihre eigene Geschichte gedruckt lesen solten; könte man denn nicht auch Stof genug von solchen Personen hernehmen, welche nicht zur lesenden Welt gehören? Ein Prediger auf dem Lande von seinen Pfarrkindern? ein jeder Vorgesetzter von seinen niedrigern Untergebnen?"

193 Die Revisionen, aufgezählt bei Bennholdt-Thomsen/Guzzoni, Nachwort, Band 10, S. 23, lassen unterscheidbare Vernunftpositionen der Herausgeber deutlich erkennen. Vgl. bes. Moritz' Revision der Revisionen Pockels', Band 7, 3. Stück, S. 3 - 11. – Das 3. Stück des 10. Bandes besteht aus einer "Realübersicht" über das gesamte "Magazin", mit der es von Maimon abgeschlossen wird.

194 Die langen Abhandlungen in Band 9 und 10 entspringen dem Interesse vor allem Maimons, Möglichkeiten und Grenzen der Psychologie zu definieren.

195 Moritz, Vorschlag, (S. 1).

196 Ebd., (S. 7).

197 Ebd., (S. 10).

198 Ebd., (S. 17).

199 Ebd., (S. 15).

200 Die Auffassung, daß die Erfahrungsseelenkunde in der Tradition des Pietismus stehe und dessen Fortsetzung auf säkularisierter Ebene sei, vertritt Fritz Stemme in seinem Aufsatz: Die Säkularisation des Pietismus zur Erfahrungsseelenkunde. In: ZfdPh 72 (1953), S. 144 - 158. – Sauder, Empfindsamkeit, Band 1, S. 106 - 124, wendet sich gegen Ansichten wie die Stemmes mit den beiden Gründen, daß in der Erfahrungsseelenkunde die psychologischen Auswirkungen pietistischer Frömmigkeit selbst analysiert werden und daß die Zielsetzung eine therapeutische sei. Aufgrund seiner Relativierungen sowohl der westeuropäischen Einflüsse als auch der des Pietismus kommt Sauder für die Eigenart der Erfahrungsseelenkunde zu einer Aussage, der besonders in bezug auf die deutsche Erfahrungsseelenkunde zuzustimmen ist: "Erfahrungsseelenkunde und Psychologie der Aufklärung initiieren kaum aus individualpsychologischen Interessen die Analyse der Empfindungen. Durch Einsicht in ihre Mechanismen hoffen diese Disziplinen, in Verbindung mit der Moralistik der Zeit, die menschliche Soziabilität zu steigern, indem sie das Selbstgefühl der Vollkommenheit und Realität vom Individuum auf die Gesellschaft transponieren." (Ebd., S. XVII) Die Übertragung des Vollkommenheitsdenkens ist allerdings auch umkehrbar: von einer Gesellschaft, wie sie sein soll, auf das Individuum. – Hans Joachim Schrimpf hingegen: Das Magazin zur Erfahrungsseelenkunde. In: ZfdPh 99 (1980), S. 161 - 187, betont einseitig das individualpsychologische und emanzipatorische Interesse der Erfahrungsseelenkunde.

201 Moritz, Vorschlag, (S. 11).

202 Ebd.

203 Ebd.

204 Ebd.

205 Moritz (Hrsg.), Magazin, Band 1, 1. Stück, S. 33 und S. 34 f.

206 Nach einem Vorschlag von Mendelssohn übernimmt Moritz Einteilungen aus der Arzneiwissenschaft für die Erfahrungsseelenkunde. Die Beiträge im "Magazin" werden unter die Rubriken: Seelenkrankheitskunde, Seelennaturkunde, Seelenzeichenkunde, Seelendiätetik und Seelenheilkunde geordnet. Vgl. dazu ebd., S. 3.

207 Ebd., Band 4, 1. Stück, S. 1.

208 Ebd., S. 2 f.

209 Ebd., S. 5 f.

210 Weil grundlegende Unterschiede zwischen dem entwicklungsgenetischen Denken nach Leibniz, der mit Hilfe seines Konstrukts der "Kleinen Perzeptionen" ja durchaus auch ein Unbewußtes annahm, und der Freudschen Triebdynamik wie dem Instanzenmodell von Ich, Es und Über-Ich nicht reflektiert werden, meinen Bennholdt-Thomsen/Guzzoni in ihrem Nachwort, ebd., Band 10, S. 36, die "Erfahrungsseelenkunde als eine Vorläuferin psychoanalytischer Methodologie" verstehen zu können. – Vgl. dazu auch Hans Joachim Schrimpf: Karl Philipp Moritz. Stuttgart 1980. Bes. S. 42 f. Schrimpf betont immer wieder die sozialpsychologische Qualität der Erfahrungsseelenkunde, weil sozial bedingt Verinnerlichtes und Unterdrückendes als Ursache individueller Entfremdung und individuellen Leidens aufgedeckt werden. Das trifft zu, unterscheidet sich aber von der modernen Sozialpsychologie insofern, als diese auch die Verinnerlichung sozial und ethisch a n e r k a n n t e r Normen und Werte untersucht in ihrer Bedeutung für die Charakterkonstitution. Schrimpf bedenkt nicht, daß das sogenannte Sozialpsychologische in der Erfahrungsseelenkunde gebunden ist an das Problem der A b w e i c h u n g von einer wahren, harmonischen individuellen Natur. Dieses Problem kennt die historische Kulturkritik und Pädagogik nach Rousseau zur Genüge. Der "betont anti-normative Gesundheitsbegriff" (ebd., S. 42), den Schrimpf feststellt als n u r an das besondere Individuum gebundenen, läßt ihn die Problematik übersehen, die sich aus Moritz' Bestimmung von Seelengesundheit im Rahmen einer menschheitlichen, an die Gesetzmäßigkeit der Gesamtnatur gebundenen Gesamtharmonie ergibt. Der R a h m e n bleibt die übergeordnete Norm für Seelengesundheit. Ein Franz Moor muß so von vornherein als seelen k r a n k gelten. Insofern ist Schrimpfs Meinung, Moritz' Gesundheitsbegriff sei "moralkonventionsfrei und rein anthropologisch" (ebd.), in Frage zu stellen. Zur historischen "moralkonventionsfreien" Psychologie im Unterschied zur Moritzschen vgl. unten, Anm. 221.

211 Moritz (Hrsg.), Magazin, Band 4, 1. Stück, S. 9. – Die psychologische Theorie Moritz', die weitgehend eine vermögenspsychologische ist, darf nicht verwechselt werden mit der angestrebten Methode der psychologischen Analyse, die empirisch-sensualistisch geprägt ist und gegen die Theorie steht. Eine Übereinstimmung von Theorie und Methode findet sich bei La Mettrie; vgl. unten, Anm. 221.

212 Moritz (Hrsg.), Magazin, Band 4, 3. Stück, S. 14 f. – Das ist vermögenspsychologisch gedacht.

213 Vgl. dazu ebd., Band 1, 2. Stück, S. 1 - 4. – Auf ebd., S. 3, bezieht sich Schrimpf, Karl Philipp Moritz, S. 43: "Man findet Appelle gegen die bestehenden Zuchthäuser, (. . .) auch schon gegen unbegrenzte Freiheitsstrafen". Das wird als emanzipativ im Sinne des unterdrückten Individuums gewertet. Dem ist auch zuzustimmen. Nur: Schrimpf berücksichtigt in seiner Wertung nicht, w e l c h e n Reformvorschlag Karl Christoph Nencke gleich anschließend, S. 4 der angegebenen Stelle im "Magazin" macht: Nencke befürwortet die Einrichtung von wirksamen Anstalten nach dem Vorbild einer Besse-

rungsanstalt in der Toskana. "Die Bestimmung dieser Anstalt – einer der menschlichsten und besten Erscheinungen unsers Jahrhunderts – ist diese, das *Halblaster* zu kuriren. Junge Leute von beiderlei Geschlecht, die (. . .) eine gefährliche Neigung zum Laster angenommen haben, werden unter dem dichtesten Schleier des Geheimnisses dahin gebracht, und durch sittliche Mittel zur Ordnung, Tugend und Arbeitsliebe zurückgeleitet." Die Anstaltskritik im "Magazin" ist genau wie die bei Wagnitz und in der ersten Anstaltsreformbewegung nicht an einer Analyse der Funktion der Anstalten, sondern an der vermehrten Einrichtung solcher Institutionen interessiert, die das Laster als eine krankhafte Disharmonie in den seelischen Vermögen des Individuums beheben sollen. Und das liegt, entgegen der Meinung Schrimpfs, auch in Moritz' Gesundheitsbegriff und in seinen therapeutischen Zielvorstellungen selbst begründet. In Band 4, 1. Stück, S. 8, bitter Moritz "alle Erzieher, Eltern, Lehrer und Prediger", doch "auf ihre *besondern Methoden,* wodurch es ihnen gelungen ist, oder noch gelingt, irgend einer Seelenkrankheit, als Eitelkeit, Trägheit, Neid u.s.w. (. . .) entgegen zu arbeiten, aufmerksam zu seyn, und diese *Methoden* zum Besten der Menschheit (. . .) bekannt zu machen". – Solche Sätze dürfen nicht als bedeutungslos für eine Einschätzung dessen, was die Erfahrungsseelenkunde leisten wollte, beiseite geschoben werden.

214 Pockels setzt Moritz' Revisionen in den Bänden 5 und 6, 1. Stück, fort. Die Revisionen in den Bänden 6, 2. Stück, bis 7, 2. Stück, beziehen sich dann auf die nach dem 3. Band erschienenen Bände.

215 Moritz (Hrsg.), Magazin, Band 6, 2. Stück, S. 51 f.

216 Vgl. dazu ebd., Band 7, 2. Stück, S. 26 - 38.

217 Ebd., S. 29.

218 Ebd., S. 32.

219 Ebd., S. 35 f.

220 Ebd., S. 37.

221 Daß er sie – bei aller Zeitgebundenheit des Denkens – hätte reflektieren k ö n n e n, beweist, trotz der dort ersichtlichen Problematik, Kants Definition von Seelenkrankheiten. – Außerdem ist noch das Beispiel einer wirklich empirisch-sensualistischen, rational-analytischen Psychologie anzuführen, die im 18. Jahrhundert denkmöglich war. Daß sie in Deutschland verworfen statt bedacht wurde, dürfte unter anderem daran liegen, daß sie dem zu emanzipierenden Individuum auch die Wahl läßt, ein – Franz Moor zu werden. Es war La Mettrie, der auch tugendhafte Normen und Werte als verinnerlichte und gewissensbildende radikal-analytisch aufdeckte; wenn überhaupt, dann verweist sein Denken und nicht das der deutschen Erfahrungsseelenkunde voraus auf Nietzsche und über diesen auf Freud, dann denkt La Mettrie und nicht Moritz "sozialpsychologisch": "Du, der du insgemein unglücklich genannt wirst, (. . .) Du kannst dem ohngeachtet für dich selbst in Deinen eignen Augen ruhig und vergnügt seyn. Du hast weiter nichts nöthig, als die Gewißensbiße, entweder durch Nachdenken (. . .) oder noch sicherer, durch die

weit kräftigern entgegengesetzten Gewohnheiten zu ersticken. Wärest Du groß geworden ohne die Begriffe, die jetzt den Grund Deiner Gewißensbiße abgeben, gelernt zu haben: so würdest Du nicht nöthig haben, diese Feinde Deiner Ruhe zu bestreiten. (. . .) Du mußt noch überdem eine eben so große Verachtung gegen das Leben beweisen, als gegen alle Urtheile Deiner Nebenmenschen. Und bist Du so weit gekommen, so behaupte ich, daß Du in Wahrheit glücklich seyn wirst, wenn Du auch ein Vatermörder wärest, wenn Du auch Blutschande und Sodomiterei ausübtest, wenn Du auch ein Spitzbube und Straßenräuber wärest". – Flögel, dessen schon zitierter "Geschichte der komischen Litteratur", Band 2, 1785, S. 627, das Zitat entnommen ist, erklärt La Mettrie für verrückt – Moritz hätte ihn als seelenkrank qualifiziert und als vielleicht Unheilbaren in Übereinstimmung mit dem Prediger Zur Hellen einer langjährigen Besserungshaus-Therapie unterworfen. Friedrich der Große hingegen hatte sich eher amüsiert über den schockierenden Freigeist.

222 Moritz (Hrsg.), Magazin, Band 8, 1. Stück, S. 1 - 5.

223 Ebd., S. 2.

224 Ebd., S. 3.

225 Ebd., S. 4.

226 Ebd., S. 2.

227 Ebd., S. 5.

228 Ebd., 3. Stück, S. 32 - 37.

229 Ebd., S. 33.

230 Ebd. S. 37.

231 Ebd., Band 9, 1. Stück, S. 12.

232 Ebd., S. 15.

233 Ebd., S. 9.

234 Ebd., Band 8, 3. Stück, S. 4. Hervorhebungen von mir.

235 Das ist mit Schrimpf, Das Magazin zur Erfahrungsseelenkunde, und mit Bennholdt-Thomsen/Guzzoni in ihrem Nachwort zum "Magazin" als positiv und emanzipativ zu betonen. Nur bleibt es ebenso zu relativieren wie der emanzipative Aspekt der ersten Anstaltsreformbewegung.

236 Karl Philipp Moritz: Anton Reiser. Ein psychologischer Roman. In: Ders.: Werke in zwei Bänden. Ausgewählt und eingeleitet von Jürgen Jahn. Berlin und Weimar [2]1976. Zweiter Band.

237 Ebd., Erster Teil, S. 9.

238 Daß der Roman parallel zum "Magazin" zu lesen ist, in dem auch einzelne Teile aus dem "Anton Reiser" veröffentlicht wurden, ist bekannt. Bezogen auf das Dilemma einer fehlenden Theorie für das nach Selbstbeobachtungen und -erfahrungen Dargestellte ist der Roman wohl noch nicht interpretiert worden. Wichtig und grundlegend, in Einzelheiten weiter zu modifizieren oder auszuführen, ist für autobiographisch, ideen- und problemgeschichtlich orientierte Interpretationen des Romans immer noch das Buch von Robert Minder: Glaube, Skepsis und Rationalismus. Dargestellt aufgrund der autobiographischen Schriften von Karl Philipp Moritz. Frankfurt a.M. 1974.

239 Moritz, Anton Reiser, Zweiter Teil, S. 115.

240 Ebd., Dritter Teil, S. 230.

241 Ebd., Erster Teil, S. 15.

242 Ebd., Dritter Teil, S. 228.

243 Ebd., Erster Teil, S. 85.

244 Ebd., S. 20.

245 Ebd., S. 19.

246 Ebd., Zweiter Teil, S. 182.

247 Ebd., Dritter Teil, S. 230.

248 Ebd., Vierter Teil, S. 385.

249 Ebd., Zweiter Teil, S. 204.

250 Ebd., Dritter Teil, S. 342.

251 Ebd.

252 Ebd., Zweiter Teil, S. 175.

253 Ebd., Erster Teil, S. 43.

254 Ebd., Zweiter Teil, S. 122.

255 Ebd., S. 123.

256 Ebd., Dritter Teil, S. 225.

257 Ebd., S. 226.

258 Ebd., S. 259.

259 Ebd., Zweiter Teil S. 211.

260 Ebd., S. 212.

261 Ebd., S. 190. – Die ersten beiden Sätze des Zitats sind im Original gesperrt gedruckt.

262 Ebd., Dritter Teil, S. 340.

263 Ebd., Vierter Teil, S. 446.

264 Schrimpf, Karl Philipp Moritz, S. 54, führt das Fragmentarische darauf zurück, daß der Lebensgang Antons "unter den gegebenen Voraussetzungen unvollendbar und unversöhnbar war." Das versteht er rein inhaltlich, auf die dargestellte Biographie bezogen. Der Wert des Romans "als experimentalpsychologisch strukturiertes und soziologisches Dokument" beruhe "nicht zuletzt darauf, daß er es verschmäht, zu harmonisieren." Dem ist zuzustimmen bis auf die Feststellung des "Verschmähens" und das Harmonieverständnis Schrimpfs: Hinge das Fragmentarische vom d a r g e s t e l l t e n Disharmonischen und Unvereinbaren ab, hätte Goethes "Werther" im Grunde a u c h Fragment bleiben müssen. Eine gedankliche oder ästhetische Bewältigung des Stoffes muß keine Auflösung des Disharmonischen in die Harmonie bedeuten, sondern kann im Gegenteil dazu dienen, die nicht zu harmonisierende Selbstentfremdung, die Unterdrückung und das Leiden des Individuums auf seine Bedingungen hin zu transzendieren. D i e s e Art der Harmonisierung verschmäht Moritz keineswegs, wenn er die Bedingungen für die Möglichkeit von Antons immer wieder neuer Verstrickung ins Leiden analysieren will, um diese Bedingungen benennen, verstehen und dadurch – auch für andere Leidende – ändern zu können. Das intendiert er, aber es g e l i n g t ihm nicht: Der Erzähler hat keine Kategorien, die "monotone Wiederkehr des Gleichen" zu analysieren.

265 So Schrimpf, ebd., S. 53. – Schrimpf führt des Erzählers Aufnahme des "Künstler-Themas" in "grundsätzlicher Form" auf einen Kunstgriff zurück, "der einen kritischen Gegenentwurf gegen Reisers ästhetisches Flucht- und Kompensationsverhalten darstellt. Der Ästhetiker bringt hier sein auf Autonomie gestelltes Kunstkonzept in die Analyse des Erfahrungsseelenkundlers mit ein." Das beruht auf der Vorentscheidung Schrimpfs, daß der Erzähler Moritz das an Anton autobiographisch dargestellte "Flucht- und Kompensationsverhalten" n i c h t teile. So kann auch nicht reflektiert werden, ob der "Ästhetiker" die "Analyse des Erfahrungsseelenkundlers" nicht vielleicht in ihrem gedanklichen Scheitern kompensiert und dadurch aufhebt statt sie zu bereichern.

266 Der vierte Teil des Romans erschien 1790; "Die Leiden der Poesie" finden sich dort besonders ausgeführt S. 439 - 443. Als Teil der Erfahrungsseelenkunde sind die Leiden Reisers unter dem Titel "Die Leiden der Poesie" auch abgedruckt in: Moritz (Hrsg.), Magazin, Band 8, 3. Stück, S. 108 - 125.

267 Moritz, Anton Reiser, Vierter Teil, S. 384 f.

268 Ebd., S. 384.

269 Ebd., Dritter Teil, S. 272. Hervorhebung von mir.

270 Ebd., S. 264.

271 Ebd.

272 Ebd., S. 265.

273 Ebd., Vierter Teil, S. 384 f.

274 Ebd., S. 440.

275 Ebd., S. 441.

276 Ebd.

277 Ebd.

278 Ebd., S. 442.

279 Ebd.

280 Ebd., S. 401.

281 Ebd., S. 367.

282 Karl Philipp Moritz: Das Edelste in der Natur. In: Werke in zwei Bänden. Erster Band. S. 231 - 237. Zitat S. 237.

283 Ders.: Über die bildende Nachahmung des Schönen. In: Ebd., S. 255 - 289. Zitat S. 286. – Gerade weil Moritz' ästhetische Interessen mit den psychologischen schon vor seiner Bekanntschaft mit Goethe in Italien parallel gingen, wäre es nicht plausibel, die vermögenspsychologisch legitimierte Autonomisierung der Kunst nicht mit dem Scheitern psychologischer Analysen in Moritz' Denken zu vermitteln. In "Über die bildende Nachahmung des Schönen" wird sehr deutlich, daß das vollendete autonome Schöne zum Fluchtort einer vollendeten Harmonie wird, deren Kompensationscharakter nicht zu verkennen ist. Leid und Zerstörung des Individuellen und Besonderen werden idealisiert und umfunktionalisiert zur notwendigen Voraussetzung der bildenden Kraft des Schönen, die das Unvollkommene zerstört, um Vollkommeneres zu schaffen. Das vollendete und höchste Schöne selbst ist über Bildung und Zerstörung erhaben; es ist das Prinzip, in dem Erscheinung und Wirklichkeit als vollendet harmonische identisch sind. Der Unterschied zu Shaftesburys Denkmodell besteht darin, daß für diesen menschliche Leiden angesichts der unaufhörlichen Zerstörung des Individuellen überhaupt nicht von Bedeutung sind:

vorausgesetzt, der Mensch versucht, in allen Dingen bewußt und willentlich das Urbild, das einheitlich schaffende Prinzip als das höchste Schöne, Gute und Wahre wahrzunehmen. Moritz aber erkennt individuelles Leiden und die Zerstörung des Individuellen nicht nur an, sondern macht es zur Voraussetzung eines Schönen, das es aufhebt – nur nicht mehr auf der Ebene des Individuellen und Besonderen selbst. Das heißt: wenn das Schöne sich nur "auf dem Punkte" zeigen kann, "wo es aus der über unserm Haupte schwebenden Zerstörung selbst uns wieder entgegenlächelt" (ebd., S. 289), dann sind Leid und Zerstörung des Individuums im Gegenentwurf, wo sie nicht mehr existieren sollen, selbst zementiert und wiederholen sich laufend im außerästhetischen Bereich, in der Erfahrungswirklichkeit des besonderen Individuums. Das spricht für Moritz' Dilemma – nicht dagegen, daß seine Ästhetik für andere Zeitgenossen, die unter den Moritz-Reiserschen Kompensationsmustern nicht litten, literarisch und gedanklich fruchtbar werden und der Zementierung des Leidens entkleidet werden konnte.

284 Johann Wolfgang von Goethe: Wilhelm Meisters Lehrjahre. In: Goethe. Berliner Ausgabe. Band 10.

285 Goethes Auffassungen von Geisteskrankheiten im außerliterarischen Bereich brauchen hier nicht berücksichtigt zu werden, weil sie für eine Analyse des Romans unter den Aspekten der Bewältigung der Vernunft- und Wahrheitsproblematik und einer neuen Auffassung des Ästhetischen nach "Werther" und "Anton Reiser" kaum von Bedeutung sind. Eine Zusammenstellung von Äußerungen Goethes zum Wahnsinn findet sich bei Franz Fischer-Pforzheim: Goethe über Irrenanstalten und Geisteskrankheiten. In: Psychiatrisch-neurologische Wochenschrift 4 (1903), S. 473 - 475.

286 Die Untersuchung der Figur des Harfners, allein unter dem Aspekt des Wahnsinns, entspricht im folgenden der Interpretation und den Interpretationsergebnissen bei Bennholdt-Thomsen/Guzzoni, Der "Asoziale", S. 180 - 188. Der psychoanaltischen Interpretation ebd. ist, bezogen auf den Harfner, wenig hinzuzufügen. Allerdings gelingt es Bennholdt-Thomsen/Guzzoni nicht, die Funktionalisierung des Wahnsinns im Romanganzen zu analysieren, weil sie über die figurenbezogene psychoanalytische Interpretation nicht hinausgehen. Dies ist aber nötig, wenn Interpretationsaussagen zum Roman selbst, die aus der Wahnsinnsdarstellung abgeleitet werden, nicht verkürzt werden sollen. Zur notwendigen Erweiterung des psychoanalytischen Ansatzes nach der Analyse des Harfnerschicksals und seiner Verbindung zu dem Wilhelms vgl. unten, Anm. 326.

287 Goethe, Wilhelm Meister, 8. Buch, S. 608 - 622.

288 Ebd., S. 609.

289 Ebd., S. 612.

290 Ebd., S. 619.

291 Ebd., S. 618 f.

292 Ebd., S. 619.

293 Ebd., S. 622.

294 Der Harfner tritt zum ersten Mal auf ebd., 2. Buch, S. 131 - 136.

295 Ebd., 4. Buch, S. 216.

296 Wilhelm sieht Felix zum ersten Mal bei Aurelie. Vgl. ebd., 4. Buch, S. 261 - 263.

297 Ebd., S. 216.

298 Ebd., S. 217.

299 Darüber klärt Friedrich Wilhelm auf, kurz bevor dieser erfährt, daß er zugunsten Lotharios auf Therese verzichten muß. Vgl. dazu ebd., 8. Buch, S. 586 - 590.

300 Ebd., 5. Buch, S. 346.

301 Ebd., S. 350.

302 Ebd., 7. Buch, S. 457.

303 Ebd.

304 Ebd., S. 458 f.

305 Ebd., 8. Buch, S. 626.

306 Ebd., S. 627.

307 Vgl. ebd., S. 632.

308 Ebd., S. 633.

309 Ebd., 4. Buch, S. 291 f.

310 Die alte Barbara klärt Wilhelm auf ebd., 7. Buch, S. 494 - 511.

311 Vgl. dazu ebd., 1. Buch, S. 71 f.

312 Vgl. ebd., 8. Buch, S. 635 - 640.

313 Ebd., 2. Buch, S. 96.

314 Vgl. ebd., 8. Buch, S. 584 - 586. – S. 586 sagt Friedrich: "Die Vaterschaft beruht überhaupt nur auf der Überzeugung; ich bin überzeugt, und also bin ich Vater." Es gelingt Wilhelm bis zum Schluß des Romans nicht, zu irgendeiner Sicherheit aus e i g e n e r Überzeugung zu kommen. Seine Vaterschaft für Felix muß ihm von außen bestätigt

werden, wie ihm auch Natalie als die Frau, die er wirklich liebt, von außen zugeführt werden muß. Dies ist der Fall, nachdem sich seine vorherige Sicherheit, mit Therese die richtige Wahl getroffen zu haben, sowohl für ihn selbst als auch von den Umständen her als falsch erwiesen hat.

315 Dieser Traum, ebd., 7. Buch, S. 445 - 447, ist als überdeterminierter, bezogen auf das Romanganze, vielfältig zu deuten. Ein wichtiger Aspekt scheint jedoch tatsächlich in der Inzestproblematik zu liegen und in dem Verbot für Wilhelm, wie der Vater Mann zu sein.

316 Vgl. dazu ebd., 3. Buch, S. 195 - 197. – In dieser Situation macht Wilhelm den Grafen zum geschädigten Dritten. In der Verkleidung zeigt sich jeder "weibliche Reiz, der jemals auf ihn gewirkt hatte," wieder in Wilhelms "Einbildungskraft" (ebd., S. 196). Die Wahrnehmung weiblicher Reize und die Einnahme einer ihm verbotenen Rolle gehören für Wilhelm zusammen.

317 Vgl. dazu ebd., 8. Buch, S. 560 f. und S. 587 - 590.

318 Vgl. ebd., 7. Buch, S. 517 - 521. – " 'Ich bin der Geist deines Vaters', sagte das Bildnis, 'und scheide getrost, da meine Wünsche für dich (. . .) erfüllt sind. (. . .) Wilhelm war äußerst betroffen, er glaubte die Stimme seines Vaters zu hören, und doch war sie es auch nicht; er befand sich durch die Gegenwart und die Erinnerung in der verworrensten Lage." (Ebd., S. 519).

319 Ebd., 7. Buch, S. 521.

320 Ebd., 8. Buch, S. 345. – Therese vereint eine männliche Entschlossenheit und alle Züge einer beherrschenden Mutter in sich. In der Liebe Thereses kann Wilhelm sich, psychoanalytisch betrachtet, als Kind von Vater und Mutter zugleich geliebt und sich selbst als liebender Vater fühlen. In diesem Zusammenhang fallen auch die Attribute männlicher Kleidung auf, die gerade für die drei Frauen gelten, für die Wilhelm sich jeweils rückhaltslos entscheidet: für Mariane, für Therese, und auch für Natalie, als Wilhelm sie zum ersten Mal sieht.

321 Ebd., S. 572.

322 Ebd., S. 551.

323 Ebd., S. 605.

324 Ebd., 4. Buch, S. 216.

325 Zu einem vergleichbaren Ergebnis auf ganz anderem Wege kommt Hannelore Schlaffer: Wilhelm Meister. Das Ende der Kunst und die Wiederkehr des Mythos. Stuttgart 1980. Schlaffers Ansicht nach thematisiert Goethe in seinem Roman den Gegensatz von Kunst und Ökonomie; die Aussage des Romans bestehe darin, daß die Kunst in einer prosaischen, ökonomisch-zweckgerichteten Gesellschaft "zu einem scheinhaften Zweck mißbraucht wird" (ebd., S. 75). Am Tod, also an der Ausgrenzung Mignons und des Harfners aus

der Romangesellschaft werde gespiegelt, daß die reine Kunst in dieser Gesellschaft, die sie funktionalisiere, keine Existenzmöglichkeit habe. Unter diesem Aspekt versteht Schlaffer die Ausgrenzung Mignons und des Harfners als notwendig für das Konstruktionsprinzip des Romans: Soll aufgrund des thematisierten Gegensatzes von Kunst und Ökonomie die Unmöglichkeit reiner Kunst gespiegelt werden, und soll der Roman eben in der Spiegelung dieser Unmöglichkeit direkter Spiegel der außerliterarischen Gesellschaft und ihres Verhältnisses zur Kunst sein, dann kann der Roman eben dies durch den Tod beider Kunst-Figuren in vollendeter Form vermitteln. Diese vollendete F o r m aber steht gleichzeitig in einem Gegensatz zum I n h a l t dessen, was sie vermittelt: Denn der Gegensatz von Kunst und Ökonomie werde ja eben durch den Tod Mignons und des Harfners als unversöhnlicher evident. Schlaffers Deutung ist problematisch wegen des verabsolutierten Gegensatzes von Kunst und Ökonomie, den sie setzt. Erstens berücksichtigt sie nicht, daß gerade auch in der durch den Tod der Kunst-Figuren erreichten harmonischen Form des Romans der Inhalt seiner Aussage liegen könnte. Zweitens bedenkt sie nicht die Möglichkeit, daß die Ausgrenzung der reinen Kunst aus dem Roman eine immanent-ästhetische Kritik Goethes an dem Konzept einer reinen Kunst enthalten könnte. Es mag ja sein, daß der "ernste Anspruch" der Kunst eben kein Maßstab ist, sondern selbst als Ideologie gespiegelt wird. Und drittens bedenkt Schlaffer nicht, ob nicht gerade durch die Form des Romans, als harmonische erreicht durch die Ausgrenzung der Kunst-Figuren, die reine Kunst als Schein, der wahres Sein enthält, gerettet wird: die Kunst, die der Roman selbst symbolisiert.

326 Eben dies meinen, mit allem Respekt vor Goethe, dem gleich darauf ein "Verständnis" für den Harfner attestiert wird, "das von der Ideologie der Zeit abwich", Bennholdt-Thomsen/Guzzoni, Der "Asoziale", Zitat S. 188f. S. 184 schreiben sie: "Im Rahmen der Komposition des Romans ermöglicht somit das Ende des Harfners Goethe die Tilgung der 'Jugendsünde' Wilhelms, ohne daß dieser um ihre 'Früchte' betrogen wird. Dieses Vorgehen des Erzählers entspräche, sozialgeschichtlich betrachtet, dem technischen und ideologischen Umgang der aufgeklärten Gesellschaft mit ihren Wahnsinnigen – gemäß der These Foucaults: die vernünftige Gesellschaft hat, was ihre Integrität betrifft, ihr Alibi in den Unvernünftigen." – Abgesehen davon, daß die konjunktivische sozialgeschichtliche Betrachtung, wenn sie für richtig gehalten wird, ein Absehen vom Ideologievorwurf an Goethe als inkonsequent erscheinen läßt, ist der Roman als ästhetischer Gegenentwurf viel zu perfekt, um eine solche vorausgesetzte allgemeine Ideologie der Gesellschaft ungebrochen abzuspiegeln. Ungebrochen spiegelt sie sich auf allen Ebenen nur bei Foucault.

327 Goethe, Wilhelm Meister, 5. Buch, S. 302 und S. 304.

328 Ebd., 8. Buch, S. 613.

329 Ebd., 7. Buch, S. 465.

330 Ebd., S. 518.

331 Ebd., 8. Buch, S. 579.

332 Ebd.

333 Ebd., 1. Buch, S. 73.

334 Ebd., 7. Buch, S. 518.

335 Novalis: Fragmente und Studien 1799 - 1800. In: Novalis Werke. Herausgegeben und kommentiert von Gerhard Schulz. München o.J. S. 519 - 567. Zitat S. 545 f. – Im Literaturverzeichnis wird nur die einbändige Werkausgabe angeführt, weil im folgenden aus den meisten darin enthaltenen Fragmentsammlungen und Studien zitiert wird.

336 Ebd., S. 544.

337 Novalis: Vermischte Bemerkungen 1797 - 1798. In: Novalis Werke, S. 323 - 352. Zitat S. 350.

338 Es ist hier unmöglich, auf die verschiedenen Vertreter der Romantik und auf verschiedene literarische und ästhetische Strömungen und Auffassungen innerhalb der Romantik einzugehen. Einen recht guten Überblick über verschiedene Denkmodelle, Gemeinsamkeiten und Unterschiede bietet immer noch das Buch von Ricarda Huch: Die Romantik. Blütezeit, Ausbreitung und Verfall. Tübingen 1951. – Das Werk erschien vollständig in zwei Bänden zuerst in Leipzig 1908. Differenziertere Darstellungen und Diskussionen einzelner Theorien und Probleme in den verschiedenen mentalen Bereichen der Romantik bietet der von Richard Brinkmann herausgegebene Band: Romantik in Deutschland. Ein interdisziplinäres Symposion. Stuttgart 1978. – Dieser Band informiert auch ausführlich über die neuere Romantik-Forschung nicht nur in der Literaturwissenschaft.

339 Atheneaum (1798), 1. Stück, S. 77 f. Bibl. Angaben vgl. oben, Anm. 206 im zweiten Teil dieser Studien. – Das Fragment, in der Sammlung "Blüthenstaub", ebd., S. 70 - 106, stammt von Friedrich Schlegel.

340 Ebd., Zweytes Stück, S. 191. – Das Fragment steht in der Sammlung "Fragmente", ebd., S. 179 - 322, von Friedrich Schlegel.

341 Novalis: Fragmente und Studien bis 1797. In: Novalis Werke, S. 293 - 321. Zitat S. 316. Hervorhebung von mir.

342 Ebd., S. 310.

343 Novalis, Fragmente und Studien 1799 - 1800, ebd., S. 544.

344 Entwurf (Das älteste Systemprogramm des deutschen Idealismus). In: Hölderlin: Werke und Briefe. Hrsg. von Friedrich Beißner und Jochen Schmidt. Zweiter Band. Frankfurt a.M. 1969. S. 647 - 649. – Der Text wird im Literaturverzeichnis unter: (Systemprogramm) angeführt. Die Frage nach dem Verfasser ist immer noch ungeklärt.

345 Ebd., S. 648.

346 Ebd., S. 648 f.

347 Ebd., S. 648.

348 In: Novalis Werke, S. 95 - 127.

349 Ebd., S. 119.

350 Die folgenden Ausführungen sollen nur andeutend zeigen, daß gerade die Philosophen, auf Widerspruchsfreiheit der erkennenden Vernunft zielend, zur Mythologie einer allumfassenden ästhetischen Vernunft – deren Erkenntniswert zu diskutieren bleibt –, beigetragen haben. Informationsgrundlage ist im folgenden vor allem das Lehrbuch von Wilhelm Windelband: Lehrbuch der Geschichte der Philosophie. Mit einem Schlußkapitel Die Philosophie im 20. Jahrhundert und einer Übersicht über den Stand der philosophiegeschichtlichen Forschung hrsg. von Heinz Heimsoeth. Fünfzehnte, durchgesehene und ergänzte Auflage. Tübingen 1957. Den Ausführungen zu Fichte liegen folgende Texte zugrunde: Johann Gottlieb Fichte: Über den Begriff der Wissenschaftslehre oder der sogenannten Philosophie. Mit einer Einleitung hrsg. von Edmund Braun. Stuttgart 1972. – Außerdem: Ders.: Die Bestimmung des Menschen. Hrsg. u. m. einem Nachwort versehen von Theodor Ballauff und Ignaz Klein. Stuttgart 1966. – Die "Wissenschaftslehre" erschien als Programmschrift zuerst 1794, die "Bestimmung des Menschen" erschien zuerst 1800.

351 Vgl. dazu Fichte, Die Bestimmung des Menschen, Drittes Buch: Glaube, S. 105: "Was suchest du doch, mein klagendes Herz? Was ist es, das dich gegen ein Lehrgebäude empört, dem mein Verstand nicht die geringste Einrede entgegen setzen kann? Dies ist es: Ich verlange etwas außer der bloßen Vorstellung Liegendes, das da ist, und war, und sein wird, wenn auch die Vorstellung nicht wäre; und welchem die Vorstellung lediglich zusieht, ohne es hervor zubringen, oder daran das Geringste zu ändern."

352 Vgl. dazu ebd., S. 184 f.: "Mag es immer scheinen, als ob nun die Wahrheit völlig zum Schweigen gebracht, und die Tugend ausgetilgt werden sollte, als ob die Unvernunft und das Laster diesmal alle Kräfte aufgeboten hätten, (. . .) für Vernunft und wahre Weisheit zu gelten; mag es gerade, indem alle Guten hofften, daß es besser mit dem Menschengeschlechte werden sollte, so schlimm mit ihm werden, als nie; (. . .) Das aber weiß ich, daß ich in der Welt der höchsten Weisheit und Güte mich befinde, die ihren Plan ganz durchschaut, und ihn unfehlbar ausführt; und in dieser Überzeugung ruhe ich, und bin selig."

353 Auf Schellings Entwicklung von der Naturphilosophie zur Identitätsphilosophie kann hier nicht eingegangen werden. Zwischen 1794 und 1801 sieht Schelling sich selbst noch weitgehend als Fichteaner, der Fichtes Denken ergänzt, und wird auch so gesehen. Aber schon in den "Ideen zu einer Philosophie der Natur" von 1797 wird eine prinzipielle Unvereinbarkeit beider Philosophien deutlich: Schelling kehrt dort Fichtes Grund-Satz um. Nicht das Ich hat absolute Realität, sondern das Nicht-Ich der geisterfüllten Natur, die das sich setzende Ich des Menschen erst hervorbringt. Der Geist ist objektiv, außerhalb des Menschen, in der Wirklichkeit, ehe er im Menschen, universal entwicklungs-

genetisch gedacht, subjektiv wird. Vgl. dazu Windelband, Lehrbuch, bes. S. 514 - 516.

354 Darüber informiert der Teil "Romantik – im Spannungsfeld von Naturgefühl, Naturwissenschaft und Naturphilosophie", in: Brinkmann (Hrsg.), Romantik in Deutschland, S. 167 - 330.

355 Ein gutes Beispiel dafür ist das Werk von Adam Heinrich Müller: Die Elemente der Staatskunst. Drei Bände. Berlin 1810. – Müller versteht den Staat als lebendigen Organismus, in dem das Individuum wie ein Glied oder Organ des Körpers seine Funktion erfüllt. Vorbild ist der hierarchisch gegliederte mittelalterliche Ständestaat. Zur Problematik einer solchen Staatsauffassung, die, der Intention nach emanzipatorisch, vom Analogiedenken geprägt ist und am Absoluten als einer vollendeten organischen Harmonie legitimiert wird, vgl. den Aufsatz von Volker Stanslowski: Bürgerliche Gesellschaft als Organismus. In: Brinkmann (Hrsg.), Romantik in Deutschland, S. 90 - 101.

356 Gotthilf Heinrich Schubert, der seine "Ahndungen einer allgemeinen Geschichte des Lebens", erschienen in zwei Teilen, Leipzig 1806 - 07, als einen naturwissenschaftlichen Beitrag zur Erkenntnis der Natur versteht, beginnt den ersten Teil seines Werks von 1806, S. 3, mit der Erzählung von Mythen: "Ehe wir die Untersuchungen über den allgemeinen Grund des Lebens wissenschaftlich beginnen, möge der Leser einige Mythen anhören, in denen sich ihm der Inhalt des Nachstehenden abspiegeln wird." Der Mythos ist für Schubert heuristischer Rahmen naturwissenschaftlicher Erkenntnis, auf den die eigenen Vorstellungen von der Geschichte des Lebens projiziert werden. – Zur Problematik und Kritik von Schellings Verabsolutierung des Ästhetischen vgl. den Aufsatz von Heinz Paetzold: Kunst als Organon der Philosophie. Zur Problematik des ästhetischen Absolutismus. In: Brinkmann (Hrsg.), Romantik in Deutschland, S. 392 - 403. – Paetzold diskutiert auch gegenwärtige Auffassungen des Ästhetischen, denen gemäß die Kunst eine Wahrheit spiegeln soll, die außerhalb der ästhetischen Produktion und Erfahrung nicht erfaßt werden könne, also auch nicht rational. Solche Auffassungen charakterisiert er als aporetisch und weist nach, daß Schelling selbst die Erkenntnisfunktion der Philosophie nicht aufhebt, sondern an eine Wahrheit bindet, die nur ästhetisch zu veranschaulichen ist. Dennoch bleibt, auch in Rücksicht auf Schellings religiöse Wende, zu fragen, ob für die Aufwertung der Kunst selbst die Ratio noch erkenntnisleitend ist – oder nicht vielmehr das Bedürfnis nach einer unangreifbaren Wahrheit im Absoluten, die dann die erkennende Vernunft leitet.

357 Novalis, Fragmente und Studien 1797 - 1798, in: Novalis Werke, S. 380.

358 Ebd., S. 381.

359 Novalis, Vermischte Bemerkungen 1797 - 1798, ebd., S. 351.

360 Novalis: Glauben und Liebe und Politische Aphorismen. In: Ebd., S. 353 - 374. Zitat S. 354.

361 Novalis: Aus dem "Allgemeinen Brouillon" 1798 - 1799. In: Ebd., S. 445 - 498. Zitat S. 481.

362 Novalis, Fragmente und Studien 1797 - 1798, ebd., S. 390.

363 Novalis, Die Lehrlinge zu Sais, ebd., S. 104 f.

364 Ebd., S. 107.

365 Ebd.

366 Novalis, Aus dem "Allgemeinen Brouillon" 1798 - 1799, in: Novalis Werke, S. 477.

367 Jean Paul: Titan. In: Ders.: Werke in drei Bänden. Hrsg. von Norbert Miller. Nachwort von Walter Höllerer. München 1969. Band II. S. 53 - 661. Zitat S. 638 f.

368 Ebd., S. 639.

369 Vgl. dazu Christa Karoli: Ideal und Krise enthusiastischen Künstlertums in der deutschen Romantik. Bonn 1968. Karoli vertritt die Auffassung, daß bei Jean Paul wie bei E.T.A. Hoffmann die Krise des Enthusiasmus in dessen Umschlagen ins Pathologische evident werde. Jean Paul weise allerdings einen religiös gebundenen Ausweg aus dieser Krise. Ob diese These generell zutrifft, kann hier nicht erörtert werden. Daß aber die Übersteigerung des Ich bei Schoppe, sein Wahnsinn und sein Tod in eine Erlösung im Jenseits überführt werden, erscheint aufgrund der zitierten Textstellen als plausibel.

370 Novalis, Aus dem "Allgemeinen Brouillon" 1798 - 1799, in: Novalis Werke, S. 466. – Aus diesem Fichtes Auffassung weit übersteigernden Konzept Novalis' wird sein gesamtes Übersystem unter politischen, sozialen, sittlichen, naturwissenschaftlichen und ästhetischen Aspekten verständlich. Novalis betrachtet das Universum als Geist-Organismus analog dem Menschen und leitet dessen Bestimmung zur Vergeistigung aus der Bestimmung des Universums ab – wie auch umgekehrt. "Die Seele soll Geist – der Körper Welt werden (. . .) Aus Einer Welt – ein Weltall. (. . .) Bildung des Geistes ist Mitbildung des Weltgeistes – und also *Religion.* Der Geist wird aber durch die Seele gebildet – denn die Seele ist nichts, als gebundener, gehemmter, konsonierter Geist. Universalschranke, die alle Schranken übersteigen hilft" (ebd., S. 466 f.).

371 Bonaventura: Nachtwachen. Im Anhang: Des Teufels Taschenbuch. Hrsg. von Wolfgang Paulsen. Stuttgart 1974. Zitat S. 143. – Die "Nachtwachen" erschienen zuerst in Penig 1805.

372 Ebd., Vierzehnte Nachtwache, S. 112.

373 Vgl. ebd., Neunte Nachtwache, S. 80 - 83.

374 Ebd., S. 81.

375 Ebd., Vierzehnte Nachtwache, S. 112 f.

376 Ebd., S. 118 f.

377 Ebd., S. 120.

378 Ebd.

379 Ebd., Achte Nachtwache, S. 65 f.

380 Die Philosophien Fichtes und Schellings wurden durchaus selbst als Wahnsinn im Sinne der Unvernunft kritisiert. So erschien 1799 zum Beispiel die anonym veröffentlichte Satire von Johann Friedrich Schink: Prinz Hamlet von Dännemark. Marionettenspiel. In: Anonym: Momus und sein Guckkasten. Berlin 1799. S. 1 - 206. – In dieser Satire fingiert Hamlet, wahnsinnig zu sein, indem er "Philosophie nach allerneuster Methode" verkündet: " 'Drum sagt das Ich: Ich *will,* daß ein Naturrecht sei. – / Denn, daß es Schutz bedarf, fällt absolut ihm bei; / Und diesen Schutz muß es nothwendig sich verschaffen, / Damit ja nicht das Ich, *das selbst sich setzt,* zum Affen / Dem Ich dien', das *nicht will;* und also vom *Nicht-Ich / Gesetzt,* betrogen säh um *Absolutheit sich!'* Odenholm. (für sich) Wenn das schon Tollheit ist, so hat sie doch Methode." (Ebd., S. 58 f.) Die zeitgenössische Kritik an der entgrenzten Vernunft in Philosophie, Naturwissenschaften und Auffassungen des Ästhetischen verweist nur darauf, daß am Ende des 18. Jahrhunderts eben die Vielfalt von Meinungen und Denkmodellen herrschte, die schon Locke beklagte, weil sie den Verdacht nähren könnte, daß Wahrheit vielleicht gar nicht erkennbar sei.

381 Novalis, Die Lehrlinge zu Sais, in: Novalis Werke, S. 98.

382 Ebd., S. 112.

383 Ebd., S. 113.

384 Ebd.

385 Ludwig Tieck: William Lovell. In: Ders.: Werke in vier Bänden. Nach dem Text der Schriften von 1828 - 1954, unter Berücksichtigung der Erstdrucke, hrsg. sowie mit Nachworten und Anmerkungen versehen von Marianne Thalmann. Zürich o. J. Band I. S. 235 - 697. Zitat: Sechstes Buch, S. 496 f.

386 Ebd., S. 500.

387 Novalis, Aus dem "Allgemeinen Brouillon" 1798 - 1799, in: Novalis Werke, S. 486.

388 Novalis, Fragmente und Studien 1799 - 1800, ebd., S. 548.

389 Das trifft zu für Gotthilf Heinrich Schubert: Ansichten von der Nachtseite der Naturwissenschaft. Dresden 1808, und auch für viele andere, auf die hier nicht mehr eingegangen werden kann.

390 Novalis, Fragmente und Studien 1797 - 1798, in: Novalis Werke, S. 386.

391 Novalis, Fragmente und Studien 1799 - 1800, ebd., S. 544.

392 Novalis, Aus dem "Allgemeinen Brouillon" 1798 - 1799, ebd., S. 493.

393 Ebd., S. 492.

394 E.T.A. Hoffmann: Der Goldne Topf. In: Ders.: Spukgeschichten und Märchen. Vollständige Texte. Einleitung: Bernd Holger Bonsels. München o.J. S. 11 - 93. Zitat S. 11.

395 Ebd., S. 92.

396 Novalis, Aus dem "Allgemeinen Brouillon" 1798 - 1799, in: Novalis Werke, S. 455: "In der *künftigen* Welt ist alles, wie in der *ehemaligen* Welt – und *doch alles ganz anders*. Die *künftige* Welt ist das vernünftige Chaos – das Chaos, das sich selbst durchdrang – in sich und außer sich ist – *Chaos*^{2} oder ∞." Die Welt als "Chaos^2" ist das Ziel der Vergeistigung durch Poetisierung auf die Art, daß Natur und Geist, Sittlichkeit und Materie in harmonischem Einklang miteinander stehen, indem sie sich wechselseitig durchdringen. Diese Teleologie erläutert auch eine Stelle aus den "Vermischten Bemerkungen 1797 - 1798", ebd., S. 346: "Vor der Abstraktion ist alles eins – aber eins, wie das Chaos – nach der Abstraktion ist alles wieder vereinigt – aber diese Vereinigung ist eine freie Verbündung selbständiger, selbstbestimmter Wesen – aus einem Haufen ist eine Gesellschaft geworden – das Chaos ist in eine mannigfaltige Welt verwandelt."

397 Zitiert nach der Ausgabe: E.T.A. Hoffmann: Die Elixiere des Teufels. Nachgelassene Papiere des Bruders Medardus eines Kapuziners. Hrsg. von Wolfgang Nehring. Stuttgart 1975. – Der Roman erschien zuerst in zwei Teilen in Berlin 1815 - 16. – Medardus, Viktorin, Hermogen und der Herr von Krczinski werden sowohl als verschiedene Figuren wie auch als Teile eines im Wahnsinn gespaltenen Ich dargestellt. Die Darstellung des Handlungsverlaufs aber wird an die Niederschrift eben des gespaltenen, nicht faßbaren Ich gebunden. So erreicht Hoffmann im ästhetischen Produktionsprozeß selbst, den Wahnsinn als Geisteskrankheit zu spiegeln; er ist nicht an den Figuren zu diagnostizieren, sondern liegt im Konstruktionsprinzip des Romans – wozu natürlich auch die Figurenkonstellation gehört. "(. . .) aufzuschreiben beschloß ich daher den Roman, der mich retten sollte! (. . .) Ich arbeitete mit Anstrengung bis in die Nacht hinein (. . .) aber da lachte es gellend und schneidend durch das Gewölbe (. . .) da erhob sich plötzlich ein nackter Mensch bis an die Hüften aus der Tiefe empor und starrte mich gespenstisch an mit des Wahnsinns grinsendem, entsetzlichem Gelächter." (Ebd., S. 189 f.) Es wäre zu überlegen, ob nicht gerade in den "Elixieren" des Novalis "Chaos^2" gestaltet ist – allerdings nicht auf den harmonischen Einklang verweisend, den das sich selbst durchdringende Chaos sich selbst transzendierend schaffen soll, sondern zurück auf eine Vernunft, die das Chaos poetisierend transzendiert und als C h a o s d e r V e r n u n f t im Spiegel des Wahnsinns als einer Ich-Spaltung sichtbar macht. So betrachtet, spiegelt der Roman die Vernunftproblematik von Geistesgesunden und die Enthusiasmusproblematik des Künstlers zurück und hat in der Thematisierung des Wahnsinns nichts mit realen Geisteskranken zu tun.

398 Zur Geschichte der Genie-Wahnsinns-Diskussion siehe das umfangreiche Werk von Wil-

helm Lange-Eichbaum und Wolfram Kurth: Genie, Irrsinn und Ruhm. Genie-Mythus und Pathographie des Genies. 6., völlig umgearbeitete, um weitere 800 Quellen vermehrte Auflage. München/Basel 1967. – Dort wird S. 215 - 237 ein Überblick über die Problemgeschichte von Genie und Wahnsinn gegeben. Das Buch selbst zeigt sehr beeindruckend, mit welchen biologistischen Ideologemen, vermischt mit ästhetischen, die Psychiatrie im 19. Jahrhundert ihre Theorienbildungen über das Wesen des Genies unterlegen konnte. Die Konsequenz daraus liest sich 1967 so: "Die wirklichen Genies mußten leiden, leiden an sich selbst und ihren bionegativen Anlagen. (. . .) Wo aber Scheiterhaufen flammen, da wird der tiefste Kern der Persönlichkeit miterhellt, da erlebt die Menschheit unbeirrbares Festhalten an der für richtig erkannten Idee, (. . .) todestreue Sachleidenschaft als den höchsten Adel des menschlichen Geistes, wie er trotz allem Bionegativen sich verkörpert und widerspiegelt im Genie." (Ebd., S. 300 f.) Das Werk enthält aber ungefähr 5200 Literaturangaben, ist also für die Forschung zur Genie-Wahnsinns-Diskussion unentbehrlich.

399 Novalis, Fragmente und Studien 1799 - 1800, in: Novalis Werke, S. 533.

400 Ebd., S. 555.

401 Ebd., S. 557.

402 Ebd., S. 555.

403 Novalis, Aus dem "Allgemeinen Brouillon" 1798 - 1799, in: ebd., S. 479.

404 Ebd., S. 481.

405 Novalis, Fragmente und Studien 1799 - 1800, in: ebd., S. 552 f.

406 Ebd., S. 555.

Schluß
Wahrheit und Gewalt

1 Reil, Rhapsodieen, S. 52 f.

2 Die Informationen zu Battie sind entnommen aus Leibbrand/Wettley, Der Wahnsinn, S. 339 f.

3 Vgl. dazu ebd., S. 341 - 348.

4 Auf die schottische Moralphilosophie konnte und kann in dieser Arbeit nicht im Zusammenhang eingegangen werden. Varianten und Weiterführungen moralphilosophischen Denkens liegen in den vorgestellten Theorien Rousseaus und Shaftesburys. Zur Moralphilosophie selbst vgl. Windelband, Lehrbuch, S. 394 f. und S. 434 - 436. Im Ge-

gensatz zur empirisch-sensualistischen Psychologie Lockes, der durch Beobachtung und Analyse auf induktivem Wege erschließen will, wie die Menschen trotz jeweils verschiedener Eigeninteressen, Bedürfnisse und Leidenschaften sichere und gültige Wahrheit erkennen können, will die Moralphilosophie "die psychologische Grundwissenschaft als eine Art Naturforschung der inneren Beobachtung" ausbilden. Vorausgesetzt dabei werden die *"ursprünglichen Wahrheiten"*, die "mit dem Wesen der menschlichen Seele von vornherein gegeben sind" (ebd., S. 395). Diese Wahrheiten sind selbstverständliche Wahrheiten des Gefühls, die nicht weiter zu zergliedern sind. Sie werden in Entsprechungen mit Gesetzmäßigkeiten der äußeren Natur gedacht und begründen als psychische, nicht weiter abzuleitende Grundbefindlichkeit die Ansicht von einem allen Menschen gemeinsamen moralischen Sinn und vom gesunden Menschenverstand oder common sense, der selbstverständliche Wahrheiten als intersubjektiv gültige verbürgen kann.

5 Thomas Arnold: Beobachtungen über die Natur, Arten, Ursachen und Verhütung des Wahnsinns oder der Tollheit. Aus dem Englischen von Johann Christian Gottlieb Ackermann. Erster und Zweyter Theil. Leipzig 1784 - 88.

6 John Brown: Johann Browns Grundsätze der Arzeneylehre. Aus dem Lateinischen übersetzt von Melchior Adam Weikard. Frankfurt a.M. 1795.

7 William Perfect: Auserlesene Fälle von verschiedenen Arten des Wahnsinns, nebst ihrer Heilarten. Aus dem Englischen übersetzt und mit Anmerkungen von Christian Friedrich Michaelis. Leipzig 1789.

8 William Pargeter: Theoretisch-praktische Abhandlung über den Wahnsinn. Aus dem Englischen. Leipzig 1793.

9 William Falconer: William Falconer's Abhandlung über den Einfluss der Leidenschaften auf die Krankheiten des Körpers. Preisschrift welcher die Fothergillsche Medaille zuerkannt wurde. Aus dem Englischen übersetzt und mit einigen Zusätzen vermehrt von Christian Friedrich Michaelis. Leipzig 1789.

10 Benjamin Fawcett: Über Melankolie; ihre Beschaffenheit, Ursachen und Heilung vornähmlich über die so genannte religiöse Melankolie. Aus dem Englischen übersetzt von Joachim Friederich Lehzen. Leipzig 1785.

11 Alexander Crichton: Untersuchung über die Natur und den Ursprung der Geistes-zerrüttung, ein kurzes System der Physiologie und Pathologie des menschlichen Geistes. Mit einigen Abkürzungen aus dem Englischen. 2. Aufl. verm. mit Anmerkungen und Zusätzen von Johann Christoph Hoffbauer. Leipzig 1810. – Über alle hier genannten Texte informieren Leibbrand/Wettley, Der Wahnsinn, S. 348 - 360.

12 Über Pinel als Begründer der französischen Psychiatrie in und nach der Revolution informiert Dörner, Bürger und Irre, S. 143 - 147. – Natürlich widmet auch Foucault, Wahnsinn und Gesellschaft, Pinel einen breiten Teil seiner Ausführungen darüber, daß mit der beginnenden Psychiatrie der Wahnsinn zum Schweigen gebracht werde.

13 Philippe Pinel: Philosophisch-medicinische Abhandlung über Geistesverwirrung oder Manie. Aus dem Französischen übersetzt und mit Anmerkungen versehen von Michael Wagner. Wien 1801.

14 Wie bei Pinel, so wird auch schon bei den Enzyklopädisten deutlich, daß "philosophisch" und "Philosophen" in Frankreich etwas ganz anderes bedeuteten als in Deutschland. Philosophisch denken bedeutete in Frankreich nach der über Voltaire vermittelten Rezeption Newtons und Lockes eher, alle beobachtbaren Erscheinungen einer analytisch-rationalen Kritik zu unterziehen und auf ihre vernünftigen oder nicht vernünftigen Voraussetzungen hin zu überprüfen. In Deutschland hingegen ging es eher darum, Beobachtetes in ein möglichst widerspruchsfreies System zu integrieren, mit dessen Hilfe das erstere sinnvoll erklärt werden konnte.

15 Reil, Rhapsodieen, S. 31.

16 Ebd.

17 Vgl. dazu Vincenzo Chiarugi: Vincenzo Chiarugi's Abhandlung über den Wahnsinn überhaupt und insbesondere, nebst einer Centurie von Beobachtungen. Eine freie und mit einigen Anmerkungen versehene Übersetzung aus dem Italienischen. Leipzig 1795. – Chiarugis Therapievorstellung der "cura morale" ist genauso an eine implizite Lohn-Strafe-Moral gebunden wie die Pinels oder der Engländer. Ein nicht geringer Unterschied zwischen diesen Ärzten und den Deutschen Reil und Langermann liegt jedoch darin, daß die ersten die neuen Therapievorstellungen im unmittelbaren Umgang mit den Kranken entwickelten, in der Praxis ausprobierten und laufend korrigierten, während die Deutschen die Therapien erst literarisch rezipierten und entwickelten – und dann anwandten. – Noch die heutige Antipsychiatrie ist in der Bundesrepublik nicht in der psychiatrischen Praxis entstanden, sondern aus England, Frankreich und den USA übernommen worden.

18 Reil, Rhapsodieen, S. 44.

19 Ebd., S. 49.

20 Ebd., S. 50. Das Zitat ist im Original gesperrt gedruckt.

21 Ebd., S. 27 f.

22 Ebd., S. 222.

23 Ebd., S. 230.

24 Ebd., S. 225.

25 Ebd., S. 226

26 Ebd., S. 197.

27 Das entwickelt Reil ebd., S. 185 f. – Zum kräftedynamischen Denken Reils, das an die allgemeinere romantische Vorstellung von Polaritäten im Menschen selbst gebunden ist, wie zum Beispiel an die Kopf-Unterleib-Polarität, die Mann-Frau-Polarität, die Polarität von Körperhälften und so fort, vgl. das Kapitel "Der Mensch in der romantischen Weltanschauung", in: Huch, Die Romantik, S. 433 - 457.

28 Reil, Rhapsodieen, S. 209 f.

29 1803 wurde de Sade in die Irrenanstalt von Charenton eingeliefert. Der Anstaltsdirektor de Coulmier ließ ihn Theaterstücke inszenieren, um ihm mehr Freiheit zu geben – n i c h t, um ihn psychologisch-moralisch zu therapieren. Proteste gegen diese Aufführungen gab es gerade von denen, die auf dem "traitement moral" der Geisteskranken bestanden. 1813 wurden die Theateraufführungen in Charenton durch einen ministeriellen Erlaß verboten. Die Motivation de Coulmiers, die Theateraufführungen gutzuheißen, hatte wenig mit Reils Vorstellungen zu tun – auch wenn de Coulmier, um das Verbot zu verhindern, offiziell die therapeutische Zielsetzung betonte. Mehr über Charenton und de Sade findet sich bei Norman Gear: Dämon Marquis de Sade. Eine Biographie. Mit einem Vorwort von Ludwig Marcuse. München 1964. Bes. S. 162 - 177.

30 Reils Ästhetisierung der psychischen Kur hat durchaus einen literarischen Vorläufer: in Goethes Singspiel "Lila" von 1777. Darüber gibt es eine Untersuchung von Gottfried Diener: Goethes "Lila". Heilung eines "Wahnsinns" durch "psychische Kur". Frankfurt a.M. 1971. Diener vergleicht alle drei Fassungen von "Lila" und versucht dann, die bei Goethe dargestellte "psychische Kur" einerseits in die Tradition des "moral management" einzubinden, andererseits als modern zu qualifizieren. Dies unternimmt er durch eine direkte Analogisierung der "Kur" mit dem heutigen Therapiekonzept des Psychodramas, das als Möglichkeit gesehen wird, seelische Konflikte durch ihre darstellerische Objektivierung in einer Personifizierung der Konfliktpole zu bewältigen. Diener stellt Ähnlichkeiten fest, ohne auf Unterschiede zu achten: Goethes Singspiel meint nicht die Geisteskrankheit, sondern die Unvernunft der Herzogin, die sich im Singspiel wiedererkennen soll; die "Kur" des Singspiels hat nichts mit einem Eingriff in die Psyche zu tun, wie ihn Reil mit Hilfe des Theaters anstrebt; und das heutige Psychodrama beruht auf einem freiwilligen Ausagieren von Konflikten, also auf einer weitgehenden Rollenwahl des Kranken und nicht auf einer Rollenzuweisung, gegen die er sich nicht wehren kann.

31 Das wird bei Werner Leibbrand: Die spekulative Medizin der Romantik. Hamburg 1956, sehr deutlich. Auch Martin Schrenk meint, Reils "Rhapsodieen" seien "die vollgültige Präsentation seiner Ideen, und es ist Grundlage für die Welt-, Natur- und Lebensanschauung einer ganzen Epoche von Naturforschern und Ärzten." Siehe dazu Schrenks Arbeit: Über den Umgang mit Geisteskranken. Die Entwicklung der psychiatrischen Therapie vom "moralischen Regime" in England und Frankreich zu den "psychischen Curmethoden" in Deutschland. Berlin/Heidelberg/New York 1973. Zitat S. 70. – Schrenk bietet in seinem Buch den wohl ausführlichsten und differenziertesten Vergleich zwischen Pinels "Philosophisch-medicinischer Abhandlung" und Reils "Rhapsodieen". Er zeigt recht deutlich, wie sehr Reil im Unterschied zu Pinel sowohl von seinen "schönen philanthropischen Ideen" als auch von seinem "eigenen schriftstellerischen Talent enthusiasmiert" (ebd., S. 65) ist. Die Probleme in der Psychiatrie ergreife und bewältige er ebenso

enthusiasmiert.

32 Eine ausführliche Biographie Langermanns liefert sein Schüler Karl Wilhelm Ideler: Grundriss der Seelenheilkunde. Erster und Zweiter Theil. Berlin 1835 - 38. Erster Theil. 1835. S. 1 - 94. Die Beziehungen zu Goethe und Schiller werden ausführlich besprochen ebd., S. 14 - 17.

33 Die Dissertation erschien in Jena. Ideler druckt sie in großen Auszügen ab ebd., Zweiter Theil, 1838, S. 159 - 272.

34 Langermann, Bericht von 1804, S. 602. Bibl. Angaben siehe oben, Anm. 117 im zweiten Teil dieser Studien.

35 Für diese zweite Reformphase, die aber von der ersten in den 80er und 90er Jahren des 18. Jahrhunderts nur insofern abzusetzen ist, als das dort Gedachte nun langsam in die Praxis der anstaltsinternen Differenzierung umgesetzt wurde, sei noch einmal auf die wichtige, weil vorwiegend auf Archivmaterial beruhende Arbeit von Jetter, Zur Typologie des Irrenhauses, hingewiesen.

36 In: Joseph Mason Cox: Praktische Bemerkungen über Geisteszerrüttung. Mit Beilagen über die Ausstellung von Zeugnissen und Gutachten in Fällen von Wahnsinn. Aus dem Englischen übersetzt und mit Anmerkungen versehen. Nebst einem Anhange über die Organisation der Versorgungsanstalten für unheilbare Irrende vom Professor Reil. Halle 1811. – In dem 74 Seiten starken Anhang betont Reil, was der Staat alles für die Unheilbaren tun müsse und beklagt auch, daß seine "Rhapsodieen" von 1803 zwar viel gelesen worden seien, aber kaum zu Reformen in den Anstalten geführt hätten.

37 Das bedeutet nicht, daß die englische oder französische Psychiatrie durch einen wesentlich humaneren Umgang mit den Kranken gekennzeichnet war. Aber aufgrund der weniger dogmatischen und allumfassenden Denkweisen konnten ungesicherte theoretische Voraussetzungen für die psychiatrische Praxis auch leichter erkannt, mitbedacht und als noch abzuklärende verstanden werden.

38 In diesem Zusammenhang gibt auch eine Andeutung bei Novalis zu denken. In den "Fragmenten und Studien 1799 - 1800", in: Novalis Werke, S. 530, heißt es: "Man berührt den Himmel, wenn man einen Menschenleib betastet. Über die Tötung krüppelhafter, alter und kranker Menschen." – Wenn nichts "heiliger" ist als die "hohe Gestalt" des Menschen, "dieser Offenbarung im Fleisch" (ebd.), dann liegt eine Absetzung von all den Menschen, die dem Ideal nicht entsprechen und von diesem aus gesehen das Wesen des Menschlichen nicht verkörpern, nur nahe.

39 Autenrieth, Versuche für die praktische Heilkunde, S. 200. Bibl. Angaben siehe oben, Anm. 215 im zweiten Teil dieser Studien.

40 Ebd.

41 Ebd., S. 201.

42 Ebd.

43 Ebd., S. 205 f.

44 Diese Problematik verkennt Haisch, Irrenpflege, S. 3162, wenn er schreibt: "Man fragt sich, wie alle diese Instrumente von denselben Ärzten erfunden und angewendet werden konnten, deren humanitärer Idealismus über jeden Zweifel erhaben war: Sie suchten eben um jeden Preis nach wirksamen Mitteln. Was jener Psychiatergeneration an Wissen noch abging, ist durch ihre opferbereite und philanthropische Gesinnung wohl aufgewogen worden." Nein: die Gewalt der Psychiater ist gerade durch ihre idealistische Gesinnung mitbedingt worden.

45 Über Horns Verteidigung und seine praktisch-therapeutischen Ansichten informiert am besten sein eigener Bericht: Ernst Horn: Oeffentliche Rechenschaft über meine zwölfjährige Dienstführung als zweiter Arzt des Königl. Charité-Krankenhauses zu Berlin, nebst Erfahrungen über Krankenhäuser und Irrenanstalten. Berlin 1818.

46 Ernst Horn: Beschreibung der in der Irrenanstalt des Königlichen Charitékrankenhauses zu Berlin gebräuchlichen Drehmaschinen, ihrer Wirkung und Anwendung bei Geisteskranken. In: Zeitschrift für psychische Aerzte 1 (1818), S. 219 - 230. Zitat S. 219 f.

47 Über all diese Instrumente und Zwangsmaßnahmen informiert recht anschaulich der Ausstellungskatalog: Psychiatrie zur Zeit Hölderlins. Ausstellung anläßlich der 63. Jahrestagung der Deutschen Gesellschaft für Geschichte der Medizin, der Naturwissenschaften und Technik in Tübingen. 27. Sept. bis 30. Okt. 1980. Bearbeitet von Gerhard Fichtner. Tübingen 1980. – Der Katalog wird im Literaturverzeichnis angeführt unter: (Psychiatrie – Geschichte).

48 Christian August Fürchtegott Hayner: Aufforderung an Regierungen, Obrigkeiten und Vorsteher der Irrenhäuser zur Abstellung einiger schweren Gebrechen in der Behandlung der Irren. Leipzig 1817.

49 Ebd., S. 33 f.

50 Daß dies viele taten, betont Schrenk, Über den Umgang mit Geisteskranken, häufiger.

51 Besonders wirkten die "Ansichten" bekanntlich auf E.T.A. Hoffmann.

52 Zwey Theile. Leipzig 1818.

53 Auf die Beeinflussung dieser Psychiatergeneration besonders durch Schelling und dessen Verlagerung des Irrationalen, Chaotischen und damit auch des Wahnsinns ins Absolute geht Dörner, Bürger und Irre, S. 259 - 281, ausführlich ein. Dort wird auch Schellings Wahnsinnsauffassung nach 1810 dargestellt und kritisiert. Darauf ist hier nicht mehr einzugehen, weil nur zu zeigen ist, welche Wirkzusammenhänge zwischen dem literarisch-ästhetischen Bereich, der vorgestellt wurde, und der beginnenden Psychiatrie erkennbar sind. Das schließt nicht aus, daß der unmittelbare Einfluß Schellings maßgeblicher gewe-

sen sein mag: Schellings Philosophie ist ja selbst mit den vorgeführten Traditionen zu vermitteln.

54 Heinroth, Lehrbuch der Störungen des Seelenlebens, Erster Theil, S. 24 f.

55 Ebd., S. 26.

56 Ebd., S. 27.

57 Ebd., S. 28.

58 Ebd., S. 29.

59 Ebd., Zweyter Theil, S. 69.

60 Ebd., S. 75 f.

61 Über diese Auseinandersetzung in der Psychiatrie informiert Dörner, Bürger und Irre, S. 281 - 302. Er setzt den Beginn des Streits um 1830 an, um beide Richtungen von der bis dahin naturphilosophisch geprägten Psychiatrie abzusetzen. Die Psychiker versuchten "von der Naturphilosophie abgehend die Psychiatrie auf eine eigenständige Psychologie zu gründen", während "die Somatiker sozusagen von der anderen Seite von der Naturphilosophie abfielen und der Psychiatrie eine rein somatisch-medizinische Basis zu geben beabsichtigten. Beide Parteien blieben unter den gegebenen gesellschaftlichen Umständen jedoch auf ihre Weise dem Absoluten verhaftet." (Ebd., S. 287) Da dieses Verhaftetsein ans Absolute mit den "gegebenen gesellschaftlichen Umständen" nicht plausibel zu erklären ist, erscheint der Zeitpunkt, den Dörner für den Beginn der Auseinandersetzung zwischen zwei als neu bezeichneten psychiatrischen Richtungen ansetzt, problematisch. Psychiker wie Somatiker, geprägt durch die Naturphilosophie, setzen, auch in der Absetzung davon, ältere Traditionen fort: die Somatiker die der anatomisch-pathologisch orientierten Anstaltsärzte vor 1800, die Psychiker die der psychologisch-moralischen Ärzte vor und nach 1800. In beiden Richtungen fehlt jeglicher Selbstzweifel an den zementierten, gegensätzlichen Positionen. Das vereint sie im Absolutheitsanspruch in bezug auf die Gültigkeit der jeweiligen Wahnsinnstheorien und unterscheidet sie von den vorpsychiatrischen Anstaltsärzten vor 1800.

62 Maximilian Jacobi: Beobachtungen über die Pathologie und Therapie der mit Irreseyn verbundenen Krankheiten. Erster Band. Elberfeld 1830. Zitat S. 3.

63 Ebd., S. 4.

64 Ebd., S. 12.

65 Ebd.

66 Schrenk, Über den Umgang mit Geisteskranken, S. 99, stellt fest, daß die Praxis bei Psychikern und Somatikern nicht abhängig war von den unterschiedlichen Wahnsinnstheorien,

sondern vielmehr von den menschlichen Einstellungen zu den Kranken. Deshalb habe es auch in der therapeutischen Praxis keine nennenswerten Unterschiede etwa zwischen Heinroth und Jacobi gegeben.

67 Ideler, Grundriss der Seelenheilkunde, Erster Theil, S. 217. Bibl. Angaben siehe oben, Anm. 32.

68 Ebd., S. 218.

69 Ebd., S. 219.

70 Ebd., S. 220

71 Ebd., S. 222.

72 Zu Griesingers neuer naturwissenschaftlicher Auffassung des Wahnsinns, seiner Auffassun von Psychiatrie und seiner Theorienbildung vgl. Leibbrand/Wettley, Der Wahnsinn, S. 509 - 518. – Auch Dörner, Bürger und Irre, S. 303 - 335, geht differenziert auf Griesinger und dessen Kritik an der psychiatrischen Tradition seit Reil ein. Für Dörner hat die deutsche Psychiatrie erst mit Griesinger ihr historisches "Paradigma" gefunden – ungefähr 50 Jahre später als die französische mit Pinel und ungefähr 100 Jahre später als die englische mit Battie. "Ziemlich die erste wissenschaftliche Äußerung Griesingers ist ein emphatisches Bekenntnis (1842) zur Negation und wider den Positivismus (der ihm bis heute angelastet wird), zur Kritik und zur Vermittlung von Theorie und Praxis." (Ebd., S. 319).

73 Über die Weiterentwicklung von Anstaltstypen im 19. Jahrhundert informiert Jetter, Zur Typologie des Irrenhauses. Dort wird auch die Herausbildung einer klinischen Psychiatrie neben der Anstaltspsychiatrie besprochen und historisch begründet.

74 Georg Büchner: Lenz. In: Ders.: Werke und Briefe. Gesamtausgabe. Neue, durchgesehene Ausgabe. Hrsg. von Fritz Bergemann. Wiesbaden 1958. S. 84 - 111. Zitat S. 94.

75 Vgl. dazu oben, Anm. 397. – Unter diesen Aspekten ist "Lenz" eindeutig von Hoffmanns "Die Elixiere des Teufels" zu unterscheiden. In den "Elixieren" erscheint Wirklichkeit, an das Konstruktionsprinzip des Romans gebunden, als Projektion eines mehrfach gespaltenen, schizophrenen Ich. Das Konstruktionsprinzip von "Lenz" aber liegt außerhalb der Schizophrenie Lenz' als Figur: Der Erzähler führt einen Schizophrenen als krankes Individuum vor und vermittelt dessen Verhältnis zur Realität so, daß durch die subjektive Realitätserfahrung und -bewältigung die außerhalb Lenz' liegende Wirklichkeit als durch die Wahrnehmung verzerrte erscheint – also gleichzeitig auch als für sich bestehende.

76 Von Gerhard Irle: Der psychiatrische Roman. Universitäts-Nervenklinik Tübingen. Stuttgart 1965. – Irle führt in seinem Buch, S. 73 - 83, die Erzählung "Lenz" als ein Beispiel dafür an, "daß es einem Dichter gelingen kann, durch besondere sprachliche Aussagen einen im Grunde bekannten Sachverhalt so hinzustellen, daß er plötzlich aufleuchtet

und für alle Gestalt gewinnt." (Ebd., S. 83) Allerdings ist die vom Rezipienten gewonnene "Gestalt" eine allgemeinmenschliche, die ihm, im Grunde wie Ideler, eine Einfühlung in das Daseinsgefühl des Kranken ermöglicht, das der Dichter wahrheitsgemäß ausdrücken könne. Irle aber kann in "Lenz" das Daseinsgefühl der Schizophrenie nur wiedererkennen, weil er theoretisch bereits voraussetzt, was die Schizophrenie sei.

77 Albrecht Schöne: Interpretationen zur dichterischen Gestaltung des Wahnsinns in der deutschen Literatur. Phil. Diss. Münster 1952. (Masch.) Zitat S. 25 und S. 26 f. – Nach Schöne sind Wahnsinnsdarstellungen nur dann dichterisch, wenn sie zu interpretieren sind als "Formung, Steigerung, Überhöhung, als ein Transzendieren der rationellen Erkenntnis" (S. 123).

Literaturverzeichnis

Die benutzte Literatur ist im folgenden geordnet nach drei Gruppen. Unter "Quellentexte I" werden die Werke erfaßt, die für die Argumentation dieses Buches grundlegend sind. Die in Schrägstrichen kursiv gedruckten Seitenangaben am Ende der jeweiligen Titel beziehen sich auf den Ort im Buch, wo diese besprochen werden. Bei vorangestelltem *E* handelt es sich um eine ausführlichere Einzelanalyse, bei vorangestelltem *G* um eine Besprechung im Rahmen einer Textgruppe. – Unter "Quellentexte II" erscheinen solche Werke, die hinzugezogen wurden und im Buch oder in den Anmerkungen eher am Rande behandelt sind. Die Zuordnungen mögen durchaus angreifbar sein. – Unter "Forschungsliteratur" ist dann alles zusammengefaßt, was als zusätzliche Informationsquelle zum Thema dient und dem Leser eine vergleichende Einschätzung von gedanklichen Zusammenhängen und Einzelinterpretationen ermöglicht. Die angeführte Auswahl in dieser Rücksicht ist zufällig: Anspruch auf Vollständigkeit hat das gesamte Literaturverzeichnis nur für das Buch selbst. Weil nun dieses im Gegensatz zum Thema recht begrenzt ist, werden hier auch einige Titel verzeichnet, die sonst nirgends vorkommen. Sie sind mit einem *versehen.
Aus drucktechnischen Gründen stehen Namensergänzungen in r u n d e n, nicht in eckigen Klammern.

Quellentexte I

(Alexander:) Alexanders poetische Texte. Hrsg. von Leo Navratil. Mit Beiträgen von Otto Breicha, Roger Cardinal, André Heller, Ernst Jandl, Friedericke Mayröcker, Reinhard Priessnitz, Gerhard Roth. München 1977. (=dtv 1304.) */E, S. 52 f./*

Anonym: Nachrichten von den Hessischen Samthospitalien, besonders dem Kloster Marxhausen. In: Magazin für die gerichtliche Arzneikunde. 2. Band. 4. Stück (1784). S. 757 - 767. */E, S. 137 f./*

Augustin, Ernst: Raumlicht: Der Fall Evelyne B. Roman. Frankfurt a.M. 1976. */G, S. 9 - 16; 22 - 25; 28 - 30./*

Autenrieth, J.(ohann) H.(einrich) F.(erdinand): Versuche für die praktische Heilkunde aus den klinischen Anstalten von Tübingen. Erster Band. Heft 1 und 2. Tübingen 1807 - 08. */G, S. 226 - 234./*

Barnes, Mary: Meine Reise durch den Wahnsinn. Kommentiert von Joseph Berke. München [2]1979. (= Kindler Taschenbücher Geist und Psyche 2203.) */G, S. 9 - 16; 22 - 25; 28 - 30./*

Bonaventura: Nachtwachen. Im Anhang: Des Teufels Taschenbuch. Hrsg. von Wolfgang Paulsen. Stuttgart 1974. (= RUB 8926/27.) */E, S. 208 - 210./*

Büchner, Georg: Lenz. In: Ders.: Werke und Briefe. Gesamtausgabe. Neue, durchgesehene Ausgabe. Hrsg. von Fritz Bergemann. Wiesbaden 1958. S. 84 - 111. */E, S. 235 - 237./*

Cardinal, Marie: Schattenmund. Roman einer Analyse. Aus dem Französischen von Gabriele Forberg und Asma El Moutei Semler. München 1977. */G, S. 9 - 16; 22 - 25; 28 - 30./*

Castel, Robert: Die psychiatrische Ordnung. Das Goldene Zeitalter des Irrenwesens. Übersetzt von Ulrich Raulf. Frankfurt a.M. 1979. */E, S. 40 f./*

Claudius, Matthias: Der Besuch im St. Hiob zu**. In: Ders.: Sämtliche Werke. Nach dem Text der Erstausgaben (Asmus 1775 - 1812) und den Originaldrucken (Nachlese) samt den 10 Bildtafeln von Chodowiecki und den übrigen Illustrationen der Erstausgabe. Verantw. f. d. Textredaktion: Jost Perfahl. Mit einem Nachwort und einer Zeittafel von Wolfgang Pfeiffer-Belli sowie Anmerkungen und Bibliographie von Hansjörg Patschek. München o.J. S. 257 - 259. */G, S. 59 - 75./*

Cooper, David: Die Sprache der Verrücktheit. Erkundungen ins Hinterland der Revolution. Übersetzt von Nils Th. Lindquist. Berlin 1978. (= Rotbücher 193.) */G, S. 16 - 20./*

Deleuze, Gilles und Félix Guattari: Anti-Ödipus. Kapitalismus und Schizophrenie. Übersetzt von Bernd Schwibs. Frankfurt a.M. ^{2}1979. (= stw 224.) */E, S. 42 - 46./*

(Dörner, Klaus:) Kranksein ist normal. Die urärztliche Kunst, etwas nicht zu tun. Klaus Dörner wirbt für eine Psychiatrie ohne Zwangsjacke. In: Die Zeit Nr. 44 vom 24. Oktober 1980. S. 62 f. */E, S. 36 f./*

Engel, J.(ohann) J.(acob): Das Irrenhaus. In: Der Philosoph für die Welt. Herausgegeben von J.J. Engel. Berlin 1853. Dreißigstes Stück. S. 188 - 194. (= Classiker des In- und Auslandes. Band XIII.) */G, S. 59 - 75./*

Erlenberger, Maria: Der Hunger nach Wahnsinn. Ein Bericht. Reinbek b. Hamburg 1977. (= dnb 84.) */G, S. 9 - 16; 22 - 25; 28 - 30./*

Foucault, Michel: Der Wahnsinn, das abwesende Werk. (La folie, l'absence d'oeuvre.) In: Ders.: Schriften zur Literatur. Aus dem Französischen übersetzt von Karin von Hofer. München 1974. S. 119 - 129. (= sammlung dialog 67.) */E, S. 47 - 50./*

Ders.: Wahnsinn und Gesellschaft. Eine Geschichte des Wahns im Zeitalter der Vernunft. Aus dem Französischen von Ulrich Köppen. Frankfurt a.M. ^{2}1973. (= stw 39.) */E, S. 38 - 42./*

Garve, Christian: Ueber die Rollen der Wahnwitzigen in Shakespears Schauspielen, und über den Charakter Hamlets ins besondere. In: Ders.: Popularphilosophische Schriften über literarische, ästhetische und gesellschaftliche Gegenstände. Im Faksimiledruck hrsg. von Kurt Wölfel. Zwei Bände. Stuttgart 1974. Band 2. S. 431 - 510. (= Deutsche Neudrucke. Reihe Texte des 18. Jahrhunderts.) */E, S. 138 - 141./*

Glatzel, Johann: Die Antipsychiatrie. Psychiatrie in der Kritik. Stuttgart 1975. (= UTB 474.) */E, S. 26 - 28./*

Goethe, Johann Wolfgang: Die Leiden des jungen Werthers. Erste Fassung. In: Goethe. Berliner

Ausgabe. Band 9. Berlin und Weimar ^{3}1976. S. 7 - 118. */E, S. 153 - 163./*

Ders.: Wilhelm Meisters Lehrjahre. In: Ebd. Berlin und Weimar ^{3}1976. Band 10.*/E, S. 184 - 196./*

Goffmann, Erving: Insassen. In: Kursbuch 28 (1972): Das Elend mit der Psyche. Band 1: Psychiatrie. S. 167 - 186. */G, S. 16 - 20./*

Gorsen, Peter: Literatur und Psychopathologie heute. Zur Genealogie der grenzüberschreitenden bürgerlichen Ästhetik. In: Kudszus (Hrsg.): Literatur und Schizophrenie. S. 13 - 68. */E, S. 53 - 55./*

Green, Hannah: Ich hab dir nie einen Rosengarten versprochen. Bericht einer Heilung. Aus dem Amerikanischen von Jürgen u. Elisabeth Hilke und Ekkehard u. Ursula Pohlmann. Reinbek b. Hamburg ^{2}1978. (= rororo 4155.) */G, S. 9 - 16; 22 - 25; 28 - 30./*

Hädecke, Wolfgang: Der taube Lärm unterhalb der Geschichte. Das Thema Wahnsinn in der neuesten Literatur. In: Neue Rundschau 89 (1978). S. 120 - 130. */E, S. 50 - 53./*

Heinroth, Friedrich Christian August: Lehrbuch der Störungen des Seelenlebens oder der Seelenstörungen und ihrer Behandlung. Erster und Zweyter Theil. Leipzig 1818. */G, S. 226 - 234./*

Horn, Ernst: Beschreibung der in der Irrenanstalt des Königlichen Charitékrankenhauses zu Berlin gebräuchlichen Drehmaschinen, ihrer Wirkung und Anwendung bei Geisteskranken. In: Zeitschrift für psychische Aerzte 1 (1818). S. 219 - 230. */G, S. 226 - 234./*

Ideler, Karl Wilhelm: Grundriss der Seelenheilkunde. Erster und Zweiter Theil. Berlin 1835 - 38. */G, S. 226 - 234./*

Kant, Immanuel: Anthropologie in pragmatischer Hinsicht. In: Ders.: Werke in zwölf Bänden. Hrsg. von Wilhelm Weischedel. Frankfurt a.M. 1968. Band XII. (=stw 193.) S. 399 - 690. */E, S. 103 - 106./*

Ders.: Versuch über die Krankheiten des Kopfes. In: Ebd. Band II. (= stw 187.) S. 887 - 901. */E, S. 94 f./*

Kesey, Ken: Einer flog über das Kuckucksnest. Deutsch von Hans Hermann. Frankfurt a.M. ^{5}1979. */G, S. 9 - 16; 22 - 25; 28 - 30./*

Kipphardt, Heinar: März. Roman. München/Gütersloh/Wien 1975-76. */G, S. 9 - 16; 22 - 25; 28 - 30./*

Kleist, Heinrich von: Brief an Wilhelmine von Zenge. Würzburg, den 13. (-18.) September 1800. In: Ders.: Sämtliche Werke und Briefe. Hrsg. von Helmut Sembdner. Zwei Bände. 5., vermehrte und revidierte Auflage. München 1970. Band 2. S. 558 - 567. */G, S. 59 - 75./*

Knigge, Adolph Freiherr von: Über den Umgang mit Menschen. Eingeleitet von Max Rychner.

Nachdruck der 3., verb. und vermehrten Auflage Hannover 1790. Birsfelden/Basel o.J. S. 135 - 139. (= Sammlung Dieterich.) */G, S. 59 - 75; E, S. 80 f./*

Kudszus, Winfried (Hrsg.): Literatur und Schizophrenie. Theorie und Interpretation eines Grenzgebiets. Eingeleitet von W. Kudszus. Tübingen 1977. (= dtv WR 4294.) */E, S. 53 - 55./*

Ders.: Literatur, Soziopathologie, Double-bind. Überlegungen zu einem Grenzgebiet. In: Ebd. S. 135 - 163. */E, S. 53 - 55./*

Laing, Ronald D.: Das geteilte Selbst. Eine existenzielle Studie über geistige Gesundheit und Wahnsinn. Aus dem Englischen übertragen von Christa Tansella-Zimmermann. Reinbek b. Hamburg ^{2}1976. (= rororo sachbuch 6978.) */G, S. 16 - 20./*

(Langermann, Johann Gottfried:) Bericht des Medicinal-Raths Dr. Langermann, die Veränderungen in dem Bayreuther Irrenhaus betr. Bayreuth den 28. May 1804. In: Allgemeine Zeitschrift für Psychiatrie und psychisch-gerichtliche Medicin 2. Viertes Heft (1845). S. 569 - 588 und S. 601 - 606. */G, S. 226 - 234./*

Leibniz, G.(ottfried) W.(ilhelm): Neue Abhandlungen über den menschlichen Verstand. In dritter Auflage. Mit Benutzung der Schaarschmidt'schen Übertragung neu übersetzt, eingeleitet und erläutert von Ernst Cassirer. Leipzig 1915. Bes.: Vorrede. S. 1 - 30. (= HB der Philosophischen Bibliothek. Band 69.) */E, S. 99 - 103./*

Lessing, G.(otthold) E.(phraim): Hamburgische Dramaturgie. Kritisch durchgesehene Gesamtausgabe. Mit Einleitung und Kommentar von Otto Mann. Stuttgart ^{3}1978 74. - 78. Stück. S. 290 - 309. */E, S. 134 - 137./*

(Lichtenberg, Georg Christoph:) G.C. Lichtenbergs ausführliche Erklärung der Hogarthischen Kupferstiche. Dritte Lieferung. The Rake's Progress. Der Weg des Liederlichen. In: Georg Christoph Lichtenberg: Schriften und Briefe. Dritter Band. Hrsg. von Wolfgang Promies. Darmstadt 1972. S. 819 - 910. Bes.: Achte Platte. S. 901 - 910. */G, S. 59 - 75./*

Locke, John: Über den menschlichen Verstand. In vier Büchern. 3. Auflage. Unveränderter Nachdruck in einem Band. (= 1872/3 übers. u. erl. von J.H. v. Kirchmann. 1911/2 neu übers. von C. Winckler. 1968 überarb. Ausgabe.) Hamburg 1976. (= Philosophische Bibliothek. Band 75/76.) */E, S. 96 - 98./*

Merkel, Garlieb: Briefe über Hamburg. 35. Brief. Briefe über Lübeck. 5. Brief. In: Freimütiges aus den Schriften Garlieb Merkels. Mit 1 Frontispiz und 6 Faksimiles. Hrsg. von Horst Adameck. Berlin 1959. S. 285 - 289 und S. 291 - 298. */G, S. 59 - 75./*

Moritz, Karl Philipp: Anton Reiser. Ein psychologischer Roman. In: Moritz. Werke in zwei Bänden. Ausgewählt und eingeleitet von Jürgen Jahn. Zweiter Band. Berlin und Weimar ^{2}1976. (= Bibliothek Deutscher Klassiker.) */E, S. 173 - 184./*

Ders.: (Hrsg.): Gnothi sauton oder Magazin zur Erfahrungsseelenkunde als ein Lesebuch für Gelehrte und Ungelehrte. Zehn Bände. Berlin 1783 - 1793. Neuherausgegeben und mit einem Nachwort versehen von Anke Bennholdt-Thomsen und Alfredo Guzzoni. Lindau 1978 - 79. (= Faksimile-Druck.) */E, S. 164 f.; 168 - 173./*

Ders.: Vorschlag zu einem Magazin einer Erfarungs-Seelenkunde. In: Ebd. Band 1. (S. 1 - 19). */E, S. 163 - 168./*

Musäus, Johann Karl August: Legenden von Rübezahl. Fünfte Legende. In: Ders.: Volksmärchen der Deutschen. Nach dem Text der Erstausgabe von 1782 - 86, mit d. Illustrationen von Ludwig Richter, A. Schrödter, R. Jordan und G. Osterwald zur Ausgabe von 1842. Mit einem Nachwort und Anmerkungen von Norbert Miller. Darmstadt 1976. S. 250 - 275. */E, S. 130 - 134./*

(Novalis:) Novalis Werke. Hrsg. und kommentiert von Gerhard Schulz. München o.J. (= Beck's kommentierte Klassiker.) */E. S. 196 - 201; 205 - 218./*

(Pockels, Carl Friedrich:) Meine Beobachtungen im Zellischen Zucht- und Irrhause. In: Carl Friedrich Pockels (Hrsg.): Denkwürdigkeiten zur Bereicherung der Erfahrungsseelenlehre und Characterkunde. Ein Lesebuch für Gelehrte und Ungelehrte. Erste Sammlung. Halle 1794. S. 148 - 175. */G, S. 59 - 75./*

(Psychiatrie-Enquete:) Unterrichtung durch die Bundesregierung: Bericht über die Lage der Psychiatrie in der Bundesrepublik Deutschland. – Zur psychiatrischen und psychotherapeutisch/psychosomatischen Versorgung der Bevölkerung –. Deutscher Bundestag, 7. Wahlperiode, Drucksache 7/4200. Zugeleitet mit Schreiben des Bundesministers für Jugend, Familie und Gesundheit vom 25.11.1975. –431. 2-474-5. */E, S. 20 - 22./*

(Psychiatrie-Enquete, Stellungnahme:) Stellungnahme der Bundesregierung zum Bericht der Sachverständigen-Kommission über die Lage der Psychiatrie in der Bundesrepublik Deutschland. – Zur psychiatrischen und psychotherapeutisch/psychosomatischen Versorgung der Bevölkerung – unter Berücksichtigung der inzwischen eingetretenen Veränderungen. Drucksachen 7/4200, 6/4201. Deutscher Bundestag, 8. Wahlperiode, Drucksache 8/2565. 13.2.1979. */E, S. 34 f./*

(Reil, Johann Christian:) Rhapsodieen über die Anwendung der psychischen Curmethode auf Geisteszerrüttungen. Halle 1803. */E, S. 222 - 226./*

Rheta Schreiber, Flora: Sybil. Persönlichkeitsspaltung einer Frau. Aus dem Amerikanischen von Liselotte Julius. München [2]1977. (= Kindler Taschenbücher Geist und Psyche 2178.) */G, S. 9 - 16; 22 - 25; 28 - 30./*

Rousseau, Jean-Jacques: Emil oder Über die Erziehung. Vollständige Ausgabe. In neuer deutscher Fassung besorgt von Ludwig Schmidts. 4. Auflage. Paderborn 1978. (= UTB 115.) */E, S. 90 - 93./*

Schaumann, J.(ohann) C.(hristian) G.(ottlieb): Fragment eines Briefes, enthaltend eine Beschreibung des cellischen Irrhauses. Celle, den 4ten Aprill 1790. In: Ders.: Psyche oder Unterhaltungen über die Seele. Für Leser und Leserinnen. Zwei Theile. Halle 1791. Erster

Theil. S. 208 - 234. */G, S. 59 - 75./*

Scheff, Thomas J.: Das Etikett "Geisteskrankheit". Soziale Interaktion und psychische Störung. Übersetzt von Helene von Allesch. Frankfurt a.M. 21980. (= Fischer Tb 6919.) */G, S. 16 - 20./*

Shaftesbury (Anthony Ashley Cooper, Earl of): Ein Brief über den Enthusiasmus. Die Moralisten. Ins Deutsche übertragen und eingeleitet von Max Frischeisen-Köhler. Leipzig 1909. (= Philosophische Bibliothek. Band 111.) */E, S. 124 - 129./*

Spieß, Christian Heinrich: Das Hospital der Wahnsinnigen zu P. In: Ders.: Biographien der Wahnsinnigen. Ausgewählt, hrsg. und mit einem Nachwort versehen von Wolfgang Promies. Mit zeitgenössischen Illustrationen. Darmstadt und Neuwied 21976. S. 271 - 314. (= SL 211.) */G, S. 59 - 75./*

Ders.: Zwischen Wahn und Wilhelm das ist: Die Geschichte von Wilhelm M***r und Karoline W*g. In: Ebd. S. 9 - 43. */E, S. 141 - 146./*

(Systemprogramm:) Entwurf (Das älteste Systemprogramm des deutschen Idealismus). In: Hölderlin. Werke und Briefe. Hrsg. von Friedrich Beißner und Jochen Schmidt. Zweiter Band. Frankfurt a.M. 1969. S. 647 - 649. */E, S. 201./*

Szasz, Thomas S.: Die Fabrikation des Wahnsinns. Gegen Macht und Allmacht der Psychiatrie. Aus dem Amerikanischen von Thomas M. Höppner. Frankfurt a.M. 1976. (= Fischer Tb Bücher des Wissens 6321.) */G, S 16 - 20./*

Thümmel, August Moritz von: Reise in die mittäglichen Provinzen von Frankreich. Fünfter und Sechster Theil. In: A.M. von Thümmel's sämmtliche Werke. Acht Bände. Leipzig 1853 - 54. Fünfter Band: 1853. Bes. S. 110 - 127. Sechster Band: 1854. Bes. S. 3 - 39. */G, S. 59 - 75./*

Wagner, Heinrich Leopold: Die Reue nach der Tat. Ein Schauspiel. In: Sturm und Drang. Dramatische Schriften. Plan und Auswahl von Erich Loewenthal und Lambert Schneider. Zweiter Band. Heidelberg 31972. S. 467 - 534. *(E, S. 146 - 152./*

Wagnitz, H.(einrich) B.(althasar): Ueber die moralische Verbesserung der Zuchthaus-Gefangenen. Halle 1787. */E, S. 81 - 84./*

Wieland, Christoph Martin: Der Sieg der Natur über die Schwärmerei oder Die Abenteuer des Don Sylvio von Rosalva. In: Ders.: Werke. Hrsg. von Fritz Martini und Hans Werner Seiffert. Erster Band. Bearbeitet von Fritz Martini und Reinhard Döhl. München 1964. S. 7 - 380. */E, S. 116 - 123; 128 - 130./*

Quellentexte II

Adelung, Johann Christian: Geschichte der menschlichen Narrheit, oder Lebensbeschreibungen berühmter Schwarzkünstler, Goldmacher, Teufelsbanner, Zeichen- und Liniendeuter, Schwärmer, Wahrsager, und anderer philosophischer Unholden. Sieben Theile. Leipzig 1785 - 89. Bes. Erster Theil: 1785. Siebter Theil: 1789.

*Anz, Thomas (Hrsg.): Phantasien über den Wahnsinn. Expressionistische Texte. München 1980.

Arnold, Thomas: Beobachtungen über die Natur, Arten, Ursachen und Verhütung des Wahnsinns oder der Tollheit. Aus dem Englischen von J.(ohann) Ch.(ristian) G.(ottlieb) Ackermann. Erster und Zweyter Theil. Leipzig 1784 - 88.

Athenaeum. Eine Zeitschrift. Hrsg. von August Wilhelm Schlegel und Friedrich Schlegel. Drei Bände. Berlin 1798 - 1800. Fotomechanischer Nachdruck. Darmstadt 1977.

Bach, George R. und Haja Molter: Psychoboom. Wege und Abwege moderner Psychotherapie. Düsseldorf/Köln 1976.

*Bader, Alfred: Geisteskranker oder Künstler? Der Fall Friedrich Schröder-Sonnenstern. Bern/ Stuttgart/Wien 1972.

*Ders. und Leo Navratil: Zwischen Wahn und Wirklichkeit. Kunst – Psychose – Kreativität. Luzern/Frankfurt a.M. 1976.

*Bannsberc-Freiheit, Jörg von: Wahrhaftige Anatomie eines normalen Wahnsinnigen. Frankfurt a.M. ²1980. (= Fischer Tb 6716.)

Basaglia, Franco u.a.: Der Begriff der Psychiatrie. Aus dem Italienischen von Anneheide Ascheri-Osterlow. Frankfurt a.M. 1974. (= es 708.)

Ders.: Macht das Tor auf! Die Vergesellschaftung der psychiatrischen Anstalt am Beispiel Triest. In: Neues Forum 24. Heft 284/285 (1977). S. 39 - 43.

Ders. (Hrsg.): Die negierte Institution oder die Gemeinschaft der Ausgeschlossenen. Ein Experiment der psychiatrischen Klinik in Görz. Aus dem Italienischen von Anne Ascheri-Osterlow. Frankfurt a.M 1973. (= es 655.)

*Bateson, Gregory u.a.: Schizophrenie und Familie. Beiträge zu einer neuen Theorie. Aus dem Englischen von Hans-Werner Saß. Frankfurt a.M. 1969. (= Suhrkamp Theorie 2.)

Breton, André: Die Manifeste des Surrealismus. Deutsch von Ruth Henry. Reinbek b. Hamburg 1977. (= dnb 95.)

Ders.: Nadja. Übersetzung und Nachwort von Max Hölzer. Frankfurt a.M. 1976. (= Bibliothek Suhrkamp. Band 406.)

(Brown, John:) Johann Browns Grundsätze der Arzeneylehre. Aus dem Lateinischen übersetzt von M.(elchior) A.(dam) Weikard. Frankfurt am Mayn 1795.

*Burrows, Adrienne und Iwan Schumacher: Doktor Diamonds Bildnisse von Geisteskranken. Deutsch von Udo Rennert. Frankfurt a.M. 1979.

Burrows, G.(?) M.(?): Untersuchung über gewisse, die Geisteszerrüttung betreffende Irrthümer und ihre Einflüsse auf die physischen, moralischen und bürgerlichen Verhältnisse des Menschen. Übersetzt nebst einer Abhandlung über die Seelengesundheit von J.(ohann) C.(hristian) A.(ugust) Heinroth. Leipzig 1822.

(Chiarugi, Vincenzo:) Vincenzo Chiarugi's Abhandlung über den Wahnsinn überhaupt und insbesondere, nebst einer Centurie von Beobachtungen. Eine freie und mit einigen Anmerkungen versehene Übersetzung aus dem Italienischen. Leipzig 1795.

Cox, Joseph Mason: Praktische Bemerkungen über Geisteszerrüttung. Mit Beilagen über die Ausstellung von Zeugnissen und Gutachten in Fällen von Wahnsinn. Aus dem Englischen übersetzt und mit Anmerkungen versehen. Nebst einem Anhange über die Organisation der Versorgungsanstalten für unheilbare Irrende vom Professor Reil. Halle 1811.

*Cooper, David, Michel Foucault u.a.: Der eingekreiste Wahnsinn. Aus dem Französischen von Elke von Wehr. Frankfurt a.M. 1979. (= es 965.)

Cooper, David: Psychiatrie und Anti-Psychiatrie. Frankfurt a.M. ^{2}1975. (= es 497.)

Crichton, Alexander: Untersuchung über die Natur und den Ursprung der Geistes-zerrüttung, ein kurzes System der Physiologie und Pathologie des menschlichen Geistes. Mit einigen Abkürzungen aus dem Englischen. 2. Auflage vermehrt mit Anmerkungen und Zusätzen von Johann Christoph Hoffbauer. Leipzig 1810.

*Dali, Salvador: Unabhängigkeitserklärung der Phantasie und Erklärung der Rechte des Menschen auf seine Verrücktheit. Gesammelte Schriften. Eingeleitet von Peter Gorsen. Angehängt: Untersuchungen von Breton, André/Crevel, René/Caillois, Roger/Lacan, Jacques/Bataille, Georges. Deutsch von Brigitte Weidmann und Tilbert Stegmann. München 1974.

Deleuze, Gilles und Félix Guattari: Kafka. Für eine kleine Literatur. Aus dem Französischen von Burkhart Kroeber. Frankfurt a.M. 1976. (= es 807.)

*Dies.: Rhizom. Aus dem Französischen von Dagmar Berger u.a. Berlin 1977. (= Intern. Merve Diskurs 67.)

Dörner, Klaus u.a. (Hrsg.): Der Krieg gegen die psychisch Kranken. Nach "Holocaust": Erkennen – Trauern – Begegnen. Verfaßt und zusammengestellt von Klaus Dörner, Christiane Haerlin, Veronika Reue, Renate Schernus, Arnd Schwendy. Rehburg-Loccum 1980. (= Sonderband der Zeitschrift "Sozialpsychiatrische Informationen".)

Eckermann, Johann Peter: Gespräche mit Goethe in den letzten Jahren seines Lebens. Mit einer Einführung hrsg. von Ernst Beutler. München 1976. (= dtv-bibliothek Literatur. Philosophie. Wissenschaft. Band 6065.)

*Enzensberger, Christian: Die Verminderung des Menschen. Stenogramme aus dem Asyl für Gemütskranke zu Charlottenburg und verschiedene neue Prosa. In: Kursbuch 3 (1965). S. 187 - 206.

(Falconer, William:) William Falconer's Abhandlung über den Einfluss der Leidenschaften auf die Krankheiten des Körpers. Preisschrift welcher die Fothergillsche Medaille zuerkannt wurde. Aus dem Englischen übersetzt und mit einigen Zusätzen vermehrt von Christian Friedrich Michaelis. Leipzig 1789.

Faust, Bernhard Christoph: Entwurf zu einem Gesundheits-Katechismus. Der, mit dem Religions-Katechismus verbunden, für die Kirchen und Schulen der Graffschaft Schaumburg-Lippe ist entworfen worden. Vermehrte Auflage. Bückeburg 1792.

Fawcett, Benjamin: Über Melankolie; ihre Beschaffenheit, Ursachen und Heilung vornähmlich über die sogenannte religiöse Melankolie. Aus dem Englischen übersetzt von J.(oachim) F.(riederich) Lehzen. Leipzig 1785.

Fichte, Johann Gottlieb: Die Bestimmung des Menschen. Hrsg. und mit einem Nachwort versehen von Theodor Ballauff und Ignaz Klein. Stuttgart 1966. (= RUB 1201/02/02a.)

Ders.: Über den Begriff der Wissenschaftslehre oder der sogenannten Philosophie. Mit einer Einleitung hrsg. von Edmund Braun. Stuttgart 1972. (= RUB 9348/49.)

Fischer, Frank: Irrenhäuser. Kranke klagen an. München/Wien/Basel 1969.

Flögel, Carl Friedrich: Geschichte der komischen Litteratur. Vier Bände. Liegnitz und Leipzig 1784 - 87. Erster und Zweiter Band: 1784 - 85.

Frank, Johann Peter: System einer vollständigen medicinischen Polizey. Mit einigen Zusätzen von F. August von Wasserberg (Band I - III). Dritte verbesserte Auflage (Band I - IV). Wien 1786 - 90. Band V: Tübingen 1813.

Ders.: Vom Volkselend einer fruchtbaren Mutter von Krankheiten. Aus dem Lateinischen von Seb.(astian) Joh.(ann) Ludw.(ig) Doering. Marburg 1794.

Friedländer, Michael: Entwurf einer Geschichte der Armen und Armenanstalten. Nebst einer Nachricht von dem jetzigen Zustande der Pariser Armenanstalten und Hospitäler insbesondere. Im November 1803. Leipzig 1804.

Garve, Christian: Ueber die Gränzen des bürgerlichen Gehorsams, in Beziehung auf den Aufsatz von Kant über den Gemeinspruch: das mag in der Theorie richtig sein, taugt aber nicht für die Praxis. In: Ders.: Popularphilosophische Schriften. Band 2. S. 1117 - 1140.

Goffmann, Erving: Asyle. Über die soziale Situation psychiatrischer Patienten und anderer

Insassen. Aus dem Englischen von Nils Th. Lindquist. Frankfurt a.M. 21974. (= es 678).

*Gorsen, Peter: Kunst und Krankheit. Metamorphosen der ästhetischen Einbildungskraft. Frankfurt a.M. 1980.

Greding, Johann Ernst: Sämmtliche medizinische Schriften. Hrsg. von C.(arl) W.(ilhelm) Greding. Erster und Zweiter Theil. Greiz 1790 - 91.

Ders.: Vermischte medicinische und chirurgische Schriften. Hrsg. von Karl Wilhelm Greding. Altenburg 1781.

(Hardenberg, Karl August von:) Verfügung von v. Hardenberg an die Kammer zu Bayreuth, den Zustand des dortigen Irrenhauses zu St. Georgen betr. Berlin den 16. Februar 1805. In: Allgemeine Zeitschrift für Psychiatrie und psychisch-gerichtliche Medicin 2. Viertes Heft (1845). S. 589 - 600.

Hayner (Christian August Fürchtegott): Aufforderung an Regierungen, Obrigkeiten und Vorsteher der Irrenhäuser zur Abstellung einiger schweren Gebrechen in der Behandlung der Irren. Leipzig 1817.

Heberden, William: Observation on the Increase and Decrease of different Diseases. London 1801.

Heinrichs, Hans-Jürgen, Michael Krüger und Klaus Wagenbach (Hrsg.): Tintenfisch 13. Thema: Alltag des Wahnsinns. Berlin 1978. (= Quarthefte 91.)

Herder, Johann Gottfried: Auch eine Philosophie zur Geschichte der Bildung der Menschheit. Beitrag zu vielen Beiträgen des Jahrhunderts. 1774. In: Sturm und Drang. Kritische Schriften. Plan und Auswahl von Erich Loewenthal. Heidelberg 31972. S. 579 - 670.

Höck, J.(ohann) D.(avid) A.(lbrecht): Historische Nachrichten und Bemerkungen über die merkwürdigsten Irren-Anstalten. Nebst Ideen und Planen zur Verbesserung derselben. Regensburg 1804.

Hoffmann, E.T.A.: Die Elixiere des Teufels. Nachgelassene Papiere des Bruders Medardus eines Kapuziners. Hrsg. von Wolfgang Nehring. Stuttgart 1975. (= RUB 192/4/.)

Ders.: Der goldne Topf. In: Ders.: Spukgeschichten und Märchen. Vollständige Texte. Mit einer Einleitung von Bernd Holger Bonsels. München o.J. S. 11 - 93. (= Goldmann Klassiker 7558.)

Horn, Ernst: Oeffentliche Rechenschaft über meine zwölfjährige Dienstführung als zweiter Arzt des Königl. Charité-Krankenhauses zu Berlin, nebst Erfahrungen über Krankenhäuser und Irrenanstalten. Berlin 1818.

Howard, John: An Account of the principal Lazarettes in Europe. London 1789. Deutsch: Nachricht von den vorzüglichsten Krankenhäusern und Pesthäusern in Europa. Aus dem

Englischen von G.(eorg) L.(udwig) W.(ilhelm) Köstler. Leipzig 1791.

Ders.: The State of Prisons in England and Wales, with preliminary Observations and an Account of some foreign Prisons. Warrington 1777. Deutsch: Über Gefängnisse und Zuchthäuser. Aus dem Englischen von G.L.W. Köstler. Leipzig 1780.

Hufeland, Christoph Wilhelm: Makrobiotik oder die Kunst, das menschliche Leben zu verlängern. Mit einem Brief Immanuel Kants an den Autor sowie einem modernen Nachwort von Rolf Brück. München 1978. (= Kultur-Kuriosa 7.)

Jacobi, Maximilian: Beobachtungen über die Pathologie und Therapie der mit Irreseyn verbundenen Krankheiten. Erster Band. Elberfeld 1830.

Jean Paul: Titan. In: Ders.: Werke in drei Bänden. Hrsg. von Norbert Miller. Nachwort von Walter Höllerer. München 1969. Band II. S. 53 - 661.

Janov, Arthur: Der Urschrei. Ein neuer Weg der Psychotherapie. Frankfurt a.M. 1974. (= Fischer Tb 6286.)

Kant, Immanuel: Grundlegung zur Metaphysik der Sitten. In: Ders.: Werke in zwölf Bänden. Frankfurt a.M. 1968. Band VII. (= stw 56.) S. 11 - 102.

Ders.: Die Metaphysik der Sitten. In: Ebd. Band VIII. (= stw 190.) S. 309 - 634.

Ders.: Von der Macht des Gemüts, durch den blossen Vorsatz seiner krankhaften Gefühle Meister zu sein. Ein Antwortschreiben an den Herrn Hofrat und Professor Hufeland. In: Ebd. Band XI. (= stw 192.) S. 371 - 393.

Keppler, Joseph Friedrich: Kritische Untersuchungen über die Ursache und Wirkung des Lächerlichen. Erster und Zweiter Theil. Cilli 1792.

(Klee, Ernst:) Ein böses Urteil und die Folgen. Gesunde und Behinderte im Urlaub. Zeit-Dokumentation einer nicht nur juristischen Auseinandersetzung. In: Die Zeit Nr. 19 vom 1. Mai 1981. S. 14.

Ders.: Psychiatrie und Menschenrechte. Ausgesondert, abgeschoben. Psychiater planen Protestdemonstrationen für ihre Patienten. In: Die Zeit Nr. 40 vom 26. September 1980. S. 70.

Ders.: Psychiatrie. Verwahrt wie im Zwinger. In vielen Fällen haben seelisch Kranke in den Anstalten weniger Rechte als Strafgefangene. In: Die Zeit Nr. 9 vom 23. Februar 1979. S. 66.

Laing, Ronald D.: Phänomenologie der Erfahrung. Aus dem Englischen von Klaus Figge und Waltraud Stein. Frankfurt a.M. ^{2}1975. (= es 314.)

*Ders. und A. Esterson: Wahnsinn und Familie. Familien von Schizophrenen. Aus dem Englischen von Hans Hermann. Köln 1975.

Langermann, Johann Gottfried: De methodo cognoscendi curandique animi morbos stabilienda. Jena 1797.

Leisewitz, Johann Anton: Julius von Tarent. Ein Trauerspiel. In: Sturm und Drang. Dramatische Schriften. Plan und Auswahl von Erich Loewenthal und Lambert Schneider. Erster Band. Heidelberg ^{3}1972. S. 555 - 613.

Lessing, Gotthold Ephraim: Die Erziehung des Menschengeschlechts. In: Lessings Werke in fünf Bänden. Ausgewählt von Karl Balser. Berlin und Weimar ^{7}1975. Zweiter Band. S. 291 - 316. (= Bibliothek Deutscher Klassiker.)

Magazin für die gerichtliche Arzneikunde und medizinische Polizei. Hrsg. von Konrad Friedrich Uden und Johann Theodor Pyl. Stendal 1782 - 84. Fortsetzung: Neues Magazin . . . Hrsg. von Johann Theodor Pyl. Stendal 1785 - 88.

Mai, Franz Anton: Entwurf zu einer Gesetzgebung über die wichtigsten Gegenstände der medizinischen Polizei als Beitrag zu einem neuen Landrecht in der Pfalz. Heidelberg 1800.

Möser, Justus: Über Theorie und Praxis. In: Ders.: Anwalt des Vaterlandes. Wochenschriften. Patriotische Phantasien. Aufsätze. Fragmente. Ausgewählt und hrsg. von Friedemann Berger. Leipzig und Weimar 1978. S. 467 - 481.

Moritz, Karl Philipp: Das Edelste in der Natur. In: Moritz. Werke in zwei Bänden. Berlin und Weimar ^{2}1976. Erster Band. S. 231 - 237.

Ders.: Über die bildende Nachahmung des Schönen. In: Ebd. S. 255 - 289.

Müller, Adam Heinrich: Die Elemente der Staatskunst. Drei Bände. Berlin 1810.

(Musäus, Johann Karl August:) Grandison der Zweite; oder, Geschichte des Herrn von N*** in Briefen entworfen. Drei Bände. Eisenach 1760 - 62.

(Ders.:) Physiognomische Reisen, voran ein physiognomisch Tagebuch. Heftweis' herausgegeben. Vier Bände. Altenburg 1778 - 79.

*Navratil, Leo: Gespräche mit Schizophrenen. München 1978. (= dtv 1404.)

Ders.: Psychopathologie und Sprache. In: Kudszus (Hrsg.): Literatur und Schizophrenie. S. 113 - 134.

*Ders.: Schizophrenie und Sprache. Schizophrenie und Kunst. Zur Psychologie der Dichtung und des Gestaltens. München 1976. (= dtv WR 4267.)

Nicolai, Friedrich: Abhandlung von Trauerspiele. In: Lessings Briefwechsel mit Mendelssohn und Nicolai über das Trauerspiel. Nebst verwandten Schriften Nicolais und Mendelssohns. Hrsg. und erläutert von Robert Petsch. Darmstadt 1967. S. 1 - 42. (= Unveränd. Nachdr. der Ausg. Leipzig 1910.) (= Philosophische Bibliothek. Band 121.)

Pargeter, William: Theoretisch-praktische Abhandlung über den Wahnsinn. Aus dem Englischen. Leipzig 1793.

Perfect, William: Auserlesene Fälle von verschiedenen Arten des Wahnsinnes, nebst ihrer Heilarten. Aus dem Englischen übersetzt und mit Anmerkungen von Ch.(ristian) F.(riedrich) Michaelis. Leipzig 1789.

Perls, Frederick S.: Gestalt-Therapie in Aktion. Aus dem Amerikanischen von Josef Wimmer. Stuttgart ³1979. (= Konzepte der Humanwissenschaften.)

Pinel, Ph.(ilippe): Philosophisch-medicinische Abhandlung über Geistesverwirrungen oder Manie. Aus dem Französischen übersetzt und mit Anmerkungen versehen von Mich(ael) Wagner. Wien 1801.

Reinhard, Johann Jacob: Umständliche Nachricht von dem Waisenhause, wie auch Tol- und Krankenhause zu Pforzheim, Ingleichen von dem Zucht- und Arbeitshause daselbst. Mit Kupferen. Carlsruhe 1759.

Rogers, Carl R.: Encounter-Gruppen. Das Erlebnis der menschlichen Begegnung. Aus dem Amerikanischen von Erika Nosbüsch. München ⁴1974.

Rousseau, Jean-Jacques: Abhandlung über die von der Akademie zu Dijon gestellte Frage, ob die Wiederherstellung der Wissenschaften und Künste zur Läuterung der Sitten beigetragen habe. In: Ders.: Sozialphilosophische und Politische Schriften. In Erstübertragung von Eckhart Koch u.a. sowie bearb. und erg. Übersetzungen aus dem 18. u. 19. Jahrhundert. Mit einer Zeittafel von Dietrich Leube. Anmerkungen von Eckhart Koch. Nachwort von Iring Fetscher. München 1981. S. 4 - 35.

Ders.: Abhandlung über den Ursprung und die Grundlagen der Ungleichheit unter den Menschen. In: Ebd. S. 37 - 161.

*Rumler, Fritz: "Ich kann mich nicht einordnen". Spiegel-Reporter Fritz Rumler über den schizophrenen Lyriker Ernst Herbeck, genannt "Alexander". In: Der Spiegel Nr. 49 vom 28.11.1977. S. 236 - 238.

Salzmann, Christian Gotthilf: Carl von Carlsberg oder über das menschliche Elend. Sechs Theile. Carlsruhe 1783 - 88.

Schelling, Friedrich Wilhelm Johann: Ideen zu einer Philosophie der Natur. Jena/Leipzig 1797.

Schiller, Friedrich: Die Räuber. Ein Schauspiel. In: Schillers Werke. Erster Band. Textkritisch hrsg. von Herbert Kraft. Frankfurt a.M. 1966. S. 5 - 130.

Ders.: Über Bürgers Gedichte. In: Ebd. Vierter Band. Eingeleitet von Hans Mayer und Golo Mann. S. 381 - 400.

Ders.: Über die ästhetische Erziehung des Menschen in einer Reihe von Briefen. In: Ebd. S. 193 - 286.

(Schink, Johann Friedrich:) Prinz Hamlet von Dännemark. Marionettenspiel. In: (Ders.:) Momus und sein Guckkasten. Berlin 1799. S. 1 - 206

Schleiermacher, Friedrich: Anthropologie v. Immanuel Kant. Königsb. 98. (Rezension) In: Athenaeum. Zweiter Band. Zweites Stück (1799). S. 300 - 306.

Schreber, Daniel Paul: Denkwürdigkeiten eines Nervenkranken. Hrsg. und eingeleitet von Samuel Weber. München 1973. (= Ullstein Bücher 2957.)

Schubert, G.(otthilf) H.(einrich): Ahndungen einer allgemeinen Geschichte des Lebens. Erster und Zweyter Teil. Leipzig 1806 - 07.

Ders.: Ansichten von der Nachtseite der Naturwissenschaft. Dresden 1808.

Spieß, Christian Heinrich: Biographien der Wahnsinnigen. 1. - 4. Bändchen. Leipzig 1795 - 96.

Ders.: Meine Reisen durch die Höhlen des Unglücks und Gemächer des Jammers. Vier Theile. Leipzig 1796 - 98.

Swift, Jonathan: Ein ernsthafter und brauchbarer Plan zur Schaffung eines Hospitals für Unheilbare, von allgemeinem Nutzen für alle Untertanen Seiner Majestät. In: Ders.: Ausgewählte Werke. Drei Bände. Band I. Aus dem Englischen von Gottfried Graustein und Otto Wilck. Bearbeitet von Horst Höhne. Schlußredaktion Anselm Schlösser, unter Mitw. von Friedrich Baadke. Berlin und Weimar 1967. S. 477 - 496.

Szasz, Thomas S.: Geisteskrankheit – Ein moderner Mythos? Grundzüge einer Theorie des persönlichen Verhaltens. Aus dem Amerikanischen von Thomas M. Höpfner. München 1975. (= Kindler Taschenbücher Geist und Psyche 2153.)

Ders.: Psychiatrie – die verschleierte Macht. Essays über die psychiatrische Entmenschung des Menschen. Aus dem Amerikanischen von Thomas M. Höpfner. Frankfurt a.M. 1978. (= Fischer Tb Bücher des Wissens 6389.)

Tieck, Ludwig: William Lovell. In: Ders.: Werke in vier Bänden. Nach dem Text der Schriften von 1828 - 1854, unter Berücksichtigung der Erstdrucke, hrsg. sowie mit Nachworten und Anmerkungen versehen von Marianne Thalmann. Zürich o.J. Band I. S. 235 - 697.

Tissot, Simon André: Von den Krankheiten vornehmer und reicher Personen an Höfen und in großen Städten. Frankfurt und Leipzig 1770.

(Voltaire:) Voltaire. Korrespondenz aus den Jahren 1749 - 1760. Hrsg. von Rudolf Noack. Aus dem Französischen übersetzt von Bernhard Henschel. Leipzig 1978. (= Reclam Bibliothek.)

Ders.: Lettres philosophiques ou Lettres écrites de Londres sur les Anglais. Amsterdam 1734.

Ders.: Memnon oder die menschliche Weisheit. In: Ders.: Sämtliche Romane und Erzählungen. Zwei Bände. Mit einer Einleitung von Victor Klemperer und Stichen von Moreau le Jeune. Aus dem Französischen übersetzt von Ilse Lehmann u.a. Erläuterungen von Rudolf Noack und Rolf Miller. Frankfurt a.M. [2]1978. Band 1. S. 233 - 239. (= it 209/210.)

Wagnitz, H.(einrich B.(althasar): Historische Nachrichten und Bemerkungen über die merkwürdigsten Zuchthäuser in Deutschland. Zwei Bände. Halle 1791 - 94. Zweyten Bandes zweyte Hälfte: Nebst einem Anhange über die zweckmäßigste Einrichtung der Gefängnisse und Irrenanstalten. 1794.

Ders.: Ideen und Plane zur Verbesserung der Policey- und Criminalanstalten. Dem neunzehnten Jahrhundert zur Vollendung übergeben. Erste bis dritte Sammlung. Halle 1801 - 03.

*Watzlawick, Paul, John H. Beavin und Don D. Jackson: Menschliche Kommunikation. Formen, Störungen, Paradoxien. Aus dem Amerikanischen von Paul Watzlawick. 5., unveränderte Aufl. Bern/Stuttgart/Wien 1980.

Wieland, Christoph Martin (Hrsg.): Auszüge aus einer Vorlesung über die Schwärmerey. Zusatz des Herausgebers. In: Der Teutsche Merkur vom Jahr 1775. Viertes Vierteljahr. S. 134 - 155. Zusatz: S. 151 - 155.

Wolff, Renate und Klaus Hartung: Psychische Verelendung und die Politik der Psychiatrie. In: Kursbuch 28 (1972): Das Elend mit der Psyche. Band I: Psychiatrie. S. 1 - 104.

Forschungsliteratur

Améry, Jean: Archäologie des Wissens. Michel Foucault und sein Diskurs der Gegenaufklärung. in: Die Zeit Nr. 14 vom 31. März 1978. S. 44 f.

Baumgart, Peter: Wie absolut war der preußische Absolutismus? In: Schlenke (Hrsg.): Preußen. Beiträge zu einer politischen Kultur. S. 89 - 105.

Bayer, Friedrich-Wilhelm: Reisen deutscher Aerzte ins Ausland (1750 - 1850). Med. Diss. Berlin 1937 (= Abhandlungen zur Geschichte der Medizin und Naturwissenschaften. Heft 18.)

Beaujean, Marion: Der Trivialroman in der zweiten Hälfte des 18. Jahrhunderts. Die Ursprünge des modernen Unterhaltungsromans. Bonn 1964. (= Abhandlungen zur Kunst-, Musik- und Literaturwissenschaft. Band 22.)

Bennholdt-Thomsen, Anke und Alfredo Guzzoni: Der "Asoziale" in der Literatur um 1800. Königstein/Ts. 1979.

Dies.: Nachwort. In: Moritz (Hrsg.): Gnothi sauton oder Magazin zur Erfahrungsseelenkunde. Band 10. S. 1 - 79.

Bertaux, Pierre: Friedrich Hölderlin. Frankfurt a.M. 1978.

Brachmann, R.(?): Der Fall Rüsau. Ein Beitrag zur Geschichte der forensischen Psychiatrie. Med. Diss. Hamburg 1921 (masch.).

Brand, Peter und Rainer Zilkenat (Hrsg.): Preußen. Ein Lesebuch. Berlin 1981. (= LitPol Lese-Bücher 5.)

Brinkmann, Richard (Hrsg.): Romantik in Deutschland. Ein interdisziplinäres Symposion. Mit 49 Abbildungen. Stuttgart 1978. (= DVjs. Sonderband.)

Burton, Arthur: Begegnung, Existenz und Psychotherapie. In: Horn (Hrsg.): Gruppendynamik und der "subjektive Faktor". S. 182 - 204.

Däumling, Adolf u.a.: Angewandte Gruppendynamik. Selbsterfahrung – Forschungsergebnisse – Trainingsmodelle. Stuttgart 1974. (= Konzepte der Humanwissenschaften.)

Dessoir, Max: Geschichte der neueren deutschen Psychologie. 2. Auflage. Berlin 1902.

Diener, Gottfried: Goethes "Lila". Heilung eines "Wahnsinns" durch "psychische Kur". Vergleichende Interpretation der drei Fassungen. Mit ungedruckten Texten und Noten und einem Anhang über psychische Kuren der Goethe-Zeit und das Psychodrama. Frankfurt a.M. 1971.

Dörner, Klaus: Bürger und Irre. Zur Sozialgeschichte und Wissenschaftssoziologie der Psychiatrie. Frankfurt a.M. 1975. (= Fischer Tb 6282.)

*Engelhardt, Dietrich von: Medizin und Literatur in der Neuzeit – Perspektiven und Aspekte. Heinrich Schipperges zum 60. Geburtstag. In: DVjs 52 (1978). S. 351 - 380.

*Feder, Lillian: Madness in Literature. Princeton 1980.

Fischer, Alfons: Geschichte des deutschen Gesundheitswesens. 2 Bände. Berlin 1933.

Fischer-Pforzheim, Franz: Goethe über Irrenanstalten und Geisteskrankheiten. In: Psychiatrisch-Neurologische Wochenschrift 4. Nr. 43 vom 24. Januar 1903. S. 473 - 475.

Friedreich, J.(ohann) B.(aptist): Versuch einer Literärgeschichte der Pathologie und Therapie der psychischen Krankheiten. Von den ältesten Zeiten bis zum neunzehnten Jahrhundert. Würzburg 1830.

Gear, Norman: Dämon Marquis de Sade. Eine Biographie. Mit einem Vorwort von Ludwig Marcuse. Aus dem Englischen von Eva Bornemann. München 1964.

*Geyer, Horst: Dichter des Wahnsinns. Eine Untersuchung über die dichterische Darstellbarkeit seelischer Ausnahmezustände. Göttingen/Frankfurt/Berlin 1955.

*Gilman, Sander L.: On the Use and Abuse of the History of Psychiatry for Literary Studies. In: DVjs 52 (1978). S. 381 - 399.

Ders.: Wahnsinn, Text und Kontext. Die historischen Wechselbeziehungen der Literatur, Kunst und Psychiatrie. Frankfurt a.M./Bern 1981. (= Literatur und Psychologie. Band 8.)

Glatzel, Johann (Hrsg.): Medizin Mensch Gesellschaft 3. Heft 3 (1978): Abweichendes Verhalten: Psychiatrie und Sozialwissenschaften.

Gyldenfeldt, Heino von und Stephan Ahrens: Krankheit und Devianz. Ein Vergleich zweier Grund-Begriffe. In: Ebd. S. 124 - 127.

Haisch, Erich: Irrenpflege in alter Zeit. In: Ciba-Zeitschrift 8. Nr. 95 (1959). S. 3142 - 3172.

Horn, Klaus (Hrsg.): Gruppendynamik und der "subjektive Faktor". Repressive Entsublimierung oder politisierende Praxis. Eingeleitet von K. Horn. Mit Beiträgen von Dorwin Cartwright u.a. Frankfurt a.M ^{2}1973. (= es 538.)

Huch, Ricarda: Die Romantik. Blütezeit, Ausbreitung und Verfall. Tübingen 1951. (= Die Bücher der Neunzehn. Sonderausgabe. Band 112.)

Irle, Gerhard: Der psychiatrische Roman. Mit einer Einführung von Prof. Dr. med. Walter Schulte. Universitäts-Nervenklinik Tübingen. Stuttgart 1965. (= Schriftenreihe zur Theorie und Praxis der Psychotherapie. Band 7.)

Jahn, Wolfgang: Zu Wielands "Don Sylvio". In: WW 18 (1968). S. 320 - 328.

Jetter, Dieter: Geschichte des Hospitals. Band 1. Westdeutschland von den Anfängen bis 1850. Mit 104 Abbildungen. Wiesbaden 1966. (= Sudhoffs Archiv. Beihefte Heft 5.)

Ders.: Zur Typologie des Irrenhauses in Frankreich und Deutschland (1780 - 1840). Mit 46 Abbildungen. Wiesbaden 1971. (= Geschichte des Hospitals. Band 2.)

Karoli, Christa: Ideal und Krise enthusiastischen Künstlertums in der deutschen Romantik. Bonn 1968. (= Abhandlungen zur Kunst-, Musik- und Literaturwissenschaft. Band 48.)

Kindt, Hildburg: Fehlverhalten: Normabweichung oder psychische Krankheit? In: Glatzel (Hrsg.): Medizin Mensch Gesellschaft. S. 133 - 137.

Kirchhoff, Theodor: Beziehungen des Dämonen- und Hexenwesens zur deutschen Irrenpflege In: Allgemeine Zeitschrift für Psychiatrie und psychisch-gerichtliche Medicin 44 (1888). S. 329 - 398.

Ders.: Grundriss einer Geschichte der deutschen Irrenpflege. Berlin 1890.

Klee, Ernst: Psychiatrie-Report. Frankfurt a.M. 1978. (= Fischer Tb 2026).

Kleiner, Ulrich: Das Irrenwesen im 18. Jahrhundert, dargestellt an zeitgenössischen Zeitschriften. Med.Diss. Kiel 1962 (masch.).

Laehr, Heinrich: Gedenktage der Psychiatrie und ihrer Hülfsdisciplinen in allen Ländern. Vierte vermehrte und umgearbeitete Auflage. Berlin 1893.

Ders.(Hrsg.): Die Literatur der Psychiatrie, Neurologie und Psychologie von 1459 - 1799. Drei Bände. Berlin 1900.

Ders.: Ueber Irrsein und Irrenanstalten. Für Aerzte und Laien. Nebst einer Uebersicht über Deutschland's Irrenwesen und Irrenanstalten, erläutert durch eine colorirte Karte. Halle 1852.

Lange-Eichenbaum, Wilhelm und Wolfram Kurth: Genie, Irrsinn und Ruhm. Genie-Mythus und Pathographie des Genies. 6., völlig umgearbeitete, um weitere 800 Quellen vermehrte Auflage. München/Basel 1967.

Leibbrand, Werner: Die spekulative Medizin der Romantik. Hamburg 1956.

Ders. und Annemarie Wettley: Der Wahnsinn. Geschichte der abendländischen Psychopathologie. Freiburg/München 1961.

Lesky, Erna: Johann Peter Frank als Organisator des medizinischen Unterrichts. In: Sudhoffs Archiv für Geschichte der Medizin und der Naturwissenschaften 39 (1955). S. 1 - 29.

Dies.: Medizin im Zeitalter der Aufklärung. In: Lessing und die Zeit der Aufklärung. S. 77 - 99.

Lessing und die Zeit der Aufklärung. Vorträge gehalten auf der Tagung der Joachim Jungius-Gesellschaft der Wissenschaften. Hamburg am 10. und 11. Oktober 1967. Göttingen 1968.

*Marquard, Odo: Über einige Beziehungen zwischen Ästhetik und Therapeutik in der Philosophie des neunzehnten Jahrhunderts. In: Ders.: Schwierigkeiten mit der Geschichtsphilosophie. Aufsätze. Frankfurt a.M. 1973. S. 85 - 106.

Martini, Fritz: Nachwort. In: Wieland: Werke. Erster Band. S. 915 - 966.

*Mechler, Achim: Das Wort "Psychiatrie". Historische Anmerkungen. In: Der Nevenarzt 34. H.9 (1963). S. 405 f.

Meyer-Krentler, Eckhart: "Kalte Abstraktion" gegen "versengte Einbildung". Destruktion und Restauration aufklärerischer Harmoniemodelle in Goethes *Leiden* und Nicolais *Freuden des jungen Werthers*. In: DVjs 56 (1982). S. 65 - 91.

Miller, Norbert: Der Romancier J.K.A. Musäus und seine "Volksmärchen der Deutschen". In: Musäus: Volksmärchen der Deutschen. S. 876 - 906.

Minder, Robert: Glaube, Skepsis und Rationalismus. Dargestellt aufgrund der autobiographischen Schriften von Karl Philipp Moritz. Frankfurt a.M. 1974. (= stw 43.)

Möller, Horst: Königliche und bürgerliche Aufklärung. In: Schlenke (Hrsg.): Preußen. Beiträge zu einer politischen Kultur. S. 120 - 135.

Muschg, Adolf: Goethe als Fluchthelfer. Innerlichkeit – Flucht oder Rettung? In: Die Zeit Nr. 23 vom 29. Mai 1981. S. 39 f.

Paetzold, Heinz: Kunst als Organon der Philosophie. Zur Problematik des ästhetischen Absolutismus. In: Brinkmann (Hrsg.): Romantik in Deutschland. S. 392 - 403.

Promies, Wolfgang: Die Bürger und der Narr oder das Risiko der Phantasie. Sechs Kapitel über das Irrationale in der Literatur des Rationalismus. München 1966.

Ders.: Nachwort. In: Spieß: Biographien der Wahnsinnigen. Darmstadt und Neuwied 21976. S. 317 - 343.

(Psychiatrie-Geschichte:) Psychiatrie zur Zeit Hölderlins. Ausstellung anläßlich der 63. Jahrestagung der Deutschen Gesellschaft für Geschichte der Medizin, der Naturwissenschaften und Technik in Tübingen. Bearbeitet von Gerhard Fichtner. 27. September bis 30. Oktoner 1980. Tübingen 1980. (= Ausstellungskataloge der Universität Tübingen. Nr. 13.)

(Psychiatrie – Klassifikation der Krankheiten:) Internationale Klassifikation der Krankheiten. 2., neu bearbeitete Auflage. 8. Revision. Deutsche Übersetzung der von der Weltgesundheitsorganisation hrsg. "International Classification of Diseases, 8th Revision, 1967" (ICD / VIII). Hrsg. von R. Richterich, H. Ehrengruber, J. Stutz und J. Wanner. Inselspital Bern o.J. S. 26 - 30.

(Psychotherapie:) Neue Formen der Psychotherapie. Hrsg. von der Redaktion der Zeitschrift psychologie heute. Sonderband 1980.

Rommel, Otto: Rationalistische Dämonie (Die Geister-Romane des ausgehenden des 18. Jahrhunderts). In: DVjs 17 (1939). S. 183 - 220.

Rüegg, Walter: Der Kranke in der Sicht der bürgerlichen Gesellschaft an der Schwelle des 19. Jahrhunderts. In: Ders. und Walter Artelt (Hrsg.): Der Arzt und der Kranke in der Gesellschaft des 19. Jahrhunderts. Vorträge eines Symposiums vom 1. bis 3. April 1963 in Frankfurt am Main. Stuttgart 1967. S. 34 - 49. (= Studien zur Medizingeschichte des neunzehnten Jahrhunderts. Band I.)

Sauder, Gerhard: Empfindsamkeit. Band I. Voraussetzungen und Elemente. Stuttgart 1974.

Schimank, Hans: Stand und Entwicklung der Naturwissenschaften im Zeitalter der Aufklärung. In: Lessing und die Zeit der Aufklärung. S. 30 - 75.

Schings, Hans-Jürgen: Melancholie und Aufklärung. Melancholiker und ihre Kritiker in Erfahrungsseelenkunde und Literatur des 18. Jahrhunderts. Stuttgart 1977.

*Ders.: Der mitleidigste Mensch ist der beste Mensch. Poetik des Mitleids von Lessing bis Büchner. München 1980.

Schlaffer, Hannelore: Wilhelm Meister. Das Ende der Kunst und die Wiederkehr des Mythos. Stuttgart 1980.

Schlenke, Manfred (Hrsg.): Preußen. Beiträge zu einer politischen Kultur. Reinbek b. Hamburg 1981. (= Katalog in fünf Bänden zur Ausstellung "Preußen – Versuch einer Bilanz". Berlin 1981. Band 2.)

Schöne, Albrecht: Interpretationen zur dichterischen Gestaltung des Wahnsinns in der deutschen Literatur. Phil.Diss. Münster 1952 (masch.).

Schrenk, Martin: Über den Umgang mit Geisteskranken. Die Entwicklung der psychiatrischen Therapie vom "moralischen Regime" in England und Frankreich zu den "psychischen Curmethoden" in Deutschland. Mit 20 Abbildungen. Berlin/Heidelberg/New York 1973.

Schrimpf, Hans Joachim: Karl Philipp Moritz. Stuttgart 1980. (= Sammlung Metzler. M 195: Abt.D, Literaturgeschichte.)

Ders.: Das Magazin zur Erfahrungsseelenkunde und sein Herausgeber. In: ZfdPh 99 (1980). S. 161 - 187.

Sengle, Friedrich: Wieland. Stuttgart 1949.

Stanslowski, Volker: Bürgerliche Gesellschaft als Organismus. Zum Verhältnis von Staats- und Naturwissenschaften in der "Politischen Romantik". In: Brinkmann (Hrsg.): Romantik in Deutschland. S. 90 - 101.

Steinhagen, Harald: Der junge Schiller zwischen Marquis de Sade und Kant. Aufklärung und Idealismus. In: DVjs 56 (1982). S. 135 - 157.

Stemme, Fritz: Die Säkularisation des Pietismus zur Erfahrungsseelenkunde. In: ZfdPh 72 (1953). S. 144 - 158.

Thomé, Horst: Roman und Naturwissenschaft. Eine Studie zur Vorgeschichte der deutschen Klassik. Frankfurt a.M./Bern/Las Vegas 1978. (= Regensburger Beiträge zur deutschen Sprach- und Literaturwissenschaft. Reihe B: Untersuchungen. Band 15.)

Tropsch, Stephan: Wielands Don Sylvio und Cervantes' Don Quijote. In: Euphorion 4. Erg.H. (1899). S. 32 - 61.

Vierhaus, Rudolf: Deutschland im 18. Jahrhundert: Soziales Gefüge, politische Verfassung, geistige Bewegung. In: Lessing und die Zeit der Aufklärung. S. 12 - 29.

Vormweg, Heinrich: Die Romane Chr. M. Wielands. Zeitmorphologische Reihenuntersuchung. Diss. Bonn 1956.

Wilson, Daniel W.: The Narrative Strategy of Wieland's *Don Sylvio von Rosalva.* Bern/Frankfurt a.M./Las Vegas 1981. (= Kanadische Studien zur deutschen Sprache und Literatur. Band 24.)

Windelband, Wilhelm: Lehrbuch der Geschichte der Philosophie. Mit einem Schlußkapitel Die Philosophie des 20. Jahrhunderts und einer Übersicht über den Stand der philosophiegeschichtlichen Forschung hrsg. von Heinz Heimsoeth. 15., durchgesehene und ergänzte Auflage. Tübingen 1957.

Wölfel, Kurt: Nachwort. In: Garve: Popularphilosophische Schriften. Band 2. S. 25*-60*.

*Ziolkowski, Theodore: Der Blick aus der Irrenanstalt. In: Ders.: Strukturen des modernen Romans. Deutsche Beispiele und europäische Zusammenhänge. München 1972. S. 283 - 307. (= List Taschenbücher der Wissenschaft. Literaturwissenschaft. Band 1441.)

Personenregister

Nicht berücksichtigt im Register ist das Literaturverzeichnis. Vgl. dort unter "Quellentexte I" die Seitenangaben zur Besprechung einzelner Werke und Theorien.